北京房山年鉴

2011

BEIJING FANGSHAN NIANJIAN

北京市房山区地方志编纂委员会 编

方志出版社

图书在版编目（CIP）数据

北京房山年鉴. 2011/北京市房山区方志编纂委员会编.
—北京：方志出版社，2011.12
ISBN 978-7-5144-0392-3

Ⅰ.①北… Ⅱ.①北… Ⅲ.①房山区—2011—年鉴
Ⅳ.①Z521.3

中国版本图书馆CIP数据核字（2011）第275758号

北京房山年鉴(2011)

编　　者：	北京市房山区方志编纂委员会
责任编辑：	陈曦　徐宏
出 版 者：	方志出版社
	（北京市建国门内大街5号中国社会科学院科研大楼12层）
	邮编　100732
	网址　http://www.fzph.org
发　　行：	方志出版社出版发行部
	（010）85195814　85196281
经　　销：	新华书店总店北京发行所
法律顾问：	北京市大禹律师事务所
印　　刷：	廊坊市飞腾彩印制版有限公司
开　　本：	787×1092　1/16
印　　张：	31.25
字　　数：	720千字
版　　次：	2011年12月第1版　2011年12月第1次印刷
印　　数：	0001—2000册

ISBN 978-7-5144-0392-3/K·320　　定价：60.00元

房山区地方志编纂委员会

顾　　问　刘　伟　史全富　唐淑荣

主　　任　祁　红

副 主 任　赵佳琛　曹　蕾

委　　员　（以姓氏笔画为序）

于　平　于吉顺　王占勇　王英开　王春菊　邓思博　朱仕生
任正宽　刘永玘　刘宝忠　刘胜国　许金涛　杨文淑　杨生军
李　军　李　学　李　博　李立新　李进伟　李建坡　李桂清
李雪生　吴长明　宋春福　张　杰　张广华　张志元　张建国
张艳珍　张海鹏　张福志　陈广利　陈立新　陈剑波　陈慧明
邵志杰　赵　军　赵大栓　赵永祥　耿纪民　贾　斌　钱新宇
徐宗军　郭志族　曹　磊　隗永敏　隗合庆　韩士军　韩继华
董瑞臣　鲍　栋　慈建民　臧金凤　翟　东　薛全英　薛满德
霍奇国　冀显江

房山区史志办公室

主　　任　李桂清

副 主 任　赵喜成

工作人员　刘文江　张文玲　贾　昉　许冬梅　蔡晓东
冯雪萍　刘　辉　赵茂义　王桂春　隗　峥　曹梦玲

《北京房山年鉴（2011）》编辑人员

主　　编　李桂清

责任编辑　贾　昉

编　　辑　冯雪萍　赵茂义　曹梦玲

校　　对　贾　昉　蔡晓东　冯雪萍　赵茂义　曹梦玲

编辑说明

一、《北京房山年鉴》为综合性资料工具书。在房山区委和房山区人民政府的领导下，由房山区地方志编纂委员会主持编纂，区史志办公室具体实施。

二、本年鉴以邓小平理论和“三个代表”重要思想为指导，全面贯彻落实科学发展观，遵循中国共产党十一届三中全会以来的路线、方针和政策，坚持四项基本原则，运用辩证唯物主义和历史唯物主义的观点、方法，科学地反映客观情况。

三、《北京房山年鉴》自1987年开始编辑。以年度断限，逐年记载房山区各项事业的基本情况和主要成就，资料翔实准确，具有权威性和实用性。《北京房山年鉴（2011）》收录内容的时限为2010年1月1日至2010年12月31日。

四、本年鉴采用文章和条目两种体裁，以条目体为主。设特载、专文、概况、大事记、政治、经济、文化事业、社会生活、乡镇概况、主要组织机构及领导名录、附录共11个栏目。条目编排一般分4个层次：类目、分目、子目、条目。计收入1401个条目。

五、本年鉴资料主要由各单位采编员撰写并经各单位主管领导审查后采用。所用统计数据，以《北京市房山区统计年鉴（2011）》为准。统计年鉴以外的数据，均以有关业务部门数字为准。照片由各单位提供。

六、本年鉴对房山区的党政机关、事业单位、部分企业的全称与简称的使用，参见《主要组织机构及领导名录》，随文不再括注简称。

七、本年鉴得到了全区各单位的大力支持和协助，《主要组织机构及领导名录》的核实得到区委组织部、区编办的帮助，在此一并深表谢意。

目录

特　载

专　文

概　况

大事记

政　治

中国共产党北京市房山区委员会

·组织工作·

· 老干部工作 ·

· 统战工作 ·

· 游子联络工作 ·

中国共产党北京市房山区纪律检查委员会

北京市房山区人民代表大会常务委员会

北京市房山区人民政府

·新农村建设·

·计划　统计·

检　察

审　判

人民武装

人民团体

·房山区总工会·

·共青团房山区委员会·

·房山区妇女联合会·

·房山区科学技术协会·

·房山区文学艺术界联合会·

·房山区工商业联合会·

·房山区残疾人联合会·

·房山区红十字会·

经 济

综合经济管理

·工商行政管理·

·质量技术管理·

·药品管理·

· 烟草管理 ·

· 生产安全管理 ·

农　业

· 气　象 ·

· 农村经济管理 ·

· 中国房山世界地质公园 ·

· 都市现代农业示范区 ·

商业　贸易

建筑　建材　房地产

旅　游

银行　保险

城乡建设

·基础设施建设·

文化事业

教育

·职成教育·

·高等教育·

科　技

文化　文物

史志　档案

·史志工作·

·档案工作·

广播电视　信息化建设

·广播电视·

·信息化建设·

社会生活

人　口

劳动和社会保障

民 政

卫　生

体　育

老龄工作

环境保护

群众生活

乡镇概况

·燕山办事处·

·城关街道办事处·

·拱辰街道办事处·

·西潞街道办事处·

·琉璃河镇·

·窦店镇·

·青龙湖镇·

·韩村河镇·

·阎村镇·

主要组织机构及领导名录

附　录

领导活动

▲ 11月1日，区委书记刘伟（左二）到拱辰街道渔儿沟村，听取第六次全国人口普查工作安排，并深入居民家中，详细了解普查人员入户登记工作

▲ 4月13日，区委副书记、区长祁红（右）做客北京城市服务管理广播

▲ 10月26日，区人大常委会主任史全富（右一）视察中小学标准化建设

▲ 2月6日，区政协主席唐淑荣（中）看望儿童福利中心孤残儿童

政　治

△ 12月9日，中共北京市房山区委六届九次全体（扩大）会议在区会议中心召开

△ 1月12日至15日，北京市房山区第六届人民代表大会第五次会议在韩村河山庄会议中心召开

△ 1月11日至14日，政协房山区第六届委员会第四次会议在昊天假日酒店召开

△ 12月28日，中共房山区纪律检查委员会六届六次全体（扩大）会议召开

政 治

10月29日，房山区人民政府与西门子（中国）有限公司及北京能通国际信息服务有限公司签署战略合作协议

12月21日，房山区人民政府与北京中医药大学签署合作协议

3月12日，房山区委副书记、区长祁红邀请门头沟、大兴、石景山、丰台4区主管领导做客房山，举行首次“永定河绿色生态发展带‘五区’联席会”，倡议携手推进永定河绿色生态发展带建设

9月9日，第四届首都西南区域经济发展论坛在房山区会议中心召开

政 治

▲ 4月13日，房山区公共租赁住房发展中心揭牌

▲ 5月30日，“阳光儿童FUNHILL”主题活动在西路园社区举行

▲ 5月21日，房山区在良乡体育中心综合馆举行为房山喝彩2010年劳动宣传表彰暨文艺演出活动

▲ 4月28日，拱辰街道19个社区团组织成立

▲ 在第六次全国人口普查中，河北镇人口普查人员到部队普查人口

11月13日，中核北京科技园奠基

世界品牌折扣店北京现代服务业产业园落户长阳CSD，3月22日举行奠基仪式

7月30日，北京石油交易所在京正式投入运营

6月27日，京西重工房山基地减震器厂厂房落成

5月15日，2010年春季北京国际长走大会暨房山区第十六届旅游文化节在长沟举行

经 济

6月14日，2010年北京房山青龙湖端午节文化节活动开幕，启动青龙湖国际红酒城建设

3月27日，中共中央直属机关和中央国家机关的168位部级领导，在南水北调中线长阳镇万亩滨水森林公园参加以“共建绿色家园”为主题的共和国部长义务植树活动

10月3日，中国房山世界地质公园顺利通过中期评估之后全体代表团成员与教科文组织专家合影留念

11月19日，北京市千亿投资储备项目——长沟镇迁村并居工程完工并回迁入住

12月30日14时，地铁房山线正式载客运营

经 济

5月12日，楮榆树街经济适用房项目回迁安置住宅楼竣工，314户首批回迁安置居民拿到钥匙喜迁新居

5月27日，北京房山[世界·庄]国际葡萄酒庄产业集群建设启动

10月18日，南窖乡举办中国房山南窖九九桃王采摘节及沟域经济成果展

3月12日，房山区农村工作会议召开

1月18日，举行北京碧生源食品饮料有限公司奠基仪式

经济

4月10日，长沟新品牌新闻发布会现场

4月24日，房山区“青春绿色行动——京郊生态环保游”在南窖乡启动

4月30日，北京最大的黄金珠宝首饰专营公司菜百的第七分店——良乡菜百首饰店在拱辰街道开业

6月10日，史家营乡翁窑煤矿等最后5家煤矿完成井口垒封，延续了近千年的煤炭开采业退出历史舞台

12月24日至26日，由大安山乡人民政府主办、越野e族北京大队承办的“探秘察察 跃动房山”2010越野e族北京大队年会暨越野穿越活动在大安山乡举办

2010年，霞云岭乡龙门台村成为太阳能取暖村

10月5日，中国首个智慧型产业新区、中国首个合伙人制示范区、中国智库大本营、中国知本家的创业舞台——“FUNHILL智汇城”项目启动

9月21日至23日，首届2010长阳音乐节在长阳镇举办

5月19日，周口店遗址博物馆新馆奠基

1月29日，北京历史文化旅游聚集区的大型舞台剧《石经传奇》在北京地质礼堂首演

4月23日，房山区“天地人·风雅颂”经典诗文咏唱会在北京理工大学良乡校区举行

文 化

4月13日，阎村镇获“书法艺术镇”称号

5月19日，房山首家“红领巾”气象站落户佛子庄中心小学

5月21日，云居寺文物管理处举办佛陀舍利文化艺术节

9月29日，北京房山首届中国汉白玉文化艺术节落下帷幕

2010年，房山区加固校舍

△ 3月19日，房山区举行"持卡就医 实时结算"启动仪式

△ 4月25日，"房山杯"北京名人乒乓球邀请赛在良乡体育中心综合训练馆开赛

△ 5月18日，良乡医院新门诊大楼启用

△ 9月28日，良乡体育中心游泳馆投入使用

△ 6月18日，房山区第九届全民运动会在房山体育场开幕

社 会

1月29日，北京市人口计生系统文化、科技、卫生“三下乡”活动在青龙湖镇举行

3月2日，在西潞街道夏庄社区服务中心举办房山区贯彻落实“九养”政策——托老（残）所授牌仪式

9月15日，为佛子庄乡真武庙颁发“宗教活动场所证书”

10月13日，在区政府东二楼报告厅举行“孝亲敬老文明之星”表彰暨事迹报告会

特　载

全力打造首都高端制造业新区和现代生态休闲新城 努力开创“三化两区”建设新局面

——2010年12月9日在区委六届九次全体（扩大）会议上的报告

中共房山区委书记　刘　伟

各位委员、同志们：

本次全会的主要任务是：深入贯彻落实党的十七届五中全会和市委十届八次全会精神，认真总结2010年工作，准确把握当前形势，研究部署2011年各项任务，审议《中共北京市房山区委关于制定北京市房山区国民经济和社会发展第十二个五年规划的建议》，动员全区党员干部群众进一步解放思想、抢抓机遇，攻坚克难、创先争优，坚定不移地走新型城市化道路，全力打造首都高端制造业新区和现代生态休闲新城，努力开创“三化两区”建设新局面。

下面，我受区委常委会委托，向全会报告工作，请予审议。

一、关于2010年工作

年初以来，在市委、市政府的正确领导下，全区上下围绕推进“三化两区”建设，迎难而上，勇争一流，经济社会发展取得可喜成绩，党的建设切实加强，全区呈现经济快速增长、民生持续改善、社会和谐稳定的良好局面。主要经济指标在2009年高速增长的基础上，继续保持快速增长势头。财政收入、税收、固定资产投资、城镇居民人均可支配收入、农村居民人均纯收入预计同比分别增长142.9%、20.5%、7.2%、8%和10.1%。这些成绩再一次证明，“十一五”时期特别是2009年以来,通过全区上下的不懈努力，房山已经步入了快速发展的新阶段。这主要得益于我们对房山经济社会发展的客观规律性有了更加深刻的认识和把握，主要体现在四个方面：

一是认清了房山所处发展阶段的主要矛盾。按照科学发展观的要求，通过对比先进兄弟区县的发展历程，总结房山发展进程中的经验教训，我们深刻地认识到，房山仍然处于投资拉动的特殊发展阶段，经济总量不足仍然是我们发展中面临的主要问题。只有始终保持较大的投资规模和较高的投资强度，迅速扩大经济总量，才能追上先进兄弟区县的发展步伐，真正实现跨越发展。实践中，我们坚持把抓项目、促投资作为加快推进“三化两区”建设的首要任务。抓重大基础设施项目。轨道交通房山线即将通车运营，京石二通道前期工作稳步推进，京良路开工建设，房山区融入市区、借势发展的步伐明显加快。抓重大产业项目。长安汽车、中核北京科技园等一批科技含量高、市场前景好的重大项目相继落地，形成了以大项目带动大园区、集聚大产业的良好态势。抓重大民生项目。良乡医院门急诊综合楼投入使用，区妇幼保健院门诊病房楼主体工程完工，山区人口搬迁工程进展顺利，为房山区加快转变经济发展方式提供了巨大动力。抓山区转型项目。大力实施北部山区发展绿色行动计划，坚决退出低端资源型产业，彻底结束了千年采煤史；加大替代产业培育力度，产业结构进一步优化。实践证明，准确把握发展阶段的主要矛盾，科学决策，重点突破，是推动全区经济社会又好又快发展的重要基础。

二是探索了符合房山实际的发展路径。通过两年多的实践，我们初步探索出一条以“双轮驱动”为核心的新型城市化道路，“两轴三带五园区”发展格局初具雏形。一方面，坚持以城市化带动产业化。抓住轨道交通房山线等重大基础设施建设的契机，加快融入市区步伐，高端要素加速涌入，土地收益大幅提高，预计 2010 年基金预算收入可实现 100 亿元，同比增长 2.4 倍。城市化第一拉动效应充分显现，为重点功能区建设和重大产业项目落地提供了有力的资金支持和充足的发展空间。另一方面，坚持以功能区支撑城市化。五大重点功能区建设取得了重大实质性进展，产业集聚效应初步形成。北京石化新材料科技产业基地 16 个项目已建成投产，京西重工、长安汽车等重大项目先后落地窦店高端现代制造业产业基地，中央休闲购物区（CSD）品牌已经打响，中国房山世界地质公园顺利通过联合国教科文组织中期评估，成功与中粮集团签订了战略合作协议共建中国北京农业生态谷。功能区的加速推进，不仅增强了区域经济发展的可持续性，也有力拉动了周边地区的城市化进程。实践证明，坚定不移地走新型城市化道路，形成“双轮驱动”发展态势，是有效承接首都功能，推动房山跨越发展的重要途径。

三是初步形成了与央企合作的发展模式。央企资源是首都优势的重要体现。实践中，我们借助央企资源推动房山跨越发展，按照“服务中求合作、合作中促双赢”的思路，初步形成了与央企合作的新模式。一方面，强化与央企合作。围绕产业结构调整、新城建设等重点工作，借助央企在资金、品牌、人才等方面的优势，推动央企整合全国资源，落户大项目、建设大园区，先后与中石化、中核、中粮、港中旅等央企签订了合作协议，不仅上升到北京市与各大央企的战略合作层面，而且引起了国家有关部委的高度关注。另一方面，全力服务央企。通过加大统筹力度、找准关键节点、提高审批效率等措施，不断完善各项服务机制，为央企提供全方位、全程式服务，形成了从招商洽谈到项目落地的“一条龙”服务模式，加快了央企的入驻步伐。实践证明，在全方位、全程式服务央企的过程中寻求发展契机，实现合作共赢，是解放思想、敢于创新的具体体现，是房山借助和放大首都优势、破解发展瓶颈的有益探索。

四是建立健全了推动科学发展的保障体制。以开展创先争优活动为契机，坚持“围绕中心抓党建、抓好党建促发展”，强化了推动发展的作风、体制等方面保障。进一步转变了工作作风。区四大部门领导带头弘扬奥运精神，针对功能区建设、征地拆迁等难题，深入一线、靠前指挥，表现出昂扬向上的精神状态和真抓实干的良好作风；各街道、乡镇比工程实施进度、比项目落地速度，各委办局比工作效率、比服务质量，全区上下形成了齐心协力、共谋发展的良好局面。进一步创新了体制机制。严格落实项目负责制、扁平化协调督办制和区领导联系重大项目制，组建资金筹措、拆迁、手续办理等专业团队，集成优势、破解难题，形成了责任明确、灵活高效的体制机制。进一步强化了基层基础。圆满完成了农村“两委”换届选举工作，把一批工作能力强、群众公认度高的优秀人才选进了“两委”班子，增强了基层组织的凝聚力和战斗力；以提高领导水平和执政能力为核心，调整充实了一批领导干部，优化了领导班子和干部队伍结构。进一步营造了和谐氛围。积极落实就业、社会保障等各项惠民政策，大力发展教育、科技、文化、卫生、体育等各项事业，让群众共享改革发展成果；深化文明创建活动，通过宣传引导、树立典型，凝聚了人心、激发了活力；以提高群众工作能力为重点，维护群众利益，破解拆迁难题，化解社会矛盾，社会稳定局面更加巩固。实践证明，坚持全区一盘棋，统筹资源，协调利益，凝聚合力，是房山区实现持续高速发展的重要保障。

同志们，面对加快转变经济发展方式的迫切要求，面对首都各区县竞相发展的态势，我们依然取得了较好的发展成绩，根本原因就在于我们始终坚持以科学发展观为统领，把中央精神、市委要求与房山实际相结合，在认清发展阶段、把握主要矛盾的基础上，把走新型城市化道路作为加快转变经济发展方式的基本路径，把投资拉动作为加快转变经济发展方式的重要抓手，把深化与央企合作、加快重点功能区建设作为加快转变经济发展方式的主要载体，形成了推动发展的长效机制。这些成绩的取得，归功于市委、市政府的坚强领导，归功于全区广大党员和干部群众的无私奉献，归功于各部门、各单位的努力拼搏，归功于驻区单位和社会各界的大力支持。在此，我代表区委、区政府向大家致以崇高的敬意和诚挚的感谢！

按照中央和市委的要求，下面我把2010年全区干部选拔任用工作情况向全会做简要报告。区委常委会高度重视人事工作。一是注重加强领导班子和干部队伍建设。严格执行《党政领导干部选拔任用工作条例》，按照德才兼备、以德为先的标准，以推动“三化两区”建设的工作实绩为目标，坚持干部选拔任用资格条件，严格执行干部选拔任用程序，注重优化领导班子配备，创新干部选拔任用方式方法，着力提高处级领导班子和领导干部推动科学发展、促进社会和谐的能力。全年共调整处级干部202名，其中提拔70人，交流、轮岗73人，改任非领导职务30人。在70名新提拔的干部中，党政正职16人，占新提拔干部总数的22.9%；女干部15人，占新提拔干部总数的21.4%；24人通过公开选拔方式产生，占新提拔干部总数的34.3%。在调整中，注重选好配强党政正职，全年共对26个区直部门和17个街道、乡镇的党政正职进行了调整，进一步增强了领导班子的整体功能；强化注重基层的导向，围绕“两轴三带五园区”发展新格局和新建重点工程、重大项目，有计划从区直部门选派干部到街道（乡镇）任职，有效推动了工作的开展；加大干部交流工作力度，通过计划性交流、锻炼性交流、结构性交流，使干部流动更加有序，能力素质更加全面，班子结构更加合理。全年交流（含交流提拔）、轮岗干部110人，占干部调整总数的54.5%。创新教育培训方式，有步骤、有重点地开展党员领导干部教育培训工作；认真做好后备干部挂职锻炼工作，选派21名干部到北京市朝阳区、江苏省苏州市、浙江省绍兴市挂职锻炼；从区直机关抽调200名干部组成“三化两区建设宣讲团”，让干部在实践中经受考验、提高本领。二是不断深化干部人事制度改革。健全完善了区委常委会干部任免票决、干部选拔任用提名和科级干部竞争上岗等制度，形成了有利于促进科学发展的选人用人机制；加大竞争性选拔干部工作力度，拿出12个副处级领导职位参与全市公开选拔，拿出2个正处级和10个副处级领导职位，面向全市公开选拔非中共任职人选，并在全市率先开展了公开选拔乡镇团委书记工作；坚持从严管理干部，研究制定了《房山区区直部门领导班子综合考核评价办法（试行》，修改完善了《房山区街道、乡镇领导班子综合考核评价办法（试行）》，形成了比较完善的领导班子和领导干部考核评价体系。三是进一步强化对干部选拔任用工作的监督。认真学习贯彻干部选拔任用工作四项监督制度，不断完善干部监督工作联席会和经济责任审计联席会制度，进一步加大巡视工作力度，畅通监督渠道，营造了风清气正的用人环境。关于干部选拔任用工作，具体情况还有一份书面报告，请全会予以审议。

二、关于当前形势

准确把握当前形势，是加快推进“三化两区”建设、实现房山跨越发展的重要前提。尽管国内外形势异常复杂，但“十二五”时期，房山区仍然处于可以大有作为的重要战略机遇期，既面临难得机遇，又面临严峻挑战，机遇大于挑战。

一是首都加快建设中国特色世界城市为我们带来了重大机遇。市委十届八次全会指出，要全力推动“三个北京”战略，进一步提高“四个服务”水平，努力打造“五个之都”，推动北京向中国特色世界城市迈出坚实的步伐，强调要加速外溢中心区高端要素，全力破解人口、交通和创新发展问题。这为我们突出特色、找准定位、抢占先机，在首都建设世界城市的发展格局中更多地承担“五个之都”的核心功能，提供了历史性机遇。二是首都优化调整产业布局为我们带来了重大机遇。围绕加快转变经济发展方式，首都强调要大力发展实体经济，着力发展高端现代制造业，在郊区特别是五个城市发展新区加速布局重大产业项目和重点功能区，提升首都经济可持续发展能力。更重要的是，经过全区上下的共同努力，“推进房山高端制造业新区建设”已经写入市委“十二五”规划建议，被列入了首都南部高技术制造业和战略性新兴产业发展带的范畴。这为房山区进一步释放集聚高端要素、承接高端产业等方面的潜力，全面深化与央企合作、加快重点功能区建设提供了难得机遇。三是首都率先形成城乡一体化发展新格局为我们带来了重大机遇。当前，首都着眼于率先形成城乡一体化发展新格局，着力优化调整城市空间布局，推动城市发展建设重心向城市发展新区转移，推出了加快实施城南行动计划、打造永定河绿色生态发展带、促进西部地区转型发展等重大举措。特别是房山区已经被确定为首都“十二五”时期重点建设的新城，这有利于进一步凸显房山区区位优越、资源丰富、空间广阔等后发优势，有利于争取建设用地指标、重大基础设施建设、山区转型发展等方面的政策支持，为我们突破山区发展瓶颈，在更高层次上加快新城建设，快速提升面向中心城区的综合服务功能带来了难得机遇。四是城乡群众对过上更好生活的新期待给我们带来了重大机遇。改善民生既是发展的目的，也是发展的动力。经过近两年的快速发展，房山区群众普遍感受到了房山的重大变化，切实分享到了改革发展的成果，对过上更加富裕、更加舒适、更加美好的生活寄予了新期待。这为我们依托首都优势，提升城乡公共服务水平；加大民生投入力度，增强区域经济发展动力带来了重大机遇。

在新阶段，紧紧抓住并利用好当前的重要战略机遇期，有效应对各种挑战，对我们提出了新的要求：一是走新型城市化道路对我们提出了新要求。房山区走新型城市化道路还处在探索阶段，“双轮驱动”的良性循环尚未完全形成。一方面，与先进兄弟区县相比，我们的城市化水平相对较低，城市功能还不完善，承载市区高端要素、聚集高端人群的能力还不强。另一方面，尽管重点功能区建设取得了实质性进展，但受手续办理、资金筹措、建设时限等因素制约，功能区对区域经济的支撑作用尚未形成。如果不能抓住当前机遇，真正实现“双轮驱动”的良性循环，我们转变经济发展方式的任务就难以实现，就可能走上传统城市化的老路。二是实现全区统筹发展对我们提出了新要求。当前，房山区已进入快速发展期，但全区资源相对分散，各街道、乡镇发展存在同质化现象，城乡之间、平原和山区之间发展不均衡的问题依然突出，社会事业发展总体上仍然滞后于地区经济发展水平，城乡基础设施和公共服务设施建设仍然滞后于城市化进程。能否统筹好全区各类资源，实现优化配置；统筹好平原和山区发展，缩小发展差距；统筹好经济建设和社会事业，实现同步发展，是我们面临的重大考验。三是实现房山科学发展对全区干部队伍的能力素质提出了新要求。房山区已经进入了大拆迁、大建设、大发展的关键时期，同时也进入了矛盾凸显期，这对房山区干部队伍特别是领导干部的工作能力和水平提出了更高要求。但部分干部对在快速发展中遇到的新矛盾、新问题准备不足，对做好新形势下群众工作的重要性认识不够，在破解发展瓶颈上缺乏有效措施，在推动重大项目上缺乏有力抓手，领导科学发展的能力还需进一步提高。

面对新形势，我们必须在首都建设中国特色世界城市进程中进一步深化对“三化两区”内涵的认识，坚定不移地走新型城市化道路，全力打造首都高端制造业新区和现代生态休闲新城，尽快形成“两轴三带五园区”发展格局，努力实现由赶超型向引领型发展的重大转变。全力打造首都高端制造业新区，就是要依托重点功能区建设，全面深化与央企合作，重点发展符合世界城市产业定位要求的现代制造、新能源、新材料等高端产业，构筑实体经济高地，打造首都发展高端制造业的重要承载区。全力建设现代生态休闲新城，就是要倡导绿色、低碳、循环等现代城市理念，充分利用广阔的承载空间和独特的区位优势，高标准配置区域基础设施和公共服务设施，强化生态涵养和休闲服务功能，着力建设更加便利而高效、更加宜业有活力、更加宜居有魅力的现代化新城，更好地承载首都中心城区人口疏解、缓解市区交通压力、聚集首都高端要素，实现与首都建设世界城市协调发展。打造首都高端制造业新区和现代生态休闲新城，是房山在首都建设中国特色世界城市格局中的新定位，也是“十二五”时期房山区经济社会发展的新目标，我们要牢牢把握这一新定位和新目标，全面推动“三化两区”建设，努力实现又好又快发展。

三、关于 2011 年工作

2011 年是实施“十二五”规划的起步之年，也是全面推进“三化两区”建设的关键一年。我们要继续埋头苦干、创先争优，抢抓机遇、加快发展，确保“十二五”时期良好开局，以优异成绩向建党 90 周年献礼。

全区工作的总体要求是：深入贯彻落实党的十七届五中全会和市委十届八次全会精神，以科学发展为主题，以加快转变经济发展方式为主线，以加强党的领导为保障，坚定不移地走新型城市化道路，全力打造首都高端制造业新区和现代生态休闲新城，努力推动全区经济社会发展实现新突破，全面开创“三化两区”建设新局面。

全区经济社会发展的主要预期目标是：地区生产总值同比增长12%左右，地方财政收入同比增长12%左右；城镇居民人均可支配收入同比增长 8%以上，农村居民人均纯收入同比增长10%以上；城镇登记失业率控制在 4%以内；地方全社会固定资产投资完成431亿元；规模以上工业万元产值综合能耗降至2.7吨标准煤以下；二级和好于二级天数累计达到252天，占监测天数的69%。

完成上述目标任务，要着力在以下六个方面取得突破性进展：

（一）坚持重大项目带动，在扩大投资规模上实现新突破

进一步加大投资力度，破解投资瓶颈，加速重大项目落地，带动高端产业集聚发展。

一是确保投资进度。要完成年度固定资产投资计划，完成 90 亿元土地储备任务。特别是要确保2011年一季度完成70亿元投资任务，实现首季开门红。要进一步发挥投融资服务平台的作用，拓宽融资渠道，提高融资能力，为新城和重点功能区建设提供资金保障。要抓住市直部门下放审批权的契机，加强沟通协调，做好基础工作，加快项目手续办理速度。要破解拆迁瓶颈，坚持依法、公平、阳光拆迁，处理好群众的利益关系，加快拆迁速度，促进重大项目投资落地。

二是抓好重大项目建设。要全力推进长安汽车、中核北京科技园等一批重大产业项目建设，着力抓好轨道交通房山西延线、京石二通道等一批重大基础设施项目建设。要继续落实重大项目责任制，健全完善“四个一”推进机制，实现一个项目、一名领导、一套班子、一个方案，千方百计加快重大项目推进速度。

三是加大招商引资力度。要完善招商办法，整合招商资源，提升招商引资的质量和水平。要依托央企的品牌效应、功能区的聚集效应进行招商，力争形成重大项目开工一批、在建一批、投产一批、储备一批的良好态势。

（二）坚持与央企合作，在推动功能区建设上实现新突破

大力推进功能区建设，带动产业结构优化升级，加快转变区域经济发展方式，为建设首都高端制造业新区提供强大支撑。

一是全面深化与央企合作。把深化与央企合作作为推动功能区建设的重要抓手。要巩固与中石化、中核、中粮等大央企的合作成果，进一步强化服务意识，健全与央企对接的长效机制，积极解决重大项目引进建设过程中遇到的实际困难和问题，为推进与央企合作创造良好环境。要强化与央企的沟通协调，在认真研究央企发展战略和发展需求的基础上，进一步拓展合作领域和空间，特别是要积极采取投资、参股、重组等多种方式开展合作，吸引更多优质项目落户房山。要围绕区域特色和功能定位，利用自身优势，加大宣传推介力度，积极寻求合作良机，吸引更多央企到房山投资发展。

二是切实加快重点功能区建设。要加强对功能区建设的统筹协调，完善功能区建设管理体制，进一步理顺功能区与所在行政区的关系，使功能区与行政区真正做到规划衔接、产业配套、功能融合，共享发展效益。区直部门要根据发展需要，全力服务好功能区建设。五大重点功能区要加快配套设施建设，力争签约项目早日开工，在建项目早日投产。北京石化新材料科技产业基地要加快核心区拆迁建设进度，确保中石化计划投资项目顺利落地。窦店高端现代制造业产业基地要加快北控太阳能、长安汽车、北车轨道交通项目建设进度。中央休闲购物区（CSD）要开工建设港中旅长阳温泉城，加快推进橙天嘉禾影城等项目建设。加快中国房山世界地质公园、中国北京农业生态谷建设步伐。

三是全力推动产业结构优化升级。依托重点功能区建设，优化提升传统产业，带动

新兴产业聚集。要做优做精建筑、建材、房地产三大传统优势产业，特别是区属建筑集团要加强与大企业的战略合作，推动企业资质升级，提升产业核心竞争力。要加快培育现代制造、石化新材料等战略性新兴产业，占领产业高端，努力打造区域经济发展的新支撑。要大力发展现代服务业，加快发展文化创意、高端旅游等新兴产业，积极引进国内外商贸、娱乐、户外休闲等知名企业和品牌，为促进区域经济增长提供重要动力。

（三）坚持城市化拉动，在提升新城建设管理水平上实现新突破

抓住房山新城被确定为全市重点建设新城的契机，高标准建设新城示范区，着力打造与“两轴三带五园区”布局相融合、功能相匹配的城市群落，不断完善城市综合功能，加快建设现代生态休闲新城。

一是加快建设新城示范区。强化规划引领作用，聚焦长阳半岛，对城市功能进行全方位规划设计，规划建设地标性建筑，高标准建设集购物、休闲度假和户外运动等功能于一体的新城示范区。加快城市基础设施和公共服务设施建设，吸引高端要素聚集，提高城市承载能力，切实把长阳半岛打造成首都的活力之都、低碳之城。

二是着力打造新型城市群落。以京石高速发展轴和轨道交通房山线及西延发展轴为纽带，依托五大重点功能区，整体推进两大新城组团和中心镇建设，着力构建新型城市群落。要统筹良乡、燕房两个新城组团建设，加速推进拱辰街道一街至五街改造工程和城关街道中心区改造项目，加快城乡结合部改造，加快推进高教园区建设，进一步改善城市面貌，拓展发展空间，带动周边地区加快发展。要加快窦店镇、琉璃河镇、韩村河镇、周口店镇、长沟镇、大石窝镇、河北镇等一批重点镇建设，逐步实现与新城组团在产业、资源等方面的有效对接和联动发展。要统筹推进功能区与所在新城组团和中心镇的发展，把功能区的生活配套区纳入城市群落的整体规划，实现功能互补、互动发展。

三是提高城市管理水平。要加强对城市景观风貌和整体形象的统一规划设计，不断提高城市品位。进一步理顺城市管理体制，坚持建管并重、条块结合，加强部门协调，落实属地责任，提高城市运行效率。加快数字房山建设，不断提高城市管理的科技化、网络化和精细化水平。优化区域路网建设，改善交通微循环系统，研究出台良乡地区道路疏堵工程方案，加强交通调度，缓解新城交通压力。

（四）坚持城乡一体化，在推动农村与山区转型发展上实现新突破

以首都率先形成城乡一体化发展格局为契机，加大统筹城乡和区域协调发展力度，推动农村和山区发展再上新水平。

一是加快推进农村转型发展。坚持以新型城市化引领“三农”工作，大力推动农村城市化、农业产业化和农民市民化。要加快农村城市化步伐。通过“城中村”和城乡结合部改造、土地储备、新型农村社区建设等途径，引导农民加速向城镇集中。要加快农业产业化步伐。以中国北京农业生态谷、青龙湖国际红酒城为依托，大力发展都市型现代农业，充分发挥农村专业合作组织作用，促进一产向二三产业融合。要加快农民市民化步伐。完成全区237个村集体经济产权制度改革，加速集体林权制度改革，让农民成为有资产的市民。结合重点功能区和重大项目用工需求，加强农民就业技能培训，多渠道促进农村劳动力非农就业，让农民成为有工作的市民。全面落实转居农民纳入城镇社会保障体系政策，促进城乡基本公共服务均等化和社会保障一体化，让农民成为有保障的市民。

二是加快推进山区转型发展。坚持开发与涵养并重，抢抓市委、市政府支持西部地区转型发展的政策机遇，创新开发模式，进一步破解山区发展瓶颈。要巩固传统资源型产业退出成果。做好矿山关闭地区的后续工作，加快关闭所有不符合政策要求的水泥厂、石灰厂、石板厂等传统资源型企业，坚决打击私挖盗采，切实巩固关矿成果。要加强山区生态环境建设。大力推进大石河流域综合治理、废弃矿山生态修复等重点生态工程建设，着力完善生态林建管机制，促进山区深度涵养，为山区长远发展奠定良好基础。要加快新兴替代产业发展。按照突出资源特色、引进战略投资、促进高端发展的思路，积极探索与央企合作带动山区转型发展的有效途径，通过共建产业基地、搭建总部后台、乡镇整体开发等模式，促进央企的品牌、资金等要素与山区的生态、土地等资源对接，大力发展沟域经济，推动旅游休闲、总部经济等产业发展，打造山区发展新亮点。要扎实做好山区人口搬迁工作。按照集中安置与分散安置相结合的思路，继续抓好采空区、强泥石流易发区险户搬迁工作，着力推进煤矿关闭地区人口搬迁工程，积极争取市级专项政策支持，重点推进阎村镇公主坟村等集中安置项目建设，加快山区人口搬迁进度。统筹解决好搬迁人员的转居、社保、就业等问题，确保山区人口搬得出、稳得住、能致富。

（五）坚持以人为本，在推进以改善民生为重点的社会建设上实现新突破

依托首都优势，引进优质资源，大力促进民生事业发展，提高社会管理和公共服务水平，不断满足全区群众过上更好生活的新期待。

一是切实保障和改善民生。要落实稳定和扩大就业的各项政策措施，多渠道增加就业岗位，加强城乡就业统筹，加大对就业困难群体的帮扶力度，确保全区就业局势稳定。要继续加大教育投入，推进学校标准化建设和校舍抗震加固工程，强化校园安全管理；优化教育资源布局，扩大优质教育资源在农村的覆盖面，推动教育现代化和均衡发展。要大力促进医疗卫生事业发展，进一步提升区级医院和基层医疗卫生机构的服务功能，推进基本公共卫生服务均等化。要加快推进城乡统一的医疗保障制度建设，继续推动城乡居民养老保险工作，完善低收入家庭临时救助机制，不断扩大社会保障覆盖面。要继续抓好长阳北部组团等政策性住房项目建设，认真做好保障性住房分配工作，努力满足困难群体的安居需求。

二是切实加强社会建设和管理。抓好街道（乡镇）社会工委建设，加强非公有制经济组织和新社会组织党组织建设，进一步提升社会领域党建工作水平。推进社区办公和管理服务用房建设，探索公共服务设施建设多元化的实现途径，打造“一刻钟社区服务圈”，巩固“六个家园”建设成果，进一步提升社区规范化建设水平。抓好“枢纽型”社会组织建设，加快推进政府购买社会组织公共服务步伐，健全社会志愿者长效管理机制，推动社会组织健康发展。推进社会服务管理创新，构建网格化社会服务管理体系，推行村庄社区化管理，加强对流动人口及各类特殊人群的管理服务，不断提升社会管理服务水平。

三是切实推动文化大发展大繁荣。充分发挥文化引导社会、教育群众、推动发展的功能，为全面推进“三化两区”建设提供强大精神动力和智力支持。以纪念建党 90 周年为契机，加强宣传思想工作，唱响时代主旋律，增强全区党员群众团结奋斗的思想基础。深入推动精神文明创建活动，倡导新风尚、营造新环境，进一步提升全区文明程度。加快公共文化基础设施建设，深入实施文化惠民工程，推动“文化周末大舞台”向基层延伸，广泛开展全民健身活动，丰富基层群众的文体生活。完善文化产业配套政策，加快云居寺文化景区等重大项目建设，促进文化与旅游产业融合，推动文化创意产业发展，不断提升房山对外的影响力。

（六）坚持稳定第一责任，在推进平安房山建设上实现新突破

认真履行第一责任，主动服务第一要务，努力为“三化两区”建设营造和谐稳定的社会环境。

一是认真抓好矛盾排查化解工作。要进一步健全党委领导、政府主导、各方参与的维稳工作格局。建立健全稳定预警机制和风险评估机制，巩固“领导干部大接访”活动成果，认真落实各级领导干部接访、下访及约访等制度，完善“大调解”工作体系，着力解决征地拆迁、涉法涉诉等信访突出问题，努力做到抓早、抓小、抓苗头，及时化解各类矛盾纠纷，从源头上预防和减少社会矛盾。

二是切实加强社会治安综合治理。坚持打防结合、预防为主的方针，完善社会治安防控体系。大力加强基层基础建设，健全街道（乡镇）综治维稳机构，整合基层维稳工作力量，进一步夯实全区安全稳定的基础。深入开展基层平安创建活动，做到专群结合、群防群治，强化社会面控制，维护良好的社会治安秩序。抓好市级挂账重点村、治安重点地区和高发案地区的综合整治，加大对各类违法犯罪活动的打击力度，抓好同“法轮功”等邪教组织的斗争，确保社会安全稳定。

三是着力维护公共安全。树立安全发展理念，健全安全生产制度，完善应急管理预案，强化对交通、矿山、建筑施工、危险化学品等重点行业和领域的安全监管，坚决防范和遏制重特大安全事故的发生。

四、全面加强党的建设，为“三化两区”建设提供坚强的政治保证

以改革创新的精神不断加强和改进党的建设，为完成好 2011 年各项任务，加快推进“三化两区”建设，打造首都高端制造业新区和现代生态休闲新城提供有力保障。

（一）进一步解放思想，为“三化两区”建设提供思想保障

经过近年来的苦干实干，房山已经进入了快速发展的新阶段，迫切需要我们时刻保持清醒头脑，不断推动思想解放，切实增强适应新形势、把握新机遇的能力。要强化危机意识，清醒认识房山区在首都发展格局中的位置，找准差距，切实增强慢不起、坐不住的紧迫感和危机感，以只争朝夕的精神全力加快发展。要强化机遇意识，牢牢把握房山在全市“十二五”时期的新定位，紧紧抓住市委、市政府实施城南行动计划、促进西部地区转型发展等重大机遇，排除万难，抢占先机，争取主动。要强化创新意识，认真总结在与央企合作、重大项目落地、征地拆迁等方面的好经验、好做法，创新体制机制，创新方式方法，敢为人先，敢想敢干，开创各项工作新局面。要强化大局意识，围绕全区“十二五”时期发展目标，结合本部门、本单位的实际，理清思路、明确措施，切实把思想和行动统一到区委部署上来，统一到“三化两区”建设上来。

（二）抓好领导班子和干部队伍建设，为“三化两区”建设提供组织保障

以提高推动科学发展能力为核心，继续深入开展创先争优活动，抓班子、带队伍、聚人才、强基础。要抓好班子建设。坚持正确的用人导向，认真做好换届选举工作，努力把各级领导班子建设成为求真务实、开拓创新、勤政廉政、团结和谐的坚强领导集体。要抓好能力提升。加大干部培训力度，提高干部队伍的素质能力。以考核干部在推进“三化两区”建设中的工作实绩为重点，进一步完善干部考核体系和监督激励机制，努力营造想干事、能干事、干成事的良好氛围。要抓好人才引进。坚持“引才”与“引智”相结合，着力引进一批领军型人才，为加快

重点功能区和高端产业项目建设提供人才保障。要抓好基层基础建设。切实提高基层党组织为群众办实事、谋利益的能力，发挥基层党组织推动发展、服务群众、凝聚人心、促进和谐的作用。完善党员教育管理服务机制，更好地发挥党员的先锋模范作用。

（三）大力加强党风廉政建设，为“三化两区”建设提供作风保障

充分发挥党风廉政建设在推动全区经济社会发展中的保驾护航作用，以促进勤政廉政为重点，进一步抓作风、树形象、聚人心、促发展。要认真抓好党风廉政建设。严格落实党风廉政建设责任制，切实加强惩防体系建设，加强对领导干部的廉洁从政教育，推动廉政风险防范管理向局级领导班子和领导干部延伸，向基层重要部门和岗位延伸，努力从源头上预防和惩治腐败。要强化监督检查工作。加强对重大决策部署执行及重大项目落地情况的监督检查，坚决查处各种不作为、乱作为、慢作为行为，保证区委、区政府各项重大决策部署的贯彻落实。严格落实“三重一大”、领导干部问责等制度，加强对领导班子和领导干部的监督，规范权力运行。要切实转变工作作风。深化服务型机关创建，强化区直部门主动服务基层的意识。坚持和完善区领导联系重大项目、扁平化协调推进的战时工作机制，认真落实领导干部联系基层、调查研究等制度，大力弘扬领导干部带头抓项目、带头破难题、带头促和谐的良好作风，以优良的党风带政风促民风，确保各项工作落到实处。

发挥党委统揽全局的作用，规范党委与人大、政府、政协的关系，支持人大、政协围绕中心开展工作，充分发挥人大代表、政协委员的作用，为推进“三化两区”建设贡献力量。继续加强党管武装工作，促进国防后备力量建设。支持工、青、妇等群团组织依照法律和章程开展工作，做好老干部、统战和民族宗教工作，调动一切有利于发展的积极因素，形成推动全区科学发展的整体合力。

同志们，房山正处在跨越发展的关键时期，各项工作繁重而艰巨。我们要深入贯彻落实科学发展观，以更加奋发有为的精神状态和求真务实的工作作风，在新的起点上全面推进“三化两区”建设，为把房山打造成首都高端制造业新区和现代生态休闲新城而努力奋斗！

北京市房山区人民代表大会常务委员会工作报告

——2011年1月7日在房山区第六届人民代表大会第六次会议上

北京市房山区人大常委会主任　史全富

各位代表：

我受房山区第六届人民代表大会常务委员会委托，向大会报告一年来的工作，请予审议。

2010年的主要工作

2010年是全区上下奋力拼搏、经济社会实现跨越发展的重要一年。一年来，在区委的领导下，区人大常委会深入贯彻落实党的十七届四中、五中全会和市委人大工作会议精神，坚持以科学发展观为统领，认真贯彻区委的各项决策部署，围绕中心、服务大局，关注民生、依法履职，为加快推进“三化两区”建设做出了积极贡献。

一年来，共召开常委会会议8次，听取和审议“一府两院”专项工作报告18项，

组织代表视察和检查20次，依法任免地方国家机关工作人员63名，办理代表议案3项8件、建议101件，全面完成了区六届人大五次会议确定的各项工作任务。

一、以科学发展观为指导，加强对"三化两区"重大事项的监督

常委会始终坚持围绕中心，突出城市化、工业化和现代化的发展方向，找准着力点，对事关全局的重点工作加强监督。

加强对重点功能区建设的监督，促进区域经济总量不断扩展。

当前，房山仍处于投资拉动的特殊阶段，经济总量不足仍然是发展过程中面临的主要矛盾。只有始终把握住重点功能区建设不动摇，保持较大的投资规模和较高的投资强度，迅速扩大经济总量，才能真正实现强区升位、跨越发展。一年来，常委会采取多项措施对重点功能区建设进行了跟踪推进。一是提出议案建议，争取政策资金支持。在市人代会上，组织房山团的市人大代表认真审议报告，提出议案建议。经过积极争取，石化新材料产业基地、现代高端制造业基地、房山世界地质公园建设和支持煤矿、非煤矿山关停地区替代产业发展及农民转移就业列入了市政府工作报告重点支持项目，促进西部地区发展的议案列入了市人大重点督办议案，特别是市政府落实城南发展议案实施的城南行动计划，为房山区破解交通瓶颈、加快功能区建设提供了强有力的政策和资金支持。二是认真审议报告，推进旅游产业发展。围绕房山世界地质公园中期评估验收，开展了专项工作评议和满意度测评。建议要以达标验收为契机，理顺关系，整合资源，加强环境整治和建设，做大做强旅游产业。区旅游局制定并实施了7项18条改进措施，确保了世界地质公园顺利通过评估验收。三是积极开展视察调研，推动重点功能区建设。常委会组成人员多次深入到燕房、窦店、长阳、琉璃河、长沟等地区和相关部门进行座谈，了解功能区规划建设情况，共同探讨破解发展瓶颈的办法和需要帮助呼吁解决的难题。两次组织市区人大代表对重点功能区进行视察，代表们就高起点规划、高标准建设、高效能管理以及加快前期手续办理与配套设施建设等方面提出了许多很好的建议。此外，根据区委安排，人大常委会有三位领导参与了重点功能区的规划拆迁、组织协调及项目引进洽谈工作。在区委的统一领导下，区政府集中力量攻坚克难，全区上下密切配合，使五大重点功能区建设取得了突破性进展，为"十二五"期间经济社会实现跨越发展奠定了坚实的基础。

加强对"十二五"规划编制工作的监督，促进经济社会跨越发展。"十二五"时期是房山区全面推进"三化两区"建设、加快转变经济发展方式的关键时期，是城市化全面提速、产业化快速提升、现代化加速实现的黄金机遇期。科学编制"十二五"规划，对于房山在"十二五"期间抓住重要战略机遇、实现跨越发展具有重大意义。在规划编制过程中，常委会组成人员和代表深入到区政府职能部门及各乡镇，调查了解"十一五"规划指标完成情况，与规划编制部门共同研究探讨今后的发展优势和产业调整重点，建议要牢牢把握住房山在首都建设世界城市进程中的战略地位和在五个城市发展新区中的特殊优势，围绕"全力打造首都高端制造业新区和现代生态休闲新城"的新定位，科学编制好"十二五"规划，指导全区经济社会实现大发展、大跨越。为广泛汇集各方智慧，开展了以"建言十二五，共谋新发展"为主题的代表旬活动，广大代表深入基层调研座谈，共收集到功能区建设、山区发展等方面的重点建议60多条。同时，将规划纲要（草案）发给全体区人大代表，3次召开座谈会征求代表意见，代表们结合实际提出了许多好的意见建议。在深入调研、广集民智的基础上，专题审议了区政府"十二五"

规划纲要（草案）编制情况的报告，建议要有效对接北京市“十二五”规划，按照市里的发展思路，切实规划好房山区的重大项目和产业发展，为房山实现跨越发展提供产业支撑。规划编制过程充分发扬了民主，广泛地吸收借鉴了常委会、人大代表和社会各界的建议，使规划更加符合房山区发展的需要，进一步体现了全区人民的意愿和要求。

加强对国家生态区建设的监督，促进城市建管水平不断提升。房山区新型城市化战略实施以来，在以城市化带动产业化、以功能区支撑城市化的“双轮驱动”发展模式推动下，“两轴三带五园区”发展格局初具雏形，但总体上城市化水平还相对较低，城市功能还不够完善。经过深入调研和认真审议，常委会做出了《关于房山区国家生态区建设规划的决议》，要求把生态环境保护提高到房山发展生命线的高度，以创建国家生态区为契机，细化实施方案，分解工作任务，健全协调保障机制，分年度稳步推进，营造生态亮点，构筑生态型、效益型、节约型社会。围绕决议的实施，听取房山区垃圾处理工作汇报，对垃圾分类和填埋场建设情况进行视察，对低碳循环经济发展情况进行调研，推进了生态环境整治和低碳经济发展。

加强对产业转型升级的监督，促进经济发展方式不断优化。房山区传统资源型产业退出后，面临着产业结构调整和加快发展的双重任务，要实现发展方式的转变，必须加大统筹城乡和区域协调发展力度，积极探索与央企合作带动转型发展的有效途径，不断推动产业结构优化升级。为此，常委会组成人员深入蒲洼、史家营等山区乡镇进行调研，了解关闭煤矿后山区替代产业发展和农民就业增收情况，了解山区发展中遇到的困难和急需解决的问题。同时，组织代表对沟域经济发展情况进行视察，建议要立足生态涵养功能，充分挖掘资源优势，积极争取政策、项目和资金支持，推进山区经济转型和健康发展。专题听取了房山区科技事业发展情况的汇报，建议要加大科技培训宣传力度，强化科技成果转化和技术创新，抓好高端人才引进和培养，促进高新技术产业化。围绕新兴产业发展，组织代表对现代服务业发展情况进行视察，有针对性地提出了意见建议。商业部门进一步加强了对行业的规划、指导和服务，积极引进国内外知名企业，使房山区现代服务业整体水平有了明显提升。

加强对财政预决算和审计工作的监督，促进财政资金运行质量不断提高。根据法律规定，听取审议了2009年财政决算的报告，审查批准了财政决算。听取审议了审计工作报告、2010年财政预算执行情况的报告，审查批准了预算调整方案，初审了2011年财政预算（草案）。针对重大项目投资中存在的问题，建议要严格支出管理，加大整改力度，提高资金使用效益；要集中财力保重点、保民生，加大对五大功能区和重点项目的投入力度，增加一般预算收入；要健全政府债务管理机制，防范财政风险。区财政部门从保增长、优结构和债务监管等4个方面加强了管理，提高了财政资金的运行质量和使用效益。

二、以构建和谐房山为目标，加强对民生问题的监督

常委会坚持以人为本，把保障和改善民生、构建和谐房山作为依法履职的出发点和落脚点，积极推进民生热点难点问题的解决。

注重办理实效，认真落实代表议案建议。区六届人大五次会议上，代表们围绕发展与民生难点积极提出议案建议。常委会把议案建议的办理作为保障人民民主权利的重要内容，采取明确分工、重点督办，加强调研、解决难点，强化沟通、共同推进，健全机制、跟踪督办等方法，积极推进议案建议的办理。区政府制定折子工程，主管副区

长牵头主抓，承办单位实行一把手责任制，政府办建立台账定期督查，使议案建议办理工作取得了较好成效。关于保障性住房建设的议案，区政府克服重重困难，2010年列入政策性住房项目15个，已竣工25.81万平方米、共2986套，可逐步解决保障性住房申请家庭的住房需求。关于加强农村基础设施建设的议案，区政府进一步完善了新农村长效管护机制，在市级重点村实施了道路硬化、村庄绿化、生物采暖、改厕、雨洪利用等一大批工程，使重点村的基础设施得到进一步改善。关于社区规范化建设的议案，区政府采取新建、改扩建以及购买落实配建指标等方法，使全区45个社区用房面积平均达到了350平方米。同时招录212名大学生到社区工作，使社区规范化建设得到进一步加强。101件代表建议全部按期办理答复，其中10件重点建议办理取得了较好效果。

注重人民群众关心的热点难点问题，加强对社会建设的监督。在全区经济社会大发展、大进步的背景下，牢固树立群众观点，把握群众诉求，科学处理好群众的利益问题，具有重要的现实意义。常委会坚持把人民群众最关心的问题作为开展工作的突破口，积极推进民生难点问题的解决。对就业和劳动保障情况进行了视察，听取了专项工作汇报，提出有针对性建议5条。区政府及职能部门积极拓宽就业渠道，千方百计解决就业难题，全年共帮助城镇失业人员就业1.27万人，农村劳动力转移就业1.3万人。为推进新型城市化建设，对市政市容委的工作进行了专项评议和满意度测评，要求抓住首都建设世界城市的机遇，结合城南行动计划的实施，突出区域特色，完善城市功能，进一步适应新型城市化发展的需要。市政市容部门在新城规划、建设、管理及市民文明教育等方面采取有效措施进行了改进和提高。围绕群众关注的热点，对社区医疗卫生设施、城乡基础设施、城乡结合部环境和中小学标准化建设情况进行了视察，代表们充分肯定了房山区社会建设取得的成效，针对问题提出了中肯的意见建议，推进了房山区社会事业健康发展。

注重群众来信来访，促进社会和谐稳定。和谐稳定的社会环境是搞好经济建设的大前提。随着房山区城市化进程的加快，征地拆迁、涉法涉诉等与群众利益密切相关的信访问题日渐增多。一年来，常委会共接待来信来访62件。对此，常委会从维护全区稳定大局的高度给予了充分重视，明确专人负责接待，听取来访者的诉求，加强与区信访办和“两院”的沟通协调，从源头上预防和减少社会矛盾。对于容易引发群体访、越级访的信访件，常委会领导亲自接待或批转，工作人员定期跟踪督办，使群众反映的一些问题得到了妥善解决，维护了社会和谐稳定。

三、以推进民主法制建设为根本任务，加强对法律法规实施情况的监督

常委会以保障经济社会发展为目标，围绕推进民主法制建设进一步加大法律监督力度，努力营造良好的法治环境。

加强法律监督，促进法律法规的有效实施。围绕生态区建设规划实施的难点，听取审议了《中华人民共和国大气污染防治法》贯彻落实情况的报告，对《城市绿化条例》宣传贯彻情况进行了检查，建议要把法律实施与创建国家生态区有机结合起来，细化任务，强化责任，严格依法推进；从源头抓起，加大依法监管和科技投入力度，提升房山区大气污染防治水平。坚持把贯彻基本国策与推进热点问题解决紧密结合，听取审议了《中华人民共和国人口与计划生育法》实施情况的报告，提出了整合政策、严格执法、强化抚养费征收、完善利益导向机制、加大宣传力度等审议意见。围绕法律实施中存在的问题，对《中华人民共和国文物保护法》《中华人民共和国教育法》《中华人民共和国义务教育法》《中华人民共和国村民委员

会选举法》实施情况进行执法检查，提出了意见建议。区政府认真落实代表意见建议，加大资金投入，认真做好文物抢救修缮和中小学标准化建设及抗震加固工作，确保了法律法规的贯彻落实。

加强对司法工作的监督，维护社会公平正义。听取审议了普法规划实施情况的报告，建议要加强对重点人群的宣传教育，提高各级干部的依法决策、依法办事能力，引导群众学法、守法，依法维护自身的合法权益。为有效推动司法工作的开展，听取审议了区法院民事审判工作报告，就突出服务大局、加强队伍建设、提高审判质量和效率等方面提出了审议意见。同时，积极组织代表旁听法院案件审判、参与案件执行，有效发挥了代表在推进司法公正中的作用。注重跟踪问效，在审议区检察院诉讼监督工作报告的基础上，听取了整改情况的汇报。区检察院认真落实市人大决议和区人大常委会审议意见，改进监督方式，完善监督机制，增强了诉讼监督实效。为维护社会稳定，对基层司法所开展人民调解工作和社区矫正工作情况进行了视察，听取了公安工作汇报，代表们就社会矛盾化解等方面提出了中肯的建议。房山公安分局和区司法局认真落实常委会和代表建议，有效发挥职能作用，为全区经济社会健康发展提供了强有力的司法保障。

四、以强化代表工作为主体，保障代表依法履职

常委会始终坚持把做好代表工作作为一项基础性和全局性工作来抓，积极为代表履职提供服务保障，有效发挥代表作用。

加强素质建设，提升代表履职能力。根据代表工作需要，举办了企业界代表培训班，介绍了房山区经济发展形势和工业发展情况。召开工作通报会，“一府两院”向代表通报了半年工作情况。积极组织代表开展专题调研和会前集中视察，使代表全面了解房山区经济社会发展情况，为依法履职奠定了基础。组织召开“十佳人大代表”座谈会，交流依法履职的经验和做法，探讨做好代表工作的新方法、新途径，增强了代表的大局意识、责任意识和履职能力。

搭建履职平台，充分发挥代表作用。进一步加强代表工作制度建设，完善了“一府两院”接待代表窗口、代表列席常委会会议、视察检查和专题调研等制度。积极邀请代表参加常委会的各项活动，并逐步扩大基层代表参加人数。组织市区人大代表开展了代表旬活动，代表们为科学编制“十二五”规划提出了许多真知灼见，使人民群众的意愿进入了重大决策之中。各代表小组联组和专业代表小组，也开展了形式多样的活动。一年来，代表有52人次列席了常委会会议，216人次参加了视察检查和调研活动，有93人次旁听了法院的庭审或参与案件执行。代表们积极联系群众，宣传动员群众，建言发展，反映民需，为加快推进“三化两区”建设和民主法制建设做出了积极贡献。

健全激励机制，调动代表的积极性。继续实行代表履职登记制度，将代表参加常委会活动、提出议案建议、审议报告等情况进行登记，作为评优的重要条件。坚持代表向选民述职制度，组织代表向选民报告履职情况，接受选民的评议监督。开展了评选表彰“十佳”人大代表活动，在人大网站和《人大信息》宣传代表的先进事迹，使广大代表学习有典型，有效地调动了代表的履职热情。

根据工作需要，依法补选了6名区人大代表。在代表补选中，坚持把依法选举与充分发扬民主相结合，把贯彻区委意图与人民意志相统一，使补选任务圆满完成。

五、以加强自身建设为基础，增强人大工作活力

常委会以贯彻落实市委人大工作会议精神为主线，以增强服务大局能力为目标，狠抓自身和机关建设，努力打造运转高效、

作风优良、廉洁勤政、充满活力的地方国家权力机关。

加强思想政治和专业素质建设，适应新形势新任务需要。注重理论修养，认真学习党的十七届四中、五中全会和市委人大工作会议精神，深刻认识人大在推进科学发展中所肩负的使命，增强政治意识和大局意识，自觉围绕发展和民生履行职责，始终保持人大工作与区委中心工作相一致，与政府工作重心相协调，与人民群众意志相统一。注重专业素质提升，举办常委会组成人员培训班、法制讲座、工作研讨会，学习法律和专业知识，探讨提高会议质量、增强监督实效的新方法、新举措，努力提升人大工作者的综合素质，力求做到有专业特长，有较宽的知识面，有较高的思想境界。

加强作风建设，深入开展调查研究。围绕做大做强功能区、发展沟域经济等 14 个课题开展了专题调研，为科学决策、促进发展提供了参考依据。围绕常委会监督议题开展了审前调研，广泛了解工作开展情况及存在问题，使调查报告评价客观、问题准确、建议中肯可行。深入区政府相关委办局、“法检”两院和乡镇街道开展了综合调研，掌握第一手资料，为依法履行职能奠定了基础。

加强宣传工作，提高全社会对人大工作的认知度和参与度。强化工作动态宣传。充分发挥电视、报纸等新闻媒体作用，对人大的重要活动、重点工作进行跟踪宣传。同时，编制了“围绕中心，服务大局，认真履行人大职能”专题片，系统宣传了推进功能区建设、建言“十二五”规划等情况，让人民群众了解人大的职能和作用，监督支持人大工作。强化对代表履职情况的宣传。运用信息、网站宣传人大代表依法履职的先进事迹、代表旬活动及视察检查情况，努力为代表执行职务营造良好的社会氛围。强化大会宣传。人民代表大会期间，电视、广播、网络、报纸对大会盛况、分团审议、代表座谈发言情况进行全程跟踪报道，营造出团结、民主、喜庆、热烈的氛围，统一了思想，振奋了精神，鼓舞了干劲。

各位代表，过去一年里常委会取得的工作成效，是在区委正确领导下，常委会组成人员和全体人大代表共同努力的结果；是“一府两院”、乡镇街道人大和全区人民信任、支持的结果。在此，我代表第六届人大常委会向各级人大代表致以崇高的敬意！向“一府两院”和所有关心、支持人大工作的同志们表示衷心的感谢！

回顾过去一年的工作，我们在看到成绩的同时，也清醒地认识到人大工作还存在着一些问题和不足，主要表现为“三个差距”：一是人大常委会及机关的制度建设水平与新形势、新任务的要求还存在差距；二是人大代表联系群众、反映民意的方式方法与人民群众反映利益诉求的渴望还存在差距；三是人大工作者的理论修养和专业素质与充分发挥人大职能、推动全区各项事业开拓创新的目标还存在差距。

要解决以上问题和不足，实现人大工作新发展，开创人大工作新局面，必须坚决贯彻区委的安排部署，紧紧围绕全区的中心任务，坚持正确的发展方向，勤于实践，勇于创新，进一步加强制度建设，不断探索发挥代表作用的新方法、研究发挥人大作用的新途径，切实提升履职的能力和水平，更好地履行宪法和法律赋予的职权。

2011 年的主要任务

2011 年是“十二五”规划实施的起步之年，也是全面推进“三化两区”建设的关键之年。做好今年的工作，为“十二五”时期开好局、起好步，对于房山区抓住难得的战略机遇期，实现在发展中促转变、在转变中促发展具有重大的现实意义。

做好人大工作，当前有着诸多利好因素：一是全区经济社会快速发展，功能区建设成效显著，一批拥有广阔发展前景的重大项目已开工建设，城市面貌日新月异。大发展带来的大变革、大跨越为充分发挥人大职能提供了坚实的基础和保证。二是经济的持续发展带动了全区政治文明水平的显著提升，人民群众的参政议政意识不断增强，对于与自身利益密切相关的重大决策、重要事件、重点问题的关注度不断提高，表达利益诉求的愿望和积极性空前高涨，成为充分发挥人大职能作用的强大动力源泉。三是人大制度建设不断加强，代表素质不断提高，为充分发挥人大职能提供了有力的保障。

前不久区委召开了六届九次全会，为全面开创“三化两区”建设新局面描绘了宏伟蓝图，也给人大工作指明了方向。2011 年，区人大常委会要在区委的统一领导下，全面贯彻落实科学发展观，深入学习贯彻党的十七届五中全会和中央经济工作会议精神，按照区委六届九次全会和本次人代会确定的各项任务目标，牢固树立全区一盘棋的理念，一心一意谋发展，依法履职促发展；牢固树立以人为本的理念，关注民生诉求，推进民生改善；牢固树立法治的理念，进一步强化法律监督和工作监督，维护社会和谐稳定，为加快转变经济发展方式、全力打造首都高端制造业新区和现代生态休闲新城更好地发挥职能作用。

一、围绕区委中心工作，结合“十二五”规划的实施，在推进科学发展上有新作为。坚持以科学发展为主题，抓住事关全局、根本和长远的重大问题，依法作出决议决定，使区委的科学决策上升为全区人民的共同意志。坚持突出重点、服务发展，围绕“十二五”规划的实施，听取审议房山区重大投资项目建设情况的报告，对重点功能区建设进行视察，推进功能区建设取得新突破。坚持统筹协调发展，听取审议水环境治理及综合利用情况的报告，对房山区道路交通设施建设、山区绿化造林、沟域经济发展情况进行视察，优化发展环境，推进山区产业转型和农民就业增收。坚持以科技进步和创新为支撑，对高新技术产业发展情况进行视察，对企业技术创新和科技成果转化情况进行调研，推进高新技术产业化发展和经济结构战略性调整。坚持以人为本，听取文化事业发展情况和劳动就业情况汇报，对学前教育工作和计划生育幸福工程实施情况进行视察，推进社会事业发展，进一步提升全区人民的生活质量。

二、围绕依法治区的工作重点，开展有效的法律监督，在民主法制建设上有新突破。坚持把推进民主法制建设作为根本任务，听取审议“六五”普法规划编制情况的报告并作出决议，推进普法工作深入开展，为依法治区奠定坚实基础。进一步加强法律监督，听取审议《土地管理法》实施情况的报告，对《村民委员会选举法》《老年人权益保护法》《教育法》《义务教育法》和《人民防空条例》实施情况进行执法检查，切实纠正有法不依、执法不严、违法不究的问题。坚持把对司法工作的监督与平安房山建设结合起来，听取审议行政审判工作报告，听取查办和预防职务犯罪及公安工作汇报，推进司法公正，维护房山区政治安定、社会稳定的良好局面。

三、围绕人民代表大会制度的本质要求，认真做好代表换届选举工作，在推进民主政治建设上有新进展。根据《地方组织法》的规定，年内房山区区、乡（镇）两级人民代表大会将同步换届选举，这对于加强地方政权建设、保障“十二五”规划顺利实施、实现经济社会跨越发展具有重大意义。要加强对代表换届选举工作的领导，精心准备，周密组织，严格依法做好调查摸底和选区划分、选民登记、提名推荐协商确定代表候选人、投票选举、召开区乡（镇）两级人民代表大会第一次会议各阶段的工作，确保选举工作顺利进行。在选举中，注重把坚持党的领导、充分发扬民主和严格依法办事统一起来，把党的意图与人民的意愿结合起来，严格代表条件，注重代表素质和履职能力，优化代表结构，依法选出高素质的新一届人大代表。进一步加强代表工作，健全制度，完善机制，创新方法，拓宽履职渠道，强化服务保障，鼓励代表积极投身经济建设主战场，充分发挥代表在"三化两区"建设中的带头作用，引领全区群众形成奋发有为、加快发展的新热潮。

四、围绕新时期人大工作的现实需要，进一步加强常委会和机关建设，在自身建设上有新成效。面对新任务、新挑战，要认真贯彻落实党的十七届五中全会和区委六届九次全会精神，不断提高人大常委会推进科学发展、维护社会和谐的能力。深入贯彻市委人大工作会议精神，研究制定加强改进人大工作的意见，筹备召开区委人大工作会议。不断改进和完善讨论决定重大事项的运行机制，扩大代表和人民群众的政治参与，使作出的决议决定体现人民的意志、代表人民的利益。针对人大工作的新特点，健全监督机制、规范监督程序，提高常委会和机关的制度化、规范化水平。加强对人大工作的研究，创新工作思路、方法和途径，增强人大工作活力。加强常委会组成人员的思想、组织和作风建设，制定常委会组成人员守则，增强责任感，提高常委会会议议事决策水平。加强人大工作者的学习培训，提高理论素养和专业技能，努力打造一支政治可靠、业务精湛、作风过硬、服务一流的人大干部队伍，不断适应"三化两区"建设新形势、新任务和民主法制建设新要求的需要。

各位代表，新的一年将是充满机遇和挑战的一年，也是房山迈上新征程、实现新跨越、夺取新胜利、再铸新辉煌的一年。让我们在区委的正确领导下，抓住难得的战略机遇期，以更加饱满的热情、更加坚定的信心、更加务实的精神和昂扬的斗志，解放思想、开拓创新，团结奋进、扎实工作，为把房山建设成为首都高端制造业新区和现代生态休闲新城而努力奋斗！

政府工作报告

——2011年1月5日在北京市房山区第六届人民代表大会第六次会议上

北京市房山区人民政府区长 祁 红

各位代表：

我代表房山区人民政府，向大会报告工作，请予审议，并请区政协各位委员提出意见。

一、2010年工作回顾

过去的一年是"十一五"规划收官之年。在市委、市政府和中共房山区委正确领导下，全区上下深入贯彻落实科学发展观，团结奋斗，真抓实干，全面推进"三化两区"建设，圆满完成了区六届人大五次会议确定的各项任务，较好地实现了"十一五"时期经济社会发展目标。

财政收入成倍增长，区域经济持续快速发展

预计地区生产总值完成337亿元，按可比价格计算，比2009年增长12%。财政收入完成168.6亿元，增长2.2倍，其中一般预算收入完成28.2亿元，增长20.7%；基金预算收入完成140.4亿元，增长3.8倍。区域税收完成182亿元，增长25.3%。全社会固定资产投资继续保持较大规模，完成400

亿元，增长 14.4%。土地储备投资再次突破 100 亿元。消费对经济增长拉动作用继续增强，社会消费品零售额增长 15%。建筑业、工业、房地产业、商业、旅游业等各行业运行态势良好，国有经济运行质量和效益不断提高，非公经济发展活力持续增强。城镇居民人均可支配收入和农村居民人均纯收入分别增长 8%和 10%。

重大项目相继落地，功能区建设取得重大突破

加强与央企合作，加大招商引资力度，引进北控太阳能、港中旅温泉城、西门子“云计算”中心等一批重大产业项目，功能区建设呈现新局面。北京石化新材料科技产业基地建设喜见成果，中石化投资项目建成投产 16 项，部分项目实现属地纳税，北京石油交易所投入运营。窦店高端现代制造业产业基地建设成效显著，长安汽车项目从签署协议到奠基仅用三个月，创造了“房山速度”，京西重工减震器工厂开始设备安装。中央休闲购物区（CSD）品牌效应不断凸显，奥特莱斯旗舰中心开工。中国房山世界地质公园顺利通过中期评估，博物馆开馆运营，云居寺文化景区等重点工程加快推进。中国北京农业生态谷筹建工作有序进行，市政府与中粮集团签署框架协议。北京良乡高教园区征地任务全部完成，引进橙天嘉禾影城和北京中医药大学，启动“FunHill 智汇城”建设。中核北京科技园顺利奠基，完成项目控规调整方案。良乡物流基地基础设施建设全面展开，土地一级开发有序推进。

基础设施建设步伐加快，城市化进程全面提速

道路交通建设取得重大突破。轨道交通房山线通车运营，燕房线规划方案获得批复，停车场等配套设施加快完善。京良快速路、京石二高速前期工作基本就绪，新增 9 条区域和新城内部道路。深化公交体制改革，交通运输服务水平稳步提升。水电气热等基础设施加快完善，新改建 41 座水厂，完成 4 项电网建设工程，新增天然气用户 2 万户，5 项集中供热工程全部启动。以长阳半岛为核心的新城示范区建设初见成果，面向国际招标，确定了城市设计规划方案，芭蕾雨·悦都等精品生态住宅新开工 75 万平方米，公共服务设施建设同步推进。新城两组团建成区面貌持续改善，拱辰街道一至五街回迁安置房竣工 612 套，城关街道中心区改造前期工作基本就绪，市级城乡结合部重点建设村——东羊庄村完成拆迁。城市服务管理不断加强，开展城市环境百日整治等活动，加大城市顽疾治理力度，重点区域得到有效治理，城镇垃圾分类完成比例名列全市首位，人防工程建设、利用与管理水平不断提高。完成刺猬河二期治理，房山新城滨水森林公园开工，永定河绿色生态走廊建设全面启动。空气质量二级以上天数比重为 69.3%。

惠农政策有效落实，农民得到更多实惠

都市型现代农业健康发展。配套设施不断完善，农业生产能力进一步提高。设施农业发展迅速，新增面积 3400 亩，高质量建成一批标准化基地。农业企业新增 20 家，澳特舒尔有限公司成功上市。优势产业发展势头强劲，种养业结构进一步优化，籽种、蔬菜、肉鸭等产业发展态势良好。认真落实农业政策性保险、粮食综合直补等各项强农惠农政策，加强新型农民培训，为农业增产增收提供了有力保障。农村改革继续深化，61 个村完成产权制度改革，林权制度改革完成 90%。村庄建设取得新成果，全面实施新农村建设“5+3”工程，提前两年实现五项基础设施全覆盖，村容村貌持续改善。青龙湖镇南观村成为房山区第五个北京最美乡村。

实施绿色山区发展行动计划，山区转型步伐加快

坚决退出低端资源型产业，关闭最后一批小煤矿，关停 127 家水泥、石灰和石板企

业，始终保持高压态势，严厉打击偷挖盗采。深入系统解决煤矿关闭涉及的尘肺病待遇、取暖用能等问题，最大限度地降低产业转型对社会稳定造成的冲击。加快“人员出山”步伐，完成543户、1618人山区险户搬迁，山区人口迁移集中安置项目起步区具备入住条件。六石路、108国道复线、108国道提级改造等道路工程竣工通车，山区交通环境明显改善。持续开展环境整治、废弃矿山修复、水源地保护等工程，完成绿化造林6万亩，山区生态涵养功能进一步提升。启动国际葡萄酒庄产业集群建设，浅山区发展取得实质性突破。张坊仙栖谷、蒲洼京郊小西藏和周口店红螺寺三个沟域经济试点进展顺利。南窖沟域完成规划设计方案国际招标，在全市沟域经济规划设计评比中综合排名第一。

民生持续改善，社会事业健康发展

就业形势总体平稳，城镇登记失业率为3.17%。完善就业服务体系，加大就业帮扶力度，城镇新增就业1.4万人，农村劳动力转移就业1.3万人，安置煤矿关闭地区劳动力就业3400人，1.3万名城乡就业困难人员实现就业。社会保障体系日趋完善，城镇职工五项社会保险参保人数大幅增长，城乡居民养老保险参保率达到99.8%，农村居民基本实现老有所养。政策性住房保障力度不断加大，保障性住房竣工近3000套，完成配租配售928套，定向安置用房竣工108万平方米。落实社会救助政策，提高社会救助水平，发放各类救助金1亿元。落实“九养”政策和老年优待办法，为2.2万名老年人、残疾人发放养老助残服务券，为2540户家庭实施无障碍设施改造。各项社会事业健康发展。组织实施科技计划项目50项。办学条件标准化建设稳步推进，长沟中学、交道中学新校舍投入使用，完成50栋建筑抗震加固工程，新建6所幼儿园。职成教育完成各类培训15万人次。卫生服务设施不断健全，良乡医院门急诊综合楼投入使用，妇幼保健院门诊病房楼主体完工。深化医药卫生体制改革，公费医疗与职工基本医疗保险制度并轨，定点医疗机构全部实现持卡就医实时结算，四家民营医院纳入新农合报销试点机构，农民健康促进工程四种慢病免费供药实现全覆盖。计划生育政策符合率为96%，继续保持低生育水平。群众文化活动中心项目前期手续进展顺利，良乡体育中心游泳馆、综合馆投入使用，成功举办第九届全民运动会。启动数字化改造工程，广播电视加速向全媒体转变。第六次人口普查工作取得阶段性成果。完成事业单位工资改革。直接关系群众生产生活的30件重要实事全部完成。

社会局面保持稳定，和谐房山建设取得新成果

以“做文明有礼的北京人”为主题，大力开展宣传实践活动，公民文明程度不断提高。组织“星火工程”“文化周末大舞台”等文艺演出3000场，群众文化活动日益丰富。加大社区服务体系建设力度，完成83个社区办公用房标准化建设，新建100个农村社区服务站。稳步推进基层民主政治建设，圆满完成第八届村委会换届选举，“五五”普法工作成效显著。实施拥军优属工程，军政、军民关系进一步巩固，全面完成年度征兵任务，退转军人安置率保持100%。落实安全生产责任制，加强高危行业监管，未发生重特大安全生产事故。健全应急预案体系，加强实战演练，成立综合应急救援支队，突发事件处置能力进一步提高。加强食品药品和生活必需品监管，城市运行平稳有序。重点围绕建设领域矛盾纠纷，开展专项排查，全力做好矛盾化解和信访风险评估。严厉打击各类违法犯罪活动，突出抓好校园安保工作。切实保障少数民族群众权益，全区民族团结、宗教和睦。

各位代表、各位委员，一年来，区政府认真落实区委关于深入开展“创先争优”活

党员作风建设年活动的部署和要求，着力转变政府职能，深化管理创新，切实改进作风。区政府及组成部门认真执行区人大及其常委会决议和决定，坚持重大事项报告制度，自觉接受人大法律监督。自觉接受政协民主监督，认真听取各民主党派、各人民团体和各界人士意见。办理人代会议案和人大代表建议115件，政协建议案、提案241件。深化政府机构改革，推动行政审批制度改革，行政审批效率进一步提高。认真履行审计监督职责，切实加强效能监察，强化重点领域、重点资金的督查和监管。非紧急救助服务体系不断健全，公众诉求办结率继续提高。认真落实党风廉政建设责任制，建立健全廉政风险防范管理体系，勤政廉政建设不断加强。

各位代表、各位委员，2010年全区经济社会取得了跨越发展的新成绩，这是我们继2009年战胜国际金融危机后创造的又一个辉煌。这些成绩的取得，是全区上下坚持科学发展，全面贯彻落实“三化两区”发展战略的结果；是紧紧围绕年初确定的各项任务目标，以“五加二、白加黑”的工作状态奋力拼搏的结果；是社会各界鼎力支持、合力攻坚的结果。通过全区上下的共同努力，我们为“十一五”期间各项工作划上了圆满句号，为实现“十二五”时期良好开局打下了坚实的基础。

二、“十一五”评价和“十二五”展望

各位代表、各位委员，“十一五”时期是房山发展史上不平凡的五年。特别是2009年以来，我们克服了产业结构调整和国际金融危机的双重压力，全区经济社会实现了超常规、跨越式发展。

五年来，综合实力大幅跃升，经济发展方式加快转变。特别是2009年，我们打赢了“保增长、保民生、保稳定”的攻坚战，在新型城市化道路引领下，坚持投资拉动，全区经济呈现出城市化带动与功能区支撑“双轮驱动”的发展态势。“十一五”时期，全区多项经济发展和社会调控指标实现历史性突破。与“十五”末期相比，地方财政收入增长11.5倍，区域税收增长2.3倍，全社会固定资产投资增长2.1倍。土地储备投资力度空前，区域发展活力明显增强。节能减排取得阶段性成果，万元地区生产总值能耗降至2.7吨标准煤。坚持以结构调整为主线，大力实施“关旧育新”。关闭全部小煤矿，大幅削减非煤矿山，着力提升优势产业，培育壮大战略性新兴产业，经济增长基本摆脱了对传统资源型产业的依赖。重点功能区快速崛起。组建京西重工，海外并购德尔福。依托与央企合作，引进长安汽车等一批重大产业项目，着力打造“5+X”功能区格局，走出了一条以功能区支撑区域经济发展的新路子，产业结构由传统向现代、由低端向高端、由粗放向集约加速转变。

五年来，城市化进程全面提速，城乡面貌发生深刻变化。新城建成区面积大幅增加，4.7万农民成为新市民，城市化率达到67.5%。建立完善了城乡规划体系，规范了新城开发建设秩序。道路交通体系建设取得重大突破。累计投入63.2亿元，实施公路道路新改建工程103项、市政道路新改建工程23项，区域路网和新城内部路网趋于优化，融入市区、借势发展的硬件环境明显改善。组织实施安全饮水、电力改造、燃气入户、集中供热等工程，新城承载力显著提升。实施了以拱辰街道一至五街为重点的良乡组团中心区改造、以城关街道楮榆树街和燕怡园为重点的燕房组团中心区改造、以长阳半岛为重点的新城示范区建设，新城整体形象大为改观。通过治脏、治乱、治差，开展绿化、美化、靓化，新城环境明显改善，燕山地区和房山地区成功创建国家卫生区。顺利完成第一轮社会主义新农村建设“5+3”工程，重点小城镇建设步伐加快，农村城市化水平大幅提高。实施生态环境建设工程，完

成南北两线环境整治，启动人口迁移，加快发展替代产业，山区群众生产生活条件明显改善，山区进入绿色发展新阶段。

五年来，人民生活品质持续改善，社会建设不断加强。区财政每年投入民生建设的资金以47.5%的速度递增，累计支出334亿元。城乡就业服务和社会保障制度实现全覆盖，基本公共服务均等化取得明显成效。着力破解就业难题，城镇登记失业率降至八年来最低点。社会保障水平大幅提高，各项救助制度不断健全。9所山区中学实现一次性外迁，完成92所中小学校标准化建设，各级各类教育教学质量显著提高。医疗卫生服务体系进一步健全。新改建一批大型公共卫生服务设施，普及了社区卫生服务中心和标准化服务站，新型农村合作医疗处于全国领先水平。文化体育事业蓬勃发展。图书室、数字影院、广播电视、互联网络、健身设施实现行政村全覆盖，群众文化活动丰富多彩。社会建设与管理不断加强。深入推进精神文明和民主法制建设，开展“和谐房山”“平安房山”创建活动，政治安定、社会稳定的良好局面不断巩固。突出做好“五无”工作，为首都成功举办奥运会和新中国成立60周年庆祝活动提供了有力保障。

五年来，改革开放持续深入，体制机制创新实现新突破。坚持以改革促发展、以开放促开发，极大地激发了经济社会发展活力。深化国有和集体企业产权制度改革，健全有利于市场主体健康发展的体制机制，努力拓宽投融资渠道，规范市场经济秩序，经济增长的内生动力不断增强。深化农村各项配套改革，促进了农业增产、农民增收、农村稳定。深化财税体制改革，加强财税收支管理，着力推动财政资金使用向民生领域、重大基础设施领域倾斜。深化教育、文化、卫生、体育等各项社会事业改革，完成了一大批顺民意、解民忧、惠民生的实事。深化行政管理体制改革，政府职能转变迈出坚实步伐。完成区乡两级政府机构改革和行政区划调整，建立了与功能区建设相适应的行政管理体制和运行机制。开辟绿色审批通道，完善“一站式”办公和全程办事代理制，行政审批效率显著提高。外向型经济加快发展，外经外贸水平稳步提升。引进增量、盘活存量，招商引资成效明显。区域创新能力不断提高，高新技术企业达到31家。

实践证明，过去的五年是全区综合实力显著增强、发展质量最高、城乡面貌变化最大、人民群众得到实惠最多的时期。五年取得的成绩来之不易，积累的经验弥足珍贵，创造的精神财富影响深远。我们的主要体会：一是必须把握科学发展这个主题，贯穿转变经济发展方式这条主线，以正确的理念求发展；二是必须坚定不移地走新型城市化道路，落实好区域功能定位，以正确的思路谋发展；三是必须坚持和深化与央企合作的成功模式，以正确的路径促发展；四是必须坚持把改善和保障民生作为推进“三化两区”建设的出发点和落脚点，以正确的导向抓发展；五是必须坚持安全第一、稳定压倒一切的原则，以和谐的局面保发展。

各位代表、各位委员，“十一五”时期全区经济社会发展取得了辉煌成就，房山已经站在新的历史起点上，这是方方面面智慧和汗水的结晶。在此，我代表房山区人民政府，向全区广大人民群众，向各级人大代表、政协委员和各界人士，向驻区中央、市属单位和驻区部队，向全体投资者、建设者和纳税人表示衷心的感谢并致以崇高的敬意！

当前，全区经济社会已进入科学发展、转型跨越的新阶段。今后五年，房山区仍然处于可以大有作为的重要战略机遇期，既面临难得机遇，又面临严峻挑战，机遇大于挑战。

一是首都加快建设中国特色世界城市为我们带来了新机遇。“十二五”期间，首都全力推动“人文北京、科技北京、绿色北京”战略，努力打造国际活动聚集之都、世界高端企业总部聚集之都、世界高端人才聚集之都、中国特色社会主义先进文化之都、和谐宜居之都，这为房山区更多地承担首都核心功能带来了历史性机遇。二是首都优化调整全市产业布局为我们带来了新机遇。在环城五区加速布局重大产业项目和重点功能区，大力发展实体经济，将房山区列为“十二五”期间重点建设的高端制造业新区，这为房山区深化与央企合作、加快转变经济发展方式提供了有力支撑。三是首都提出率先形成创新驱动的发展格局、率先形成城乡经济社会发展一体化新格局为我们带来了新机遇。加快推进体制机制创新，促进科技研发和成果转化，着力推动城市发展建设重心向城市发展新区转移，将房山区列为首都“十二五”时期重点建设的新城，这为我们突破发展瓶颈，在更高层次上加快功能区建设和城市化步伐，带来了难得机遇。同时我们还深刻认识到，人民群众对过上更好生活寄予了新期待，这为我们着力改善民生、提升城乡公共服务水平，提供了强大动力。

紧紧抓住和用好当前的重要战略机遇期，需要我们积极面对新情况，解决新问题。一是要积极面对新型城市化进程中遇到的新情况、新问题。着力化解发展和建设中面临的融资难、拆迁难、手续办理难等制约因素，确保大项目加快落地、重点工程顺利推进。二是要积极面对城乡一体化进程中遇到的新情况、新问题。加大力度解决好城乡之间、平原和山区之间发展不均衡的问题，进一步提高公共服务水平，促进经济与各项社会事业协调发展。三是要积极面对政府自身建设方面遇到的新情况、新问题。着力转变政府职能，进一步改进工作作风，切实提高政府部门行政能力和水平。

各位代表、各位委员，根据《中共房山区委关于制定房山区国民经济和社会发展第十二个五年规划的建议》，区政府编制了《北京市房山区国民经济和社会发展第十二个五年规划纲要（草案）》（以下简称《纲要》），提请此次人代会审议，《纲要》内容将由区发改委另作说明。

今后五年，我们要牢牢把握“一条主线”，努力实现“三个跨越”：

把握一条主线：就是以科学发展为主题，牢牢把握加快转变经济发展方式这条主线，按照“两轴三带五园区”的发展格局，深入推进“三化两区”建设，努力打造首都高端制造业新区和现代生态休闲新城。

实现三个跨越：一是功能区建设实现新跨越。全面深化与央企合作，大力发展汽车制造、新能源、新材料等高端产业，构筑实体经济高地，打造首都发展高端制造业的重要承载区。改造提升优势产业，大力培育文化创意、现代服务、总部经济等新兴产业，促进产业集群化、融合化、高端化发展。二是城市化进程实现新跨越。倡导绿色、低碳理念，充分发挥区域优势，高标准配置公共基础设施，强化生态涵养和休闲服务功能，加快建设便利高效、宜居宜业、富有魅力的现代化新城。提高城市统筹管理水平，强化城市形象建设，不断增强高端要素集聚能力，具备面向中心城区的综合服务功能。三是以民生为重点的社会建设实现新跨越。坚持以人为本，顺应人民群众过上更好生活的新期待，健全城乡统筹的就业社保服务体系，完善城乡公共服务设施，推进公共服务资源共享和利用。促进各项社会事业繁荣发展，推进社会管理体制机制创新，不断提高人民群众的幸福感和安全感，努力形成公平正义、更加富有朝气和活力的和谐局面。

各位代表、各位委员，描绘新蓝图，迎接新挑战，我们的任务光荣而艰巨；启动新规划，实现新目标，我们的前景光明而美好。让我们携起手来，为全面完成“十二五”规划的各项任务而努力奋斗，把我们的家园建设得更加美好！

三、2011 年工作安排

2011 年是实施“十二五”规划的开局之年。国家将实施积极的财政政策和稳健的货币政策，增强宏观调控的针对性、灵活性、有效性，政策环境总体上有利于我们加快发展。我们要在区委的正确领导下，切实抢抓机遇、奋发有为，为“十二五”规划实施开好局、起好步。

2011 年政府工作总的要求是：按照区委六届九次全会的统一部署，坚定不移地走新型城市化道路，全力打造首都高端制造业新区和现代生态休闲新城，努力推动全区经济社会发展实现新突破，全面开创“三化两区”建设新局面。

2011 年全区经济社会发展的主要预期目标是：地区生产总值增长 12%以上，财政一般预算收入增长 12%以上，城镇居民人均可支配收入增长 8%以上，农村居民人均纯收入增长 10%以上，城镇登记失业率控制在 4%以内，万元地区生产总值能耗降至 2.7 吨标准煤以下，空气质量二级以上天数比重为 71%。

为全面实现上述目标，我们要努力在以下几方面开创新局面：

（一）做大做强功能区，努力在建设首都高端制造业新区上开创新局面

把结构调整作为加快转变经济发展方式的主攻方向，按照优化一产、做大二产、做强三产的格局，深度调整产业内部结构，提高经济的整体素质与核心竞争力。

坚持投资拉动。充分发挥重大项目带动作用，提高产业投资比重，促进投资合理增长，全年安排全社会固定资产投资 450 亿元。突出抓好土地储备，完成 90 亿元土地储备投资任务，上市交易 400 公顷，实现基金收入 61 亿元。以重大基础设施和民生工程为重点，做好项目包装，切实用好政府投资。完善投资方式，创新投资模式，提高政府资金使用效益，着力扩大民间投资。抓好重大项目建设，加强专项调度和协调服务，解决好项目前期、征地拆迁等瓶颈问题，争取更多项目早日落地、早日建成投产。

加快重点功能区建设。北京石化新材料科技产业基地重点是抓好“厂中村”拆迁，完善核心区基础设施，促成 10 个项目建成投产，理顺属地纳税机制。窦店高端现代制造业产业基地重点是确保减震器工厂、长安汽车纯电动车生产线建成投产，推进北控太阳能、北车轨道交通装备制造项目建设。中央休闲购物区（CSD）重点是确保奥特莱斯旗舰中心投入运营，推进港中旅温泉城等项目建设。中国房山世界地质公园重点是抓好云居寺文化景区、北京人遗址博物馆新馆、石花洞国家风景名胜区以及京煤集团房山棚户区改造等项目。中国北京农业生态谷重点是抓好项目对接，完善相关规划，争取尽快启动。充分发挥北京良乡高教园区、中[illegible]北京科技园、良乡物流基地等功能区的承载空间优势，积极对接首都创新资源平台，加强科技研发、成果转化和高端人才引进，不断增强创新驱动能力。

深化产业结构调整。加强与央企合作，完善沟通机制，不断拓展合作领域，促成一批新项目落地。加大宣传推介力度，进一步提高招商引资水平。加快建筑建材房地产、商贸流通、旅游等优势产业升级步伐，不断增强核心竞争力。大力培育新的经济增长点，推进三网融合、物联网、云计算的示范应用，启动西门子数据中心建设。完善文化创意产业发展政策，办好项目推介会，促进文化创意产业加快发展。建立健全中小企业社会化服务体系，加强帮扶和引导，解决好中小企业生产经营中的实际困难，促进非公经济上规模、上水平。继续淘汰落后产能，强化目标管理和考核，推动节能减排持续深入。

（二）提高新城建设管理水平，努力在建设现代生态休闲新城上开创新局面

以房山新城两组团为核心，着力打造

局合理、产业配套、功能完善的城市群落，加快提升城市综合服务功能。

完善新城基础设施。开工建设轨道交通燕房线、京石二高速、京良快速路和南水北调巡线路，启动房黄亦联络线、良黄路二期改造工程。继续完善新城内部路网，实施昊天大街改造等4项工程，建成东环路一期和燕房东北环线。完善水电气热等基础设施，组织实施一批燃气入户、电网改造和水务工程，完成5项集中供热工程建设。

加快新城开发建设。以打造活力之都、低碳之城为目标，聚焦长阳半岛，高水平规划建设新城示范区。启动一批精品住宅、商贸服务和休闲度假项目，高标准建设城市街区，塑造独具特色的建筑群落和城市景观。改造提升新城建成区，完成拱辰街道一至五街回迁安置房20万平方米，实现878户居民回迁，启动城关街道中心区改造工程。改善新城生态环境，建成房山新城滨水森林公园，推进永定河绿色生态走廊建设。深入开展环境污染治理，严格执行主要污染物化学需氧量和二氧化硫排放标准。

加强城市运行管理。实施新城建成区道路疏堵工程，规范交通运营秩序，切实推进新城两组团客货有序分流，下大力量缓解交通拥堵。完善公共交通设施，优化运营线路，增设农村客运站和公交站亭，建设2座与轨道交通接驳的综合客运枢纽和1座停车换乘楼，整体提升新城交通运输服务水平。以“精细管理，美化市容”为目标，深入开展环境综合整治，加强市政市容管理，确保顺利通过创卫复查，保持畅洁绿美的城市环境。扩大垃圾分类覆盖范围，开工建设生活垃圾综合处理场，进一步提高垃圾减量化、资源化、无害化水平。

（三）加大统筹城乡力度，努力在农村和山区发展上开创新局面

以新型城市化引领农村和山区发展，促进新城组团、城镇群落和中心镇互动发展，不断加快城乡一体化步伐。

深入推进农村改革发展。完善都市型现代农业产业体系，大力发展籽种农业、会展农业、休闲农业，着力打造“房山菌业”品牌。充分发挥农业企业和农民专业合作社的帮扶引导作用、商业部门的桥梁纽带作用，促进房山区特色农产品走向市场，提高农业生产经营标准化、产业化、市场化水平。加强基本菜田建设，积极开展“农超对接”，落实好市政府“菜篮子”工程。完善农业技术推广体系，扩大农民田间学校覆盖范围，做好新型农民培训工作，不断提高农业科技支撑水平。加强动植物疫病防控和农产品质量监管，创建全国农产品质量安全示范区。深化农村各项改革，全面完成林权制度改革和237个村产权制度改革任务。落实好粮食综合直补、政策性农业保险等惠农政策，促进农业增效、农民增收。

加快农村城市化步伐。推广城乡结合部城市化改造试点经验，带动新城两组团周边地区加速融入城市化。立足于与新城两组团功能互补、产业配套、资源共享，高水平规划建设一批重点镇。编制新型农村社区建设规划，多渠道筹集建设资金，启动试点建设。集成政策支持，做好农民转居安置、就业社保、集体经济发展等工作，促进农民向有资产、有工作、有保障的市民转变。推动城市服务管理进入乡村，在8个乡镇的30个行政村推行村庄社区化管理。健全新农村“5+3”工程管护机制，充分发挥设施效益，不断改善农村生产生活条件。

加快山区转型发展。以大石河区域和环青龙湖区域为起步区，加快建设国际红酒城，启动2万亩葡萄酒产业带和酒庄建设。以发展观光采摘、农耕文化为导向，着力引入高端要素，深入开展结对帮扶，启动南窖沟域建设，促进沟域经济发展壮大。推进山区人口迁移，开工建设集中和分散定向安置房53.7万平方米，成山区险户搬迁年度任

务。加快解决山区群众用能问题，建设1座液化气灌装站和14座换瓶站。不断提升山区生态涵养功能，开展绿化造林、废弃矿山修复和清洁小流域综合治理，启动大石河流域绿色水岸建设工程。加大执法力度，坚决防止关停小煤窑死灰复燃。

（四）坚持以人为本，努力在保障和改善民生上开创新局面

加大公共财政投入力度，办好惠民实事，让人民群众得到更多实惠。

进一步稳定扩大就业。坚持以创业带动就业，完善就业扶持政策，开发就业岗位，实现城镇新增就业1.3万人。围绕功能区建设和山区产业转型，加强职业技能培训，促进本地劳动力充分就业。加大就业困难群体帮扶力度，保持“零就业家庭”动态为零，对就业特困人员全部进行公益性岗位托底安置。推进就业管理服务向农村延伸，新建100个村级就业服务站。深入推行劳动合同制度，维护劳动关系和谐稳定。

进一步提高社会保障水平。继续做好社会保险扩面征缴工作，按时足额发放社会保险待遇，突出解决好农转居人员和山区迁移人员的社会保障问题。调整养老保障待遇，提高城乡居民基础养老金、无保障老年人福利养老金水平。加强城乡低保规范化管理，确保应保尽保、动态调整。落实居家养老各项政策，切实维护老年人的合法权益。加大残疾人康复和就业工作力度，新建10个扶贫助残基地。落实好政府住房保障责任，加快政策性住房建设，保障性住房开工3000套以上，竣工1200套以上，定向安置用房开复工200万平方米以上。

进一步提高公共服务水平。继续推进办学条件标准化建设，整体改造6所学校，新改建6所幼儿园，全部完成校舍抗震加固工程，翻建燕山东风小学教学楼，加速房山教师进修学校新校区建设。推进卫生基础设施建设，妇幼保健院门诊病房楼投入使用，积极推进房山第一医院新建工程。实施全民健康促进行动规划，不断提高全民健康水平。加快文化体育设施建设，开工建设良乡体育中心二期和群众文化活动中心，完善农村文体服务设施。深入开展全民健身运动，办好第八届全民健身体育节。做好文化市场管理和文物保护工作。提升广播电视数字化水平，推进电视数字高清网络化发展。组织实施50项科技计划项目。加大投入力度，办好关系群众生产生活的30件重要实事。

（五）加强社会建设与管理服务，努力在和谐房山建设上开创新局面

以构建和谐房山为目标，提高社会管理与服务水平，维护和谐稳定的良好局面。

加强社会主义精神文明建设。以“新城市、新市民”宣传教育活动为重点，开展精神文明系列创建活动，引导全区人民积极投身“三化两区”建设，为经济社会发展提供精神动力。深入开展创建全国双拥模范区活动，努力为驻区部队办实事、解难事，促进军地双方融合式发展。充分发挥广播、电视、报纸、网络等媒体作用，加强“FunHill”品牌宣传，不断提升房山知名度。开展丰富多彩的群众文化活动，组织好旅游文化节、“文化周末大舞台”系列活动，扩大房山文化影响力。

提升社会管理服务水平。完善网格化社会管理模式，推动枢纽型社会组织健康发展。健全社区服务网络，完成一半以上的社区办公用房标准化建设。完善“一刻钟社区服务圈”，进一步拓展社区便民服务功能。成立区级社区志愿者联合会，发展专业化志愿者队伍，开展常态化的志愿服务。做好流动人口服务管理工作，规范房屋出租行为，建立区域人口调控综合协调机制，努力在人口有序管理上取得新进展。切实做好人口和计划生育工作，高质量完成第六次人口普查，为实施精准的社会管理提供依据。继续做好民族宗教事务管理工作。

切实维护社会和谐稳定。加强和改进信访工作，深入落实领导干部接访、“连民心恳谈室”和信访听证等制度，完善矛盾化解联动机制，着力解决好征地拆迁、涉法涉诉等信访突出问题。加强重点行业和领域安全监管，落实企业安全主体责任，严格实行安全生产问责制，坚决遏制重特大生产安全事故。加强食品药品和生活必需品监管，突出抓好水电油气供应工作，确保城市安全平稳运行。加强人防工程建设和使用管理，强化应急资源统筹协调，妥善处置各类突发事件，提高全社会抗灾减灾应急能力。完善社会治安防控体系，强化对各类不稳定因素的预警、化解和处置，坚决打击违法犯罪行为，维护和谐稳定的良好局面。

（六）加强政府自身建设，努力在打造服务型法治政府上开创新局面

大力推进依法行政，强化效能监察，努力建设高效廉洁的人民政府。

加强民主法制建设。坚决执行区人大及其常委会的决议和决定，自觉接受人大监督，严格落实重大事项报告制度。主动加强与人民政协的联系，认真听取各民主党派、工商联、各人民团体和各界人士的意见建议。坚持与人大代表、政协委员的联系制度，及时高质量地办理议案、建议和提案。完善重大决策听证和风险评估制度，进一步提高科学决策、民主决策水平。加强基层民主政治建设，提高村（居）民自治水平。认真总结“五五”普法经验，全面启动“六五”普法规划。

大力推进依法行政。加大政府信息公开力度，不断扩大人民群众的知情权、监督权和参与权。加强对重大决策部署、重大项目落地执行情况的监督检查，确保全区重点工作、重点工程建设公开透明。完善国有资产监管和有进有退机制，全面改善资产质量，确保国有资产保值增值。认真贯彻落实国务院关于加强法治政府建设的意见和市政府的相关规定，加强依法行政考核和执法监督，切实提高依法治区水平。

加强勤政廉政建设。认真落实党风廉政建设责任制，扎实推进反腐倡廉建设。完善惩防体系，拓展廉政风险防范管理领域向农村、企业和基层科队站所延伸。强化效能监察，畅通投诉举报渠道，严肃查处各类案件。加强公务员队伍建设，组织实施好公务员培训，提高政府机关的行政效率和服务水平。

各位代表、各位委员，蓝图催人奋进，事业任重道远。我们一定要在区委的正确领导下，加快推进“三化两区”建设，以坚定不移的执着追求、只争朝夕的拼搏精神和脚踏实地的工作作风，把握机遇、奋发进取，为把房山打造成为首都高端制造业新区和现代生态休闲新城而努力奋斗！

中国人民政治协商会议
北京市房山区第六届委员会常务委员会工作报告

——2011年1月5日在政协北京市房山区第六届委员会第六次会议上

政协北京市房山区委员会主席　唐淑荣

各位委员：

我受政协北京市房山区第六届委员会常务委员会委托，向大会作工作报告，请予审议。

2010年工作回顾

2010年，在中共房山区委的正确领导下，区政协常委会坚持以科学发展观为指导，认真贯彻北京市第三次政协工作会议精神，紧紧围绕建设“三化两区”新房山的战略目标，认真履行各项职能，突出重点，开拓进取，推进各项工作扎实有序开展，开创了政协工作新局面，为实现全区经济社会又好又快发展作出了新贡献。

一、服务大局，献智出力，促进全区改革发展

围绕“三化两区”战略的实施，结合全区“十二五”规划的编制，选择事关全区改革发展的重大问题，深入开展协商议政活动，取得了突出成效。

高层协商助推发展。充分运用政治协商的最高形式，在六届四次会议期间，集中智慧建言全区发展。一是围绕学习讨论“一府两院”等报告建言献策。委员们以崇高的使命感和责任感，立足实际，着眼发展，在城市建设、产业发展、文化旅游、社会事业、改善民生等方面提出了30多项建设性意见。二是以大会发言为平台建言献策。在认真调研、深入思考的基础上，围绕“建言立论 助推发展”的大会发言主题，委员们就加快全区工业发展、深化“燕房合作”、推动房地产业平稳健康发展、落实招商引资政策、提高依法行政水平等问题畅所欲言，在多方面提出了意见建议。三是以专题座谈为载体建言献策。在“新农村建设与产业发展”“完善城市功能 建设宜居房山”和“促进社会事业发展”专题座谈会上，与会委员围绕座谈主题，与区政府及相关部门领导进行了深入坦诚、面对面的交流，就相关重大问题的破解提出了真知灼见。全体会议期间形成的意见建议，得到了区委区政府和相关部门领导的充分肯定，多项意见建议被采纳吸收，有效推动了工作落实。

“十二五”建言力促发展。以“建言‘十二五’ 共绘新蓝图”为主题，发挥人才荟萃、智力密集的优势，为编制高水平的“十二五”规划建言献策。一是认真谋划，精心准备。对全年开展对口协商、专题协商和全体会议高层协商等活动作了计划安排，把加速城市化建设、推进城乡一体化进程、加快经济发展方式转变、促进全区产业结构优化升级，推进社会事业发展、有效破解民生问题作为建言重点，确定了相关课题，组织开展了视察考察、专题调研等活动，为科学建言“十二五”发展奠定了良好基础。二是集中智慧，建言发展。在全区“十二五”规划指导思想、总体思路、主体框架酝酿期间，组织20多名委员与区发改委和规划编制专家组成员进行了深入的研讨交流；在“十二五”总体规划草案征求意见期间，组织40多名委员开展了专题协商。委员们围绕在房山融入首都建设中国特色世界城市、实现可持续发展、全区人民过上更好生活新期待的高度，就今后五年房山发展的功能定位、总体战略、目标任务、发展路径，经济、政治、文化、社会和生态建设等全局性问题，以及综合规划与专项规划编制的相互衔接等问题，提出了建设性意见；“十二五”规划草案发至每个委员后，委员们认真审阅，部分委员或联名或单独提出了意见建议。相关专委会还对全区卫生、文化等“十二五”规划开展了对口协商活动。建言活动的开展，为科学编制“十二五”规划发挥了积极的推动作用。

调查研究助力发展。发挥调查研究的基础作用，推动调研工作深入开展。一是突出重点，精心选题。把调研工作与促进全区“十二五”规划编制、承办第四届首都西南区域经济发展论坛、政协六届六次会议召开紧密结合，研究确定了23个重点调研课题和10个关注课题，明确了全年调研工作的方向和重点。二是落实责任，深入调研。按照主要

协领导牵头，各专委会和各民主党派、人民团体承担课题任务的工作机制，全面推进课题实施。全年开展调研活动100余次，完成了《关于“十二五”期间房山工业经济发展问题研究》《“十二五”期间加速房山城市化建设的调查》《中国房山世界地质公园规划建设情况调查与思考》等30篇具有较高决策参考价值的调研报告。三是梳理成果，促进转化。把推动调研成果转化作为调研工作的落脚点，在全年开展的常委会视察、“十二五”时期专题协商、首都西南五区论坛和本次全体会议提案、大会发言、专题座谈中吸纳转化调研成果，切实发挥了调查研究服务决策、推动工作的作用。

提案工作服务发展。努力提高提案质量和督办质量，有效发挥了提案工作服务全区改革发展的作用。一是抓基础，保质量。组织委员参加区情通报会，利用电视、网络、报刊等媒体面向社会征集提案线索，召开社会各层面座谈会，编发《提案征集通知》和《提案参考目录》，为委员撰写提案提供参考，有效提高了提案质量。二是抓交办，促落实。与区委区政府联合召开提案工作会，明确了提案办理要求和时限，把各项提案的办理落实到了有关单位。三是抓督办，求实效。坚持主席、副主席和各专委会督办重点提案制度，推动了“整合旅游资源，规范旅游秩序”“促进农村失地农民就业”“加强公办幼儿园建设”等6件重点提案和专委会负责督办提案的办理，促进了各项提案办理实效的提高。关于“治理交通环境”“加强公办幼儿园建设”等提案，经有关部门共同努力，取得了良好的办理成效。六届四次会议期间收到的274件各类提案全部办复，委员满意和基本满意率为98.5%。

社情民意关注民生。各族各界委员深入实际，体察民情，了解民诉，积极向区委区政府及有关部门反映社情民意。全年共收集反映社情民意信息120余条，使整治路边市场、完善小区基础设施建设等群众反映强烈的一些热点难点问题得到了较好解决，切实发挥了社情民意信息工作联系党和政府与人民群众的桥梁纽带作用。

二、发挥优势，献计出力，助推重点功能区和山区建设

把助推五大功能区和山区建设摆在履行职能的突出位置，通过考察视察、专项监督等形式，积极献计出力，发挥了应有作用。

考察视察献计功能区建设。对北京石化新材料科技产业基地、窦店现代高端制造业基地、中央休闲购物区（CSD）、中国房山世界地质公园以及轨道交通等基础设施建设，开展了四次常委视察活动。在前期调研、听取情况通报、实地视察的基础上，委员们就重点功能区高标准规划、高质量建设、高水平管理、高效率招商等方面的重大问题，土地储备、拆迁安置、就业增收等涉及民生的关键问题，提出了50多项意见建议，为推动重点功能区建设提供了决策服务。组织有关委员对房山公安分局、区法院、市政市容委、国资委、财政局、交通局、工商联等单位和阎村、青龙湖、周口店、石楼、史家营等乡镇的工作开展了调研视察活动。相关专委会对中国北京农业生态谷和大石窝石雕艺术园、云居寺景区及区文图两馆新馆建设等工作开展了视察活动；部分委员和特约监督员对全区年度重点工程、重要实事推进情况及特约监督单位的工作开展专项监督活动，促进了工作的落实。

统筹部署参与功能区建设。按照区委统一部署，统筹安排政协工作，全力推进由区政协领导负责主抓的中国房山世界地质公园建设和窦店现代高端制造业基地建设，取得了显著成效。一是全力做好世界地质公园迎检工作。就公园总体规划完善、区县协调合作、八大园区及拓展区建设、基础设施完善、重点工程建设、环境综合整治等重大问题多次召开会议，做出安排部署，并通过现

场办公、拉练检查等措施及时解决问题，推动了工作落实，确保公园顺利通过了联合国教科文组织的中期评估。评估专家组成员对公园四年来在保护与发展上取得的突出成绩给予了充分肯定，指出：中国房山世界地质公园是其他国家世界地质公园学习的榜样，完全可以成为亚太地区世界地质公园的表率，通过努力有望成为世界地质公园的典范。二是全力推进窦店现代高端制造业基地建设。完善了基地管理机构和运行机制；对基地的总体规划进行了科学调整；对基础设施、土地征用、拆迁安置等重大问题及相关建设项目做出了总体安排；统筹部署，突破难点，推进落地项目如期开工，长安汽车北京基地项目顺利奠基，京西重工项目厂房全面落成，使基地建设取得了阶段性突破。

搭建平台力促山区建设。启动了“政协委员山区行”活动，以调研献计进山区、产业发展助山区、公益活动惠山区为主要内容，为山区产业转型、生态建设和经济发展献计出力。成立了由32名委员组成的“智囊团”，对山区发展开展调研献计活动。组织“智囊团”成员和各民主党派、人民团体及部分委员深入山区乡镇进行实地考察、调研座谈，围绕煤炭等资源型产业退出后山区替代产业培育、沟域经济发展和生态环境建设等问题，在山区发展规划、招商引资、新兴产业发展、土地集约利用、劳动力就业与再就业、林权制度改革等方面提出了多项建议。协调组织农工北京市委和农工房山总支部分党员在山区开展健康义诊活动，受到了群众好评。政协机关对娄子水、涞沥水村的帮扶工作取得了新的进展。

三、精心筹划，强化落实，第四届首都西南区域经济发展论坛成功举办

把承办第四届首都西南区域经济发展论坛作为政协重中之重的工作，明确了举办一届有特色、影响大、高水平论坛的总体目标，建立组织机构，制定实施方案，全力抓好落实，确保了论坛的成功举办。

明确主题，深入调研，论文征集成果丰富。确定了“把握机遇 跨越发展”的论坛主题和推进永定河绿色生态发展带规划实施、首都西南区域经济发展方式转变、城乡一体化发展、生态涵养发展区建设四个方面的主论内容，使之与加快转变经济发展方式和北京建设世界城市、深入推进“三个北京”建设的新形势、新任务紧密契合，凸显了论坛的举办宗旨与核心目标。按照确定的论坛主题和主论内容，确定了48项研究课题，向社会各界发出了征文启示，走访北京大学、中国社科院等大专院校、科研院所，邀请北京市各民主党派负责人、市有关科研机构专家数次座谈交流，探讨论坛举办及论文写作等事宜。论坛期间共收到论文165篇，经过遴选和编辑，由中国经济出版社出版了《第四届首都西南区域经济发展论坛论文集》和《首都西南区域新型城镇化建设研究》两部论著。丰富的研究成果对北京市委市政府和西南五区“十二五”时期的科学决策具有较高的参考价值。

注重实效，坚持创新，论坛内涵拓展延伸。确立了“论与行”相结合的论坛理念，旨在历届论坛注重“论”的基础上，进一步丰富“行”的内容，推动实际工作落实，取得了创新性成效。一是促成了西南五区政府区长联席会议制度的建立。五区政府在房山先后召开了三次区长联席会议。对“十二五”规划编制、西南区域城镇化建设、永定河绿色生态发展带建设等重大问题进行了深入探讨，共同发表了《关于西南五区联合推进永定河绿色生态发展带建设的倡议》，确立了多项交流合作的具体内容，更加便于西南五区协同发展。二是形成了“5+2”的论坛新格局。吸纳河北省涿州市、固安县政协加盟本届论坛，使论坛涉及的地域范围、研讨内容进一步扩大和丰富。两市县政协积极参与论坛各项活动，与五区政协考察了永定河

金门闸、组队参加了青龙湖端午龙舟赛。市政协主席阳安江对论坛新格局的构建给予了高度评价，认为这是一个创新，开了一个好头。三是开展了视察和植树活动。市政协领导、市级各民主党派领导、市政协城建环保委、经济委部分委员和七个区市县政协领导，对永定河河道治理情况开展了视察与植树活动，并就妥善处理规划、建设、政策、融资、体制等方面的问题提出了意见建议。区政协组织一百多名各民主党派、人民团体成员和政协委员在长阳万亩滨水森林公园开展了义务植树活动。

群英聚会，聚焦发展，论坛峰会共绘蓝图。2010年9月9日，第四届首都西南区域经济发展论坛在房山隆重举行。市政协领导、各区市县党委政府政协主要领导、各民主党派、专家学者和市区政协委员300多人集聚一堂，共话首都西南区域发展。围绕首都西南区域发展的重大战略性、前瞻性和全局性问题以及各区发展的重大问题，五区政府主要领导和市相关部门领导着眼于“十二五”发展，分别发表了主题演讲，提出了加速首都西南城乡一体化进程、合力推进永定河绿色生态发展带建设、打造西部横三轴经济区、建设首都西部综合服务区（WSD）、构筑依托首都第二机场优势的高端产业基地等战略构想，在完善体制机制、强化规划引导、加强政策支持、优化发展环境、深化区域合作等方面提出了建设性意见。涿州市、固安县政府领导在书面发言中描绘了融入首都、借势发展的新蓝图。市区县民主党派、政协委员和专家学者也就西南区域发展的诸多问题提出了真知灼见。新华社、人民政协报、北京日报、北京电视台等100多家媒体对论坛盛况给予了深度报道。论坛的成功举办，为进一步探索和丰富地方政协在新时期提高参政议政水平提供了有效平台，对推进首都西南地区跨区域发展，提高各级党委政府决策的科学化、民主化水平，产生了积极良好的影响。对于本届论坛提出的意见建议，将由五区政协归纳整理后，联合市级民主党派形成3个专项提案，呈交市政协十一届四次会议，进一步促进论坛成果转化。

四、把握主题，搭建平台，营造良好履职氛围

高举“两面”旗帜，坚持“两大”主题，搭建履职平台，营造和谐氛围，为履行政协职能创造了良好的社会环境。

重视民主党派、人民团体和委员作用的发挥。坚持联系走访委员制度，政协领导班子成员、政协常委和机关委室干部深入委员工作单位，与委员及所在单位的领导互通情况、听取意见。保持与民主党派和人民团体的经常性联系，政协领导通过走访、慰问等方式，听取、征求各民主党派、人民团体的意见建议，就区政协2010年工作安排、政协自身建设等问题进行讨论协商。加强与“归侨、侨眷、台胞、台属”界委员和少数民族、宗教界委员的联系，组织开展学习、参观、视察等活动，营造了团结民主的良好氛围。

切实做好文史和宣传工作。完成了《房山文史资料》第24辑的资料征集、选题和编辑，全书收录文稿50余篇、20余万字。对房山政协成立20多年来的工作概况和历届重要事件进行整理，为编写房山区志与组织史提供了详实资料。充分利用广播、电视、网络、报刊等媒体，特别是《人民政协报》《北京日报》等高层媒体，对政协的重要工作、重要活动进行全方位、多层次的宣传；编辑了区政协六届四次会议大会发言和三个专题座谈会发言汇编，六届四次、五次会议文件汇编和2009年度调研报告汇编，进一步提升了区政协的社会影响力。

五、夯实基础，提升素质，自身建设不断加强

把加强政协自身建设作为重要的基础性工作，认真抓实抓好，为各项工作的顺利

开展提供了坚强的组织保障。

委员队伍建设得到加强。以政治理论学习、研讨交流为切入点，推进委员队伍建设，有效提高了委员素质。全年组织各种学习交流活动 20 多次，参加委员近千人次。举办了深入学习胡锦涛同志在庆祝人民政协成立 60 周年大会上的讲话精神、中共十七届五中全会精神、全国政协十一届三次会议精神、北京市第三次政协工作会议精神和当前国际形势等专题报告会，组织了“三化两区”与“两轴三带五园区”规划建设等区情通报会，为委员知情明政、有效履职奠定了思想理论基础。开通了房山区政协学习平台，方便了委员的学习交流。按照《政协委员履职统计与通报制度》定期通报委员履职情况，增强了委员做好政协工作的积极性和主动性。

机关队伍建设得到加强。以“创先争优”活动为契机，切实加强机关队伍建设。制定了活动方案，明确了活动目标和各阶段的任务。机关干部按照“五个好”“五带头”的标准，自觉践行“创先争优”的承诺，促进了工作效率和服务水平的提高。组织机关干部到西柏坡接受革命传统教育，参加全区“干部素质提升大讲堂”和政协机关周五学习日等学教活动，有效推动了机关队伍建设。

去年 9 月，按照中共北京市委和房山区委的部署，召开了政协六届五次会议，在听取区政府领导区情通报后，对政协后几个月的工作做出了安排，增选了一名副主席，使政协领导班子建设得到加强，工作推进力度进一步加大。

六届四次、五次会议以来，在常委会的领导下，经过全体委员和机关干部职工的共同努力，政协各项工作取得了新的成效。但是，对照科学发展观和建设“三化两区”新房山的任务和要求，工作中仍然存在差距与不足。对新时期人民政协理论学习思考不够深入，对新形势和全区工作的新变化把握不够全面，委员履行职能的能力和水平有待进一步提高等问题，需要在今后的工作中引起重视，努力改进提高。

2011 年工作安排

2011 年是实施“十二五”规划的开局之年，也是中国共产党建党 90 周年。中共十七届五中全会和中央经济工作会议作出的新部署，北京加快世界城市“五个之都”建设、更高标准推进“三个北京”建设，房山“三化两区”总体战略深入实施，对政协工作提出了新要求。面对新形势、新任务，区政协的各项工作要把握新规律、开辟新境界、采取新举措、创造新业绩。在新的一年里，区政协工作的指导思想是：坚持以科学发展观为指导，深入学习贯彻中共十七届五中全会、北京市第三次政协工作会议和中共房山区委六届九次全会精神，紧紧围绕“三化两区”战略、“首都高端制造业新区”“现代生态休闲新城”新定位和“两轴三带五园区”发展布局，发挥优势，突出特色，认真履行各项职能，集中力量抓好六项重点工作，为实现全区“十二五”规划良好开局和全区历史新起点上的新发展做出新贡献。

一、围绕“十二五”规划实施协商议政，促进全区可持续发展

实现“十二五”规划实施开好局、起好步，事关房山在新的历史起点上实现科学发展、跨越发展的全局。要按照区委区政府的总体部署，把推进全区“十二五”规划的实施摆在履行职能的突出位置，集中智慧，凝聚力量，为“十二五”发展献智出力。组织委员系统学习全区“十二五”规划和重点专项规划文本，理解把握规划内涵，了解熟悉规划内容，明确献计出力的方向和重点。围绕“十二五”时期全区经济、政治、文化、社会和生态建设的重要问题，抓住规划实施的重点和难点，安排好视察考察、调查研究、情况通报等活动，开展政治协商，为区委区政府科学民主决策提供依据。各专委会和各民主党

派、人民团体及各族各界委员要结合实际，明确任务，通过开展主题突出、各具特色、形式多样的活动，为全面推进“十二五”规划实施、实现全区可持续发展贡献力量。

二、围绕重点功能区建设献计出力，促进全区经济发展方式转变

重点功能区建设是房山加快转变经济发展方式、优化提升产业结构、提高经济综合实力与核心竞争力的重要引擎。要按照建设“首都高端制造业新区”的新定位，把助推重点功能区建设作为履行政协职能的重要抓手，围绕重点功能区建设中基础设施建设、重大项目推进、招商引资、政策完善、高端人才引进等重要问题，深入开展视察考察、调查研究、专项监督等活动，为加速重点功能区建设、促进制约性问题的破解提出意见建议。按照区委区政府的统一部署和工作分工，加强统筹调度，继续做好中国房山世界地质公园和窦店现代高端制造业基地规划建设管理工作，力争取得新的突破。在助推重点功能区建设的同时，更加关注全区非公经济发展，对落实国家、北京市有关政策和非公经济发展中环境优化、中小企业融资难用地难、进入功能区与产业基地集约发展等问题，深入研究思考，提出意见建议，促进非公经济持续健康发展。

三、围绕城市化建设建言献策，促进全区城乡一体化进程不断加快

坚定不移地走新型城市化道路是实施“三化两区”战略、加快转变经济发展方式的基本路径，也是政协履行职能的重要着力点。要根据“现代生态休闲新城”的新定位，按照以城带乡、城乡融合一体化发展的新要求，就城乡规划体系的完善，新城示范区与新型城市群落及新农村建设，城乡重要基础设施配套建设，城市交通、人口、资源、环境优化配置，城市管理与服务等事关城市发展的关键问题，选准角度、确定课题，通过调研、视察、座谈、研讨等形式，组织各专委会和各民主党派、人民团体和各界委员参政议政，为推进区委区政府科学决策建真言、出实招，促进全区城市化水平不断提高，助推城乡一体化进程不断加快。

四、围绕改善民生建言出力，促进全区社会和谐稳定

顺应全区人民过上更好生活的新期待，需要不断破解转型发展期出现的新矛盾、新问题，努力实现全区社会和谐稳定。这是事关房山发展全局的重要任务，也是政协履行职能的重要抓手。要发挥政协组织协调关系、化解矛盾、争取人心、凝聚力量的优势，配合区委区政府做好群众工作，团结全区各族各界群众共同建设美好新房山。通过调研、视察、提案等形式，深入研究思考土地征用、拆迁安置、城乡居民就业增收、居住条件改善、社会保障、教育卫生及其他基本公共服务等重要民生问题，及时提出意见建议。引导支持委员深入实际、深入群众，了解民情、反映民意，在密切群众关系、破解民生问题、提高人民福祉上发挥更大的作用。

五、围绕山区建设出谋划策，促进生态涵养发展区建设

山区建设与发展是加速全区城乡一体化进程、建设首都西南绿色生态屏障、改善山区人民生产生活条件的重要任务。要把推动山区建设发展作为政协履行职能的重要内容，按照生态涵养发展区的总体要求，在2010年全面启动“政协委员山区行”活动的基础上，丰富“调研献计进山区、产业发展助山区、公益活动惠山区”三项主体活动的内容和形式，围绕山区替代产业培育，沟域经济发展，山区人民就业增收，生态环境保护与修复，人口迁移与险户搬迁等问题，安排委员深入山区调研献计，联牵有关部门和实力较强的企业开展结对帮扶活动，组织政协系统内具有相关专业和技能的委员开展科技、文化、卫生等下乡进村活动，把“政协委员山区行”活动推向新高潮，促进山区

又好又快发展。

六、围绕贯彻北京市第三次政协工作会议精神，促进政协工作再上新台阶

高举“两面”旗帜，坚持“两大”主题，以贯彻落实北京市第三次政协工作会议精神为动力，营造氛围，凝聚力量，促进履职水平不断提高。协助区委做好房山区第四次政协工作会议的筹备工作，对做好新时期人民政协工作特别是提高履行政治协商职能水平进行深入研究，为区委制定关于政治协商的相关文件、开好全区第四次政协工作会议做好准备。按照中共房山区委的统一部署，搞好中国共产党成立90周年庆祝活动。加强与各民主党派、人民团体和各族各界委员的联系，保持与“归侨、侨眷、台胞、台属”界委员的联系，继续做好少数民族和宗教界人士工作，巩固扩大爱国统一战线。做好区政协换届工作，保持工作的连续性和稳定性。做好文史工作，完成《房山文史资料》第25辑的征集、选题和出版。做好整体宣传工作，增强政协的社会影响力。加强委员队伍和政协机关队伍建设，搞好中共十七届五中全会、全国“两会”和市区重要会议精神、人民政协理论及国情市情区情等专题学习辅导，组织好常委会、专委会学习考察、研讨交流等活动，提高两支队伍的整体素质，切实担负起做好新时期人民政协工作的历史重任。

各位委员：中共房山区委六届九次全会对全区工作做出了新部署，“十二五”规划绘就了全区发展的新蓝图。让我们团结一心，开拓进取，求真务实，扎实工作，以更高的目标、更新的举措、更大的作为，努力开创政协工作的新局面，为完成全区“十二五”时期开局之年的各项任务，推进“三化两区”战略深入实施而努力奋斗！

5月30日，“乐享风尚 魅力长阳”交响音乐会在长阳镇体育公园举行，瑞典的哥德堡交响乐管乐团进行表演。

专　文

关于房山走新型城市化道路的实践与思考

中共房山区委书记　　刘　伟

当前，首都已经进入了全面建设现代化国际大都市的新阶段。随着建设“三个北京”、世界城市宏伟目标的提出，郊区城市化进程将再次提速。如何抓住这一重大机遇，按照科学发展观的要求，以新型城市化为基本路径，加快推进“三化两区”建设，实现房山经济社会的快速发展、和谐发展和可持续发展，是房山区亟需研究解决的重大课题。

一、走新型城市化道路是房山实现科学发展的必然选择

2009 年以来，房山区以深入开展学习实践科学发展观活动和创先争优活动为契机，按照首都建设“三个北京”和世界城市的新要求，借势而上，大胆作为，果断提出并认真实施“三化两区”发展思路，即“坚持科学发展，加快城市化、工业化、现代化进程，建设产业友好、生态宜居新房山”。在深刻认识重大发展机遇和认真分析房山发展阶段特殊性的基础上，区委六届八次全会进一步深化了对“三化两区”内涵的认识，明确提出了当前乃至“十二五”期间要坚定不移地走新型城市化道路。这是基于房山进入城市化全面加速新阶段的实际提出的，充分体现了首都建设“三个北京”和世界城市的要求，是推进“三化两区”建设、实现房山跨越发展的基本路径。我们之所以把新型城市化作为基本路径，主要基于以下几点认识：

一是走新型城市化道路具有独特优势。与其他新城相比房山新城有着截然不同的特点和优势。首先，区位优势。与市区之间隔着永定河，是一座相对独立的新城，有着特殊优势，空间广阔，只要基础设施和公共服务设施配套到位，就能有效聚集首都高端产业和市区人口，更好承担起承接中心区人口和产业疏散的功能。其次，空间优势。房山新城的发展潜力巨大。在六环以里的空间面积有 104 平方公里，其中新城规划建设用地总量约 55 平方公里，规划建筑总面积约 4000 万平方米，目前已建成约 2000 万平方米，剩余规划建筑面积 2000 万平方米，还可以新增约 30 万人居住。在这 55 平方公里的新城规

划建设用地中，可以用于产业功能的用地总量约20平方公里，据测算，可容纳约25万个就业岗位。就是说，在六环以里，未来从空间上看还可以新增约30万城镇人口，同时还能提供容纳25万个就业岗位的产业用地。在六环以外，还有燕房组团和一批重点城镇可以承载人口居住，还有石化新材料基地、窦店高端现代制造业产业基地等重点功能区可以容纳就业。特别是窦店基地，现在起步区规划面积是5.85平方公里，加上规划拓展区，基地总面积可达到约16平方公里，开发完成后可容纳就业岗位约30万个。

二是走新型城市化道路迎来了重大机遇。胡锦涛总书记指出“稳步推进城镇化是扩大国内需求和调整经济结构的重要抓手。”从全国看，城市化已经进入了快速发展的高潮期，成为我国经济社会发展的主要推动力之一。在首都全面实施“三个北京”战略的大背景下，市委市政府提出了建设世界城市的目标，推出了率先形成城乡一体化发展新格局、城南行动计划、永定河绿色生态发展带等重大政策措施，强调要加快郊区城镇化步伐，以加快城乡结合部改造和新城发展为重点实现约120万农村人口的城市化。可以说，加快郊区城市化进程已经成为首都北京迈向世界城市的重要驱动力。处于提速发展关键时期的房山区，迎来了推进新型城市化的历史性机遇。

三是走新型城市化道路具备了发展基础。近年来，房山区在“三化两区”引领下，加快转变经济发展方式，积极转换发展动力，采取“战时体制”，实施破冰行动，加快融入市区步伐，区域经济实力显著增强，房山已经进入了城市化带动和功能区支撑“双轮驱动”的快速发展新阶段。一方面，城市化进程大幅提速，第一拉动力效应开始显现。新城示范区和良乡、燕房两个组团建设快速推进，城镇体系趋于完善，城市面貌日新月异，轨道交通房山线年底试运行，京石二高速、京良路等进京通道逐步开工建设，“十一五”期末全区城市化率预计达到68%，开始进入了城市化加速发展阶段，但相比全市平均85%的城市率仍然偏低，房山区城市化提速发展的潜力依然巨大，空间依然广阔。另一方面，重点功能区建设实现破冰，新兴产业正在加速形成。随着石化新材料科技产业基地、窦店高端现代制造业产业基地等重点功能区的建设和完善，东方石化、长安汽车、京西重工等一批项目陆续落地，新兴产业的后发优势十分明显，为加快新型城市化进程奠定了经济基础。

四是走新型城市化道路积累了前进动力。在推进城市化的进程中，城乡群众是房山区城市化的最大受益者，特别是全区农民群众对于加快城市化有着日益强烈的愿望，已经成为城市化进程的主动参与者。各级基层组织和广大基层干部，在城市化实践中结合创先争优活动，彰显了“团结、务实、拼搏、争先”的房山精神，形成了“五加二”“白加黑”的工作劲头，在推进征地拆迁、旧村改造等进程中，表现出了昂扬向上的精神状态和真抓实干的工作作风，成为加快城市化进程的组织基础和干部基础。随着城市化进程的加快，越来越多的投资者开始涌入房山，成为加快房山区城市化进程可靠而且活跃的市场力量。城乡群众、基层组织、广大干部和投资者的共识和期盼，凝聚成了推进房山区新型城市化进程的强大动力。

但我们也清醒地看到，由于房山区城市化起步较晚，速度较慢，底子较差，推进新型城市化还有几个方面问题需要重视：

一是城市功能需进一步完善。城市化最重要、最直接的标志，就是要有完善的城市功能。目前，房山不管是中心城区还是重点城镇，在基础设施和公共服务设施建设方面与首都核心区相比还有较大差距，基础设施欠账较多，配套能力明显不足，城市的综合承载力不高，城乡发展不均衡，在城市建设管理方面存在标准不高、特色不突出等问题。二是产业支撑需进一步强化。加快城市化进程，强有力的产业支撑是基础。首都建设世界城市，对房山区优化产业结构、提升产业层次、壮大产业规模，都提出了新的更高要求。由于房山区正处于转型期，产业层次相对较低，传统资源型产业迅速退出，重点功能区建设刚刚破冰，大企业、大项目尚未形成有力支撑。三是资源特别是土地资源统筹利用水平有待进一步提高。随着城市化水平的提高，人地矛盾和资源环境等压力进一步凸显，特别是在建设指标上缺口较大。初步测算，房山区城镇建设用地指标缺口达到5877.6公顷，产业用地缺口达到1763.28公顷，既有规划城镇建设指标已不能满足房山区城乡一体化发展的需求。在合理配置土地、人口、交通等方面还需要进一步强化统筹，提高资源节约利用效率。四是破解瓶颈问题需进一步增强。当前，房山区在推进城市化进程中主要存在着手续办理难、资金筹措难、征地拆迁难等制约问题，政策程序不清楚、资金筹措办法不多、拆迁进度缓慢，已经成为制约房山区快速推进城市化的主要瓶颈。在破解城市进程中资金平衡、手续跑办和征地拆迁等问题方面，还需要全区干部进一步解放思想，在更高的层次、更深的程度上解决好已经遇到和将要遇到的各种难题。

面对新的机遇和挑战，在新一轮首都郊区城市化的潮流中，如果沿用已经走过的传统城市化道路，无疑是走不通的。新型城市化正是在这种背景下，成为快速推进房山区城市化进程的实践探索，成为建设“三化两区”、实现跨越发展的基本路径选择。

二、房山走新型城市化道路的基本思路

根据科学发展观的要求和城市建设发展的基本规律，房山只有立足区情，以服务首都建设世界城市为目标，闯出一条新型的城市化道路才能赢得发展的先机，不断开创“三化两区”建设新局面。

（一）新型城市化的内涵

新型城市化是在科学发展观统领下，以城市化带动和功能区建设双轮驱动为核心，以统筹考虑发展与人口、资源、环境关系为特点，以“统筹规划、城乡互动、全域推进、城乡共享、均衡发展”为特征，实现城市空间合理化布局，资源集约化利用，人才、资本、信息等城市要素高度聚集，经济建设、城市发展与社会和谐相统一的可持续发展过程。简言之，新型城市化是科学发展观指导下的城市化，是体现加快转变经济发展方式要求的城市化，是城市建设和功能区建设互动发展的城市化，是平原和山区均衡发展的城市化，是让城乡群众共享发展成果的城市化。

新型城市化主要有三方面特点：首先，新型城市化与传统城市化有着本质区别。传统城市化主要有两种表现：一种是“有城无业”，尽管城市发展很快，但居住用地与产业用地比例失调，产业关联性弱、布局分散，发展后劲严重不足，“睡城”现象明显；另一种是“有业无城”，尽管形成了较好的产业基础，但是开发区功能单一，综合服务功能欠缺，产业发展并没有带动新城建设，最终成为单纯的“工业区”。房山要走的新型城市化道路，正是独立于这两种形态，是要实现城市建设和功能区互动发展的新型模式。其次，新型城市化是统筹全区、全域推进的城市化。过去，我们的城市化没有很好地统筹全区资源，各类生产要素大多流向城市，致使城市和农村特别是平原和山区之间的发展差距越来越大。新型城市化就是把房山区2019平方公里作为一个城市整体进行规划建设，真正实现城乡规划的“全域覆盖”、城乡交通的“全域畅通”和城乡社会公共服务的“全域均衡”。再次，新型城市化充分考虑了农民利益，不会产生历史遗留问题。在以往的城市化进程中，注重城市自身建设，考虑农民的利益相对较少，以至出

现了一批历史遗留问题。比如，许多农民已经失去了赖以生存的土地，但是并没有转居，更没有纳入城市社保体系，结果出现了“农民无地种、就业无岗位、生活无保障”的问题。新型城市化就是把加快城市化与化解“三农”问题紧密结合起来，统筹解决农民的上楼、就业、社会保障等问题，逐步实现农民的居民化、农村的社区化、就业的非农化和城乡社会保障体系的有序对接，让农民更多地分享城市化带来的成果。

（二）房山走新型城市化道路的总体设想

1.总体要求。深入贯彻落实科学发展观，按照建设“三个北京”和世界城市的要求，以建设首都高端制造业新区和现代生态休闲新城为目标，以实现城市化带动和功能区支撑双轮驱动为核心，统筹人口、资源、环境协调发展，加快构建“两轴三带五园区”的发展新格局，着力提升面向中心城区的综合服务功能，有效承载首都高端产业和高端人群的疏解功能，把房山建成首都建设世界城市的重点新城，力争“十二五”期末全区城市率达到80%。

2.发展格局。按照新型城市化的要求，着力构建“两轴三带五园区”空间发展格局。“两轴”即京石高速发展轴和轨道交通房山线及西延发展轴。“三带”即永定河水岸经济发展带、中部平原发展带和西部山区发展带。“五园区”即北京石化新材料科技产业基地、窦店高端现代制造业产业基地、中央休闲购物区（CSD）、中国房山世界地质公园和中国北京农业生态谷。

三、房山走新型城市化道路的主要措施

在首都建设世界城市的大背景下，今后一段时期特别是“十二五”时期，房山要坚定不移地走新型城市化道路，努力做到“五个结合”，加快转变区域经济发展方式，推动房山步入科学发展的轨道。

（一）把新型城市化与功能区建设结合起来，打造首都高端制造业新区

建设首都高端制造业新区，是市委市政府赋予房山区在首都世界城市格局中的新定位，也是房山区融入市区，对接首都发展的新载体，是我们实现城市化带动和功能区支撑的双轮驱动、转变区域发展方式的主要抓手。在推进新一轮城市化进程中，一方面，要用城市化带动功能区的建设，不断提升城市综合承载力和对经济发展的拉动力，为加快重点功能区建设提供更多的资金支持、更优的发展环境和更大的发展空间。另一方面，要用功能区的建设支撑城市化的进程，以建设打造首都高端制造业新区为目标，主动承载中心区产业功能转移，做大做强主导产业，积极培育新兴产业，加快产业集聚和优化升级，构筑实体经济高地，为新型城市化提供更加坚实的经济基础。

1.全力加快五大重点功能区建设。五大重点功能区集聚了房山区的优势产业，是房山区产业结构优化升级、加快转变经济发展方式的主要载体，是加快房山区城市化进程、实现区域经济社会可持续发展的强力支撑。按照“优化一产、做大二产、做强三产”的思路，结合功能定位的要求，集中全区人力、财力、物力，继续加大投资力度，突出抓好重点功能区建设，打造区域经济的主要支撑。一是要加快建设进度。北京石化新材料产业基地要以燕房合作为依托，有序引导石化新材料产业向基地聚集，延伸石化产品产业链条，重点做好核心发展区的拆迁建设工作，力争“十二五”时期实现工业产值1200亿元。窦店现代制造业产业基地要依托长安汽车、京西重工等项目的入驻，加快装备制造产业和汽车产业集群发展，在全国率先实现新能源汽车产业化。中央休闲购物区（CSD）要以永定河水岸经济带为依托，抓好奥特莱斯购物中心建设，加快中核北京科技园建设，打造特色商贸功能区和首都西

南智汇城。中国房山世界地质公园要以建设世界城市旅游目的地为目标，整合旅游资源，重点发展文化创意、休闲旅游、葡萄酒庄等高端产业，打造世界城市的生态后花园和生态屏障。中国北京农业生态谷要以中粮集团为投资主体，吸引世界顶级涉农产业，构建全国现代农业生产、世界先进农业展示的集聚区，成为向世界展示首都现代农业发展水平的重要窗口。二是要着力引进重大项目。瞄准聚集首都高端产业，主动承载首都核心功能，加大对功能区规划和包装力度，着力提升功能区层次，加大政策扶持力度，加快配套基础设施建设，全方位服务入驻企业。特别是要积极探索与央企合作的新模式，加强与国内500强和世界500强企业的合作，为大项目落地创造优越的条件，着力引进符合首都核心功能的战略性新兴产业和高端业态，努力提升功能区的引资质量，提高功能区核心竞争力。三是要创新体制机制。创新发展理念，在集中力量加快重点功能区建设的同时，鼓励各乡镇发挥主观能动性，力争将镇级功能区提升到区级层面，形成“5+X”的功能区发展模式，将所有乡镇、街道纳入功能区发展范畴，实现功能区全覆盖。要继续明确一个功能区由一名区领导具体负责的运行管理机制，进一步创新招商办法，大力引进专业人才队伍，变招商引资为招商选资，促进投资强度不断提高，资源节约集约高效利用。

2.要以新兴产业的成长带动全区产业结构的优化。积极挖掘现有产业基础，加大新兴产业培育力度，争取经过5～10年的努力，建成符合首都经济发展要求的现代产业体系，进一步增强对区域经济的辐射和带动能力。一是新能源产业。抓住国家“十二五”期间重点支持新能源产业的发展机遇，深化与北控集团在聚光性太阳能电池、磁悬浮技术等方面的合作，建设张坊新能源示范基地建设。二是现代服务业。以中央休闲购物区（CSD）和良乡高教园区为依托，发展商贸经济、站点经济和楼宇经济，推动石油交易所和粮油交易所发展。以北京铁路集装箱中心站建设为契机，加快建设现代物流枢纽。利用临近丽泽商务区和丰台总部基地优势，吸引金融机构入驻。三是文化创意产业。以打造世界城市旅游目的地为目标，以历史文化聚集区为载体，依托周口店猿人遗址、云居寺佛教文化等世界级知名文化品牌，规划建设周口店原始公社和云居寺文化景区。大力发展研发设计、咨询策划、时尚消费等创意行业。四是民用核工业。以中核一体化示范基地为依托，进一步深化与原子能研究院、中核集团的合作，发展成为新兴产业体系的重要组成部分。

3.推进产业高端化、集聚化、融合化。充分发挥五大重点功能区优势，注重引进高端、高效、高辐射产业，促进三二一产业相互渗透、融合发展。一是要引导新兴产业加快向功能区聚集。目前，我们的功能区刚刚起步，发展空间很大。要建立新引进项目优先入驻相应功能区的激励约束机制，坚决杜绝“捡进篮子都是菜”现象，不断提高产业集聚度和经济外向度。同时，围绕功能区的产业定位和企业需求，大力引进和培育上下游配套产业和相关服务产业，促成产业集群的形成，实现企业集中布局、产业集群发展、资源集约利用的有机融合。二是要引导用地指标加快向功能区聚集。抓住全区新城规划整体修编、土地利用规划修编的契机，进一步完善有关政策，统筹使用城镇建设用地指标，盘活农村宅基地和集体建设用地，使产业用地指标向功能区特别是五大重点功能区聚集，拓展发展空间，实现土地集中集约利用，最大限度提高土地增值效益。

（二）把新型城市化与城市现代化结合起来，全力打造现代生态休闲新城

新型城市化要以城市现代化为导向，按照世界一流标准，高起点规划、高规格建设、

高水平管理城市，不断优化城市基础资源配置，完善城市综合功能，加快与首都核心区的融合，吸引市区高端人群等要素集聚，着力打造与“两轴三带五园区”布局相融合、功能相匹配的新型城市群落，加快建设首都世界城市的重点新城。

1.全力加快新城示范区建设。新城示范区暨长阳半岛由蓄水后的永定河稻田水库、大宁水库、马厂水库和治理后的小清河、万亩滨河公园环绕而成，是北京真正的半岛生态经济区。作为房山与北京城区最为接近的地区，永定河使得长阳半岛与北京城市核心组团相独立，拥有特色的滨水、绿地发展优势和新城承载空间。作为中央休闲购物区（CSD）的核心区，长阳半岛已经成为以政府为主导的新经济投资热点，吸引了中粮万科、中铁、首创、奥特莱斯、中核、等知名企业，形成了国际金融港、智库产业园、户外运动乐园、休闲购物城、温泉度假城、生态宜居城“一港两园三城”的区域布局。随着轻轨房山线等进京通道的建设和商业配套的日益成熟，长阳半岛的区位价值正在大幅提升。在房山区推进新型城市化的进程中，要把长阳半岛放在更加突出的位置，紧紧抓住永定河水岸经济带、城南行动计划等重大机遇，先行先试，着力提升城市品牌形象，注重城市空间设计和建筑风格塑造，充分展示首都气派和现代化城市新形象。建设集世界名牌折扣中心、休闲度假体系和高品质居住体系等核心功能于一体的新城示范区，形成区域产业的联动发展，打造符合世界城市标准的低碳城市品牌形象。

2.全力推动良乡、燕房新城组团建设。加快新城主城区建设步伐，坚持同步规划、同步投入，统筹建设良乡、燕房两个新城组团。良乡新城组团主要包括拱辰街道、西潞街道、良乡镇等区域，加速推进城乡结合部建设，积极吸引人才、科技等高端要素聚集，全面融入首都发展，实现与市区发展的全面对接和深度融合。燕房新城组团主要包括城关、燕山、周口店等区域，以石化新材料产业基地为依托，加快实施燕房组团老城区改造工程，重点抓好城关地区的旧村改造，建设首都石化新材料产业新城。特别是要扎实做好两个新城组团土地储备工作，提高新城综合承载力，进一步改善新城中心区面貌。

3.全力加快重点镇建设。以轨道交通西延线、京石二高速开工建设为契机，快速推进发展轴周边地区的城市化步伐，相关市政设施与道路同步建设，统筹做好沿线站点经济，逐步实现新城组团与窦店镇、长沟镇、河北镇等重点小城镇在产业、交通、资源等方面的有效对接和联动发展。窦店镇、琉璃河镇地区依托功能区建设，辐射带动周边地区，统筹完善服务功能，优化配置基础功能，加快城乡一体化进程。南沟地区以长沟为核心，统筹旅游资源，建设首都西南旅游集散中心。北部山区以河北镇、青龙湖镇为核心，主动承接山区人口集聚和产业转移，建设促进绿色山区发展的新型特色城镇，全面提升北部山区城市化的总体水平。

4.全力提升城市现代化功能。推进新型城市化，必须把加快城市基础设施和公共服务设施建设作为一项重要工作，通盘考虑群众需要，着力提高城市综合配套水平。一是构建综合交通体系。加快进京通道建设，重点实施轨道交通房山线西延、丰良路、京良路西延等一批交通建设项目，纳入首都半小时经济圈范畴，努力建立连接中西部的交通大动脉。加快城市交通微循环系统建设，重点推进东环路等城市主干道和支路建设，提高城市路网的连通性和可达性，着力破解交通拥堵等难题，提升信息化管理水平，力争“十二五”期末实现城市道路总里程约274公里。二是构建城市安全体系。进一步建立和完善防洪、治安防控和应急保障等城市安全体系建设，完善突发公共事件应急预案，用科学的管理机制应对城市公共安全危机，提高应对处置各类突发事件的能力，加大城市供水、供热、供气等基础设施建设，保证城市正常有序运转。三是构建城市科学管理体系。在巩固创卫成果基础上，继续深入推进城市管理体制改革。坚持“建管并举、重在管理”的方针,加强规划、执法等部门的综合统筹协调，提升城市治安、交通、流动人口等服务管理水平。强化城市环境综合整治，加快绿化美化建设，保持市容市貌整洁有序。加快引入数字化城市管理系统，不断提高城市管理的科技化、网络化和精细化水平，建设智慧城市。

（三）把新型城市化与破解“三农”问题、实现山区转型发展结合起来，加快城乡一体化进程

站在北京率先实现城乡一体化的高度，加大统筹力度，创新发展思路，推动农村和山区发展再上新水平。

1.全力加快农村城市化。加快农村城市化进程，是解决“三农”问题的重要途径。重点做好以下几方面工作：一是探索农村城市化新途径。对房山来说，因地制宜，着力推动农村变社区，农民变市民，社员变股东。“十二五”期末要力争解决 21 万农民城市化转移，完成新城规划范围内 65 个村城市化转型。重点探索以下几条途径：城市化核心区长阳镇、良乡镇要在主动承接市区人口疏解的基础上，借助首都优势，以土地储备带动农民城市化；拱辰街道、西潞街道要加快实施一至五街城中村改造和北五村城乡结合部改造，以旧村改造带动约 7297 户 1.7 万人实现城市化；五大重点功能区周边乡镇（街道）要依托重点功能区建设，积极引进高端资本、优质项目，大规模吸纳农村劳动力向二三产业转移，加速农民上楼转居步伐，如 CSD 核心区建成后，预计可以带动 23 个村 1.7 万人实现城市化；轨道交通和京石二通道沿线乡镇要积极探索“撤村并居”带动模式，推行村庄社区化管理，逐步引导农民向城镇集中，最大限度地实现农民向市民转化。二是加快农村高端产业发展。刘淇书记强调，郊区经济发展要高端化，三次产业要加快融合。对于房山区，要着力发展都市型现代农业和综合旅游产业。依托中国北京农业生态谷，全面深化与中粮合作，充分发挥农业的生态、生活、生产功能，建设中国农业生态谷。要依托世界地质公园、CSD 等功能区，大力发展生态旅游、文化创意、休闲购物、会展经济等综合旅游产业，带动全区农村产业发展，使更多农民能够实现非农就业，加快转变农民生产方式。三是深化农村综合配套改革。以城乡结合部“村转居”和“整拆整转”地区为切入点，推广农村社区股份合作制，加强土地承包经营权流转管理、服务和市场建设，深化农村集体资产管理体制改革。以“明晰产权、确立主体、灵活经营、强化管理、保障收益”为主要内容，稳步推进集体林权制度改革，积极推进农村服务体系建设，扶持发展农民专业合作社、支持商业金融机构在农村布局设点。继续实施镇乡结对、百村帮扶战略，推行新型社区管理机制，增强农村全面协调可持续发展的内生动力，为农民整体转居、村委会转为居委会打好基础。

2.全力加快推进山区建设。充分发挥房山世界地质公园的龙头带动作用，大力度推进山区基础设施和公共服务设施建设，加快山区旅游环线和南北沟连接线建设，使山区成为房山区经济可持续发展的新空间。一是加快实施山区人口搬迁。坚决退出资源型产业，加大执法力度，杜绝私掘盗采。按照山区农民自愿原则，采取集中安置和分散安置方式，加快推进山区人口万人迁移工程和山区险户搬迁，山区搬迁人口不少于 2 万人。研究制定外迁人口相关政策，确保山区人口迁得出、稳得住、能致富，为山区涵养和发展腾退空间。二是加快生态建设。坚持开发与涵养并举，加快实施北部山区绿色行动计

划，开展矿山生态修复、京津风沙源治理、荒山造林、大石河、拒马河全流域治理等环境建设工程，逐步恢复山区生态植被，重点建设上方山、霞云岭两个国家森林公园和蒲洼自然保护区、拒马河水生野生动物自然保护区，逐步还原沿岸生态环境和面貌，构建首都绿色生态屏障。三是加快替代产业发展。建设大石河生态经济、拒马河水岸经济、西部浅山区高端旅游经济三条产业带，积极引进大企业、大集团，抓紧培育文化创意、高端旅游、后台服务等新兴友好产业。与京煤集团合作推进棚户区改造，高标准推进南窖、十渡、周口店等6条沟域建设，投资80亿元建设集葡萄种植、红酒酿造、文化交流等功能于一体的青龙湖国际红酒城，引导带动浅山区乡镇发展，为山区发展增添新的动力。

（四）把新型城市化与保障和改善民生结合起来，让城乡群众共享城市化成果

走新型城市化道路的出发点和落脚点是要保障和改善民生，实现经济建设与社会事业和谐发展，使群众的收入水平与经济发展同步，使社会事业发展水平与经济建设水平同步，让城乡群众共享城市化带来的成果。重点解决以下几方面问题：一是切实提升公共服务水平。依托首都优势，多形式、多渠道引进市区优质资源，继续加强教育、卫生、文化、体育等公共服务设施建设，着力建设一批高水准的社会事业项目。优化教育结构和布局，促进教育资源均衡配置。健全城镇医疗卫生服务体系，积极推进医疗卫生体制改革，扩大社区卫生服务覆盖面。大力发展文化体育事业，推进群众文化活动中心、图书馆建设，进一步完善文化体育健身设施。二是健全城乡社会保障体系。按照统筹城乡原则，加快健全覆盖城乡的公共服务体系，加快城市优质资源向农村特别是山区延伸。抓住城乡居民基本医疗保险、基本养老保险等重点领域，探索建立城乡衔接、逐步并轨的政策办法，将失地农民全部纳入社会保障，特别是山区人口迁移和农转居人员必须纳入城市社会保障体系，多渠道筹集资金，一揽子解决农民的后顾之忧，逐步实现城乡社会保障体系的有机衔接，让农民群众享受到更多实惠。三是切实增加群众收入。把促进就业放在经济社会发展的优先位置，广开就业增收渠道，尤其是解决好失地转居、搬迁、关矿地区群众的就业问题。把转变就业观念与提高就业技能结合起来，建立灵活就业机制，完善扶持政策，设置农民转移就业培训专项基金，严格控制城镇登记失业率，提高城乡劳动力就业水平，千方百计增加群众收入。结合房山实际，建立完善农民就业增收的长效机制，努力使全区农民普遍享有土地流转房产租赁的“租金”、转移就业的“薪金”、股份合作组织的“股金”和社会保障的“保金”。

（五）把新型城市化与改革创新结合起来，努力破解发展瓶颈问题

新型城市化要加快推进重点领域改革，继续发挥资金筹措团队、拆迁工作团队和手续办理专业团队的作用，集成优势，积极破解资金短缺、拆迁困难、手续办理缓慢等瓶颈问题，逐步建立推进新型城市化强有力保障机制。

1.要以创新投融资模式破解资金难题。充分发挥财政资金的撬动作用，推进投资主体多样化，完善社会参与机制，多渠道引进资本和企业，参与城市和功能区的开发、建设和经营。组建政府城市投资公司等投融资平台，强化资金统筹调度管理，加强银政协调，争取金融机构支持，增强政府融资能力，合理界定政府投资范围和安排建设时序，避免重复建设。统筹调控土地、人口、政策、资金等重要指标，建立合理的指标调配机制。城市化前沿地区长阳半岛要优先保证城镇建设用地、人口等指标，重点功能区要在产业用地指标、建设资金等方面予以重点倾斜，山区发展要重点提供足够的资金、优惠的政

策等支持，山区用地指标在向外转移的同时，为浅山区的远期发展预留出足够空间。

2.要以强有力的群众工作破解拆迁难题。群众的理解支持和配合是做好征地拆迁工作的前提和基础。要依靠群众推进拆迁工作。在工作中，要坚持把群众的眼前利益和长远发展结合起来，帮助拆迁群众算好利益账、发展账，统筹考虑农民群众拆迁上楼、安置就业、社会保障等问题，切实维护被拆迁人的合法权益，切实维护大多数人的利益。始终要带着对人民群众的深厚感情真心实意地关心民计民生，对一些事情要准确把握尺度，尽最大的努力争取群众的理解和支持，真正使拆迁工作成为提高干部群众思想认识的过程，成为推动全区发展、群众得实惠的过程。要严格依法推进拆迁。依法拆迁是做好拆迁工作的重要前提。要准确把握政策法规的要求，对每一个工作环节、每一个工作步骤，都要细之又细、慎之又慎，对所有拆迁户的住房面积丈量、评估、补偿标准、签订协议等都要切实做到公开、公正、透明，不留后遗症。坚持拆迁补偿标准的一致性，始终坚持依法拆迁、阳光拆迁、人文拆迁，最大限度地维护群众的合法权益。

3.要以改革创新的精神破解项目审批难题。以最大的努力做好重大项目落地协调服务工作。一是做实基础工作。发挥专门工作组的作用，扎实做好重大项目和重点工程立项、占地报批、规划修编、资金核算等基础性工作，确保申报项目顺利推进，尽快审批。二是清楚工作流程。全区干部要当明白人，清楚项目申报审批的整个运作流程，遇到问题及时上报反馈，尽快协调解决。三是找准问题的症结。积极和市直对口部门强化沟通，清楚项目卡在哪里，问题出在哪，积极跟进，快速反应，确保项目尽快审批。

做大做强功能区 加快转变经济发展方式

北京市房山区人民政府区长 祁 红

房山区作为首都西南重要城市发展新区，转型发展始终是近些年来着力突破的难题。胡锦涛总书记指出，国际金融危机使我国转变经济发展方式问题更加突显出来，综合判断国际国内经济形势，转变经济发展方式已刻不容缓。面对中央作出的新部署，我们深感任务紧迫、责任重大，更加坚定了加快转型发展的决心。但由于转变经济发展方式涉及方方面面，是一项艰巨复杂的系统工程，如何按照中央和市委的要求，结合房山实际找到加快转型发展的有效路径，是我们一直在探索实践的课题。

一、近年来房山区为加快转变经济发展方式进行了积极探索

近些年来，房山区坚持以科学发展观为统领，认真贯彻落实中央和市委市政府的决策部署，不断转变思想、创新思路，积极探索加快经济发展方式转变的有效举措，做了大量的工作，取得了比较明显的成效。

1.传统资源型产业有序退出。退出传统资源型产业，是落实首都区县功能定位、从根本上加强生态文明建设的必然要求，也是为培育新兴产业腾退发展空间的前提条件。近年来我们不断加大工作力度，基本完成了资源型产业有序退出。2006 年以来，我们在 2005 年坚决关闭了国有矿井范围内 53 家煤矿的基础上，又陆续关闭煤矿 86 家，全区彻底告别了千年采煤史。非煤矿山也正在有序退出，到今年底累计退出非煤矿山 213 家，全区仅整合保留 13 家汉白玉、石灰石等固体矿山。通过与北京金隅股份有限公司合作，由金隅公司对位于周口店镇、河北镇及大石窝镇的非煤矿山资源进行整合开采，采用国际最先进技术进行生产与管理，实现资源开发、利用与保护的有机结合。同时不断加大生态修复和生态建设力度，2006 年以来累计修复废弃矿山 2.6 万余亩，完成宜林荒山人工造林 10.52 万亩。此外，我们正在着手关闭全区 181 家不符合政策要求的水泥、石灰、石板加工等资源型企业。

2.节能减排工作成效明显。我们按照建设资源节约型、环境友好型社会的要求，把节能减排作为全区调整经济结构、转变发展方式的重要突破口，严格实施节能减排目标责任制，采取多项措施，实行综合治理，有力保证了“十一五”期间节能降耗和污染减排目标任务的完成。到 2009 年年底，工业废水排放达标率为 100%；工业废气排放达标率为 100%，工业用水重复利用率达到 97.7%。2010 年全区万元 GDP 能耗减低到 2.7 吨标煤，比“十五”期末下降 30%；万元 GDP 水耗下降到 84 立方米，比“十五”末下降 40%；二氧化硫排放量控制在 11700 吨以内，比 2005 年削减 1335 吨，削减比例为 10.2%；化学需氧量（COD）控制在 8000 吨以内，比 2005 年削减 3287 吨，削减比例为 29.1%。

3.重大民生改善工程稳步推进。我们始终把以人为本作为落实科学发展观的核心要求，紧紧围绕经济转型期的突出民生问题，有针对性地实施了一批保障和改善民生的重大项目。稳步推进山区人口搬迁，截至 2009 年累计搬迁安置山区强泥石流易发区农户 1159 户、3498 人；目前正在实施关矿地区新一轮人口搬迁工程，涉及 3 万余人。大力实施山区教育搬迁，从 2005 年下半年起，总计投入 3.78 亿元完成山区中学一次性搬迁，外迁中学生 2600 多名；逐步将山区中学搬迁腾出的校舍建成寄宿制小学，实现了山区小学集聚发展，极大改善了山区学生的受教育条件。同时，积极促进社会就业，不断提高社会保障水平，加强城乡基础设施和公共服务设施建设，为全区经济转型营造了和谐稳定的发展环境。

4.新兴友好产业得到大力扶持。我们一手抓“退旧”，一手抓“育新”，积极争取政策，多方筹措资金，大力扶持替代产业和新兴产业发展，为全区转型发展增添了新的动力和亮点。一是大力发展都市型现代农业。近年来结合社会主义新农村建设，不断加大对设施农业、加工农业、特色农业、旅游休闲农业等扶持力度，全区农业综合生产能力和农民收入水平不断提高，2009 年全区农业总产值实现 41.3 亿元，农民人均纯收入达 11315 元。二是着力培育替代产业。截止到 2009 年，共实施替代产业项目 66 项，争取专项扶持资金 1.24 亿元，扶持替代产业吸纳安置劳动力 9945 人，新增销售收入 21.3 亿元，利税总额 2.3 亿元。培育壮大了北京澳特舒尔保健品开发有限公司等一批亿元产值规模的都市工业企业和北京北一良工机床零件有限公司等十几家规模企业。三是积极开展循环经济试点。重点推进了房山工业园区循环经济示范园、佛子庄乡页岩废弃物综合利用、南窖乡煤矸石综合利用、北京恒通创新木塑科技发展有限公司木塑制品产业化等一批示范项目。此外，全区高端旅游、文化创意、生产性服务业等新兴产业也实现了蓬勃发展。

5.产业功能区建设取得重要进展。国际金融危机爆发以后，面对保增长、调结构的双重压力，我们紧紧抓住宏观经济政策比较宽松的有利契机，认真落实市委市政府关于加大投资力度、支持实体经济发展等重要精神，进一步转变发展思路，提出了城市化和功能区“双轮驱动”的发展战略，大力推动与央企合作，全区转型发展呈现了新的局面。经过近两年的努力，中石化、中粮、中核、长安集团、港中旅等大型央企开始落地房山，石化新材料、汽车制造、太阳能发电、民用核工业等一批高端产业开始在重点功能区聚集；北京石化新材料科技产业基地、北京窦店高端现代制造业产业基地、房山中央休闲购物区（CSD）、中国房山世界地质公园和中国北京农业生态谷等重点功能区建设取得重大进展，初步形成了“5+X”的功能区发展格局，为房山区实现又好又快发展增添了新的动力和支撑。

经过近几年的探索实践，房山区调结构、促转型取得了重要进展，全区上下加快转型发展的使命感和责任感不断增强，为进一步加快转变经济发展方式步伐奠定了重要基础。同时我们也清醒地认识到，房山转型发展还面临着一些深层次矛盾和问题。主要包括：转型发展的基础还比较薄弱，资源型支柱产业全面退出，新兴替代产业还处在培育阶段，导致区域经济总量偏小，规模效应和聚集效应不明显，对高端要素和高端人才的吸引力不够，经济发展的内生动力不足；区域发展不平衡现象还比较突出，优化区域发展布局的任务较重，特别是山区转型发展还面临着很大困难；转型过程中保障和改善民生压力较大，资源型产业退出造成大量山区劳动力需要转岗安置就业，全区扩大社会就业、促进居民增收、提高社会保障水平的任务艰巨；同全市相比城市化水平较低，正处于城市化加速推进阶段，亟需进一步完善和提升城市功能，特别是要增强对产业和人口的承载能力，更好地承接市区高端要素的转移。此外，全区还面临着重大基础设施建设相对滞后、统筹人口资源环境难度加大等问题。这些问题是长期积累的历史性症结和转型发展期出现的阶段性矛盾相互叠加的结果。房山要真正实现转型发展，必须找到一条把转型发展的普遍规律同自身发展特殊性相结合的有效途径，在努力突破上述深层次矛盾的同时，夯实全区保持长期又好又快发展的基础。

二、功能区建设是房山加快转变经济发展方式的有效途径

经济发展方式是指实现经济发展的方法、手段和模式，它客观上取决于一个地区的生产力发展水平、经济结构和社会结构、人口素质、资源禀赋、环境基础以及外部条件和历史机遇等诸多因素；同时也取决于主观方面发展理念、发展思路、发展目标和发展路径的选择，在不同地区、不同发展阶段具有不同的具体内容和特征。转变经济发展方式的过程，就是通过调整和改进主客观条件，使经济发展方式变得更加合理有效的过程。按照中央部署，当前加快转变经济发展方式，就是要继续深入落实科学发展观，更加注重以人为本，更加注重全面协调可持续发展，更加注重统筹兼顾，更加注重保障和改善民生，着力在推进经济结构调整、增强创新能力和内生发展动力、推进资源节约型、环境友好型社会建设等方面下功夫，努力实现集约高效、均衡协调、自主创新和绿色低碳发展，实现发展成果由人民共享。

具体就房山来说，目前房山区在首都发展大格局中的位置总体上还比较靠后，仍处于追赶型发展阶段。虽然区位、空间、资源、环境等方面后发优势比较明显，但经济总量不足、内生动力不够、结构不合理等问题仍然比较突出，落实中央关于加快转型发展的要求，关键是要在以下几个方面取得重要进展：一是保持经济持续快速增长，不断扩大经济规模和总量。2009 年房山地区生产总值仅占全市 2.4%，经济总量不足成为制约房山转型发展的突出问题。未来几年应该牢牢把握第一要务，继续保持较快发展速度，不断提高房山经济在全市经济中的份额，提高房山发展对全市发展的贡献度。二是坚持在发展中促转变、在转变中谋发展，努力实现经济结构优化升级。目前房山转型发展已经从做“减法”进入了以做“加法”为主的阶段，原有产业已没有太多的调整空间，需要把工作重点转到大力引进和培育高端产业和新兴行业上来，通过引进大企业、大项目，带动高端要素的大规模涌入，实现区域经济大换血，切实增强全区发展的内生动力。三是大力推动新型城市化和新型工业化进程，通过城市化带动和产业化支撑，促进全区各类优势资源与高端发展要素对接，实现城乡之间、区域之间协调发展，进一步优化全区发展布局。四是切实把资源节约、环境友好、创新驱动以及全面协调可持续发展的要求落到实处，促进全区经济社会又好又快发展。通过认真总结近些年的发展经验，综合考虑各方面因素，我们认为在现阶段既能充分体现中央和市委市政府要求，又能切实解决房山转型发展所面临问题的最有效选择，就是大力推进功能区建设。

所谓功能区，包括主体功能区和城市功能区两大类型。建立主体功能区是党的十七大提出的战略构想，就是根据不同区域的资源环境承载能力、现有开发密度和发展潜力，统筹谋划未来人口分布、经济布局、国土利用和城镇化格局，将国土空间划分为优化开发、重点开发、限制开发和禁止开发四类，确定主体功能定位，明确开发方向，控制开发强度，规范开发秩序，完善开发政策，逐步形成人口、经济、资源环境相协调的空间开发格局。而城市功能区是指在某个具体城市中，聚集相关社会资源、发挥特定功能的地域空间，是城市的有机组成部分和实现城市经济社会各类职能的重要载体。按照与经济的相关程度，城市功能区可分为非经济功能区和经济功能区，非经济功能区是指行政区、居住区等与产业活动无直接关系的聚集区域，经济功能区按照主导产业的不同，则可细分为工业区、科技园区、商务区、商业区和旅游区等等。我们这里所说的功能区，是指在推进新型城市化过程中，参照主体功能区规划原则建立的、突出承担经济发展功能的产业功能区。通过加强产业功能区建设，可以有效带动点的突破，同时支撑面的发展，从而全面推动全区加快实现转型发展。

1.通过功能区建设可以推动房山经济快速增长。保持经济平稳较快发展是加快经济发展方式转变的重要前提，功能区建设作为被广泛推崇和实践的重要发展模式，在促进区域经济发展方面具有显著优势。一是在功能区建设过程中能有效推动经济发展。当前房山正处于加快推进城市化和工业化的关键时期，在投资、出口、消费三驾马车中，投资仍然是影响经济发展的决定性因素，通过功能区建设带动投资合理增长，促进投资结构优化，是保证经济发展速度的重要手段。建设功能区的过程，首先表现为密集投资的过程，大量的基础设施和产业项目建设将产生强劲的投资需求，促进区域投资持续性增长，为经济发展增添强大动力。2009年，房山区完成固定资产投资349.8亿元；2010年1月至11月又完成了358.4亿元，功能区建设对投资的拉动效应十分明显。二是相对成熟的功能区是推动经济持续发展的强大引擎。首都六大高端产业功能区、苏州工业园区等先进经验充分表明，不断壮大的功能区有很强的自我发展能力、经济控制能力和聚集扩散能力，是一个地区经济发展水平、发展后劲的集中体现，一个地区竞争力强不强，发展潜力大不大，关键在功能区。房山要实现经济持续快速发展，应该努力在功能区建设上取得重大突破。

2.通过功能区建设可以加快房山经济结构调整。功能区作为重要的聚合平台，可以在有限的空间内聚集高端要素、培育产业集群，形成新的经济增长极，迅速扩大优质增量在整体经济中的份额，不断增强区域经济的核心竞争力，带动区域经济结构实现战略性调整。一是可以有效带动产业结构升级。通过功能区建设引进一批大企业大项目，可以有效促进新兴产业快速发展，带动区域产业结构升级。近两年来，我们在推动一产升级方面，引进了中粮集团等大型企业，着力打造中国北京农业生态谷、青龙湖国际红酒城等功能区，初步形成了“做优一产”的龙头。在推动二产升级方面，我们与中石化、长安集团、中核集团等大型央企合作，着力打造北京石化新材料科技产业基地、窦点高端现代制造业产业基地等功能区，积极培育石化新材料、汽车制造等战略性新兴产业，使我们“做大二产”具备了重要载体。同时，通过引进首创奥特莱斯、港中旅、温德拉集团等重要企业，着力打造中央休闲购物区（CSD）、中国房山世界地质公园等功能区，为“做强三产”奠定了重要基础。二是可以有效促进区域协调发展。通过合理规划全区发展布局，在区位优势明显、资源禀赋优越、发展基础扎实的重点地区打造核心功能区，可以有效促进全区整体开发，实现城乡之间、区域之间协调发展。目前，我们通过中央休闲购物区（CSD）、北京石化新材料科技产业基地等五大功能区建设，有效激活了房山区东部永定河绿色生态发展带、中部平原发展带、西部山区发展带的发展潜力，全区“两轴三带五园区”的发展格局初具雏形，有力促进了各区域之间均衡发展。

3.通过功能区建设可以加快房山新型城市化进程。城镇化是调整经济结构、转变发展方式的重要内容。做大做强功能区对于房山区走新型城市化道路具有十分重要的意义。一是重点功能区建设能够直接带动农村城市化。通过引进重大项目，打造强有力的经济生长极，带动周边农村劳动力转移就业，加速农民转居上楼步伐。预计“十二五”期间，全区将有7万农民通过功能区建设实现城镇化转移。其中仅通过CSD核心区建设，就将带动长阳镇23个村、17600余人实现城市化；通过“中国北京农业生态谷”建设，将带动琉璃河镇5个村、6700余人实现转居上楼和劳动力非农就业。二是功能区建设能够促进产业和城市融合发展，形成城兴业盛的良性发展模式。通过统筹规划城市建设和产业发展，我们在重点城镇和主要交通要道周边布局建设了一批高端产业功能区，引进大央企投资发展新材料、新能源等新兴产业，为新城发展增强了产业支撑。同时加强基础设施、公共服务设施配套建设，吸引大批资金、技术、人才等高端要素聚集，着力打造产业和城市互动发展的综合体，既避免房山新城成为单纯的睡城，又避免重点功能区成为纯工业园区，初步形成了以城载业、以业兴城的新模式，这是我们在推动科学发展、转变发展方式实践中的成功探索。

4.通过功能区建设可以为全区转型发展积累成功经验。我们通过集成政策、集聚资源，促进重点功能区率先实现转型发展，成为全区发展速度最快、发展活力最强、发展质量最高的区域，为全区转型发展积累经验。一是积累创新发展的经验。在重点功能区建立健全灵活高效的体制机制，实行政策先行先试，鼓励引进先进生产技术、建立先进管理制度，不断增强自主创新能力，引领全区创新发展。二是积累绿色发展的经验。按照循环经济理念、工业生态学原理和清洁生产要求，严格环境保护标准，优化项目规划设计，打造生态型功能区，可以有效促进资源能源集约利用，提高土地开发效率，实现绿色低碳发展。三是积累集群发展的经验。充分发挥功能区的聚集作用，促进优势产业的横向联系和纵向整合，实现产业块状集群、链式发展。四是充分发挥示范效应。通过总结功能区建设中好的做法和经验，形成指导全区转型发展的有效措施；通过加强对功能区发展成果和发展特色的宣传推介，示范带动其他区域实现又好又快发展。

总体来看，通过功能区建设来加快推动全区转型发展，是我们认真落实中央和市委部署，深入研究房山发展实际，经过不懈探索找到的一条有效途径，有利于我们充分发挥后发优势，抢抓首都建设世界城市、打造永定河绿色生态发展带、实施城南发展行动计划等重大发展机遇，不断增强房山新城的综合承载功能，实现产业、人口和资源环境协调互促，走高端、高效、低碳、绿色的发展道路。

三、“十二五”时期房山将继续做大做强功能区，进一步加快全区转型发展步伐

（一）“十二五”时期房山加快转型发展面临的基本形势

房山区经过近年来的转型实践和快速发展，自身基础和外部环境都发生了重大变化，经济社会发展初步进入了以城市化带动工业化，以工业化支撑城市化的“双轮驱动”良性发展轨道。“十二五”时期，房山明确了打造首都高端制造业新区和现代生态休闲新城的发展定位，并且已经被纳入全市经济社会发展规划，全区在推进以高端制造业为主导的新型工业化和以生态休闲为特征的新型城市化上，进入了大有可为的重要战略机遇期和加速发展、跨越发展的新阶段，面临着新的发展机遇和挑战。

新的发展机遇主要包括：一是全国工业化、信息化、城镇化、市场化、国际化深入发展，特别是央企加速资源整合，为房山区借助首都优势、优化产业结构提供了更为广阔的空间；二是首都从建设中国特色世界城市“五个之都”的高度，加快实施“人文北京、科技北京、绿色北京”发展战略，做出了实施城南行动计划、打造永定河绿色生态发展带、促进西部地区转型发展等重大决策，提出大力发展实体经济，着力发展高端现代制造业，加速外溢首都核心功能和高端要素，为房山区承载首都核心功能、发展高端产业提供了重大机遇；三是首都率先形成城乡一体化发展格局，郊区城市化进程全面提速，使房山区独特的区位、丰富的资源和广阔的空间等优势进一步凸显，有利于房山区在更高层次上加快新城建设、提升新城形象和完善城市功能，为更好地承载首都中心城区产业转移、人口疏解、缓解市区交通压力和实现创新发展奠定基础；四是近年来房山区“三化两区”建设取得的巨大成就，有效聚集了一批高端资源，形成了浓厚的发展氛围，全区人民对过上更好生活寄予了新期待，为我们实现跨越发展创造了条件，增强了动力。当然，房山区发展也面临着多方面的挑战，主要包括：产业结构调整任重道远，特别是符合首都发展需求的高端产业尚未形成规模；城市功能和城市形象需要进一步提升，承接市区功能、聚集高端要素的能力还不强；平原和山区发展仍然不平衡，城乡基础设施和公共服务设施依然薄弱；适合房山区发展需求的高端人才依然缺乏，创新发展任务依然艰巨等等。

面对新的发展形势，我们应该继续把功能区建设作为重要抓手，抢抓新机遇、迎接新挑战，集成政策、集聚资源，促进重点功能区加快崛起，为全区抢占发展先机、增强发展优势，加快打造首都高端制造业新区奠定坚实基础。

（二）“十二五”时期房山功能区建设应该把握的思路和原则

综合考虑发展基础、未来要求和机遇条件，“十二五”时期房山功能区建设的总体思路应该是：坚持以科学发展观为统领，以加快转变经济发展方式为主线，以大力发展高端制造业等实体经济为重点，深入实施“三化两区”战略，按照瞄准高端、争创一流、错位发展的要求，集中力量，统筹资源，全力推进重点功能区建设，加快形成基础设施完善、空间布局合理、产业优势突出、聚集效应明显、辐射带动强劲的区域发展载体群，为房山打造首都高端制造业新区提供强大支撑。落实这样的发展思路，应该注重把

据以下原则：一是坚持以发展高端实体经济为主要方向。着眼于培育首都新的高端产业功能区，大力发展新能源、新材料、汽车制造等高端制造业，促进配套服务和关联产业发展，培育产业集群，打造突出实体经济特色的功能区。二是坚持开放合作原则。全面深化与央企合作，探索与国内500强和世界500强企业的合作，全方位服务入驻企业，实施重大项目带动，积极打造"总部+研发+基地"一体化发展的综合性功能区。三是坚持产业和城市融合发展。坚持功能区规划与城镇规划紧密衔接，基础设施共建共享，通过功能区建设提升新城发展潜力，依托城市服务改善产业发展环境，实现产业化和城市化协调推进、互促双赢。四是坚持集约高效原则。按照"集约、节约、循环、生态"的理念，统筹人口、资源、环境和产业发展，提高土地利用强度和资源利用效率，打造资源节约型、环境友好型功能区。

（三）"十二五"时期房山功能区建设的主要任务

根据目前房山区功能区建设的基本态势和推动全区转型发展的需要，未来几年房山功能区建设应该着力在三个方面取得突破性进展。一是加快推进重点功能区建设。未来几年，我们将着力抓好五大重点功能区建设。北京石化新材料科技产业基地将依托燕房合作完成核心发展区建设，重点发展石化下游产品的深加工、精细化工系列产品和化工新材料等，实现产值1500亿元以上。窦店高端现代制造业产业基地将加快基地起步区配套设施建设，依托长安汽车、京西重工、北控太阳能光伏发电等大型项目，重点发展高端现代制造业，实现研发制造一体化，率先在北京乃至全国实现新能源汽车产业化，实现产值1000亿元以上。中央休闲购物区（CSD）将以永定河绿色生态发展带为依托，着力引进休闲购物、户外体育、特色旅游等项目，打造休闲产业示范区、特色商贸功能区和首都西南智汇城。中国房山世界地质公园将加快基础设施建设，进一步整合景区资源，重点发展文化创意、休闲旅游等高端产业，建设一批世界一流标准的旅游精品项目，打造世界城市旅游目的地。都市现代农业示范区将以中国北京农业生态谷为核心，依托中粮集团和首农集团优势，大力发展与二、三产业融合的高端现代农业，建设世界级都市农业示范区，实现产值100亿元以上。二是全力引进和建设一批重大项目。重大项目建设是推动经济发展的有效载体，也是打造功能区的主要依托。我们将进一步探索与央企合作的有效模式，不断提高服务大企业的水平和承接大项目的能力，确保引进一批、开工一批、建成一批具有重大影响力的高端产业项目。重点是抓好北车轨道交通产业基地、中国航天科工房山产业园等重大项目洽谈；推进中核北京科技园、北京农业生态谷、北控太阳能（CPV）、港中旅（北京）长阳温泉城等一批重大项目开工建设；加快长安汽车、石化新材料基地、云居寺文化景区等重大项目建设进度。在抓好产业项目的同时，大力推进轨道交通房山线及西延线、京石二高速、京良路、房黄亦联络线等重大交通设施项目建设，为功能区建设提供有力的环境支撑。三是大力推动新兴产业发展。按照"优化一产、做大二产、做强三产"的思路，研究制定全区产业发展规划，依托重点功能区和重大项目带动，着力发展都市农业、高端旅游业、汽车制造业、新能源、现代服务、民用核工业等新兴产业，不断完善以都市农业为基础、以先进制造业为主导、以现代服务业为支撑、以休闲文化娱乐产业为新的增长极，三产融合互动发展的现代友好产业体系。

（四）着力采取有效措施，进一步加快功能区建设步伐

当前房山的功能区建设总体上仍处在起步阶段，面临着投融资压力大、统筹建设

用地指标难、建设管理体制不完善等问题，必须抓住关键环节，采取有效措施，重点突破土地、资金等方面瓶颈，推动功能区建设顺利开展。

1.统筹规划错位发展，明确功能区发展定位。科学的规划是保证高效优质发展的前提，应该着眼于打造首都高端制造业新区，切实加强对功能区发展规划指导。一是突出房山在全市发展中的功能特色。深入把握首都经济发展趋势，认真研究首都各区县资源禀赋条件和经济发展格局，避免同类建设、实施错位发展，根据全区“十二五”规划，制定功能区产业发展规划，突出发展以高端制造业为重点的实体经济，努力把房山建成首都高端制造业新区。加强与全市发展规划的对接，把重点功能区建设纳入全市“十二五”规划，在全市统筹发展的大格局中谋求独特发展优势，努力实现个性化崛起。二是优化房山内部功能区发展格局。充分发挥京石高速和轻轨房山线及西延两大交通轴线的聚集引导作用，结合东部永定河绿色生态发展带、中部平原发展带和西部山区发展带各自区位和资源优势，依托五大重点功能区，进一步完善“两轴三带五园区”空间发展格局。

2.优化存量扩大增量，努力突破土地瓶颈。由于房山区正处在城市化和功能区建设同时推进阶段，大量的建设用地需求同严格的土地管理和耕地保护政策之间存在着日益突出的矛盾，需要采取有效措施破解功能区发展的土地瓶颈。要加大区内土地资源统筹使用力度，按照“布局集中、产业集聚”的原则，通过建立合理的土地指标调配机制，优先保证重点功能区的产业用地指标。要切实集约节约利用土地，对于各项建设用地，制定刚性标准，强化对投资强度、容积率、建筑密度等指标控制，严格控制建设项目用地规模，提高土地利用效率。要深入挖掘区内土地资源潜力，积极探索城乡建设用地增减挂钩以及把砖瓦窑坑、工矿废弃地等闲置土地转化为建设用地的有效途径。要用好用活政策资源，对符合国家产业政策和首都产业发展方向的重大项目，积极申报、加强协调，尽可能地争取市里用地政策支持。加大土地储备力度，按照功能区发展规划，做到适度超前储备，有序有效出让，掌握依法用地的主动权。

3.积极拓宽融资渠道，努力突破资金瓶颈。房山区重点功能区在土地一级开发、配套基础设施建设以及项目政策扶持等方面，都需要投入大量的资金，融资压力很大，需要努力畅通融资渠道，缓解资金压力。一是加强政府投融资平台建设。增强房山区现有投融资平台运作大规模资金的能力，切实提高投融资管理水平；积极开展与市级投融资平台的合作，拓宽投融资渠道，保障重点功能区建设投入。二是提高资金统筹使用力度。探索在全区范围内平衡资金的有效途径，在每年商业用地的出让收入中，拿出一定比例用于支持功能区建设；坚持突出重点、适时推进的原则，把有限的财力集中投入到重点基础设施和重点功能区建设上来，提高政府投资效率；充分发挥政府投资的带动作用，积极创造条件吸引社会资本大规模投入功能区建设。三是争取上级资金支持。做好与城南发展行动计划、支持西部地区转型发展等市级重大政策的对接工作，尽可能多地把功能区的配套设施建设项目列入市级投资计划，力争获得最大的政策和资金支持。四是进一步加强区内金融资源的有效整合。加强政府、银行、企业、担保机构的合作，建立银企对接经常化机制，为功能区发展提供资金保障和金融服务。

4.推进体制机制创新，营造良好发展环境。以改革创新的精神加强体制机制建设，为功能区发展提供制度保障。一是创新招商引资机制。明确招商目标，瞄准世界500强、大型国企、优质民企，着力招引一批龙头型、旗舰型大项目，积极招引总部经济；着眼于功能区产业延伸和产业配套，进行产业链招商。优化招商平台，在继续发挥各乡镇（街道）、各单位招商积极性的基础上，组建专业招商团队，提高针对不同招商目标提供定向专业服务的能力。研究制定各功能区的项目入驻标准，确保引进项目符合功能区发展定位；统筹重大项目的引进、落地和产业布局，把最优质的项目放到最合适的地区。二是完善重大项目推进机制。深入总结长安汽车、中核北京科技园等重大项目落地经验，不断完善请市级领导牵头协调重大政策、区级领导牵头组织项目推进、有关乡镇（街道）和部门具体负责工作落实的重大项目推进机制。加强国土、规划等职能部门之间的纵向沟通和横向协调，优化项目手续办理程序，畅通绿色审批通道，提高重大项目落地速度。三是健全功能区管理体制和运行机制。按照精简、统一、高效的原则，建立健全功能区党委、管委会和开发公司“三位一体”的管理运行机制，做到集中人力、财力和物力进行开发，最大程度地激发功能区建设的内部动力。理顺功能区和有关乡镇（街道）的关系，重点是建立合理的利益协调机制，解决统计口径、指标考核、利税分成等方面问题，协调好功能区与乡镇之间、乡镇与乡镇之间在管人管事、招商项目入园等方面的利益关系，提高各方面共建功能区的积极性。

发挥自身优势　借鉴先进经验　推动功能区建设再创佳绩

北京市房山区人大常委会主任　史全富

党的十七届五中全会明确指出，“抓住和用好我国发展的重要战略机遇期，不断深化改革开放、加快转变经济发展方式、促进经济长期平稳较快发展，对于夺取全面建设小康社会新胜利、推进中国特色社会主义伟大事业，具有十分重要的意义。”在后金融危机时代，世界经济秩序正在发生深刻而复杂的变化。如何在激烈的竞争中利用好自身优势，实现科学发展、率先发展、可持续发展，这是值得我们深入思考的问题。

当前，房山区经济社会各方面正处在关键时期。一方面，全区上下在区委、区政府的带领下，坚持“三化两区”发展战略，加快推进“两轴三带五园区”建设，各项工作都取得了开拓性的进展。特别是中央休闲购物区、北京石化新材料科技产业基地、窦店高端现代制造业产业基地、世界地质公园、农业生态谷等五大重点功能区建设的快速推进，不仅有效地利用了房山的资源优势和空间优势，更吸引了众多国际知名企业的关注和投资，为全区的发展带来了千载难逢的机遇，也为今后一段时间保持平稳较快发展的势头打下了坚实的基础。另一方面，我们也应该看到，各地之间的竞争态势日益激烈，发展的要求和标准越来越高，在高起点上实现高速发展的难度不断增大，这都将使我们的工作面临着更多的挑战。

要想保持良好的发展势头，实现全区政治、经济、社会、文化的和谐发展，就必须坚持“以我为主、兼收并蓄、锐意创新、敢为人先”的发展理念，以五大重点功能区建设为抓手，进一步解放思想、开阔视野，立足自身实际，积极借鉴发达国家功能区建设的先进经验，努力实现优势资源与科学发展路径的有机结合。最终，通过五大重点功能区的快速发展，引领和带动周边地区的城市化、工业化、现代化进程，实现全区经济社会的跨越式发展。

通过对五大重点功能区的调研，结合国内外部分知名产业园区的成功经验，我们认为，要想进一步加快全区重点功能区的建设步伐，应该扎实推进以下五项重点工作：

一、合理超前规划，灵活进行调整

合理并适度超前的规划，对于产业功能区的发展具有特殊重要的影响。世界上著名产业园区的成功，无一例外的得益于园区建立伊始就有明确的发展规划。同时，产业发展规划并不是一成不变的，而是要根据世界产业发展趋势和本国发展的阶段性特征进行调整，把企业投资引导到所要发展的重点上。在这方面，新加坡的裕廊工业区是典型的代表。上世纪 60 年代至 70 年代是新加坡工业化初期阶段。裕廊工业区利用自身优势，大力发展食品、纺织、印刷、木材加工等劳动密集型产业。上世纪 80 年代，新加坡进入工业化中期阶段，裕廊工业区又通过政策引导、土地回购等措施迁走了传统的劳动密集型产业，大力开发资本密集型和技术密集型产业，实现了由劳动密集型向资本与技术密集型转变。20 世纪 90 年代，新加坡进入工业化后期阶段，裕廊工业区又大力发展高技术产业，先后设立了三个芯片园，并开发了一个占地 35 公顷的高科技显示园。进入 21 世纪，新加坡进入后工业化社会和知识型经济时代，裕廊工业园又提出要建设一个以工业为中心，集工作、生活、娱乐和学习为一体，并与周围环境相融合的新型园区。

裕廊工业园区的成功为房山区的五大功能区建设提供了宝贵的经验。当前，随着国际经济秩序的重构，农业、工业、第三产业都在发生快速的变化。重点功能区规划只有瞄准高端、瞄准未来，才能把握时代发展的方向，才能在激烈的竞争中获得优势。尤其是对于像中央休闲购物区（CSD）这样以文化创意等第三产业为主的功能区，更要强调“人无我有、人有我优”的超前性。所以，我们应该进一步开阔视野、立足高远，积极接触国内外最新科研成果，引进相关行业的龙头企业，适度超前规划，并根据实际情况对规划进行合理的调整，以保持功能区独特的比较优势。

二、突出功能区特色，发挥集聚效应

从本质上看，重点功能区就是政府根据特点空间范围的独特优势，通过建设基础设施，制订各项有关政策，改善产业发展的硬环境和软环境，形成相对优势的产业区位条件，以实现地区开发、经济发展、产业政策、城市规划与建设等各项政策目标的有效复合，进而实现特定产业的有效集聚。

国内外特色功能区的成功经验告诉我们，产业集聚能有效地降低交易成本，推进技术创新，培育集聚品牌，从而提升园区的产业竞争力。因此，在进行功能区建设时，要根据不同的区域特征、资源优势和产业基础，培育和发展各具特色的产业集群，促进特色功能区的形成。总体来看，房山区具有得天独厚的资源优势和文化优势，但“两轴三带”不同区域之间的发展不尽均衡，各具特色。所以，要想实现“百花齐放”的良性发展局面，就必须突出各大功能区自身的特色，通过深挖潜力来吸引相关行业有实力、有前途、有发展的企业入驻功能区，实现该行业在特定功能区的有效富集，进而形成有口皆碑的品牌效应。在这方面，最成功的当属美国的“硅谷”。该园区的开发主体并非政府机构，而是世界知名学府斯坦福大学。在“硅谷”的建设过程中，斯坦福大学不仅为园区内企业提供重要的技术成果、高科技人才，还积极参与本地企业的合作论坛，通

过制定产业联盟计划来促进研究人员、院系之间以及大学与外部公司之间合作，建立起“产学研”密切合作的机制。此外，“硅谷”还特别注重创新文化的培养、形成了鼓励创新不畏、失败的创新氛围。正是通过这种独特的创新文化和大量 IT 研发机构的有效互动，才使得硅谷展现出持续不断的技术创新能力，使其成为了世界高科技园的典范。

从房山区的情况看，我们也有着很好的产业基础。北京石化新材料科技产业基地所依托的中国石化和燕山石化、与北京农业生态谷合作的中粮集团、入驻窦店高端现代制造业产业基地的重庆长安汽车集团等，都是国内相关行业领域的龙头企业。一系列大型项目的入驻，形成了很好的示范效应，也可以为吸引该行业其他企业到房山投资做出榜样。所以，我们应该进一步挖掘自身禀赋，优化投资环境，引导化工新材料、现代制造业、生态农业和加工业等企业有序向房山聚集，打造房山各大功能区自己的名片，形成有国际影响力的品牌效应。

三、多元开发建设，科学运营管理

产业功能区应该采取何种模式进行建设，如何进行管理，并没有一成不变的规则。纵观世界各国，不同的产业功能区采用了多种不同的管理体制和建设机制，其中有政府主导建设和管理的，如新加坡的裕廊工业区；也有利用民间力量举办的，如前面提到的美国“硅谷”，是由著名大学斯坦福大学开发建设的。在日本，还有一些由商业型公司开发建设的工业园区。

由于开发建设主体的不同，这些园区在管理体制和建设机制上，存在一定的差别。但总的来看，引入多元主体进行开发建设，建立科学合理的运营管理体系，实现市场机制与行政职能的有机融合、和谐共处，这是产业功能区能够取得成功的关键所在。例如，新加坡的裕廊工业区，由新加坡贸工部下属的裕廊局代表政府对工业园区行使管理职能。它的职责范围主要是根据国家工业发展政策制定园区发展规划，建设配套完善的基础设施，协调区内各垂直部门的工作，提供优质高效的社会化服务。但在经济上，裕廊工业园区采取独立核算、自负盈亏的企业经营方式，土地开发所需资金由管理局向银行贷款，通过出租厂房和土地获得收入，并承担经营风险。其他由民间力量举办的工业园区，政府除了进行产业引导和政策服务支持外，主要是由开发主体以市场化的方式进行管理和运作，这种“政府搭台、企业唱戏”的多元开发管理模式可以大大降低工业园区的开发成本，也有利于提高园区土地的产出率。

房山区的五大功能区建设已经取得了很大的成效，但总体看来，还存在着开发建设资金相对不足、运营管理模式需进一步完善等问题。要解决这些问题，就要理清思路，积极引进市场化的管理模式，围绕降低政府管理成本、提高资源运作和配置效率来做文章，探索建立既由政府主导，又能激发企业活力的产业开发和管理体制。

1.要进一步明确政府职能与权限。政府对工业园区的职能管理应该包括对功能区整体发展规划的控制和提供有效的公共服务。也就是说，政府要作“组织者”，通过各种方式积极引导企业入驻功能园区；要做“裁判员”，做好项目的筛选和监督检查。而不能做“教练员”，对企业的经营行为指手画脚，更不能做直接参与市场竞争的“运动员”。事实上，政府只要做好功能园区的规划设计、基础设施建设、政策制定和项目服务等工作，就相当于是种下了梧桐树，就不怕引不来金凤凰。过度的行政干预反而会挫伤市场主体的积极性，产生负面效应。

2.要积极探索更加灵活的合作模式。高端产业基地的建设，仅靠政府的推动是不够的，还需要民间力量的积极参与。房山区的五大功能区建设都是由政府主导推动的，政府全程参与了从规划到基础设施建设、征用土地和企业入驻等各项主要工作。这有利于最大限度地发挥政府的行政优势，但也给政府工作和地区财政带来了很大的压力。要想解决这一问题，就应该积极探索在功能区建设中更多地引进民间力量形式通过市场来进行土地开发，这将有利于提高土地的利用率和产出率、也有利于降低政府建设产业功能区的行政成本。

3.要全力推进各功能区之间的产业衔接。房山区的五大功能园区，都有自身独特的优势，也都形成了独特的产业链。但各功能区之间的产业链并非是独立的，而是有着密切联系的。通过多种手段引导各功能区之间形成有效的产业衔接，进而实现全区内部产业链条的有效延伸，这对于企业来说是节约成本、提升产品附加值的有效途径；对于政府来说，则是做大做强区内产业，提升全区经济实力的重要手段。例如，北京石化新材料科技产业基地生产的橡胶、改性塑料等产品，可以广泛地应用于汽车内饰等产品的加工制造。这就为同窦店高端现代制造业产业基地的合作提供了条件。但是，这种对接，单纯靠企业自身的努力还是远远不够的。而这恰恰正是政府发挥自身作用的有效领域。政府可以通过有制定各种政策措施对各大功能园区之间的产业整合进行激励，例如为区内各大功能园区之间的联合创新行为提供税收方面的优惠、低息贷款和相关的技术信息，以此促进全区经济实力的快速提升。

四、高度重视对土地的保护和开发

土地是最重要的不可再生资源。能否利用好土地，是影响到功能园区建设兴衰成败的关键。在高效、集约利用土地方面，国外有许多好的经验。例如，国土面积仅为647平方公里的新加坡政府为了达到提高土地利用率这一目的，从1997年开始就推行了“整体重新发展计划”和“退还多余土地计划”。“整体重新发展计划”是指向位于较旧工业区的公司，购回没有被充分利用且基础设施严重不足的土地和厂房。“退还多余土地计划”是指没有完全用完所分配土地的企业，将多余的土地退还给管理局。1997年至2002年5年内，新加坡共回购土地127公顷，租户退还土地也达到10.6公顷，做到了经济建设与土地保护的有机统一。

房山区是资源大区，过去我们曾经过度依赖于资源开发，土地开发的脚步比较慢。但近些年来，随着城市化水平的不断提高，土地开发的速度在逐步提升，土地基金收入不断增长，这为房山区的建设提供了重要的资金保障。但我们一定要居安思危，牢固树立节约每一寸土地的观念。如何处理好园区建设中的土地开发与保护，做到经济建设与土地保护、开发的有机结合，关键就在于优化产业布局，通过提高入驻门槛来限制低水平重复建设，形成土地的高效、合理利用。在功能园区的建设中，要坚决克服贪大求全和“捡到篮子里都是菜”的思想，应该通过建设布局集中、主导产业突出、特色鲜明的功能园区，使量大面广、规模较小的同类企业聚集，形成“产业锁定”效应，增强“投资磁吸”效应，进而实现经济发展与土地保护、开发的有机结合。

五、坚持经济建设与生态文明建设相结合

西方国家在发展过程中普遍经历过“资源—产品—污染物排放”的传统经济发展模式，在经济增长的同时，付出了资源高消耗和生态环境严重破坏的惨痛代价。在资源和生态环境压力不断增强的情形下，国外一些国家按照“减量化、再利用和资源化”的“3R”原则，运用循环经济发展方式着手建设生态功能园区，并取得了一定的成效。生态功能园区的建设，涉及到经济发展、生态建设、

环境保护、市场投入、基础设施等众多的领域，是一个十分复杂的系统工程，需要政府、企业、民众等各方力量的共同参与。许多发达国家为了鼓励生态功能园区的建设，通过产业政策、财税优惠、技术创新支持等进行了大力的支持和引导，取得了不错的效果。例如，美国专门设立了“生态工业园区特别工作组”，负责生态工业园相关政策的制定与协调管理；日本鼓励民间企业参与生态功能区的建设，对参与生态功能区建设的企业、科研机构、民众实施补偿金制度，以此提高民间的积极性。

房山区在加快五大功能区建设的过程中，也要算好经济效益与生态效益的“平衡账”。必须坚持高端、高效、绿色、环保的产业发展原则，积极引进低能耗、低污染的现代工业，大力推进旅游资源和人文景观的开发工作，发展都市农业和服务业，做好生态环境保护工作，在追求经济建设成果的同时，为地区的长远发展和生态环境的持续改善打下良好的基础，实现经济建设与生态文明建设的良性互动发展。

关于中国房山世界地质公园保护与发展情况的调查与思考

政协北京市房山区委员会主席　唐淑荣

2006年9月17日，联合国教科文组织正式批准中国房山世界地质公园并授牌；2010年10月3日，中国房山世界地质公园顺利通过联合国教科文组织中期评估。作为世界上第一个首都城市和两省市三区县共同创建的华北地区第一家世界地质公园，在三年的申报和四年的建设发展中，得到了社会各界的广泛关注与大力支持，有效的提高了公园的影响力和知名度，其深远的带动与示范作用正在日益显现。面对“十二五”规划即将开启，北京加快中国特色世界城市建设进程，房山区“三化两区”战略深入推进的新形势，全面回顾总结公园的保护与发展情况，认真谋划公园未来的保护与发展，显得十分必要。

一、中国房山世界地质公园的基本情况

（一）地质公园的概念与特点

地质公园是以具有特殊的科学意义、稀有的自然属性、优雅的美学观赏价值、具有一定规模和分布范围的地址遗迹景观为主体，融合自然景观与人文景观并具有生态、历史、文化价值，能够为人们提供具有较高科学品位的观光游览、度假休息、保健疗养、科学教育、文化娱乐的场所。根据审批主体不同，可分为省级、国家级和世界级地质公园。

由联合国教科文组织组织专家实地考察，并评审批准后的地质公园称为世界地质公园。其宗旨有三：一是地址遗迹与地质生态环境的保育；二是科学普及与大众科学素质的提高；三是通过发展地学旅游和有关产品，支撑地方经济可持续发展和当地居民就业。目前，世界上已有世界地质公园77个，其中中国有24个。

世界地质公园是联合国教科文组织支持并重点发展的四大品牌之一，它的品牌特点突出强调三个创新：其一是理念创新。强调保护与利用并重，在达标建设与检查过程中，特别强调通过发展地学旅游和有关产品，支持地方经济的可持续发展、增加当地居民就业。其二是管理创新。实行“有进有

出、滚动管理”的原则，建设管理不达标的要给予黄牌警告，仍无改进的取消资格。其三是经营创新。在经营上除政府投资外，鼓励社会资本参与建设。

（二）中国房山世界地质公园基本情况

自2002年以来，国土部及有关专家多次建议房山区创建世界地质公园。在深入开展调查研究、广泛听取专家意见的基础上，2004年，区政府聘请联合国教科文组织世界地质公园评委赵逊先生牵头进行了可行性论证。经过三年的努力，2006年9月17日，联合国教科文组织正式批准中国房山世界地质公园并授牌，由此拉开了中国房山世界地质公园建设与发展的帷幕。

中国房山世界地质公园位于北京西南部，东西长130.8公里，南北宽75.09公里，总面积953.95平方公里。按照主体功能共分为8大园区：周口店北京人遗址科普区、石花洞溶洞群观光区、十渡岩溶峡谷综合旅游区、上方山——云居寺宗教文化游览区、圣莲山观光体验区、百花——白草畔生态旅游区、涞水野三坡综合旅游区、涞水白石山拒马河源枫林瀑布旅游区。其中在房山区分布6大园区、490平方公里，涉及12个乡镇、12个景区、63个村、6万余人。按照房山区功能区规划建设的要求，公园拓展、辐射全部山区，总面积达1508平方公里、涉及217个行政村、约29万人，分别占全区总量的74.7%、47%和30%。

中国房山地质公园是一处以自然景观为主的科技型地质公园，其典型性、稀有性、原始性、系统性、优美性和极高的科学价值，成为中国旅游的一颗璀璨明珠。它拥有独具特色的六大特点：

——远古人类的家园。周口店北京人遗址是中华民族早期人类发祥地，距今70万年，1987年被列入《世界文化遗产名录》，是集地质变迁、生物演化、人类进化三位一体的俱佳之地。山顶洞人文化是北京文化的源文化。

——横空出世的造山运动。这里是我国中生代造山运动——“燕山运动”的命名地，由陆内造山带形成的地质遗迹奇特险峻。区内大型褶皱、断裂、侵入岩和火山岩，都是此次造山运动的产物。

——神奇秀美的岩溶地貌。园区“构造——冲蚀岩溶地貌”表现为线条刚直的峰丛、岩峰、塔状山、墙状山、平顶山及峰谷等。在论证当中，部分地学专家提出可以命名为“房山地貌”。

——晶莹璀璨的地下宫殿。房山溶洞群由上百座溶洞组成，多数溶洞分布在海拔600米至200米至100米之间，具有显著的成层分布特征，是中国乃至世界半干旱地区的典型景观。

——博大精深的历史积淀。在公园灿若星河的历史文化中有重要的宗教古迹——佛教圣地云居寺、佛教名山上方山、明长城等。

——群英荟萃的地学摇篮。这里是中国地质工作研究始发（1867年）之地，是我国第一部区域地质志诞生之地，曾走出多位著名科学家，产生了上千部（篇）研究成果，不愧为“中国地质工作的摇篮”。

二、中国房山世界地质公园保护与发展取得的主要成效与发展中存在的不足

（一）公园保护与发展取得的主要成效

按照联合国教科文组织和国土资源部的要求，自2006年公园申报成功以来，在区委区政府的正确领导下，在各部门的大力支持下，房山区紧紧围绕公园园区及拓展区的保护与发展，累计投入资金30多亿元，加强地质遗迹保护、科研科普、宣传营销、产业发展及基础设施完善等九大体系建设，使公园在总体布局规划、精品项目培育、特色营销宣传、环境打造优化等方面取得了明显成效，成为拉动区域经济增长、实施“三化两区”战略的新动力。2009年，公园共

接待游客906万人次，实现旅游综合收入15.7亿元，比创建之初的2006年分别增长66.9%和67%。

——规划布局体系不断完善。三年投资1200万元，先后编制完成了《中国房山世界地质公园总体规划》《山区生态修复与综合利用发展规划》，指导完成了8个园区发展规划、周口店等7个乡镇旅游产业规划，完善了石花洞、十渡等12个景区规划，编制了《南线山水休闲带》10个重点项目规划和6个“一村一品”创意策划，形成了较为科学完善的规划体系，有效指导了公园的建设发展。以规划为引领，争取各级专项资金8.2亿元，吸引了中信集团、温德拉集团等大公司投资建设，有力的支撑了公园建设和发展。

——地质遗迹保护力度持续加大。严格按照《世界地质公园网络工作指南》和《世界地质公园申请者评估表》的建设内容，投资10亿元，用于园区地质遗迹保护及生态保育工程。其中3.1亿元用于地质遗迹保护、生态修复、矿山修复；6.9亿元实施了绿化造林、矿山治理、河道及小流域整治，使公园的地质遗迹得到有效保护，环境质量明显改善。

——地质科研科普功能得到强化。一是不断加大科研力度。加强与中国地质科学院、中国地质大学、北京市地勘局、中国地质博物馆等科研单位合作，针对公园内典型的地质遗迹开展专题研究，形成了《中国房山岩溶地貌研究》等系列成果。二是不断深化科普工作。组织参加了《远古人类家园—周口店北京人》展览等活动，编辑出版了多种面向不同读者群体的科普读物。公园先后被评为“国土资源科普示范基地”“全国科普教育基地”和“中国地质大学（北京）科研教学基地”。

——基础设施和服务管理水平明显提高。新建108复线、六石路、长周路、金柏路等道路150公里；改造银狐洞——石花洞景区连接线、十大路、涞宝路等道路。建设了周口店、石花洞、上方山等5个旅游客运站，在旅游主干路和较大景区设置各类标识标牌8000块，形成了统一、规范、立体的标识体系，优化了公园环境。先后制定了园区《地质遗迹保护管理规定》《中国房山世界地质公园名称、品牌、徽志使用和管理的规定》《房山旅游大区目标管理体系》《中国房山世界地质公园溶洞开发管理意见》《十渡园区管理规定》以及公园《突发公共事件应急预案》等规范性文件，有效提升了公园的管理水平。

——整体营销推介成效明显。以“走进中国房山世界地质公园”为主题，加大媒体促销、活动促销、载体促销和区域联合促销力度，通过开通房山世界地质公园网站、编发《房山世界地质公园画册》等系列宣传品、制作房山世界地质公园风光片等，对公园进行了全方位的宣传报道。举办了中国旅游地学与公园学术论坛、北京国际长走大会等69项主题活动和旅游项目推介会、联谊会等多场宣传促销活动，使房山世界地质公园的品牌形象得到有效提升、吸引力显著增强。

——组织管理体系进一步完善。成立了由市政府领导任组长、市直相关部门为成员的北京市中国房山世界地质公园规划建设协调领导小组，加大对公园保护与发展工作的统筹领导和支持。成立了由房山区政府区长任主任、两省市区县相关部门为成员的中国房山世界地质公园管理委员会，进一步推动三区县整体联动，加大区域合作力度。成立了高级专家顾问团组，对公园的规划建设管理给予指导。健全的组织管理体系，有效提高了公园保护与发展的科学性、统一性、协调性和可持续性。

——旅游产业实现新发展。以发展友好型产业为导向，三年投入资金23亿元，完成了73项重点工程，有效增强了旅游业发展活力，壮大了产业规模。一是积极推进重点景区及重点项目建设。成功申报了北京首家以历史文化为主要内容的旅游集聚区；完成了世界地质公园博物馆和京南旅游服务中心及咨询服务站建设；云居寺文化景区、周口店遗址博物馆迁建、上方山国际生态度假区、周口店原始公社、云居仙谷等项目取得较快进展。二是深入开展旅游品牌创优活动。三年来，新评定A级景区5家、星级饭店12家，总量分别达到了19家和41家，分别居全市第一位和第三位；世界地质公园被批准为国土资源科普示范基地，周口店北京人遗址被评为“新北京十六景”之一，使全区旅游品牌总量居全市首位。三是努力丰富旅游产品。以乡村旅游“一镇一色”“一村一品”要求为目标，推进周口店乡村酒店、十渡山水人家、佛子庄养生山吧等新型业态发展；建立了21个生态观光园；发展了26个市级民俗旅游村、1293个民俗旅游户，分别居京郊第一、二位。

总之，中国房山世界地质公园在保护和发展中取得了显著成就，对此，联合国教科文组织专家组在今年的中期评估中给予了充分肯定，指出：中国房山世界地质公园在自然景观、地质遗迹保护等方面是世界上独一无二的，在世界首都城市中绝无仅有，已经成为中国最好的世界地质公园之一和其他国家世界地质公园学习的榜样，完全可以成为亚太地区世界地质公园的表率。

（二）公园保护和发展中存在的不足以及需要改进的工作

在调研中我们欣喜地看到，四年来中国房山世界地质公园在保护与发展中取得了突出成绩，展望未来，我们也看到了其保护与发展的美好前景。但是，要使美好前景变为现实，需要客观地认识与估价工作中存在的不足，并依据联合国教科文组织专家组在中期评估中提出的努力使房山世界地质公园成为建设世界地质公园的典范以及统一公园管理、统一园区界限、提高公园质量、创新信息传播、加强交流合作、改善居民生活六个方面的具体建议，认真谋划公园未来的发展。我们认为，公园的建设和发展主要有以下几个方面的不足和需要强化改进的工作。

——相关规划需要进一步完善与细化。应该说，公园的建设发展之所以能够取得喜人的成绩，与公园规划体系的完善和科学的规划指导密不可分。但是，面对“十二五”时期发展的新形势、新要求，当初已经编制完成的相关规划需要相应的深化与完善。同时，与公园发展、功能区建设、重点区域和重大项目等紧密相关的规划也需适时跟进，以确保规划体系的科学完整，切实发挥引领作用。

——龙头带动作用需要进一步强化。首先，按照公园建设发展的要求和全区重点功能区定位，在地域范围上，公园的内涵是拓展、辐射房山区整个山区；进一步说，其外延将影响波及房山全境甚至更大范围。因此，公园对全区旅游业发展、对生态涵养发展区建设、对山区替代产业的培育等方面，都将发挥龙头带动作用。目前，这一作用正在显现，但从其所应释放能量的潜力看，还仅仅是一个开端，需要深入持续的挖掘，以期产生更大的效能。其次，从公园建设与发展自身看，随着各功能区规划的实施，腾士、温德拉等大公司的相继进入，重点区域和重大项目的龙头带动作用也在显现，如何更好的发挥这一作用，仍有更大的空间，需要通盘考虑。

——整体营销推介力度需要进一步加大。这几年，立体化、全方位、多形式的整体营销推介，有效扩大和提升了公园的知名度与影响力。但是，在调研中我们感觉到，从世界地质公园的概念和专业角度看，国内已经挂牌世界地质公园的地区和专业群体，对其认知度相对较高，关注度也较高；而作为最大群体的一般性游客，对传统著名景区的知晓率相对较高，对世界地质公园的认知程度则普遍较低，而这一群体恰恰是旅游消费的主体，直接影响着游客总量和旅游综合收入总量。目前，在推介营销上吸引这一主体选择公园做为旅游目的地的强度还不够。同时，在推介营销上吸引社会资本参与公园建设的力度也需加大。

——旅游环境需要进一步优化。近几年，以主干道路建设、环境综合整治、旅游咨询服务功能完善、旅游市场规范等环境工程的推进，有效的改善了公园综合环境。但由于财政资金紧张造成的道路等市政设施历史欠账较多，区域范围内及公园景区之间、景区内的道路等市政设施建设任务依然较重；传统资源型产业退出后，矿山修复和生态保育需要较长的时间和较大的投入；旅游服务管理的综合功能也需要进一步强化。因此，改善优化旅游环境仍是公园保护与发展的重要任务。

——跨区域联合互动机制需要进一步完善。作为全球两省市三区县共同创建的世界地质公园，在申报和中期评估的过程中，探索形成了良好的区域联合互动机制并积累了诸多成功经验。但是，鉴于两省市三区县在行政管理体制、经济发展水平、改革开放程度、历史文化积淀等方面的现实差异，实现公园保护与发展的新突破，需要进一步完善跨区域联合互动机制，在跨区域协同一致、共同发展上取得新成效。

此外，在公园的保护与发展中，重点功能区、重点景区管理体制的理顺，旅游品牌的打造等方面的问题也需引起重视。

三、实现中国房山世界地质公园可持续发展的思路与措施

在“十一五”目标任务全面完成的基础上，2011 年，我国将进入“十二五”发展期。中国房山世界地质公园下一轮四年一周期的评估验收恰逢“十二五”发展的新时期，这一时间上的高度吻合，将给公园的保护与发展带来新契机、注入新活力。因此，站在“十二五”发展的新高度，认真谋划公园未来一个时期的发展意义重大而深远。

推动中国房山世界地质公园在未来一个时期实现保护与发展的新突破，科学判断“十二五”发展的总体环境，准确把握发展的阶段性特征，在此基础上明确新的目标任务尤显重要。首先，党的十七届五中全会和《中共中央关于制定国民经济和社会发展第十二个五年规划的建议》为“十二五”时期实现新发展指明了方向，“一个主题、一条主线、四个更加注重、五个坚持”的总体要求将成为推进公园建设的行动指南。第二，北京建设中国特色的世界城市、深入推进“三个北京” 建设，为公园的建设融入首都发展大局明确了新方位、提出了新任务。第三，房山“三化两区”战略的深入实施，“十二五”规划的启动实施，主体功能区的加速建设，将进一步凸显公园的作用和功能。

纵观“十二五”发展的总体态势，根据联合国教科文组织在公园中期评估中提出的建议，结合公园建设发展中存在的不足及需要改进强化的工作，调研课题组对公园未来发展的总体思路、目标任务、发展布局、战略重点和主要措施等重点问题做了研究思考。

（一）总体思路与目标任务

课题组认为，未来一个时期，中国房山世界地质公园保护与发展的总体思路应该确定为：坚持以科学发展观为统领，以“十二五”发展和北京建设世界城市的总体要求为导向，按照“三化两区”的总体战略和“两轴三带五园区”的区域布局，坚持理念创新、管理创新和经营创新，强化公园带动全区旅游业发展的龙头作用，促进旅游大区向旅游

强区转变，为推动房山经济发展方式转变，实现科学发展、跨越式发展做出新贡献。总体目标任务应该是：以原始独特的自然风貌、博大精深的人文景观为依托，以八大园区建设为支撑，以地质人文资源保护与利用为主线，以发展综合旅游产业为主导，把公园建设成为融“北京之源、地学摇篮、神奇秀地、休闲家园”于一域，集科普科考、生态体验、宗教朝觐、人文追踪、休闲度假于一体的珠链状、网络型、综合性的地质公园，具有较高国际影响力的首都重点休闲娱乐区、国家级科研科普基地、世界级山地度假名区和国际一流的旅游目的地。

（二）发展战略

要站在全局的高度，明确推动公园保护与发展的战略导向，对应采取的核心战略做出选择。根据公园的发展定位和主要特色，综合公园发展的内外环境因素，我们认为，应突出三个核心战略。

——高层对接战略。作为世界首都城市唯一拥有的世界地质公园，融入首都发展是其必然要求。因此，要站在首都发展全局的高度，准确把握北京建设中国特色的世界城市（特别是五都之一的先进文化之都）、建设“三个北京”、全市旅游业发展以及绿色生态涵养发展区建设、城南行动计划等战略部署、战略规划的内涵与要求，结合公园建设实际，实施有效对接，借助北京的发展优势推动公园建设，使公园切实成为首都北京的世界地质公园。

——龙头带动战略。公园作为全区五大主体功能区之一，在全区经济发展方式转变，产业结构战略性调整中占有重要位置。公园自身的功能和发展潜力，决定了它在全区由旅游强区向旅游大区转变、逐步使旅游业成为全区支柱产业，山区传统资源型产业推出后新型替代产业发展，生态涵养发展区建设，山区人民就业增收以及文化创意等新兴战略性产业培育等方面的龙头带动作用。同时，公园的保护与发展也需要重点园区和重大项目发挥龙头带动作用。因此，龙头带动战略应成为公园可持续发展的重要选择。

——区域联动战略。作为两省市三区县共同创建的第一家世界地质公园，保证联合国教科文组织有关规定和中期评估建议的落实，需要针对两省市三区县在行政体制、管理机制、政策环境、经济发展水平等方面的现实差异性，把建立完善并形成长期有效的合作联动机制，推进体制、机制、政策、经营、管理等方面的创新作为战略重点，以实现共同建设、协同发展、互利共赢的目标。

（三）发展布局

按照公园未来发展的总体思路、目标任务和核心战略，公园应按照“1136”的总体布局推进建设和发展。

“1”即创建一个科研科普综合基地。以房山世界地质公园博物馆（长沟）为龙头，以八大园区分馆为支撑的集资源展示、科研科普、旅游集散、生态休闲于一体的科研科普示范基地。

“1”即构建一个以知名景区为轴心，以生态建设、基础设施建设、服务设施建设、精品民俗旅游发展为主要内容，贯穿南北两条旅游走廊的生态黄金旅游圈。

“3”即打造三条旅游精品线。其一：以拒马河为主线，以十渡、百里峡、白石山为重点的峰林峰丛峡谷旅游精品线；其二：以大石河为主线，以石花洞、圣莲山、百草畔为重点的岩溶洞穴生态观光旅游精品线；其三：以历史文化为主线，以周口店、云居寺（上方山）、明长城为重点的古文化、宗教文化旅游精品线。

“6”即构建六大特色功能区。分别是：以周口店、上方山、云居寺、万泉湖为重点的文化旅游集聚区；以十渡风景区为重点的山水休闲度假区；以石花洞、银狐洞沿线为重点的溶洞矿山博览区；以圣莲山、百花山、百草畔为重点的高山生态旅游区；以及河北省野三坡生态体验区和白石山观光休闲区。

（四）重点工作和主要措施

在明确总体思路、目标任务、发展战略和发展布局的基础上，“十二五”期间或今后更长一个时期，应按照整体推进、重点突出、措施跟进的原则，推动公园向更高水平发展，确保既定目标如期实现。

1. 突出规划引领作用，推动公园科学发展

要始终坚持规划的先导作用，通过规划体系的完善和规划实施的过程控制，推动公园科学发展。工作的着力点主要有两个方面。其一是力争使公园在全市旅游业发展中占得应有位置。抓住北京市编制“十二五”期间旅游业发展规划的契机，通过积极努力，力争在规划中把公园的发展纳入北京建设文化旅游之都的重要内容，成为全市新的重点旅游目的地，从而使公园的发展融入首都旅游业全局。其二是继续完善公园自身发展规划。按照“十二五”期间发展的新要求，结合房山旅游业总体规划的编制，进一步完善《中国房山世界地质公园总体规划》《房山区山区生态修复与综合利用规划》。同时，做好各园区、各重点景区、各重大项目等规划的完善或编制，使公园发展的规划体系更加配套完善，提升公园发展的科学化水平。

2. 发挥龙头带动作用，推动公园规模发展

公园作为房山区覆盖山区、辐射全区的重点功能区，具有多方面的龙头带动作用。第一层次是其在全区旅游业发展、生态涵养发展区建设、山区替代产业的培育、山区人民就业增收等方面的龙头带动作用。其中涉及的几个方面的建设与发展，应在战略定位、空间布局、发展重点、资源整合、实现路径、政策措施等关键环节，以公园的发展为导向，形成相互衔接、相对独立、各具特色、互为支撑的一体化发展格局。这就需要统筹谋划、加强调控，增强区直有关部门和有关乡镇工作的协调性、互动性，形成整体工作合力。第二层次是公园自身发展中的龙头带动作用。应在重点园区、重点景区、重点项目建设中，确定一批示范项目，推动公园的规模化发展。近一个时期要全力推进与温德拉、龙岗等大企业的合作，着力抓好云居寺文化景区、石花洞溶洞景区、长沟旅游集散镇、上方山国际生态度假区、周口店原始公社等重点项目建设。同时抓好乡村酒店、采摘梨园、养生山吧等新业态的推广，抓好英水沟浪漫谷、仙栖洞休闲谷、蒲洼冷凉谷、鲲鹏健身谷、水峪探幽谷等特色沟谷建设，逐步形成“特色突出”“品位独特”的发展态势，力争在“十二五”期间使公园的比较优势更为突出、竞争力进一步提升。

3. 强化整体营销推介，推动公园提速发展

以中国房山世界地质公园创建为标志，房山旅游的内涵得到了丰富与拓展，由此房山旅游业也迎来了重大的发展契机。面对新形势新变化，调整全区旅游业发展思路、谋划新发展固然是首要任务，但是，全新意义的整体营销推介也要同时跟进。就公园的整体营销推介而言，在机制上，应建立持续性、长效化的工作机制，把营销推介工作纳入公园发展规划，列为重要工作内容，明确阶段性或年度性重点，按计划抓好实施，力求取得倍增效应和叠加效应。在策略上，应明确主攻方向：其一，强化面向大央企、大民企的营销推介，吸引要素聚集，推动公园发展；其二，强化大众化营销推介，特别是面向非专业的普通游客，提高他们的知晓率与认知度，吸引这一庞大群体把公园作为理想的旅游目的地，增加扩大游客总量。在形式上，要把媒体促销、载体促销、区域联合促销与年度旅游文化节、特色旅游、科普科研等活动有机结合起来，形成复合型、立体化、多层次的营销态势，扩大公园“世界级”的品

牌效应，不断提高公园的知名度和竞争力。

4. 优化区域发展环境，推动公园有序发展

发展环境是一个地区开放程度、市场化水平和政府执政能力的集中体现。推动公园“十二五”期间又好又快发展，需要进一步优化区域发展环境，增强发展的吸引力和竞争力。在整体推进环境建设的同时，要突出重点，突破制约公园发展的瓶颈性因素。首先，要加强交通体系建设。按照构筑全区大交通的目标，建设循环交通体系，提高全境的通达能力。对尚未开工的穿越景区的骨干道路、景区之间的循环道路，应尽早投入建设。对拟建的云居寺——十渡——涞水、周口店——南窖等连接路，应在进一步科学论证的基础上，纳入建设日程。第二，要加大生态修复与保护力度。结合生态涵养发展区规划的实施，推进环境保护工程的实施，重点搞好绿化造林、湿地保护、矿山生态修复，打造更加自然优美的生态环境。第三，要加大环境综合整治力度。对重点景区道路两侧环境卫生脏乱、景区内的矿山非法开采以及太湖石无序摆放等影响环境的关键区域、突出问题，依法进行持续性整治。第四，要不断提高服务管理水平。努力做好完善旅游服务功能、加强旅游队伍专业培训、规范旅游市场秩序等工作，提高旅游业全行业的服务与管理水平，塑造房山旅游新形象。

5. 完善统筹协调机制，推动公园创新发展

树立合作、创新、共赢的理念，按照“一个公园，统一管理”的原则，进一步完善两省市三区县联动合作机制，发挥公园管委会等综合机构的职能作用，协调解决制约合作发展的关键问题，增强公园发展的协调性、同步性、可持续性。坚持用改革创新的办法逐步解决制约公园及景区发展的体制、机制、管理和政策问题。探索加强行业自律的有效途径，适时筹建房山旅游协会；深入研究促进公园发展的相关政策，统筹生态建设、替代产业发展、山区人口搬迁等政策的相互衔接，最大限度的发挥各项政策的引导、扶持作用，为公园发展提供政策保障。

中国房山世界地质公园首先是房山的，也是北京的，更是中国的、世界的。在未来的发展中，要突出这一优势和特色，紧紧抓住大有可为的重要战略机遇期，努力把中国房山世界地质公园建设成为国际一流的旅游目的地和世界级旅游品牌，为建设中国特色世界城市、推进“三个北京”、实现房山“三化两区”的战略构想做出应有的贡献。

概　况

2010年房山区概况

一、自然环境状况

房山区隶属北京市，位于北京西南。北邻门头沟区；东北与丰台区毗连；东隔永定河与大兴区相望；南部和西部分别与河北省涿州市和涞水县接壤。位于北纬 39° 30'～39° 55'、东经 115° 25'～116° 15'之间。全区面积 2019 平方公里，其中山区面积 1048.81 平方公里。地势西北高，东南低，西北部为山区，东南部为冲积平原。由西北向东南依次为中山、低山、丘陵、岗台地和冲积平原，地貌类型复杂多样。主要山脉有百花山、大房山、大安山、上方山等，其中百花山的主峰白草畔是区内最高峰，海拔 2161 米，最低处在琉璃河镇的立教洼，海拔 26 米。

房山区水系分为大清河水系和永定河水系。二级河流有永定河、拒马河。三级河流有小清河、大石河。四级河流有丁家洼河、城关东沙河、夹括河、哑叭河、刺猬河、牤牛河和周口店河。主要河流有 4 条：永定河、小清河、大石河、拒马河。其中大石河发源于境内，其他 3 条均发源于境外，为过境河。除永定河外，其他河流均属海河流域大清河水系。

房山区境内共有各级文物保护单位 351 处。其中国家级重点文物保护单位有周口店北京猿人遗址、云居寺塔及石经山、金陵遗址、琉璃河商周遗址、万佛堂、十字寺 6 处；市级文物保护单位有上方山诸寺及云水洞、窦店土城、良乡塔、琉璃河石桥、白水寺石佛、 姚广孝塔等共 15 处。全区共有唐、辽、金、元、明、清古塔 107 座，占北京市古塔总数的一半以上。

全年平均气温为 11.9℃，历史最高气温曾达到 43.5℃（1961 年 6 月 10 日），最低气温曾至-26℃（1966 年 2 月 22 日）；年平均降水量 582.8 毫米，历史最大降水量 1322 毫米（1954 年），最小降水量 277 毫米（1975 年）；年平均无霜期 202 天。

二、建置沿革

房山置县始于战国燕时。周初燕国都城遗址，在房山区董家林村。秦时，置良乡县。金大定年间（1161～1189 年），为守护陵寝，析良乡、范阳、宛平 3 县边地置万宁县，明昌年间（1190～1196年），改万宁县为奉先县。元至元年间（1335～1340年），改奉先县为房山县。尔后历明、清、民国，良乡县、房山县一直分设。1958年房山、良乡两县合并，建北京市周口店区。1960年，周口店区更名房山县。1981年，房山县境内建北京市燕山区。1987年，撤燕山区、房山县，建北京市房山区，区府所在地房山城关。1998年11月18日，区府所在地由房山城关迁至良乡，良乡距市中心10公里，区位优势突出。

三、发展综述

2010年，全区地区生产总值实现342.2亿元，比2009年增长16.6%；按可比价格计算，比2009年增长12.3%。"十一五"期间年均增长10.3%。区财政收入快速增长，促进了全区经济和社会事业的全面、持续、健康发展。财政收入突破百亿元，达到168.6亿元，比2009年增长2.2倍，比"十五"期末增长11.6倍，年均增长66.1%。其中，一般预算收入完成28.2亿元，比2009年增长20.7%，比"十五"期末增长1.2倍，年均增长17.1%。全区各项税收实现181.8亿元，比2009年增长25.1%；比"十五"期末增加126.6亿元，增长2.3倍，年均增长27%。其中，房山地区实现58.7亿元，比2009年增长28.3%；燕山地区实现123.1亿元，比2009年增长23.7%。

全区投资项目快速推进，全社会固定资产投资完成403.8亿元，比2009年增长15.4%，"十一五"期间年均增长26%。其中，第一产业完成14.3亿元，比2009年下降9.1%；第二产业完成55.1亿元，比2009年增长6.2%；第三产业完成334.4亿元，比2009年增长18.5%。基础设施投资完成129.7亿元，比2009年增长9%。"十一五"期间累计完成全社会固定资产投资1251.4亿元，年均投资250.3亿元，是规划目标（累计450亿元，年均90亿元）的2.8倍。

到2010年年底，全区常住人口94.5万人，其中外来人口19.5万人。常住人口比2009年增加3.3万人，增长3.6%，比"十五"期末增加7.5万人，增长8.6%。全区户籍人口达到76.8万人，比"十五"期末增加1.4万人。全区人口出生率为7.3‰，比2009年末下降0.54个千分点；死亡率为10.26‰，比2009年末提高3.63个千分点。分别比"十五"期末上升0.7个千分点和2.36个千分点。

2010年，全区城乡居民收入稳定增长。城镇居民人均可支配收入达到23768.9元，比2009年增长8.3%；农村居民人均纯收入达到12492.3元，比2009年增长10.4%。城镇居民人均可支配收入和农村居民人均纯收入分别比"十五"期末增加8593.8元和5287.1元，年均分别增长9.4%和11.6%。

积极开拓就业渠道，就业再就业工作进一步加强，就业形势基本稳定。截至2010年年底，全区城镇新增就业1.35万人，城镇登记失业率为3.17%，比2009年下降0.42个百分点，比"十五"期末下降3.94个百分点；有1.27万名城镇登记失业人员实现再就业，就业率为58.82%，比2009年提高1.63个百分点；农村劳动力转移就业1.4万人；城乡就业困难人员实现就业1.59万人，保持"零就业家庭"动态为零。社会保险覆盖面进一步扩大。养老保障三项制度覆盖总人数达到57.05万人，比2009年增加5.12万人，比"十五"期末增加42.26万人。医疗保障四项制度（不包括新农合）覆盖32.26万人，比"十五"期末增加17.48万人。养老、失业、工伤、生育、医疗保险参保人数分别达到19.1万人、19.7万人、18.9万人、10.5万人、26.8万人，与"十五"末期相比，分别增长185.7%、146.5%、194.7%、101.7%、113.1%。城镇职工五险收缴基金18.3亿元，比2009年增长37.9%，比"十五"期末增长138.1%。城乡居民养老保险农民参保人数达到22.3万人，比"十五"期末增加18.45万人，参保率达到99.78%。

积极推进煤矿和非煤固体矿山的关闭工作，整顿规范矿产资源秩序取得新成果。到 2010 年年底，全区煤矿全部关闭，从此告别了千年采煤史；61 家非煤固体矿山中，除整合保留 13 家汉白玉、石灰石等固体矿山外，其余 48 家全部关闭。

2010 年，以工程减排为重点，积极推进污染物总量减排措施落实。完成燕山石化Ⅲ号催化裂化烟气脱硫治理工程、城关污水处理厂 11 条污水管线工程和中控系统安装建设、窦店污水处理厂污水管线工程、阎村和长沟污水处理厂启运工程，以及北京中设水处理有限公司中水处理工程。污染物排放量持续减少，区域整体环境质量得到明显改善。“十一五”期末，二级和好于二级的天数占总监测天数的比重比“十五”期末显著提高，全年二级和好于二级的天数达到 257 天，占全年总监测天数的 70.4%，比 2005 年的 60.1%提高 10.3 个百分点。到 2010 年年底，全区人均公共绿地面积达到 8.67 平方米，城市绿化覆盖率达到 43.41%。

2010 年，全区能耗总量为 867.8 万吨标准煤；万元 GDP 能耗为 2.536 吨标准煤，比“十五”期末下降 32.4%，“十一五”期间年均下降 7.5%。

2010 年，全区农林牧渔业总产值实现 42.6 亿元，比 2009 年增长 3.3%，比“十五”期末增加 9.5 亿元，年均增长 5.2%。粮食播种面积 45.2 万亩，比 2009 年减少 0.6 万亩，比“十五”期末增加 2.9 万亩，年均增长 1.3%；粮食产量达 13.5 万吨，比 2009 年减少 2.2 万吨，比“十五”期末增加 1.4 万吨，年均增长 2.2%。全年粮食直补面积 41.6 万亩，粮食直补资金 4763.8 万元，全部发放到农户手中。全区农业观光园 102 个、市级民俗旅游村 30 个、市级民俗旅游接待户达到 1387 户，比 2009 年分别增加 1 个、6 个和 102 户。社会主义新农村建设进一步推进，实施“5+3”工程取得新进展。2010 年，全区新农村建设投入资金 17.1 亿元，比 2009 年增加 0.5 亿元，“十一五”期间累计投入资金 72.77 亿元。年内，“亮起来、暖起来、循环起来”工程受益农户达 6.9 万户。

2010 年，全区工业总产值实现 966.6 亿元，比 2009 年增长 24%，比“十五”期末增加 332.7 亿元，年均增长 8.8%。按照房山区“两轴、三带、五园区”的产业布局，全区工业两大重点功能区——北京石化新材料科技产业基地和北京窦店高端现代制造业产业基地各项基础工作扎实推进，两大重点功能区建设均取得了突破性进展。其中，北京石化新材料科技产业基地被国家工信部正式确定为 62 个“国家新型工业化示范产业基地”之一，并顺利通过了纳入中关村国家自主创新示范区的初审。北京窦店高端现代制造业产业基地建设有序进行，长安汽车北京基地正式入驻；北京京西重工有限公司房山基地减震器一期工程项目进展顺利，部分设备进入安装调试阶段。园区建设进展顺利。到 2010 年年年底，三大产业基地和六个农民就业产业基地累计入驻企业 1791 家，比 2009 年增加 36 家；完成技工贸总收入 250.8 亿元，上缴税金 13.4 亿元，比 2009 年分别增长 9.8%和 30.1%。到 2010 年年底，2 个市级开发区共有入区企业 1784 家，比 2009 年增加 238 家。全年实现技工贸总收入 202.1 亿元，比 2009 年增长 9.3%。其中，良乡经济开发区年末拥有入区企业 1628 家，全年实现技工贸总收入 195.1 亿元。“十一五”期间，开发区入区企业增加 843 家，其中，良乡工业开发区增加 698 家；技工贸总收入平均增长 11.3%，其中，良乡工业开发区平均增长 10.7%。

2010 年，全区建筑业总产值实现 260 亿元，比 2009 年增长 17.3%，比“十五”期末增加 114.3 亿元，年均增长 12.3%。房屋施工面积完成 2073.8 万平方米，比 2009 年增长 9.6%，比“十五”期末增加 523.8 万平方米，年均增长6%。住房保障工作稳步推进。2010年，政策性住房建设项目共有15个，住宅总建筑面积217万平方米，开复工面积121. 3万平方米。其中，经济适用住房项目6个，住宅建筑面积135万平方米（含配建廉租房8万平方米），开复工面积66万平方米；限价房项目5个，住宅建筑面积23万平方米，开复工面积21.4万平方米；定向安置房项目4个，住宅建筑面积59万平方米，开复工面积34万平方米。

2010年，全区社会消费品零售额实现119.8亿元，比2009年增长20.9%，比“十五”期末增长89.2%，年均增长13.6%。行业发展迈上新台阶，重点商贸功能区建设扎实推进。奥特莱斯华北旗舰店项目全面启动。新兴服务产业发展取得突破。北京石油交易所正式开业，形成了市属国有企业与央企合作发展、资源整合、优势互补的良好开局。品牌商业引进取得成效，家乐福超市入驻房山区。积极落实国家各项促进消费政策。大力推进“家电下乡”“汽车、摩托车下乡”等活动的开展。2010年，全区销售各类家电下乡产品7.3万件、销售金额1.6亿元，分别比2009年增长2倍和2.2倍。

2010年，全区外贸出口额实现3.23亿美元，比2009年增长85.5%。出口龙头企业带动强劲，出口超百万美元的企业达到30家，实现外贸出口额占全区的94.2%。三资企业稳步发展。到2010年年底，三资企业达到548家，比“十五”期末增加80家，累计实际利用外资5.1亿美元，比“十五”期末增加2.1亿美元。

以“走进中国房山世界地质公园”为主题，突出特色、突出整体，进一步加大旅游营销推介力度。推出2010年春季北京国际长走大会暨中国房山世界地质公园开园开馆仪式、云居寺浴佛节、圣莲山老子文化节、长阳音乐节、首届北京大地艺术节、北京青龙湖国际红酒城自行车邀请赛等69项特色活动，吸引游客近1000万人次。到2010年年底，区内有A级景区20家，星级饭店35家。全年接待游客达到990.8万人次，比2009年增长10.2%，“十一五”期间年均增长12.2%；旅游营业收入实现14.2亿元，比2009年增长22.7%，“十一五”期间年均增长14%。2010年10月，中国房山世界地质公园顺利通过了联合国教科文组织中期评估，并以此为带动，提升了全区旅游的整体形象，推动了旅游产业优化升级。

到2010年年底，全区境内运营车辆达到477辆，比“十五”期末增加148辆；运营车辆客位2万个，比“十五”期末增加1.4万个。客运场站达到17个，比“十五”期末增加16个；公交候车亭达到415个，比“十五”期末增加386个。到2010年年底，全区公共汽车线路达到43条；全年公交客运总开行81.03万车次，运送乘客5580万人次。继续推进城乡路网建设，“十一五”期间，全区公路新改建、公路大修、公路桥梁改造工程累计投资33.9亿元。其中，2010年完成投资3.6亿元。截至2010年年底，全区公路总里程2693.3公里，公路覆盖密度133.4公里/百平方公里。

2010年，邮政业务总量完成10483.1万元，订销报纸及杂志2268.9万份，出口函件941.9万件，特快专递16.2万件。“十一五”期末，全区百户城镇居民拥有计算机83.5台，比“十五”期末增加13.9台；百户农村居民拥有计算机69台，比“十五”期末增加36台。

截至2010年年底，全区各类金融机构人民币存款余额达到778.9亿元，比2009年增长22.4%，比“十五”期末增加498.9亿元，年均增长22.7%。城乡居民储蓄余额达到410.3亿元，比2009年增长16.5%，比“十五”期末增加236.5亿元，年均增长18.7%。全区各类金融机构贷款余额达到190.7亿元，比2009年增长2.9%，比“十五”期末增加 83.7 亿元，年均增长 12.3%。

教育质量稳居远郊区县前列。义务教育阶段入学率、巩固率和完成率全部保持在99.9%以上，高中阶段普及率达到 98%。2010年新课程改革实施后的首届高考取得优异成绩，高考升学率达到 92.4%，比“十五”期末提高 18.2 个百分点。到 2010 年年底，全区有普通中学 49 所，拥有在校生 31407 人，其中：高中在校生 9880 人，初中在校生 21527 人；职业中学 5 所，在校生 4853 人。小学 110 所，在校生 37169 人；幼儿园 183 所，在园幼儿 22475 人。

2010 年，为落实“三化两区”战略，围绕优化经济结构、促进重点产业升级、推进沟域经济建设、节能减排等方面，确立并组织实施了 52 项科技计划项目，其中，列入国家级、市级科技项目 15 项，区级科技计划项目 37 项（社会发展 12 项、科技致富 4 项、星火计划 12 项、科技成果推广 6 项、科研试验示范 3 项）。“十一五”期间，全区累计组织实施科技计划项目 341 项。“十一五”期间，区财政用于科学技术的支出累计达到 9551 万元，比“十五”期间的 4095 万元，增加 5456 万元，增长 1.3 倍。

全力打造群众文化活动品牌，文化活动内容和形式丰富，不断满足群众文化需求。成功举办了 2010 年新年音乐会、正月十五花会汇演等 20 余场大型文化活动。继续开展“文化周末大舞台”“周末金曲大家唱”“文化周末大戏台”“文化周末大课堂”系列活动，共计 366 场，服务群众 30 余万人次。组织“文化下乡”1102 场，观众人数近 30 万人次。全区有网吧经营场所 56 家，歌舞娱乐场所 48 家，电子游艺厅 2 家，电影放映经营单位 3 家，文艺表演团体 12 个，印刷企业 85 家，出版物零售经营场所 112 家，音像制品零售经营场所店 55 家，广播电视许可单位 39 家。全区文物保护单位共计 351 处。其中，国家级 6 处，市级 15 处，区级 47 处。“非遗”国家级项目 2 项，市级 8 项，区级 21 项。

2010 年，全年广播电台播出总时长为 6388 小时，其中，新闻总时长为 288.5 小时，专题节目总时长为 2755 小时，文艺节目总时长为 3110.5 小时。全年电视台播出总时长为 8577.5 小时，其中，新闻总时长 1184 小时，专题节目总时长 1624 小时，文艺节目总时长为 2785 小时。按照“创新思维，打造新型都市传媒；凝神聚力，助推‘三化两区’发展”的战略思路，制作推出了代表“三化两区”新形象的房山电视台新 LOGO，对电视节目实施了全面创新改版，推出了《早安房山》《午后真谈》等新节目；对“房山新闻”“都市生活”等栏目进行了策划改版。创办了 FM96.9 乐活养生广播频率，推出了包括“乐活乐购”“养生我知道”“96.9 乐活书场”等栏目在内的 7 个小时的广播直播节目。以“五大园区”建设为宣传主题，制作播出了《热议新房山》《新战略•新行动》《市民园区行》《“三化两区”访谈录》《园区加速度》《新家园•新主人》等一批有影响力的系列报道和访谈节目，广泛宣传“三化两区”建设的新思路、新举措、新成果，激发了干部群众积极投身“三化两区”建设的激情和干劲。

“十一五”期间，卫生基本建设投资由 1.5 亿元增加到 7.1 亿元，改扩建总面积由 12.1 万平方米增加到 15.2 万平方米，分别增长 3.6 倍和 25.8%。到 2010 年年底，全区共有卫生技术人员 7049 人，实有床位 6077 张，分别比 2009 年增加 588 人和 494 张，比“十五”期末增加 1905 人和 1508 张。新型农村合作医疗参合农民达 41.25 万人，参合率连续 3 年达到 100%，比“十五”期末提高 18.6 个百分点。

为服务“三化两区”新房山和 CSD 中央休闲购物区建设，组织承办了“房山杯”北京名人乒乓球邀请赛、2010 年“长阳半岛杯”

高尔夫名人赛、中央中直机关职工乒乓球赛、2010年北京房山青龙湖第七届龙舟赛等重要赛事活动。全民健身活动不断升温，推动了全区群众体育的深入开展。房山区第九届全民运动会地成功举办，将全区的全民健身活动推向了高潮。经常参加体育锻炼人口占全区总人口的比重达到40%。到2010年年底，全区共有体育场馆7个，比2009年增加4个，比“十五”期末增加6个；全区行政村健身设施配建率达到100%。到2010年年底，全民健身工程达到859套，“十一五”期间共安装551套。全区人均公共体育场地面积达1.3平方米，比“十五”期末增加0.37平方米。到2010年年底，全区有等级体育运动员222人，其中，年内新增加68人。“十一五”期间，累计向北京市二级运动队输送优秀运动员57名。2010年，参加市级竞技比赛获金牌51枚、银牌48枚、铜牌42枚。“十一五”期间共获金牌202枚、银牌153枚、铜牌131枚。

大事记

1月

1月11日至14日，房山区政协第六届四次会议在昊天假日酒店召开。

1月12日至15日，北京市房山区第六届人民代表大会第五次会议在韩村河山庄会议中心召开。

1月15日，韩建集团有限公司的“韩建”商标和东易日盛装饰股份有限公司的“东易日盛”商标分别被国家工商总局商标局和国家工商总局商标评审委员会认定为中国驰名商标，是房山区首先获得的中国驰名商标。

1月18日，北京碧生源食品饮料有限公司落户房山工业科技园区。

1月22日，为在2009年经济技术创新工作中被评为房山区首批“工人先锋号”的凯捷风公交公司35路、38路、环1路公交线3个车组4辆车授牌。

2月

2月14日，中共中央政治局委员、北京市委书记刘淇，北京市委副书记、市长郭金龙就“扩内需、保增长、促发展”主题到房山区专题调研。实地查看北一良工数控机床有限公司、北京燕山石化东方石化公司、燕山石化公司和北京首创轮胎公司。

2月20日，窦店现代制造产业基地首个项目——京西重工汽车减震器项目开工建设。

3月

3月22日，在房山区CSD核心区长阳镇举行“时尚明珠 魅力房山——城南在行动 行动在房山”新闻发布会。

同日，首创置业股份有限公司与奥特莱斯共同投资建设的世界名牌折扣店北京现代服务产业园奠基仪式在房山区CSD举行。

3月27日，由全国绿化委员会、中共中央直属机关绿化委员会、中央国家机关绿化委员会、首都绿化委员会共同举办的“共建绿色家园——共和国部长义务植树活动”在长阳镇南水北调中线植树工地举行。来自中央直属机关和中央国家机关各部委、单位的168位部级领导参加了义务植树活动。

3月28日，北京韩建集团有限公司承建的中国电影博物馆工程获“第九届中国土木工程詹天佑大奖”。

是月，全区共有2111个基层党组织，57825名党员参加了从2009年3月至2010年3月开展的学习实践活动。

是月，为落实市编办《关于将基层物价检查所事业编制改为行政编制的通知》和《关于各级物价检查所级别的通知》精神，经区编委会议研究，组建北京市房山区物价检查所，机构规格为副处级。

4 月

4 月 14 日，房山区与中国农业银行股份有限公司北京市分行签订战略合作框架协议。

4 月 23 日，“天地人 · 风雅颂——房山区‘世界读书日’经典诗文咏唱会”在北京理工大学体育场举行。全区 6000 多名大、中、小学生代表，部队官兵代表，社区群众代表一起参加活动。

4 月 30 日，北京最大的黄金珠宝首饰专营公司菜百第七分店——良乡菜百首饰店正式在拱辰街道开业。

5 月

5 月 5 日，房山区召开集体林权制度改革工作会。

5 月 7 日，房山区召开创先争优暨党员作风建设年活动动员大会，会议全面部署房山区深入开展创先争优暨党员作风建设年活动。

5 月 11 日，区委副书记、区长祁红代表房山区委、区政府与北京控股集团签订战略合作协议，旨在通过合作，大力发展高端、绿色、环保的新型能源项目。

5 月 15 日，2010 春季北京国际长走大会在长沟镇举行。中国房山世界地质公园开园开馆仪式暨第十六届房山旅游文化节开幕式同时举行。

同日，在长沟镇桃苑沟举行了中国房山世界地质公园与广东丹霞山世界地质公园建立姊妹公园签约仪式。

5 月 18 日，良乡医院新门急诊综合楼正式启用。

5 月 19 日，举行周口店遗址博物馆新馆奠基仪式。

5 月 21 日，区总工会在良乡体育中心综合馆举办“为房山喝彩”房山区劳模宣传表彰暨大型文艺演出，表彰 2010 年评选出的全国、市级劳模和先进工作者。

5 月 26 日，房山区成立社会领域首家党委——中共北京市房山城建集团党委。

5 月 27 日，北京房山[世界 · 庄]国际葡萄酒庄产业集群建设启动。

5 月 28 日，全国人大常委会委员、全国人大法律委员会副主任、全国人大常委会法工委主任李适时带领全国人大常委会法工委相关部门负责人到房山调研，就村民委员会组织法修订草案情况与房山区相关部门和部分村民代表进行座谈。

5 月 31 日 24 时，房山区现有的 18 座煤矿全部停止生产，宣告房山彻底告别千年煤炭开采史。

6 月

6 月 5 日，中央政治局委员、市委书记刘淇就加强基层党组织建设和党员干部作风建设到房山区调研。实地查看窦店镇河口村文体广场及设施农业基地、琉璃河镇西地村成人文化技术学校和北京三江宏利牧业有限公司孵化厂，听取相关工作汇报，对房山区基层党组织建设和党员干部作风建设工作给予充分肯定。

6 月 12 日，北京房山 · 首届中国汉白玉文化艺术节在中华世纪坛开幕。9 月 29 日，在汉白玉之乡——房山区大石窝镇落下帷幕。

6 月 18 日，房山区第九届全民运动会在房山体育场开幕。

6 月 26 日，第一届北京市房山区律师代表大会召开，选举产生协会会长、副会长、监事长、监事、理事共 16 名。

6 月 27 日，举行京西重工房山基地减震器厂厂房落成暨设备安装剪彩仪式。

6 月 29 日，北京市人民政府与中国兵装集团签署战略合作协议。

同日，房山区人民政府与重庆长安股份

有限公司签署合作协议。

7月

7月11日至13日，联合国教科文组织世界地质公园评委、法国专家盖伊·马提尼先生及夫人艾丽西亚·索托女士，联合国教科文组织世界地质公园评委、马来西亚专家亚布拉罕·库莫先生，马兹林·默克它博士、努赞妮·阿兹曼博士一行到房山区对中国房山世界地质公园进行为期3天的中评估工作。

7月20日，房山区与北京金隅股份有限公司就非煤矿山资源整合项目签订战略合作协议。

7月30日，北京石油交易所投入运营。市委副书记、市长郭金龙出席运营仪式。

7月底，房山区第八届村民委员会选举工作完成。全区共有462个行政村，其中应参加换届选举的有439个村，23个村因整体转居、整体拆迁不参加该次选举。

8月

8月3日，房山区召开深化医药卫生体制改革工作动员大会。

9月

9月9日，在房山区会议中心举办第四届首都西南区域经济发展论坛，北京市政协主要领导、市委、市政府领导及北京市8个民主党派领导、专家学者代表和西南7个区、市、县的部分政协委员共300多人出席论坛。

9月10日，房山区党的建设研究会召开成立大会暨第一次全体会员大会，大会审议通过《北京市房山区党的建设研究会章程》，选举产生区党建研究会第一届领导机构成员。

9月12日，首届房山长沟花田节在长沟镇开幕。

9月21日至23日，中秋小长假期间，首届MUSIC FUNHILL 2010长阳音乐节在长阳镇的万亩滨河公园举行。此次音乐节的主题是“希望、自由、博爱、平等”，向日葵、蒲公英、蔷薇和雏菊4种鲜花被确定为每个舞台演出的音乐风格。

9月26日，由房山区人民政府主办，北京中医药协会协办，房山区卫生局承办的北京房山首届中医药文化节启动仪式在北潞园社区文化广场举行。

9月27日，市规划委核发轨道交通燕房线规划方案批复。

9月28日，房山区首家“得来速”麦当劳汽车餐厅在长阳镇加州水郡西区开业。

同日，“迎国庆促和谐”龙建杯首届领导干部游泳比赛在良乡体育中心游泳馆举行，此次比赛是良乡体育中心游泳馆建成后举办的首次赛事。

9月29日，北京澳特舒尔保健品开发有限公司在香港联合交易所正式挂牌上市，成为房山区唯一一家上市公司。

9月29日至10月28日，以“鲜活的大地，创意的房山”为主题的首届北京（房山）大地文化艺术节在张坊镇蔡家口村云居滑雪场举办。

9月30日，重庆长安汽车股份有限公司北京长安汽车公司在房山区窦店高端现代制造业产业基地举行乘用车建设项目奠基仪式，中央政治局委员、北京市委书记刘淇，北京市委副书记、市长郭金龙，工业和信息化部副部长苗圩及中国兵器装备集团公司、中国长安汽车集团股份有限公司的主要领导出席奠基仪式。

10月

10月3日，联合国教科文组织世界地质公园网络执行局在希腊召开了第九届欧洲世界地质公园网络会议。在此次会议上，联合国教科文组织世界地质公园网络执行局专家正式宣布中国房山世界地质公园全票通过中期评估。

10月8日，西班牙卡斯蒂亚和莱昂自治区政府文化旅游部部长约瑟·萨尔盖罗·科蒂尼亚斯与周口店遗址博物馆负责人在上海世博会西班牙馆共同签署了“周口店遗址博物馆和人类发展博物馆成为姐妹博物馆文件”。

10月9日，国家文物局下发通知公布第一批国家考古遗址公园名单和立项名单，房山周口店遗址成为首批12个国家考古遗址公园之一。

10月26日，青龙湖镇政府分别与中葡汇（北京）葡萄酒业发展有限公司、北京紫魁丰农业发展有限公司、北京佳年葡萄种植有限公司、丹世红庄园葡萄酒业有限公司4家单位签订了酒庄建设协议。

10月29日，房山区政府与西门子（中国）有限公司及能通国际信息服务有限公司签署战略合作协议，三方将共同在房山建造以“云计算”研究应用为核心、以革新型数据中心为基础的综合信息服务产业基地。

11月

11月7日，房山区举办北京青龙湖国际红酒城自行车邀请赛，自行车邀请赛是房山区举办的首个自行车运动赛事，是与北京市自行车运动协会共同合作。

11月12日，房山区委社会工委召开大学生社区工作者党支部成立大会，成立全市首家大学生社工党支部。

11月13日，中共中央政治局委员、北京市委书记刘淇，北京市委副书记、市长郭金龙就“加快重大项目投资，抓好重点工程落实”工作到房山区专题调研，并为中核集团北京科技园奠基。

11月17日，北京市人民政府与中粮集团有限公司签署战略合作框架协议，共同建设中国北京农业生态谷。中共中央政治局委员、市委书记刘淇，市委副书记、市长郭金龙出席签约仪式。

11月22日，房山区成立首家商务楼宇党支部——北京市房山良乡盛通家居广场市场有限公司党支部。

11月30日，房山区848户中低收入家庭通过摇号方式获取保障性住房选取顺序号。

是月，根据市编办《关于燕山工委政法办公室加挂牌子的批复》，中共北京市房山区委燕山工作委员会政法办公室（北京市房山区燕山地区社会治安综合治理委员会办公室）加挂北京市房山区燕山办事处流动人口和出租房屋管理委员会办公室牌子。

12月

12月9日，中共北京市房山区委六届九次全体（扩大）会议在区会议中心召开。

12月10日至12日，第12届中国国际房地产与建筑科技展览会（CIHAF中国住交会）在深圳会展中心举行，房山获中国最具投资价值城市大奖。

12月21日，在区政府434会议室举行房山区人民政府与北京中医药大学合作协议签字仪式。

12月30日14时，地铁房山线正式载客运营。

政 治

中国共产党北京市房山区委员会

【综述】 2010年推进“三化两区”建设，经济社会发展取得可喜成绩，切实加强党的建设，全区呈现出经济快速增长、民生持续改善、社会和谐稳定的良好局面。主要经济指标在2009年高速增长的基础上，继续保持快速增长势头，财政收入、税收、固定资产投资、城镇居民人均可支配收入、农村居民人均纯收入，同比分别增长142.9%、20.5%、7.2%、8%和10.1%。

按照科学发展观的要求，通过对比先进兄弟区县的发展历程，总结房山发展进程中的经验教训，坚持把抓项目、促投资作为加快推进“三化两区”建设的首要任务。抓重大基础设施项目。京石二通道前期工作稳步推进，京良路开工建设，融入市区、借势发展的步伐明显加快。重大产业项目相继落地，形成以大项目带动大园区、集聚大产业的良好态势。抓民生项目，抓山区转型项目。加大替代产业培育力度，进一步优化产业结构。通过实践，探索出一条以“双轮驱动”为核心的新型城市化道路，“两轴三带五园区”发展格局初具雏形。坚持以城市化带动产业化。抓住轨道交通房山线等重大基础设施建设的契机，加快融入市区步伐，高端要素加速涌入，土地收益大幅提高，2010年基金预算收入可实现100亿元，同比增长2.4倍。城市化第一拉动效应充分显现，为重点功能区建设和重大产业项目落地提供有力的资金支持和充足的发展空间。坚持以功能区支撑城市化。五大重点功能区建设取得重大实质性进展，产业集聚效应初步形成。功能区的加速推进，不仅增强区域经济发展的可持续性，也有力拉动周边地区的城市化进程。借助央企资源推动房山跨越发展，按照“服务中求合作、合作中促双赢”的思路，初步形成与央企合作的新模式。围绕产业结构调整、新城建设等重点工作，借助央企在资金、品牌、人才等方面的优势，推动央企整合全国资源，落户大项目、建设大园区，先后与中石化、中核、中粮、港中旅等央企签订合作协议。通过加大统筹力度、找准关键节点、提高审批效率等措施，不断完善各项服务机制，为央企提供全方位、全程式服务，形成从招商洽谈到项目落地的“一条龙”服务模式，加快央企的入驻步伐。

以开展创先争优活动为契机，坚持“围绕中心抓党建、抓好党建促发展”，强化推动发展的作风、体制等方面保障。进一步转变工作作风。区四大部门领导带头弘扬奥运精神，针对功能区建设、征地拆迁等难题，深入一线、靠前指挥，表现出昂扬向上的精神状态和真抓实干的良好作风；各街道、乡镇比工程实施进度、比项目落地速度，各委办局比工作效率、比服务质量，全区形成齐心协力、共谋发展的良好局面。进一步创新体制机制。严格落实项目负责制、扁平化协调督办制和区领导联系重大项目制，组建资金筹措、拆迁、手续办理等专业团队，集成优势、破解难题，形成责任明确、灵活高效的体制机制。进一步强化基层基础。完成农村“两委”换届选举工作，把一批工作能力强、群众公认度高的优秀人才选进“两委”班子，增强基层组织的凝聚力和战斗力；以提高领导水平和执政能力为核心，调整充实一批领导干部，优化领导班子和干部队伍结构。进一步营造和谐氛围。积极落实就业、社会保障等各项惠民政策，大力发展教育、科技、文化、卫生、体育等各项事业，让群众共享改革发展成果；深化文明创建活动，通过宣传引导、树立典型，凝聚了人心、激发了活力；以提高群众工作能力为重点，维护群众利益，破解拆迁难题，化解社会矛盾，社会稳定局面更加巩固。实践证明，坚持全区一盘棋，统筹资源，协调利益，凝聚合力，是全区实现持续高速发展的重要保障。

（于晓强　万士林）

【六届区委常委会第110次会议】 1月4日，六届区委常委会在区委434会议室召开第110次会议，区委书记刘伟主持。会议研究讨论《政府工作报告（送审稿）》。会议决定：区政府办公室根据常委会意见，对报告作进一步修改。会议原则通过《北京市促进城市南部地区加快发展房山区行动方案》。会议决定：区发改委根据常委会意见，对《北京市促进城市南部地区加快发展房山区行动方案》进行修改后，区委办公室负责以区委、区政府名义发文。会议原则通过《关于进一步加强和改进党委（党组）中心组学习的实施意见》。会议决定：区委宣传部根据常委会意见，对《关于进一步加强和改进党委（党组）中心组学习的实施意见》进行修改后，区委办公室负责以区委办名义发文。会议传达2009年12月31日北京市政法工作会议精神。

（万士林）

【刘淇、郭金龙就“扩内需、保增长、促发展”到房山区专题调研】 2月14日，中共中央政治局委员、北京市委书记刘淇，北京市委副书记、市长郭金龙就“扩内需、保增长、促发展”主题到房山区专题调研。实地查看了北一良工数控机床有限公司、北京燕山石化东方石化公司、燕山石化公司和北京首创轮胎公司。就做好下一步工作，刘淇强调：一要进一步转变职能，全力支持燕化等在京大型企业、重大项目的发展，实现产业链向区域经济延伸，通过大力开发下游产品，带动周边产业发展，壮大区域经济，拉动首都经济增长。二要坚定信心，坚持走自主创新之路，通过充分挖掘首都人才密集、科研院所集中的优势，依靠自主研发，带动产业升级，进一步丰富产品种类，进一步提升企业市场竞争力，带动区域经济发展。三要以规划为龙头，按照城乡一体化的要求，按照现代化城镇建设标准，加快房山区建设。四要按照“扩内需、保增长、促发展”的要求，大力发展区域经济，以振奋的精神、昂扬的斗志，确保完成2010年发展的各项指标，保证全市总体发展目标的实现。市委副书记、政法委书记王安顺，市委常委、秘书长李士祥，市委常委、教工委书记赵凤桐，市政府副市长苟仲文，以及市有关部门领导和区领导刘伟、祁红、苗立峰、高言杰陪同调研。

（于晓强）

【六届区委常委会第116次会议】 3月15日，六届区委常委会在区委434会议室召开第116次会议，区委书记刘伟主持。会议听取区政协关于承办第四届首都西南区域经济发展论坛的工作汇报并原则通过《第四届首都西南区域经济发展论坛筹备工作方案》。会议决定：区政协根据区委常委会精神，对论坛的主题和论题作进一步修改；初定于9月在房山区举办第四届首都西南区域经济发展论坛，区政协牵头做好相关工作。会议原则通过《关于在乡镇（街道）组建综治维稳中心的实施方案》。会议决定：区委政法委根据区委常委会意见，对《关于在乡镇（街道）组建综治维稳中心的实施方案》进行修改后，区委办公室负责以区委办名义印发。会议听取区市政市容委关于房山区2010年城乡环境建设动员大会筹备情况的汇报并原则通过副区长吴会杰在房山区2010年城乡环境建设动员大会上的报告。会议决定：3月17日，在区政府东二楼报告厅召开房山区2010年城乡环境建设动员大会。会议研究并原则通过《全国劳动模范、北京市劳动模范推荐人选名单》。会议决定：区总工会按程序上报。会议原则通过《2010年区委区政府理论学习中心组学习计划》。

（万士林）

【六届区委常委会第120次会议】 4月12日，六届区委常委会在区委434会议室召开第120次会议。区委书记刘伟主持。会议原则通过《2010春季北京国际长走大会、房山世界地质公园博物馆开馆仪式暨第十六届房山旅游文化节系列活动方案》。会议决定：区委宣传部根据区委常委会意见，对《2010春季北京国际长走大会、房山世界地质公园博物馆开馆仪式暨第十六届房山旅游文化节系列活动方案》进行修改后，区委办公室负责以区委办、区政府办名义发文；5月15日在房山世界地质公园博物馆东侧广场举行2010年春季北京国际长走大会、房山世界地质公园博物馆开馆仪式暨第十六届房山旅游文化节系列活动开幕式。会议听取了史家营乡关于西岳台村地表塌陷实施整体搬迁有关情况的汇报。会议要求：要按照4月7日区政府第60次专题会议研定的各项措施做好相关工作，确保危险区域房屋不再住人，维护好当地群众和外来流动人口的生命财产安全。会议原则通过《房山区社会治安重点地区排查整治工作方案》，会议决定：4月14日在区法院报告厅召开房山区社会治安重点地区排查整治工作会议，对全区社会治安重点地区排查整治工作进行部署。会议听取区编办关于房山区五个重点功能区建设管理委员会组建情况及使用人员编制管理办法的汇报并原则通过《关于成立北京市房山区北京石化新材料科技产业基地建设管理委员会的通知》《关于成立北京市房山区窦店现代制造业产业基地建设管理委员会的通知》《关于成立北京市房山区中央休闲购物区（长阳核心区）建设管理委员会的通知》《关于成立北京市房山区中国房山世界地质公园及拓展区建设管理领导小组的通知》和《关于成立北京市房山区都市现代农业示范区（核心区——世界现代农业都汇）建设管理委员会的通知》。会议决定：区编办会同区有关单位根据常委会意见，对《关于成立北京市房山区北京石化新材料科技产业基地建设管理委员会的通知》《关于成立北京市房山区窦店现代制造业产业基地建设管理委员会的通知》《关于成立北京市房山区中央休闲购物区（长阳核心区）建设管理委员会的通知》《关于成立北京市房山区中国房山世界地质公园及拓展区建设管理领导小组的通知》和《关于成立北京市房山区都市现代农业示范区（核心区——世界现代农业都汇）建设管理委员会的通知》进行修改后，区委办公室负责以区委、区政府名义发文。会议原则通过《关于进一步做好新形势下离退休干部工作的意见》。会议决定：区委老干部局根据区委常委会意见，对《关于进一步做好新形势下离退休干部工作的意见》进行修改后，区委办公室负责以区委办、区政府办名义发文。会议听取区教委关于召开房山区 2010 年教育工作会议有关情况的汇报。会议决定：4 月 14 日在区政府东二楼报告厅召开房山区 2010 年教育工作会议。会议通报了 2009 年组织工作满意度调查和干部选拔任用“一报告两评议”等情况。

（万士林）

【召开创先争优暨党员作风建设年活动动员大会】 5 月 7 日，房山区召开创先争优暨党员作风建设年活动动员大会，区委书记刘伟，区委副书记、区长祁红，区人大常委会主任史全富，区委副书记张祝华，区委常委、政法委书记刘欣国，区委常委、区纪委书记王智慧，区委常委、宣传部部长赵佳琛，区委常委、人武部政委韩裕，区委常委、组织部部长孙强出席会议。会议全面部署房山区深入开展创先争优暨党员作风建设年活动。区城管监察大队、城关街道、区卫生局做表态发言。活动总体目标是推动科学发展、促进社会和谐、服务人民群众、加强基层组织。创争标准是努力做到“五个好”，即：领导班子好、党员队伍好、工作机制好、工作业绩好、群众反映好；党员要充分发挥“三化两区”建设模范带头作用，努力做到“五带头”，即：带头学习提高、带头争创佳绩、带头服务群众、带头遵纪守法、带头弘扬正气。基本要求是突出实践特色，确定活动主题；明确创争目标，作出公开承诺；适时组织评议，确保有效推进；定期总结表彰，大力培树典型。活动分为 3 个时段：第一个时段从 5 月至 2010 年年底，以党员作风建设年为专题开展活动；第二个时段，从 2011 年 1 月至 7 月，以迎接建党 90 周年为专题开展活动；第三个时段，从 2011 年 8 月至党的十八大召开前，以迎接党的十八大召开为专题开展活动。

（于晓强）

【六届区委常委会第 124 次会议】 5 月 24 日，六届区委常委会在区委 434 会议室召开第 124 次会议。区委书记刘伟主持。会议听取房山国土分局关于全区土地利用总体规划修编情况的汇报，原则通过《房山区土地利用总体规划（2006～2020 年）》。会议决定：房山国土分局根据区委常委会意见，对《房山区土地利用总体规划（2006～2020 年）》进行修改后，区政府办公室负责以区政府名义上报市政府审批。会议听取区发改委关于 2010 年房山区关闭小煤矿工作方案的汇报。会议要求：要充分认识煤矿关闭工作的艰巨性和复杂性，全面分析工作中可能存在的困难和问题，提前采取应对措施；要明确任务，落实责任，各有关单位主要负责人要深入一线，亲自研究，亲自部署，确保责任落实到位；要抓紧工作，统筹考虑煤矿关闭、替代产业发展和民生问题，既争取市有关部门的支持，又做好职权范围内的各项工作。会议原则通过《房山区改善公务员队伍结构五年规划纲要》。会议决定：区委组织部根据区委常委会意见，对《房山区改善公务员队伍结构五年规划纲要》进行修改后，区委办公室负责以区委办、区政府办名义发文。会议原则通过《中共北京市房山区委常委会讨论任免区委管理干部实行票决制的实施办法（试行）》。会议决定：区委组织部根据区委常委会意见，对《中共北京市房山区委常委会讨论任免区委管理干部实行票决制的实施办法（试行）》进行修改后，区委办公室负责以区委办名义发文。会议听取区委组织部关于北京市“群众心目中的好党员”推荐人选的汇报。会议决定：区委组织部根据常委会意见，对北京市“群众心目中的好党员”推荐人选作进一步调整。会议通报了房山区援青干部选派工作情况。

（万士林）

【刘淇到房山区调研】 6 月 5 日，中央政治局委员、市委书记刘淇就加强基层党组织建设和党员干部作风建设到房山区调研。实地查看了窦店镇河口村文体广场及设施农业基地、琉璃河镇西地村成人文化技术学校和北京三江宏利牧业有限公司孵化厂，听取相关工作汇报，对房山区基层党组织建设和党员干部作风建设工作给予充分肯定。就做好下一步工作，刘淇强调：一要发挥好村党支部的战斗堡垒作用。二要深入开展创先争优活动。三要不断增强大学生村官的积极性和创新力。四要加强非公企业党建工作。市委副书记、政法委书记王安顺，市委常委、组织部部长吕锡文，市委常委、秘书长李士祥，市委常委牛有成，市政府副市长夏占义，以及市有关部门的领导和区领导刘伟、祁红、张祝华、孙强、马丽英陪同调研。

（于晓强）

【六届区委常委会第 130 次会议】　8 月 2 日，六届区委常委会在区委 434 会议室召开第 130 次会议。区委书记刘伟主持。会议听取区发改委关于 2010 年至 2011 年深化医药卫生体制改革工作方案及实施方案的汇报，原则通过了《房山区 2010～2011 年深化医药卫生体制改革工作方案》《房山区 2010～2011 年深化医药卫生体制改革实施方案》。会议决定：8 月 3 日召开房山区深化医药卫生体制改革工作动员大会。会议听取区国资委关于成立北京海融德厚投资担保有限责任公司有关情况的汇报。会议决定：原则同意成立北京海融德厚投资担保有限责任公司，区国资委牵头做好相关工作。会议听取区信访办关于房山区矛盾纠纷排查化解、信访形势分析及下一步工作安排的情况汇报。会议要求：要继续高度重视矛盾纠纷排查化解工作，正确认识当前的信访形势，分析矛盾纠纷产生的主客观原因，研究群众的新诉求、新心态，找出化解矛盾纠纷的有效办法；要充分发挥政治优势，强化基层基础工作，层层明确责任，促进信访工作重心下移、化解矛盾关口前移；要严格责任追究，落实“责任倒查”的有关规定，依法追究和处理信访突出问题背后的各类失职渎职行为。会议听取区农委、区经管站关于加快推进农村集体经济产权制度改革的情况汇报，原则通过《房山区积极推进农村集体经济产权制度改革工作方案》。会议决定：8 月 6 日召开房山区推进农村集体经济产权制度改革工作动员大会。会议原则通过《房山区局级领导班子及其成员推进廉政风险防范管理工作实施方案》。会议决定：区委统一领导，区纪委组织协调，区委办公室、区人大办公室、区政府办公室、区政协办公室、区研究室具体落实，共同做好廉政风险防范管理向局级领导班子及其成员延伸工作。会议传达学习市委专题会研究长安汽车集团北京基地项目落户窦店高端现代制造业产业基地的会议纪要，通报北京市贯彻落实《关于加强区县纪检监察机关及基层纪检监察组织建设的实施意见》的工作会议、全市人才工作会议精神等情况。

（万士林）

【六届区委常委会第 135 次会议】　9 月 20 日，六届区委常委会在区委 434 会议室召开第 135 次会议。区委书记刘伟主持。会议听取区人大常委会党组关于补选区第六届人大代表有关情况的汇报并原则通过《关于区第六届人大代表补选工作的请示》。会议决定：区人大按程序做好代表补选工作。会议听取北京石化新材料科技产业基地、房山世界地质公园、都市现代农业示范区、中央休闲购物区（CSD）、窦店高端现代制造业产业基地五大重点功能区建设进展情况汇报。会议要求：要认真研究区五大重点功能区建设中的共性问题，切实提高功能区建设水平。一是要认真研究功能区建设的新模式，深入分析功能区建设取得突破的内在规律，尤其是功能区建设过程中形成的“一条龙”服务和多方配合、形成合力的体制机制。二是要认真研究功能区的新功能，切实将功能区建设与新型城市化道路有机结合起来，引入先进的发展理念和发展要素，努力通过功能区建设把首都的核心功能和高端产业引到房山。三是要认真研究功能区联动问题，努力通过联动使功能区建设形成产业链、打造大环境。要将重点功能区建设与“十二五”规划有机结合起来，努力使房山区的重点功能区在全市占有一席之地。要创新方法，切实解决好功能区建设过程中的资金、手续、拆迁等重要问题，有效保障功能区建设顺利推进。

（万士林）

【六届区委常委会第136次会议】 10月11日，六届区委常委会在区委434会议室召开第136次会议。区委书记刘伟主持。会议听取区委组织部关于《房山区农村基层组织工作规范（试行）》修订情况的汇报，原则通过修订后的《房山区农村基层组织工作规范》。会议决定：区委组织部根据区委常委会意见，对修订后的《房山区农村基层组织工作规范》进行修改后，区委办公室负责以区委、区政府名义发文。会议原则通过《2010～2014年房山区党政领导班子建设规划纲要》。会议决定：区委组织部根据常委会意见，对《2010～2014年房山区党政领导班子建设规划纲要》进行修改后，区委办公室负责以区委名义发文。会议听取房山国土分局关于房山区2010年土地储备工作进展情况的汇报。会议要求：要认真梳理部分土地储备项目进展缓慢的原因和阻碍环节，尽快协调市有关部门解决。要做实各项基础工作，各有关单位主要领导要全面掌握情况，熟悉工作流程，亲自督促落实。要与市财政局、市国土局沟通，尽快把房山区土地储备工作的有关数据和资金核算清楚。会议听取了区发改委关于房山区2010年重大投资项目进展情况的汇报。会议要求：在建的项目要抓紧建设；审批尚未落地的项目要尽快开工；在谈的长远项目要积极商谈，全力促成，力争2010年年底前开工。要主动加强与市发改委的沟通，争取市发改委的项目支持。会议传达了市委书记刘淇在9月29日全市领导干部会议上的讲话精神。

（万士林）

【六届区委常委会第138次会议】 11月1日，六届区委常委会在区委434会议室召开第138次会议。区委书记刘伟主持。会议听取阎村镇关于轨道交通房山西延线阎村镇站点周边用地优化研究情况的汇报，原则通过《轨道交通房山西延线阎村镇站点周边用地优化方案》。会议要求：要坚持组团式发展的思路，从实际出发，突破传统的行政区域进行科学规划，与全区经济社会发展“十二五”规划编制工作相结合，与新一轮土地利用总体规划修编工作相结合，统筹研究，进一步深化方案。要以中央领导的最新指示和最新要求为指导，统筹考虑人口、交通和发展模式问题，全力做好轨道交通房山西延线建设和周边产业发展工作。会议听取区卫生局关于房山区区级医院功能升级情况的汇报。会议要求：要积极引进高端的医疗卫生机构和高层次的医疗卫生人才，进一步改善区域发展环境，更好地服务全区群众。要充分利用首都人才聚集的优势，加强高端合作，最大限度地促使各类高端人才为我所用，切实解决高端人才短缺问题。要加大投入，加强管理，进一步提高区级医院的医疗卫生服务水平。要加强基层医疗卫生机构的体制机制创新，用新的体制机制来激励广大社区和农村医疗卫生工作者的积极性，努力促使他们全身心地投入基层医疗卫生事业。

（万士林）

【六届区委常委会第141次会议】 11月22日，六届区委常委会在区委434会议室召开第141次会议。区委书记刘伟主持。会议听取区委组织部关于落实党代表大会代表任期制有关工作的汇报，原则通过《北京市房山区党代表大会代表任期制实施细则（试行)》《北京市房山区党代表大会代表提案、提议办理办法(试行)》《关于做好区党代表大会代表联系党员群众和基层干部工作的通知》和《关于建立区党代表大会代表活动组和活动日制度的通知》。会议决定:区委组织部根据区委常委会意见,对《北京市房山区党代表大会代表任期制实施细则(试行)》进行修改后,区委办公室负责以区委名义发文。区委组织部根据常委会意见,对《北京市房山区党代表大会代表提案、提议办理办法(试行)》进行修改后,区委办公室负责以区委办名义发文。区委组织部根据区委常委会意见,对《关于做好区党代表大会代表联系党员群众和基层干部工作的通知》和《关于建立区党代表大会代表活动组和活动日制度的通知》进行修改后,负责以区委组织部名义印发。会议通报市委常委、常务副市长吉林在市人大常委会第 21 次会议上所作《关于"首钢搬迁、矿山关停后开发替代产业,促进西部地区经济发展"议案办理情况的报告》涉及房山区的有关内容和新政策梳理情况。会议决定:由区委常委、常务副区长高言杰牵头,组织区发改委等部门,统筹做好相关政策对接、重大项目推进等工作。会议讨论《中共北京市委关于制定北京市国民经济和社会发展第十二个五年规划的建议(征求意见稿)》。会议决定:区研究室负责汇总各方面意见,形成书面材料并按要求反馈市委研究室。会议研究并原则通过《中共北京市房山区委关于制定北京市房山区国民经济和社会发展第十二个五年规划的建议(讨论稿)》。会议决定:区研究室根据区委常委会意见,对《中共北京市房山区委关于制定北京市房山区国民经济和社会发展第十二个五年规划的建议(讨论稿)》作进一步修改。

(万士林)

【房山区委六届九次全体(扩大)会议召开】 12 月 9 日,中共北京市房山区委六届九次全体(扩大)会议在区会议中心召开。会议传达了中共北京市委十届八次全会精神,听取区委书记刘伟作题为《全力打造首都高端制造业新区和现代生态休闲新城　努力开创"三化两区"建设新局面》的报告。审议通过了《中共北京市房山区委关于制定北京市房山区国民经济和社会发展第十二个五年规划的建议》,建议明确提出制定"十二五"规划的指导思想,提出打造首都高端制造业新区、建设现代生态休闲新城、发展社会事业和改善民生、改革创新 4 项任务。会议对房山区委 2010 年干部选拔任用工作进行"一报告两评议"。会议审议通过《中共北京市房山区委六届九次全体(扩大)会议决议》。会议提出 2011 年全区工作的总体要求是:深入贯彻落实中共十七届五中全会和市委十届八次全会精神,以科学发展为主题,以加快转变经济发展方式为主线,以加强党的领导为保障,坚定不移地走新型城市化道路,全力打造首都高端制造业新区和现代生态休闲新城,努力推动全区经济社会发展实现新突破,全面开创"三化两区"建设新局面。区人大常委会主任史全富、区政协主席唐淑荣、区委副书记张祝华,区委常委刘欣国、王智慧、高言杰、李江、赵佳琛、韩裕、孙强、赵军出席会议。区委委员、候补委员,区人大常委会副主任,区政府副区长,区政协副主席,区法院院长,区检察院代理检察长,区咨询委副主任委员,区纪委常委,区委巡视组组长,区委党内监督巡视员、区政府特约监察员、区党风廉政建设监督员,燕山地区办事处主任,燕山工委委员,燕山办事处副主任及所属街道党政正职,区直各部、委、办、局、中心、公司、人民团体党政正职,北京理工大学房山分校党委书记,区委办、区政府办、区研究室、区委组织部、区委宣传部、区委统战部、区委政法委副职,各街道、乡镇党政正职出席会议,部分十四级以上老干部代表、部分基层区第六次党代会代表、各民主党派主委列席会议。

（于晓强）

【刘淇、郭金龙就“加快重大项目投资，抓好重点工程落实”到房山区调研】 11月13日，中共中央政治局委员、北京市委书记刘淇，北京市委副书记、市长郭金龙就“加快重大项目投资，抓好重点工程落实”工作到房山区调研，并为中核集团北京科技园奠基。实地查看了北控集团CPV光伏发电装置展示和首创集团奥特莱斯长阳核心区项目规划建设情况，听取房山区的工作汇报。刘淇强调：要学习贯彻中共十七届五中全会精神，坚持高端发展方向，着力抓好重大投资项目落地的各项工作，加快产业结构调整，加快经济发展方式转变，以更高水平推动首都科学发展。刘淇就加快重大项目投资、重点工程落实工作指出：各单位、各部门、各区县要继续鼓足干劲，科学组织，科学施工，加强重点项目投资，加快重点工程建设，完成2010年各项任务目标。同时，要加快落实各项民生保障工作，逐项检查就业、住房等年初确定的各项民生工程，确保完成好2010年的任务，为“十二五”期间开局奠定坚实基础。刘淇就做好光伏发电项目工作指出：光伏发电项目具有广阔的市场前景，有关部门要加大支持力度，相关企业要敢于瞄准世界尖端，加强合作，加快技术研发，尽早实现产业化。郭金龙指出：建设中核北京科技园，有利于整合中央单位与北京市的科技人才资源，促进核工业技术的研发与应用，更好地服务国家尖端科技发展。同时，也将丰富北京城南行动计划内容，加快推动城南地区产业结构调整。北京市将更好地履行“四个服务”职责，加强与中央企业的合作，搭建科技成果产业化促进平台，为提高首都自主创新能力、加快经济发展方式转变营造更好的环境。郭金龙要求：各有关部门和房山区要高度重视中核北京科技园建设，努力为企业入驻和发展创造良好条件。要从科技园聚集项目的特性出发，加强企业运行安全的设施和制度建设。国家环保部副部长、国家核安全局局长李干杰，国务院国有资产监督管理委员会副主任黄丹华，国家国防科技工业局副局长王毅韧，中核集团总经理孙勤，中核集团副总经理孙又奇、吕华祥、余剑锋、邱建刚、杨长利，中核集团总工程师雷增光，中核集团总经理助理、中国核电工程公司总经理李晓明出席中核北京科技园奠基仪式。市委常委、市委秘书长李士祥，市委常委、教工委书记赵凤桐，市政府副市长苟仲文、陈刚，市政府秘书长孙康林和市有关部门领导及区领导刘伟、祁红、史全富、唐淑荣、张祝华等陪同调研。

（于晓强）

【提出“三化两区”战略】 2009年3月13日，在房山区开展深入学习实践科学发展观活动动员大会上首次提出“三化两区”的发展战略，即“坚持科学发展，加快城市化、工业化、现代化进程，建设产业友好、生态宜居新房山”，并把它作为全区学习实践活动的载体进行讨论。通过解放思想大讨论，全区上下统一思想、形成共识，成功抵御国际金融危机带来的巨大冲击，实现“保增长、保民生、保稳定”的目标，城市化作为第一拉动力作用开始显现。2009年12月30日，区委六届八次全体（扩大）会议提出，要以走新型城市化道路为核心，统筹考虑产业发展、城市建设、人口规模和土地利用，加快构建“两轴三带五园区”的发展格局。2010年12月9日，区委六届九次全体（扩大）会议提出，全力打造首都高端制造业新区和现代生态休闲新城（简称“一区一城”），尽快形成“两轴三带五园区”发展格局，努力开创“三化两区”建设新局面。“一区一城”是“三化两区”的延续与深化，是房山在首都建设中国特色世界城市格局中的新定位，也是“十二五”时期房山区经济社会发展的新目标。

（武建新）

组织工作

【概况】 2010年，以学习实践活动为载体，不断为“三化两区”建设凝智聚力。完成第二批学习实践科学发展观活动。全区第二批深入学习实践科学发展观活动704个参学单位平均满意率达到99.6%。对全区第一、二批学习实践活动进行全面总结，并建立健全长效机制。从4月开始，在全区2228个基层党组织、58332名党员中深入开展“创先争优”活动。组建活动办公室和7个分系统指导机构，制定实施意见，确定实践载体和争创目标，并结合实际，启动“三争创、三承诺、一保障”工程，教育引领基层党组织和广大党员在深化“百村帮扶”等活动中创先争优、在防控整治违章建设工作中创先争优、在深化党群共建活动中创先争优。制定并执行房山区改善公务员队伍结构五年规划纲要，全区公务员中全日制大学本科以上学历人员比例由年初的15%增长到18.97%。为进一步深化干部人事制度改革，切实提高选人用人公信度，发现、选拔一批适合地区经济社会发展需要的干部，区委下大力气加大竞争性选拔干部力度，全年共拿出2个正处级职位、22个副处级职位和10个乡镇团委书记职位、1个乡镇副科级职位进行公开选拔，收到良好效果。出台房山区党政领导班子建设五年规划纲要，初步建立领导班子优化结构模型和领导干部职业素质模型，调整处级干部265名，使干部队伍整体素质和领导班子整体功能得到增强。统筹推进干部教育培训培养工作，实施乡镇机关干部素质提升工程和区直机关干部素质提升大讲堂，选派3批21名干部到经济发达地区和兄弟区县挂职，举办各类培训班次12个，培训干部1298人次，10.4万学时。深化干部人事制度，建立健全区委常委会干部任免票决制。制定《区委常委会讨论任免区委管理干部实行票决制的实施办法（试行）》等干部工作制度。研究制定《房山区区直部门领导班子综合考核评价办法》，完善领导班子考核评价体系。深化基层党建创新项目式管理，共确定基层党建创新项目61个。完成农村“两委”换届选举工作，实现“6620”预期目标。建立健全房山区农村基层组织工作规范、社区基层组织工作规范和农村基层组织次序动员管理办法，构建起运行规范、管理有序、模范带动、创先争优的良性运行机制。全面加强党员队伍基础工程建设，制定党员教育培训工作五年规划，开通党员信息互动平台，探索开展流动党员双向管理工作。全面规范区党代表大会代表任期制工作，成立区党代表大会代表联络办公室，制定“1+3”系列文件，建立较为完备的管理体系。以加强高层次人才培养开发和引进为重点，为“三化两区”建设提供有力的人才支撑。制定房山区“十二五”人才发展规划纲要和人才发展专项规划，构建科学化、系统化的全区人才发展规划体系。研究加强党管人才工作的意见办法，建立健全人才工作运行机制。继续深入开展“361高层次创新人才培养工程”，加强创新创业领军人才队伍和创新团队建设，为北京石化新材料科技产业基地建设提供人才服务，全年引进各类人才155人。完善农村实用人才等级评定标准体系，加强培训平台建设和帮带培养项目的督查力度，农村实用人才开发培养总量在全市名列前茅。全面加强组织部门自身建设。制定《关于进一步加强和改进组织系统宣传工作的实施意见（试行）》和与之配套的两个考核办法，构建调研、信息、宣传一体化新格局。整合党建资源，成立房山区党的建设研究会，注册会员127个，其中团体会员93个。组织部机关在市级以上媒体刊发文章56篇。组工信息工作在全市继续保持领先。

（梁志）

【村党组织换届选举工作】 按照市委、区委的统一安排，房山区从 2009 年 12 月 15 日到 2010 年 1 月 24 日，完成村党组织换届选举工作。此次村党组织换届选举，共产生村党组织委员 1605 人，平均年龄为 44 岁，比换届前下降 1.2 岁；足额选举产生村党组织委员的有 439 个村，占 96%，支委班子一次选举成功的村有 412 个，占 90%。原村党组织委员全部进入候选人的村有 270 个，占村党组织总数的 59%，当选委员为原成员的村有 189 个，占村党组织总数的 41%。在新一届村党组织委员中，女性 309 人，占 19%；大专以上学历的 459 人，占 29%；高中、中专学历 660 人，占 41%；初中学历的 486 人，占 30%；35 岁以下的 151 人，占 9%；36 岁至 50 岁 923 人，占 58%；51 岁至 60 岁 496 人，占 31%；61 岁以上 35 人，占 2%。459 个村党组织共产生村党组织书记 454 人（有 5 人属跨村兼任）。其中，通过选举产生的 439 人，乡镇派任的 15 人，跨村兼任的 5 人。在全部 454 人中，连选连任的 366 人，占村党组织书记总数的 81%，在党员推荐中排名第一的有 333 人，占 73%，在群众推荐中排名第一的有 311 人，占 69%。新一届村党组织书记平均年龄 47 岁，比换届前下降 1 岁；女性 17 人，占 4%；大专以上学历的 208 人，占 46%，比换届前提高 8%；高中中专学历 160 人，占 35%；初中学历 86 人，占 19%；35 岁以下 23 人，占 5%；36 岁至 45 岁 155 人，占 35%；46 岁至 50 岁 120 人，占 26%，51 岁至 60 岁 150 人，占 33%；61 岁以上 6 人，占 1%。

（陈谦）

【建立房山区党员信息互动平台】 5 月，区委组织部与北大软件公司和中国移动房山分公司合作，共同研发建立房山区党员信息互动平台，实现区委组织部、各党（工）委与普通党员之间点对点的信息互动沟通。同时，印发《关于开通党员信息互动平台系统的通知》和《房山区党员信息互动平台管理办法（试行）》，并对全区 66 个党（工）委的 102 名信息管理员进行集中培训。据统计，此项研发工作共投入资金 15 万元，建立一级节点 2 个，二级节点 66 个，三级节点 33 个。向全区党员、入党申请人、入党积极分子、发展对象发送手机短信 56 次，发送短信 143 万余条，收到回复短信 189 条。

（郭珺　向高操）

【成立党的建设研究会】 7 月 23 日，房山区党的建设研究会注册登记，注册会员 127 个，其中团体会员 93 个。9 月 10 日召开成立大会暨第一次全体会员大会。大会审议通过《北京市房山区党的建设研究会章程》，选举产生区党建研究会第一届领导机构成员，区委副书记张祝华当选会长，区委常委、组织部部长孙强当选常务副会长，徐忠义、刘天福、马成彪、邓思博、金守江、杨东升、史建、王永年、陈立新、耿纪民 10 人当选副会长，陈立新当选秘书长，梁义国当选监事长。

（沈健）

【全市首次面向社会公开选拔非中共领导干部】 10 月 11 日，房山区召开 2010 年公开选拔非中共领导干部新闻发布会，拿出区法院副院长、区检察院副检察长 2 个正处级职位和区人力社保局副局长等 12 个副处级职位在全市范围内进行公开选拔，北京日报、北京电视台等多家媒体对此进行报道。此次公选全市共有 230 人报名，182 人通过资格初审，158 人参加笔试，63 人参加面试。经过网络报名、资格初审、考试测评、组织考察、决定任职等环节，在选任 12 名公选任职人选的基础上，根据全区二级班子建设需要，结合干部特长，又从各职位考察对象中选配 3 人到区政府工作部门和区属事业单位担任副职。经过本次公选，房山区配备党外干部的政府工作部门达到 16 个，占区政府工作部门的53.3%，并首次在法、检两院配备非中共副职。

（耿庆华　李冰）

【创新农村基层组织动员发动机制】 11月，结合全区城市化发展对农村基层组织建设提出的新要求，研究制定《农村基层组织次序动员管理办法》，明确要求在市、区级重大工程项目中涉及到农村的拆迁、安置问题上，由农村支部书记、村主任带头，全村上下按支部委员、村委委员、农村党员、村民代表和普通群众的7种身份顺序逐级推进。而在涉及到利益分配等问题上，则将次序倒置，由普通村民群众优先享受发展成果。

（陈谦）

【民主评议、考核农村“两委”班子和村级干部】 自11月下旬开始，全区普遍开展民主评议村“两委”班子和村级干部工作。全区有444个村、1995名村干部参加民主评议，分别占应参评总数的96.73%和96.28%。参评的444个村“两委”班子里，满意率在85%以上的有434个，占97.75%。参评的1995名村级干部中，被评为“称职”以上等级的有1904人，其中有1653人被评为“优秀”等级，占参评干部总数的82.86%。有20人被评为“不称职”等级，占参评干部总数的1%。在此基础上，区委对全区434名村党组织书记进行“三维”式动态考核，从考核结果看，优秀等级有424人，占97.70%，称职等级有7人，占1.61%，基本称职有3人，占0.69%。

（徐学刚）

【研究制定干部队伍建设发展规划】 2010年，区委组织部研究制定干部队伍建设发展规划等系列文件。一是以推动科学发展，促进社会和谐为重点，研究制定《2010～2014年房山区党政领导班子建设规划纲要》，加强领导班子调整配备和领导干部综合管理，进一步优化领导班子和干部队伍结构。二是针对全区现有公务员队伍文化素质不高、专业结构不尽合理等实际问题，与区人力社保局联合制定下发《房山区改善公务员队伍结构五年规划纲要》，计划利用5年时间，采取有效措施使全区公务员队伍的文化、年龄、专业结构明显改善。三是根据区直部门不同职能和街道、乡镇不同功能定位，探索建立处级党政领导班子优化结构模型和领导干部职业素质模型，按照岗位职责要求和地区、部门事业发展需要，配备具有相应专业知识和工作经验的领导干部，实现班子成员间专业知识配套和领导经验互补，增强整体功能。

（耿庆华　韩振路）

【处级后备干部和优秀年轻干部采用“立体式”培养模式】 年内，区委组织部通过党校培训、外埠挂职、市直部门挂职、其他区县挂职、区直与乡镇交叉挂职、信访部门挂职、抽调参与全区中心工作相结合的“立体式”培养模式，加大培养力度，拓宽培养渠道，在实践锻炼中提高干部素质。全年选派2批、11名干部到江苏省苏州市、浙江省绍兴市等经济发达地区挂职，选派10名副处级干部到朝阳区挂职；根据园区建设需要，从区直部门抽调200名干部组成“三化两区”建设宣讲团，协助有关乡镇开展拆迁政策宣传工作。

（王耕　李冰）

【在全市范围内率先公开选拔乡镇团委书记】 针对乡镇团委书记后继乏人、素质参差不齐，乡镇团委书记“人选难”等问题，房山区在全市范围内率先开展公开选拔乡镇团委书记工作。共拿出10个乡镇团委书记职位面向全区机关企事业单位和驻区企业公开选拔任职人选。此次公选共有231人报名，其中男性113人，占49%；女性118人，占51%。中共党员137人，占59%；共青团员94人，占41%。少数民族16人，占7%。来自区属党政机关80人，占35%；区属事业单位67人，占29%；双管单位17人，占7%；燕山地区51人，占22%；区属企业3人，村官4人，乡镇7人，其他驻区单位2人。大学学历193人，占84%；硕士研究生学历38人，占16%。经过笔试、资格复审、面试、组织考核、确定人选和公示等环节，最终确定10人为任职人选。10人平均年龄29岁；3名硕士研究生，7名大学学历；中共党员7人，共青团员3人；1人为市人大代表，1人为共青团全国十六大代表。此项工作得到中组部的肯定，中央创先争优活动领导小组办公室专门刊发一期简报。

（耿庆华　李冰）

【建立健全领导班子考核评价体系】 为进一步加强区直部门领导班子建设，建立区直部门领导班子综合考核评价机制，区委组织部与区文明办、区发改委、区人力社保局等单位密切合作，研究制定《北京市房山区区直部门领导班子综合考核评价办法（试行）》。主要从履行职责情况、民主测评和民意调查三方面，对全区86个区直部门进行考核。此办法在综合分析共性指标的基础上，重点结合各区直单位的部门职能，突出个性考核指标，科学合理设置考评项目，有效破解区直部门综合考评难题。结合全区形势的发展及年度乡镇工作重点变化情况，修订补充《房山区街道、乡镇领导班子综合考核评价办法（试行）》，进一步提升街道、乡镇考核工作的科学性和实效性。

（梁义国　吴广先）

【制定科级领导职务竞争上岗实施意见】 为进一步规范和完善科级领导干部选拔任用工作，区委组织部会同区人力社保局，研究制定《关于房山区党政机关科级领导职务实行竞争上岗的实施意见（试行）》，对科级领导职务实行竞争上岗的适用范围、资格条件、工作程序等做出明确规定。

（耿庆华　解美玲）

【贯彻落实干部选拔任用工作四项监督制度】 按照中央及市委要求，区委常委会研究制定下发《关于认真学习贯彻干部选拔任用工作四项监督制度的意见》，要求全区二级班子认真组织宣传学习，抓好贯彻落实。邀请中央党校副校长殷庆言对区委、区政府理论中心组成员、区二级班子党政正职以及乡镇组织人事干部近300人进行专题辅导，利用房山电视台、房山广播电台、《房山报》、房山组工网等新闻媒体对四项监督制度进行广泛宣传，提高干部群众的知晓率。在此基础上，按照市委组织部文件精神，结合全区实际，研究制定《关于全区有干部任免权的二级领导班子党委（党组）书记及有关责任人履行干部选拔任用工作职责离任检查的实施细则（试行）》和《关于全区有干部任免权的二级领导班子党委（党组）报告干部选拔任用工作并接受民主评议的实施细则（试行）》。

（梁义国　耿庆华）

【组织实施农村“两委”班子换届选举工作】 按照市委的统一部署，区委坚持加强领导、严格程序、强化指导、密切配合，按照“四统一”“两保证”的工作要求，确保农村“两委”换届选举程序严谨、结果透明。为确保选举工作平稳有序进行，区委组织各乡镇、街道成立矛盾集中化解工作组，采取“一村一策”“一事一策”乃至“一人一策”的方法，确保重点、难点村换届选举工作顺利进行。换届期间，共印制各种宣传材料22万册，悬挂横幅1597条，设置板报1466块，张贴标语1.2万条，出动流动宣传车79辆次，营造和谐稳定的社会氛围。换届后，全区村党组织书记与村委会主任“一人兼”的比例达到62.3%，村“两委”交叉任职比例达到61.1%，同比分别提高24.6%和10.1%；非党员村主任比例为18%，同比降低7.1%；继续保持村委会成员中没有党员的“白点村”为零，完成区委制定的“6620”预期目标。

（吴广先　郭珺）

【完善农村和社区基层党组织工作规范】　在全区农村“两委”换届选举工作结束后，区委结合地区新型城市化发展的总体形势，对2007年8月印发的《房山区农村基层组织工作规范（试行）》作补充修订。修订后的《房山区农村基层组织工作规范》详细论述和界定村党组织、村委会和集体经济组织的职责、地位和相互关系，明确村级人、财、事等工作的监管细则，为村集体各项事业发展提供制度保障。同时，为着力破解城市化进程中“村转居”问题，研究制定《房山区社区基层组织工作规范》，明确各类社区组织的职责和相互关系，建立社区议事、决策各项制度，强化社区党组织的领导核心地位，为“村转居”社区和面临转居的村级组织提供制度上的保障。

（李艳　徐学刚）

【深化“百村帮扶工程”】　在2009年“百村帮扶工程”的基础上，结合“创先争优”活动，区委制定下发《关于在创先争优活动中进一步深化“百村帮扶工程”的通知》，汇总并整理各单位2010年百村帮扶工程帮扶工作方案和阶段总结，确定优秀产业帮扶项目表彰奖励事宜。据统计，百村帮扶工程开展3年来，全区建设完成帮扶项目200个（其中农业种养类141个、民俗旅游类31个、工业生产类28个），累计投入产业项目建设资金3.76亿元，其中区委、区政府投入5000万元，各帮扶单位投入3000万元，驻区企业界人大代表、政协委员投入600万元，社会力量投入4000万元，村集体自筹2.5亿元。累计实现集体净增收2500余万元，解决劳动力就业4000余人。

（陈谦）

【推动和规范区党代表大会代表任期制工作】　按照市委关于实行党代表任期制的指导精神，区委8月成立区党代表大会代表联络办公室，研究制定《北京市房山区党代表大会代表任期制实施细则（试行）》《北京市房山区党代表大会代表提案、提议办理办法》《关于做好房山区党代表大会代表联系党员群众工作的通知》和《关于建立房山区党代表大会代表活动组、活动日制度的通知》等党代表“1+3”配套制度，切实规范任期制工作。同时完成全区330名区党代表大会代表基本信息的核对工作。

（张凤保　徐学刚）

【深化社会领域党建工作】　结合新型城市化发展的新形势，区委组织部与区委社会工委共同起草《关于进一步加强社会领域党建工作实施意见》和《关于开展社会领域党建试点工作实施意见》，并指导区委社会工委制定下发《关于在全区乡镇、街道中建立党的社会工作委员会的实施意见》，在各乡镇街道分别成立社会工作委员会。另外，按照《北京市社会服务管理创新行动方案》有关规定，区委组织部与区委社会工委共同制定《房山区社会领域党建工作近期、中远期目标及折子工程》，对社区党建、非公企业党建等社会领域党建工作制订详细的近期和中、远期目标，并将涉及社会领域党建工作内容进行分解，制定12项社会领域折子工程，推进社会领域党建工作的发展。

（徐学刚）

【完成基层党组织工作和活动经费下拨工作】　根据市委、区委的有关要求，按照每名党员每年不低于100元的标准，落实基层党组织工作和活动经费。2010年，全区有行政机关党员5298名（不含燕山工委），全额拨款事业单位党员6677名、社区党员6935名，“两新”组织党员1431名，农村党员24671名，共拨付资金3514360元。

（吴立华）

【完成全区“深入开展学习实践科学发展观活动”】　按照中央和市委的统一部署，全区第二批深入学习实践科学发展观活动（以下简称“学习实践活动”）自2009年10月开始，至2010年3月结束，全区有704个党组织、35716名党员参加，按照“党员干部受教育、科学发展上水平、人民群众得实惠”的总体要求，始终把推动发展作为最大的实践，着力解决突出问题，精心谋划，统筹推进。从1月开始，全区第二批学习实践活动进入整改落实阶段，主要包括制定整改落实方案、解决突出问题和满意度测评3个环节。通过整改落实，全区704个参学单位共解决各类问题1167个，满意度测评的平均满意度达到99.6%。3月，全区组织召开深入学习实践科学发展观活动总结大会，对第二批学习实践活动及整个学习实践活动进行总结，健全完善科学发展长效机制，建立整改落实方案专项督察台账，实行挂账销账制度，对尚未完成的整改项目明确具体责任人和部门，并提出从10个方面加强长效机制建设的具体内容和措施。全区学习实践活动从2009年3月至2010年3月，共有2111个基层党组织，57825名党员参加学习实践活动。

（杨兆军）

【建立新发展党员档案调审制度】 按照《房山区发展党员责任追究制实施办法（试行）》要求，1月，区委组织部印发《关于对新发展党员档案进行调审的通知》，对全区39个党（工）委的57名新发展党员档案进行调审。通过审查，其中：55名党员的档案材料基本符合规定要求，占96.5%；2名党员的档案不符合发展党员程序，占3.5%，并责成相关党（工）委进行纠正。

（杨兆军　向高操）

【举办首届新党员示范培训班】 12月，区委组织部举办首届新党员示范培训班，培训班为期3天，共有563名2010年度新发展的中党员参加培训。

（杨兆军　郭珺）

【研究制定房山区党员教育培训工作五年规划】 根据《北京市贯彻〈2009～2013年全国党员教育培训工作规划〉的实施意见》，区委组织部研究制定《房山区党员教育培训工作五年规划》，明确区委组织部、各党（工）委和各基层党组织在党员教育培训工作中的职责任务。同时确定区级开展的5项重点工程，即基层党组织负责人素质提升工程、新党员培训工程、大学生“村官”党员培训工程、党员职业能力建设工程和“三化两区”建设骨干党员培训工程。

（杨兆军　郭珺）

【流动党员双向管理工作】 按照市委组织部《关于进一步做好流动党员管理服务工作的通知》要求，区委组织部及时对河北省张家口市在房山区的流动党员进行摸底调查，将其编入相应的党组织。1月，与河北省张家口市委组织部签订“流动党员双向管理服务工作协议书”，明确共管原则、工作职能，进一步探索流动党员双向管理工作。截至12月底，张家口市在房山区建立1个临时党委、7个临时党支部，共有流动党员418人。

（杨兆军　郭珺）

【接听和受理“12371”党员咨询服务电话】 按照《房山区“12371”党员咨询服务电话受理暂行办法（试行）》，区委组织部认真开展“12371”党员咨询服务电话接听和受理工作，并印制《房山区“12371”党员咨询服务电话受理情况登记册》。2010年，区委组织部共接听党员咨询服务电话85个，其中咨询党组织关系接转程序类问题54个，咨询党费收缴、使用和管理类问题2个，咨询发展党员方面类问题2个，反映情况、提出意见建议类问题10个，寻求帮助解决相关困难类问题5个，其他方面类问题12个，均给予答复。

（郭珺　向高操）

【举办房山区第四届党员教育电视片观摩评比暨党员教育电视片策划方案征集评选活动】 全区21个党（工）委参加评比活

动，共选送基层党组织创作的专题片策划方案43个，经过专家评委评审，共有8部电视教育片策划方案入围，其中区委教工委的《王老师》获一等奖，蒲洼乡党委的《解不开的山沟情结》、区卫生局党委的《流动的中医大篷车》和长阳镇党委的《变迁》获二等奖，区委政法委的《忠于职责》、区直机关工委的《寻梦》、区委农工委的《动力》和区委教工委的《奋进》获三等奖。区委教工委获优秀组织奖。

（隗功博）

【举办区直机关干部素质提升大讲堂】　年内，根据中央新一轮大规模培训干部工作的战略部署和《干部教育培训工作条例（试行）》的要求，区委组织部联合区直机关工委、区委党校、区人力社保局共同举办区直机关干部素质提升大讲堂。大讲堂活动每两周举办一讲，每讲半天时间。邀请专家教授围绕2010年经济社会发展形势、国学智慧与领导韬略、走进音乐的世界等内容进行授课，同时邀请区内相关部门主要领导就全区经济社会发展形势和五大重点功能区建设进行授课。全年举办10期，培训干部3379人次，其中局级干部39人次、处级干部1287人次、科级干部1963人次、其他人员90人次。

（褚萌）

【发放房山区第一批企业首席技师岗位津贴】　根据《房山区人才工作领导小组关于企业推行首席技师制度的指导意见（试行）》《房山区企业首席技师暂行管理办法》《房山区企业首席技师选拔指导性办法》等文件规定，2010年对7名房山区第一批企业首席技师，在完成年度岗位考核目标、参加科技攻关和技术革新等方面进行考核，依据考核结果按照每人每年5000元的标准发放首席技师岗位津贴。

（刘佳）

宣传思想文化工作

【概况】　2010年，全区宣传思想文化战线紧密围绕服务“三化两区”建设，倾力打造房山区域品牌形象，全力做好思想舆论引导工作，努力推进文化事业、产业发展，着力提升城乡精神文明水平，为全区经济社会健康快速发展提供可靠的宣传思想文化保障。一是全面加强理论武装工作。服务区级中心组学习，举办区委、区政府理论学习中心组辅导报告会13场，首次举办了“本土专家”辅导报告会，推出《中心组成员个人自学预告制度》和《专责联络员制度》。加强对二级班子中心组学习指导，制定印发了《关于进一步加强和改进党委（党组）中心组学习的实施意见》，举办了“房山区处级党委中心组秘书培训班”，首次会同组织部门对全区二级班子中心组学习情况进行近年来范围最大一次督导检查。广泛开展理论宣传，在全区开展“百姓爱心故事”征集推荐评选活动。推荐、挖掘、整理上报百姓爱心故事100个，有3个故事进入全市前50名。创办通俗理论读物《大众学习》，共编发6期，7000余册。积极开展“2010年房山区周末社区大讲堂活动”，提供“点单式”服务，共组织讲座48场。二是全力开展对外宣传。以“FUNHILL房山　FUN动全北京”为主题，充分利用电视、广播、报纸等传统媒体，网络、手机报、小区短信等新媒体，户外（车体）广告、外宣手册等宣传媒介资源，全面推介房山。一大批有影响力的重量级稿件在国家级和市级媒体上刊发，一大批有影响力的重量级稿件在国家级和市级媒体上刊发，全年在《人民日报》《农民日报》《北京日报》等报刊刊登房山新闻稿件近5000篇。全面反映燕房合作的《北京房山“联姻”中石化创新央地合作模式》一文，在新华社主办的面向省部级领导的《国内动态清样》上刊发。

三是积极发挥区属媒体的舆论引导作用。打响“五大功能区”建设宣传战役，区属媒体分别开辟了“‘三化两区’建设进行时”“园区加速度”等专栏，及时报道解读区委、区政府的决策部署，宣传五大园区重点工程、重大项目进展情况。以关乎民生的社会热点问题为重点，房山电视台开辟“午后真谈”“早安房山”栏目，《房山报》开辟“视点新闻”栏目，有效引导社会舆论导向。四是依托大型主题活动外树形象、内聚民心。举办了“时尚明珠 魅力房山——‘城南在行动 行动在房山’”“2010 春季北京国际长走大会、中国房山世界地质公园开园开馆仪式暨十六届房山旅游文化节开幕式”、青龙湖国际红酒城启动仪式暨 2010 青龙湖端午文化节、第三届琉璃河梨花文化周、房山首届中国汉白玉艺术节、“MUSIC FUNHILL”2010 长阳音乐节等大型主题宣传活动。广泛开展群众性文化活动，举办了房山区第 20 届艺术节暨春节系列文化活动等区级大型群众性文化活动 20 余场，带动乡镇、行政村、社区开展各类群众性文化活动 2953 场，参与群众累计 110 万余人次。深入开展“文化周末大舞台”活动，完成各类演出达 366 场，参演人员达 2 万余人次，服务群众逾 30 万人次，乡镇分会场增加到 18 个，实现了平原乡镇的全覆盖。五是加快发展文化创意产业。开展了 2010 年北京市文化创意产业专项资金申报工作，周口店国际青年艺术家创业与创作基地、电影《十月围城》等 4 个项目完成专家评审。“房山石经文化保护基金”筹建工作有序推进，北京文化发展基金会同意设立“房山石经文化保护基金”。重大项目引进取得实质进展，与温德拉企业管理集团有限公司合作，成功引进了云居寺文化景区项目。超额完成固定资产投资计划，周口店遗址博物馆迁建工程、云居寺文化景区石经碑林项目和美石谷会所等 7 个项目累计完成投资 1.03 亿元。创作完成动漫电影《豆豆的原始生活》和动漫片《龙骨山》，启动了与动漫片《龙骨山》相关互动项目，该片先后被列为杭州国际动漫节提名产品和市新闻出版局重点文化推广项目，并参加法国戛纳电影电视节。六是推进文艺史志事业繁荣发展。创作了《燕房携手，星耀西南》《长阳半岛，一世之城》等报告文学和群口快板书《三化两区明方向 Funhill 房山 fun 起来》，广泛开展“我看‘三化两区’”主题征文活动，征集稿件近 400 篇。成功举办“城南五区”书法美术摄影联展。举办“凸凹创作与房山文化”研讨会，作家凸凹的散文集《以经典的名义》获全国第四届冰心散文奖最佳散文集奖，歌曲《乡村百姓家》获文化部第十五届“群星奖”作品奖，摄影作品《京郊秧歌舞动悉尼》获“北京市庆祝新中国成立 60 周年文艺作品征集评选”佳作奖。组建全市首个乡镇基层文联团体——阎村镇文联。启动了房山区第二轮修志工作，修改完善了《房山建设史》初稿，积极推进《中国共产党北京市组织史料（房山卷）》编写工作，完成了《云居寺志（送审稿）》和《方志分类与方志篇目设置》，出版了《房山志鉴文集》和《百花山志·族谱篇》。七是切实加强宣传系统党组织和干部队伍建设。在全区首次组建了一支由新闻通讯员、舆情信息员和网络评论员“三员”合一的基层宣传思想工作者队伍。动员组织系统内各级党组织积极开展“争创五好支部”“共产党员五带头”和“争当‘三化两区’建设舆论先锋”活动。结合部门实际，研究制定了《区委宣传部关于人才引进工作的规定》。

（白江　王海林）

【创办理论学习刊物《大众学习》】　1月，为推进马克思主义大众化，针对农村“两委”干部、社区干部和基层党员群众自身特点、学习条件和基本学习需求，区委宣传部面向全区农村和社区党支部创办理论学习刊物——《大众学习》，填补基层党支部理论学习材料的空白。刊物为双月刊，内容以宣传党的理论、方针政策、市区重大战略部署、重点工作等为主，突出理论教育特色。全年编发6期，基层问卷调查满意率达99%，许多村和社区把《大众学习》作为支部党员学习的必备资料。

（李春晖 常莉丽）

【举办2010年新春团拜会暨先进表彰大会】 2月5日，在北京工商大学良乡校区礼堂，区委、区政府举行2010年春节团拜会暨先进表彰大会。团拜会上，区委副书记、区长祁红发表新春致辞，区委书记刘伟带领区四大部门领导向全区百姓拜年并赠送春联。团拜会上，对获2009年全区“五好乡镇”党委奖的拱辰街道工委等单位，获经济建设特殊贡献企业奖的中国石化集团北京燕山石油化工有限公司，获经济建设突出贡献乡镇（街道）奖的长阳镇等单位、获经济建设突出贡献企业奖的北京日兴房地产发展有限公司等单位，获文明乡镇（街道）奖的西潞街道等单位，获文明单位标兵奖的区发展和改革委员会等单位，获环境整治生态建设先进乡镇奖的张坊镇等单位进行了表彰。团拜会文艺演出节目将自创节目、综艺节目和外请节目相结合。共分为 “美丽家园”“今日辉煌”“ 魅力房山” 3个篇章，突出表现了房山区自然优美的人文景观、新城建设、新农村建设成果、五大园区建设、经济社会发展的繁荣、百姓幸福和谐的生活状态以及对未来房山美好的展望等。表演艺术家冯巩、阎维文、韩红、于魁智、李胜素等表演了精彩的节目。

（张淑娟 高士军）

【组建宣传“三员”队伍】 3月，在全区范围内首次组建一支由新闻通讯员、舆情信息员和网络评论员“三员”合一的基层宣传思想工作者队伍，成立宣传“三员”工作领导小组，编制宣传“三员”台账，制定表彰标准和工作方案，并对全区25个乡镇街道办事处、35个区直单位和14个驻区重点单位的相关人员，进行为期3天专业培训，提高“三员”的政策理论水平和实际工作能力。从二季度开始实施《舆情信息员例会制度》，分期分批组织舆情分析座谈会、经验交流会，增强信息员工作积极性和队伍的凝聚力。全年，共向市委宣传部报送舆情信息125条。

（白江 王海林）

【举办“房山区处级党委中心组秘书培训班”】 3月19日，区委宣传部组织举办了“房山区处级党委中心组秘书培训班”，对全区处级单位中心组学习秘书100余人进行全面系统的培训，城关街道、窦店镇、霞云岭乡、区住建委、区市政市容委、区地税局党委中心组秘书分别作经验交流发言，市委宣传部理论处和区研究室领导分别就中心组秘书工作和区委六届八次全会精神进行辅导。

（李春晖 常莉丽）

【举行2010年文化周末大舞台系列活动启动仪式及颁奖晚会】 4月16日，房山区2010年文化周末大舞台系列活动启动仪式及颁奖晚会在府前广场举行。西潞街道、房山公安分局等19家在2009年大舞台活动做出贡献的单位受到表彰，上千名观众与市区领导一起观看文艺演出。2010年“文化周末大舞台”活动从4月16日开始，每周五19：30至21：00在府前广场演出，10月29日结束，大舞台活动在保持2009年10个乡镇、街道文化周末大舞台分会场活动的基础上新增8个乡镇、街道分会场，实现平原乡镇的全覆盖；延伸“文化周末大课堂”‘戏剧周末大戏台”“金曲周末大家唱”“电影周末场”活动。

（张淑娟 高士军）

【首次举办“本土专家”辅导报告会】 4月22日，区委宣传部举办“房山区项目落地前期手续办理流程讲解会”，首次邀请区内相关部门领导，就房山区项目落地前期与其单位业务相关的手续办理流程及政策进行详细讲解，全区两级中心组成员300余人参加学习。

（李春晖　常莉丽）

【举办经典诗文咏唱会】 4月23日，“天地人·风雅颂——房山区‘世界读书日’经典诗文咏唱会”在北京理工大学良乡校区体育场举行。全区6000多名大、中、小学生代表，部队官兵代表，社区群众代表一起参加活动。举办“天地人·风雅颂——房山区‘世界读书日’经典诗文咏唱会”，是贯彻市委要求，开展百姓读书月活动的一项重要内容，目的是倡导读书风尚，在全区形成崇尚科学、读书求知的良好社会风气。咏唱会表演活动，以不同年代精神及情趣操守为主线，以艺术表演形式重现经典，用引诵词贯穿“天方国风”“地圆雅韵”“人寰礼颂”3个篇章，用吟、诵、奏、舞相结合的形式传情达意，营造典雅的艺术氛围。北京电视台的《北京新闻》做相关报道。

（张淑娟　高士军）

【开展“周末社区大讲堂活动”】 5月14日，2010年周末社区大讲堂活动启动。全年共组织讲座48场，其中从北京市社会科学界联合会邀请专家讲座17场，自主举办31场。活动面向基层采取“点单式”服务，讲座内容涉及党的方针政策、历史文化、文明礼仪、家庭教育、健康卫生等诸多方面。

（李春晖　常莉丽）

【举办2010春季北京国际长走大会】 5月15日，2010春季北京国际长走大会、中国房山世界地质公园开园开馆仪式暨第十六届房山旅游文化节开幕式在长沟镇举行。国土资源部副部长汪民、市政府副秘书长张爱萍、国陆地质科学联合会秘书长彼得·巴布罗夫斯基、团市委书记王少峰、市国土局局长魏成林、市旅游局局长张慧光、中国地质博物馆馆长贾跃明、区委书记刘伟、区长祁红、区人大常委会主任史全富、区政协主席唐淑荣、区委副书记张祝华等出席活动。区长祁红致欢迎词。国土资源部科技与国际合作司副司长孙宝亮、市国土局局长魏成林、中国地质博物馆馆长贾跃明、河北省国土资源厅副厅长邢承国共同按动启动球，为“国土资源科普基地”“中国地质博物馆房山分馆”授牌。国土资源部地质环境司副司长陈晓宁宣读了中国房山世界地质公园开园批复。现场1万多名长走爱好者共同见证中国房山世界地质公园揭牌开园，为中国房山世界地质公园博物馆开馆。市旅游局局长张慧光、市发改委副主任张寿全共同拉下启动杆，启动了京南旅游服务中心奠基仪式。国土资源部世界地质公园网络办公室副主任吴智慧宣布“2010年中国地质公园宣传周启动”。团市委副书记邓亚萍宣读“绿色环保倡议书”。国土资源部副部长汪民、市政府副秘书长张爱萍、团市委书记王少峰、市国土局局长魏成林、区委书记刘伟共同击鼓，拉开万人长走的序幕。长走路线全程16.5公里。起点和终点均设在中国房山世界地质公园博物馆。来自机关、企业、高校、社区等各行各业的代表，以及韩国、新加坡、古巴等国家的驻华使节、韩国韩中文化青少年协会和部分国家留学生代表等社会各界人士万余人在中国房山世界地质公园博物馆广场集合。9点30分，万名长走爱好者出发。据统计，此届长走大会约有80%的参加者坚持走完全程。

（张淑娟　高士军）

【开展征地拆迁社情民意调查】 6月至7月，区委宣传部会同市委研究室社情民意课题组，对五大功能区建设所涉及的长阳镇、窦店镇、大石窝镇以及进行城乡结合部改造的拱辰街道等地区部分村民和居民进行社情民意调查，主要采取实地考察、座谈和问卷调查等方式，形成《关于房山区部分征地拆迁地区群众的民意调查》报告，在市委《决策参考》第 38 期刊登，区委副书记、区长祁红批示："区委宣传部这份报告很好，请各位副区长阅研，推出对策，改进工作"。

（李春晖 常莉丽）

【举办房山首届中国汉白玉文化艺术节】 6月12日，北京房山·首届中国汉白玉文化艺术节在中华世纪坛开幕。9月29日，在汉白玉之乡——房山区大石窝镇落下帷幕。艺术节期间，相继开展首届中国汉白玉雕刻创意大赛、汉白玉文化研讨会以及艺术节LOGO征集等一系列活动。组委会共征集到来自28个省市的参赛作品近700件，经过专家评审，最后甄选出60件优秀作品入围决赛，经社会公众、权威专家、企业代表3方投票产生前3名。在北京房山·首届中国汉白玉文化艺术节闭幕式暨首届中国汉白玉雕刻创意大赛颁奖典礼上向获奖者颁发获奖证书及奖金。获一等奖的是彭显锋的作品《拉链》，二等奖是李彪的作品《云眼》、袁早华的作品《佛手》，三等奖是曹云的作品《朋友》、窦玉婷的作品《抱鼓石》、王伟的作品《极地在哭泣》。除此之外还颁发特别奖以及优秀组织奖、指导老师奖、优秀作品奖，一等奖获得者还获得免费入驻北京周口店国际青年艺术家创业与创作基地1年的权利。

（张淑娟 高士军）

【联合开展二级班子中心组学习情况大检查】 7月6日至8日，区委宣传部首次与区委组织部组成联合检查小组，以分片汇报座谈和实地抽查相结合的形式，对23个乡镇党委和燕山工委、区直机关工委等10个党工委上半年中心组学习情况进行检查。检查结果显示，二级班子中心组学习一是领导重视并率先垂范，学习带动作用明显；二是注重理论联系实际，学习内容贴近工作大局；三是不断创新方法手段，学习形式灵活多样；四是不断完善机制，各项学习制度健全有效；五是学习次数较多，均达到或超出计划次数；六是学习成果突出，形成不少调研报告及体会文章；七是学习成效显著，极大地促进了各项工作开展。检查结果以《通报》形式下发全区。

（李春晖 常莉丽）

【举办首届MUSIC FUNHILL 2010长阳音乐节】 9月21至23日，在长阳镇万亩滨河公园举办首届MUSIC FUNHILL 2010长阳音乐节。音乐节设向日葵、蒲公英、蔷薇、雏菊四大舞台，同时举行演出，其中3个舞台由国内外近百支专业乐队或艺人进行不间断表演，雏菊舞台为音乐爱好者自由展示舞台。除此外，音乐节还设有国际美食区、创意市集、原创展卖、艺术涂鸦、露营区、水晶元素区等各种功能区域，吸引了大批的音乐爱好者参与其中。在首日的演出中，包括IAN BROWN（英国）、王若琳、李健在内的10余名国内外知名乐团和艺人为到场乐迷献上了精彩演出，李健还专门演唱了由著名音乐制作人谭伊哲作曲、科尔沁夫作词的长阳音乐节的主题曲《徜徉》。23日，音乐节落下帷幕。在以"倾心享乐，与人月乐"为主题的演出中，80余组海内外知名乐团或艺人为广大音乐爱好者倾情献艺，高潮迭起、精彩纷呈，为观众们捧出了一道中秋文化大餐，为期3天的音乐节，共吸引4万余名观众到场观看。

（张淑娟 高士军）

【举办首届北京（房山）大地文化艺术节】 9月29日至10月28日，以"鲜活的大地，创意的房山"为主题的首届北京（房山）大地文化艺术节在张坊镇蔡家口村云居滑雪场举办。市文化局领导、区领导以及7家世界500强企业、500强品牌有关领导以及各界人士400多人出席开幕式。此次活动采取政府主导、企业参与、市场运作、集中展示的方式进行。通过大地艺术创作的手法，使用鲜花等环保材料，在云居滑雪场上对企业的标识和产品进行艺术创作。活动中还通过展板、大地艺术创作、文艺演出等方式，推介房山独特而丰富的生态和文化资源，以及经济、政治、文化和社会“四位一体”建设取得丰硕成果。

（张淑娟　高士军）

【举办2010年房山区宣传干部培训班】 12月2日至8日，房山区举办“2010年房山区宣传干部培训班”。12月2日，在区委党校教学楼一层第二教室举行开班仪式。市委宣传部副部长傅华出席仪式并以“如何做好宣传工作”作第一讲。此次全区宣传干部培训班为期一周，紧贴工作实际，开设了“领导力”“如何策划大型宣传活动”等课程内容，旨在深入贯彻落实中共十七届五中全会精神，切实加强全区基层宣传思想文化工作，进一步提升广大宣传干部驾驭宣传思想文化工作、服务“三化两区”建设的能力和水平。全区25个乡镇（街道）的党委宣传委员和工委宣传部长以及部分部机关干部参加培训。

（张淑娟　高士军）

【房山区2011年春节系列文化活动在红色圣歌诞生地霞云岭乡堂上村启动】 12月26日，“咏唱时代红歌”——房山区2011年春节系列文化活动在红色圣歌《没有共产党就没有新中国》诞生地霞云岭乡堂上村举行，拉开全区2011年春节系列文化活动的序幕。相关区直单位、各乡镇（街道）、群众代表等共计1000余人参加启动仪式。

（张淑娟　高士军）

【举办“房山区2011年新年音乐会”】 12月30日，房山区在北京农业职业学院举办“房山区2011年新年音乐会”，北京节日交响乐团演奏了《卡门》序曲、《梁祝》等曲目，北京节日合唱团表演了《在那遥远的地方》《铃儿响叮当》等混声合唱，中国人民解放军总政歌剧团青年歌唱家黄华丽和张海庆的演唱将音乐会推向高潮。区直单位、各乡镇（街道）、群众代表等共计500余人聆听了音乐会。

（张淑娟　高士军）

【开展“百姓爱心故事”征集推荐评选活动】 按照市委宣传部等5家单位的统一部署，在全区广泛开展“百姓爱心故事”征集推荐评选活动，将其作为社会主义核心价值体系教育的一个重要内容。经反复筛选，全区整理上报100个百姓爱心故事。经过3个阶段的评选，在全市5000多个爱心故事中，房山区有3个故事进入全市前50名，其中一人名列10位“百姓爱心明星奖”榜首，两个故事获“百姓爱心故事奖”，一个故事获“百姓爱心故事提名奖”，房山区获“优秀组织奖”。区法院厉莉的故事参加了全市巡回宣讲。9月7日，北京市“百姓爱心故事”宣讲团到房山区举行报告会。

（李春晖　常莉丽）

【区委、区政府理论中心组学习活动】 2010年，围绕建设世界城市、学习贯彻全国两会精神、数字化城市建设、干部选拔任用四项监督制度、房山新城规划实施评价、“廉政准则”解读、政府的媒体沟通与应对以及学习贯彻中共十七届五中全会精神、正确处理新时期人民内部矛盾等专题，邀请高层知名专家、学者作辅导报告，全年组织中心组辅导报告会15场，突出内容实、动手早、次数多、人员齐、效果好等特点，实现学以致用，服务大局的目的，充分发挥了龙头带动作用。

（李春晖　常莉丽）

【编制完成《“人文北京”房山行动计划（2010—2012年）》】 2010年，按照全区统一部署，区委宣传部牵头组织完成《“人文北京”房山行动计划（2010–2012年）》的编制工作。该计划涉及全区27个部门的工作，分为3个部分，包括民生保障与改善、社会主义核心价值体系建设、市民文明素质提升、城乡文明建设、学习型房山建设推进、公共文化服务体系建设、文物与物质性文化遗产传承与保护、文化创意产业发展、法制环境建设、社会建设推进十大重点工程，48项重点工作，共计1.8万字。

（李春晖　常莉丽）

【全方位宣传打造房山区域品牌】 2010年，全区宣传系统以“FUNHILL房山　FUN动全北京”为主题，充分利用电视、广播、报纸等传统媒体，网络、手机报、小区短信等新媒体，户外（车体）广告、外宣手册等宣传媒介资源，全面推介房山，努力打造独具房山特色的区域品牌新形象。北京广播电台，平均约30分钟就能听到一次“房山声音”；在百度、谷歌等任意搜索引擎键入“房山”“三化两区”“房山红酒”等关键词，就能立刻得到2亿多条网页数据；每周五、周六、周日，通过“12580”手机报和短信平台，向过境的非本地手机用户发送数万条有关房山区发展内容的短信。深入聚焦“三化两区”新进展、新成效，一大批有影响力的重量级稿件在国家级和市级媒体上刊发，产生了广泛的社会影响。全年在《人民日报》《农民日报》《北京日报》等报刊刊登房山新闻稿件近5000余篇。全面反映燕房合作的《北京房山“联姻”中石化 创新央地合作模式》一文，在新华社主办的面向省部级领导的《国内动态清样》上刊发，将燕房央地合作的新模式推向全国。

（郝金英　徐晓颖）

【以事带宣，持续扩大房山影响力】 2010年，依托“时尚明珠 魅力房山——‘城南在行动 行动在房山’”“2010春季北京国际长走大会、中国房山世界地质公园开园开馆仪式暨十六届房山旅游文化节开幕式”、青龙湖国际红酒城启动仪式暨2010青龙湖端午文化节、第三届琉璃河梨花文化周、房山首届中国汉白玉艺术节、“MUSIC FUNHILL”2010长阳音乐节、南窖乡沟域经济规划成果展、“探秘察察、跃动房山”2010越野e族北京大队穿越活动等大型主题活动，加大对外宣传力度。以大型活动为突破口，深入挖掘新闻点，充分释放事件拉动外宣作用，使重大对外活动成为树立和展示房山良好形象的重要舞台。如汉白玉石雕艺术节充分利用了网络等媒体资源，从6月12日启动至2010年年底，在搜狐文化频道、北京人民广播电台等媒体以文字、图片、视频、讲故事等形式不间断的报导，网上点击率已达几十万人次，产生了巨大的社会影响。“龙舟竞渡红酒城”活动，主流媒体提前介入，活动当天，70家媒体的百余名记者参加活动，特别是北京电视台调集两辆电视导播车和两辆卫星直播车开赴现场，专门组织了30余人的报道团队，并开通卫视全天新闻栏目，分时段、有重点的对活动进行全天候实时报道。“龙舟竞渡红酒城”活动，使人们产生了惊叹新房山，惊艳青龙湖的感受和结缘新房山、结伴青龙湖的激情。

（郝金英　徐晓颖）

【不断拓宽外宣新渠道】 2010年，区委宣传部和知名的大企业、大集团联合开展对外推介活动。首先，大力宣传深化燕房合作、加快石化新材料基地建设情况。按照“塑造首都石化产业向高端、高效、高标准发展的新形象”的总要求，争取市委宣传部的支持，形成市委宣传部、区委宣传部、燕山石化传媒、基地管委会上下联动的宣传工作机制。市委宣传部制定《2010年推进燕房合作新闻宣传工作方案》，将基地宣传工作纳入全市宣传重点。房山区委宣传部先后邀请北京日报、北京电视台等几十家中央、市属媒体开展联合采访活动，对基地开发建设及首批入驻企业进行全方位宣传。北京日报在一版报眼位置刊发《燕房联手 统筹区域发展新亮点》的重头文章；北京电视台在《北京新闻》栏目中播发《北京石化新材料科技产业基地 打造“绿色”石化产业新格局》的报道，其他媒体也纷纷在显要位置刊发大篇幅报道。其次，与首创置业股份有限公司联手，借助奥特莱斯开工典礼之机，在3月22日举办了“时尚明珠　魅力房山——‘城南在行动 行动在房山’”新闻发布会。与太沃广告公司合作，以“FUNHILL 房山 FUN 动全北京”为主题，启动新一轮全区对外形象系列宣传工程。主要包括：北京人民广播电台8大系列台全天41次硬版形象广告；囊括搜索引擎营销、网络软文营销、网络问答营销、网络话题营销、网络社区营销和网络微博营销在内的全方位网络营销；《精品购物指南》《风尚志》等主流传统媒体专访推介；“12580”手机报信息发布等。

（郝金英　徐晓颖）

【科学处理突发事件】2010年，就如何转“危”为“机”，把“媒体炒作事件”变为“正面宣传房山”，进行了认真研究。坚持“四不四有”原则，即不回避、不搪塞、不耽误、不失语，有问必答，有答必备，有备必给，有给必快，坚持第一时间赶赴现场、第一时间掌握情况、第一时间准确发布信息；超前谋划、主动出击，针对可能引发媒体关注的事件，主动设置议题，组织记者深入采访，正面报导，有效引导舆论。先后成功处置了“石楼镇化工仓库失火”“史家营乡西岳台村地表塌陷”、煤矿从业人员职业病鉴定、村委会换届选举等30多起引发媒体关注事件，有效维护和树立了区委、区政府为民务实的良好形象。

（郝金英　徐晓颖）

【打响“五大功能区”建设宣传战役】2010年，为把“三化两区”理念植根于广大群众心里，起到团结鼓劲的作用，区委宣传部组织成立了由燕山工委、区旅游局、窦店镇、长阳镇、琉璃河镇以及区属媒体组成的五大功能园区宣传工作领导小组，深度宣传五大功能园区。区属媒体分别开辟了“‘三化两区’建设进行时”“园区加速度”等专栏，及时报道解读区委、区政府的决策部署，宣传五大园区重点工程、重大项目进展情况，推出有分量的专题报道，让群众在感受房山蓬勃发展态势的同时，激发他们投身建设的热情。

（郝金英　徐晓颖）

【围绕民生热点重点有效引导社会舆论】2010年，区属媒体从观众的关注点和兴奋点入手，围绕区委、区政府为民办的30件实事工程及其进展情况进行追踪报道。房山电视台开辟“午后真谈”“早安房山”栏目，《房山报》开辟“视点新闻”栏目，围绕劳动力就业与社会保障、医疗卫生、文化教育、轨道交通建设和园区建设涉及的拆迁问题、和谐社区建设。保障性住房建设、维护校园安全、和谐社会建设等重点工作和民生工作开展系列宣传活动，从不同角度，反映“五大园区”建设的进展和取得的阶段性成果，坚定广大干部群众坚持走新型城市化道路的信心和决心。

（郝金英　徐晓颖）

新闻宣传

【概况】　2010年，房山区新闻中心在区委宣传部的领导下，以加快“三化两区”建设，构建“两轴三带五园区”产业新格局为宣传主线，以持续关注民生，加大民生工程报导力度为重点，不断创新工作方法，丰富报道形式，各项工作步入整体提质阶段，主流媒体品牌地位和影响力提升阶段，为全区实现新跨越提供强有力的舆论支持和精神动力。围绕报道区委、区政府为民拟办的30件实事落实情况。推出《低保标准提高　救助范围扩大》《全区政策性住房开工39万平方米》等专题系列报导30余篇。对全区96名“三化两区”建设行动先锋的事迹进行报导，与此同时，在一版显要位置开辟“创先争优”专栏，先后刊登房山报记者采写的区委组织部遴选的10名“三化两区”建设行动先锋的事迹和一批创先争优基层党组织先进事迹，推出一批包括房山工商分局、区国税局、长阳镇、阎村镇等服务型机关建设典型的报道。推出“走进房山名企”专栏和“脉动·房山”新闻纪实摄影大赛。对10余家驻区中央、市属企业单位展开集中宣传，通过打开的这扇窗，让读者了解国企，认识工业化、现代化，融入工业化、现代化，传递人文北京、绿色北京、科技北京理念。开辟10余个专栏，出版60余个专期、专版，有力地配合、支持全区职能部门和基层单位工作的开展。副刊新颖性、可读性、服务性进一步增强，成为房山区文学爱好者的一片精神家园。生活·副刊、时尚·副刊、法制园地的推出，对于宣传城市文明、向读者提供和普及各方面的信息和生活知识起到重要作用。2010年，组织5名编辑、记者分期分批到中央和市级新闻媒体研修班学习培训，提高编辑、记者的业务水平，为做好新闻宣传工作提供人才保证。全年《房山报》出刊109期。

（朱德水）

【宣传“三化两区”及五大园区建设】 1月，在《房山报》一版时政要闻版开设“‘三化两区’建设进行时”专栏，全程跟踪报道五大园区建设情况。全程重点跟踪报道石化新材料产业园区建设实施过程，包括市、区领导历次调研，历次专题会议，挂牌成立组织领导机构等时政新闻；全程跟踪报道窦店高端制造业园区建设情况，包括市、区领导调研、项目落地、拆迁进度过程、厂房建设进展；全程跟踪CSD核心区建设新闻发布会、开工建设，西南五区联手推进永定河绿色生态带建设；对琉璃河都市农业产业园区给予重点关注，包括中粮重组五谷道场，举办琉璃河梨花节等；对世界地质公园建设，包括中国房山世界地质博物馆建设、开园开馆、中期评估，春季长走大会进行全方位报道。对围绕“三化两区”建设确定的全区重点工程、重大项目进行重点报导。先后在一版时政要闻版推出《石化基地被评为国家新型工业化产业示范基地》《推进“三化两区”建设我们一起打拼》《积极推进北京石化新材料产业基地建设》《中国房山世界地质博物馆五月开门迎客》《CSD核心区打造一兰之城》《第四届首都西南区域经济发展论坛隆重召开》《城南行动房山计划一批重点工程相继开工》《长安汽车北京基地奠基》《区政府与北控公司合作打造绿色科技产业园》《中国房山世界地质公园全票通过中期评估》《感受轨道交通房山线》《集中力量打造青龙湖红酒城知名度》《2010年北京国际长走大会在长沟隆重举行》等动态新闻和专题报导300余篇。

（朱德水）

【先进人物报道工作】 4月29日，《房山报》第37期利用4个版面介绍劳动模范、先进工作者、模范集体先进事迹；7月1日，第57期利用4个版面对全区96名“三化两区”建设行动先锋的事迹进行报导；7月5日，第58期开始在一版显要位置开辟“创先争优”专栏，先后刊登《房山报》记者采写的由区委组织部遴选的10名“三化两区”建设行动先锋的事迹和一批创先争优基层党组织先进事迹，推出一批服务型机关建设的典型报道。

（朱德水）

【区委、区政府为民办30件实事报道工作】 全年，重点报道区委、区政府为民办的30件实事工程及其进展。2010年围绕民生工程推出《低保标准提高救助范围扩大》《全区政策性住房开工39万平方米》《西潞青龙湖定向安置房项目获市发改委批复》《视点新闻·老旧小区改造》《长阳高佃三村经济适用住房项目开工》《视点新闻·美丽的刺猬河》《社保卡实时结算》等专题系列报导30余篇。

（朱德水）

【创新宣传手段】 2010年，对驻区企业单位展开集中宣传，让读者了解国企，认识工业化、现代化，融入工业化、现代化，传递人文北京、绿色北京、科技北京理念。对北京燕化公司、国家电网北京送变电公司、中铁建工集团、北京琉璃河水泥有限公司、北京煤矿机械厂、北京农职学院、北京银行等10余家驻区企业的企业概况、产品研发、技改创新、节能减排、服务地方经济社会建设等方面进行整版报导。推出新闻纪实摄影大赛。收到参赛作品400余幅，刊登40余幅。相继与工商、旅游、农委、环保、公安、司法、检察、民防、民政、城管、计生、工会、统计、卫生、建委、防疫、经管等多个职能部门合作，开辟"统计视角""普法园地""医苑撷英""红盾视点""检察官说法"等专栏10余个，出版环保、城管、工商、统计、工会、民防、计生等专期、专版60余个，对事关全区经济社会的主要政策、重大举措、行业动态，以及各部门的工作亮点进行多角度、多侧面、全方位的报道。2010年，副刊陆续推出区作家凸凹及区文学爱好者创作的系列文学作品。在四版交替推出生活·副刊、时尚·副刊，宣传城市文明，提供和普及衣、食、住、行、养生、生活小窍门、疾病预防等各方面的信息和知识。加强与上级新闻媒体的沟通联系，及时把全区的重点和亮点工作进行宣传报道。向《北京日报》《京郊日报》等市级新闻媒体投稿并被采用的稿件200余篇。

（陈艳军）

调研工作

【概况】 2010年，区研究室完成区委关于"十二五"规划建议的起草工作。围绕功能区建设、城市功能提升、山区转型发展、新农村建设、民生改善等方面进行调查研究，深化对规划基本思路和重大问题的把握，并注重做好与国家、北京市规划编制的融合、对接，确保整个规划建议起草工作有力、有序推进，同时广泛听取各部门在编制规划过程中的思路和意见，将优秀成果及时充实到规划建议的总体思路中。明确"十二五"时期房山要全力打造首都高端制造业新区和现代生态休闲新城的新定位，被写入市委"十二五"规划建议中。完成区委六届九次全会报告的起草工作。高度关注宏观形势的新变化，深入地分析全区经济运行当中存在的深层次矛盾和问题，全面参与全区一季度、半年经济分析会的各项工作，特别是加强对重点工程实施、重大项目落地过程中存在问题的研究，提出切实可行的对策。先后研究起草工作思路、工作报告和领导讲话等重要文稿50余篇。完成《刘淇书记来视察时的工作汇报》等重要汇报材料15篇。

围绕功能区建设等重要问题进行深入调研，提出创新功能区发展模式、理顺功能区管理体制等方面的建议。并完成《关于建议北京市人民政府与香港中旅（集团）有限公司签署全面战略合作协议的报告》等一系列重要文稿的起草工作。针对燕化"厂中村"整体搬迁、拱辰街道一街至五街改造等问题进行专题调研，牵头起草《关于妥善解决房山区燕房组团17个村历史遗留问题加快推进北京石化新材料科技产业基地建设的报告》，推进北京石化新材料科技产业基地"厂中村"的拆迁、拱辰街道一街至五街改造等重大城市建设工程。围绕山区产业转型、山区人口迁移等重点问题展开专项调研，并形成调研报告，提出加快生态涵养区建设发展的相关建议。完成向市委汇报的《关于加快实施房山区山区人口迁移工程确保采空区泥石流易发区群众生命财产安全的报告》等文稿。

全区调研工作，组织完成两个市级重点调研课题全区二级班子的调研指导。年初，围绕全区中心工作，制定《2010年房山区调查研究工作安排意见》。加大调研成果转化力度。全区围绕功能区建设、产业结构调整、精神文明建设、民主法制建设以及党的建设等方面形成一批重点调研课题，及时转化成各单位和各部门的决策和工作思路。围绕土地储备、央企合作、拆迁、交通拥堵等关系着“三化两区”战略实施进程的重要问题进行深入研究。

（李子晔）

【《房山区优秀调研成果汇编（2009年度）》出版】 8月，《房山区优秀调研成果汇编（2009年度）》编制完成。此书收录全区各级领导和专兼职调研工作者完成的调研成果57篇30余万字。其中区四大部门领导完成的重点调研课题20篇，获全区优秀调研成果一、二等奖的调查报告37篇。

（李子晔）

【起草完成区委六届九次全会报告】 2010年，区研究室起草区委六届九次全会报告：《全力打造首都高端制造业新区和现代生态休闲新城 努力开创“三化两区”建设新局面》。主要内容为：1.关于2010年工作成绩的取得，主要得益于以下4个方面：（1）认清房山所处发展阶段的主要矛盾。（2）探索符合房山实际的发展路径。（3）初步形成与央企合作的发展模式。（4）建立健全推动科学发展的保障体制。2.关于当前形势：（1）首都加快建设中国特色世界城市为房山区带来重大机遇。（2）首都优化调整产业布局为房山区带来重大机遇。（3）首都率先形成城乡一体化发展新格局为房山区带来重大机遇。（4）城乡群众对过上更好生活的新期待给房山区带来重大机遇。3.关于2011年工作：总体要求是：深入贯彻落实中共十七届五中全会和市委十届八次全会精神，以科学发展为主题，以加快转变经济发展方式为主线，以加强党的领导为保障，坚定不移地走新型城市化道路，全力打造首都高端制造业新区和现代生态休闲新城，努力推动全区经济社会发展实现新突破，全面开创“三化两区”建设新局面。完成上述目标任务的具体措施：（1）坚持重大项目带动，在扩大投资规模上实现新突破。（2）坚持与央企合作，在推动功能区建设上实现新突破。（3）坚持城市化拉动，在提升新城建设管理水平上实现新突破。（4）坚持城乡一体化，在推动农村和山区转型发展上实现新突破。（5）坚持以人为本，在推进以改善民生为重点的社会建设上实现新突破。（6）坚持稳定第一责任，在推进平安房山建设上实现新突破。4.全面加强党的建设：（1）进一步解放思想，为“三化两区”建设提供思想保障。（2）抓好领导班子和干部队伍建设，为“三化两区”建设提供组织保障。（3）大力加强党风廉政建设，为“三化两区”建设提供作风保障。

（李子晔）

【全区调查研究工作】 围绕全区中心工作，研究制定《2010年房山区调查研究工作安排意见》，确定区四大部门领导重点调研课题23个，区二级班子领导调研课题148个。通过定期召开调研工作片会，加强同基层单位的交流和沟通，对各重点课题的开展、完成情况进行跟踪指导和督办催办，确保二级班子重点调研课题按计划高质量完成。同时，进一步完善调研评优办法，将调研成果转化作为重要指标纳入调研评优体系，切实提升全区调研工作水平。

（李子晔）

【全区调研评优工作完成】 年内，下发《关于评选2010年度调研工作先进单位、调研先进工作者和优秀调研成果的通知》，成立由市委、市政府、市委农工委研究室领导和区领导及专家组成的调研评选委员会，对区直单位和乡镇上报的110篇参评调研成果进行审核评比，评选出优秀调研成果70篇。其中一等奖5篇、二等奖15篇、三等奖20篇、优秀奖30篇。

（李子晔）

【基层调研队伍建设】　充分发挥区研究室调研干部培训基地作用，安排区直综合经济部门和各乡镇的年轻后备干部，有计划地到区研究室锻炼学习，做到在较短时间内提高后备干部的综合能力、思维能力和文字水平。同时，通过下基层讲课等多种形式，提高基层调研干部水平，壮大基层专兼职调研人员队伍，并帮助各单位成立调研室（科）。23个乡镇（街道）成立调研室（科）。

（李子晔）

【《房山调研》《决策参考》两刊共发行80期】　2010年，通过创新和完善办刊机制，进一步优化选题，把两刊打造成服务领导、联系基层、指导工作、交流经验的重要平台。全年刊发《房山调研》64期，《决策参考》16期，其中《建立指标调配机制促进全区均衡发展》等10余篇调研报告获区主要领导的批示。

（李子晔）

精神文明建设

【概况】　2010年，房山区精神文明建设工作以精神文明创建“五到位”为重点，以“做文明有礼的北京人”主题宣传实践活动为主线，开展全民素质教育，拓展群众性精神文明创建工作，加强未成年人思想道德建设，为“三化两区”建设提供强有力的精神动力、智力支持，推动各项工作的开展。主要是做到“六个坚持”：坚持抓创建，不断把群众性精神文明系列创建活动引向深入。按照区委提出的“三化两区”建设要求，以“三大创建活动”为重点，开展系列创建活动，通过开展创建活动，涌现出一批代表市、区级水平的先进集体。坚持抓宣传，广泛开展“做文明有礼北京人”主题教育活动。开展“做文明有礼的北京人”系列文明活动，引导广大群众树立文明意识。坚持抓共建，努力做到共建共享。通过开展“城乡统筹 文明先行”主题社会实践活动、军（警）民共建活动和少年军校活动，努力在共建成效上求双赢。坚持抓质量，开展文明优质服务活动。着力提升职业素质，倡导三个文明，深入开展“爱岗敬业、诚实守信、办事公道、服务群众、奉献社会”为主要内容的职业道德教育，促进服务水平不断提高。坚持抓素质，有力促进未成年人思想教育工作深入开展。通过开展“社区文明小使者”评选表彰、假期未成年人思想教育等活动，努力营造良好的未成年人成长环境。坚持抓引导，开展“做文明有礼的北京人——垃圾减量垃圾分类从我做起”主题宣传实践活动，引导广大市民和社会各界朋友参与到垃圾减量、垃圾分类活动中来。

（郭世卿）

【召开“做文明有礼的北京人——垃圾减量垃圾分类从我做起”主题宣传实践活动大会】　6月21日，召开“做文明有礼的北京人——垃圾减量垃圾分类从我做起”主题宣传实践活动大会，区委常委、宣传部部长赵佳琛，副区长吴会杰出席大会。会议宣读《关于成立房山区“做文明有礼的北京人——垃圾减量垃圾分类从我做起”主题宣传实践活动领导小组的决定》，通报全区开展此项活动的近期情况和垃圾减量垃圾分类工作的进展情况，并对下一步工作做出安排部署。

（郭世卿）

【开展“公民道德宣传日”活动】　9月20日，为更好的宣传公民基本道德规范，动员社会各界和人民群众关心、支持、参与公民道德建设，促进公民道德素质和社会文明程度的提高，房山区开展“公民道德宣传日”活动。一是加强领导，精心组织。把活动与群众性精神文明创建活动相结合，制定切实可行的活动方案。二是加大宣传，营造氛围。在苏庄翠柳大街等地开展宣传活动，此次宣传活动的主题为“弘扬文明道德，做文明有礼的房山人”，通过现场发放材料和展板宣传的形式，宣传道德知识、普及道德规范，倡导文明新风、弘扬社会正气。在宣传活动现场，还组织开展丰富多彩的群众文化活动。其间，全区发放宣传材料、图片 2.5 万份。三是突出主题，开展形式多样的实践活动。“公民道德宣传日”分别在西潞街道、青龙湖镇、霞云岭乡等地组织开展公民道德宣传主题志愿服务活动，开展义诊、法律咨询、家电维修、志愿理发等志愿服务活动，服务广大群众，提高社会文明程度。进行《公民道德实施纲要》宣传，发放文明礼仪读本，教育群众争做文明有礼北京人。

（郭世卿）

【举行“展房山风采 做文明新人”文明创建主题活动】 11 月 12 日，召开“展房山风采，做文明新人”文明创建主题活动大会。会上，总结“十一五”期间房山区精神文明建设的基本经验，并为 10 支文明创建先锋队授旗。市委宣传部副部长、首都文明办主任陈冬，区政协主席唐淑荣，区委副书记张祝华，区委常委、宣传部部长赵佳琛，区委常委、区人武部政委韩裕，区人大常委会副主任刘顺林，副区长马丽英，区政协副主席李惠英出席会议。

（郭世卿）

【房山区“百姓爱心故事”宣讲活动启动仪式】 12 月 14 日，房山区举行新城市、新市民——房山区“百姓爱心故事”宣讲活动启动仪式。首都文明办副主任陈建文，区委常委、宣传部部长赵佳琛出席会议。区委宣传部副部长、区文明办主任康宝和主持启动仪式。按照市委宣传部、首都文明办、市委讲师团、北京人民广播电台、大学生杂志社《关于开展“百姓爱心故事”评选及百姓爱心故事宣讲活动的通知》要求，房山区结合实际，开展“百姓爱心故事”评选活动。评选出“城市清洁的守护神”第二干休所的军队退休干部于福祥老人；临危不惧、见义勇为的到房山工作人员臧志峰和 20 年来坚持为老人义务理发的个体经营者罗建军等 100 多个房山区“百姓爱心故事”。会议为获奖者颁奖，为新城市、新市民——房山区“百姓爱心故事”宣讲人员授聘书。区人民法院法官助理厉莉进行《大爱无疆》故事首场宣讲。

（郭世卿）

【精神文明建设“五到位”全力打造文明新房山】 为更好地服务“人文北京”和房山区“三化两区”建设，全面提升市民文明素质和城乡文明程度，“唱响人文房山 建我文明家园”，房山区精神文明建设工作加大力度推进“五到位”：一是和谐正气进村镇创建到位。二是文明礼仪进社区参与到位。三是勤廉公正进机关服务到位。四是爱岗奉献进行业发展到位。五是德才养成进校园基础到位。

（郭世卿）

2009 年度首都文明街道名单

燕山东风街道、燕山迎风街道、燕山星城街道、城关街道、拱辰街道、西潞街道

2009 年度首都文明社区名单

燕山星城街道健德一里社区、燕山星城街道健德三里社区、星城街道健德四里社区、燕山东风街道羊耳峪里第一社区、燕山迎风街道六里社区、燕山迎风街道杰辉苑社区、燕山迎风街道高家坡社区、燕山向阳街道迎风一里社区、城关街道煤矿机械厂社区、城关街道永安西里社区、城关街道北京输油公司社区、城关街道万宁桥社区、城关街道永兴达社区、城关街道北街社区、城关街道城北社区、城关街道北里社区、城关街道南里社区、拱辰街道电力设备总厂社区、拱辰街道送变电公司社区、拱辰街道鸿顺园社区、拱辰街道文化路社区、拱辰街道宜春里社区、西潞街道苏庄二里社区、西潞街道夏庄社区、西潞街道北潞园社区、新镇街道中国原子能科学研究院社区、长沟镇西厢苑社区、

青龙湖镇京煤化工厂社区、窦店镇金鑫苑社区、燕山东风街道东风南里社区、拱辰街道北关东路社区、西潞街道西路大街社区

2009年度首都文明乡镇

阎村镇、长沟镇、张坊镇、十渡镇、良乡镇、南窖乡、周口店镇、琉璃河镇

2009年度首都文明村

城关街道南街村、城关街道南关村、城关街道马各庄村、城关街道瓜市村、城关街道顾册村、拱辰街道梅花庄村、西潞街道南尚岗村、良乡镇后石羊村、长阳镇夏场村、长阳镇高岭村、阎村镇张庄村、阎村镇小紫草坞村、窦店镇河口村、石楼镇坨头村、石楼镇双柳树村、韩村河镇赵各庄村、琉璃河镇平各庄村、琉璃河镇西地村、琉璃河镇北洛村、周口店镇车厂村、长沟镇西长沟村、大石窝镇水头村、大石窝镇南河村、十渡镇西庄村、十渡镇九渡村、青龙湖镇庙耳岗村、青龙湖镇常乐寺村、河北镇半壁店村、霞云岭乡四马台村、霞云岭乡庄户台村、霞云岭乡堂上村、南窖乡中窖村、南窖乡花港村、南窖乡三合村、佛子庄乡西安村、大安山乡寺尚村、大安山乡宝地洼村、史家营乡金鸡台村、史家营乡莲花庵村、蒲洼乡议合村、城关街道田各庄村、拱辰街道四街村、良乡镇黑古台村、长阳镇高佃二村、窦店镇大高舍村、周口店镇黄山店村、青龙湖镇果各庄村、张坊镇东关上村

2009年度首都文明单位标兵

北京市房山区人民法院机关、北京市房山区光荣院、北京市房山区人力资源和社会保障局机关、北京市房山区国家税务局机关、北京市房山区地方税务局机关、北京市工商行政管理局房山分局机关、北京市房山区广播电视中心、北京市房山区邮政局机关、北京韩建集团有限公司、北京龙建集团有限公司、北京房建建筑股份有限公司、北京商贸有限公司房山商业大楼、北京市房山区农业科学研究所、北京市房山区房山中学、北京市房山区良乡第二小学、北京市房山区良乡第二中学、北京市房山区中医医院、北京电力公司房山供电分公司、北京中铁房山桥梁有限公司、北京市国土资源局房山分局机关

2009年度首都文明单位

北京市地方税务局燕山分局机关、北京市房山区民政局机关、北京市房山区司法局机关、北京市公安局房山分局机关、北京市房山区人民法院河北人民法庭、北京市公安局房山分局韩村河派出所、北京市公安局房山分局十渡派出所、北京市房山区农村工作委员会机关、北京市房山区市政市容管理委员会机关、北京房山区文化委员会机关、北京市房山区财政局机关、北京市房山区统计局机关、北京市房山区交通局机关、北京市房山区体育局机关、北京市房山区气象局机关、北京市房山区人民政府信访办公室、北京市路政局房山分局机关、北京市药品监督管理局房山分局机关、北京市房山区良乡园林管理所、北京市房山区水务局机关、北京市房山区园林绿化局、北京碧鑫水务有限公司、北京市房山城建集团有限公司、北京功德福餐饮有限公司、北京市房山华冠商贸有限公司、北京北一良工机械有限公司、北京市房山区燃气开发中心、北京良乡经济开发区实业总公司、北京房山双山水泥集团、北京师范大学良乡附属中学、北京市房山区良乡小学、北京市房山区城关第二小学、北京市房山区交道中学、北京市房山区第一医院、北京市房山区阎村镇中心卫生院、北京市房山区河北中心卫生院、北京市房山区燕山教育委员会机关、北京市公安局燕山分局机关、北京市燕山向阳小学、北京市房山区燕山前进第二小学、北京燕山华龙建筑工程有限公司、中国网通（集团）有限公司北京市房山区分公司机关、北京市自来水集团良泉水业有限公司、北京房山区崇民防伪印刷集团、北京良乡盛通家居广场市场有限公司、中国石油天然气股份有限公司管道北京

输油气分公司、北京燕顺实业有限责任公司、北京市房山区审计局、北京市房山区住房和城乡建设委员会、北京市房山区林果科技服务中心、北京市燕山地区国家税务局

2009 年度首都文明旅游景区

十渡风景区、云居寺、石花洞、周口店北京人遗址、圣莲山风景区、韩村河景村、仙栖洞、上方山国家森林公园、青龙湖水上游乐园、银狐洞、西周燕都遗址、霞云岭白草畔风景区、没有共产党就没有新中国纪念馆

（表彰单位：首都精神文明委员会；表彰时间：2010 年 4 月 8 日）

政法　综合治理

【概况】　2010 年，在区委、区政府和市委政法委的领导下，推进三项重点工作为主线，以服务全区经济发展为中心，以保障“两轴三带五园区”建设为着力点，围绕“三化两区”的工作大局，履行政法职能。全年政法各单位开展 2 次拉网式大排查和 5 次专项排查，中央交办房山区的涉法涉诉案件 5 批 71 件次、市委政法委交办案件 22 件，全部办结。化解城关街道办事处、长沟镇政府被围堵，部分村镇违章建房、私建大棚，中警学校被取缔等一批涉及人数多、社会影响大的案件。研究制定全区社会管理创新工作规划和折子工程；组建网络安全保卫大队，成立舆情引导员队伍，严厉打击各种涉网违法犯罪活动；对全区 112 个重点整治地区进行集中整治，市级挂账高发案地区长阳镇、拱辰街道，市级挂账治安重点地区石花洞、银狐洞景区通过检查验收并摘牌；制定村庄社区化工作计划和方案，并在城乡结合部地区村庄进行试点工作。公安机关利用全警“大走访”等日常工作，深入群众，掌握动态，提前介入并开展风险评估；检察机关有效发挥检察官联络室的解释化解协调沟通作用；审判机关先后高效审结各大园区和涉及“房山线轨道交通长阳段”和“京石客运专线房山段”建设的 104 起拆迁案件；民政部门接收征地超转人员 898 人，并把生活和医疗补助金 2038 万元如期送到拆迁户手中。完成全区各个乡镇、街道综治维稳工作中心组建工作，实现“一站式服务”。深入推进打黑除恶专项斗争、校园及周边环境治理、保障中小学和幼儿园的安全等多项社会治安专项整治行动。投资 500 万元用于全区监控图像管理平台建设，在全区 30 个社区、村新增监控探头 300 个，实行 24 小时监控。全区 358 所中小学幼儿园中的 198 所重点学校完成图像上传工作，实现与公安部门联网，技防信息共享。共有 222 个行政村和 50 个社区安装视频监控系统，安装监控摄像头 1570 个。

（王怀建）

【开展预防煤气中毒宣传、检查工作】　1 月，区流管办协同公安、城管、工商、建委、计生、卫生等部门，在各乡镇、街道流管办配合下，对全区范围内流动人口和出租房屋开展安全检查和清理整治行动，对史家营地区参与非法开采行为的外来务工人员进行清理，开展流动人口预防煤气中毒宣传，乡镇流管办与村、个人出租房主层层签订防火、防盗、防煤气中毒安全责任书。

（王怀建　姜山）

【开展流动人口和出租房屋清理整治行动】　1 月 1 日，区流管办印发《关于做好房山区“两会”期间流动人口和出租房屋安全检查工作的通知》，按照通知要求，从 1 月 10 日至 3 月 15 日，区流管办协同公安、城管、工商、建委、计生、卫生等部门陆续对全区各乡镇（街道）重点村外来人口集聚区和出租房屋重点地区进行流动人口和出租房屋清理整治行动，共检查流动人口 6480 人次，出租房屋 2190 户次，消除各类人、房安全隐患 155 处，发现并劝返外地到北京非正常

访人员28人。

（王怀建　姜山）

【组织流管员招考】 3月22日至25日，区流管办组织报考流动人口和出租房屋管理员考试，经过笔试、面试及综合评分过程，共招录40名流动人口和出租房屋管理员，充实到全区各乡镇。

（王怀建　姜山）

【召开流动人口和出租房屋管理员培训会】 4月7日，区流管办在御福楼会议中心召开流动人口和出租房屋管理员培训会，区委常委、政法委书记刘欣国，区流管办、区综治办、房山公安分局、区地税局、区住建委相关领导，10个重点乡镇流管办专职副主任、70名管理员参加会议。各部门分别就流动人口管理、出租房屋安全检查、个人出租房屋税收代征等内容，对管理员进行培训。

（王怀建　姜山）

【部署"三项重点工作"】 4月12日，在区人大264会议室，召开房山区推进"三项重点工作"领导小组（扩大）会议，贯彻落实中央、市委部署和要求，研究安排房山区推进"社会矛盾化解、社会管理创新、公正廉洁执法"工作。区委常委、副区长李江主持会议，会议制定出台《中共北京市房山区委政法委员会关于推进社会矛盾化解、社会管理创新、公正廉洁执法的分工方案》；成立房山区推进"三项重点工作"领导小组及办公室。会议部署"三项重点工作"，区委常委、政法委书记刘欣国对落实工作提出具体要求。

（王怀建）

【召开政法队伍建设工作会】 4月16日，召开政法队伍建设工作会，贯彻落实中共十七届四中全会、区委六届八次全会和市委政法委政法队伍建设工作会精神，研究部署2010年房山区政法队伍建设工作。制定房山区政法队伍建设的总体思路：全面贯彻中共十七届四中全会和全市政法工作会议精神以及区委六届八次全会精神，坚持"抓班子带队伍、抓党建促队建、抓人才强素质，抓基层打基础"的工作方针，不断推进队伍管理的科学化、规范化、精细化，切实打牢队伍的思想基础、组织基础、能力基础、制度基础和群众基础，为房山区政法事业的科学发展提供坚实的思想和组织保障。提出并具体部署2010年区政法队伍建设的5项主要任务。

（王怀建）

【召开第一次综治委、流管委全体（扩大）会议】 4月21日，房山区召开第一次综治委、流管委全体（扩大）会议，就2009年全区社会治安形势情况和2010年治安形势作分析和报告，部署2010年的综治流管重点工作，表彰2009年度在社会治安综合治理工作中作出突出贡献的先进集体、先进单位及先进个人。2010年，房山区社会治安综合治理工作在6个方面实现新突破：一、夯实基础维护稳定组织基础，在力量整合上实现突破。二、切实解决影响稳定和秩序的突出问题，在重点防治上实现突破。三、构建"大调解""大帮教"工作体系，在帮教化解上实现突破。四、加强流动人口服务和管理工作，在服务管理上实现突破。五、加强城市管理工作，在科技创安上实现突破。六、强化综治工作齐抓共管格局，在健全机制上实现突破。

（王怀建）

【举办流管信息平台负责人两期系统知识培训讲座】 4月28日至29日，北京市流管办、房山区流管办在御福楼会议中心组织房山区各乡镇、街道流管信息平台负责人进行两期系统知识培训讲座，市流管办专管干部王志远，区流管办、各乡镇、街道流管办专职副主任、100余名管理员，共计130余人参加培训活动。

（王怀建　姜山）

【开展学校周边安全检查和综合治理】 5月2日，区委、区政府召开房山区学校、幼儿园及周边安全工作会。区委书记刘伟，区委常委、政法委书记刘欣国，区委常委、副区长李江参加会议，各单位主管副职参加。会议部署全区学校周围安全防范、保卫工作。5月，区综治办、区流管办、房山公安分局、区教委对全区大中小学校、幼儿园及周围安全防范、保卫情况进行检查，清理整顿校园周边秩序，为学生创造良好的社会环境。全区成立7个督导组，分别对全区中小学、幼儿园及周边安全工作进行督查。启动每日信息会商机制，每日下午5点召开督察组汇报会，各督导组汇报情况，分析形势，落实对策。

（王怀建　杨建秋）

【取缔青龙湖非法办学的"中警"学校】 5月，在市委政法委、市维稳办的统一领导下，依法取缔非法办学并涉嫌诈骗，位于青龙湖镇的"中警"学校，同时成立"中警"案善后工作协调小组。由市委政法委副书记、市维稳办主任闰满成任组长，市维稳办副主任李宁，市委教工委副书记唐立军，市公安局副局长单志刚，市教委委员孙善学，房山区委常委、政法委书记刘欣国任副组长。市委政法委、市维稳办、市公安局、市检察院、市高级法院、市教工委(市教委)、市委宣传部、房山区委政法委有关人员为成员。办公室设在市维稳办。协调小组负责制定善后工作总体方案、统一工作口径，协调善后工作重要事项，指导房山区及有关部门做好善后处置各项工作。房山区由区委、区政府领导牵头，成立"中警"案善后工作现场指挥部，全面负责"中警"案善后维稳处置各项工作，房山区委常委、政法委书记刘欣国任总指挥，区委常委、副区长李江任副总指挥，区委政法委(区维稳办)、房山公安分局、区检察院、区法院、区教委、区住建委、区文委、区信访办、区人保局、房山国土分局、房山规划分局、房山工商分局、青龙湖镇等部门人员参加。现场指挥部下设校区秩序管理组、人员分流遣散组、安全稳定工作组，由房山区相关职能部门抽调专门人员组成。在市相关部门指挥和区相关部门积极协调、全力配合下，经过4个月工作，取缔在房山区非法办学的"中警"学校，善后事宜稳妥交接。

（王怀建）

【召开市级挂账重点地区排查整治工作会】 5月7日，在区委政法委929会议室，区社会治安重点地区排查整治工作领导小组召开市级挂账重点地区排查整治工作会。重点听取各单位前期排查整治工作开展情况、取得的成效、存在的主要问题及下一步工作重点。参会的重点乡镇街道：拱辰街道、城关街道、长阳镇、河北镇；区直单位：石花洞景区管委会，银狐洞景区管委会，房山公安分局治安支队、人口处。各单位根据区排查整治办工作要求，分别成立市级挂账治安重点地区排查整治工作领导小组，制定工作方案，建立工作台账，针对重点区域、重点问题加大人防、物防、技防投入力度。同时，加强排查整治工作宣传力度，累计发放宣传材料30余万份，制作横幅300余条，使广大人民群众熟悉、理解、支持、参与排查整治工作。通过前期排查整治，取得"一好转一下降两提升"：房山区市级挂账治安重点地区治安秩序明显好转，可防性案件同比下降，技防设施覆盖率和群众安全感显著。存在的问题：一是人力、物力、资金投入需进一步加强。二是联合执法机制需进一步完善。三是督查、通报制度需进一步健全。

（王怀建　杨建秋）

【开展个人出租房屋税收代征工作】 5月14日，房山区召开个人出租房屋税收代征工作专题会议，区委常委、政法委书记刘欣国出席会议，各乡镇、街道主管领导，财政、地税、公安等职能部门的主要领导参加会议。会议下发《代征代缴个人出租房屋税收实施办法》。根据规定，凡在房山区行政区域范围内拥有房屋（包括住房和非住房）产权或使用权的个人（即出租房主，含外籍个人、华侨和港澳台同胞），将名下的房屋出租用于居住、办公、商用或其他用途，并收取租金的，均适用此办法。《代征代缴个人出租房屋税收实施办法》自2010年5月10日起实施。按照《代征代缴个人出租房屋税收办法》要求，个人出租房屋税收以个人出租房屋的租金收入为税款计算依据，分为3个计税标准：用于居住的出租房屋按租金的5%征收，用于非居住的，月租金在北京市营业税起征点以下的，按照租金的7%征收；在起征点以上(含)的，按12%征收。

（姜山）

【举办2010年房山区代征个人出租房屋税收培训班】 5月18日，在房山人民法院大法厅召开2010年房山区代征个人出租房屋税收培训班，区流管办，区地税局，各乡镇、街道专职副主任、管理员共计350余人参加培训。地税部门负责人就个人出租税收代征工作开展的法律依据、操作流程、返税政策等相关事宜，对管理员进行详细讲解。

（姜山）

【区委政法委召开第三次全体（扩大）会】 6月3日，区委政法委召开第三次全体（扩大）会，就推进“三化两区”建设，加强拆迁力度等问题听取相关汇报，并对下一阶段工作再部署、再动员，区委书记刘伟，区委常委、政法委书记刘欣国，区委常委、副区长李江以及房山公安分局、区检察院、区法院、区司法局等部门领导出席会议。会议听取了城关街道、拱辰街道、长阳镇、窦店镇、长沟镇关于各辖区拆迁工作情况的进展汇报，房山公安分局、区检察院、区法院、区司法局主要领导作表态发言。

（王怀建）

【举办个人出租房屋税收工作启动仪式】 7月13日，区流管办在西潞街道北潞园文化广场举办个人出租房屋税收工作启动仪式，区委常委、政法委书记、区流管委主任刘欣国出席活动，区流管办、西潞街道、公安、工商、住建委、城管、卫生、消防等部门共计200余人参加活动。

（王怀建　姜山）

【长阳镇、拱辰街道撤销高发案地区挂账】 7月15日，在长阳派出所召开“撤销高发案地区挂账工作会”，长阳镇、拱辰街道经过专项整治，多种措施压发案，各项指标达标，北京市公安局撤销长阳镇和拱辰街道“高发案地区”的挂账。区综治办副主任孔令红、房山公安分局人口处副处长王玉有、北京市公安局人口处领导参加会议。

（王怀建　杨建秋）

【开展清理整治专项行动】 8月，区流管办联合区住建委、房山公安分局、房山消防支队对全区11个乡镇、街道40个流动人口聚居村排查、整治工作进行督导、检查；对史家营乡、阎村镇大董村等重点地区开展清理整治专项行动；对拱辰街道东羊庄、长阳镇黄管屯、城关街道羊头岗村等重点流动人口聚居村开展清理整治工作。

（王怀建　姜山）

【召开房山区个人出租房屋税收代征工作座谈会】 9月8日，区流管办在西潞街道会议室召开房山区个人出租房屋税收代征工作座谈会，就房山区开展个人出租房屋税收代征工作进行交流，探讨出租房屋税收代征工作的具体操作措施。区委常委、政法委书记、区流管委主任刘欣国出席会议，房山公安分局、房山消防支队、房山工商分局、区住建委、区地税局、区卫生局、区城管大队，各乡镇、街道主管领导40余人参加会议。

（王怀建　姜山）

【部署全区国庆期间维稳安保工作】 9月26日，召开全区国庆期间维稳安保工作部署会，各乡镇街道、区直有关部门领导参加，区委常委、政法委书记刘欣国出席会议。会上传达北京市委副书记、政法委书记王安顺的重要讲话精神，并对做好国庆维稳安保工作做具体部署，刘欣国分析了房山区维稳形势，部署下一步工作。提出具体要求：一要认清形势，高度重视，克服麻痹大意思想。二要明确任务，落实责任。坚持属地管理、部门指导、条块结合的原则，确保安全。要制定措施、预案，狠抓到底。三要加强领导，严格检查，明确责任人。刘欣国要求各乡镇（街道）、区直各部门会后及时传达贯彻会议精神，做到节前集中检查和节日期间随时随机检查相结合，确保各项安全措施落到实处，确保全区人民过一个欢乐、祥和的假期。

（王怀建）

【“十一”旅游安保工作】 9月28日，区综治办召开“十一”旅游安保工作会，部署“十一”旅游安保工作。相关乡镇和区直有关单位全力配合做好“十一”旅游安保。琉璃河镇、韩村河镇、长沟镇、大石窝镇、张坊镇、十渡镇、河北镇、佛子庄乡主管综治副职，房山公安分局治安支队、房山交通支队、区交通局、区城管大队、房山工商分局、房山公路分局、区旅游局，房山、燕山保安公司主管领导参加会议。

（王怀建）

【对112个挂账社会治安重点地区开展排查整治工作】 为更好地维护全区社会治安秩序，推进“平安房山”建设，根据市委、市政府、首都综治办工作要求，房山区从3月启动社会治安重点地区排查整治工作，主要包括3项内容：流动人口聚居村、街面治安重点地区、高发案地区，共确定市（含市级标准）、区、乡（镇）、村（社区）四级社会治安重点地区共112个。按照区委、区政府4月26日全区社会治安重点地区排查整治工作动员部署大会要求，各乡镇、街道和区直相关单位分别于5月底前召开会议，成立领导小组，制定工作方案，并于6月至10月底集中开展专项整治活动。在11月开展的排查整治工作检查验收中，房山区112个挂账重点地区全部完成整治任务，达到撤销挂账标准，予以撤销挂账。

（王怀建 姜山）

【涉法涉诉信访矛盾实行递进式化解】 维稳部门不断健全完善“大调解”工作格局，对涉法涉诉信访矛盾实行递进式化解，落实领导包案负责制度，挂牌督办，全力化解。通过“涉法涉诉信访积案清理活动”“百万案件评查活动”，全区政法各部门共评查涉法涉诉信访案件443件。特别是对中央交办的重点涉法涉诉信访案件区领导包案，涉案单位领导亲自组织化解，成立专门工作组限时办理。截至2010年年底，对中央交办房山区的群众来信5批71件次、市委政法委交办案件22件，全部办结化解。化解率100%，真正做到“息诉罢访、案结事了”。

（王怀建）

【综治维稳工作中心维护社会稳定成效初显】 按照中央和市委、市政府的统一部署，房山区从年初开始着手筹建乡镇街道综治维稳工作中心。房山区委、区政府联合下发《关于在全区各乡镇街道组建综治维稳工作中心的实施意见》，召开综治维稳工作中心组建工作会，对全区综治维稳工作中心的组建工作做出全面部署。综治维稳工作中心的成立，有效整合基层综治、流管、信访、武装部以及公安、司法、城管、工商、民政、法院等部门的力量，建立治安联防、矛盾联调、工作联动、问题联治、平安联创等工作机制。统一标准，明确职责任务和工作制度；完善组织机构图和工作流程图，有效推进房山区综治维稳工作中心组建工作的开展。10月底，全区各个乡镇、街道全部完成综治维稳工作中心组建工作。全年，各乡镇、街道以综治维稳工作中心为平台，共组织开展联合会商136次，开展专项整治1309次，接待矛盾纠纷536件，成功化解矛盾纠纷456

件，化解成功率85%，有效维护了地区稳定。

（王怀建）

【社会治安重点地区排查整治工作取得成效】 2010年初，成立社会治安重点地区排查整治工作领导小组，在全区范围内确定市、区、乡、村四级排查整治社会治安重点地区共112个，其中流动人口聚居村40个、治安重点地区38个、高发案地区34个。制定下发《房山区进一步加强社会治安重点地区排查整治工作意见》《房山区社会治安重点地区排查整治工作方案》，实行区领导联系乡镇、区直部门包乡镇和乡镇街道副处级以上干部包重点村（社区）制度，构建联动机制。期间，全区开展各类排查整治工作943次，区领导到挂账点调研指导47次98处，共发动群众7万余人次，发动干部17459人次，组织各类工作组25个，共开展宣传发动工作452次，发布通告、宣传材料21万余份，制作板报5000余块，悬挂各类横幅2760余条，召开各种座谈会275次，通过不间断的清理整治，地区治安环境得到逐步改善，群众安全感得到大幅度提升。截至2010年年底，全区确定的112个社会治安重点地区，通过检查验收，全部撤销挂账。

（王怀建　杨建秋）

【校园及周边安全工作】 按照中央及市委、市政府关于加强中小学、幼儿园及周边安全工作指示精神，房山区委、区政府高度重视，成立房山区中小学、幼儿园及周边安全工作领导小组，召开8次专题会，专门研究部署校园安全工作。区委成立7个督查组，督导检查全区校园安全工作。对全区358所中小学、幼儿园安保力量人员情况，物防、技防设施建设情况和周边环境整治情况逐一建立工作台账，区政府投资3000万元为近200所公办学校安装完成视频监控设备并实现与公安部门联网，日均投入安保力量5500多名，确保师生和幼儿园儿童的人身安全。同时开展对校园周边200米范围内各类文化场所、违规经营摊点以及出租房屋、违章建筑集中整治，共出动执法人员2960人次，清理无照摊点54处，取缔无照经营133起，店外经营35起，查处非法营运黑摩的44起、非法广告30起，没收2910张，检查校园周边商店食品安全2162户次，审查人员988人次，从中破获刑事、治安案件6起，刑事拘留2人，治安拘留3人，净化了校园周边治安环境。

（王怀建）

【开展“涉法涉诉信访积案清理活动”】 全区政法各部门采取全面排查与重点排查、区域排查与系统排查、定期排查与不定期排查相结合的方式，结合“涉法涉诉信访积案化解年”活动，对全区涉法涉诉信访积案进行2次大排查，排查出涉法涉诉信访积案140件，其中重点案件19件。在“百万案件评查活动”中全区政法各部门共评查涉法涉诉信访案件443件。

（王怀建）

【建立流动人口和出租房屋服务管理新机制】 加强对出租房屋、城乡结合部流动人口的管理、整治，通过服务管理、信息采集登记合作等“四项机制”和数据核对、数据监控“两项措施”初步形成“以证管人、以房管人、以业管人”的管理模式。分别制定下发一系列流管工作新机制，大力维护流动人口聚集村经营秩序和市容环境秩序，推广地下空间“旅店式”重点地区“网格化”、村庄“社区化”、出租房屋“三步走”等4种管理模式，不断加强三级挂账整治重点村的排查整治工作。人、房隐患及时得到排查化解，违法建房、违法出租得以遏制，地区市容环境得以逐步改善。实施为流动人口办实事工程；配合煤矿关闭，开展小煤矿外来务工人员的劝返工作。完成个人出租房屋税收代征工作的前期准备并有序开展工作。全区个人出租房屋税收达300多万元。

（王怀建）

【推进“社会矛盾化解、社会管理创新、公正廉洁执法”3项重点工作】 全年，政法各部门把推进3项重点工作摆在事关社会和谐稳定、事关经济社会发展全局的战略位置来抓。1.大量矛盾纠纷有效化解。全年政法各单位开展2次拉网式大排查和5次专项排查，中央交办房山区的涉法涉诉案件5批71件次、市委政法委交办案件22件，全部办结。对疑难问题，通过召开公检法“三长会”、案件协调会，在第一时间加以协调解决。全年成功化解政府被围堵，部分村镇违章建房、私建大棚，“中警”学校被取缔等一批涉及人数多、社会影响大的案件；消除一批涉及房地产开发引发的群体性不稳定因素。2.社会管理模式不断创新。研究制定全区社会管理创新工作规划和折子工程；“以证管人、以房管人、以业管人”的流动人口服务管理新模式进一步健全，管理员队伍的整体素质和业务水平明显提升；加强特殊人群的帮教管理；加强网络管理，严厉打击各种涉网违法犯罪活动；对全区112个重点整治地区进行集中整治；推行村庄社区化管理工作，制定村庄社区化工作计划和方案，并在城乡结合部地区村庄进行试点工作；完成第八届村委会换届选举工作。3.执法公信力进一步提高。开展执法规范化建设，开办规范执法培训班，公安机关购置配备规范执法器具，健全“三室”及监控系统，从关键环节保证执法的规范；定期开展执法巡查和执法考评，实行周通报、月评比，提升执法的公正性；健全完善司法公开，拓宽内外监督渠道，推出“主题开放日、法律宣传月”等活动，主动接受各方面监督；建立“两院”联席会议制度、检察院派员列席法院审委会制度等，加强协调沟通，自觉接受法律监督。

（王怀建）

机关党建工作

【概况】 2010年，区直机关工委“围绕中心抓党建，抓好党建保增长”，不断提高‘引领发展、服务发展”的能力和水平，开展‘效能机关、效率科室”创建活动。组织党旗聚力量，爱心撒龙乡“共产党员献爱心”捐献活动，为玉树地震灾区捐款385960元。举办“庆七一”纪念建党89周年红歌演唱会，开展“创先争优”，进一步提高“引领发展、服务发展”的能力和水平。协助举办“房山杯”北京名人乒乓球邀请赛，来自中直机关、中央国家机关部司级领导、驻京部队军师级首长、北京市直机关局级以上领导干部、社会名流、房山区等6支代表队的100余人报名参赛。成立区直机关文化艺术团，推动区直机关文化建设迈上新台阶。举办房山区第九届全运会职工篮球赛暨区直单位篮球比赛和健身操大赛，举行房山区干部职工工间操推广普及启动仪式。协调组织市直机关25个单位与23个乡镇“对口帮扶、共建新农村”活动，召开市直机关“三进两促”活动现场经验交流会。北京市、市直机关、区县及乡镇113个单位近200名领导参加。从区直机关选调200余名优秀干部成立区直机关“三化两区”建设宣讲团，深入前朱各庄、后朱各庄、长阳镇、窦店镇等拆迁工作第一线，为群众宣讲拆迁政策。

（王占荣）

【举办房山区直机关党支部书记培训班】 3月30日，由北京市思想政治研究会教育培训中心、区委组织部、区直机关工委共同举办的北京市基层政工干部暨房山区直机关党支部书记培训班在平西培训中心开班。培训班为期2天，区直机关工委系统76个单位主管党务工作的领导、党总支书记、党支部书记参加培训。授课内容为区委常委、宣传部部长赵家琛讲授《房山区走新型城市化道路形势报告》，中组部党建研究所副所长赵湘江《怎样创新基层党建工作》、北京市卫生局机关党委书记高彬《如何当好机关党支部书记》、中组部培训中心高级培训师朱兴东《卓越的领导者团队建设》。

（王占荣）

【成立区直机关文化艺术团】 4月30日晚，区直机关文化艺术团成立，首场演出在府前广场文化周末大舞台举行。艺术团人员由区总工会、区市政市容委、区体育局、区人力社保局、区国税局、区统计局等单位文艺骨干组成。年内，共演出6场。

（王占荣）

【区直机关开展“创先争优”活动】 根据区委的统一部署，区直机关工委从5月开始，到中共十八大召开前，在全系统各基层党组织和党员中开展“创建先进基层党组织、争当优秀共产党员”活动。活动以党员作风建设年为契机，以“走新型城市化道路，全面推进‘三化两区’建设”为主题，以加快经济发展方式转变为落脚点，围绕推动“三化两区”建设和本部门、本单位的科学发展展开。在全区创先争优活动动员会后，区直机关工委召开书记办公会和全体会，成立分系统领导小组，设立办公室，研究制定并下发《房山区直机关关于深入开展创先争优活动的指导意见》。根据单位情况不同将系统76个单位分成4组，分别由4个分指导组分类指导督查。各组设立联系人，建立各单位主管领导和信息联络员制度，形成责任明确化、工作具体化、全员齐动员的良好工作格局。根据要求，在全系统党员中开展公开承诺活动。各基层党组织对照“领导班子好、党员队伍好、工作机制好、工作业绩好和群众反映好”的“五好”要求，结合实际，确定承诺意向。全系统党员对照“带头学习提高、带头争创佳绩、带头服务群众、带头维护稳定和带头弘扬正气”的“五带头”要求，结合岗位特点和个人特长，签定《创先争优活动承诺书》，建立《创先争优活动为群众办实事、办好事台账》，并采取公示栏、网络等方式进行公开，广泛接受群众的监督。活动中，区直机关工委4个分指导小组经常深入到各党委、党总支、党支部，针对不同情况给予分类指导。各基层党组织负责人作为“创先争优”活动第一责任人，带头讲党性、重品行、作表率，带头“创先争优”，以此来影响和带动广大党员“创先争优”。区直机关工委开展“群众心目中的好党员”评选活动、“强作风、树形象”主题党日活动，启动党员教育培训工程。并在机关党组织中广泛开展“创五好支部、建五型机关、做五带头党员”和“爱岗敬业做奉献，服务群众树形象”活动。

（王占荣）

【房山区第九届全运会职工篮球赛暨区直单位篮球比赛】 5月8日，房山区第九届全运会职工篮球赛暨区直单位篮球比赛开赛，经过10天68场角逐后，5月19日闭幕。比赛共有来自区直26个单位的26支男子代表队、4支女子代表队以及驻区中央市属3个单位的3支男子代表队，共计33个代表队约400人参加比赛。比赛采取分组循环赛和交叉淘汰赛制进行。区教委、房山工业总公司、区市政市容委分获区直单位男子组冠、亚、季军，区人力社保局、区体育局、区卫生局分列区直单位男子组第4名至第6名。区卫生局、房山公安分局、房山物流基地分获区直单位女子组冠、亚、季军。中国原子能研究院、北京电力设备总厂获驻区中央市属单位组冠、亚军。房山工业总公司等14支代表队被评为优秀组织奖。区委办等15支代表队被评为精神文明代表队。

（王占荣）

【房山区第九届全运会体操赛暨区直单位健身操大赛】 6月10日，房山区第九届全民运动会体操赛暨区直单位健身操大赛在房山体育场举行。来自区直34个单位的800

名机关干部、职工参加。比赛采取集体表演和分组比赛的方式分为甲、乙两个组别进行。区交通局、区国税局、区体育局、区统计局获得甲组第1名至第4名，区地税局、区文委并列获甲组第5名；区委办、区成教中心分获乙组第1、2名，区委党校、区质监局、区广电中心并列获乙组第3名，房山工商分局获乙组第6名。区政协机关等16个单位被评为优秀组织奖。

（王占荣）

【区直机关“共产党员献爱心”捐献活动】 6月25日，房山区直机关“共产党员献爱心”捐献活动在区政府东二楼报告厅启动，区四大部门领导出席启动仪式并带头捐款。区府楼内机关工委系统各单位765名党员和部分入党积极分子、群众踊跃参加捐款，共计捐款75940元。

（王占荣）

【庆“七一”纪念建党89周年红歌演唱会】 6月25日晚，区直机关工委与区文委在府前文化周末大舞台共同举办庆“七一”纪念建党89周年红歌演唱会。区“金色光”女干部合唱团、区妇联妇女儿童活动中心“金玉米”艺术团、区市政市容委舞蹈队、良乡物流基地管委办舞蹈队以及区委办、区委社会工委、区体育局、区总工会等区直单位的部分机关干部以中国共产党领导中国人民艰苦奋斗的革命历程为主线，以歌颂中国共产党成立89周年来的丰功伟绩为主题，采取独唱、表演唱、小合唱、舞蹈、歌伴舞、器乐合奏等形式，演唱革命歌曲。红歌会上，区直机关工委组织区直机关新加入中国共产党的51名预备党员进行入党宣誓。

（王占荣）

【成立房山区推进“三化两区”建设政策宣讲团】 7月1日，为确保重点项目拆迁工作高效有序运行，房山区成立推进“三化两区”建设政策宣讲团，从区直机关选调的200余名优秀干部参加宣讲团，并制定工作制度。成立指挥部和办公室，并设立5个工作组，与区委组织部、区住建委、区委党校共同举办为期5天的培训班，培训内容主要是有关“三化两区”建设的政策和拆迁条例等内容。在前朱各庄、后朱各庄拆迁工作中，宣讲团成员驻守在拆迁工作第一线。

（王占荣）

【推广普及工间操启动仪式】 12月20日，在良乡体育中心举行房山区干部职工推广普及工间操启动仪式，倡议全区干部、职工每天坚持开展工间操活动。启动仪式上，区文委、区国税局、区质监局、区交通局、区燃气中心的200名机关干部、职工现场表演了第八套广播体操。

（王占荣）

社会工委

【概况】 2010年，开展社会领域学习实践科学发展观活动。参加学习实践活动的社会领域党组织232个、党员13158人。完成28个街道(乡镇)建立社会工委工作，组建第一家商务楼宇党组织，组织实施“一五十”党建工程，新提升1个党委，新建5个党总支和10个党支部。完成燕山正邦设备检修有限公司等3家非公企业党组织“五个好”示范点创建活动试点。创先争优活动，共有564个党组织，15197名党员参加。仅在非公企业中就建立联系点182个、提合理化建议1314条、开展技术革新项目411个、带来经济效益2亿多元、为群众办理好事实事1439件。完成2010年社区办公和服务用房建设项目的申报，将83个老旧社区纳入规范化建设范围，明确了社区用房“外观形象品牌化、功能设置科学化、建设土地集约化”的“三化”目标。研究制定政策性文件，社区工作者工资待遇提高50%以上。完成政府购买社会组织公共服务项目12项。建立起社会志愿者队伍管理体系，有各类志愿者 1.1 万人，其中登记注册志愿者 6500 人，新成立志愿者服务队 2 支。

年内，制定《房山区社会服务管理创新实施意见》，进一步明确社会建设的近期和中远期任务目标，提出要努力实现服务型管理新模式，并结合房山快速城市化的发展实际，将城乡结合部社区建设作为下一阶段工作重点。根据城市社区和农村社区所占比重不同，确定东风街道、西潞街道、长阳镇 3 个不同类型的街道（镇）为首批社会服务管理创新综合试点单位，确定窦店镇为专项试点单位，制定试点工作方案。将社会服务管理创新纳入 2010 年的区直部门和街道（乡镇）领导班子考核评价体系，完善推进社会服务管理创新工作的监督机制。确定责任目标。制定符合房山实际的社会服务管理创新 67 项任务的折子工程，涉及牵头单位 19 个、主责单位 63 个、协办单位 100 个，2010 年 12 月 31 日以区委、区政府名义印发。

（刘殿普）

【成立房山区社会建设工作领导小组】 4 月 20 日，为加强房山区社会建设工作，经六届区委常委会第 117 次会议决定，成立房山区社会建设工作领导小组。区委书记刘伟任组长，区委副书记、区长祁红，区委副书记张祝华，区委常委、常务副区长高言杰，区委常委、副区长李江任副组长。区社会建设领导小组主要工作职责是贯彻落实市委、市政府及区委、区政府关于加强社会建设和管理的方针、政策，总体规划、统筹协调房山区社会建设和管理工作；加强调查研究，综合分析房山区社会建设和管理方面的工作情况，研究审议区社会建设和管理方面的重大事项和重要政策；负责区社会建设和管理工作的宏观指导；承办区委、区政府交办的其他工作。社会建设领导小组下设办公室。办公室设在区委社会工委、区社会办，区委社会工委书记、区社会办主任王占勇兼任办公室主任。

（张家榕）

【与区地税局联手举办税法宣传系列活动】 4 月 20 日，房山区委社会工委、区社会办和区地税局联手举办“地税社区手牵手，‘三化两区’齐贡献”的税法宣传系列活动启动仪式，区委副书记张祝华到会表示祝贺。仪式上为房山区 6 个社区代表颁发“房山区社区税法宣传站”牌匾，97 名社区工作者成为社区税法宣传员。

（王久芳）

【选聘高校应届毕业生和届满村官到社区工作】 5 月至 8 月，全区共招录 240 名具有大专及以上学历的应届毕业生和届满村官到社区工作，其中应届毕业生 180 人，届满村官 60 人。

（张家榕）

【成立房山区社会领域首家党委】 5 月 26 日，房山区成立社会领域首家党委——中共北京市房山城建集团党委。王新成任党委书记，王宗奎任党委副书记，田兴安任组织委员，安玉栋任宣传委员，董瑞峰任纪检委员。

（王久芳）

【创办“社会家园——周六特别版”栏目】 7 月 24 日，由区委宣传部牵头，房山区委社会工委、区社会办与区广电中心联手创办“社会家园——周六特别版”栏目。栏目以社会领域党建、社区规范化建设、非公经济组织和新社会组织、社工和志愿者队伍建设为重点，以百姓关心的热点、难点、亮点问题为支撑，宣传房山区社会建设所取得的成果。

（张家榕）

【召开“双基地建设”工作大会】 8 月 26 日，召开房山区法院与区委社会工委共建青年人才培养社会实践“双基地建设”（法官与社工社会实践基地）工作大会，33 名青年干警分配到拱辰、西潞、城关、长阳、窦店 5 个乡镇、街道有拆迁任务的社区（村）。青年干警走进社区（村）共服务 3 个月，宣传法律知识，了解居民法律需求，第一时间处理、化解基层矛盾。

（张家榕）

【召开社会服务管理创新推进大会】　9月27日，区委、区政府召开社会服务管理创新推进大会，市委常委梁伟，市委副秘书长王翔，市委社会工委书记、市社会办主任宋贵伦，市委社会工委副书记赵小卫，房山区委书记刘伟，区委副书记、区长祁红等区领导，区直各部委办局、各人民团体、各高等院校负责人，燕山工委、办事处有关负责人，各乡镇（街道）及社区和部分非公企业、社会组织，部分村党组织书记，社工和志愿者代表等500余人参加大会。刘伟要求：一是要围绕推进城市化进程，着力抓好新型社区建设。二是要围绕营造和谐稳定的发展环境，化解社会矛盾。三是要围绕提升社会服务管理水平，不断创新工作机制和方式方法。最后，梁伟对房山区的社会服务管理创新试点工作提出4点希望：一是要坚持服务为先。把"服务"贯穿于各项工作的全过程，通过服务来解决社会矛盾和问题，实现社会的有效管理。二是加强统筹协调。在推进社会服务管理创新中，一定要坚持统筹协调工作方式，更大限度地整合社会资源，形成社会建设的整体合力。三是坚持改革创新。进一步创新工作体制，构建"党委领导、政府负责、社会协同、公众参与"的社会管理新格局。四是加强队伍建设。推动具有专业知识的社工队伍建设就是为社会建设和社会管理提供人才保证。

（张家榕）

【印发《房山区社会服务管理创新实施意见》】　10月20日，经六届区委常委会第134次会议讨论通过，以区委办、区政府办名义印发《房山区社会服务管理创新实施意见》。重点从稳步提升不同类型社区服务管理水平、不断完善社会保障体系、不断探索各类社会群体服务管理新途径、着力构建"枢纽型"社会组织管理体系和加强社会领域党建工作5个方面、25项重点工作探索体制机制和方式方法创新。

（张家榕）

【成立全市首家大学生社工党支部】　11月12日，房山区委社会工委召开大学生社区工作者党支部成立大会，成立全市首家大学生社工党支部。党支部下设8个党小组。制定"三会一课"制度、"双重组织生活"制度、民主评议党员制度等7项党组织生活制度。

（张家榕）

【成立房山区首家商务楼宇党支部】　11月22日，房山区成立首家商务楼宇党支部——中共北京市良乡盛通家居广场市场有限公司支部委员会。党支部下设4个党小组，共有中共党员22名，并设立专门的党员活动室和会议室。

（张家榕）

【召开规范社区工作者待遇工作部署会】　12月22日，房山区召开规范社区工作者待遇工作部署会，此次规范社区工作者待遇是在基本工资、职务年限补贴相关待遇不变的基础上，对社区工作者待遇进行规范、调整。规范后社区工作者每人月平均增幅800元，从2010年7月1日起开始实施。

（张家榕）

【印发《房山区社会服务管理创新折子工程》】　12月31日，以区委、区政府名义印发《房山区社会服务管理创新折子工程》。进一步明确社会建设的近期和中远期任务目标，提出实现服务型管理新模式，共涉及牵头单位19个、主责单位63个、协办单位100个。

（张家榕）

老干部工作

【概况】　2010年，区委定期听取老干部工作汇报，及时研究解决老干部工作中遇到的新情况、新问题。研究制定房山区《关于进一步做好新形势下离退休干部工作的意见》，印发全区，进一步明确离退休干部工作的指导思想和任务目标。增拨退休干部日常到活动中心学习活动，老干部党校、老干部大学教学管理，各类大型文体活动，健康体检，参观学习，退休干部发挥作用等项工作经费，并列入财政预算，保证离退休干部工作开展。老干部活动中心为处级退休干部专门制作活动证，印发《老干部活动须知》，开通老干部学习活动“绿色通道”。开展离退休干部年度体检工作，为老干部防病治病建立健康的安全屏障。结合“学先进创‘五好’，健身心乐晚年”主题实践活动和“创先争优”社区行活动，举行庆祝建党 89 周年系列活动。组织处级以上退休干部，到上海、南京等地参观学习，感受沿海地区的发展速度，接受红色教育。全年开展学习活动 30 多场，参与学习活动的老干部达到 2500 多人次。坚持在社区举行老干部党校社区课堂学习会、趣味运动会、老干部集体生日会以及夕阳情聊天会，开展普遍走访老干部等品牌服务活动。发挥社区志愿者作用，在强化“一帮一”服务的基础上，推进“五进家”服务模式，延伸了服务链条。开展理论辅导、生活照料、精神慰藉、医疗服务、信息联络等全方位多角度的上门服务，健全“四就近”服务网络，扩大老干部党校社区课堂覆盖面，改善社区学习活动条件。全区老干部社区党校课堂发展到 13 个，覆盖 3 个街道、20 个社区。服务内容实现精细化，帮扶机制进一步健全。全年开展各类学习活动 100 多场次，实施送教上门、照料服务 500 多人次。

（梁会金　李辉）

【房山区老干部活动中心列入参照公务员法管理范围】　年初，根据中共北京市委组织部、北京市人力资源和社会保障局《关于各区县老干部活动中心（站）列入参照公务员法管理范围的通知》精神，房山区老干部活动中心完成列入参照公务员法管理范围工作。各区县老干部活动中心（站）除工勤人员以外的工作人员，各区县老干部局负责老干部活动中心符合列入参照管理范围条件且在编在职人员的登记、职务与级别确定和工资套改工作，并报各区县委组织部、人事局审核。经区委组织部、区编办审核和研究，作出关于组建房山区老干部活动中心的批复，同意组建房山区老干部活动中心，为区委老干部局所属全额拨款事业单位，撤销房山老干部活动中心和良乡老干部活动中心。将原房山老干部活动中心和良乡老干部活动中心 16 名全额拨款事业编制划入房山区老干部活动中心。核定科级领导职数为 2 正 2 副，11 名在职人员符合列入参照《中华人民共和国公务员法》管理范围条件，同意列入，4 名工勤人员不列入。3 月，市委组织部下发关于同意北京市房山区老干部活动中心机关和工作人员参照《中华人民共和国公务员法》管理的批复，同意北京市房山区老干部活动中心列入参照《中华人民共和国公务员法》管理机构，在职人员 11 名，退休人员 5 名，列入参照《中华人民共和国公务员法》管理范围，并按照规定登记和工资套改。

（梁会金　李辉）

【《情暖夕阳红　谱写和谐曲》出版】　为深入总结全区老干部社区“四就近”服务工作的好经验和做法，1 月 15 日，房山区委老干部局编辑《情暖夕阳红　谱写和谐曲》暨房山区老干部社区“四就近”服务工作集锦。集锦共分为领导关怀重视、学习内容丰富、队伍建设加强、发挥作用突出、活动形式多样、温馨服务周到 6 部分，收集各类照片 133 幅，重点展示社区课堂学习、老干部集体生日会、社区趣味游艺、志愿者服务、走访慰问、夕阳情聊天等品牌服务活动。

（梁会金　李辉）

【制定《房山区老干部工作领导责任制实施细则》】 依据《北京市离退休干部工作领导责任制》，结合房山区老干部工作新特点，制定《房山区老干部工作领导责任制实施细则》（以下简称《实施细则》），从4月起，在全区参照执行。《实施细则》共有5大项、31条，分别从做好离退休干部工作重要性和必要性、落实好离退休干部政治、生活待遇、引导离退休干部发挥作用、加强干部队伍自身建设等方面作明确规定。

（梁会金　李辉）

【制定《关于进一步做好新形势下离退休干部工作的意见》】 根据相关文件，结合“三个北京”“三化两区”建设战略部署，结合房山区离休干部整体进入高龄期、高发病期，退休干部数量逐年增多的实际，区委、区政府研究制定《关于进一步做好新形势下离退休干部工作的意见》，4月开始在全区执行。文件分为6个部分：一为全面做好新形势下离退休干部工作的指导思想和要求。二为全面落实离退休干部的政治待遇。三为不断加强离退休干部“两项建设”工作。四为做好离休干部服务管理工作。五为做好退休干部服务管理工作。六加强对离退休干部工作的领导。4月起，全区正处级退休干部185人，副处级退休干部578人（不含燕山处级退休干部67人，副处级退休干部105人）纳入区委老干部局管理和服务。

（梁会金　李辉）

【房山区首届离退休干部健身趣味运动会】 9月28日，根据房山区《关于进一步做好新形势下离退休干部工作的意见》要求，在庆祝中华人民共和国成立61周年和“九九”重阳节来临之际，区委组织部、区委老干部局、区体育局共同举办房山区首届离退休干部健身趣味运动会，运动会主会场设在良乡体育中心训练馆，分会场分别设在社区老干部活动中心等地。区委副书记张祝华，区委常委、宣传部部长赵佳琛，区委常委、组织部部长孙强，区人大常委会副主任刘顺林，区政协副主席李惠英及区委组织部、区委老干部局、区体育局的有关领导出席运动会开幕式并为获奖运动员颁奖。开幕式由房山区副区长卢国懿主持。全区有59个处级单位，200余名运动员参加门球、乒乓球、套圈、飞镖、钓鱼、托球跑、足球射门、沙包掷准8个趣味运动项目的角逐。经过3天比赛，有100余名老干部获优异成绩。

（梁会金　李辉）

【开展“高龄养老爱心帮扶卡”服务活动】 房山区委组织部、区委老干部局针对广大离休干部“双高期”的实际需求，以离休干部服务需求为导向，以政府购买服务的形式，与北京今日东方劳务派遣有限公司合作，推行老干部社区“高龄养老爱心帮扶卡”服务项目。开展“高龄养老爱心帮扶卡”服务活动，为居住在拱辰、西潞、城关、燕山等地的16个社区的227名（户）离休老干部提供居家保洁、医疗陪护、家庭保姆等服务。丰富了“四就近”服务内涵。为保障“高龄养老爱心帮扶卡”服务有效开展，区委老干部局从老干部实际出发，制定爱心帮扶卡服务体系。成立由区委老干部局局长史建为组长的困难离休干部帮扶工作领导小组，选派专业工作人员深入老干部家中、家政服务中心、社区、医院、餐饮机构等认真调研，全面详细了解老干部服务需求、市场服务发展现状等相关基本情况，并制定出台符合实际的“爱心帮扶卡”服务实施方案，并在实践中不断完善，从服务对象范围上推广、从服务质量上提高、从服务项目上深化。成立爱心帮扶监督小组，制定考核标准和信息体系，采取以动态跟踪考核方式，以实地检查、核查满意度回执单和电话回访相结合，时刻掌握老干部服务消费进度，服务质量和服务满意度，发现新问题及时纠正。此外，还坚持完善社区志愿者“一帮一”服务、送医上门、夕阳情聊天等帮扶项目，从精神、物质、生活等全方位、多层次、多角度开展帮扶活动，完善帮扶制度，形成帮扶体系，建立帮扶长效机制，形成一个老干部工作者、社会服务组织和社区志愿者等各方面力量广泛参与、相互协调配合的服务新格局，提升老干部对老干部工作的满意度。

（梁会金　李辉）

【区委老干部局重点工作和专项职能考核指标落实到位】 根据《房山区依法行政考核办法（试行）》，区委老干部局对照相关考核文件认真学习，成立综合考核评价领导小组，抽调专人，负责区委老干部局综合考核评价重点工作和专项职能设置工作，制定综合考核评价办法，确定重点工作和专项职能指标。其中，重点工作指标设置5项，专项职能指标设置5项。重点工作，一是抓好离退休干部政治待遇工作（20分）。加强离退休干部思想政治建设，发挥老干部活动中心、老干部大学、老干部党校阵地作用；推进离退休干部党支部建设，开展“五好支部”创建工作；落实处级退休干部政治待遇；在重大节日开展大型庆祝活动，每年组织各类学习活动不少于20次。二是落实离退休干部生活待遇工作（20分）。对全区离退休干部每年进行一次普遍走访；做好“三项机制”协调工作，协助各单位办理去世离退休干部丧葬事宜；对高龄特困老干部进行帮扶，解决实际困难。三是检查指导《房山区离退休干部领导责任制》落实工作（20分）。开展《老干部工作领导责任制》落实检查工作，每年进行一次；根据中央、市区精神，结合实际，制定房山区离退休工作相关文件政策；定期开展评比表彰工作，两年1次。四是做好老干部社区“四就近”服务工作（20分）。指导街道 、社区开展老干部社区“四就近”服务工作；发挥老干部党校社区课堂功能、完善学习活动制度；完善社区服务网络，实现老干部就近学习、就近活动、就近得到关心照顾、就近发挥作用。建立老干部党校社区课堂13个，在每个社区举行各类学习和服务活动15次以上。五是老干部队伍建设。抓好学习型组织建设，强化政策业务能力培训，开展各类主题教育活动，不断提升工作队伍整体素质，每年组织各类工作人员培训4次以上；加强宣传信息工作，在市区媒体广泛宣传老干部工作先进经验和先进事迹。专项职能，一是抓好离退休干部政治待遇工作（20分）。抓好离退休干部思想政治建设和党支部建设，发挥老干部活动中心、老干部大学、老干部党校主阵地作用，做好处级退休干部服务管理工作。举办各种学习班、教育班、庆祝班活动每年不少于20次。二是落实离退休干部生活待遇工作（20分）。用好特困基金，对高龄特困老干部进行帮扶，解决实际困难，协助各单位办理去世离休干部丧葬事宜，每年对离休干部进行1次普遍走访慰问活动。三是检查指导全区各单位离退休干部工作（20分）。开展《老干部工作领导责任制》落实情况检查工作，制定区离退休工作相关政策文件，定期开展评比表彰工作，两年1次。四是做好老干部社区“四就近”服务工作（20分）。实现老干部就近学习、就近活动、就近得到关心照顾、就近发挥作用。建立老干部党校社区课堂13个，在每个社区举行各类学习和服务活动15次。五是抓好老干部队伍建设。加强学习型组织建设，加强宣传信息工作，提升老干部工作影响力。每年组织各类工作人员培训4次。

（梁会金　李辉）

【离退休干部的生活待遇进一步加强】 根据全面做好房山老干部工作新要求，在保障原有离退休干部经费的基础上，协调区财政部门加大资金保障力度，增拨退休干部日常到活动中心学习活动，老干部党校、老干部大学教学管理，各类大型文体活动，健康体检，参观学习，退休干部发挥作用等项工作经费，并列入2010年财政预算。同时根据规定，提高离休干部特需经费标准，协助各单位办理去世离休干部丧葬事宜，保证抚恤金的及时发放。开通老干部到活动中心活动的“绿色通道”。为老干部营造良好的学习活动场所。投资 40 余万元，购置“金龙”客车，更新交通工具，添置钢琴、投影仪、DVD 等教学设备和用具。活动中心为处级退休干部专门制作活动证，印发《老干部活动须知》，老干部党校、大学教学内容丰富多样，开设政治理论、管弦乐、歌曲、舞蹈、书法、绘画、英语、计算机、文学、太极拳等课程，聘请专业老师授课，和工作人员一样，每周一至周五课程都安排课程，老干部根据自己爱好自愿报名。

（梁会全 李辉）

统战工作

【概况】 2010 年，区委统战部组织北京石化新材料科技产业基地赴台开展经贸洽谈活动，与台湾石化工会、台湾长春集团、台塑集团实现对接，并签署购销协议。组织区内企业参加全国知名企业论坛、北京发展论坛，详尽立体的介绍房山区经济社会发展前景。推进民主政治建设，加强各民主党派的团结合作，不断拓宽民主党派人士参政议政渠道，组织党派成员开展理论学习，协助做好民主党派组织建设工作，政治和生活上关心各民主党派成员；继续开展区委常委同党派干部交朋友活动，坚持为民主党派主委举办生日祝福等活动。重新调整和推荐了党外代表人士和党外后备干部的名单；培养选拔党外人才，与区委组织部协同配合，面向全市公开选拔 15 名处级非中共领导干部；举办党外代表人士培训班，并推荐参加市委组织的党外干部高级研修班学习。加强对宗教活动依法管理。依法审核房山区符合开放条件的佛教韩村河天开寺，道教史家营圣莲山真武庙、佛子庄真武庙为宗教活动场所，推进天主教立教教堂相关申请工作。加强宗教活动场所自身建设，提高宗教教职人员的整体素质。加强做好传统节日期间各宗教活动安全稳定工作。完善三级宗教管理网络和乡村两级宗教工作责任制，三级宗教工作管理网络实现全面覆盖。深层次、多渠道开展对台交流交往工作，全年接待到大陆参访台胞 6 批 53 人次，审核并经市台办批准赴台人员共 28 批 58 人次。多部门协同配合，共协调解决涉台求助或投诉 6 起，及时稳妥处理涉台突发事件 2 起。

（朱松宏）

【市委统战部副部长张洋到房山区调研】 4 月 8 日，市委统战部副部长张洋就民族宗教工作到房山区调研。张洋一行考察佛子庄乡真武庙，张洋认真听取道教人士关于道教传统文化及真武庙修复情况的汇报，听取区委统战部常务副部长贾斌等关于民族宗教工作的情况汇报。

（徐敦霖）

【市委统战部常务副部长闵克到房山区调研】 5 月 12 日，市委统战部常务副部长闵克就党外代表人士队伍建设工作到房山区调研。闵克一行听取关于党外代表人士队伍建设工作情况的汇报，并围绕党外代表人士的发现、培养、使用、管理工作和党外代表人士队伍建设面临的新情况、新问题与区民主党派代表人士、无党派代表人士、宗教界代表人士、民族界代表人士进行座谈。市委统战部副巡视员、办公室主任谭林，市委统战部工商经济处处长贺淑晶，市委统战部党外干部处处长王素江，市委统战部研究室副主任张静生，市委统战部工商经济处副处长常延峰，房山区委书记刘伟，区委副书记、区长祁红，区委常委、组织部部长孙强，区委统战部常务副部长贾斌陪同调研。

（徐敦霖）

【加强合作交流】　2010年，邀请市委统战部、市工商联、市台办、市侨办、海外联谊中心到房山调研，介绍房山“三化两区”建设及“两轴三带五园区”发展战略情况，为房山发展出谋划策，共谋发展大计。争取海外统战人士对房山经济社会发展的支持，吸引香港谭兆基金会无偿捐赠100万元建设房山区佛子庄乡敬老院。

（朱松宏）

【支持各民主党派组织发展工作】　一是先后协助民建房山支部、民盟市委、致公市委、农工市委做好发展新党员考察的有关工作。二是深入贯彻落实《中共中央关于进一步加强中国共产党领导的多党合作和政治协商制度建设的意见》精神，走访各民主党派主委所在单位党委、党组。指导和协调基层党委、党组要支持民主党派的工作，为其参政议政创造条件，为民主党派开展工作提供便利，化解难题，解除后顾之忧。三是邀请各民主党派市委主委、秘书长参加“首都西南区域经济发展论坛”，并就首都西南区域经济社会发展开展调研。组织各民主党派及机关统战干部，以支持“永定河绿色生态发展带建设、推进首都西南区域经济发展”为主题，到永定河河畔的长阳镇开展义务植树活动，栽植油松、银杏、国槐、海棠等树苗400余株。

（朱松宏）

【加强宗教活动场所自身建设】　一是以创建和谐“寺观教堂”为契机，全面总结房山区3所清真寺创建工作。推荐窦店清真寺为创建工作优秀单位。二是通过清真寺阿訇的考核，提高宗教教职人员的整体素质。三是检查指导基督教骨干培训，加强基督教骨干队伍建设。四是加强做好传统节日期间各宗教活动安全稳定工作，同时在开斋节为3个清真寺送去30万元慰问金。

（朱松宏）

游子联络工作

【概况】　区游子联络站在区委、区政府的领导下，全面贯彻落实党的十七大精神，坚持以邓小平理论和“三个代表”重要思想为指导，以科学发展观为统领，紧紧围绕推进“三化两区”的建设目标，强化服务理念，按照“争先创优强素质，广纳游子建家乡”的工作目标，充分发挥游子联络站的联络、桥梁纽带、服务等职能，为游子服务，为基层服务。按照区委《中共北京市房山区委关于在全区基层党组织和党员中深入开展创先争优活动的实施意见》的总体部署，从5月在全站党员干部中，开展争先创优活动，完成了2010年“以深入开展党员作风建设年活动”为专题的第一阶段性的任务，以深入开展党员作风建设活动为专题，以优良的党风促政风带民风，推动机关各项工作的科学发展，并取得阶段性的成果。

（胡玉霞）

【完善游子信息库】　11月，在全区90%的基层街道、乡镇建立游子联络机构。同时，针对游子的工作单位、家庭住址变化的客观因素，利用信函和电话联络方式对在册的1000余名的家乡游子进行信息核实，对退回的50多件信函逐一做登记处理。完善游子信息库，对遍布全国的党、政、军机关各单位游子，分布区及工作单位性质、行业进行登记，通过完善管理，为更好的发挥游子作用，为家乡的经济建设作贡献奠定了良好的基础。同时，还发挥各方力量，挖掘搜集新的游子线索。全年，搜集整理新的游子线索近200余人，并建立信息档案。

（胡玉霞）

【召开游子座谈会】　12月4日，在北京德胜饭店召开游子座谈会，参加会议的有游子促进会副会长李永芳、王俊起、张福平，游子范学珊等，参加会议的区领导有区委常委赵军及老领导赵振隆、刘存泽、邢春华等，会上由赵军介绍全区的基本情况，由游子联络站长肖树合向参会领导和游子们汇报游子联络站的主要工作成效和 2011 年的主要工作任务。游子们对房山区的发展和游子联络站的发展规划进行了热烈讨论，对取得的成绩给予肯定。

（胡玉霞）

【搭建平台促进经济发展】 2010 年，游子联络站围绕“争先创优强素质，广纳游子为家乡”的工作目标，围绕全区“三化两区”建设，搭建游子与家乡的联络平台，强化桥梁纽带作用，着眼全区为房山服务的理念，宣传、推介房山，提高知名度，以促进区域发展为切入点，在落实上下功夫。为了让游子及时了解家乡的变化和工作的重点目标，把家乡工作重点和工作动态、工程进展情况，以信息形式邮寄给游子，让他们及时了解家乡的情况。同时，采取走出去、请进来的工作方式让游子了解家乡、宣传家乡。全年，召开座谈会 2 次，走访游子 10 余人，接待游子 20 名，交流信息 16 条。

（胡玉霞）

【挖掘游子人文资源】 2010 年，游子联络站把联络服务作为工作重点内容，加大服务基层的力度，以隗氏文化联谊会的组建为重点，拓宽游子工作范畴。在完成隗氏文化大院建设的基础上，协调配合，组织游子召开各种会议，进行人物方面的调研考察，查阅相关资料，并把有关资料邮寄给游子们，广泛征求意见，打印校对隗氏家族人物篇草稿等工作，完成隗氏宗族人物篇的出版。

（胡玉霞）

中国共产党北京市房山区纪律检查委员会

【概述】 全面部署党风廉政建设和反腐败工作，制定《2010 年房山区党风廉政建设和反腐败工作主要任务分工》下发全区，年底组织由区四大部门领导带队对各单位贯彻落实党风廉政建设责任制情况进行的专项检查。全面推行“村级账款双托管”制。全区 466 个村集体组织，有 460 个实行“村账托管”，460 个村制定工程项目招投标制度，全年 191 个村有工程项目 416 项，其中采用招投标方式的有 107 个村的 205 项工程。与相关部门联合制发《房山区关于进一步做好村干部任期和离任经济责任审计工作的意见》《房山区村干部任期和离任经济责任审计操作规范》等工作制度。在村“两委”换届前，对 454 名村级干部进行离任经济审计，审计金额达 22.37 亿元，出具审计报告 430 份，提出审计建议 600 余条。制定《房山区局级领导班子及其成员推进廉政风险防范管理工作实施方案》，制定《关于廉政风险防范管理工作向农村和科队站所延伸的实施方案》，制发《进一步完善勤政保障体系深入开展作风建设年活动的实施意见》。全年牵头并参加教育收费、政府采购等专项的监督检查 30 人次。全年受理群众各类投诉 191 件，并全部办结。初核违纪案件线索 41 件，立案 26 件，其中大要案 9 件；处分违纪人员 22 人，其中处级干部 2 人。党纪处分 22 人，政纪处分 6 人，双重处分 6 人。自办案 9 件，挽回经济损失近百万元。全区纪检监察系统共受理群众信访举报 678 件次，集体访 55 批 895 人次。

区纪委监察局与区发改委牵头开展工程建设领域突出问题专项治理，在全区两个批次 300 个项目全面自查、排查的基础上，对使用国有资金、扩大内需、关系民生等187个重点项目，进行重点检查。发现问题项目问题106个，问题个数198个，截至10月15日，整改率完成100%。区纪委监察局牵头制发《房山区重大项目重点工程监督检查方案》《重大项目重点工程建设监督工作责任书》，研究确定36个投资规模大的项目为全年监督检查的重点。会同区委督查室等9个部门对2010年进入绿色审批通道尚未落地和2010年年底前欲开工的27个重点项目，进行集中检查，找出存在问题的原因并进行督办。区纪委监察局牵头组建项目启动、资金管理、工程质量、行政效能4个专项督察组。区纪委监察局牵头，对51项一级土地开发项目，进行监督检查，与国土部门协调沟通，先后参与大学城拆迁、拱辰一街至五街改造等“三定三限”房公示工作。开展第10次卫片违法占地拆除工作的监督检查，会同区委组织部等部门组成联合检查组进行现场督察，督促相关乡镇违法建筑按时拆除，恢复地貌。对国土部门移送的86宗违法占地调查核实和立案调查。对18个煤矿关闭的垒封工作情况进行联合检查，协同相关部门单位清查存煤，检查、炸封盗采井口，督促相关部门抓好打击私挖盗采工作。

（任立辉）

【落实党风廉政建设责任制】 年初，房山区召开全区党风廉政建设和反腐败工作会议，全面部署党风廉政建设和反腐败工作，区委书记刘伟，区委副书记、区长祁红与各二级班子的党政主要领导分别签订“2010年党风廉政建设责任书”，并制定《2010年房山区党风廉政建设和反腐败工作主要任务分工》下发全区，以“折子工程”的形式将全年的党风廉政建设和反腐败任务分解给区级主管领导、牵头单位和协办单位，为全年党风廉政建设任务的完成提供保证。年中，组织召开牵头单位汇报会，集中听取各牵头单位落实反腐倡廉牵头任务情况汇报。年底，组织由区四大部门领导带队，采取听取汇报、个别谈话、查看文件资料和会议记录、走访基层等方式，对各单位贯彻落实党风廉政建设责任制情况进行专项检查，确保党风廉政建设工作与业务工作紧密结合。

（任立辉）

【推进廉政风险防范管理工作】 一是抓好向局级领导班子和领导干部延伸。召开区委常委会，对推进局级领导班子和领导干部廉政风险防范管理工作进行全面动员部署。为四套班子提供《廉政风险防范管理资料汇编》等一系列学习资料，四套班子分别以理论中心组为单位，组织学习。在全区范围内多层面、多渠道帮助局级领导班子及其成员查找风险点。对查找出的风险点严把审核关，领导干部个人的风险点，由主要领导审核把关；领导班子和主要领导的风险点，由班子会集体审核把关。对查找出的风险点进行评估，按风险发生概率或损失程度确定风险等级。对领导班子及领导干部查找出的风险点、制定的防范措施、建立的项目台账等相关信息，通过公开栏、局域网等形式在分管单位范围内进行公开公示，接受监督。每位领导干部都要结合岗位职责、查找出的风险点和制定的防范措施签订承诺书，在分管单位范围内作出具体承诺，接受分管单位领导班子及全体干部的监督。同时，把排查出的风险点、制定的防控措施作为领导干部民主生活会、述职述廉会的重要内容，逐一明示，自查自纠，接受监督。二是向农村、企业和基层科队站所延伸。制定《关于廉政风险防范管理工作向农村和科队站所延伸的实施方案》，分别召开乡镇、街道和区直重点部门的会议，对廉政风险防范管理向基层延伸工作进行详细的动员部署。明确提出向基层延伸必须突出三个重点。即重点岗位，农村以“两委”班子及各项工作的主要负责人为重点；企业以主要负责人和具有人财物支配权、管理权的关键岗位及工作人员为重点；科队站所以主要负责人和具有行政许可、行政执法、行政处罚等权限的重要岗位及工作人员为重点。重点环节，主要包括民主决策、三资管理、工程项目、合同管理等。重点问题，即群众反映强烈的突出问题。三是在抓好“两个延伸”的同时，为促进风险防范管理工作不断深化，在处级单位全面推进风险防范管理向勤政保障体系拓展、向科技防控拓展、向项目化管理拓展。

（任立辉）

【全面加强农村党风廉政建设】 年内，在全区农村中加强党风廉政建设。一是全面推行“村级账款双托管”制。全区466个村集体组织，有460个实行“村账托管”，其中448个村实行“村级账款双托管”。二是严格执行村级工程项目招投标制。460个村制定工程项目招投标制度，全年191个村有工程项目416项，其中采用招投标方式的有107个村的205项工程，占有工程村的56%，比2009年实行招投标制度的90个村提高3.7个百分点。三是推进村级财务预决算制。年初组织村级会计人员和乡镇村级财务服务中心编制各村年度支出和收入预算草案，经村民代表大会讨论通过。年底，结算结果村集体经济组织负责人向村民代表会报告。年内预算追加项目要严格按照“一事一议”程序，由村集体经济组织提出方案，经村“三委”（党支部、村委会、供销合作社）班子、民主理财小组审核后，交村民代表会讨论通过，并报乡镇备案。四是与相关部门联合制定下发《房山区关于进一步做好村干部任期和离任经济责任审计工作的意见》《房山区村干部任期和离任经济责任审计操作规范》等工作制度，建立“工作情况报告、审计意见反馈、落实结果回查、案件线索移送”工作机制，使村干部经济责任审计工作的开展初步做到有据可循。在中共村支部、村委会换届前，对454名村级干部进行离任经济审计，审计金额达22.37亿元，出具审计报告430份，提出审计建议600余条。五是围绕新农村建设，不断加强资金监管力度。明确要求各乡镇的新农村建设资金要纳入乡镇财政统一管理，设立专户、专账。在资金使用中严格按照《房山区关于进一步加强资金管理使用监督的意见》的规定操作运行。拨付资金超过50万元的，必须备案，并定期对资金使用情况进行绩效检查和抽查审计，加强事前和事中监督。还明确了纪律要求和责任追究办法，形成长效机制，督促相关部门认真履行职责，确保新农村建设成为民心工程、廉政工程。

（任立辉）

【深化反腐倡廉宣传教育工作】 一是以《中国共产党党员领导干部廉洁从政若干准则》（以下简称《廉政准则》）颁布实施为契机，把《廉政准则》纳入干部教育培训和党委（党组）理论中心组学习内容，为领导干部配发《廉政准则》《廉政准则学习问答》《廉政准则释义》及辅导讲座光盘。并邀请中纪委领导对《廉政准则》专题解读。二是结合建党89周年，组织开展党风廉政知识竞赛活动，对二级班子党政正职集中进行考试。三是对新提拔任用或转任重要岗位的领导干部开展“九个一”廉洁从政提醒活动，即开展一次廉政谈话、签订一份党风廉政保证书、参加一次廉政知识测试、发送一条廉政短信、寄发一张廉政贺卡、参观一次警示教育基地、观看一部警示教育片、赠送一套反腐倡廉书籍、撰写一篇心得体会，提高领导干部廉洁从政意识。四是利用《中国纪检监察报》《北京日报》《是与非》杂志、房山电视台等媒介宣传房山反腐倡廉建设成果，发挥大宣教格局作用，完善廉政教育基地，“没有共产党就没有新中国纪念馆”被命名为北京市第一批廉政教育基地。同时深化廉政文化建设，注重丰富宣传载体，在巩固以往廉政文化“六进”成果的基础上，创新多种形式，营造良好社会环境。

（任立辉）

【严格执行领导干部廉洁自律各项规定】 按照中央和市有关规定，把住房、投资、配偶子女从业等情况列入党员领导干部报告有关事项的内容。做好“小金库”和假发票专项治理工作。继续加强对重点时段特别是重大节假日期间党员干部落实廉洁自律工作的监管，年初起草下发《关于2010年元旦、春节期间加强廉洁自律工作的通知》，对“两节”期间全区廉洁自律情况进行专项检查。同时，落实领导干部述职述廉、诫勉谈话、函询、质询、纪委主要负责人同下级党政主要负责人谈话等制度。2010年，区纪委主要负责人同下级党政主要负责人谈话处级干部82人次、科级干部381人次；诫勉谈话处级干部11人次、科级干部24人次；函询处级干部6人次、科级干部25人次。组织76名新任处级领导干部进行廉政谈话。

（任立辉）

【以工程建设领域突出问题专项治理为重点开展监督检查】 一、贯穿“一条主线”，坚持“三项原则”。以贯穿“扩内需，保增长，促和谐”这条主线开展工作。一是坚持政府主导。组建领导机构和工作机构，召开全区工程建设领域专项治理动员部署大会，一批规章制度相继出台并得到有效的落实。二是坚持各牵头部门负主责。领导小组下设10个专项工作组，由区发改委、区监察局、房山国土分局、房山规划分局、区住建委等部门牵头。各业务部门发挥职能优势，合理分工，明确职责，形成合力，提升工程治理工作成效。三是坚持纪检监察主推。区纪委监察局与区发改委牵头制定落实各项制度，通过工作例会、联席会议、信息报送、情况通报、监督检查、联合执法、现场督办等工作机制，保证工程治理工作整体协调运转。二、围绕“四个着力点”，提升治理工作成效。一抓项目建设单位，要求项目建设单位认真做好自查工作，及时上报项目信息。二抓牵头部门，各牵头部门结合各自职能，制定工作方案，明确目标任务，治理措施和时间步骤，开展全面排查和督促整改工作。三抓点面结合，抓重点工程，在对全区两个批次300个项目全面自查、排查的基础上，对使用国有资金、扩大内需、关系民生等187个重点项目，进行重点检查。发现问题项目106个，问题个数198个。四抓责任体系建设，建立健全责任机制，实行责任分解，通过主要领导亲自抓，分管领导具体抓，组织力量专门抓，充分调动各方面的积极性，形成上下联动，左右互补全员启动的工作局面。同时把廉政风险防范管理融入到工程治理工作中，建立预警、纠错、监督检查、考核评估、责任追究机制，有效的规范了工程建设领域公共权利的运行。

（任立辉）

【对房山区重大项目重点工程开展监督检查】 一是区纪委监察局牵头制发《房山区重大项目重点工程监督检查方案》《重大项目重点工程建设监督工作责任书》，研究确定36个投资规模大的项目为全年监督检查的重点。会同区委督查室、区政府督察室、区发改委、房山国土分局等9个部门对2010年进入绿色审批通道尚未落地和2010年年底前欲开工的27个重点项目，进行集中检查，找出存在问题的原因并进行督办。区纪委监察局牵头组建项目启动、资金管理、工程质量、行政效能4个专项督察组，对重点项目进行全面督察。二是全面开展立项式效能监察，对保障性住房建设和管理、城乡结合部重点村城市化工程任务落实、城乡环境建设、落实《政府信息公开条例》推进政务公开、占用土地重点信访案件化解、基层信访工作6项重点工作进行专题立项监察。制定方案，明确责任，部门联动，形成合力。针对每项工作的不同特点，分别采取集中检查、实地检查、网上监察、逐项督办等多种方式开展监督检查，督促相关部门认真履行职责，确保任务顺利完成。

（任立辉）

【对土地开发和违法占地建设项目开展监督检查】 区纪委监察局牵头，对51项一级土地开发项目，进行监督检查，与国土部门协调沟通，参与大学城拆迁、拱辰一街至五街改造等“三定三限”房公示工作，保证房山区土地储备工作规范有序运行。开展第10次卫片违法占地拆除工作的监督检查，会同区委组织部、房山国土分局等部门组成联合检查组进行现场督察，督促相关乡镇违法建筑按时拆除，恢复地貌。启动责任追究机制。对国土部门移送的86宗违法占地基本情况向有关部门和乡镇分组进行调查核实，对国土部门建议追究责任的5个街道、乡镇的12个村，24宗违法占地逐宗进行初核。对其中的两个村，4宗违法占地进行了立案调查，从而对违法占地行为起到防范和震慑作用。

（任立辉）

【对打击非法开采及煤矿关闭工作开展监督检查】 一是配合国土部门，对18个煤矿关闭的垒封工作情况进行联合检查，协同相关部门清查存煤，检查、炸封盗采井口，督促相关部门抓好打击私挖盗采工作。二是对大安山、史家营等乡镇的打击非法开采工作及贾峪口检查站的工作情况进行多次暗访，及时纠正发现的问题，保障关闭工作验收合格和对私挖盗采的有效控制。三是抓住山区“发展出路”的关键节点，参加山区产煤乡镇关闭煤矿和产业转型工作调研、南窖乡沟域经济规划招标工作、山区群众采暖问题研究等，促进煤矿关闭后，山区产业转移和山区群众取暖燃料问题的解决。为煤矿关闭和非法开采问题的标本兼治，寻找新的切入点。

（任立辉）

【开展作风建设年活动】 年内，制发《进一步完善勤政保障体系深入开展作风建设年活动的实施意见》。成立3个作风建设督导检查组，进行检查督导。区党风监督员和特约监察员深入行政机关办事窗口、重点科室，对依法行政、服务态度、工作效率、工作纪律等情况进行暗访，将暗访结果以《暗访情况反馈通知书》的形式进行反馈，督促相关部门制定整改措施、健全完善工作机制和便民措施。进一步开展民主评议政风行风工作，以学校、医院、税务等单位及其基层站所为重点，通过召开群众座谈会、发放调查问卷、面对面评议、网上评议等多种方式开展民主评议活动，有效强化了基层单位作风建设。

（任立辉）

【推进行政责任“白皮书”制度】 全区确定重点工作任务396项列入行政责任白皮书，其中市区重点工作任务169项，各单位重点工作任务227项。通过在线监察，对未按时报送进度出现红灯警示现象的16个区直机关和8个乡镇、街道办事处制发督查通知，结合电话通知、网上发布信息公告、启用勤政保障体系考核系统、制发监察建议等多种形式督促各单位及时完成。同时对市区重点工作任务的完成情况，及时听取汇报、实地查看，掌握阶段完成进度，保障各项重点工作任务落实到位。

（任立辉）

【纠正各种损害群众利益的不正之风】 针对群众反映强烈的突出问题，确定专项治理任务，内容涵盖教育、医疗、农民减负、社保资金监管、食品安全、公款出国（境）旅游、政府采购等20个方面。全年牵头并参加教育收费、政府采购等专项的监督检查30人次。通过重点检查，及时发现问题，提出整改意见。充分发挥政风行风热线听民言、知民愿、解民忧、顺民意的作用，对热线上群众反映强烈的重点问题、倾向性问题进行督办、联办和跟踪回访，及时发现问题，随时纠错整改。扩大上线单位范围，吸纳全区具有行政管理和公共服务职能的企事业单位上线，加大解决问题力度。全年，市区两条热线受理群众来信 8748 件，按时办结率达到 99%，市级转办信件全部按时办结。受到社会各界的好评。深入开展民主评议政风行风工作，做到点面结合，一方面以作风建设年活动为载体，对民主评议工作进行全面部署；另一方面，以学校、医院、税务等单位及其基层站所为重点，开展民主评议活动，采取集中汇报与个别督导检查相结合的方式对全区评议工作进行督查指导，通过开展民意测评、明察暗访和网上评议，政风行风得到明显转变。通过在线监察、重点抽查、考核通报等措施开展效能监察，督促各单位科学履职。进一步落实北京市关于清理规范党委、人大、政协、检察院、法院系统和群团组织评比达标表彰活动的通知要求。

（任立辉）

【行政投诉工作】　全年受理各类投诉 226 件，其中来电 188 件，网上 20 件，来信、来访各 7 件，上级交办 4 件。行政投诉中心受理 53 件，解答群众咨询、提出意见建议 173 件次。针对查证属实的问题，区行政投诉中心通过发工作建议书等形式，提出处理意见，督促其整改，并注重从机制、体制和管理方面堵塞漏洞。受理投诉集中的问题是不履行或不正确履行职责，其他反应较集中的问题有效率低下、推诿扯皮、滥用职权等。在受理行政投诉和立项效能监察工作中，先后受到区委、区政府领导书面批示 16 次，接到群众表扬信 1 篇、锦旗 1 面。

（任立辉）

【案件查办和信访举报工作】　案件查办工作。制定下发《关于对涉嫌违犯党纪政纪有关案件线索统一管理的办法》《房山区纪委与检察院、法院、公安分局建立案件线索沟通的办法》。全年，初核违纪案件线索 41 件，立案 26 件，其中大要案 9 件；处分违纪人员 22 人，其中处级干部 2 人。党纪处分 22 人，政纪处分 6 人，双重处分 6 人。自办案 9 件，挽回经济损失近百万元。信访举报工作。一方面抓信访案件直查快办，发挥惩处的震慑作用；另一方面抓信访监督的完善和深化，发挥提醒和教育的防范作用，有效地防范和化解大量的矛盾纠纷和廉政风险。全年，全区纪检监察系统共受理群众信访举报 678 件次，集体访 55 批 895 人次。

（任立辉）

北京市房山区人民代表大会常务委员会

【概述】　2010 年，召开常委会会议 8 次，听取和审议“一府两院”专项工作报告 18 项，组织代表视察和检查 20 次，依法任免地方国家机关工作人员 63 名，办理代表议案 3 项 8 件、建议 101 件。常委会采取多项措施对重点功能区建设进行跟踪推进。在市人代会上，组织房山团的市人大代表提出议案建议。经过争取，石化新材料产业基地、现代高端制造业基地、房山世界地质公园建设和支持煤矿、非煤矿山关停地区替代产业发展及农民转移就业列入市政府工作报告重点支持项目，促进西部地区发展的议案列入市人大重点督办议案，特别是市政府落实城南发展议案实施的城南行动计划，为房山区破解交通瓶颈、加快功能区建设提供强有力的政策和资金支持。围绕房山世界地质公园中期评估验收，开展专项工作评议和满意度测评。常委会组成人员多次深入到燕房、窦店、长阳、琉璃河、长沟等地区和相关部门进行座谈，共同探讨破解发展瓶颈的办法和需要帮助呼吁解决的难题。两次组织市、区人大代表对重点功能区进行视察，代表们就高起点规划、高标准建设、高效能管理以及加快前期手续办理与配套设施建设等方面提出许多很好的建议。“十二五”规划在规划编制过程中，常委会组成人员和代表深入到区政府职能部门及各乡镇，调查了解“十一五”规划指标完成情况，与规划编制部门共同研究探讨今后的发展优势和产业调整重点，建议要牢牢把握住房山在首都建设世界城市进程中的战略地位和在五个城市发展新区中的特殊优势，围绕“全力打造首都高端制造业新区和现代生态休闲新城”的新定位，科学编制好“十二五”规划。开展以“建言十二五，共谋新发展”为主题的代表旬活动，广大代表深入基层调研座谈，共收集到功能区建设、山区发展等方面的重点建议60多条。同时，将规划纲要（草案）发给全体区人大代表，召开3次座谈会征求代表意见。在深入调研、广集民智的基础上，专题审议区政府“十二五”规划纲要（草案）编制情况的报告，建议要有效对接北京市“十二五”规划，为房山实现跨越发展提供产业支撑。房山区新型城市化战略实施以来，在以城市化带动产业化、以功能区支撑城市化的“双轮驱动”发展模式推动下，“两轴三带五园区”发展格局初具雏形。经过深入调研和认真审议，常委会做出《关于房山区国家生态区建设规划的决议》，把生态环境保护提高到房山发展生命线的高度。加强对产业转型升级的监督，探索与央企合作带动转型发展的有效途径，不断推动产业结构优化升级。常委会组成人员深入乡镇调研，了解替代产业发展和农民就业增收情况。同时，组织代表对沟域经济发展情况进行视察，推进山区经济转型和健康发展。围绕新兴产业发展，组织代表对现代服务业发展情况进行视察，有针对性地提出意见建议。

听取审议2009年财政决算的报告，审查批准财政决算。听取审议审计工作报告、2010年财政预算执行情况的报告，审查批准预算调整方案，初审2011年财政预算（草案）。落实代表议案建议。关于保障性住房建设的议案，2010年列入政策性住房项目15个，竣工25.81万平方米、共2986套。关于加强农村基础设施建设等101件代表建议全部按期办理答复，其中10件重点建议办理取得了较好效果。对就业和劳动保障情况进行视察，听取专项工作汇报，提出有针对性建议5条。注重群众来信来访，常委会共接待来信来访62件，使群众反映的一些问题得到妥善解决。加强法律监督，听取审议《中华人民共和国大气污染防治法》贯彻落实情况的报告，对《城市绿化条例》宣传贯彻情况进行检查。听取审议《中华人民共和国人口与计划生育法》实施情况的报告。围绕法律实施中存在的问题，对《中华人民共和国文物保护法》《中华人民共和国教育法》《中华人民共和国义务教育法》《中华人民共和国村民委员会选举法》实施情况进行执法检查，提出意见建议。加强对司法工作的监督。听取审议普法规划实施情况的报告、区法院民事审判工作报告，审议区检察院诉讼监督工作报告、公安工作汇报，都提出建议，发挥了职能作用。

2010年，代表有52人次列席常委会会议，216人次参加视察检查和调研活动，有93人次旁听了法院的庭审或参与案件执行。依法补选6名区人大代表。

（吴永锋）

【区六届人大五次会议共收到议案建议120件】 在1月14日举行的区第六届人民代表大会第五次会议第三次全体会议上，大会通过区人大常委会副主任、议案审查委员会副主任委员刘顺林作的《北京市房山区第六届人民代表大会第五次会议议案审查委员会关于代表议案的审查报告》。此次大会共收到代表所提出的议案 63 件，建议、批评和意见 57 件，共计 120 件。按照议案、建议内容分类，属于经济发展方面的 24 件、城乡和环境建设方面的 46 件、社会事业发展和社会管理方面的 40 件、政策体制方面的 10 件。以上议案、建议是人大代表通过深入走访选民，广泛调查研究的成果，议案、建议涉及全区经济发展和社会建设的各个方面，集中反映百姓关注的热点和难点问题。列为此次大会议案交区人民政府办理，由区人大常委会审议的 8 件，合并为 3 项议案。其余 55 件议案将转作建议、批评和意见处理，作为建议、批评和意见的共计 112 件，超出本级人民代表大会职权范围的将转给有关部门或通过市人大代表在市人代会上提出，其余交区人民政府有关部门研究办理并负责答复代表。

（吴永锋）

【房山区第六届人民代表大会第五次会议召开】 1 月 12 日至 15 日，北京市房山区第六届人民代表大会第五次会议在韩村河山庄会议中心召开。255 名人大代表参加会议。区委书记刘伟，区委副书记、区长祁红，区人大常委会主任郭先英，区政协主席范文彦，区委副书记苗立峰，区人大党组书记史全富，区政协党组书记唐淑荣等出席大会开幕式。市人大常委会法制办公室副主任王德林，北京国际信托有限公司党委书记、董事长刘建华等市人大代表列席会议。北京燕山石油化工有限公司、中国原子能研究院、中铁建工集团、中煤北京煤矿机械有限公司等中央、市属驻区企业主要领导应邀出席会议。会议听取和审议祁红关于房山区人民政府工作报告；审议房山区发展和改革委员会主任徐宗军关于房山区 2009 年国民经济和社会发展计划执行情况与 2010 年国民经济和社会发展计划（草案）的报告，审查和批准房山区 2009 年国民经济和社会发展计划执行情况的报告及 2010 年国民经济和社会发展计划；审议房山区财政局局长董瑞臣关于房山区 2009 年财政预算执行情况和 2010 年财政预算（草案）的报告，审查和批准房山区 2009 年财政预算执行情况的报告和 2010 年财政预算（草案）；听取和审议郭先英关于房山区人民代表大会常务委员会工作报告；听取和审议房山区人民法院代院长蔡慧永关于房山区人民法院工作报告；听取和审议房山区人民检察院检察长张笑英关于房山区人民检察院工作报告；补选和选举事项。会议补选史全富为房山区人大常委会主任，段维鹏为房山区人大常委会副主任，蔡慧永为房山区法院院长，增选史全富为北京市第十三届人民代表大会代表。

（吴永锋）

【区人大常委会领导与人大代表对保障性住房建设议案办理情况进行视察座谈】 3 月 18 日，区人大常委会领导和部分区人大代表对房山区保障性住房建设议案办理情况进行视察和座谈，区领导史全富、段维鹏、吴会杰，区人大常委会有关委室主任、区政府有关部门负责人和部分区人大代表参加座谈，常委会领导视察绪榆树街、洪寺村保障性住房建设项目，听取相关工作汇报，并就回迁房与保障性住房分开建设及保障性住房建设中遇到的问题与政府部分负责人进行座谈。代表们对区政府关注民生需求，把保障性住房建设作为政治任务，列入重要议程，健全保障管理体系，加强“三级审核和两级公示”、抓好廉政风险防范管理、实行“六公开”等做法和取得的成效给予高度评价，就进一步加强保障性住房建设提出建议。

（吴永锋）

【区六届人大常委会第 24 次会议】 4 月 15 日，区六届人大常委会召开第 24 次会议，会议听取区旅游局局长冀显江关于中国房山世界地质公园建设的专项工作报告，并进行工作评议和满意度测评。3个评议小组负责人刘元涛、宋耀民、刘永富委员从不同侧面进行评议，部分常委会委员和列席代表作评议发言。会议认为，自2006年9月中国房山世界地质公园正式获得联合国教科文组织批准以来，区旅游局以规划为引领，不断加强产业发展、宣传营销、综合整治和管理等体系建设，促进了全区旅游业的健康协调发展。会议提出3点建议：一是强化达标升级，全力以赴做好房山世界地质公园中评估迎检的各项工作。二是整合资源，加大统筹协调及要素集聚力度，发挥品牌带动效应，促进旅游产业上规模上水平。三是高度重视旅游产业发展，加大财政资金扶持力度，夯实基础工作。四是进一步优化旅游环境，加强宣传策划、道路建设、环境整治和规范管理，提高房山旅游整体水平和影响力。

（吴永锋）

【全国人大常委会法工委领导到房山调研】 5月28日，全国人大常委会委员、全国人大法律委员会副主任、全国人大常委会法工委主任李适时带领全国人大常委会法工委相关部门负责人到房山调研，就村民委员会组织法修订草案情况与房山区相关部门和部分村民代表进行座谈。市人大常委会副主任马振川，区委书记刘伟，区委副书记、区长祁红，区人大常委会主任史全富陪同调研。座谈会上，李适时等听取区民政局、区经管站、区农委以及部分村民委员会、村民代表关于村级组织现状、村民委员会与村集体经济组织的关系以及民主监督、民主管理、重大事项决策、村民委员会换届选举等情况的汇报。与会人员就村民代表身份的界定、利益分配等问题进行讨论，同时就加强党在农村基层的领导和延长村主任任期等问题提出意见和建议。李适时对北京市在农村基层党组织建设和农村城市化等方面取得的成绩给予充分肯定。

（吴永锋）

【区六届人大常委会第25次会议】 6月30日，区六届人大常委会召开第25次会议，会议听取审议区政府关于创建国家生态区规划。区委常委、常务副区长高言杰代表区政府宣读关于提请审议房山区国家生态区建设规划的议案，区环保局局长顾金锁受区政府委托向区人大常委会作关于北京市房山国家生态区建设规划及编制情况的说明，区人大农委主任王心松作关于房山区创建国家生态区有关情况的调查报告，部分委员和代表进行了审议发言。会议认为，《北京市房山国家生态区建设规划》符合北京市要求，体现房山区功能定位和“三化两区”建设要求，目标明确具体，切合实际。会议批准区政府关于房山国家生态区建设规划，并作出决议。围绕规划的实施，会议提出5点建议：一要抓源头，抓根本，加大产业结构调整力度，加快转变发展方式。二要严格执法，加大治理力度，依法创建国家生态区。三要建立投入机制，加强基础设施建设，争取市级资金支持，借力发展。四要细化责任任务，各项规划指标要明确具体责任部门，分年度推进，逐项抓好落实。五要加大宣传力度，提高全民的生态环保意识，全员参与，通过生态建设改变人的观念，形成创建国家生态区的良好氛围。

（吴永锋）

【部分市、区人大代表视察议案办理情况】 7月2日，区人大常委会组织部分市、区人大代表对“加快保障性住房建设、加强农村基础设施建设、全面推进社区规范化建设”3项议案办理情况进行视察。区人大常委会领导史全富、李福田、梁顺、段维鹏及各委室主任参加视察，区委常委、副区长李江，以及区政府办公室、区住建委、区社会办、区新农村办、长阳镇、阎村镇、西潞街道等单位负责人陪同视察。代表们实地察看长阳镇独义村保障性住房建设项目、阎村镇小紫草坞村新农村建设情况和海逸半岛社区建设情况，并听取3项议案办理情况的汇报。区人大常委会领导和市、区人大代表对议案办理情况表示满意，代表们就加强民生工程宣传、统筹社区建设与管理、新农村建设后续管理等方面提出意见和建议。

（吴永锋）

【区人大常委会领导就低碳循环经济发展情况进行调研】 7月6日，区人大常委会主任史全富，常务副主任李福田，副主任梁顺、段维鹏及相关委室主任就房山区低碳经济、循环经济发展情况到部分企业进行调研，石楼镇、良乡镇负责人陪同调研。史全富一行实地察看房山区再生资源分拣中心、康美（北京）药业有限公司，听取博源包装制品有限公司关于企业发展情况和今后发展设想的汇报。区人大常委会领导对博源包装制品有限公司致力于发展低碳循环经济的做法及取得的成绩给予充分肯定，认为该公司注重研究经济形势与政策，具有开拓进取精神和高度的社会责任感，发展理念新，规划效果好，坚持以人为本，统筹发展，取得了较高的经济效益和社会效益。

（吴永锋）

【市、区人大代表视察房山区重点功能区建设情况】 7月9日，区人大常委会主任史全富，常务副主任李福田，副主任梁顺、段维鹏及各委室主任和部分市、区人大代表实地察看窦店高端现代制造业产业基地和京西重工公司项目建设情况；北京石化新材料科技产业基地建设情况，同时参观了石化基地展室和沙盘、北京威力雅水务公司等，并举行座谈会，听取区经信委关于房山工业及工业园区发展情况、北京石化新材料基地管委会关于北京石化新材料科技产业基地发展情况、窦店镇关于窦店高端现代制造业产业基地、长阳镇关于房山中央休闲购物区长阳核心区建设进展情况的汇报。区人大常委会领导和代表们对功能区建设取得的成绩给予充分肯定，认为区五大功能区建设规模大、战略布局好、起点高、推进速度快、运作方式灵活、阶段性成果显著，对房山未来发展具有重大意义。代表们对加强宣传、人才引进、拆迁工作等方面提出建议。

（吴永锋）

【市、区人大代表对房山区现代服务业发展情况进行视察】 7月19日，区人大常委会领导史全富、李福田、梁顺及相关委室主任和部分市、区人大代表实地察看长阳CSD奥特莱斯建设基地、菜百首饰良乡店、国泰百货良乡店，听取了区商务委相关工作汇报，并进行座谈。区人大常委会领导和代表们对房山区现代服务业发展情况及取得的成绩给予充分肯定，在加强服务、商业布局与发展规划等方面提出意见和建议。区委常委、副区长李江，以及区政府办、区商务委、拱辰街道、长阳镇等单位负责人陪同视察。

（吴永锋）

【房山团市人大代表开展年中集中活动】 8月3日，房山团市人大代表举行座谈会，学习传达市委书记刘淇、市长郭金龙在全市2010年上半年经济分析会上的讲话精神，通报市上半年经济运行情况、市财政局和市发改委上半年相关工作执行情况，市人大常委会上半年工作情况等。市人大代表、区人大常委会主任史全富，市人大代表、市人大教科文卫体委委员郭先英，市人大代表、市人大法制办副主任王德林，市人大代表、区人大常委会常务副主任李福田等参加会议。与会市人大代表对各项报告给予充分肯定，认为北京市以科学发展观为统领，着眼建设世界城市，着力抓好自主创新、重大工程和重大项目建设、民生改善，加快推进“人文北京、科技北京、绿色北京”建设和发展方式转变，首都经济社会发展取得显著成效，呈现出良好的发展态势。围绕经济社会发展形势，与会市人大代表在科学编制“十二五”

规划、城乡统筹发展、新农村建设与管理、山区替代产业发展和社会事业发展等方面提出意见和建议。

（吴永锋）

【区人大代表旬活动】 9月中旬，区领导刘伟、史全富、唐淑荣、张祝华、刘欣国、赵军、李福田、梁顺、刘顺林、段维鹏、王淑红等分别参加或陪同参加区人大代表旬活动。此次区代表旬活动以“建言十二五、共谋新发展”为主题，由各乡镇、街道人大组织驻区市人大代表和区人大代表，围绕功能区建设、城乡一体化发展和“十二五”规划编制，采取专题调研、座谈等形式走访联系群众，广泛征集意见建议，汇集民意民智，推进科学发展和民生改善。区四大部门领导分别以普通人大代表的身份带头参加活动，带头深入选区了解社情民意，开展专题调研。区人大代表深入到农村、社区、企业、学校、重点工程和民生工程建设现场等进行视察、专题调研、走访和座谈等。各乡镇组织辖区内区人大代表围绕功能区建设、重大项目引进及配套设施建设、社会事业发展、资源高效利用、环境保护、民生改善、区域协调发展等方面进行广泛调研。收集到大量民意，为科学编制“十二五”规划，推进全区经济社会发展和民生改善汇聚智慧。

（吴永锋）

【马启智一行到窦店村考察】 9月29日，全国人大常委会委员、全国人大民委主任委员马启智一行就新农村建设和民族村经济发展情况到窦店镇窦店村考察指导工作。市人大常委会委员、市人大宗侨委主任委员、市人大常委会民宗侨办公室主任席文启，区领导刘伟、史全富、赵军、李福田、段维鹏、马丽英陪同考察并座谈。座谈会上，窦店村党委书记仉锁忠从窦店村的地理位置、发展历程、经济概况、民主制度建设和党建工作等几个方面对全村进行介绍。马启智认为房山区发展模式符合科学发展观的要求，指出窦店村在房山区实现跨越式发展的背景下，各民族团结拼搏，使村域内工业、农业、服务业发展迅猛，为民族村的经济发展道路积累了有益经验。马启智一行先后到京西重工窦店高端汽车零部件生产厂房、富恒农业观光园、窦店村工业园区、白灵菇生产基地进行实地考察。

（吴永锋）

【市、区人大代表视察房山区中小学校标准化建设和抗震加固情况】 10月26日，区人大常委会主任史全富，常务副主任李福田，副主任梁顺、刘顺林及人大各委室主任和部分市、区人大代表实地察看长沟中学、长沟中心小学和房山第三小学标准化建设和抗震加固情况，观看了房山区近年来教育发展专题片，听取区教委相关工作汇报。区委常委、副区长李江，及区政府办、区教委、区住建委、区财政局、区发改委、长沟镇、城关街道办事处等单位负责人陪同视察。区人大常委会领导和参加视察的市、区人大代表对全区中小学校标准化建设和抗震加固工程建设情况给予充分肯定，认为区政府及相关部门积极采取有力措施，推进中小学校标准化建设和抗震加固工作，使房山区学前教育、职成教育、山区教育以及教育教学整体水平走在全市郊区县前列。代表们在幼儿教育、德育教育、软件建设、学校周边环境建设、高端要素引进、校园安全和工程建设质量等方面提出意见和建议。

（吴永锋）

【区六届人大代表补选工作】 10月8日，区六届人大代表补选工作动员会召开。按照《中华人民共和国全国人民代表大会和地方各级人民代表大会选举法》有关规定，房山区利用1个月的时间对5名出缺的区六届人大代表依法进行补选，补选工作经动员准备、核对选民、酝酿提名确定代表候选人以及投票选举工作总结4个阶段。代表补选工作涉及全区5个乡镇，近2.5万名选民，参选率达到99%以上，5名补选的区人大代表得票率均在99.50%以上。经区补选工作领导小组审核，选举结果有效，各选区张榜公布。当选的5名区人大代表分别是：区委常委、区纪委书记王智慧，区委常委、副区长李江，区委常委、组织部部长孙强，副区长马继业，区法院院长蔡慧永。

（吴永锋）

【任命王建平为区检察院代理检察长】 11月12日，区六届人大常委会召开第29次会议，通过有关人事任免事项。区人大常委会主任史全富，常务副主任李福田，副主任梁顺、刘顺林出席会议，区委常委、常务副区长高言杰列席会议。由于区人民检察院检察长张笑英工作调动，请求辞去区人民检察院检察长职务。根据《中华人民共和国地方各级人民代表大会和地方各级人民政府组织法》第二十七条规定，主任会议建议接受张笑英辞去房山区人民检察院检察长职务的请求，提请常委会会议审议决定。根据《区人大常委会任免国家机关工作人员办法》规定，各委员举手表决通过张笑英的辞职请求，接受她辞去区检察院检察长职务。根据市委同意和区委建议，依据《中华人民共和国地方各级人民代表大会和地方各级人民政府组织法》第四十四条规定，区人大常委会主任会议提出任命王建平为房山区人民检察院检察员、检察委员会委员、副检察长的议案，根据《中华人民共和国地方各级人民代表大会和地方各级人民政府组织法》第四十四条关于人民检察院检察长因故不能担任职务的时候，从本级人民检察院副职领导人员中决定代理人选的规定，经主任会议研究，提名由王建平副检察长代理房山区人民检察院检察长职务，提请常委会会议审议决定。依据投票结果，任命王建平为房山区人民检察院检察员、检察委员会委员、副检察长、代理检察长。区人大常委会主任史全富向王建平颁发任命书。

（吴永锋）

【市、区人大代表视察轨道交通房山线建设情况】 11月18日，区人大常委会组织部分市、区人大代表视察轨道交通房山线建设情况，听取区轨道办相关工作汇报。市人大教科文卫体委员会委员郭先英，区人大常委会常务副主任李福田，副主任梁顺、刘顺林、段维鹏、王淑红及驻会委员参加视察。副区长吴会杰及区轨道办，区人大常委会相关委室主任、各委室副主任，区市政市容委等单位负责人陪同视察。市、区人大代表们认为，轨道交通房山线建设项目机遇抓的好、部门间配合力度大、建设速度快，成效显著，对加速推进房山区城市化进程、融入市区交通网、促进全区经济社会快速发展将起到重要的作用。同时建议，房山线沿途站点要与地面公共交通进行有效衔接，方便群众出行；要加大轨道沿线环境综合整治力度，打造亮丽风景线；要利用轨道交通房山线平台，加强对房山优势资源的宣传，增强对高端要素的吸引力，促进全区经济社会发展。

（吴永锋）

【市、区人大代表视察房山区城乡结合部建设情况】 12月2日，区人大常委会主任史全富，常务副主任李福田，副主任段维鹏、王淑红带领部分市、区人大代表实地察看拱辰一街至五街改造工程、北部和西部回迁区工程以及拱辰街道东羊庄村建设情况，并召开座谈会，听取相关工作汇报。代表们对房山区城乡结合部建设情况给予肯定，认为区政府及相关部门高度重视，组织保障到位，措施有力，进展速度快，取得显著成效。同时就配套设施建设、违章建筑整治、促进农民就业等方面提出建议。副区长吴会杰及区政府办、区住建委、拱辰街道办事处等单位负责人陪同视察。

（吴永锋）

【部分市、区人大代表视察议案办理情况】 12月16日，区人大常委会组织部分市、区人大代表对区六届人大五次会议确定的“全面推进社区规范化建设，提高社区管理和服务水平”议案办理情况进行视察，区人大常委会常务副主任李福田参加视察。代表们察看北京电力设备总厂社区、文化路社区和苏庄二里社区建设情况，详细了解社区工作存在的困难，听取区社会办负责人关于议案办理情况的汇报。代表们就进一步加强社区规范化建设，提高社区服务质量提出意见和建议。

（吴永锋）

【部分市、区人大代表视察房山区人力社保工作】 12月29日，区人大常委会主任史全富、副主任刘顺林及各委室主任和部分市、区人大代表到区人力社保局进行视察，副区长马继业及区政府办、区人力社保局负责人陪同视察。代表们察看了区人力资源管理中心、区职业技术学校和社保中心，观看区人力社保局工作专题片，听取相关工作汇报。市、区人大代表对区人力社保局工作给予充分肯定，认为区人力社保局领导班子团结务实、战斗力强，工作思路清晰，立足房山发展大局，充分发挥职能作用，攻坚克难，积极主动地开展工作，为“三化两区”建设、维护社会和谐稳定作了大量卓有成效的工作。代表们就加大就业培训指导力度、建立健全人才引进机制、帮助就业困难群体就业等方面提出意见和建议。

（吴永锋）

北京市房山区人民政府

【综述】 2010年，房山区完成区六届人大五次会议确定的各项任务。功能区建设加强与央企合作，引进北控太阳能、港中旅温泉城、西门子“云计算”中心等一批重大产业项目。北京石化新材料科技产业基地中石化投资项目建成投产16项，部分项目实现属地纳税，北京石油交易所投入运营。窦店高端现代制造业产业基地长安汽车项目从签署协议到奠基仅用3个月，京西重工减震器工厂开始设备安装。中央休闲购物区（CSD）品牌效应不断凸显，奥特莱斯旗舰中心开工。中国房山世界地质公园通过中期评估，中国房山世界地质博物馆开馆运营，云居寺文化景区等重点工程加快推进。中国北京农业生态谷筹建工作有序进行，市政府与中粮集团签署框架协议。

轨道交通房山线通车运营，燕房线规划方案获得批复，地铁房山线停车场等配套设施加快完善。京良快速路、京石二高速前期工作基本就绪，新增9条区域和新城内部道路。深化公交体制改革，交通运输服务水平稳步提升。水电气热等基础设施加快完善，新改建41座水厂，完成4项电网建设工程，新增天然气用户2万户，5项集中供热工程全部启动。以长阳半岛为核心的新城示范区建设初见成果，面向国际招标，确定城市设计规划方案，芭蕾雨·悦都等精品生态住宅新开工75万平方米，公共服务设施建设同步推进。新城两组团建成区面貌持续改善，拱辰街道一街至五街回迁安置房竣工612套，城关街道中心区改造前期工作基本就绪，市级城乡结合部重点建设村——东羊庄村完成拆迁。城市服务管理不断加强，开展城市环境百日整治等活动，加大城市顽疾治理力度，重点区域得到有效治理，城镇垃圾分类完成比例名列全市首位，人防工程建设、利用与管理水平不断提高。完成刺猬河二期治理，房山新城滨水森林公园开工，永定河绿色生态走廊建设全面启动。空气质量二级以上天数比重为69.3%。

都市型现代农业健康发展。设施农业新增面积3400亩，建成一批标准化基地。农业企业新增20家，澳特舒尔有限公司成功上市。优势产业发展势头强劲，种养业结构进一步优化，籽种、蔬菜、肉鸭等产业发展态势良好。落实农业政策性保险、粮食综合直补等各项强农惠农政策，加强新型农民培训。农村改革继续深化，61个村完成产权制度改革，林权制度改革完成90%。全面实施新农村建设“5+3”工程，提前两年实现五项基础设施全覆盖，村容村貌持续改善。

坚决退出低端资源型产业，关闭最后一批小煤矿，关停127家水泥、石灰和石板企业，严厉打击偷挖盗采。深入系统解决煤矿关闭涉及的尘肺病待遇、取暖用能等问题，最大限度地降低产业转型对社会稳定造成的冲击。完成543户、1618人山区险户搬迁，山区人口迁移集中安置项目起步区具备入住条件。六石路、108国道复线、108国道提级改造等道路工程竣工通车。持续开展环境整治、废弃矿山修复、水源地保护等工程，完成绿化造林6万亩。启动国际葡萄酒庄产业集群建设，浅山区发展取得实质性突破。张坊仙栖谷、蒲洼京郊小西藏和周口店红螺寺3个沟域经济试点进展顺利。南窖沟域完成规划设计方案国际招标，在全市沟域经济规划设计评比中综合排名第一。

就业形势总体平稳，城镇登记失业率为3.17%。完善就业服务体系，城镇新增就业1.4万人，农村劳动力转移就业1.3万人，安置煤矿关闭地区劳动力就业3400人，1.3万名城乡就业困难人员实现就业。城乡居民养老保险参保率达到99.8%，农村居民基本实现老有所养。保障性住房竣工近3000套，完成配租配售928套，定向安置用房竣工108万平方米。落实社会救助政策，发放各类救助金1亿元。落实“九养”政策和老年优待办法，为2.2万名老年人、残疾人发放养老助残服务券，为2540户家庭实施无障碍设施改造。组织实施科技计划项目50项。完成50栋建筑抗震加固工程，新建6所幼儿园。职成教育完成各类培训15万人次。良乡医院门急诊综合楼投入使用，区妇幼保健院门诊病房楼主体完工。深化医药卫生体制改革，公费医疗与职工基本医疗保险制度并轨，农民健康促进工程4种慢病免费供药实现全覆盖。计划生育政策符合率为96%。直接关系群众生产生活的30件重要实事全部完成。

开展宣传实践“做文明有礼的北京人”活动。组织“星火工程”“文化周末大舞台”等文艺演出3000场。完成33个社区办公用房标准化建设，新建100个农村社区服务站。完成第八届村委会换届选举、“五五”普法工作。完成年度征兵任务，退转军人安置率保持100%。落实安全生产责任制，加强高危行业监管。健全应急预案体系，加强实战演练，成立综合应急救援支队。加强食品药品和生活必需品监管。重点围绕建设领域矛盾纠纷，开展专项排查。严厉打击各类违法犯罪活动，突出抓好校园安保工作。切实保障少数民族群众权益，全区民族团结、宗教和睦。

（付旭英）

【六届区政府第29次常务会议】 3月3日，在区政府426会议室召开六届区政府第29次常务会议，会议由区委副书记、区长祁红主持。会议听取关于2009年区政府机构改革部门“三定”工作汇报；讨论了关于“人文北京、科技北京、绿色北京”房山行动计划工作方案，会议原则同意区发改委提出的《关于“人文北京、科技北京、绿色北京”房山行动计划工作方案》，由其根据会议意见修改完善后以区政府办名义印发。讨论了关于《房山区森林防火区、防火期管理办法（草案）》。会议原则同意区园林绿化局提出的关于《房山区森林防火区、防火期管理办法（草案）》，由区法制办把关后以区政府名义印发全区执行。听取关于 2010 年房山区需要化解的重点信访案件有关情况，会议强调，2010 年，房山区将进入大发展时期，各类矛盾也将凸现，各部门、各乡镇（街道）要进一步提高对信访工作的认识，制定切实可行的措施，最大限度地协调各方利益，减少重复访和越级访的发生。同时，要高度重视在当前的开发建设过程中，严格履行基本建设程序。会议要求：加强督办。对 10 起重点信访案件实行分工负责制，由房山国土分局将任务分解，明确主责单位，相关部门协管，确保“案结事了”。由区监察局、区政府督查室督办。由副区长吴会杰总牵头，各主管副区长全力配合，相互协调，共同化解矛盾，必要时请区委政法委帮助协调，确保信访案件及时妥善处理。

（付旭英）

【六届区政府第 30 次常务会议】　3 月 17 日，在区应急指挥大厅召开六届区政府第 30 次常务会议，会议由区委副书记、区长祁红主持。会议讨论了关于 2010 年北部山区发展绿色行动计划工作方案。会议强调，北部山区发展绿色行动计划要把握重点，分步实施，以点带面，以项目带全局，以项目带就业。2010 年，要重点抓好资源型产业退出、环境整治、生态修复、水域环境改善、能源替代、山区人口搬迁、基础设施建设和替代产业发展八大工程。会议要求：（一）北部山区发展绿色行动计划要在新型城市化道路的指引下，2010 年本着彻底退出资源型产业这一基本目标，区发改委牵头，研究产业转型，着力解决山区农民的出路问题，破解人口、资源、环境的矛盾，切实转变发展方式。（二）各相关部门、特别是山区乡镇要从实际出发，增强紧迫感，振奋精神，把环境建设作为切入点，组织班子认真研究政策，根据区发改委提出的《房山区 2010 年北部山区发展绿色行动计划工作方案》，拿出重点项目的实施计划，4 月上旬向区委、区政府汇报。（三）各相关部门都要关注山区的发展与社会稳定。要广泛发动社会各界，行动起来，促项目政策集成。突出重点，抓紧时间，完成好 2010 年的计划任务。（四）区发改委要与市发改委沟通，督促上报的山区搬迁方案早日批复。区山区人口迁移办要进一步梳理市政府关心的替代产业发展面临的就业压力以及群众的生产生活问题，做好汇报准备。会议原则同意区发改委提出的《房山区 2010 年北部山区发展绿色行动计划工作方案》，由其根据会议意见特别就文字部分进一步修改完善后，抓紧启动、落实。会议讨论了关于进一步完善勤政保障体系深入开展作风建设年活动实施意见，会议原则同意区监察局提出的《进一步完善勤政保障体系深入开展作风建设年活动实施意见》，以区政府名义印发全区执行。

（付旭英）

【召开“城南在行动 行动在房山”新闻发布会】　3 月 22 日，在房山区 CSD 核心区长阳镇举行“时尚明珠 魅力房山——城南在行动 行动在房山”新闻发布会。首创置业股份有限公司董事长刘晓光，区领导高言杰、吴会杰出席会议。区委常委、宣传部部长赵佳琛主持发布会。《城南行动房山计划》提出，要推进一批重大交通基础设施项目，加快推进包括京石二通道、京良路在内的 6 条跨区交通通道建设，完善与中心城区之间多层次、多选择的快速交通体系建设，解决交通瓶颈问题。在环境基础设施建设上，加快推进新城滨水森林公园、大石河治理等一批重点项目。推进一批信息基础设施建设工程，全力推进北京石化新材料科技产业基地、窦店现代制造业产业基地、房山中央休闲购物区（CSD）、中国房山世界地质公园和都市现代农业示范区建设。新华社、北京青年报、北京晚报、北京日报、北京电视台等中央、市、区级近百家新闻媒体的 100 多名新闻记者参加活动，并在城南行动房山计划、房山新城滨水森林公园、京良路（房山段）拓宽改造工程等方面提出问题，区发改委、区水务局、房山公路分局等单位的领导进行详细解答。

（区信息中心）

【六届区政府第 31 次常务会议】 4 月 7 日，在区政府 426 会议室，召开六届区政府第 31 次常务会议，会议由区委副书记、区长祁红主持。会议讨论了关于房山区鼓励跨国公司、大型企业集团在房山设立地区总部若干规定，会议原则同意区发改委提出的《关于房山区鼓励跨国公司、大型企业集团在房山设立地区总部若干规定》，由其根据会议意见对文件进一步修改完善，报区政府审定后再予下发执行。会议听取了关于房山区加强乡镇政府依法行政意见的汇报，各部门、各乡镇（街道）的领导干部要加强学习，认识依法行政的重要性和紧迫性，做到学法与实际工作紧密结合，提高领导干部依法兴业、依法发展的能力和水平。会议原则同意区法制办提出的《房山区加强乡镇政府依法行政的意见》，由其根据会议意见对文件修改完善后，以区政府名义印发全区执行。会议传达了关于市纠风办清理评比达标表彰工作有关事项的通知精神。会议要求，区监察局、区法制办要认真梳理房山区需清理的评比达标表彰项目，做好收尾工作。会议讨论了关于房山区教育工作会相关问题。会议原则同意召开房山区 2010 年教育工作会议及区教委提出的《关于在新型城市化建设进程中进一步推动教育事业发展的意见》，由其根据会议意见对教育工作会议议程和文件内容进一步修改完善后，提交区委常委会审议。

（付旭英）

【祁红做客北京城市服务管理广播】 4 月 13 日，区委副书记、区长祁红做客北京城市服务管理广播《城市零距离》“新阶段、新发展、新生活，市民对话一把手”栏目，围绕《城南行动计划》等内容与主持人和市民朋友进行沟通和交流，回答大家关心的各方面的问题。同时，问城网、北京广播网、首都之窗、新浪网、手机 3G 门户网联合进行音视频直播。

（区信息中心）

【房山区与中国农业银行股份有限公司北京市分行签订战略合作框架协议】 4 月 14 日，房山区与中国农业银行股份有限公司北京市分行签订战略合作框架协议，区委常委、副区长李江主持签约仪式，区委副书记、区长祁红，中国农业银行股份有限公司北京市分行党委书记、行长易映森分别致辞，区委副书记张祝华，区委常委、常务副区长高言杰，区人大常委会副主任刘顺林出席仪式。根据合作协议，农行北京分行将在信贷政策、信贷规模、业务运作效率、金融渠道建设、人力及科技资源配置上对房山区进行优先支持。主要在基础设施建设、公共服务、新城建设、环境保护、产业提升、小企业金融服务和新农村建设等领域加大信贷投入力度。在支持全区的中小企业发展方面，该行将安排专门服务机构，配合政府解决中小企业融资难问题。同时农行北京分行还将加强金融产品创新，通过银团贷款、融资租赁、票据融资等创新产品以及短期融资券、中期票据、资产证券化等直接融资方式，拓宽区内企业的融资渠道。在 3 年内，中国农业银行北京分行对全区在基础设施建设、公共服务、新城建设、环境保护、产业提升、小企业金融服务和新农村建设等领域提供意向性授信额度不少于 100 亿元。

（区信息中心）

【召开城南行动推进会第二次会议】 4 月 16 日，房山区召开城南行动推进会第二次会议，研究重大项目建设工作。区委书记刘伟，区委副书记、区长祁红，区委副书记张祝华，区委常委、常务副区长高言杰，副区长吴会杰出席会议。会议传达北京市城南行动领导小组办公室第一次会议精神，并听取相关部门关于城南行动重大项目推进情况的汇报。2010年，房山区有32项重点工程列入北京市城南行动重点推进项目折子工程，其中包括轨道交通房山线、京石二通道等道路交通、集中供热、重点功能区建设等方面。

（区信息中心）

【六届区政府第33次常务会议】　5月12日，在区政府426会议室，召开六届区政府第33次常务会议，会议由区委副书记、区长祁红主持。会议讨论了关于《房山区葡萄酒产业发展若干意见（试行）》，会议决定，原则同意区农委提出的《房山区葡萄酒产业发展若干意见（试行）》，由其根据会议所提意见进行修改，并待征求市相关部门意见后，再予印发。会议讨论了关于《永定河绿色生态发展带建设房山行动计划（2010～2015年）》，会议要求：由常务副区长高言杰牵头，各位分管副区长配合，加强统筹，积极协调各部门，确保各项建设任务有计划、有步骤地组织实施；全区各部门、各乡镇（街道）要集中精力认真研究，在综合分析区位优势的基础上，对项目进行分类梳理，确定重点工程；要充分调动各部门、各乡镇（街道）的积极性，以项目为核心，集成各方面扶持政策，梳理近期能够落地的项目，通过政府引导带动社会投资，同时促"十二五"规划项目跟进。会议决定，原则同意区发改委提出的《永定河绿色生态发展带建设房山行动计划（2010～2015年）》，由其按照会议所提意见进一步修改完善，按行动计划开始实施。会议讨论了关于事业单位公开招聘有关情况。

（付旭英）

【六届区政府第34次常务会议】　5月19日，在区政府426会议室，召开六届区政府第34次常务会议，会议由区委副书记、区长祁红主持。会议讨论了关于区级土地利用总体规划成果。会议决定，原则同意房山国土分局编制的《房山区土地利用总体规划》。向区委常委会汇报后，上报市政府及市相关部门；向区人大常委会汇报。会议讨论了关于落实北京市审计局对重点工程投资项目和土地管理专项检查工作方案。会议决定，原则同意区审计局提出的《关于落实北京市审计局对重点工程投资项目和土地管理专项检查工作方案》，按照要求抓紧实施。会议讨论了关于2010年房山区关闭小煤矿工作方案，会议议定：（一）关于煤矿关闭井口填埋费用问题。区财政按不低于2005年煤矿井口关闭的补助标准，给予关闭煤矿的乡镇适当的资金支持。（二）区财政对于提前关闭煤矿的乡镇给予适当的资金补偿。（三）关于煤矿关闭后，退休、伤残及抚恤人员的保障问题。由区财政与乡镇政府共同按原补助标准核定。区财政转移支付。（四）继续保证打击私挖盗采所需的经费支出。（五）区财政给予关闭煤矿的乡镇适当的职工安置资金支持。（六）区发改委要进一步梳理煤矿关闭后银行不良贷款问题，分清债务责任。有关乡镇政府要与农商行沟通联系，争取挂账停息政策。（七）关闭煤矿的乡镇政府根据实际情况协助企业进行固定资产处置。（八）关闭煤矿的乡镇政府要认真研究，妥善解决男60岁以上、女55岁以上人员供养问题。（九）区发改委牵头组织相关部门研究煤矿关闭地区群众生活用能源问题，合理确定补贴标准。会议决定，原则同意区发改委提出的《2010年房山区关闭小煤矿工作方案》。由其根据会议议定事项进一步修改、完善、细化后，提交区委常委会审议。

（付旭英）

【六届区政府第 35 次常务会议】 6 月 2 日，在区政府 426 会议室，召开六届区政府第 35 次常务会议，会议由区委副书记、区长祁红主持。会议讨论了关于解决征地转非人员社会保障问题。会议决定：（一）原则同意区人力社保局提出的《房山区落实建设征地补偿安置政策实施方案》及《房山区建设征地补偿安置指导意见（草案）》，由其按照会议所提意见对以上两个文件进行修改、完善，并征求相关部门意见后，印发实施。（二）关于《房山区建设征地补偿安置指导意见》执行中的有关问题，由区征地补偿安置工作领导小组办公室协调各相关单位，予以统一解释。（三）由区人力社保局负责，择期召开全区落实建设征地补偿安置政策，解决农转非人员社会保障问题动员大会，安排部署转非安置工作。会议讨论了关于 2010 年房山区小煤矿关闭验收工作方案。会议决定：（一）原则同意区安监局提出的《2010 年房山区小煤矿关闭验收工作方案》，以区政府名义印发全区贯彻落实。（二）由常务副区长高言杰、副区长吴会杰负责，区安监局牵头，即日起进驻各产煤乡镇，监督并督促各产煤乡镇及关闭煤矿，严格按照关闭标准完成关闭工作。

（付旭英）

【区政府与京投公司签约共同开发轻轨南关站周边土地】 7 月 16 日，区政府与北京市基础设施投资有限公司签订轨道交通房山线周边土地一级开发合作框架协议，双方将合作开发轻轨南关站周边土地。北京市基础设施投资有限公司董事长王琪、总经理田振清，区委副书记、区长祁红，副区长吴会杰出席签约仪式。区政府将与北京市基础设施投资有限公司对轨道交通房山线南关站周边土地实施一级开发。通过轨道交通沿线的资源开发，实现地铁建设与周边土地同步、整体规划建设，为市民提供高质量的交通和生活服务，同时提升周边土地的价值。

（胡颖）

【举办第四届首都西南区域经济发展论坛】 9 月 9 日，在房山区会议中心举办第四届首都西南区域经济发展论坛，北京市政协主要领导，市委、市政府领导，以及北京市 8 个民主党派领导、专家学者代表，和西南 7 个区、市、县的部分政协委员共 300 多人出席论坛，丰台、石景山、门头沟、房山、大兴 5 个区以及河北省涿州市和固安县携带最新调研成果，围绕永定河绿色生态发展带建设各抒已见。此届论坛的主题是“把握机遇，跨越发展”。本着突出重点的原则，论坛把推进永定河绿色生态发展带规划的实施与建设作为中心内容，组织各方力量开展系统深入的研讨。房山区委副书记、区长祁红代表房山区政府，在论坛发言中就加快推进西南区域新型城市化进程，提出西南各区县应按照“一条主线、四位一体”的总体思路，加快推进西南区域新型城市化进程的建议。

（区信息中心）

【六届区政府第 43 次常务会议】 9 月 27 日，在区政府 426 会议室，召开六届区政府第 43 次常务会议，会议由区委副书记、区长祁红主持。会议听取关于房山区 2010 年 30 件重要实事进展情况，讨论了关于房山区公费医疗向基本医疗保险并轨方案。会议决定：（一）原则同意区人力社保局提出的《公费医疗向基本医疗保险并轨方案》，上报市人力社保局。（二）以区政府名义发布实施《房山区公费医疗改革实施意见》。（三）同意开发补充医疗保险报销软件，所需费用由区财政支付。会议讨论了关于解决史家营等乡镇煤矿关闭后尘肺职工工伤待遇问题。会议要求：（一）相关单位要在区委、区政府的领导下，按照既定政策，继续加大工作力度，认真、主动履行各项职责，进一步推进此项工作。（二）要继续深入研究现有政策，在实施中不断完善。不但要处理好煤矿关闭后尘肺职工这一特殊遗留问题，也要为将来水泥、石灰、石板等非煤矿山行业退出后尘肺职工问题的解决，提供好的经验。同时，注意将现行政策与之前的相关政策衔接好。（三）由常务副区长高言杰负责，组织相关部门对现有非煤矿山劳动用工情况进行全面检查，对未按规定履行手续的，一律补齐，不能再留下任何隐患。会议决定：（一）关于资金承担比例，原则同意区人力社保局提出的第三方案，即用人单位负担30%、乡镇负担20%、区政府负担50%。（二）同意建立解决关矿职工遗留问题的长效机制。由区人力社保局继续牵头负责，增加5名人员编制，增加协调相关部门处理关矿职工遗留问题职能。会议听取了关于2010年度区县政府依法行政考核实施细则任务分解情况汇报，会议原则同意区法制办提出的《房山区 2010 年依法行政考核指标分解表》，以区政府名义下发执行。会议讨论了关于《房山区推进企业上市工作意见（草案）》。会议原则同意区发改委提出的《房山区推进企业上市工作意见（草案）》，根据会议所提意见、要求进一步完善后，发布实施。会议讨论了有关人事任免事项。

（付旭英）

【六届区政府第45次常务会议】 11月24日，在区政府426会议室，召开六届区政府第45次常务会议，会议由区委副书记、区长祁红主持。会议讨论关于《房山区加强人防工程使用管理意见（试行）》。会议原则同意区民防局提出的《房山区加强人防工程使用管理意见（试行）》，以政府文件形式印发全区执行。会议讨论关于《健康房山人——全民健康促进十年行动规划（2009~2018年）》，会议原则同意区卫生局提出的《健康房山人——全民健康促进十年行动规划（2009~2018年）》，由其按照会议所提意见进一步修改完善后，印发全区贯彻落实。会议讨论关于《房山区 2011 年度新型农村合作医疗制度管理办法实施方案》，会议原则同意区卫生局提出的《房山区 2011 年度新型农村合作医疗制度管理办法实施方案》，自 2011 年 1 月 1 日起施行。会议强调，在鼓励民营医院进入新型农村合作医疗定点医疗机构的同时，必须制定严格的准入标准，明确的“责、权、利”关系，并严格评审验收，以确保房山区新农合医疗保障健康可持续发展，切实为农民提供最大的实惠。

（付旭英）

【祁红做客《点击年关键》访谈节目】 12月7日，北京电视台《点击年关键》栏目组邀请房山区区长祁红、大兴区区长李长友和石景山区区长周茂非共同做客演播室，探讨3区县转变经济发展方式的做法、经验以及“十二五”规划发展蓝图。祁红讲述房山区改善环境与经济发展方式转变的过程中政府所做出的种种努力。

（区信息中心）

【房山区 2010 年在直接关系群众生活方面拟办的重要实事】 一、切实解决好涉及民生的重点难点问题，让群众共享改革发展成果方面（10项）。（一）改善老旧小区居民生活环境。对拱辰一街社区，城关永安西里小区、北关东里小区、仓房小区、北里小区、南沿里社区、农林路社区7个小区进行室内外上下水改造、阳台加固维修、楼道门窗更换维修、楼顶防水、污水井和化粪池清淘整修、雨漏管更换等综合改造。（二）加快保障性住房建设。城关楮榆树街、城关永安东里、城关洪寺村、拱辰伟业嘉园、长阳北部组团、长阳高佃三村6个保障性住房项目开工15万平方米（其中经济适用住房开工11.5万平方米，廉租住房开工3.5万平方米），竣工10万平方米。（三）劳动保障服务工作设施建设。按照市统一标准，建设80个至100个规范的标准化社区（村）劳动保障工作服务站，改善农村地区劳动保障服务工作条件。（四）加大对少数民族村经济发展的扶持力度。建立专项扶持基金，制定完善优惠政策和发展规划，扶持少数民族村经济实现良好发展，维护社会和谐稳定。（五）为农村社救优抚对象进行危旧房翻建改造。为农村社救对象翻建改造危旧房 80 户、240 间，为农村优抚对象翻建改造危旧房 10 户、30 间。（六）开展居家养老助残服务。为具备北京市户籍的 80 周岁及以上的老年人每人每月发放 100 元养老服务（助残）券，并为老年人提供居家养老服务。（七）加大残疾人帮扶救助力度。为 1000 户下肢残疾人家庭进行无障碍设施改造，为 50 名贫困精神病人提供 1 年免费入院治疗，为 1000 名贫困残疾人免费发放辅助用品。（八）提高计划生育优质服务水平。利用市财政贴息贷款 2000 万元，帮扶 400 户农村计划生育低收入家庭实现脱贫致富。继续开展出生缺陷一级预防工作，为城乡已婚待孕和怀孕 3 个月内的妇女每人免费发放 6 瓶叶酸增补剂。为 60 个村改善人口计生文化宣传条件。（九）改善学校医疗卫生环境。为学校新建医务室 72 个，更新完善医务室医疗设备。为 79 所中小学校建设洗手池及消毒设施。（十）农民 4 种慢性病基本药物免费供应实现全覆盖。扩大高血压、糖尿病、冠心病和脑卒中 4 种慢性非传染性疾病防治基本药物免费供应覆盖范围，再覆盖 8 个乡镇、17 万人，实现全覆盖。二、加强城乡基础设施建设，改善群众生活条件方面（10 项）。（十一）改善农村群众生产生活条件。改造农村户厕 1 万座，新建公厕 200 座，对 10 个乡镇的农村垃圾和 10%城镇人口（3.89 万人）垃圾实现分类处理。新建联村水厂 1 座，更新改造农村单村水厂 5 座、单村水质处理厂 4 座、单村扶贫水厂 1 座。（十二）完善公交基础设施。新建 4 个农村公交客运站、80 个公交站亭和新安装 200 个公交站牌，方便群众出行。建设 7 个旅游线路停车场，解决旅游季节及节假日交通高峰拥堵问题，提升房山区旅游产业水平。（十三）解决群众用气困难。新增天然气用户 5000 户，完成老小区天然气入户 3000 户。（十四）建设良乡中水综合利用设施。铺设良乡中水厂至白杨路管线 3.3 公里、白杨路沿线管线 6.3 公里、刺猬河沿线管线 4.8 公里。（十五）加大基层体育设施配建和群众健身培训力度。为 6 个乡镇新建健身广场（公园），为 100 个行政村建设篮球场，更新全民健身居家工程 80 套，实施大众健身项目培训 5000 人。（十六）建设民防应急指挥宣教中心。利用窦店水墨林溪小区人防工程，建设窦店民防应急指挥宣传教育中心。利用现有人防工程，增加 500 个社区停车位。建设应急避难场所。利用区政府府前广场、燕山公园和窦店镇中国版图主题教育公园，建设 3 处应急避难场所。（十七）提高老旧小区和村科技治安防范能力。为 30 个老旧小区和村安装技防设施。（十八）升级改造农贸市场和菜市场。升级改造 5 家农村集贸市场和社区菜市场的基础设施，改善购物环境。（十九）改善良坨路部分路段照明条件。改造良坨路京石高速跨线桥至青龙湖镇豆各庄路口道路（全长约 5 公里）的路灯。（二十）建设燕山东风羊耳峪菜市场。建设一处占地面积约 9000 平方米的菜市场，满足燕山东风羊耳峪地区约 6500 户居民的生活需求。三、加快生态文明建设、营造整洁优美环境方面（2 项）。（二十一）大气环境治理。继续开展大气环境治理，确保空气质量二级和好于二级的天数达到监测天数的 68%。（二十二）刺猬河上游水环境综合治理。在西潞街道南尚岗、安庄和青龙湖镇北刘庄、大苑等村建设污水处理设施，消除河道沿岸污染源头。四、加快农村改革步伐、促进城乡一体化发展方面（3 项）。（二十三）继续推进新农村建设。完成 204 个村街坊路硬化和绿化、安全饮水、污水处理、厕所改造、垃圾处理“五项基础设施”建设，扩大“亮起来、暖起来、循环起来”3 项工程覆盖面。(二十四)实施山区泥石流易发区及生存条件恶劣地区险户搬迁。对6个乡镇15个村的543户、1618人实施搬迁。(二十五)继续推广和完善政策性农业保险。做好18个农产品险种的承保工作，参保农户突破5万户。五、巩固成果、完善措施，大力提升公共服务水平方面(5项)。(二十六)社区服务站规范化建设。全区35%以上的社区办公和服务用房面积达到350平方米以上，提高社区公共服务水平，满足群众公共服务需要。(二十七)开展应急救护培训工作。普及应对突发事件的避险逃生和自救互助的知识与技能，在全区范围内培训初级急救员4500人。(二十八)开展送文化下乡活动。举办星火工程文艺演出1000场，放映电影2万场，送书下乡10万册，为基层图书室进行图书轮换。(二十九)提升改造北线民俗旅游村整体服务接待水平。改造北线7个乡镇23个民俗旅游村的停车场及附属设施、村内道路和特色庭院，完成旅游道路绿化及景观大门、全景图、解说牌和警示牌建设。(三十)改扩建燕山图书馆和文化馆。建筑总面积约1.5万平方米，为燕山居民提供更好的文化活动场所和学习环境。

(付旭英)

新农村建设

【概况】 2010年，房山区社会主义新农村建设适应建设“世界城市”和深入推进“三化两区”发展新形势，坚持“以新型城市化引领新农村建设，以新农村建设助推‘三化两区’”的发展战略和“量力而行，尽力而为”的工作要求，在204个村实施以“5+3”工程为重点的新农村基础设施建设，在全市率先完成或超额完成年度计划。青龙湖镇南观村以其完善的设施、优美的环境、和谐的村风获“北京最美的乡村”称号。对全区462个村庄的基本情况进行普查，摸清底数。初步确定“新城建设吸纳型、小城镇建设带动型、园区建设改造型、环境恶劣搬迁型、旅游园区改迁型、并村整合型”等建设模式。总结霞云岭乡龙门台村、长阳镇葫芦垡村、佛子庄乡上英水村等一批新农村社区建设的先进典型，为下一步推进新型农村社区建设摸索经验。建立区新农村办和房山规划分局联席会制度，编制规划、制定办法、宣传教育等项工作深入具体。全区1个乡镇和59个村分别达到北京郊区环境优美乡镇和市级生态村标准，通过市级专家组的验收。协调区财政局、区市政市容管委等部门，安排1200万元专项资金用于农村基础设施和“三起来”设施设备管护，做到严格监管，专款专用。

(曹义)

【房山区“5+3”工程计划全面完成】 10月底，房山区在全市率先完成“5+3”工程计划。全区204个市级重点村投入资金171158万元，占完成计划的100%。其中“五项基础设施”工程投资158452万元，占92.6%;“三起来”工程完成投资12706万元，占7.4%。在“五项基础设施”建设方面，编制村庄规划126个村，硬化道路442万平方米，建公厕260座，改造户厕32600户，建污水处理厂21个，安装“一户一表”22992个，建供水管网504公里，建污水管网322公里，街坊路两侧绿化184万平方米。在“三起来”工程方面，安装太阳能路灯4000盏，建设太阳能公共浴池5个，实施地热采暖600户，建设大中型沼气站2个，建设生物质气化站2个，建设户用沼气500户，建设生物质燃料加工厂1个，实施雨洪利用工程16个，实施粪污治理工程20个，新建节能民居600户，改造既有住房400户。“5+3”工程的实施，完善农村基础设施，优化农村环境，加快农村城市化进程。同时，促进农民增收。全区204个重点村当地农民参与工程建设共65万人次，实现农民劳务性收入5688

万元。实施“三起来”工程使69240户农民受益。

（曹义）

【南观村获“北京最美的乡村”称号】 青龙湖镇以市级重点村建设为契机，聘请专业公司对村庄建设进行整体规划，投入资金1000万元，实施河道清淤、塘坝建设、主要街道两侧残墙断壁整理、文化墙建设、绿化美化等项工程，村庄面貌焕然一新。在市委宣传部、市农委、市旅游局、市新农村办联合开展的2010年寻找“北京最美的乡村”活动中，青龙湖镇南观村获此称号。

（曹义）

【房山区新型农村社区建设有序起步】 根据市新农村建设领导小组综合办公室提出的新型农村社区建设的设想，2010年下半年，房山区对462个村的村庄基本情况进行调查，摸清底数。组织有关部门和镇村干部到朝阳区大望村、通州区宋庄村和四川、山东、天津、河北等地参观学习，解放思想，开阔视野，激发建设新型农村社区的热情。根据房山农村实际，初步确定“新城建设吸纳型、重点工程推动型、环境恶劣搬迁型、就地提升改造型、园区建设改造型、并村整合型”6种模式。在霞云岭乡龙门台、长阳镇葫芦垡、佛子庄乡上英水等村进行试点，在新型农村社区建设方面进行有益的尝试，摸索了经验。长阳镇葫芦垡村以建设长周路占用村土地为契机，统一规划、整体拆迁。到2010年末，建起2.4万平方米住宅楼，近百户村民喜迁新居，实现市民化生活。与此同时，通过土地流转，建起5万平方米花卉大棚，在旧村拆迁、农民上楼和产业创新三大关键点上实现突破。被誉为山区新民居建设典范的霞云岭乡龙门台村，通过政策集成，将原有6个自然片合并为1个大社区，节约住宅占地面积220亩，拓展产业发展空间，极大地改善村民生活环境，改变村民的生活方式。佛子庄乡上英水村将地处采空区的村民一次性迁至良乡城区。该村将原有村民旧房全部收购，让村民入股分红。并将原有旧房改造成四合院和民俗院，发展民俗旅游增加集体收入。同时，在位于城乡结合部的安庄村建起食用菌加工厂，促进村民就业增收，很好地解决农民“住的上楼”“住的起楼”的问题，为山区农村实现城市化开辟了一条新路。

（曹义）

【推进房山区生态创建工作】 经过广泛深入的宣传教育，广大群众爱护环境和保护环境的意识进一步增强，进一步形成人人关心、支持、参与环境建设的氛围。活动中，各创建单位以新型城市化为契机，以生态建设为载体，大力开展以整治镇容村貌为重点的环境整治行动。参与创建的乡镇、村，动员投入人力、物力和财力，加大环境建设的力度，使村容村貌进一步改观。经过区、乡镇、村的共同努力，房山区1个乡镇和59个村分别达到北京郊区环境优美乡镇和市级生态村标准，通过市级专家组的验收。通过创建，区域环境进一步改善。据环境现状监测结果，区域内大气总悬浮颗粒（TSP）、可吸入颗粒物（PM10）日均浓度和氮氧化物、二氧化硫日均浓度、小时浓度均达到国家标准。参与创建的单位噪声、清洁能源使用率、重点污染企业工业废水排放、生活垃圾无害化处理、工业固体废物全部综合利用都达到国家相应标准。

（曹义）

【房山区首轮新农村建设成果】 “十一五”时期，房山区按照中央提出的“生产发展、生活宽裕、乡风文明、村容整洁、管理民主”的总要求，以农业现代化、农村城市化、农民市民化为目标，全面推进社会主义新农村建设，各项工作走在全市的前列。新农村建设，推动农业发生功能性变化，农村发生由表及里的变化，农民发生观念性变化，体制发生融合性变化，为房山区“三化两区”建设奠定了基础。5年累计投入新农村建设的资金72.77亿元，保证新农村建设各项任务的完成。在探索实践中，房山区从实际出发，走出一条以产业发展为核心，以农村基础设施建设为重点，以农民素质提升为基础，以机制体制完善为保证，全面推进新农村建设的成功之路。5年来，房山区新农村建设由浅入深，由点到面，梯度推进，逐步展开，取得一个个突破，结出累累硕果，在北京市开展的寻找“北京最美的乡村”活动中，房山区南河村、四马台村、河口村、水峪村和南观村先后获此称号。有3个乡镇、130个村分别获“北京市环境优美乡镇”和“北京市生态村”称号。房山区5年新农村建设的主要特点：一是动手最早。中共十六届五中全会后，房山区在北京市率先开启新农村建设的路程。建组织、搞调查，定政策、广动员，为全区新农村建设奠定了坚实的思想、组织、政策、群众基础。二是覆盖面最广。以示范村为重点，实现462个行政村农村基础设施建设及公共服务全覆盖。三是效果最为明显。农村经济持续发展，农业的生产功能、服务功能显著提高，生态保障水平明显增强，可持续发展能力有了质的提升，都市型现代农业产业体系初步确立。2010年，全区农业总产值42.6亿元，比2005年增长28.3%。农民收入显著增加，5年有32825名劳动力实现向二、三产业转移就业，占登记总人数的63.34%，农村劳动力实现稳定就业。2010年，房山区农民人均纯收入12492.3元，比2005年增长84.6%，年均增长11.6%，超过城镇居民收入年均增速2.3%，城乡居民收入拉大的趋势得到初步扭转。农村环境面貌焕然一新。解决或缓解老百姓的就业难、出行难、饮水难、如厕难、治脏难、购物难、就学难、养老难、文娱难、居住难等现实困难，广大农民告别冬天“冷飕飕”、夜晚“黑漆漆”、街道“脏乎乎”、村内“静悄悄”、就医无保障、购物不放心的历史，过上了文明的新生活。精神文明建设取得新成效，涌现出一大批有文化，懂经营、会管理的新型农民，在全社会营造团结向上，和谐稳定的社会新风尚。农村改革日益深入，农村基层民主政治深入发展，推动新农村建设的可持续发展。农村基层组织建设不断加强，为农村经济社会发展提供坚强的组织保障。四是农民得到的实惠最多。呈现环境更靓丽、出行更便捷、饮水更洁净、购物更放心、就学更方便、居住更安全、生活更低碳、文体有去处、看病有医保、养老有保障的可喜景象，广大农民的幸福指数日益攀升。

（曹义）

计划 统计

【概况】 2010年，区发改委全面落实科学发展观，坚持走新型城市化道路，努力构建“两轴三带五园区”新格局，加快推进“三化两区”建设，真抓实干，履行“决策支持、综合调控、组织建设、谋划大事、统筹协调、服务发展”的部门职能，编制完成“十二五”规划。通过努力“推进房山高端制造业新区建设”和“重点建设房山新城”被写入北京“十二五”规划。固定资产投资既定目标全面实现。全区固定资产投资继续保持较大规模，全年完成403.8亿元，创历史新高。争取市级资金达到历史最高值。全年到位资金17.5亿元，比2009年增加6.7亿元；西部转型议案为发展做好了准备。将房山区山区和永定河流域全部纳入政策支持范围。城南行动进展顺利。编制完成《房山行动方案》，重点推进30项重点工程。山区绿色行动成效明显。启动能源替代工程，矿山修复工程全面展开。关系民生的重大项目稳步推进。重点中小学校整体加固工作完成，区妇幼保健院工程完成主体施工。加强市场价格监测，形成监测、上报、预警、应急的快速反应机制。成立房山区深化医药卫生体制改革工作领导小组，研究制定《医改工作方案》和《医改实施方案》。

2010年，全区统计系统干部职工按照“抓好一项普查、推进三项建设、实现五个新提高”的总体工作思路，完成全年各项工作任务。房山区第六次全国人口普查涉及全区28个乡镇（街道），462个行政村和120个居委会。完成机构组建、综合试点、建筑物核查、普查小区划分、户口整顿和摸底以及正式入户登记等工作。

普查中心被市人力社保局批准为参照公务员管理事业单位，6名事业单位人员通过公务员过渡考试。严抓原始数据采集、统计台账登填、数据质量控制等方面工作。为提高基层单位填报水平，把日常指导和集中培训结合起来，一方面认真组织填报单位培训，全年培训132场，1.3万余人次；另一方面到新增单位、重点单位进行有针对性的指导。2010年，局队创新对工业、房地产及建筑企业采用《统计错误告知单》的方式纠错，数据质量明显提高。局队继续加强统计台账登填的检查力度。全区规模以上单位（共1205家）95%建立统计台账，96%具有原始记录。2010年，在居民消费价格、城镇（农村）记账户、贸易统计等方法制度调整和改革过程中，对新方法及时贯彻，对新记账户及时培训，确保工作衔接到位，保证数据质量。国家统计局房山调查队获2010年全国农村抽样调查样本轮换工作先进集体。把新法新规宣传贯穿到全年工作之中，全年开展会前讲法77场，是2009年的近2倍，培训6727人次。为加强依法行政工作，还对统计行政许可事项和审批事项、2003年以后的规范性文件及网上失效法律法规进行清理，及时撤换失效的统计法律法规文件，制定规范性文件审理备案制度。全年检查单位172家，督导128家，超额完成市局、总队下达的执法任务。编辑出版《北京房山区统计年鉴2010》，利用网站公布关于房山经济、社会发展的统计数据。在《房山报》“统计视角”专栏，发布统计信息36篇，在《数据》杂志发表文章6篇，在政府信息公开平台上公开信息281条，接受社会信息咨询600余次。办理统计登记证290个，补办统计登记证17家，更换统计登记证229家。

（蔡天红　王海星）

【房山区深化医药卫生体制改革工作】 成立房山区深化医药卫生体制改革工作领导小组，办公地点设在区发改委，办公室工作人员由区发改委、区卫生局、区人力社保局、区财政局抽调业务骨干组成。研究制定《房山区深化医药卫生体制改革领导小组规章制度》《房山区深化医药卫生体制改革领导小组成员分工》《房山区深化医药卫生体制改革领导小组办公室规章制度》。研究制定《医改工作方案》和《医改实施方案》，7月底上报区政府常务会和区委常委会审议原则通过。

（蔡天红）

【编制完成房山区“十二五”规划】 经过广泛调研，深入思考，反复论证，确定打造首都高端制造业新区和现代生态休闲新城的发展定位，得到区委、区政府以及全区一致认可。通过努力“推进房山高端制造业新区建设”和“重点建设房山新城”被写入北京“十二五”规划。房山区“十二五”规划分“十一五”规划执行情况和“十二五”时期面临的新阶段、新机遇和新挑战；指导思想、基本原则和战略目标；功能定位和空间发展布局；战略任务；规划实施的保障措施5章。“十二五”时期房山区发展的战略目标是：按照首都建设“三个北京”和中国特色世界城市的目标要求，以“强区富民”为根本出发点和落脚点，大力实施“三化两区”发展战略，经过5年的艰苦努力，把房山区建设成为产业特征比较高端、城市功能比较现代、生态环境比较宜居宜游、人民群众物质精神生活比较丰富多彩和历史文化魅力彰显、创新活力迸发、现代气息浓郁、适宜人全面发展的首都高端制造业新区和现代生态休闲新城。

（马凌霞）

【宏观经济预警预测工作】 年内，区发改委每季度做好宏观经济预警预测工作，提供情况，分析特点，找准问题，提出对策。有针对性地开展调查研究，做出专题调研分析报告，以《决策参阅》形式报区领导，切实发挥好引领经济社会发展的职能作用。加强与上级部门、区直部门、乡镇的联系和交流，建立长效工作机制，实现资源共享、成果互用。针对全区经济发展形势，撰写《2011年全区经济形势预判》《认清形势 抢抓机遇 为全面完成全年任务而努力奋斗》等报告，对2010年四季度及全年宏观经济走势进行预测，对2011年形势做出较为客观的判断，为区委、区政府领导决策提供重要参考，得到区委、区政府主要领导的认可和好评。

（李永智）

【西部转型议案为发展做好准备】 通过努力，房山区山区和永定河流域全部纳入政策支持范围。以科学发展为主题，以转变发展方式为主线，按照首都建设中国特色世界城市和“三个北京”的要求，紧紧围绕打造首都高端制造业新区和现代生态休闲新城的功能定位，着力推进生态环境、重点功能区、产业升级、品牌工程、基础设施、民生保障和政策利用7大工程，优化区域发展环境，提升创新驱动能力，加速高端要素集聚，推进产业转型升级，加速建设首都西南绿色发展示范区。

（郭建俊）

【城南行动】 4月25日，区委、区政府印发《北京市促进城市南部地区加快发展房山区行动方案》，重点推进30项重点工程，轨道交通房山线、良乡医院门急诊综合楼、东方石化搬迁改造3个项目竣工；房山新城滨水森林公园等12个项目在建；京石高速第二通道、南水北调巡线路道路工程等15项正开展前期工作。

（张进海）

【山区绿色行动工作】 年内，房山区煤矿全部关闭，启动能源替代工程，矿山修复工程全面展开，霞云岭三角城绿色生态农业观光基地等5个替代产业基础设施项目获市发改委批复，批复资金共2.1亿元。

（赵雪阳）

【价格监督、监测体系建设】 一是价格监督检查。重点开展涉农、涉企、教育、房地产、药品和医疗服务、交通运输价格等专项检查，开展“元旦”“春节”“清明节”“两会”“五一”“十一”节日期间市场检查，依法严肃查处价格违法行为，规范市场价格秩序。二是加强市场价格监测。重点对农贸市场、大型超市粮油肉蛋菜价格进行监测，准确把握市场价格变动情况，及时掌握分析市场价格动态，形成监测、上报、预警、应急的快速反应机制。三是加强“12358”价格举报电话值班工作，受理群众对价格、收费问题的投诉举报，耐心解答群众咨询，及时查处价格举报案件，及时化解价格矛盾。四是做好价格认证工作。截至12月底，办理委托价格鉴定案件3531件，出具价格鉴定结论书3531份，鉴定总金额1785万元，为依法办案提供优质服务。

（郭顺永　张新文）

【发布第二次全国经济普查主要数据】 2月8日，区统计局、国家统计局房山调查队根据《全国经济普查条例》的有关规定，房山区第二次全国经济普查主要数据公报经市经普办审核确认批准，正式向社会发布普查主要数据。公报分为一、二、三号。一号公报反映全区法人单位、产业活动单位及个体经营户的总体状况；二号公报反映全区第二产业状况；三号公报反映全区第三产业状况。发布形式为《房山报》、房山信息网全文刊登、电视新闻报道。与此同时，着手编印《第二次全国经济普查资料汇编》，4 月正式出版，向社会公布更详细的普查结果，并进行系列分析。

（周英华）

【召开第六次全国人口普查动员会】 3 月 1 日，房山区召开统计工作会暨第六次全国人口普查动员会。大会总结回顾 2009 年全区统计工作，表彰“三争创”活动先进集体和先进个人，并重点对 2010 年工作进行安排部署。市统计局副局长顾兖州出席会议并讲话。区委常委、常务副区长高言杰对 2009 年全区统计工作给予肯定，并对 2010 年统计工作提出要求：一是围绕“三化两区”建设，提高统计服务水平。统计部门要紧紧围绕“三化两区”建设，要立足于“当大参谋、谋大战略、图大发展”的思路，加强对全区经济运行中重大问题的跟踪和分析，加强对 5 个重点功能区发展的监测，服务社会经济发展大局。二是认真组织实施好第六次全国人口普查工作。加强组织领导，2010 年人口普查工作列入区政府折子工程。统计部门发挥牵头单位作用，各成员单位要按照“全区统一领导、部门分工协作、各方共同参与”的原则，突出政府行为，统一思想，密切配合，共同完成人口普查任务。三是切实加强统计能力建设。继续加强统计队伍建设。继续加强基层基础建设，不断加强统计工作创新。会上观看《践行科学发展 服务“三化两区”——2009 年统计工作回顾》专题片，局长张福志对 2010 年全区统计工作进行布置，书记彭耀荣通报 2009 年度标兵“三争创”活动先进科室、先进统计所、先进个人。国家统计局房山调查队队长左志国主持会议。各乡镇（街道）行政正职、主管领导，人口普查成员单位领导，全区统计系统干部职工参加会议。

（赵建新）

【开通房山区第六次全国人口普查网站】 3 月 2 日，房山区第六次全国人口普查网站开通。人口普查网站承担着人口普查工作的信息发布职能和宣传职能，网站分别设置普查新闻、普查安排、乡镇信息、普查动态、情况通报、文件通知等 14 个板块。区人普办负责内容规划、组织、综合协调和内容发布更新，更新内容做到五及时：一是把普查文件及时上网。二是把乡镇信息及时上网。三是把当月工作任务和上月工作完成及时上网通报。四是把区人普办工作安排及时上传网络。五是要求乡镇人普办每天及时查看网站普查工作安排。

（陈芳）

【研讨“两轴三带五园区”统计监测实施方案】 为准确反映区政府工作报告中提出的“两轴三带五园区”发展新格局的建设情况，3 月 9 日，局队组织相关专业科室科长和统计所所长，研讨“两轴三带五园区”统计监测实施方案。从监测可行性、数据可信性和分析实用性角度考虑，局队初步确定“五园区”的统计监测指标和发布计划。北京石化新材料科技产业基地、窦店现代制造业产业基地和中央休闲购物区（CSD），处于拆迁和基础设施建设阶段，主要使用固定资产投资和施工面积两个指标进行监测。中国房山世界地质公园整体建设逐步推进，使用景区接待游客人数、景区旅游收入、民俗旅游收入和固定资产投资 4 个指标监测发展情况。都市现代农业示范区使用农产品加工产值、从业人员、观光园收入、固定资产投资和施工面积 5 个指标进行监测。“五园区”的监测数据以季报方式，发布在《房山区经济社会统计资料》上。同时，随着各园区建设的不断推进，监测指标和监测频率也将随之调整，从而更加全面的描述各园区的建设进展和发展现状。全年，监测情况良好，固定资产投资和施工进度均稳步推进，发展良好。

（潘双迪）

【亚洲开发银行国际比较项目考察团到房山区考察】 3月25日，世界银行和亚洲开发银行代表、国家统计局、北京市统计局领导到房山区对国际比较项目（ICP）进行考察。考察团参观房山区华冠购物中心和城东农贸市场，仔细核对粮油、肉蛋、海产品、蔬菜以及生活用品的价格，针对国际比较项目重点规格品进行考察。国际比较项目（ICP）是一项统计技术含量高，国家参与度高的国际统计活动。主要是通过参与国同质商品和服务项目价格的比较，计算购买力平价，以准确地衡量参与国的经济规模和人均水平，有助于制定经济政策和发展规划。随着经济全球化趋势进一步发展，国际统计交流越发频繁，统计信息在政府决策和企业发展等方面所起的作用越来越重要。2009年，房山区统计局完成国际比较项目（ICP），对每个规格品进行查找和比对。

（孙莉）

【召开国家粮食产量网点布置会】 4月1日，房山局队对国家粮食产量调查网点进行布置，相关乡镇街道统计所分管农业的统计人员及国家调查村统计人员参加布置会。按照市局总队的统一要求，2010年对全市国家粮食产量调查网点进行轮换，房山区粮食产量网点涉及10个乡镇16个村（其中：夏粮8个村，秋粮8个村）。市局总队使用统计遥感估产进入“双轨运行阶段”，遥感估产需要野外抽样村实割实测数据的支持，为了不影响遥感测量的精度，需要准确核实抽样村实际边界与遥感测量边界一致，实现传统统计抽样村的准确空间定位，为下一步进行农作物遥感估产奠定基础。会上，区统计局农经科人员对国家粮食产量调查网点卫星遥感图的村界如何判断及注意事项分别进行详细讲解。

（舒方华）

【完成城镇居民住房需求及满意度调查】 4月6日，房山局队召开北京城镇居民住房需求及满意度调查工作部署暨培训会议。4月16日，完成城镇居民住房需求及满意度调查工作。一是把好调查工作流程关。首先对每个社区居委会户数逐一核实，制作社区抽样框；专项调查科人员对抽中社区踏查社区周边500户，登记居民家庭详细，制作调查户抽样框，抽取调查户，了解被访户的基本情况，做到心中有数；其次为节省时间，提前与被访户沟通，电话预约调查时间；再次为引起调查户的重视，调查员每次都要宣讲此次调查工作的目的和意义，遇有年长的被访者，反复宣读、讲解调查内容，直到他们听明白为止。按照调查方案，填写“入户情况登记表”。二是把好培训关。为确保调查质量，局队对参加调查的人员全部进行一级培训，着重强调本项调查的目的和意义，对调查工作流程、问卷的填报方法、注意事项和“入户情况登记表”进行重点培训，确保客观公正的反映群众真实意愿。同时，要求相关统计所督导员严格按照调查方案进行样本替换，严格按照调查方案规定确定被访者，严格按照调查时间进行实地入户调查。三是把好质量控制关。为确保调查问卷质量，首先做好入户调查期间的督导工作，专项调查科和统计所督导员在调查时间与调查员一起入户调查，督导调查工作；其次做好后期调查问卷的验收、审核和回访工作，采取强化互查、分级审核的方式将调查问卷对照“入户情况登记表”逐一进行复核，同时随机抽取40%以上的调查户进行实地或电话回访，发现疑问或问题尽快重访。

（张利君）

【房山局队围绕4项重点巡查乡镇、街道政府统计工作】 为贯彻落实“三个提高”的工作要求和全市统计系统“质量提高年”的工作主题，7月19日至20日，房山局队围绕4项重点对8个乡镇街道的政府统计工作开展为期2天的巡查。督查各项统计基础工作，确保日常工作有效运转。一是检查统计所各项规章制度的建立、人员及设施配备情况。二是由各专业科室人员根据年定报统计工作情况抽查部分重点指标。三是检查统计所向党政领导提供的各项统计产品。结合全市统计执法大检查，抽查统计法规执行情况。按照市大检查至少抽查5个统计所的要求，房山局队以此次巡查乡镇为对象，从统计组织工作、《中华人民共和国统计法》《统计违法违纪行为处分规定》贯彻执行情况等方面展开全面检查，同时以巡查带宣传，强化政府统计活动参与者的法制意识。盘查固定资产投资，保障经费落实到位。一是对历年下发的各项物资进行盘点，检查设备的使用、损坏情况。二是检查第二次经济普查经费的使用情况，包括劳务补贴是否按要求发放、对专项资金的管理是否得当等。采取多种形式深入基层，广泛听取意见建议。巡查中，各组分别以听取汇报，现场查阅文件、资料，实地走访企业，召开村、企业基层统计人员座谈会等形式，全面检查各项基层统计工作，了解统计所、村统计员在统计工作中存在的困难，听取基层统计战线工作人员对现行统计方法制度和对各级统计机构工作的意见和建议。

（石晶）

【完成执法大检查规模以上单位抽查工作】

截至7月底，房山局队顺利完成对区内规模以上单位抽查工作，共抽查涉及工、商、服务和建筑4个行业的60余家单位。抽查期间，房山局队贯彻全市统计执法大检查精神，采取以下做法：一是提前备战。在接到统计执法大检查任务后，第一时间召开会议，传达会议精神，部署执法大检查工作各阶段任务，全面动员，做好检查前的宣传工作，做到有备无患。二是领导重视。为完成区内规模以上单位的抽查工作，局队领导统筹兼顾，将此次大检查工作列为重点，为执法队配备两辆执法车辆，并将因人口普查被抽调的队员调回执法队，迅速投入到大检查工作中去。三是严把案卷质量。此次大检查任务急、时间紧，执法队精心制定工作计划，合理分配人员，在检查过程中严格执法程序，充分发挥新、老执法队员的特点，注重案卷质量，按时、高效地完成此次大检查工作。

（王微）

【开展国家夏粮调查网点基础工作互查】

2010年是国家粮食产量抽样调查新网点轮换的第一年，为提高数据质量，加强基础工作，8月3日局队在韩村河镇召开国家夏粮调查网点基础工作互查会。会上，调查涉及的6个乡镇统计所对基础台账，农产量抽样调查的方法、步骤、推算的指标进行逐一检查，在检查过程中对发现问题采取及时反映、现场解决，确保农产量抽样调查数据质量的准确性。从此次基础工作检查结果看，涉及国家夏粮抽样调查网点的6个乡镇8个调查村的整体情况良好、数据真实可靠。副局长刘江峰、三农调查科及6个抽中乡镇的统计所长、农业统计人员参加互查会议。

（舒方华）

【房山区第六次全国人口普查工作】 房山区人民政府根据国务院和北京市人民政府《关于开展第六次全国人口普查的通知》，于2009年12月15日下发《房山区人民政府关于开展第六次全国人口普查的通知》，全面部署全区第六次全国人口普查工作。成立了房山区第六次全国人口普查领导小组。2010年11月1日，第六次全国人口普查正式登记工作全面启动，区委书记刘伟，区人口普查领导小组组长、常务副区长高言杰，区委常委、区委办主任赵军等有关领导到拱辰街道渔儿沟村慰问一线普查人员并与普查员一同入户登记。第六次全国人口普查入户登记阶段从11月1日至10日，普查人员一家一户地入户调查。11月11日至30日进行复查和事后质量抽查。从12月起进入数据汇总和资料开发利用阶段。

（周英华）

【房山局队3项措施保障商业限下个体样本轮换工作完成】 12月底，房山局队通过3项措施完成限额以下批发和零售业、住宿和餐饮业法人单位和个体经营户抽样调查样本轮换工作。一是学习抽样程序，严格按照市局培训的抽样方法进行样本轮换。严格按照市局的要求确定样本量，将总体中的所有经营单位分成7个调查域，分域、分层、等距抽取样本，确保抽取样本的真实性、有效性和科学性。 二是研究抽样调查方案，严格对新抽样本单位进行核实。通过电话核实和实地走访的方式反复核对调查单位的基本情况。对有疑问的地方，多次与被抽中单位沟通联络；对不能报表的单位认真核实原因，并做好详细记录，确保抽样单位符合2009年年报和2010年定报要求。三是准备培训幻灯片，详细对新抽单位所在乡镇的统计人员讲解年定报制度，并运用大量的实例突出对难点、新点、易错点的讲解，使参会人员能够在培训会上将培训内容弄懂弄通，达到准确掌握。

（崔晋）

【完成公众对城市环境保护满意率调查】 4月，根据市局、总队《关于开展北京市公众对城市环境保护满意度调查的通知》的统一部署，房山局队抓好4个环节完成公众对城市环保满意率调查工作。一是抓好抽选调查员和督导员环节，保障人员到位。抽调熟悉社区居委会情况、责任心强、经验丰富的工作人员作为调查员，并在统筹安排科室工作的基础上，选派专项调查科人员作为督导员，全程陪访入户调查工作。二是狠抓培训环节，注重实效。为确保调查质量，局队对参加调查的人员全部进行一级培训，着重强调此项调查的目的和意义，对调查工作流程、问卷的填报方法、注意事项和《入户情况登记表》进行重点培训，确保客观公正的反映群众真实意愿。 三是抓好调查环节，规范工作流程。利用户口底册逐一核实被访者，了解被访户的基本情况，做到心中有数；按照调查方案，填写《入户情况登记表》。四是抓好质量控制环节，注重督导和复核。专项调查科人员利用周末休息时间与调查员一起入户调查，督导调查工作，强化后期调查问卷的审核和回访工作，采取强化互查、分级审查的方式将调查问卷对照《入户情况登记表》逐一进行复核，同时对30%以上的被访户进行电话回访。76%的被访者对城市环境保护总体比较满意，环比上升4个百分点；表示满意的占21.3%，与上月持平；另有2.7%的被访者表示不满意，环比下降4个百分点。

（王振坤）

【制发统计所工作考核办法】 为进一步加强基层统计工作建设，规范统计工作行为，提高统计源头数据质量，6月，房山局队结合统计所工作实际，制定《房山区统计所工作考核办法》。考核办法以全区24个统计所为考核对象，采用百分制，内容包括履行职责、依法行政、数据质量、统计服务和队伍建设5个方面。对于有工作创新或有突出成绩的统计所，经认定后另行加分，最多不超过10分。数据质量将根据每年的统计工作任务，适时进行调整。考核办法对总分前8名（或90分以上）的统计所颁发统计工作先进集体奖，予以通报表彰。对总分低于70分的统计所给予通报批评，并要求限期提出和落实整改措施。年内如出现重大违法案件，受到党纪政纪处分的将取消先进单位评比资格。经考察，考核情况良好，众多统计所在工作中能够贯彻落实统计法律法规。

（朱振东）

【完成市容环境卫生社会测评问卷调查】 6月，房山局队完成1月至6月房山区市容环境卫生社会测评问卷调查。此项调查是与房山区市政市容管委委托合作项目，目的在于全面掌握房山区市容环境卫生状况。调查采取入户面访的形式，调查覆盖拱辰、西潞、城关 3 个街道，共抽取 12 个居（村）委会的 300 户家庭。调查自 2009 年 2 月起正式实施，每月月后 5 日前完成全部数据汇总及分析工作。调查期间，房山局队在保证调查时间和数据质量的前提下，严格把好调查质量关，完成调查任务。调查具有以下特点：一、精选调查员，发挥队伍优势。此项调查属长期跟踪调查，为了保证数据调查的质量，房山局队采用经验丰富的访问员统一进行培训，发挥访问员队伍相对固定的优势。二、强化培训，规范调查流程。每月 12 日左右，专项调查科统一组织访问员进行系统培训。培训采取互动面授的形式，详细讲解和反复强调了问卷中容易混淆的指标概念。另外，培训中对访问中可能遇到的特殊情况进行详细说明，要求调查员在调查过程中严格按照规范流程操作，确保调查质量。三、加强考核，进一步提高此项调查工作质量。制定了严格的量化考核办法，采取分项调查记分考核的方式，将调查员每项调查各个阶段的工作情况记录在“调查员工作质量检查表”上，在月度例会上进行通报和总结，年底集中汇总考核评比，完全实现调查员队伍公开化、透明化管理。

（张利君）

【召开秋粮产量及农作物播种面积培训会】 2010 年是国家粮食产量抽样调查新网点轮换的第一年，房山区涉及国家秋粮网点共 6 个乡镇 8 个调查村。9 月 7 日，房山局队召开秋粮产量及农作物播种面积培训会，对房山区 23 个乡镇、街道统计所分管农业统计人员及新轮换的 8 个秋粮国家调查网点产量进行培训。会上，三农科对秋粮产量及农作物播种面积和国家秋粮产量调查点进行详细讲解，并针对基础台账，农产量抽样调查的方法、步骤、推算的整个过程及容易出现问题进行了强调说明。主管副局长刘江峰提出态度要端正，工作要规范，数据经得起检验要求。

（舒方华）

【完成北京市企业发展状况问卷调查】 9 月 10 日，房山局队提前完成北京市企业发展状况问卷调查工作。此次调查抽中房山区 30 家企业，房山局队按照全市开展非公企业及中小企业发展状况调查的要求，统筹安排，高效、优质完成此次调查。一是扎实开展一级培训，突出重点讲方案。专项调查科对抽中企业负责人、统计人员以及相关统计所负责调查的人员进行集中培训，着重就此次调查的目的、对象、内容、指标含义、方式及时间安排进行讲解，对调查中可能出现的问题提前进行讨论，确保企业填报人员准确填报调查问卷，提高源头数据质量。二是细致审核，严把重点填报关。根据企业经营发展的实际情况，对此次问卷涉及经营管理、技术创新、劳动用工、信息化建设及政策影响 5 方面的内容逐一审核，层层把关，对于上报的问卷进行企业初审、统计所复审和专项调查科终审三级审核机制，发现明显不合理的现象及时与企业沟通、核实，确保调查内容填报合理、有效。三是加强前期准备和沟通协调工作。房山局队高度重视此次调查工作。在接到此次调查任务后，专项调查科立即与相关统计所及抽中企业进行协调，沟通，以足够的耐心和精力，取得相关统计所及被调查单位的理解与支持。

（张利君）

【参加秋粮测产调查工作】 2010 年是国家粮食产量抽样调查新网点轮换的第一年，房山区涉及国家秋粮网点共 6 个乡镇 8 个调查村。为做好房山区秋粮测产调查工作，提高新轮换调查人员的业务素质，对 6 个乡镇 8 个调查村分两组进行测产现场流程操作过程演练，确保秋产量抽样调查数据质量。9 月 16 日，北京市统计局农业农村处处长张群等到青龙湖镇指导秋粮测产工作，区统计局副局长刘江峰陪同，阎村、长沟、长阳、青龙湖基层统计人员参与在青龙湖大马村的测产现场流程操作过程演练。

（岳梅）

【建立报表问题反馈方案】 区统计局经过2个月的准备，于8月正式施行报表问题反馈方案。方案旨在通过对报表问题的公开、对优秀单位的表扬和对各乡镇审核效果的评估来端正基层统计人员的态度、提高相关专业基础数据的质量。此方案的内容主要分为两个部分：第一部分是对报告期当月全部专业报表的整体情况用文字阐述的方式进行总体概括，让各乡镇分管的人员能够比较容易的摸清当月的主要问题。另外各乡镇当月报表审核、评估的大致情况做出总结并公示。第二部分则是以多个附件的形式分类别、分专业对企业报表和乡镇审核过程进行公示，每个专业都用一个附件对报表中出现的问题进行说明，比如未及时直验、明显错误未及时改正等等。

（高杉杉）

【完成国有企业反腐倡廉民意调查工作】 10月14日至15日，总队部署2010年《国有企业反腐倡廉民意调查工作》暨培训会议。专项调查科结合房山区国有企业情况，对抽中的国有企业进行详细的基本情况搜集和沟通。截至10月25日，完成任务，此项调查工作要求严谨、周密、细致，必须做到对被调查对象保密，工作人员结构配额合理。做到“三强化”。一是强化工作流程，即：由于此项调查相对严谨，必须严格按照总队专项调查处要求做。二是强化调查方案，根据总队通知要求，制定房山局队此次调查方案，确定调查时间，抽调和培训调查人员，精心组织，周密部署，确保统计调查数据质量。三是强化质量控制，此问卷由调查员现场发放，调查对象现场答卷后由调查对象亲自装入统一配发的问卷专用袋内，调查人员在现场宣读答卷注意事项，强调单选题和多选题的答卷要求，以及现场对完成问卷的初审工作。

（王振坤）

【劳动力调查入户工作】 房山局队为在人口普查入户登记期间做好11月劳动力调查工作，特下发通知，要求各有关统计所在此期间，提高对劳动力调查工作的重视程度，按时入户登记，保证调查表填报质量，按时上报。另外，为把对被调查户的打扰降到最低程度，局队还建议各相关统计所协调好劳动力调查工作的调查员和被调查小区的普查员，尽可能在两项调查入户登记的重叠时间内，共同入户进行调查表和普查表的填报，以提高被调查户的配合程度。在全部法人单位从业人员中，50%以上的劳动力来自于第三产业。其中第二产业从业人员93053人，占48.1%；第三产业从业人员100245人，占51.9%。

（尹寒雪）

【完成2010年执法、督导检查任务】 2010年房山局队根据市局执法队统一部署、开展执法检查和督导工作。截至10月底，房山局队完成执法检查单位290家，其中：参加市局、总队联合执法16家，与大兴区互查20家，日常执法检查129家，督导检查125家，完成市局、总队下达的全年执法检查和督导任务。

（栾中全）

【房山局队将统计执法检查与人口普查宣传相结合】 房山局队为做好第六次全国人口普查工作，将统计执法检查法规宣传与人口普查工作相互结合、相互交融、相互促进，通过多形式、多方位、多角度的人口普查普法宣传活动，以“一个中心，两项措施”为工作着力点确保全区人口普查工作依法有序进行。“一个中心”即以新《中华人民共和国统计法》《统计违法违纪行为处分规定》和《全国人口普查条例》为宣传工作重点，面向人口普查员、普查指导员，面向人口普查对象，结合人口普查工作的重要内容和关键环节，开展有针对性的普法宣传教育，为依法开展人口普查奠定坚实的基础。“两项措施”即：一是加大检查力度。为使人口普查宣传不留死角，房山局队根据普查宣传计划，对各乡镇普查办宣传工作加大检查力度，特别是对在普查区、普查小区悬挂宣传条幅，张贴标语口号，在城乡居民聚居区的出入口、各大型商场、专业市场、广场、车站、交通要道、工矿区等人流密集处张贴人口普查公告与人口普查宣传画进行重点检查。二是将统计执法检查与人口普查宣传相结合。执法检查人员，在对企业进行检查时，携带人口普查宣传材料进行发放，宣传月期间共发放材料3000余份。

（续联会）

【完成立案案卷后期处理工作】 2010年，房山区统计执法检查工作步入尾声，截至11月25日，房山局队完成2010年立案案卷的后期处理工作。为做好立案案卷的后期处理工作，执法队采取多种措施，保证后期处理工作不出纰漏。一、贯彻立案案卷“四级审理”制度。通过检查人员、科室负责人、执法队和法规科及主管领导的层层审核，确保案卷的准确无误，检查过程合法合理。二、执行文书核对制度。执法队对所有文书进行认真核对，特别是对外发出的执法文书，发出前都要进行再核对，保证文书不出差错。三、亲自送达，确保受处罚单位收到执法文书。对每一份后期文书，执法队成员都保证当面送到受罚单位手中，并向单位告知其义务和权利，保证后期处理程序的顺利进行。四、贯彻“教育为主、处罚为辅”的原则。2010年全区立案单位37家，其中处以警告的33家，处以警告并罚款的4家，实现统计执法检查教育为主、规范统计数据的目的。

（栾中全）

【城镇住户调查工作】 为保证2011年城镇住户调查工作顺利开展，在新记账户正式记账之前，房山局队总结以往落实户工作经验，结合2010年调查中存在的问题，对房山区城镇住户调查新记账户落实和培训工作做到“三个到位”。局队发放“致调查户的一封信”和《房山区城镇记账户记账注意事项》。通过一封信，向新记账户宣传住户调查目的和意义、新记账户的抽选原则、家庭收入支出账汇总数据的应用以及依法统计的要求，打消新记账户的顾虑，为住户调查提供真实的家庭收支数据。通过下发记账注意事项，使新记账户较快适应记账要求。在《房山区城镇记账户记账注意事项》最后还注明区统计局人员联系方式，以方便调查户遇到问题及时沟通。经过1个月的试记账，记账户大体掌握了记账工作，在正式记账前抓培训工作，使记账户深入掌握记账要领，提高记账水平。12月21日，新记账户开始正式记账，在正式记账前，以街道、乡镇为单位分别开展记账户记账培训工作，多为区统计局人员直接授课，既与记账户实现面对面的沟通，又能够使记账户全面掌握记账要领。记账户记账质量如何，除了培训工作是否到位以外，与调查员工作能力和对记账户的指导也有很大关系。为增强调查员工作主动性，对调查员提出具体工作要求，在记账户试记账或以后正式记账期间，调查员必须经常下户指导记账户记账，遇到问题及时解决。

（王雪芳）

财政　税收

【概况】 2010年，区财政局突出理财聚财职能，强化财政保障机制，注重构建收入增长长效机制，着力加强税源建设，健全收入目标考核办法，发挥部门联动机制，开展收入分析预测工作，严格收入征管，超额完成全年预算任务；注重保障民生与经济协调发展，加大财政投入力度，为各项民生支出提供资金保障，加强财政投入与金融手段的协调配合，确保重点功能区和重点项目有序进行；注重信息化与财政管理相结合，围绕部门预算、国库集中支付、政府采购、投资评审、绩效评价、资产配置与处置六大管理体系，发挥信息化对财政科学化精细化管理的推动作用，完成各项工作任务。全区财政收入完成168.6亿元，比2009年增长2.2倍，比“十五”期末增长11.6倍，年均增长66.1%。其中一般性预算收入完成28.2亿元，比2009年增长20.7%，比“十五”期末增长1.2倍，年均增长17.1%。为预算的266.4%，比2009年增加1158542万元，增长2.2倍；支出完成219.61亿元，比2009年增加119.15亿元，增长118.6%。

2010年，房山区国税局完成各项税收22.66亿元，同比增加7.04亿元，增长45.1%，提前71天完成市局计划。为区财政实现税收收入2.99亿元，同比增加8178万元，增长38%。实现4年增长3倍的历史性突破。全年评估补税5130万元，稽查查补税款1036万元。构建税收体系。建立以办税服务厅、税务网站、税务博客、触摸屏为载体的纳税服务宣传平台建设体系。创建税源专业化管理体系，尝试分行业、分规模管理，建立所得税分类管理模式，引进大企业专业化管理理念。

区地税局共入库税收36.01亿元，同比增收58987万元，增长19.6%。其中：完成地方一般预算收入306653万元，同比增收55536万元，增长22.12%，超额41653万元完成26.5亿元的年初计划任务指标。坚持“抓住大户，管住有问题户，打击涉税违法行为，强化税政管理，强化执法监督”的组收工作思路，强化多项组收措施。建立完善组收长效机制，加大重点税源监控力度。落实市、区、所三级联动机制，强化收入计划执行的监控力度，确保税收收入的高速增长。梳理业务流程、运行《税收管理与执法考核系统》，强基固本管住有问题户。依托自行开发的税收管理与执法考核系统，发现包括税务登记、纳税申报、税款入库等方面的涉税疑点26214件次。强化稽查检查，有力打击涉税违法行为。通过“以企业自查为主，以稽查检查为辅”稽查模式组收747万元。夯实税政管理，统一税收政策的执行口径。深化执法监督，有效规避执法风险。继续以“五一五形象工程”为载体，健全制度，优化服务，深入推进服务型机关建设。

（李会庆　孙立军　胡博　张丽莉）

【检查“小金库”和“假发票”】 10月初至11月25日，按照市财政局关于做好“假发票”专项治理重点检查工作的通知要求，由区财政局、区审计局、区国税局、区地税局抽调人员组成2个综合检查组，每组3人至4人。共检查单位53户，其中：党政机关22户、事业单位24户、社会团体3户、国有企业4户。重点检查发现“假发票”1087张，“假发票”涉及的金额880.05万元。针对专项治理发现的问题，完善相关制度，将防治“假发票”工作纳入廉政风险防范管理工作。

（李会庆　孙立军）

【实现教育3个增长】 2010年，全区预算内教育拨款133190.6万元（本级），比2009年的103501万元增长28.69%，高于经常性财政收入增长幅度11.74个百分点。生均预算内教育事业费及生均预算内公用经费均达到依法增长。预算内教育经费（含教育费附加）为149461.6万元，占财政支出802633万元的18.62%，2009年为15.23%。房山区完成教育依法增长。

（李会庆　孙立军）

【实施校舍加固工程】 根据国务院要求，从2009年起，用3年时间完成中小学校舍加固改造工程。经过摸底调查，全区校舍安全工程共计53万平方米，需资金10亿元，其中市级财政负担 4 亿元，区级财政负担 6 亿元。加固工程 33 万平方米。加固资金大约为 6.2 亿元，其中市财政负担 3.2 亿元，区财政负担 3 亿元。翻建 10 万平方米，达标扩建 10 万平方米，计划在 2011 年完成。共需资金 4.2 亿元，其中市发改委拨付 9700 万元（第一批下达指标 8700 万在城建科），区财政负担 3.2 亿元。2010 年年底， 69 所学校，100 栋建筑加固，共完成 20 万平方米。2009 年至 2010 年市财政资金到位 1.83 亿元，区配套 1.19 亿元。

（李会庆　孙立军）

【完成义务教育债务化解工作】 根据《北京市人民政府办公厅转发市农委等部门关于开展清理化解农村义务教育“普九”等债务工作实施意见的通知》，从 2009 年起，经反复调查核实，锁定区级负担化解义务教育债务资金 2430 万元，市财政负担 1841 万元，共计 4271 万元。按照市政府要求，2010 年 11 月底前，全部完成市级审核锁定的农村义务教育债务化解工作，房山区化解债务资金直接支付到 63 个债权人，提前完成普及九年义务教育等债务化解工作。

（李会庆　孙立军）

【兑现义务教育学校教师绩效工资 2.9 亿元】 根据《北京市人民政府办公厅转发市人力社保局关于义务教育学校实施绩效工资意见的通知》，从 2009 年起，义务教育学校教师实施绩效工资，2009 年年底补发退休教师生活补贴和教师 4 个节日的过节费，2010 年初将绩效工资补齐。区教委系统义务教育学校 7852 人实施绩效工资，2010 年全部实行绩效工资，每年增加区级财政支出共计 2.9 亿元，区财政集中财力按文件要求全部兑现。

（李会庆　孙立军）

【加强非税资金管理】 11 月，为加强和规范房山区教育系统非税资金管理，提高资金使用效益，区财政局与区教委共同制发《房山区教育系统非税收入管理暂行办法》，办法明确了非税收入上缴范围、用收入安排的支出范围，并比照预算内资金管理方法对非税资金也按基本支出及项目支出进行管理，确定项目的项目评审、政府采购等模式。

（李会庆　孙立军）

【发放救助资金 659 万元】 按照《关于规范和统筹临时救助制度的通知》，为城乡低保对象和生活困难补助对象、城乡低保边缘对象、因遭受自然灾害或其他突发事件及家庭成员患重病等特殊原因，造成经济支出过大、生活暂时困难的特殊对象发放城市医疗救助、农村医疗等各项救助。2010 年，区财政共发放各项救助资金 659 万元，救助 14236 人次。

（李会庆　孙立军）

【支出城乡低保资金 4090.52 万元】 6 月 21 日，北京市民政局、北京市财政局联合下发《关于调整 2010 年本市城乡社会救助相关标准的通知》，对北京市城乡低保标准进行调整。按照市级文件要求，并结合房山区经济发展状况及财力等情况，房山区城市低保标准由家庭月人均收入 410 元调整到 430 元；农村低保标准由家庭年人均收入 2040 元调整到 2520 元。2010 年，区财政共支出城乡低保资金 4090.52 万元，享受人员 22790 人。

（李会庆　孙立军）

【拨付城乡无丧葬补助居民丧葬补贴资金 2000 万元】 按照《北京市城乡无丧葬补助居民丧葬补贴办法》，房山区为具有北京市户籍、且未享受市丧葬补助费待遇的居民，按照每人 5000 元的标准发放丧葬补贴金。2010 年，区财政共拨付城乡无丧葬补助居民丧葬补贴资金 2000 万元。

（李会庆　孙立军）

【拨付奖励随军家属自行就业补助 591 万元】 为做好随军家属的就业安置工作，保证驻区部队干部队伍的稳定，鼓励随军家属通过自谋职业、自行联系单位等方式实现就业，6 月，区财政局与区人力社保局联合制定关于《促进部队随军家属就业工作实施方案》，方案中规定：随军家属选择自谋职业或自行联系单位就业的，由区政府给予一次性就业补助 3 万元。2010 年，全区选择自谋职业或自行联系单位就业的随军家属共有 197 人，区财政共拨付经费 591 万元。

（李会庆　孙立军）

【财政保障新农合资金到位】 2010 年，全区筹集新农合资金 21450 万元，其中财政负担补贴资金 17065 万元，占筹资总额的 80%。截至 2010 年年底，全区门诊就医 1180855 人次，发生医疗费用 19500.94 万元，报销费用 7520.76 万元，平均报付率 43.4 %；住院 36469 人次，发生医疗费用 28140.93 万元，报销费用 12865.86 万元，平均报付率 60.2%。

（李会庆　孙立军）

【拨付 3.4 亿元支持区域医疗中心建设】 良乡医院新门诊综合楼于 5 月竣工交付使用，新门急诊综合楼建筑面积 25847 平方米，总投资 1.9 亿元，区财政支持房山区区域医疗中心建设，拨付 1 亿元资金，用于医疗设备购置。房山第一医院作为房山区最早的区域医疗中心，担负着燕山房山两地的医疗任务，但随着社会的发展，人口的增加，不能满足人民群众就医需求。房山区决定新建房山第一医院，规划占地面积 10.3 万平方米，总投资约为 10.2 亿元，区财政拨付前期征地拆迁资金 1.5 亿元。

（李会庆　孙立军）

【对无固定性收入重残无业人员发放生活补助】 根据京残发〔2007〕23 号文件关于《对无固定性收入重残无业人员给予生活补助的暂行办法》，对具有北京市常住户口，年龄在 16 周岁至 60 周岁之间，没有固定收入、无业、生活靠亲属或家人照料，未享受城市、农村居民最低生活保障待遇和城市重残人生活补助的重残人给予补助，城市 430 元/人·月，农村 210 元/人·月。2010 年，4845 人符合标准，区财政共拨付资金 1256.87 万元。

（李会庆　孙立军）

【扶持残疾人自主创业和个体开业 200 万元】 根据市残联、市劳动和社会保障局、市财政局《关于北京市扶持残疾人自主创业个体就业暂行办法的通知》。对符合申报标准的自主创业个体就业的残疾人进行扶持，扶持标准为：对自主创业并取得“企业法人营业执照”的残疾人，按照最高不超过 2 万元的标准给予扶持，对租赁场地的，再给予最高不超过 2 万元的场地租赁费扶持；对从事个体经营实现就业并取得“个体工商户营业执照”的残疾人，按照最高不超过 1 万元的标准给予扶持，对租赁场地的，再给予最高不超过 1 万元的场地租赁费扶持。2010 年，房山区符合申报标准的残疾人 112 人，区财政拨付资金 200 万元。

（李会庆　孙立军）

【补贴安排残疾人就业的单位 569.1 万元】 根据市残联、市劳动和社会保障局、市民政局、市财政局《关于北京市用人单位安排残疾人就业岗位补贴暂行办法的通知》，对安排残疾人就业的单位给与岗位补贴。2010 年，房山区共有 294 家用人单位和福利企业符合补贴标准，区财政拨付资金 569.1 万元。

（李会庆　孙立军）

【拨付处级退休领导干部服务管理的经费 147.95 万元】 为深入贯彻落实《关于进一步加强新形势下离退休干部工作的意见》和北京市人民政府办公厅印发《关于全面做好新形势下离退休干部工作的意见》，全面做好新形势下离退休干部工作，区委六届常委会第 120 次会议原则通过《房山区关于进一步做好新形势下离退休干部工作的意见》。2010 年，房山区共有处级退休干部 829 人（不含燕山），其中正处级 193 人、副处级 636 人。全年拨付财政资金 147.9 万元。

（李会庆　孙立军）

【落实居家养老（助残）服务政策】 根据《关于贯彻落实北京市市民居家养老（助残）服务（“九养”）办法》文件精神，居家养老服务补贴资金由市财政、区财政、市福彩和区福彩按照 1：1：1：1 的比例分别负担。具有北京市户籍的 80 岁及以上老年人、60 周岁至 79 周岁重度残疾人、16 周岁至 59 周岁无工作的重度残疾人均可在居住地申请每月 100 元的居家养老（助残）服务券。16 周岁至 79 岁残疾人补贴经费由市残保金负担。2010 年区财政共拨付居家养老服务补贴共计 458 万元。市残保金拨付 1099 万元。

（李会庆　孙立军）

【利用网络资源丰富纳税服务手段】 年内，房山国税局拓展纳税服务思路，创新纳税服务模式，紧跟时代潮流，开通网站博客和电子邮箱，将政策文件、工作通知、税务知识等通过博文形式发表，使纳税人方便搜索、及时浏览；将办税指南、业务培训等制作成真人讲解视频，以“网络课堂”的形式向纳税人宣讲，突破传统的集中“办班”模式。同时通过博客留言板与纳税人进行在线互动，接受纳税人意见建议。电子邮箱接收纳税人涉税电子资料的报送，节省纳税人办税成本的同时，减轻税务机关的工作压力，架起税企沟通的新桥梁。

（胡博）

【开展社会公信力评价】 1月至3月，房山国税局借助第三方开展社会公信力测评，建立社会公信力评价体系，以公众客观的全方位评价，找准问题，以此促进纳税服务水平的提高和国税形象的提升。一是制定 5 方面评价标准。根据社会各界对税收工作的不同需求，房山国税局就税务人员诚信程度、依法程度、政务公开程度、纳税服务程度、廉政程度 5 个方面分别制定评价标准。分为 3 个组成部分：政府评价占总成绩的 30%、社会评价占总成绩的 30%、纳税人评价占总成绩的 40%。其中根据不同纳税人层次的需求，纳税人评价又分为国有大中型企业和中小企业及个体集贸评价，分别占纳税人评价总分的 60%和 40%。评价体系中涵盖评价工作的组织、评价工作的原则、评价的内容与标准、评价的方式、评价计分方法、长效管理及改进机制等方面的内容，评价标准细而全。二是广泛发放调查问卷。房山国税局采取发放调查问卷、电话回访、网络调查、明察暗访等多种方式开展公信力测评工作。同时，为确保公信力评价的客观全面，根据房山区政府、社会监督部门、国有大中型企业、中小企业及个体商贸 4 个方面的评价群体的不同需求，制作有针对性的调查问卷 800 余份。三是委托“第三方”协助。为使评价更加专业、客观、公正，房山国税局委托区财政、工商联、社会监督部门、企业税收培训会，分别对房山区政府、社会及纳税人发放调查问卷，最后经汇总得出房山区国税局社会公信力评价得分 94.12 分。四是落实整改效果。在看到社会各界认可的同时，房山国税局清醒的认识到工作中存在的问题和不足。针对评价中反映比较突出的共性问题，召开专题会，查找原因，积极整改，制定措施，完善各项工作，建立长效管理与改进机制，改进工作作风、效率和态度。

（胡博）

【举办“服务企业·服务就业·服务创业”税收恳谈会】 4月9日，房山国税局召开“服务企业·服务就业·服务创业”大型税收恳谈会。邀请常务副区长高言杰，区人大常委会副主任刘顺林，区政协副主席高维魁，区财政局局长董瑞臣，区统计局局长张福志，市局纳服处处长焦建华、副处长李伟力以及 10 家 A 级企业负责人参加恳谈会。房山国税局全体党组成员、中层正职参加会议。会上，首先由 4 位 A 级企业负责人代表发言，介绍企业发展情况和经验。办税服务厅主任野兰英、第二税务所所长张宏星作为中层干部代表讲述在为纳税人服务、支持企业发展方面所做出的创新及努力。区政府、国税部门、A级企业3方围绕“服务企业·服务就业·服务创业”进行探讨，对国税单位及政府部门提出中肯的意见。焦建华对房山国税局推出的“一窗通办”“A 级企业纳税服务卡”、纳服博客等纳服创新工作给予肯定，并详细介绍北京市国税系统纳税服务和12366 热线服务情况。高言杰对国税局倾听广大纳税人意见，为政府部门、国税部门和纳税人3方搭建沟通交流的平台给予充分肯定。房山国税局局长胡文学谈了恳谈会的意义和下步工作。

（胡博）

【开设车购税征收网点】 按照市局进一步扩展机动车车辆购置税（以下简称车购税）征收网点工作要求，5月10日，房山国税局机动车车辆购置税征收大厅（以下简称车购税大厅）正式对外办公，受理纳税人申报。车购税大厅设在北京市良乡机动车检测场服务大厅内，厅内设置税务机关统一标识，使房山区纳税人缴税、验车、上牌一站完成。2010年，共入库税额14778万元。

（胡博）

【召开税务文化建设现场会】 6月25日，北京市国税系统税务文化建设经验交流现场会在房山国税局召开。市局局长吴新联、副局长孔繁琪、纪检组长顾淑萍、全市系统25 个单位主管税务文化建设的副局长和党办主任参加会议。会议由孔繁琪主持，首先由此次会议承办单位房山国税局局长胡文学致词，胡文学以《文化育人 文化兴税 文化强局》为题，介绍房山国税局文化建设思路和成果。与会人员分别观看宣武、朝阳、海淀、大兴、延庆、房山国税局制作的税务文化专题片，观看24个单位制作的48块反映各单位税务文化建设成果的展板。在交流经验发言中，房山和延庆国税局作《文化兴局 追求卓越》《以税务文化建设为导向 打造文化、素质、创新、法治、平安的延庆国税》的发言，把各局在税务文化的工作历程、取得的成果与各单位进行交流和分享。市局领导和与会人员参观各分局的部分税务文化成果实物展，实地参观房山国税局税务文化展室、手工艺作品室、摄影作品室、书画作品室、图书室、健身室、乒乓球室和台球室，感受文化建设氛围。吴新联对税务文化建设提出要求：一要统一思想，深刻认识加强税务文化建设的重要意义。二要明确任务，研究落实税务文化建设的基本内容。三要结合实际，切实把握税务文化建设的着力点。

（胡博）

【美国佐治亚大学代表团到访】 8月11日，美国佐治亚大学代表团一行23人在国家税务总局司长王道树以及市局国际处处长蒙玉英等陪同下到房山国税局参观交流。房山区国税局局长胡文学及相关人员陪同并举行座谈会。会上，蒙玉英从中国税制、北京市国税局机构设置、组收状况、征管情况等方面进行详细介绍。胡文学就房山区区域经济、房山国税局征管现状、组收情况、纳税服务等方面进行详细说明。座谈中，双方就中国税制改革及房山国税局的纳税服务模式进行了交流。佐治亚大学代表团谭德•冉斯福尔博士对中方的接待和问题解答表示感谢，多种纳税服务方式为大学生们开阔了思路，增强了认识。会后，佐治亚大学代表团一行在北京国税参会代表的陪同下参观房山国税局办税服务厅，同基层税务干部进行交流，了解办税服务厅窗口设置、人员岗位、涉税事项办理流程、自助办税设施等内容。

（胡博）

【第三办公区落成】 11月1日，经过近1年的筹备工作，房山国税局第三办公区在长阳镇北广阳城路9号正式对外办公。标志着房山国税局集中办公三大办公区域形成：分别是良乡政通路第一办公区，房山城关镇第二办公区，良乡长阳镇第三办公区。结合区域经济实际，多次调研，综合考虑，充分酝酿，合理划分各资源的比例，整合人力资源、资产资源，打造集中办公三大板块：形成以第一办公区为中心，第二、第三办公区为臂膀的三大办公区域，发挥集中办公的优势，使各项工作衔接更顺畅、服务纳税人满意最大化。

（胡博）

【2010 年税收收入特点】 2010 年，区地税局实现组收任务目标，共组织各项收入 360108 万元，同比增收 58987 万元，增长 19.59%。其中：完成区级一般预算收入 166908 万元，占全区一般预算收入（房山片）的 77.1%，同比增收 26333 万元，增长 18.7%。实现收入呈以下特点：一是累计收入高开低走，单月税收跌宕起伏。累计增幅从年初的 61%逐步下滑，到 11 月达到最低点为 17.2%，12 月由于组收原因回升至 19.6%。 二是三大税种为增收主体，两大税种减收过亿。从全年分税种完成情况看，营业税、个人所得税和土地增值税为增收的主体，3 税种同比共增收 63665 万元；与此同时，企业所得税和车船税分别同比减收 10105 万元和 10432 万元，共拉低总体增幅 6.8 个百分点。三是纳税大户为增收主体，车船税影响小户总体减收。2010 年，地税局共有税户 27856 户，比 2009 年增加 1726 户，占全局总户数的 76.6%。随着重点户动态管理，截至 2010 年年底，房山地税局共有三级重点户 1189 户，全年入库各项收入 303885 万元，占总收入的 84.4%，百万元以上的大户共有 326 户，累计入库各项收入 224863 万元，对总体增收的贡献率达到 93.2%，是确保全局税收增收的主体。确保全局收入目标的实现。入库 20 万元以下税源户同比减收税款 4754 万元，主要是受同期车船税大额入库影响，若剔除车船税入库因素，则同比增收 5678 万元。

（张丽莉）

【开展“做国家利益的忠诚卫士”反腐倡廉专题教育活动】 4 月，地税局全面部署开展“做国家利益的忠诚卫士”反腐倡廉专题教育活动。分为动员部署、学习教育、整改落实和总结验收 4 个阶段。及时传达、执行市局下发的活动文件 28 个，结合实际制发活动方案、通知等文件 41 个。召开领导小组会议 41 次、领导小组办公室会议 7 次，分 3 个小组深入科所检查指导 80 余次，下发专题教育活动检查情况通报 2 次，加强组织领导和督导检查。组织党组中心组政治理论学习 11 次，局领导班子认真学习 7 部法规文件，撰写心得 46 篇，组织自测 9 次，深入基层调研 132 次，副科级以上领导干部上交学习心得等文章共 93 篇，发挥两级领导班子的带头作用，全局干部完成规定动作和自选动作。建立 14 块学习园地，编发专题简报 341 期，向市局领导小组办公室报送信息 56 条。重点围绕市局下发的 15 个讨论题目，组织反腐倡廉建设大讨论。

（张丽莉）

【梳理业务流程】 完善征管基础工作制度，推动优化业务流程，严格执行新流程。完善业务协调会议机制，联动开展征管、评估。依托执法考核系统，发现涉税疑点 26214 件次，登记率达到 100%，平均申报率、入库率分别为 99.88% 和 99.69%，没有新欠发生。完成评估 1958 户，有问题户 904 户，有问题率 46.17%，评估补税 1820.69 万元。

（张丽莉）

【推进纳税人分类管理】 5 月 19 日，房山地税局着手起草分类管理实施细则，并组织中层干部召开动员辅导会，会后各税务所均制定符合实际的分类管理具体措施（个体税务所除外）。为了能够在保留税务所个性管理的同时，最大程度统一分类方法、管理方法，征管科在 7 月组织由各所正职参加的分类管理研讨汇报会，会后确定分类标准、管理方法、日志 3 个撰写小组，材料上报汇总后，征管科又利用 2 天时间组织所长、副所长、业务骨干研究讨论，并将最后形成的分类管理办法下发全局征求意见。11月，又结合市局和地税局新的管理思路和要求对《税源分类管理指导意见》重新进行修改和完善，通过局长办公会讨论，从2011年起在开发区税务所和阎村税务所试点试行。

（张丽莉）

【开展税政评估】 依托现有信息系统，整理、分析相关数据，及时发现各所可能存在的政策执行不到位的情况，向税务所提供准确数据以及疑点企业名单，进行有针对性的评估。全年，进行建筑业营业税新条例执行情况评估、教育和医疗机构个人所得税政策评估，开展个人工资薪金所得与企业的工资费用支出比对工作，共评估文件8个，评估532户，有问题100户，补缴税款620.42万元，开展关于土地增值税、土地使用税、房产税的评估，涉及4个文件，完成评估 4030户，有问题2973户，共补缴税款 575.45万元，统一政策的执行口径。

（张丽莉）

审　计

【概况】 2010年，区审计局在审计项目安排上，以维护民生、促进发展为出发点和落脚点，以充分发挥审计的建设性作用，促进宏观政策落实，促进规范财政资金分配、管理和使用，提高财政资金使用效益为总体目标，进一步深化了预算执行审计，加强对涉及民生问题专项资金的审计监督，进一步强化对领导干部的经济责任审计。全年完成审计项目77个，在审项目54个，审计资金量443亿元，查出违规金额162万元，全部上缴，查出管理不规范金额22.9亿元，审减工程款1.63亿元。加强政府债务审计，全面摸清政府债务规模、来源、结构、质量和用途，揭示了区政府债务的举借、使用、偿还管理中存在的一些问题。开展市级财政下划资金审计。对全区财政下划资金近18亿元审核。对市政建设工程、窦店工业基地、中小学校舍抗震加固工程等43个项目进行跟踪审计。把监督贯穿拆迁、开发等土地储备工作的全过程，重点对资金使用效果、效益和安全性进行审计。对跟踪审计中发现的倾向性、苗头性问题，诸如土地储备中心对项目的财务管理存在缺失的问题，区审计局及时提出审计建议责成土地储备中心整改，发挥审计监督的职能作用。制定房山区专项检查工作方案，并会同区有关单位组成联合专项检查组，对15个项目进行重点检查，此项工作得到市审计局和区委、区政府领导的充分肯定。区审计局受区委组织部委托共对全区36位党政领导干部开展经济责任审计，对离任审计项目实施分类管理的经验做法被《中国审计报》刊登推广。会同区委组织部对8个被审计领导干部的经济责任审计结果，在被审计单位领导班子会上进行通报。

（潘文敏）

【"三创新"建立专项审计长效机制】 区审计局在对区属行政事业单位、乡镇政府管理使用财政专项资金情况进行审计工作中。一是创新管理机制。有组织、有计划地将专项资金审计列入年度审计项目计划。二是创新审计方式和审计成果共享利用机制。专项资金审计与经济责任审计、财务收支审计、投资审计、预算执行审计等结合起来，一次入户审计出多项审计成果。三是创新审计信息化机制。探索财政联网审计，建立完备的数据库，降低审计成本，提高审计工作效能。

（潘文敏）

【规范管理保证质量防范审计风险】 区审计局采取以会代训的形式对所聘社会审计机构的主要领导和审计人员进行培训。针对项目审计过程中发现的问题，就提高审计质量、防范审计风险明确提出4点要求：一是严格制度管理，提高审计质量。要求高度重视参审工作，定期听取汇报，掌握项目进展情况；加强人员管理，严格把控审计组长的任用，确保参审人员相对固定，提高工作的主动性，增强责任意识；严格执行审计作业规程，严谨制定审计实施方案，细致填写审计工作底稿；严格执行审计复核制度，确保每级复核严格把关。二是严格执行审计纪律和保密制度，树立廉政勤政意识。三是严格执法，贯彻《中华人民共和国审计法》《中华人民共和国国家审计准则》和《中华人民共和国审计法实施条例》，防范审计风险。四是加强作风建设，始终坚持把服务寓于审计监督之中，树立文明审计形象。

（潘文敏）

【房山区出台内部审计暂行规定】 为进一步强化内部审计工作，房山区政府常务会审议通过《房山区内部审计工作暂行规定》，规定于2010年9月1日起执行。规定共四章十九条，包括总则、机构设置和经费保障、内部审计工作权限和审计程序、法律责任4个部分。对内部审计机构设置和应履行的工作程序提出明确要求，并强调内部审计机构和内审人员的工作职责及相关人员的法律责任。为有效开展内部审计工作提供法制化、规范化的保障，促进全区经济社会发展发挥出重要的作用。

（潘文敏）

【按照审计对象分类管理办法开展离任审计】 根据区委组织部的委托和区《关于处级领导干部经济责任审计对象实行分类管理的暂行办法》的规定要求，区审计局抽调各科室业务骨干，并聘请部分中介人员，成立9个审计组，对2010年的24个离任审计项目实施分类审计。一是资金量较大，领导干部任职时间较长，且近3年未安排审计的5个单位，按照A类审计对象实施审计。二是资金量较小、近3年内审计局审计过的19个单位，按照B类审计对象实施审计，为干部监督管理部门更好地选拔任用干部提供决策依据。

（潘文敏）

国有资产管理

【概况】 2010年是“十一五”规划收官之年，区国资委系统围绕“三化两区”总体战略和年初工作目标，转变发展方式，深化国企改革，调整产业结构，推进重点工程和重大项目建设，完成区政府下达的各项任务。据财务快报统计，截至12月底，区国资委系统共拥有资产总额170亿元，同比增长18.3%；所有者权益29.6亿元，同比增长73%；1月至12月实现营业收入9.7亿元，同比增长20.2%；同口径利润总额为5334万元，同比增长176%；交税金7498万元，同比增长23.3%。

（张宇）

【出资收购京房国鑫自然人股权】 北京京房国鑫物资有限责任公司，组建时注册资金200万元，是由国有法人股东和自然人股东共同出资设立的。其中法人股占51%，自然人股占49%。为防止国有资产流失，2月，区国资委出资收购自然人股份98万元，将北京京房国鑫有限责任公司改造为国有公司。

（张宇）

【国宇伟业资产运营公司成立】 4月16日，由北京房山国有资产经营有限责任公司代表区国资委与北京燕星宇世纪天和国际投资有限责任公司双方共同出资，设立北京国宇伟业资产运营有限公司。公司注册资金4000万元，其中北京房山国有资产经营有限责任公司出资2040万元，占总股本51%；北京燕星宇世纪天和国际投资有限责任公司出资1160万元，占总股本49%，为国有控股公司。经营范围是：资产投资与投资管理、资产运营策划、项目投资、投资咨询、企业管理咨询。

（张宇）

【张坊联农磨盘柿专业合作社获奖】　5月23日，由中华全国供销合作总社、中华合作时报社、中国合作经济杂志社、中国人民大学农业与农村发展学院、中国人民大学中国合作社研究院共同主办的永业生命素杯“2009中国合作经济年度成就奖”颁奖典礼在中国人民大学逸夫会堂举行。北京张坊联农磨盘柿专业合作社位居榜首，获“中国50佳农民专业合作社奖”。

（张宇）

【新华书店技能比赛】　6月9日，北京市京郊区县新华书店2010年业务技能比赛在房山区凯悦莱温泉会议中心举行。此次比赛由中国书刊发行业协会、北京市书刊发行业协会、市发书刊发行业协会农村工作委员会共同发起。比赛内容有：“书籍知识问答”“十二笔图书的连续计算与包扎”“三十笔盘存表计算”“计算机文字录入”等。中国书刊发行业协会副会长肖天如、新闻出版总署发行司副司长谭汶、中国书刊发行行业协会秘书长吴修书等出席活动并讲话。此次比赛由主要房山区新华书店筹备，京郊区县新华书店109名选手参加比赛。

（张宇）

【召开改革研讨会】　8月12日，区国资委召开成立6年来改革研讨会暨房山区国资委经济工作会，会议总结区国资委成立6年来所做的工作，明确国企工作要融入房山“新城新区”建设的发展目标。区政府副区长马继业对区国资委6年来所做的工作给予肯定，并提出3点要求：一是要提高认识、转变作风，调节带动区域经济发展。在“三化两区”建设的大局中谋划发展方向和战略目标，加大招商引资步伐，加快企业发展。二是要深化改革，加强监管，确保超额完成全年任务。加大企业重组整合力度，完善法人治理结构，推进国企改革，培育具有竞争力的大企业大集团，确保国有资产保值增值。三是要继续抓好党建和人才队伍建设。贯彻执行“三重一大”制度，加强人才队伍建设，加大企业领导人员的公开选拔和市场化选聘力度。会后，马继业率国企老总到滦县参观考察滦州古城开发、滦河（滦县段）河道防洪综合整治工程和司家营铁矿等项目。监管单位负责人和机关干部共50余人参加此次会议。

（张宇）

【北京海融德厚投资担保有限责任公司注册成立】　9月15日，由区国资委代表区政府出资成立北京海融德厚投资担保有限责任公司。公司注册资金10亿元，为国有独资公司，主要经营范围是贷款担保、项目融资担保。

（张宇）

【完成农机公司破产分流安置工作】　北京市房山农业机械供应公司经中介机构审计评估，截至2009年年底，农机公司总资产189.9万元，负债总额486.2万元，净资产-296.3万元，企业负债率达256%。经债权人依法申请破产，2010年9月29日，北京市房山区人民法院裁定“准予受理北京房山国有资产经营有限责任公司申请北京市房山农业机械供应公司破产一案”。区国资委坚持“退而有序　以人为本”的工作思路，以科学发展观为指导，以保障破产工作顺利进行为目的。截至10月31日，农机公司职工安置工作顺利完成，95名职工得到妥善安置，其中，分流安置职工15人，自愿解除劳动合同15人，退休65人，用于职工各种经济补偿费用147万元。

（张宇）

【房开控股集团召开第一次股东大会】　12月14日，北京房开控股集团有限公司第一届股东大会召开。北京房开控股集团有限公司是由区委、区政府倡导，由区国有资产经营有限责任公司、区燃气开发中心、北京韩建集团有限公司、北京房建建筑股份有限公司、北京龙建集团有限公司、北京市泰华房地产开发有限公司、北京房山城建集团有限公司、北京昊远隆基房地产开发总公司、北京市房山区龙华建筑工程公司共同出资，公司注册资本金 10 亿元，其中国有股份占 51%。大会选举产生第一届董事会、监事会成员，董事长于明振、监事会主席韩卫东。公司经营主要范围：土地储备一级开发、房地产开发、工程施工、投融资、公共事业建设等。

（张宇）

【2010 年政府采购金额突破亿元】 截至 12 月底，区政府采购中心共完成政府采购 132 次，其中，公开招标 8 次，竞争性谈判 7 次，单一来源 1 次，询价 6 次，定点采购 110 次。132 次采购预算资金 12683 万元；实际采购金额 11324 万元；节约资金 1359 万元；节约率 10.7%。

（张宇）

【国有融资平台为区内企业提供资金保障】 截至 12 月底，区国有企业融资平台为房山区重点工程、重大项目、中小型企业和个体农户提供融资、担保资金共计 117.4 亿元。其中：北京人公司承转信贷资金 18.2 亿元；海融德厚担保公司办理投资担保业务 27 项，涉及担保金额 95.8 亿元；大方、龙盛源和中金福 3 家小额贷款公司为中小型企业和个体农户发放贷款 377 笔，共 3.4 亿元。

（张宇）

【理顺良工房地产公司产权关系】 区国资委通过产权界定的方式并经过股东大会同意，将良工房地产有限公司 450 万元配给自然人的股权界定为国有股份，由工业公司持股，同时工业公司出资 112 万元收购自然人股份，使国有股权占注册资本的 56.2%，使良工房地产公司成为工业公司的国有控股公司，解决了多年困扰工业总公司发展的难题。

（张宇）

外　事

【概况】 2010 年，房山区共办理因公出国团组 56 批、119 人次，分别比 2009 年的 64 批、121 人次减少 12.5%和 2%。其中：自组团 18 批、79 人次；市团 35 批、36 人次，中央团 3 批、4 人次。以上团组共支出出国经费 414.35 万元，比 2009 年的 484 万元减少 69.65 万元，减少 14.4%。接待外宾 6 批、91 人次。

（殷兆伟）

【外宾接待工作】 4 月 12 日，区外事办陪同阿拉伯国家新闻记者研修班一行 17 人到韩村河参观考察。12 月 1 日和 12 月 15 日，斯里兰卡西部省议会代表团 57 人分两批到房山区考察新农村建设，到大石窝镇南河村进行考察，实地参观村秸秆气化站、蔬菜大棚和农户等。12 月 9 日，区外事办接待泰国副总理素贴一行 10 人到韩村河考察农村党建工作和致富经验，并与村干部进行了座谈。

（殷兆伟）

法　制

【概况】 2010 年，组织安排区政府常务会会前学法 5 次；完成市政府法规规章征求意见 21 件；围绕“三化两区”建设，为区重点工程服务，及时审核区政府签定的合同、协议 21 项，审核各类规范性、政策性文件草案 59 件；牵头组织区政府综合服务大厅筹建工作；共收到行政复议申请和咨询 97 件，其中案前有效化解 69 件，立案审查 28 件，全部审结；共收到信访咨询、复查申请 308 件，案前化解 251 件，立案受理 57 件。所立案件全部结案；制定《房山区人民政府关于加强乡镇政府依法行政的意见》，推进乡镇政府开展依法行政工作；完善和落实区政府依法行政工作制度，促进区政府各部门依法履责；制定《房山区依法行政考核办法（试行）》，对区政府 40 个行政执法部门及 25 个乡镇办事处进行依法行政考核，把依法行政考核工作落到实处；组织开展执法人员进行公共法律知识培训考核、登记等基础工作，共换发全区 38 个单位执法人员行政执法证件 1200 个；以开展案卷评查为手段，加强对行政处罚程序的监督，全区案卷评查优秀率达到 87.8%；在市政府组织的案卷评查中，房山区取得全市第 4 名，郊区县第 1 名的成绩；开展行政执法干部培训，提高房山区行政执法队伍的整体素质和水平，从市政府法制办、区住建委等单位聘请老师分 6 期对全区 40 个行政执法部门和 24 个乡镇、街道办事处的 67 名主管领导和 204 名科级干部进行培训；建立行刑衔接工作机制，加大区政府对行政执法部门依法履责的监督力度；完成市政府依法行政考核检查工作，市政府依法行政检查组对房山区的依法行政工作给予了分肯定。特别是重大行政决策和依法行政制度健全，有要求有落实。房山区依法行政工作能够和全区中心工作紧密结合，有利地促进全区经济社会健康快速发展。在市政府对区县政府依法行政考核中，房山区在全市进入前 3 名。

全年，房山区各级人民调解组织排查调处民间矛盾纠纷 9141 件，调解成功 9074 件，调解成功率 99%；开展法律宣传 358 场次，受教育人数达 117.68 万人次，成立重点地区综合治理复杂疑难纠纷调解团。为 9 名特邀调解员颁发聘书。调解员包括律师所主任、公证处主任、公职律师、司法所长和专职调解员。根据 2010 年市政府确定的直接关系群众生活方面拟办重要实事第 50 件“在全市规范和建立 100 个公益法律服务中心”及《北京市司法局北京市财政局关于进一步加强农村公益法律服务体系建设工作的意见》，招聘 46 名专职公益法律服务工作者，成立 23 个乡镇街道公益法律服务中心。完成区法律援助中心、乡镇街道公益法律服务中心、村居社区法律服务室三级公益法律服务网络。全年全区 23 个公益法律服务中心共解答法律咨询 761 件，调解各类纠纷 220 件，代写法律文书 67 件，起草各类协议 31 份，参与法制宣传活动 69 次 3400 人次，进行法律讲座培训 4 次。470 个法律服务室共调解民间纠纷 1474 件，解答法律咨询 3377 人次，开展法律宣传讲座 263 次，法制宣传 976 次，受教育人数 2 万人次。基层法律服务工作者共担任村（居）委会及各类企业常年法律顾问 107 家，办理基层法律服务 5643 件。参与基层司法行政工作 217 人次，挽回、避免经济损失 17870 万元。建立帮教安置基地，完善社区服刑人员和刑释解教人员衔接工作，创新社会管理思路模式。全年全区累计接收社区服刑人员 2970 人。在矫正期内的社区服刑人员有 517 人。刑释解教人员 2701 人。

全年，房山区法律援助中心接待（接听）来访、来电法律咨询 2461 人次。共批准承办法律援助案件 517 件，与 2009 年同比增长 24%。其中：刑事法律援助案件 220 件，占法律援助案件的 42.6%，同比增长 1733%；民事法律援助案件 297 件，占法律援助案件的 57.4%，同比下降 36.4%。法律援助中心在全区 23 个乡镇 3 个居委会 5 大社团建立法律援助工作站。设立一批社区、村法律援助联络员，使法律援助向农村延伸。加大对法律援助制度、案例、的宣传力度。印制 5000 余份法律援助联系卡向广大居民发放。加强公益法律服务体系建设，投资 150 万元为全区 470 个法律服务室配备了数码相机、办公桌椅等装备。

2010 年，为 188 家单位担任法律顾问；办理法律事务 17695 件；挽回经济损失 6899 万元；避免经济损失 8607 万元；办理各类案件 1343 件；代写法律文书 3112 份；解答法律咨询 9706 人次。律师共参与区领导信访接待 56 次，接待来访群众 147 批次，3534 人次。律师参与区领导研究重大疑难的涉法问题 9 件。6 月底，完成对辖区律师事务所，专、兼职律师的年度检查、考核工作。经考核，全区 10 家律师事务所均被评为合格；62 名专、兼职律师除 1 名因身体原因暂缓执业外，其余 61 名均被评为合格。区内两家公证处全年办理法律事务 21855 件，办理各类公证 5095 件；解答法律咨询 16301 人次；代写法律文书 459 件。

（许娜　霍言）

【规范性文件草案审核工作】 2010 年，区法制办共审核区政府签定的“北京市房山区国际葡萄酒庄产业集群起步区总体规划协议书”“中大新能源汽车项目投资协议书”以及《北京市房山区人民政府城关街道办事处洪寺村 10 个村集体土地前期开发的通告》等合同、协议 21 项，区政府各部门报法制办审核的各类规范性、政策性文件草案 59 件，内容涉及集体土地开发、调整产业结构、征地补偿安置、高教园区建设、推动企业上市、煤矿关闭、重大经济合作等 10 多个方面。“三化两区”建设以来，区法制办选调技术骨干专门设立文审“绿色通道”，把科学、民主、依法决策和“三化两区”建设的实际需要紧密结合，确保政府决策的合法、有效，确保全区重点工程建设顺利进行。

（许娜）

【参与和牵头组织区政府重大疑难问题的解决】 按照区委、区政府要求，区法制办参与和牵头组织窦店现代制造业产业基地征地拆迁、拱辰街道办事处东羊庄拆迁协调、城关街道前后朱各庄收回集体土地使用权、拆除违法建设、遏止抢栽、抢种、抢建等 30 余项市区重点工程建设项目拆迁协调工作。

（许娜）

【牵头组织区政府综合服务大厅筹建工作】 5 月，为了实现区政府全程办事代理制的顺利实施，提高行政工作效能，方便群众办事，根据区政府的工作安排，区法制办抽调工作人员参与由区法制办和区政府办、区监察局、区编办、区投资服务中心以及区信息中心组成的区综合行政服务大厅筹建办公室。对全区具有行政许可和服务事项的 41 家部门进行了详细梳理，全区 41 个部门除 5 个部门因客观原因不能入驻外，其余 36 个部门全部入驻，入驻事项 464 项，其中行政许可事项 288 项，行政服务事项 176 项。

（许娜）

【行政复议、行政应诉工作】 2010 年，区法制办共收到行政复议申请和咨询 97 件，其中案前有效化解 69 件、立案审查 28 件，全部审结。其中维持 16 件、终止 9 件、驳回 3 件，案件主要涉及房屋拆迁、治安管理、计划生育、工伤认定、信息公开等方面；办理不服区政府具体行政行为行政诉讼案件 5 件，主要涉及国有土地、集体土地审批，人民法院均做出维持判决；办理不服区政府具体行政行为和不服市政府涉及房山区的具体行政行为的行政复议应答案件 9 件，主要涉及国有土地审批，市政府均做出维持的复议决定；办理不服涉及房山区的市政府行政复议决定向国务院申请裁决案件 6 件，主要涉及国有土地审批。

（许娜）

【信访复查工作】 2010 年，区法制办收到信访咨询、复查申请 308 件，案前化解 251 件，立案受理 57 件。内容涉及拆迁补偿、社会保障、计划生育、民事侵权、村务公开、确认身份等方面，所立案件全部结案。

（许娜）

【制定《房山区人民政府关于加强乡镇政府依法行政的意见》】 根据《北京市人民政府贯彻落实国务院关于加强市县政府依法行政决定的意见》有关规定，区法制办起草《房山区加强乡镇政府依法行政工作的意见》，经区政府常务会讨论通过后，以区政府文件形式下发到全区执行。《房山区人民政府关于加强乡镇政府依法行政的意见》对乡镇政府依法行政提出具体要求，建立和完善了乡镇政府依法行政工作制度，加强乡镇和区直各执法部门的协调配合。

（许娜）

【完善和落实依法行政工作制度】　按照市政府法制办《2010年度区县政府依法行政考核指标》要求，区法制办牵头重点建立和完善《房山区重大行政决策听证制度》《房山区领导干部任职前法律知识考查和测试制度》等12项依法行政工作制度。并对《房山区人民政府重大事项依法决策制度》《房山区行政规范性文件制定与备案监督办法》等22项依法行政工作制度进行修改和完善，规范区政府各部门的行政行为，有力的促进了依法行政、依法履责。

（许娜）

【区法制办对全区65个行政执法部门进行依法行政考核】　根据国务院《全面推进依法行政实施纲要》《国务院关于加强市县政府依法行政的决定》和《北京市2010年全面推进依法行政工作要点》要求，区法制办在认真调研的基础上，制定《房山区依法行政考核办法（试行）》。围绕考核的具体内容，制定详细的考核标准，对考核每一项内容进行分解、细化和量化，经六届区政府第39次常务会议讨论通过，下发全区执行。12月24日至28日，按照考核办法，对全区40个行政执法部门及25个乡镇办事处进行依法行政考核。考核全部合格。

（许娜）

【完成换发行政执法证件工作】　为加强对行政执法人员资格管理，结合市政府统一换发执法证件工作，区法制办组织开展执法人员进行公共法律知识培训考核、登记等基础工作，换发全区23个单位1074名执法人员执法证件及燕山地区15个单位126名执法人员执法证件，共计1200个。

（许娜）

【开展行政处罚案卷评查工作】　7月28日至30日，区法制办开展2009年案卷评查工作，共抽查23个部门行政执法案卷41件，90分以上的优秀卷36件，占抽调案卷的87.8%，其余案卷全部合格。做到处罚主体正确、违法事实清楚、适用法律条款准确、执法程序合法、案卷归档规范。通过案卷评查，区法制办对发现的问题及时进行归纳总结，并组织执法人员进行分析研讨，有效防止行政违法和不规范执法行为的发生。2010年市政府组织的案卷评查中，房山区取得全市第4名，郊区县第1名。

（许娜）

【开展行政执法人员培训工作】　2010年，结合“三化两区”五大功能区建设中征地、拆迁、查处违法建设等突出矛盾和问题，有针对性地开展行政执法干部培训，区法制办从市政府法制办、区住建委、房山国土分局等单位聘请老师分6期对全区40个行政执法部门和24个乡镇、街道办事处的67名主管领导和204名科级干部进行培训，培训的主要内容包括《土地征占与拆迁的法律实务》《拆迁中的财产公证问题》《重大事项与依法决策制度》《行政处罚程序及文书制作》等与区重点工程结合紧密的内容，并采取学习与研讨、教与学互动的方式。

（许娜）

【建立行刑衔接工作机制】　为了加强行政执法监督，促进依法行政，推进“三化两区”建设，区法制办与区检察院共同研究制定《关于建立行政执法监督与刑事司法监督工作衔接机制的实施意见》（以下简称《实施意见》）。《实施意见》中明确部门职责，区法制办在开展执法监督、行政处罚案卷评查等工作中，发现行政执法机关违法履行职责，涉嫌犯罪的，及时通报区检察院；区检察院接到区法制办通报的案件后，依据相关法律启动立案监督程序，并将意见反馈给区法制办。同时明确信息共享和联席会议机制，遇有重大、紧急问题，可以临时召开会议。4月15日，区法制办与区检察院举行“建立行政执法与刑事司法监督工作衔接机制启动仪式”，全区40个行政执法部门参加会议。会后，《实施意见》以区政府办文件形式转发全区执行。

（许娜）

【完成市政府依法行政考核检查工作】 2010年是市政府对区县政府依法行政考核的第一年，区法制办牵头组织区依法行政工作领导小组成员单位研究2010年全区依法行政工作任务，制定《房山区2010年依法行政工作要点》和《房山区2010年依法行政考核指标分解》，对2010年市政府依法行政考核的具体工作任务逐项分工部署，下发到全区各部门、各乡镇人民政府、街道办事处。12月7日，市政府依法行政检查组到房山区检查工作，区委常委、副区长李江陪同检查。检查组听取房山区2010年依法行政工作情况汇报，查阅房山区依法行政工作相关材料，并就检查情况与房山区相关部门人员进行沟通交流。检查组对房山区依法行政工作给予充分肯定。2010年市政府对区县政府依法行政考核中，房山区在全市进入前3名。

（许娜）

【北京市2010年“送法下乡”活动启动仪式】 1月19日，北京市司法局、房山区委、区政府、区委政法委、区司法局在阎村镇举行北京市2010年“送法下乡”活动的启动仪式，北京市司法局副局长吴庆宝，房山区委常委、政法委书记刘欣国，区人大常委会常务副主任李福田，区政协副主席赵润东等出席启动仪式。按照市委宣传部在全市开展“三下乡”活动的总体部署，北京市投资200余万元，编辑制作50万册《法制宣传系列连环画》、50万册《警惕黑手谨防被骗——打击防范涉众型经济犯罪法制宣传册》、23套法制宣传教育巡回展板及20万册相关配套折页等发放到基层用于普法宣传活动。

（霍言）

【开展法制宣传咨询周活动】 5月9日至16日，房山区依法治区领导小组办公室在全区范围内开展以“崇尚法律，共筑和谐”为主题的“房山区法制宣传咨询周”活动。在法制宣传咨询周期间，共开展各类活动100余场，参加人数1万余人，发放各类宣传材料3万余份，解答群众法律咨询1000人次，展出法制宣传展板200余块。

（霍言）

【成立全区首家高校法律援助工作站】 5月12日，房山区法律援助中心在北京理工大学良乡校区成立北京理工大学法律援助中心良乡校区工作站。良乡校区工作站主要工作人员由北京理工大学法律援助中心的顾问、法学院的学科带头人、教授以及有社会法律实务经验的老师担任，区法律援助中心进行统一领导和业务指导，为良乡校区师生提供法律咨询、法律援助和定期开展法制宣传教育，为法学专业学生提供学习实践机会，包括法律实务实习、社区法律援助、法制宣传等。

（霍言）

【人民调解员进驻派出所】 6月4日，房山公安分局、区司法局和部分乡镇人民调解委员会召开房山区专职人民调解员聘任大会，房山区23个乡镇、街道人民调解委员会与43名社会志愿者签订《房山区专职调解员聘任协议》，为各派出所治安、民间纠纷调解联合接待室聘请专职人民调解员。

（霍言）

【人民调解工作室进驻区法院】 6月23日，区司法局与区法院联合举办人民调解工作室揭牌仪式，人民调解工作室进驻区法院。区司法局为人民调解工作室配备2名专职人民调解员，主要开展法律咨询、纠纷调解等业务。人民调解室进法院能够缓解司法工作中案多人少的矛盾，优化司法资源的配置，促进人民调解和司法调解有效衔接，完善多元化的矛盾纠纷解决机制。

（霍言）

【第一届北京市房山区律师代表大会召开】 6月26日，第一届北京市房山区律师代表大会召开，27名律师参加大会表决通过《北京市房山区律师协会章程》，选举产生律师协会会长1名、副会长2名、监事长1名、监事3名、理事9名，组建第一届北京市房山区律师协会理事会、监事会。

（霍言）

【房山区律师协会一届一次会长、理事会议召开】 7月16日，房山律师协会分别召开第一届第一次会长会议、理事会议。会议学习市局“京司发〔2009〕323号”文件；介绍了房山律师协会成立的进展情况；讨论决定5方面的问题：一是协会财务管理。二是成立秘书处。三是成立行业发展委员会和纪律惩戒委员会。四是成立律师顾问团。五是下半年开展“争优创新”、律师执业环境、专业技术研讨、大型宣传等10项工作计划。

（霍言）

【普法和依法治理工作】 2010年通过《房山区“五五”法制宣传教育总结验收实施方案》和《房山区（2006—2010）“五五”普法工作考核验收标准》。根据北京市法制宣传教育领导小组的统一部署和房山区“五五”普法规划的要求，由区领导带队，组织市、区人大代表、政协委员分5组对全区27个乡镇街道进行全面检查，对五类普法对象所涉及的责任单位进行重点检查，对各区直单位进行重点抽查。通过验收自查全区“五五”普法呈现“六化”，即基础工作规范化、社会宣传阵地化、队伍建设网络化、普法工作生活化、普法对象广泛化、普法时间固定化，促进普法工作纵深发展，提高广大人民群众学法用法的自觉性。在全区范围内广泛深入的开展形式多样的法制宣传教育活动。举办北京市2010年送法下乡暨房山区打击防范涉众型经济犯罪法制教育巡展、“崇尚法律，共筑和谐”为主题的法制宣传咨询周等一系列活动。免费向社区、农村发放各种宣传图册5万余份。《社区法制报》1.8万份，《农民常用法律知识100问》和《农村干部法律知识手册》共计25万册免费发放到462个村17余万农户家中及所涉及的公务员、农村党员、两委干部手中。开展“法律六进”以及普法讲座等各类活动2280场次，展出法制宣传展板300余块，接受法律咨询和服务2000余人次。截至8月底，共开展各类宣传活动450余场，发放宣传材料5万份，下发换届选举工作法制宣传挂图850份，解答群众咨询2000余次。1月至5月，在全区范围内举行“警惕黑手，谨防被骗——房山区打击防范涉众型经济犯罪法制教育巡回展”。全区巡展工作共分为两个阶段进行，第一阶段分别在房山区档案局、房山区图书馆和燕山地区办事处等地点进行展出，全区近200家区直机关单位、学校、企事业单位等部门进行参观，超过1万名群众参观展览，发放相关配套宣传材料2万余份，群众留言1000余条。第二阶段在全区23个乡镇进行巡展，共有1万名群众参观展览，发放相关材料1万余份，群众留言200余条。

（霍言）

【基层司法行政工作】 全年，房山区各级人民调解组织排查调处民间矛盾纠纷9141件，调解成功9074件，调解成功率99%；开展法律宣传358场次，受教育人数达117.68万人次。加大矛盾纠纷的排查化解力度。做到求真求细求实。排查出来的信访、矛盾纠纷等不稳定因素，坚持做到“三定、一包”，即定人员、定措施、定期限，领导包案督导，真正把问题解决在基层，把矛盾化解在萌芽状态。每天下午4点前将辖区的矛盾纠纷排查情况上报区司法局。通过多种方式开展工作，确保一般矛盾纠纷得到及时有效化解。对重大疑难的矛盾纠纷，主管领导要亲自挂帅，组织攻坚小组进行攻坚化解。注意做好政策引导和当事人的安抚工作，防止矛盾进一步恶化。加强人民调解与司法调解、行政调解的衔接。招聘 43 名专职人民调解员进行业务培训，全部到岗到位。房山区 12 个物业调委会化解物业管理纠纷 116 件，较好的发挥物业调解组织的作用。成立重点地区综合治理复杂疑难纠纷调解团。为保证拆迁改造工作进展顺利，依法维护群众合法权益。充分发挥职能优势，以化解矛盾纠纷为切入点，成立了区重点地区综合治理复杂疑难纠纷调解团，为 9 名特邀调解员颁发了聘书。调解员包括律师所主任、公证处主任、公职律师、司法所长和专职调解员。

（霍言）

【社区矫正和安置帮教工作】 建立帮教安置基地，完善社区服刑人员和刑释解教人员衔接工作，创新社会管理思路模式。全年，全区累计接收社区服刑人员 2970 人。在矫正期内的社区服刑人员有 517 人。刑释解教人员 2701 人。对从监狱、劳教所释放回来的“三无”人员，或者亲属拒不接纳的刑释解教人员，在临时救助机制之外，一是协调乡镇街道、村委会接纳上述“两类”人员，妥善安置。二是帮教基地为“两类”人员提供短时间的安置、救助，以缓解乡镇街道的安置压力，同时，对基地安置的“两类”人员进行法制、社情教育以及劳动技能培训。全区各司法所在普遍入户走访、谈心的基础上，采取集中教育与个别教育相结合的方式，组织社区服刑人员写保证书、发放“致家属一封信”、温馨短信提示等，并对 48 名生活特别困难的“两类”人员提供临时救助金 1.5 万元。 落实“七包一”矫正帮教措施的基础上，充分借助社区民警、村居委会、治安志愿者、所管人员亲属等人员力量，强化对“两类”人员的管控工作。对全区 27 个司法所从程序到教育效果，从环节到管理力度的档案规范化管理工作的检查力度。

（霍言）

【公证工作】 区内 2 家公证处全年办理法律事务 21855 件，办理各类公证 5095 件；解答法律咨询 16301 人次；代写法律文书 459 件。北京市恒信公证处在窦店镇配合区人民法院强制拆迁工作中，坚持严格依法审查当事人的公证申请，对公证申请人的主体资格、所提交的材料及保全证据方案等一一进行审查核实。针对保全证据对象的实际情况做到 3 个事先，即事先到窦店核实工作现场；事先对财产清点、登记、摄影等人员进行培训并告知权利义务、工作标准；事先研究拟定公证工作方案。现场财产清点保全证据公证依据法定程序进行，确保房山区拆迁工作的主体、内容、形式和程序的真实合法。恒信公证处 36 小时公证 251 户化解采空区矛盾隐患。完成对西岳台村全部 137 座宅院的入户评估登记的保全证据现场公证工作。

（霍言）

【区私个协成立法律服务中心】 11 月 26 日，区私营个体经济协会会员法律服务中心挂牌成立。法律服务中心承担会员企业关于规范性文件审核、法律法规培训、法律咨询、代理处理法律事务和法制宣传教育等方面的法律服务工作。法律服务中心在企业商标、专利注册申请，知识产权保护以及企业重组、改制、上市等方面为会员企业提供法律服务。

（曹振）

【窦店镇建成 27 个法律服务室】 截至年末，窦店镇为满足百姓不断增长的法律需求，在全镇范围内建立 27 个村级法律服务室，并以此为基点，打造“十分钟法律服务圈”，让老百姓遇到法律问题，10 分钟内就能顺利找到法官、人民调解员、司法协理员等专业人员，排忧解难。

（石宝军）

【保合庄获全国民主法治示范村称号】 3 月 3 日，区依法治区领导小组办公室在长阳镇保合庄村举行“全国民主法治示范村”揭牌仪式，长阳镇保合庄村被司法部、民政部授予第四批“全国民主法制示范村”称号。保合庄村确定“依法治村，构建和谐”的总体工作思路，投入100多万元，利用多种宣传载体，构建立体式、网络化的法制宣传模式，建立村民法律活动室、村级法律图书室，有法律图书近2000余册；为每户村民发放1本《农民法律知识100问》；依托法律服务室设立村级法律咨询服务站，和驻村民警联合办公，随时为村民提供法律咨询和服务；建立综合电教信息室，利用党员远程教育信息网，开展专家系列讲座，做到广大群众学法有去处，有资料。保合庄内有长达500米的法制一条街贯穿全村，两侧电杆上设置20个法律宣传灯箱。在街道两侧还绘制以“村民学法用法之歌”为主题的法制漫画60余幅；在村东健身公园设置以《中华人民共和国道路交通安全法》《中华人民共和国治安管理处罚法》为内容的展板20余块。保合庄连续3年无信访及违法乱纪事件发生。

（霍言）

【全区建成23家公益法律服务中心】 6月3日，区司法局公益法律服务中心成立仪式在西潞街道举行，区政协副主席赵润东出席活动并揭牌。全年，全区建成23家公益法律服务中心，覆盖全区各乡镇街道办事处。公益法律服务中心依托镇司法所设立，免费为农民提供法律服务。23家公益法律服务中心的办公地点就设在各乡镇、街道，主要职责包括免费为农民、农村经济组织和当地党委、政府提供法律服务；开展法制宣传教育培训；参与辖区内矛盾纠纷调解；担任乡镇政府和村经济组织的法律顾问；代理非诉讼法律事务；解答法律咨询等。每个中心配备1名至3名专职公益法律服务工作者，全区有专职公益法律服务工作者46名。

（霍言）

人事　编制

【概况】 根据市委、市政府《关于北京市区县政府机构改革的意见》中有关“议事协调机构和临时机构不设实体性办事机构”的要求，为规范机构设置，报经区编委会议研究同意，区整顿和规范矿产资源开发秩序工作领导小组办公室和区综合行政服务中心由议事协调机构的常设办事机构调整为区政府派出机构，并相应更名，其中，经区政府与市国土局协商，整规办的职能及其所属事业机构交由区国土分局管理。原由区发展改革委承担的区矿山行业管理及安全监管职责划入区安全监管局，同时将原由发展改革委管理的区矿山服务中心调整为区安全监管局管理。

区编办提出《关于区五个重点功能区组织机构设置的初步方案》。提出各功能区的管理机构和组成人员名单建议稿。在与各功能区反复沟通的基础上，区编办起草组建五大功能区领导机构的通知，以“两办”名义印发全区。区五个重点功能区管委正式组建。区编办起草《关于区五个重点功能区使用人员编制管理办法》、起草《关于为房山区中央休闲购物区（长阳核心区）建设管理委员会增加编制及补充工作人员初步意见的汇报》和《关于北京市房山区窦店高端现代制造业产业基地建设管理委员会机构设置和编制使用的方案》。批准CSD功能区管委会和窦店高端现代制造业产业基地管委会分别使用25名、22名全额拨款事业编制。建立健全乡镇、街道信访机构，落实人员编制。调整区人大常委会内设机构设置。按照市编办有关文件，调整物价检查所机构设置及编制配备，撤销原有的两个物价检查所的机构编制，组建副处级的物价检查所。同时调整燕山办事处的物价检查机构的设置。组建房山区农村产业发展指导中心和房山区绿色发展指导中心。在区委社会工委组建区社会建设指导服务中心。在区市政市容委组建环境建设管理中心。根据市编办文件精神，调整区法院执行机构设置，设立执行局，同时根据法院的请示，增设司法宣传科、裁判文书校核办公室等事务性科室，重新核定法院的内设机构，明确其领导职数配备。根据市编办文件精神，调整区检察院的机构设置，增设驻房山区看守所检察室和驻房山区第二看守所检察室两个派出机构，同时根据检察院的请示，重新核定了检察院的内设机构，明确其领导职数配备。根据市政府文件要求，明确乡镇、街道的交通战备兼管机构，在街道、乡镇党政办或政府办加挂交通战备办公室的牌子并明确主要职责，同时为区交通局增加1名交通战备专职副主任职数（正科级）。组建房山区水政监察大队，核定20名全额拨款事业编制。重新核定区教委所属100多所学校、幼儿园的教职工编制。完成事业单位改革有关情况的调查。完成全区600多家事业单位的职能调查及分类初审工作。根据市编办的部署和要求，完成全区600多家事业单位的模拟分类工作。完成市编办安排的对全区政法、综治、维稳、流动人口和出租房屋管理机构设置、编制配备和实有人员的调查，完成市编办安排的有关党政群机关人员编制实名制管理的调查。根据区委组织部的工作部署，完成房山区党政群机关、乡镇街道、直属事业单位共计170多家主管部门，1987年至2010年23年机构历史沿革资料的整理、编纂工作。完成2009年房山区（含燕山）180家主管部门，行政及事业共计2万多编制、2万多实有人员的信息采集、软件数据录入等年终统计工作，在统计数字基础上，对区行政、事业单位现状进行分析，并提出存在的问题及解决方案，形成5000多字的详细的统计分析报告并上报市编办。

（历程）

【组建北京市房山区物价检查所】 3月，为落实市编办《关于将基层物价检查所事业编制改为行政编制的通知》（京编办行〔2009〕38号）和《关于各级物价检查所级别的通知》（京编办〔1986〕4号）精神，经区编委会议研究，组建北京市房山区物价检查所，机构规格为副处级，核定行政编制25名，其中部门领导职数1正2副。同时为区物价检查所核定工勤编制4名。同意撤销城关物价检查所和良乡物价检查所，并核销两个所的27名全额拨款事业编制。区物价检查所内设4个科室，即：综合管理科（办公室）、收费检查科、价格检查科和价格举报中心。核定科级领导职数4正4副。

（历程）

【燕山工委政法办公室加挂牌子】 11月，根据市编办《关于燕山工委政法办公室加挂牌子的批复》（京编办行〔2010〕114号），中共北京市房山区委燕山工作委员会政法办公室（北京市房山区燕山地区社会治安综合治理委员会办公室）加挂北京市房山区燕山办事处流动人口和出租房屋管理委员会办公室牌子。

（历程）

【人大机构调整】 12月，根据《中共北京市委转发〈中共北京市人大常委会党组关于做好当前人大工作的若干意见〉的通知》（京发〔2009〕22号）和市编办《关于调整房山区人大常委会机关机构编制的批复》（京编办行〔2010〕132号）精神，经区编委会议研究：区人大常委会机关增加2名行政编制，区人大常委会机关行政编制总数为38名；区人大常委会机关独立设置研究室，核定研究室行政编制4名，其中处级领导职数1正1副；区人大常委会机关组建信访室，为副处级机构，核增副处级领导职数1名；农村工作委员会行政编制调整为4名，核增副处级领导职数1名。

（历程）

【建立健全乡镇、街道信访机构，落实人员编制】 按照市编办有关通知精神，并经区编委会研究通过，印发《关于房山区街道、乡镇信访工作机构设置及编制配备的通知》，为街道和地区办事处明确了相关工作机构，核定专职信访工作人员编制，为单一建制的乡镇加挂信访工作机构的牌子并核定负责信访工作的科级领导职数。同时，还组建燕山办事处社会矛盾排查调处中心。

（历程）

信 访

【概况】 2010年，区信访办按照年初制定的工作要求，履行职责，发挥牵头作用，贯彻落实上级的一系列安排部署，围绕“三化两区”新房山建设发展战略，以围绕中心、服务大局为主线，坚持“贴近社会、贴近群众、贴近服务”的理念，落实信访工作制度措施，创新信访工作体制机制，开展矛盾纠纷排查化解工作，最大限度地维护人民群众的合法权益，全年区信访办共受理群众来信来访14749件次，较2009年同期增长48.2%。按照群众所反映的问题分类：反映占地拆迁住房类的5612件次，占总量的38.1%；反映劳资福利问题的4207件次，占总量的28.5%；反映违法违纪问题的1747件次，占总量的11.8%；反映各种纠纷的823件次，占总量的5.9%；反映环境卫生等问题的598件次，占总量的4.1%；反映涉法涉诉问题的458件次，占总量的3.1%；反映其他问题的1302件次，占总量的8.8%。95%以上的问题得到妥善化解，确保全国“两会”、上海世博会和广州亚运会等重要敏感节点的社会稳定、政治安定，确保五大园区及重点工程项目的顺利推进，为“三化两区”新房山建设作出了贡献。2010年，区信访办、区人力社保局、拱辰街道被市委市政府评为北京市信访和排查调处工作先进集体，区信访办主任韩晓明、西潞街道工委书记胡淑苹、史家乡党委副书记王正山、长阳镇副镇长刘维、周口镇信访办主任蔡山被评为北京市信访和排查调处工作先进个人。

（陈加普）

【房山区召开2010年信访工作务虚会】 1月14日，房山区召开2010年信访工作务虚会，区委常委、政法委书记刘欣国出席会议。区直有关单位、23个乡镇、街道及燕山办事处信访工作主管领导参加会议。区信访办3位副主任就分管的工作进行安排和部署；全体参会人员就如何做好2010年信访工作进行深入的分析和研讨。区信访办主任韩晓明紧紧围绕全区加快“三化两区”战略务虚会精神，剖析信访形势，并从进一步加强源头预防、进一步加强基层基础建设和信访队伍建设等6个方面提出确实可行的意见建议；区直有关单位及乡镇、街道主管领导提出意见建议。刘欣国提出了工作要求。

（陈加普）

【房山区召开2010年信访工作会议】 3月2日，房山区召开2010年信访工作会议，区委副书记、区长祁红，区人大常委会主任史全富，区政协主席唐淑荣，区委常委、政法委书记刘欣国，区委常委、区纪委书记王智慧，区委常委、副区长李江出席会议。燕山办事处主管副职，区直各部、委、办、局、中心、公司、人民团体行政正职，北京理工大学房山分校党委书记，各乡镇、街道党（工）委书记、党政主管副职、信访办主任、派出所所长参加会议。王智慧传达中央领导关于信访工作的部分重要批示精神；刘欣国作信访工作报告；拱辰街道、良乡镇、大石窝镇、区人力社保局4个单位作典型发言。祁红在讲话中提出4点要求：一是要总结经验，发扬成绩，增强做好信访工作的使命感。二是要紧贴中心，树立新的理念，牢牢掌握工作主动权。三是整合社会力量，转变工作方式，为经济发展保驾护航。四是要加强领导，落实责任，确保各项工作部署落到实处。

（陈加普）

【房山区召开处级后备干部到区信访办挂职锻炼工作座谈会】 3月16日，房山区召开房山区处级后备干部到区信访办挂职锻炼工作座谈会，区委书记刘伟，区委常委、政法委书记刘欣国，区委常委、组织部部长张祝华出席会议。区信访办主任韩晓明介绍第一批处级后备干部挂职锻炼情况；区司法局宣教科科长肖红云代表第一批挂职干部汇报挂职成果；张祝华对挂职干部提了要求。刘伟在会上提出希望。

（陈加普）

【房山区开展“和谐有序，依法信访”宣传周活动】 按照市委、市政府信访工作部署和《北京市信访办2010年信访宣传工作要点》，房山区4月19日至4月23日在全区开展以“和谐有序，依法信访”为主题的宣传周活动。4月19日，在全区各乡镇(街道)的村和社区开展形式多样的“和谐有序，依法信访”宣传日活动，区委常委、政法委书记刘欣国到拱辰街道渔儿沟社区和城关街道永安西里新社区宣传现场检查指导工作，并发放宣传材料。此次宣传活动，围绕北京市信访工作的重要部署，结合房山区工作实际，深入宣传新修订的国务院《信访条例》《北京市信访条例》等知识，进一步增强群众的和谐有序，依法信访的观念。此次宣传活动共发放国务院《信访条例》《北京市信访条例》、致居（村）民的一封信等宣传材料21万多份，悬挂“和谐有序依法信访宣传日”及其他宣传口号的横幅1214条，摆放展板近300块。此外，部分活动现场还通过腰鼓、秧歌等群众喜闻乐见的文娱形式渲染气氛。

（陈加普）

【房山区召开第二批区级重点矛盾纠纷任务分解会】 7月27日，房山区召开2010年第二批区级重点矛盾纠纷任务分解会，区委常委、政法委书记刘欣国，区委常委、常务副区长高言杰出席会议，18个区直单位及23个乡镇、街道，燕山办事处主管领导参加会议，会议由高言杰主持。首先由区联席办、区信访办主任韩晓明布置2010年房山区第二批区级重点矛盾纠纷任务分解工作，明确重点矛盾纠纷的主管责任单位、责任人及区督查人员等具体事项。8个乡镇、街道汇报本单位重点矛盾纠纷化解进展情况。区监察局副局长王文路对房山区开展联合立项效能监察工作进行安排布置，明确工作目标，提出工作要求。刘欣国和高言杰分别在会上提出工作要求。

（陈加普）

【房山区召开信访工作大会】 9月28日，房山区召开信访工作大会，市政府副秘书长、市联席办、市信访办主任薄钢出席。区四大部门主要领导，市政府人民建议征集员，区直有关单位领导、街道工委、乡镇党委书记、主管副职、信访办主任，部分行政村、社区党支部书记参加会议。会议听取2010年以来房山区信访排查化解工作情况报告，并对落实“连民心恳谈室”“一单式”工作法、“信访代理制”、信访听证4项信访制度做安排部署，相关单位代表作表态发言。区委书记刘伟要求全区各职能部门要认清形势，统一思想，进一步增强做好信访工作的责任感和使命感。薄钢对房山区信访工作所取得的成效给予肯定并就如何看待信访工作及如何做好信访工作作了讲话。

（陈加普）

【房山区召开拆迁工作现场会】 10月22日，房山区召开拆迁工作现场会。区委常委、政法委书记刘欣国，区委常委、区委办主任赵军，区政协副主席、窦店产业基地管委会主任周文海，区委组织部常务副部长马成彪、区直机关工委书记赵磊明、区信访办主任韩晓明出席会议。各乡镇、街道书记，主管信访工作副职，区直有关单位主管领导，燕山办事处主管领导及部分有拆迁搬迁任务村党支部书记、村主任共200余人参加会议。会议由赵军主持。与会人员首先参观窦店高端现代制造业产业基地拆迁现场、京西重工企业建设情况及周转房建设情况。拆迁现场会上，窦店镇党委书记于英虎、窦店镇交道二街村党支部书记王才分别就拆迁工作作典型发言，韩晓明通报2010年房山区占地拆迁信访情况。刘欣国肯定成绩并提出要求。

（陈加普）

【房山区举办信访干部培训班】　10月27日，区信访办举办房山区信访干部培训班，房山区委常委、政法委书记刘欣国作开班动员。区信访办邀请市信访办有关领导及首都师范大学教授为全区信访干部授课，区信访办领导对接访、办信、排查调处等工作进行全面系统的培训，部分基层单位及信访干部作经验介绍和体会交流。参加此次培训班的有全区各街道乡镇党政主管副职、信访办主任、信访骨干和新从事信访工作人员，部分区直单位主管副职、信访干部，共计150人。培训班为期2天半时间，29日，房山区委常委、组织部部长孙强作培训总结。

（陈加普）

【房山区召开第三批区级重点矛盾纠纷任务分解会】　12月23日，房山区召开2010年第三批区级重点矛盾纠纷任务分解会，区委常委、政法委书记刘欣国，区委常委、区政府常务副区长高言杰出席会议，22个区直单位及23个乡镇、街道，燕山办事处主管领导参加会议，高言杰主持。区联席办、区信访办主任韩晓明布置2010年房山区第三批区级重点矛盾纠纷任务分解工作，明确重点矛盾纠纷的主管责任单位、责任人及区督查人员等具体事项。8个单位汇报了重点矛盾纠纷化解进展情况。刘欣国肯定信访工作的成绩并提出工作要求。

（陈加普）

【房山区召开推行“连民心恳谈室”现场会】　12月29日，房山区召开推行“连民心恳谈室”现场会，区委常委、政法委书记刘欣国出席会议。区社会工委、区维稳办、区信访办有关领导，燕山办事处、各乡镇街道主管领导、信访办主任及部分村、社区党支部书记共80余人参加会议。会议由区联席办、区信访办主任韩晓明主持。会上，张坊镇，张坊镇张坊村、南白岱村就“连民心恳谈室”等4项信访制度的贯彻落实工作作典型发言，琉璃河镇作表态发言，与会人员现场实地参观张坊镇张坊村“连民心恳谈室”建设和实际工作情况。刘欣国在会上讲话。

（陈加普）

公共安全

【概况】　2010年，开展保密法制宣传教育，提高领导干部、涉密人员和公务员的保密意识。6月，区保密局向全区印发《关于开展“保密承诺书签订人员知识竞赛活动”的通知》，全区各级领导干部及涉密人员参加此次活动，共有3302人参加保密知识竞赛及答卷。举办全区保密干部持证上岗培训班。利用3天时间，对全区各级机关、企事业单位的专兼职保密干部进行保密业务培训。多种方式进行宣传教育活动。4月，对区定点销毁秘密文件的造纸和定点秘密文件印刷厂进行全面检查，对其销毁、印刷流程、人员管理、保密措施等方面一一进行核对、检查，并提出保密要求。组织对区内旧货市场和废品回收站的保密检查和政府信息公开保密工作大检查。无线电管理工作两次对4个单位的设备使用情况进行监督检查，在检查过程中，及时向使用单位的无线电管理人员进行无线电法规宣传教育，帮助他们合理利用现有设备进行生产、工作、生活中的通讯联络。同时，在全区开展不定期的无线电法规宣传教育活动，全年向全区各单位发放无线电管理知识手册300余册、无线电使用宣传挂图150余套。

2010年，完善各类突发事件应急预案、办法。重新修订《北京市房山区突发事件总体应急预案》。为规范全区突发事件应急演练工作，根据有关规定，制定《北京市房山区突发事件应急演练管理办法》。在2009年编制区、乡镇（街道）、社区、村和企业各类应急预案2832个基础上，2010年新制定完成《房山区电力突发事件应急预案》《房山区森林火灾应急预案》等7个专项应急预案；重新收集修订专项、部门等各类应急预案 11 个。依托房山消防支队组建房山区综合应急救援支队。指挥平台配备联通3G无线视频传输单兵设备，在应急指挥移动通信车无法到达现场情况下，可以使用单兵设备传输现场图像，保障应急指挥中心进行远程指挥决策。全区应急系统严格落实365天24小时值守应急和敏感时期、预警期加强值班和信息报送工作要求。全年向市应急办及时、准确报送工作动态信息近270条，被市应急办采用刊登41条。

2010年，房山公安分局针对大发展、大调整、大建设进程中出现的各种问题和矛盾，坚持重心前移，全力做好疏导化解和处置工作。全年协助妥善处置各类上访598批13275人次。全年收缴炸药223.65公斤、雷管217支，打击非法开采人员197人。投资64万元在21个派出所设立联合调解室，42名民调员受理矛盾纠纷107件、调解61件。强化外围及周边治安防控，查获各类违法犯罪人员 170 人。强化科技创安，在全区 30个社区、村新增监控探头300个，358所中小学幼儿园中198所学校实现图像上传。在拱辰、西潞、城关、良乡等8个街道、乡镇的 60 个行政村推广村庄社区化管理，其中30 个村庄完成封闭。全年立刑事案件 4129起，破案1836起，同比上升44.8%；刑事拘留1084人，同比上升21.3%；打掉各类犯罪团伙100个，同比上升25%。全年发生命案15起，同比下降16.7%。先后侦破“3·25”伤害致死案、“5·30”抢劫杀人案等 13 起命案。及时破获“1·03”系列持刀抢劫女乘客案、“4·25”抢劫轮奸案等一批重大敏感案件。打掉 41 个流氓恶势力团伙，抓获团伙成员 265 人，破案 45 起。破获市公安局挂牌督办的“1·23”“2·28”“4·19”系列“骑抢”案及“4·08”看病消灾系列诈骗等侵财案件。共立经济案件128起，破案 150 起，抓获犯罪嫌疑人 41 人；追缴经济损失6285.9万元，同比上升 230%。全年查处治安案件5359起，治安拘留 1534 人。以大走访为切入点，共走访群众 133349 人次、单位 4808 家，根据群众提供线索抓获违法犯罪人员386人，破获刑事案件57起，化解矛盾纠纷 674 件，解决治安隐患 1866件，推出便民利民措施 97 项，为企业、群众解决困难847件；破获损害企业权益的刑事案件6起，为企业挽回经济损失153.6万元。严格履行大型活动安全监管职责，确保长阳音乐节、青龙湖国际红酒城自行车邀请赛等 77 场大型活动安全。深入开展火灾隐患排查整治专项行动和冬季防火攻坚战及清理可燃物、重点地区地下空间、建筑消防设施等消防安全专项整治行动，共检查单位2013家次，发现隐患1456处，当场整改1278处，发责令期限改正通知书178份，责令“三停”（停产、停业、停止使用）单位 2 家，处罚155起；全区发生火灾166起，未发生重特大治安灾害事故和火灾事故。

年内，燕山公安分局以“防聚集、防大案、防事故、防滋事”为重点，严格执行“领导挂帅、精心组织、全警投入、狠抓落实”的工作方针，共出动警力 1362 人次，保安员 675 人次；其他保卫力量 812 人次，完善“内保例会、联合检查、反恐防暴、考评竞赛”工作机制，组织开展治爆缉枪专项行动，收缴管制刀具 73 把、雷管 20 枚、废旧炮弹 1 发、烟花爆竹 4 箱。落实“外堵、内巡、重点守、社区防”工作模式，全年燕山地区立各类刑事案件 235 起，较 2009 年同期 231 起仅上升 1.7%，继续保持北京奥运会以来刑事案件大幅下降 60%的低位水平，其中，入室盗窃和诈骗两类重点案件分别下降 16.1%和 22%。加强行业场所阵地控制，实现行业场所治安、刑事案件为零，涉嫌黑开场所为零，违法违规经营场所为零的“三零”工作目标。烟花爆竹禁放、预防煤气中毒和 15 万人次游客的元宵节灯会均实现零事故。联合交通、工商、城管、文化等部门，相继开展黑车治理、校园周边秩序整治、露天餐饮场所治理、打击盗销自行车“护车爱民”等专项行动，查处各类违法人员 606 人。全年，燕山公安分局共破获刑事案件 119 起，同比上升 21.4%，刑事拘留 61 人，同比上升 38.6%，抓获外省逃犯 11 人，治安拘留 67 人。全年核录 39964 人，通过设卡盘查直接抓获犯罪分子 11 人，街头案件仅发生 1 起，比 2009 年同期 6 起下降 83.3%。投入 40 万元建立校园图像监控平台，并为全部 20 所校园配备专职保安 42 人，逐人配发钢盔、防弹衣、催泪器、防割手套等装备。全年仅校园上下学高峰勤务，燕山公安分局出动警力 6500 余人次。

2010 年，房山交通支队接警 57976 起，回访 57976 起，群众满意率为 100%；利用电视监控系统直接发现问题 3215 起。其中，事故 326 起、车辆故障 158 起、拥堵 113 起；各级领导上路指挥 5475 人次，发布指挥调度指令 5 万余次，上报路况信息 1.3 万余次。共纠正各种交通违法行为 34.9 万余起，处罚 34 万余起，罚款 5215.6 万元，与 2009 年度相比，纠正起数减少 19%，处罚起数和罚款数分别减少 4.1%和 14%，其中利用科技手段非现场执法处罚 81601 笔，罚款 1483.4 万元，与 2009 年度相比，处罚笔数和罚款数分别增加 6.6%和 6.1%；纠正非机动车、行人交通违法行为 1.2 万余起，处罚 7366 起，罚款 8.5 万余元，与 2009 年相比，分别增加 2360 起、1191 起和 24800 元；开展动、静态交通秩序整顿 168 次，查处无证驾驶 1368 起、酒后驾车 3683 起、闯红灯 10099 起、强行超车 50 起、超载 11768 起，暂扣机动车 14390 辆，依法拘留 1414 人。管界共发生交通事故 13530 次，伤 320 人、死亡 103 人，与 2009 年度相比，事故次数、受伤人数分别减少 46 起、49 人，死亡人数增加 2 人，死亡人数比控制指标持平；在交通事故总数中，快速处理 13260 起，占 98%，一般程序处理 270 起，占 2 %；发生交通安全宣传事故 42 次，伤 22 人，死亡 46 人，与 2009 年度相比，事故起数上升 12 起、伤人数减少 3 人、死亡数增加 13 人，死亡人数比控制指标减少 15 人。受理行政复议 3 起，维持 3 起；受理行政诉讼 1 起，自撤 1 起。完成交通保卫任务 127 次，其中一级勤务 2 起、二级勤务 14 次、三级勤务 31 次，共出动警力 1327 人，警车 546 辆次。发放国产小客车牌证 22167 个，电动自行车牌证 1060 个。全年，有 3 个单位立集体三等功、15 人立个人三等功、50 人受到嘉奖。

2010 年，房山区防震减灾工作以“科学防震减灾、构建安全房山”为载体，建立健全监测预报、震灾预防和紧急救援三大工作体系，利用多种形式，加大宣传力度，努力抓好区防震减灾科普教育基地的运行、管理，充分发挥防震减灾宣传主窗口作用；严格执行各种观测规范，不断提高观测质量和水平，确保观测数据准确、可靠；不断完善震情短临跟踪方案，完善地震信息系统建设，加强分析会商，提高地震预测科学性和准确性；完善地震群测群防网络建设；加强对地震宏观联络员的指导工作，定期对观测点进行检查指导；全面提高震害防御能力；依法加强抗震设防要求的管理与监督，提高各类建设工程的抗震设防能力；继续推进“全程代理”，确保“绿色通道”畅通；协助校舍加固工作，提高校舍防震减灾能力；继续加强地震应急救援工作体系建设；开展应急演练，提高应对能力；推进应急志愿者队伍建设。

（郭佩真　赵婷婷　石建忠　崔凤华　董剑　王征　王春景）

【采取多种方式进行保密法制宣传教育】 一是充分利用板报、宣传橱窗等设施开展形式多样的宣传教育活动。全年发放“严禁买卖涉密文件资料”保密宣传材料4100余份，新《中华人民共和国保密法》宣传画3000张，《中华人民共和国保密法》《保密法释义》等书籍600余本，板报20多块，标语30多条。二是利用重要节假日、纪念日进行保密法宣传。区保密局每逢重大节假日前都对区属单位重点强调要加强保密工作。三是通过培训、讲课、座谈和知识竞赛等形式开展专题保密知识学习教育。2010年分别为区纪委、药监分局、西潞街道、大安山乡等单位讲授保密课程并播放保密宣传教育片；在3月全区初任公务员培训班及4月全区政府信息公开培训班上分别进行专题保密教育。

（郭佩真　赵婷婷）

【完成保密承诺书签订人员知识竞赛活动】 6月，区保密局向全区印发《关于开展“保密承诺书签订人员知识竞赛活动”的通知》，全区各级领导干部及涉密人员参加此次活动，共有3302人参加保密知识竞赛及答卷。

（郭佩真　赵婷婷）

【加强高考保密管理工作】 根据北京市统一部署，按照国家教育考试考务安全保密的工作要求，6月，区保密局在高考试卷到达前，两次对试卷保密室硬件设施的落实情况进行检查，在试卷保管期间，对试卷保密室坚持每半天检查1次，详细察看值班巡逻记录和设备工作情况，房山区2010年高考未出现失泄密情况。

（郭佩真　赵婷婷）

【举办全区保密干部持证上岗培训班】 以国家新修订《中华人民共和国保密法》颁布实施为契机，按照北京市国家保密局的要求，10月18日至20日，对全区各级机关、企事业单位的170余名专兼职保密干部进行保密法规、保密检查、保密宣传等专业知识的业务培训。

（郭佩真　赵婷婷）

【开展风险评估工作】 按照《北京市人民政府办公厅关于开展市级重大风险评估工作的通知》，房山区开展风险管理工作，全面评估各种风险，参照《风险管理实施指南》，对生产安全、公共卫生安全、食品安全等领域的安全隐患和各类消防、交通、矿山、危化、旅游场所等安全问题进行全面排查，共排查出高风险源2个，包括山区的煤矿采空区、14家涉源单位；中风险源3个，包括昊天公园、府前广场的天然气高中压调压站，地质灾害，公路塌陷，崩塌滑陷，危险化学品生产企业；低风险源2个，包括危险化学品运输，3家涉氨单位。

（石建忠）

【金水家园发生一起天然气爆燃事故】 4月9日8时20分，金水家园48号楼4单元102房间发生一起因天然气泄漏引起的爆燃事故。事故发生后，区委常委、常务副区长高言杰指示立即启动相关预案，并带领区政府办（应急办）、房山消防支队、房山公安分局、区燃气办、区新闻办、区安监局、区卫生局、区质监局、琉璃河镇政府等相关部门赶赴现场，展开救援工作。此次事故共造成1人死亡3人受伤。

（石建忠）

【北京燕房华兴仓储有限公司仓库发生一起火灾】　6月29日7时45分，接房山消防支队报，7时左右位于石楼镇支楼村的北京燕房华兴仓储有限公司仓库起火。房山区立即启动应急预案，区委书记刘伟，区委副书记、区长祁红，区委常委、常务副区长高言杰，区委常委、副区长李江，副区长卢国懿带领区应急办、区消防支队、房山公安分局、区市政市容委、区安监局、区环保局、区民防局、区卫生局等部门，区武装部协调卫戍区66114部队139名官兵立即赶赴现场，成立现场指挥部，下设现场处置、交通警戒、现场管制、环保监测、医疗救护、后勤保障等事故救援组，各救援组按照预案分工有序开展救援工作，同时将事故情况上报市政府应急办和市相关部门。市政府副市长苟仲文、黄卫，副秘书长戴卫、周正宇带领市应急办、市公安局、市安监局、市环保局、市消防局、市交管局等部门迅速赶赴现场，指导救援工作。火灾处置工作共调集17个消防中队59台消防车，其中燕化专职消防队车7台。现场指挥部迅速疏散周边居民60余人，对周边进行交通管制和现场警戒，现场处置切断电源，采取降温控制火源蔓延。上午11时火势得到有效控制，13时40分火全部扑灭，未造成人员伤亡。经初步调查，北京燕房华兴仓储有限公司仓库过火面积约6800平方米，库存为橡胶原料颗粒和丙酮化工原料。主要失火的是橡胶原料颗粒，大约几千吨。14时20分，现场指挥部召开全体会议，李江、卢国懿对善后处置工作进行全面部署，成立火灾技术分析、安全生产管理、后勤保障3个工作小组立即开展工作。

（石建忠）

【8名被困登山爱好者获救】　10月10日17时，8名登山爱好者在周口店镇车厂村登山迷失方向，向公安机关报警求助。接报后，区领导高度重视，区委书记刘伟，区委副书记、区长祁红指示：要尽全力开展救援，救援人员和被困人员要确保安全。区政府在周口店镇车厂村成立现场搜救指挥部，区委常委、区委政法委书记刘欣国任现场指挥、区政府办公室主任苗宗启任副指挥，由区政府办（应急办）、区新闻办、房山公安分局、区卫生局、房山消防支队、周口店镇政府等部门组成。此次救援共投入救援力量50余人，分成3路上山进行搜救，于21时20分发现8名被困人员，10月11日1时45分被困人员和救援人员均安全返回，被困人员无人员受伤，身体状况良好。

（石建忠）

【北潞园派出所获北京市人民满意的政法单位标兵称号】　1月15日，在第六届北京市“人民满意的政法干警（单位）”颁奖盛典暨2010年北京市政法系统春节联欢晚会上，北潞园派出所获“人民满意的政法单位”标兵称号，全市公安系统共有39个单位获“人民满意的政法单位”称号，其中3个单位获“人民满意的政法单位”标兵称号。

（崔凤华）

【举办打击防范涉众型经济犯罪法制教育巡展】　1月19日，为贯彻落实北京市委宣传部送法下乡活动要求，有效遏制各种涉众型经济犯罪案件频发的态势，由区委政法委主办，区司法局承办，房山公安分局、区检察院、区法院协办的“警惕黑手谨防被骗——房山区打击防范涉众型经济犯罪法制教育巡回展”启动仪式在阎村镇文化广场举行。活动中摆放安全防范展板10块，发放《居民安全防范手册》《居民必读——警惕十三种常见电信诈骗》《预防非职业性一氧化碳中毒便民宣传手册》《第五套人民币防伪知识宣传册》等提示材料3000余份，接受群众咨询200余次。巡展活动历时5个月。

（崔凤华）

【房山公安分局破获特大网络炒股诈骗案】　3月8日，刑侦支队“2009·11·18特大网络炒股诈骗案”专案组行程4600多公里，三下重庆市合川县，将此案主犯代某（男，25岁，四川省渠县人）抓获。2009年9月至11月代某以代为炒股为名诈骗李某（女，51岁，某大学教师）90余万元。侦查员成功追缴赃款30余万元，并查获代某利用赃款购买的两台笔记本电脑。

（崔凤华）

【全区流管员进行业务培训】 4月7日，房山公安分局协调区流管办对全区各乡镇街道流管办主任、流动人口出租房屋管理员382人进行集中业务培训，房山公安分局人口管理处处长马嗣新为参训人员讲解对流动人口登记办证和出租房屋登记备案及检查出租房屋过程中应注意的事项等内容，区委常委、政法委书记刘欣国，区流管办主任赵书国参加开班仪式。

（崔凤华）

【金融网点定点巡逻防控工作】 4月9日，为进一步深入贯彻落实“三项重点工作”部署，在深入分析辖区电信案件的发案特点、规律基础上，房山公安分局结合辖区金融网点的分布特点提出在金融网点内部设立指纹签到机、巡逻民警定点定时签到的巡逻防控工作机制。城关地区金融网点定点巡逻防控工作启动仪式在农业银行房山支行城关分理处门前举行。

（崔凤华）

【首次利用3G技术实时传输图像】 5月1日，房山公安分局首次运用3G技术将旅游景点现场图像传输至张坊旅游安保指挥部，并将移动图像与固定监控结合使用，扩大了监控范围，为现场指挥部及时掌控动态、强化重点区域管控、开展针对性的勤务指挥调度提供了技术支持和保障。

（崔凤华）

【正式启动局外维稳情报会商机制】 5月12日，房山公安分局维稳办在长沟桃苑山庄组织召开局外维稳会商会，与区直有关部门及河北省周边县市维稳会商机制正式启动。

（崔凤华）

【民事调解进派出所】 为贯彻落实市公安局全面推广的“民事调解进派出所”工作模式，深入推动以社会矛盾化解为首要任务的“三项重要工作”，房山公安分局从3月起筹备“民事调解进派出所”工作，通过在派出所设立治安、民间纠纷联合调解室，让广大民事调解员进驻派出所，会同专职民警开展社会矛盾化解工作，形成人民调解和公安行政调解的合力，最大限度地化解各类矛盾纠纷，维护社会稳定。全区招募民事调解员43名，通过参加市公安局培训和全区集中统一培训，全部达到上岗资格，6月7日正式上岗。

（崔凤华）

【销毁爆炸物品】 6月22日，为做好治爆缉枪专项行动，消除不安全隐患，在青龙湖镇晓幼营村北山谷，房山公安分局治安支队组织北京华昌爆破公司、昊峰吉安民用爆破技术开发有限公司、宏安顺达民爆器材服务有限公司、正泰恒通爆破工程有限公司、鑫运昌民用爆破器材有限公司，对爆炸物品库内的27807发雷管及156.2公斤炸药进行销毁。

（崔凤华）

【看守所首次对社会开放】 6月29日，按照公安部监管局及市公安局监管处的工作要求，看守所首次对社会开放。区政协委员、区人大代表、看守所警风监督员等各界人士一行8人，参观了接待室、在押人员食堂、医务室、图书室、电教室、总控室，并观看了看守所宣传片，填写了调查问卷，对看守所工作提出意见和建议。

（崔凤华）

【房山公安分局与果洛藏族自治州公安局举行素质强警合作协议签约仪式】 8月25日，为深入贯彻落实公安部关于东西合作素质强警的战略部署，按照市公安局与青海省公安厅签署的“东西合作素质强警行动框架协议”要求，房山公安分局与果洛藏族自治州公安局签署业务交流，互相学习等素质强警合作协议。

（崔凤华）

【开展物流安检试点工作】 9月15日至11月14日，为有效解决物流企业在货物运输过程中夹带毒品、爆炸物等违禁品的问题，防止违禁品流入首都，市公安局决定在位于房山区的北京首发物流枢纽有限公司进行两个月的物流货物安检试点工作。至9月27日，物流安检设备安装调试工作完成，开始物流安检工作。

（崔凤华）

【通信指挥车通过验收】 10月11日，由市公安局信通处无线处副处长王洪钊、机动科副科长杜鹏、崔毅组成的专家组和区信息中心主任刘荣秀、区财政局信息中心主任李会庆、房山公安分局副分局长马志刚以及装财、信通、勤务指挥、纪委相关领导对分局通信指挥车进行验收。专家组对总体设计方案、监理报告、验收报告等资料进行审查，并按照功能需求进行实地测试，一致认为该车符合总体设计方案的要求，系统稳定可靠，通过验收。房山公安分局通信指挥车投入使用，实现现场实时图像的采集、上传及无线信号覆盖，为领导决策和勤务指挥提供可靠保证。

（崔凤华）

【举办反恐技能培训班】 11月8日，为达到“磨练意志品质、锤炼思想作风、强化警务技能”的训练要求，锻造一支“政治思想好、作风纪律严、警务技能硬”的公安队伍。房山公安分局反恐技能训练队开班，利用1天时间，对来自局属各单位的67名人员进行警务技能和处置突发事件能力的培训。

（崔凤华）

【举行村庄社区化管理工作推进会】 11月19日，为落实首都综治委《关于在城乡结合部地区实施村庄社区化管理工作的意见》，房山公安分局召开村庄社区化管理工作推进会，介绍实施村庄社区化管理的界定标准、实施范围、物技防标准，部署各派出所和社区民警需着重抓好的具体工作。区综治办、分局人口大队和实行村庄社区化管理的城关、良乡、北潞园、长阳、窦店、阎村、青龙湖、官道派出所所长及相关社区民警参加会议。

（崔凤华）

【清理整治史家营地区流动人口】 11月30日，为巩固煤矿关闭工作成果，防止外来务工人员从事私挖盗采，减少安全、稳定隐患，房山公安分局组织治安支队、人口管理大队和史家营、佛子庄、霞云岭、大安山派出所，协调区流管办、区城管大队、房山国土分局、史家营乡政府，对史家营地区流动人口集中清理整治。共出动力量130人、车辆36辆，检查关闭矿口6个，走访出租房屋259户，核录比对78人，发放张贴预防煤气中毒等宣传材料1600余份，清理劝返非法务工人员56人，处罚不履行治安责任的出租房主26人。

（崔凤华）

【启动携犬巡逻新模式】 为贯彻落实市公安局百犬上街巡逻的指示精神，房山巡警支队警犬队自12月6日起首次携犬上街巡逻，每天出动警车2辆、警犬4条，采取徒步、设卡犬、机动车携犬的方式，以区政府为重要目标区，以医院、学校、商场为重点防控区，以长阳、窦店、城关等易发案地区为重点打压区，对可疑人员、车辆、物品进行检查，对违法犯罪予以震慑。

（崔凤华）

【48小时破获一起命案】 2月25日，房山公安分局多警种密切协作、快速反应，48小时破获“2·23”故意杀人案。2月23日17时许，房山公安分局接周口店镇娄子水村村民王某（男，61岁）电话报案，称其下班回家后发现其妻被杀死在屋内。经查，死者

李某与前夫裴某（64岁，周口店镇娄子水村人）于2007年离婚，2010年1月复婚，但一直感情不合。李某于2010年春节前至案发时一直与报案人王某姘居。案发后裴某失踪。专案组兵分数路连夜开展工作，于25日16时许在韩村河镇天开村裴某亲属家中将其抓获。

（崔凤华）

【打掉涉恶犯罪团伙】 2009年11月15日，房山刑侦支队接到某事主报案称，在长阳镇“朋友饭店”内被多名东北人打伤。经查，这是一伙盘踞在良乡地区以周某（男，41岁，绰号老八）为首的长期从事寻衅滋事、开设赌局、高息放贷的恶势力团伙。专案组通过跟踪蹲守、外围取证掌握这个了团伙的行为轨迹和犯罪证据，2010年4月9日，将周某等10名吉林省蛟河市人组成的团伙骨干成员抓获并刑事拘留。

（崔凤华）

【破获涉众诈骗案】 3月27日，房山刑侦支队接到某事主报案称，在城关街道北大寺被人以推销授课为由骗走现金400元，同时另有多人上当受骗。经初步统计，被骗事主约50人，被骗金额2万余元。4月14日，专案组在怀柔区庙城镇西台下村蹲守10小时将犯罪嫌疑人何某（男，49岁，黑龙江省人）、何某（男，46岁，黑龙江省人）、吴某（女，32岁，昌平区人）抓获归案。3人交待，3月24日至26日伙同他人窜至城关街道北大寺功德福饭店，冒充天韵生物科技有限公司工作人员，以推销保健杯等产品返还现金为名，骗走50余名事主现金2万余元的犯罪事实。何某等3人因涉嫌诈骗被分局刑事拘留。

（崔凤华）

【破获系列诈骗案】 自2009年2月以来，犯罪嫌疑人尚某、梁某纠集廖某、周某等人在窦店镇田家园小区3区5号楼4单元601室，冒充爱家电视购物会员部员工给客户打电话，谎称举行大型回馈活动，赠送价值7000余元（实际140元）的手表、项链、金虎等物品，以邮递送达客户需缴纳688元的邮费、包装费、保险保价费为名，诈骗全国各地客户300余起。至12月，预审员通过网上协作平台和到外地核查，先后将勾某（逮捕）、蔺某（逮捕）、王某（刑事拘留）等10人抓获归案。此案查找到事主206人。

（崔凤华）

【打掉开办假警校诈骗团伙】 5月9日，北京市公安局刑侦总队副总队长马曦初、房山公安分局副分局长柏林现场指挥，突袭疑犯藏身地(青龙湖镇的中联司法学院)，将王某（男，48岁、河北省人，中联司法学院“院长”）等9人抓获。经突审，王某交代2000年8月至2010年5月，伙同李某（男，28岁，辽宁省人，“副院长”）、侯某（男，42岁，山东省人，负责伪造证书公章）等人在房山区青龙湖镇水峪村玉佛山风景区非法开办学校，以毕业后颁发国家承认学历并向公检法机关推荐工作为诱饵，伪造毕业证，骗取学生交纳的高额学费非法牟利3200余万元的犯罪事实。王某等9人因涉嫌诈骗罪、伪造事业单位印章罪被分局刑事拘留。

（崔凤华）

【抓获1名传销组织头目】 5月12日，房山公安分局刑侦支队经侦大队经过缜密侦查，将传销组织头目梅某（男，40岁，湖北省宣恩县人）抓获。经查，自2007年7月以来，梅某伙同谭某（逮捕，房山区人民法院以组织领导传销罪名判处传销头目谭某有期徒刑1年6个月、罚金2000元，这是北京市第一起以组织领导传销犯罪定性、批捕移送起诉的案件）等人在房山、平谷等地以推销“上海炫之界化妆品”为名，组织10余个省市的百余名外地到京人员进行传销活动，致使参与者遭受经济损失百万元。

（崔凤华）

【破获系列“骑抢”案】 1月以来，房山区发生多起嫌疑人驾驶摩托车抢夺案件，并导致部分事主受伤。经过多方摸排，反复查证，最终确定河北省涿州市龙马铝业集团公司工人赵某（男，30岁，河北省涿州市人）有重大作案嫌疑。5月25日，专案组在龙马铝业集团公司将其抓获，当场起获作案用摩托车1辆，在其暂住地起获大量被抢物品，破获市公安局挂牌督办的“1·23”“2·28”“4·19”系列骑抢案件。

（崔凤华）

【侦破“5·30”故意杀人案】 5月30日17时9分，房山公安分局接张某（女，49岁，吉林省辽源市人，住琉璃河镇三街村福乐园小区）报案：其丈夫赵某被人杀死在家中，且屋内有翻动痕迹。经初步查明，死者赵某，男，54岁，满族，系退休工人。8月27日，房山公安分局刑侦支队在市公安局刑侦总队一支队、七支队、八大队及市公安局有关职能部门的配合下，历时3个月最终锁定与死者妻子张某有不正当关系的谢某（男，41岁，通州区宋庄镇人，1986年因强奸罪被判刑5年，1991年因盗窃罪被判刑8年，1998年因盗窃罪判刑15年，2008年3月25日被保释，2010年2月25日假释期止）具有重大作案嫌疑。8月26日3时许，专案组将谢某从其家中抓获并刑事拘留。谢某供述5月26日11时许，其驾驶自己的京牌夏利车窜至房山区琉璃河镇三街村福乐园小区，用配制的钥匙打开福乐园小区赵某家的防盗门，在进入室内实施盗窃的过程中被回家的赵某发现，遂用室内电视机旁放置的一把尖刀将赵某扎死的犯罪事实。

（崔凤华）

【强化社会矛盾化解能力】 年内，燕山公安分局面对拆迁矛盾突出的问题，与燕化公司拆迁部门密切合作，对拆迁、搬迁群众作全面细致的基础调查，研究制定矛盾排查处置和群体访处置专项方案，通过强化宣传、沟通、疏导，妥善化解向阳里社区拆迁安置中引发的各类矛盾纠纷，并在工作中总结提炼“三步三情”工作法（“三步”：让群众熟悉、让群众认可、让群众信任。“三情”：对民用真情、待人要热情、困难要同情），在每个派出所设立治安纠纷调解室，在内部单位建立19个民调小组，受理调解矛盾纠纷22件，初步构建起“关口前移、调解为先、促进和谐”的矛盾纠纷化解新机制。此外，依托燕山地区信访情报信息会商等机制，共收集各类情报信息706件，成功化解群体性不稳定因素29件，个人矛盾46件，解决民工讨薪和劳务纠纷40余件，协调处理58户居民用电、取暖、租房等问题。

（董剑）

【贯彻落实校园安保工作】 年内，燕山公安分局针对校园安保的特殊治安形势，将校园安全作为“一把手”工程来抓，当做一项政治任务、民心工程和长效机制来抓。在燕山工委、办事处的领导下，分局与燕山教委、各中小学、幼儿园密切配合，同时，分局从高峰勤务、情报会商、校园周边秩序维护等方面入手，建立校园安全八大长效机制。

（董剑）

【采取各种措施提高群众安全防范意识】 年内，燕山公安分局将安全防范宣传作为警察公共关系建设的重要着力点，把安全防范宣传的针对性与普遍性、阶段性与连续性有效结合，用公安工作的影响力提升人民群众的自防意识。中央电视台、北京电视台对燕山公安分局破获的重大敏感案件进行了专题宣传，燕化电视台制作《一方平安》节目6期，宣传防范知识。针对看病消灾诈骗案件，组织派出所对燕山地区60岁以上老年人开展面对面的走访宣传。针对使用老旧燃气热水器易导致非正常死亡的情况，组织开展燃气具专项宣传检查，4月至12月未再出现此类警情。印发《燕山居民安全防范宣传手册》等宣传材料、组织保安艺术团开展安全防范进社区文艺演出、制作预防电信诈骗宣传展板在社区巡回展出、运用小喇叭广播开展宣传等多种形式，使群众的安全防范意识明显提升，其中预防电信诈骗案件100余起。

（董剑）

【注重案件依法处理的质量】 年内，燕山公安分局审核刑事案件40件，行政案件44件，逮捕39人，劳动教养6人，移送起诉54人，基本审结率、依法处理率和检察院起诉率均实现100%。针对新型、疑难、重大、复杂案件，燕山公安分局法制部门集体会商、研究案情、完善证据，同时组织召开公检机关案件会商会，提高证据采集质量，确保嫌疑人依法得到快速处理。全年没有发生因案件质量问题引发的行政复议和诉讼。

（董剑）

【严格执行执法办案考评标准】 年内，分局不断深化“主要领导抓办案、政委抓监督”的工作机制，定期召开执法大监督工作会议。严格执行执法质量考评标准，加强案件执法监督，组织开展案件评查，共评查刑事案件10件，行政案件30件。针对执法监督中发现的问题，均督促基层单位进行整改，并组织各单位主办民警开展有针对性的培训，提高办案水平。扎实推进执法信息化建设，法制信息平台上网率、及时率、准确率均达到100%。

（董剑）

【加大从优待警力度】 年内，燕山公安分局争取各方支持，全年经费保障同比提高12.2%。投入近300万元，购置警车6辆、防护装备52件，图像监控设备61件、刑事检查设备8件，以及其他各种警用装备721件套。通过实施健康干预、增加值加班费、发放防暑防寒物资、组织在职与离退休干部民警休养考察、开展“爱警日”活动、成立文体协会等一系列举措，激发了各级领导和广大民警的工作热情，增强了燕山公安分局队伍的凝聚力、向心力和战斗力。

（董剑）

【破获“2·9”特大网络炒股诈骗案】 2月9日18时许，事主王某报案称：1月底至2月9日，被两名冒充上海东兴证券公司员工陈某、陈某的男子以代为炒股的手段诈骗45万余元。经查，事主王某于2010年1月27日晚在家上网时登录一个显示为上海东兴证券公司的网页，网页内容显示加入会员可推荐股票，确保每日收益6%，经与网页上登记的联系人陈某、陈某电话联系后，得知公司主要业务为代人炒股且保证赢利，会员级别越高收益越高，王某遂于1月28日按对方要求往对方指定账户中汇入598元入会费，并于2月3日按对方要求汇入押金3万元，2月5日汇入炒股资金2万元，其间，事主得到对方返回的部分本金及收益，信任对方后，事主于2月8日、9日两次向对方账户转入现金42万元，9日下午发现联系人电话停机，网页无法登陆，遂报案。接报后，于3月19日，专案组在当地警方的支持下，兵分两路，在两名犯罪嫌疑人的各自暂住地将2人抓获，当场搜出作案用的笔记本电脑5台、手机20余部、银行卡230余张等大量物证。经审查，犯罪嫌疑人陈某（男，1971年8月29日出生，福建安溪人）、陈某（男，1987年7月28日出生，福建厦门市人）供认由陈某负责发布假网页、电话，冒充客服人员接听事主电话；另一陈某冒充股票分析师向事主具体讲解，实施诈骗，事主汇款后，由陈某进行网上转账，两人再化妆到ATM机上进行取现的犯罪事实，7月21日，移送起诉到检察机关。

（董剑）

【破获“4·14”入室盗窃系列案】 4月12日、14日，燕山东风地区连续发生5起入室盗窃案件。案件发生后，燕山公安分局领导高度重视，立即组织相关部门开展工作。5月17日，在丰台区长辛店地区将犯罪嫌疑人刘某（男，1973年7月生，河南省焦作市人，暂住丰台区长辛店南营村）抓获，并从其暂住地查获手机20部，数码照相机4台、摄像机1台，笔记本电脑3台以及大量金银首饰、香烟等。5月19日，燕山公安分局将另一名犯罪嫌疑人刘某（男，1976年3月生、山西省晋中市人，暂住丰台区长辛店张郭庄村）抓获。经审查，犯罪嫌疑人刘某交代伙同刘某，先后在燕山、房山、丰台、大兴等地，采取翻墙撬锁手段，入室盗窃30余起的（核实11起，含燕山5起）的犯罪事实，涉案金额5万余元。11月23日，移送起诉到检察机关。

（董剑）

【**破获技术开锁入室盗窃系列案**】 9月7日，燕山迎风地区连续发生3起犯罪嫌疑人利用钥匙打开防盗门实施入室盗窃的案件。针对此类案件，燕山公安分局对燕山地区的发案进行梳理，自2010年以来燕山地区共发生技术开防盗门案件10起，被盗事主家中多为铁质防盗门，门锁无破坏痕迹，部分防盗门锁眼中发现有异物，发案时间主要集中在白天上班时间，现场翻动不明显。市公安局将此案定为“秋风行动”挂牌督办案件。燕山公安分局、北京市公安局刑侦总队成立“9•7”技术开锁入室盗窃系列案专案组。10月21日12时许，专案组在河北省秦皇岛市，将3名犯罪嫌疑人张某（男，1970年9月生，户籍地：黑龙江省齐齐哈尔市富拉尔基区）、骆某（男，1975年9月生，户籍地：黑龙江省齐齐哈尔市富拉尔基区）、董某（男，1985年8月生，户籍地：浙江金华市婺城区）抓获，收缴作案用“一”字锁钥匙坯子20余把、开“十”字锁工具及锡纸、笔记本电脑3台、数码相机4部、摄像机2台、部分现金、黄金首饰、纪念币等物品。扣押作案用轿车两辆。经审查，犯罪嫌疑人董某交代自6月起，伙同张某、骆某在大兴区、亦庄开发区、房山区、天津市、河北省玉田县，针对防盗门“一”字锁、“十”字锁利用技术开锁手段入室盗窃10余起。11月24日，3人被检察机关批准逮捕。

（董剑）

【**完善道路交通组织及交通设施**】 年内，房山交通支队结合道路及路口改造工作，全年新增路口信号灯10处、信号灯数字计时屏16处、非现场执法设备11处；新增各种交通标志1115套、设置交通护栏6845米；安装防撞钢板37042米，施划交通标线165516米。

（张学俊）

【**维护道路施工交通秩序**】 年内，房山交通支队共审批道路施工78项。为加强占路施工管理，确保施工顺利进行，房山交通支队协调施工单位完善施工方案、规范施工管理、增加协管员加强现场秩序维护的同时，采取设置固定岗，增加巡逻次数等措施，加强占路施工期间交通秩序维护，确保辖区内没有因道路施工造成的严重交通拥堵。

（冯国林）

【**完成15处危险点段治理工作**】 年内，房山交通支队协调公路、乡镇等部门，提前完成管界内磁家务至河北辛庄、星城立交桥至开古庄、六环路梨园桥京港澳（原京石）高速出京方向入口处、京港澳（原京石）高速上行18公里处、房窑路京港澳（原京石）高速桥下、京周路房山医院路口、房易路北正路口、长周路由西向东38公里+100米处、张坊中心小学路口、长云路口西500米~800米、六甲房东口S型连续拐弯、长周路双孝路口、长周路双孝东口、长周路下坡店路口、京周路紫元桥共15处挂账危险点段的治理工作。

（许伟）

【**优化调整岗位部署**】 年内，房山交通支队结合全年工作任务和管界实际情况，增设中小学幼儿园护送岗11处、示范路口固定岗位5处。

（王征）

【房山车管站被评为 2009 年度全国优秀车管所】 房山车管所根据群众要求，将办公时间延长到晚上 8 点，并且周六、周日不休息，最大限度方便群众。设立咨询台，实行站长值班制，随时解答群众的问题。在大厅设立大屏幕及告知栏，将各种车务手续进行公示。支队出资专门为车管站配置饮水机、复印机、电话等便民设施，为方便残疾人办理车务手续，在大厅设立残疾人专用窗口，在大门口设立残疾人专用通道。8 月，房山交通支队车管站在公安部 2009 年全国车管所等级评定工作中，被评为全国县级优秀车管所。

（王德利）

【6.3 万名中小学生参加防震减灾知识有奖问答活动】 5 月 12 日是全国第二个“防灾减灾日”，房山区中小学生开展防震减灾知识有奖问答活动，旨在通过“教育一个学生、带动一个家庭、影响整个社会”的防灾减灾宣传模式，不断增强学校师生、社会公众的防震减灾意识，提高应对突发灾害的紧急避险及自救互救能力。活动 6 月 23 日结束。全区的中、小学校 6.3 万名学生参与活动。

（王春景）

【房山电业中学被授予“防震减灾科普示范学校”称号】 房山区地震局和教委联合授予有多年地震科普宣传经验的房山电业中学“防震减灾科普示范学校”称号，5 月 12 日，举行授牌仪式，电业中学成为房山区第一所防震减灾示范校。电业中学在开展课外防震减灾兴趣活动方面做了大量工作，通过邀请地震专家做报告、办专栏、搞监测，组织学生进行紧急避震演习等多种形式普及地震知识，以学生带动家长的方式扩大宣传面，在全区中小学校防震减灾宣传方面发挥了很好的带头作用。

（王春景）

【完善房山区教育系统地震应急预案体系】 区地震局与区教委 11 月 15 日联合下发《关于加强中小学校地震应急预案建设的意见》，明确提出预案建设的重要性、指导思想和目标要求，并将《房山区中小学地震应急预案编制指南（试行）》和《房山区中小学校地震应急演练方案编制纲要（试行）》作为附件具体指导中小学地震应急预案和应急演练方案的编制工作。2010 年年底，全区中小学校地震应急预案编制工作基本完成，形成覆盖全区、具有较强针对性和可操作性的中小学校地震应急预案体系，实现预案管理规范化、预案演练常态化，进一步增强中小学防震避震意识和自救互救能力。

（王春景）

中国人民政治协商会议北京市房山区委员会

【概述】 2010 年，在中共房山区委领导下，区政协常委会坚持以科学发展观为指导，贯彻北京市第三次政协工作会议精神，围绕建设“三化两区”新房山的战略目标，履行各项职能。在区政协六届四次会议期间，围绕“一府两院”等报告建言献策，委员们在城市建设、产业发展、文化旅游、社会事业、改善民生等方面提出 30 多项建设性意见。围绕“建言立论 助推发展”，就相关重大问题的破解提出意见建议。组织 20 多名委员与区发改委和规划编制专家组成员进行深入的研讨交流；在“十二五”总体规划草案征求意见期间，组织 40 多名委员开展专题协商。深入抓好调研工作。把调研工作与促进全区“十二五”规划编制、承办第四届首都西南区域经济发展论坛紧密结合。全年开展调研活动100余次，完成《关于“十二五”期间房山工业经济发展问题研究》等30篇调研报告。抓好提案工作。六届四次会议期间收到的274件各类提案全部办复，委员满意和基本满意率为98.5%。委员们就重点功能区高标准规划、高质量建设、高水平管理、高效率招商等方面的重大问题，土地储备、拆迁安置、就业增收等涉及民生的关键问题，提出50多项意见建议。成立由32名委员组成的“智囊团”，深入山区乡镇进行实地考察、调研座谈，围绕煤炭等资源型产业退出后山区替代产业培育、沟域经济发展和生态环境建设等问题，在山区发展规划、招商引资、新兴产业发展、土地集约利用、劳动力就业与再就业、林权制度改革等方面提出多项建议。举办第四届首都西南区域经济发展论坛。以“把握机遇 跨越发展”为论坛主题和推进永定河绿色生态发展带规划实施、首都西南区域经济发展方式转变、城乡一体化发展、生态涵养发展区建设4个方面为主论内容。共收到论文165篇，经过遴选和编辑，由中国经济出版社出版《第四届首都西南区域经济发展论坛论文集》和《首都西南区域新型城镇化建设研究》两部论著。形成“5+2”的论坛新格局，吸纳河北省涿州市、固安县政协加盟此论坛，扩大和丰富论坛涉及的地域范围、研讨内容。

（郑明果）

【政协房山区六届四次会议】 1月11日至14日，政协房山区六届四次会议在昊天假日酒店召开。会议贯彻中共房山区委六届八次全会精神，审议通过了房山区政协主席范文彦代表常务委员会所作的工作报告和区政协副主席高维魁代表常务委员会所作的提案工作情况报告。会议期间，与会委员列席了房山区第六届人民代表大会第五次会议，听取并讨论了区长祁红所作的《政府工作报告》和其他报告。会议按照中国人民政治协商会议北京市房山区第六届委员会第四次会议选举办法，选举唐淑荣为新的六届政协主席，增选3名常务委员。组织大会发言和“完善城市功能，建设宜居房山”“新农村建设与产业发展”“促进社会事业发展”专题座谈。会议期间，委员们围绕区委、区政府的中心工作和人民群众普遍关心的热点、难点问题，提交提案274件，涉及经济科技、“三农”问题等各个领域。提案委员会对提案进行审查，立案214件，转建议60件，立案提案占提案总数的78%。北京市政协副主席赵文芝，中共房山区委书记刘伟，区委副书记、区长祁红，区人大常委会主任郭先英，区委副书记苗立峰，区人大党组书记史全富，区委、区人大、区政府、区政协领导出席会议。区政协历届主席、副主席、秘书长，中国石化集团北京燕山石化公司、中国原子能科学研究院、北京电力设备总厂等中央、市驻区单位负责人应邀参加了开幕式。驻区的市政协委员，区委、区政府部分部委办局和乡镇负责人列席会议。253名委员出席会议。

（郑明果）

【区政协委员视察房山世界地质公园】 7月16日，区政协委员视察长沟旅游咨询服务中心、琵琶岛、房山世界地质公园博物馆，听取区旅游局局长、房山世界地质公园管理处主任冀显江关于房山世界地质公园建设情况的汇报。委员们对房山世界地质公园建设给予肯定，一致认为，通过房山世界地质公园建设，推动房山区旅游业的发展，为打造国际旅游目的地奠定了基础。提出了要高度重视宣传工作，提高旅游品牌知名度；合理规划，打造融自然科普与生态观光、地学旅游为一体的旅游品牌等意见建议。副区长吴会杰陪同视察。

（郑明果）

【区政协六届常务委员会第15次会议】 8月4日，区政协六届常务委员会第15次会议召开，会议由常务副主席高维魁主持。会议听取区政府关于2010年上半年全区经济工作及功能区建设、30件实事进展情况的通报，听取区纪委关于全区2010年上半年党风廉政建设情况和反腐败工作情况通报，区政府关于2009年《政协房山区第六届委员会主席会议关于推进房山交通运输业发展的建议案》《政协房山区第六届委员会主席会议关于做大做强房山区食用菌产业的建议案》和区政协六届四次会议以来提案办理情况的通报。审议了区政协常委会2010年上半年工作总结（草案）、听取提案委2010年上半年提案工作情况的报告（草案），讨论“政协委员山区行”活动方案。33名区常委出席。

（郑明果）

【召开“政协委员山区行”动员会】 8月27日，区政协召开“政协委员山区行”动员会，对“山区行”活动进行安排部署。政协委员代表、山区乡镇代表就“山区行”活动作表态发言。按照活动安排，区政协从2010年8月至2011年年底，深入河北、南窖、佛子庄、大安山、史家营、霞云岭、十渡、蒲洼8个山区乡镇开展“山区行”活动。成立委员“智囊团”，汇聚聪明才智，为山区发展建言献策；发挥委员优势，实施产业带动，为山区建设铺路搭桥；开展公益活动，关心群众疾苦，为山区人民奉献爱心。区政府有关部委办局，各民主党派、人民团体负责人，山区乡镇主管领导，部分政协委员参加。会议由常务副主席高维魁主持。区政协主席唐淑荣，区委副书记张祝华，区政协副主席李惠英、万金峰、赵润东、肖武，秘书长李金田出席会议。

（郑明果）

【区政协六届常务委员会第16次会议】 9月3日，区政协六届常务委员会第16次会议召开。会议由常务副主席高维魁主持。会议审议通过《关于召开中国人民政治协商会议北京市房山区第六届委员会第五次会议的决定》及会议议程、日程（草案）。会议决定，区政协六届五次会议于9月15日召开。审议通过中国人民政治协商会议北京市房山区第六届委员会常务委员会关于增补委员的决定（草案）。决定增补毛大庆、周文海、禹作胜、袁晓波为六届区政协委员。审议通过中国人民政治协商会议北京市房山区第六届委员会常务委员会关于增选副主席的建议（草案）。同意周文海为六届区政协副主席候选人，提交区政协六届五次会议选举。会议审议通过了中国人民政治协商会议北京市房山区第六届委员会第五次会议选举办法、委员分组办法和各组召集人名单（草案）。40名常委出席。

（郑明果）

【区政协六届五次会议】 9月15日，区政协六届五次会议在区会议中心召开。会议听取了区委副书记、区长祁红关于1月至8月经济社会发展情况的通报，选举周文海为六届区政协副主席。区领导刘伟、祁红、史全富、张祝华等出席。212名委员出席。

（郑明果）

【区政协常委视察轨道交通房山线和窦店高端现代制造业产业基地】 10月27日，区政协常委试乘轻轨列车，视察轨道交通候车室等公共区建设情况；视察京西重工减震器建设项目、长安汽车北京项目、拆迁现场及周转房建设工地，并听取相关情况介绍。常委们对轨道交通房山线和窦店高端现代制造业产业基地建设给予高度评价，对轨道交通房山线提出加强文明施工、加速工程收尾等建议；对窦店高端现代制造业产业基地提出加大燕房合作力度、利用燕化优势加快基地项目建设，加强员工培训、妥善安排当地农民就业，选派年轻干部、充实基地管委会领导力量，加大宣传力度、提振全区人民信心等意见建议。区政府办、轨道办、窦店产业基地管委会、窦店镇主要领导陪同视察。

（郑明果）

【召开征集提案线索座谈会】 10月26日，区政协提案委在拱辰街道办事处召开“征集提案线索座谈会”。部分区政协委员，拱辰街道、西潞街道、长阳镇、阎村镇领导和部分社区、村委会干部和群众代表参加座谈会。与会人员就老旧小区改造和管理、征地拆迁补偿政策、小商贩占道经营、集中供暖、轻轨建设、天然气入户工程、减轻农民医疗负担、新农村公共服务设施维护等问题提出50余条意见和建议。

（郑明果）

【召开议政建言座谈会】 11月10日，区政协召开议政建言座谈会。区各民主党派负责人和部分政协委员与部分区直部门和乡镇、村领导及企业界代表，围绕全区“两轴三带五园区”战略的实施、城市化建设、产业结构调整与布局、山区搬迁与替代产业发展、农民就业与新农村建设以及教育、卫生、体育事业发展等问题举行座谈会，提出意见和建议。区发改委、区农委、区交通局、河北镇、长沟镇等单位参加座谈会。

（郑明果）

【区政协委员为区“十二五”规划建言献策】 11月15日，部分区政协委员应邀参加房山区“十二五”规划纲要征求意见座谈会。委员们围绕功能定位、空间发展布局、战略任务、保障措施等问题，对产业、生态、交通、医疗、教育等方面提出意见和建议认为，在规划编制过程中，要研究分析经济发展与社会发展的关系，突出“协调发展、可持续发展”理念；突出“服务首都”的发展理念，进一步明确房山在首都发展中承担的使命。

（郑明果）

【政协常委视察北京石化新材料科技产业基地】 11月18日，区政协常委视察威立雅水务有限责任公司，燕化厂中村拆迁安置小区——燕和园小区，参观石化新材料基地沙盘、展室，听取关于石化新材料科技产业基地建设情况的汇报。认为，石化新材料科技产业基地建设标志着燕房合作迈入一个新的历史时期，推动全区经济社会发展。常委们提出加强宣传，扩大基地知名度；转变思路，突破拆迁瓶颈；进一步深化高层对接，借势推进基地建设；注重项目质量，推动基地可持续发展等意见建议。

（郑明果）

【区政协六届常务委员会第17次会议】 12月16日，区政协六届常务委员会第17次会议召开。区政协常务副主席高维魁主持。会议审议并原则通过中国人民政治协商会议北京市房山区第六届委员会常务委员会工作报告（草案）和关于提案工作情况的报告（草案）。审议通过关于召开中国人民政治协商会议北京市房山区第六届委员会第六次会议的决定（草案）。会议决定，区政协六届六次会议于2011年1月5日至7日召开。会议审议中国人民政治协商会议北京市房山区第六届委员会第六次会议议程（草案）、会议日程（草案）、决议起草委员会委员名单（草案）、委员分组办法及各组召集人名单（草案）。37名常委出席。

（郑明果）

检　察

【概述】 2010年，房山区人民检察院依法履行审查逮捕和审查起诉职能，共受理侦查机关提请审查逮捕案件648件935人，批准逮捕447件624人，受理侦查机关移送审查起诉案件778件1230人，提起公诉656件957人。依法办理罗某新型网络诈骗案、李某非法倒卖土地使用权案。坚持“教育、感化、挽救”的方针，依法对轻微犯罪从宽处理，对110人不予批准逮捕，对情节轻微的12人决定不起诉。共立案侦查24件27人，抓获在逃犯5名，为国家挽回经济损失600余万元。成功查办北京市17名结核病防治所领导干部涉嫌贿赂串案，向其他区县检察院移送线索15人。共受理渎职侵权案件17件19人，立案4件4人。立案查办房山区两名国家机关工作人员滥用职权，违规发放南水北调工程补偿款80余万元案件。成功办理最高人民检察院交办的山西“9•8”特大尾矿溃坝案件，获法院判决支持。办理刑事立案监督案件11件，其中通知公安机关立案侦查1件，公安机关主动立案侦查3件，追加逮捕39人，追加起诉26人，追加遗漏起诉罪行30起，发出《纠正违法通知书》5份，均收到有效回复。针对刑事判决不当提起抗诉2件。针对民事判决不当提请抗诉2件，建议上级检察机关提请抗诉4件，发出再审检察建议1件。

（陈丽英　张益　刘洪）

【办理“南水北调”工程补偿款贪污案件】 1月12日，房山区人民检察院反贪局立案侦查韩村河镇天开村党支部书记马某（男，1966年11月8日生，北京市房山区人）涉嫌贪污案。经查明犯罪嫌疑人马某在担任北京市房山区韩村河镇天开村党支部书记、经联社社长期间，于2006年4月至2008年3月，采取伪造南水北调工程占地补偿发放表、冒用他人名义领取补偿金等手段，贪污公款共计人民币528585.4元。区检察院于2010年8月3日向区法院提起公诉，区法院经开庭审理，判决被告人马某犯贪污罪，判处有期徒刑11年。

（李楠）

【抓获境外逃犯】 3月17日，区检察院反贪局抓捕潜逃老挝境内的犯罪嫌疑人韩某（男，1980年7月3日生，北京市房山区人）。犯罪嫌疑人韩某在担任北京市房山区疾病预防控制中心财务科负责人期间，利用职务便利，违反单位现金管理制度多次采取收支不入账、从单位银行账户提取现金、直接截留现金收入等手段，侵吞、骗取公款合计4227063.52元。犯罪嫌疑人韩某立案后携款潜逃。区检察院缜密调查，多方布控，报请最高人民检察院启动侦查一体化机制，在云南省检察院和公安部门的协调配合下，将犯罪嫌疑人韩某抓获归案。

（李楠）

【向检察联络室派常驻联络员】 3月24日，区检察院根据城关街道五大功能区建设项目较多，矛盾相对集中的特点，按照区委统一部署和区检察院整体工作安排，向城关检察官联络室派常驻联络员1名，负责重大项目的法律服务工作，进一步加强基层检察联络室建设。

（陈颖　周继梅）

【首次以民事案件违反程序法提请抗诉】 4月6日，房山区人民检察院协查的田某申诉案，经审查后认为北京市第一中级人民法院终审裁定适用法律错误，建议北京市人民检察院第一分院提请北京市人民检察院向北京市高级人民法院抗诉。此案系房山区人民检察院办理的民事申诉案件中首例以违反程序法为由提请抗诉。

（王金茹）

【与区政府签订“行刑衔接”实施意见】 4月15日，房山区人民检察院和房山区人民政府举办建立房山区行政执法与刑事司法衔接的长效工作机制启动仪式，并签订《关于建立行政执法与刑事司法工作衔接机制的实施意见》。意见总共有十七条，其中包括区检察院与区法制办在发挥各自职能作用基础上，如何做到信息共享、及时通报、执法监督等方面的程序性规定，其中区法制办在开展执法监督、行政处罚案卷评查等工作中，在行政复议过程中，发现某一案件涉嫌刑事犯罪的，包括：一、不履行法定职责的。二、超越或者滥用职权的。三、不履行或者无正当理由拖延履行行政复议决定的。及时将涉嫌犯罪的案件通报区检察院，区检察院依据相关法律启动立案监督程序，将意见反馈给区法制办。并联合定期对全区行政执法情况进行检查，以及彼此法律业务合作等事宜上做了详细规定。实施意见的签署对于规范行政机关依法行政，以及检察机关及时履行法律监督职能起到很好的协调和保障作用。

（王春梅）

【检务接待西区暨联合接访启动】 4月28日，房山区人民检察院检务接待西区暨房山区与燕山地区联合接访启动仪式在区检察院燕山检察处举行。行政接访和司法接访对接的联合接访制，为一站式接访。联合燕山地区信访办公室、司法办公室、社会矛盾调处中心等多家单位共同探索建立联合接访工作机制。由以上单位派员在检务接待西区设点，实行“一站式”接访，各单位在依法履职、独立处理各自职权范围内信访事项的基础上，优势互补，信息互通，联合处理诉求，以最短的时间明确上访事项责任单位，以最快的速度解决社会矛盾纠纷，达到“便民高效，协调化解，标本兼治，保障和谐”的目标。

（王建国　张敏　陈颖　周继梅）

【侦破医药购销领域商业贿赂串案】 5月12日，区检察院反贪局立案侦查区疾控中心结核病防治所科长郭某（女，1973年10月31日出生，北京市房山人）涉嫌受贿案。经查明，犯罪嫌疑人郭某在担任北京市房山区疾病预防控制中心结核病防治科科长期间，于2007年2月至2010年4月间，在采购甘肃天水岐黄制药厂生产的“劳克”牌结核丸的过程中，违反国家规定，非法收受此药品代理商给予的结核丸回扣款共计人民币121460元。此案系在区检察院办理区疾病预防控制中心财务科长韩某（男，1980年7月3日生，北京市房山区人）、出纳丁某（女，1978年5月10日生，北京市房山区人）贪污案过程中发现犯罪线索，通过此案又深挖出全市疾病预防控制中心结核病防治所系统多名领导干部涉嫌受贿的犯罪线索。共立案15件17人，并向密云、昌平、朝阳等院移送线索10余条，全市共立案26人。

（李楠）

【与住房公积金管理中心签订预防犯罪协议】 5月24日，房山区人民检察院与北京住房公积金管理中心房山、燕山管理部共同签订“‘手拉手’预防职务犯罪工作机制协议书”，每年度开展如下活动：一是为辖区内公积金中心系统举办一次预防职务犯罪法制宣传或专题讲座，普及预防职务犯罪的法律知识。二是利用典型案例为辖区内公积金中心系统单位开展一次警示教育，以案释法，以案明纪，揭示职务犯罪行为危害，宣传惩治工作成果。三是组织辖区内公积金中心系统单位的领导干部，旁听一次法庭审判活动，使其身临其境接受教育。四是不定期地向辖区内公积金中心系统单位发放预防职务犯罪相关学习材料，介绍其他单位预防职务犯罪的经验做法。

（景宏晨）

【检察联络工作在全区全面展开】 5月25日，房山区人民检察院组织召开检察联络工作动员部署大会，公布《关于在全区开展检察联络工作的决定》和《2010年检察联络员工作方案》，检察联络工作在全区全面展开。房山区检察院检察联络工作分为动员部署、具体实施、工作总结3个阶段，整个工作围绕延伸监督渠道，落实基层法律监督，拓展检察职能进行。

（陈颖　周继梅）

【向区法院发出纠违通知书】 5月26日，房山区人民检察院就冯某与某地产公司因拆迁补偿协议纠纷案向区法院发出纠正违法通知书，并得到区法院及时反馈。此案系中央政法委挂账督办案件。市委政法委将此做法刊载于《执法监督案例专刊》第16期，肯定了房山区人民检察院围绕群众诉求，创新监督机制，灵活运用监督手段，切实发挥了法律监督职能作用。

（王辉　王金茹）

【入选市检2010年“诉讼监督十大精品案件”】　7月29日，房山区人民检察院办理的赵某（男，1960年4月5日，河北省邯郸市魏县人）冒充军人招摇撞骗案，被评为北京市检察机关2010年“诉讼监督十大精品案件”。2009年3月，赵某因涉嫌诈骗罪、招摇撞骗罪、盗窃罪被移送审查起诉，经审查发现赵某系保外就医人员，在其保外就医期间为逃避监管，通过他人在河北省邯郸市峰峰矿区羊渠河派出所办理名为“赵振海”的虚假户口，掩盖罪犯的身份，得以流窜到北京继续作案。区检察院以冒充军人招摇撞骗罪对赵某提起公诉，并向河北省邯郸市公安局峰峰矿区分局发出纠正违法通知书，要求注销违法办理的户口，向河北省公安厅致函、向邯郸市公安局发出检察建议书，建议加强对其下级机关的督促整改。2009年12月11日，房山区人民法院以冒充军人招摇撞骗罪，判处赵某有期徒刑5年，并处罚金5000元，其违法办理的户口被撤销。

（张益）

【民行处和解多年缠诉案件】　8月12日，区检察院民行处成功和解一起多年缠诉的民事案件，案件当事人董某和北京市田家园房地产开发有限公司自愿签订和解协议，长达5年多的诉讼纠纷得到解决。2003年董某给儿子张某（男，1980年11月18日，住天津市塘沽区）以张某母亲的名义购买北京某开发有限公司开发的田家园小区的住宅1套。双方签订合同时，同时签订补充协议，约定住宅的天然气初装费3500元由张某交付。但是后来因为张某的母亲年龄过大，银行无法发放贷款，双方对合同进行符合银行按揭要求的改签。但是因为某开发公司工作疏忽，补充协议没有重新签订，也就是天然气初装费的问题双方没有重新明确。2004年交付房屋时，此公司以董某没有交付天然气初装费为由拒绝交付。2005年4月，董某将开发公司诉至法院，要求交付房屋。房山法院判决开发公司应当交付房屋，不得以董某没有交付天然气初装费为由不交付房屋。判决执行后，董某取得房屋钥匙，但双方的争议焦点天然气初装费的问题并没有因为判决得到解决。董某再次起诉，法院以没有法律依据为由驳回董某的诉求，董某随即上诉。二审法院认为董某要求办理天然气卡没有法律依据，维持原判。董某申诉到检察院。经过分析案件，董某主张不交纳天然气初装费、开发公司则要求交付，双方的依据都不够充分，但两审法院在案件程序、实体处理上都没有明显的错误，虽然法院没有明确处理天然气初装费到底应该由哪一方交纳的问题，但此案确无抗诉的必要。因为办案时限问题，检察院依法对此案作不立案处理。

（王辉　孔静）

【成立检务接待中心】　9月3日，为贯彻落实市检察院《关于加强检务接待工作的决定》，房山区人民检察院成立检务接待中心。中心整合电话、网上举报等功能和手段，扩大检务公开的内容，方便接受群众举报、信访、查询、咨询。对受理的举报和各类事项，及时分类、移交处理。同时，对处理结果，及时反馈、答复。接待中心的成立适应社会对控申接待工作的新要求，有利于避免举报线索的流失或压案不查现象的发生，最大限度减少涉检信访案件的发生，与区检察院举报中心共同形成以便民、统一、规范、高效接待来访群众为目标，统一受理登记、统一归口分流、统一答复反馈的接待体系。

（周继梅　陈颖）

【入选全市民行诉讼监督优秀案件】 10月9日，房山区人民检察院民行处办理的梁某（女，住北京市燕山杏花东里）申诉案入选全市民事行政检察部门诉讼监督优秀案件。此案办理过程中，针对案件存在的社保基金管理中心发放养老金方面的问题，向区人力社保局发出检察建议。区人力社保局接到检察建议后，积极整改，并在房山区人民检察院的主持下，与区公安、检察、法院建立信息沟通机制，由房山分局法制科、房山区人民法院刑庭对一定范围内停发社保基金的人员进行统计，由劳动局派专人负责联系，定期收集该统计名单，区人力社保局对此问题进行调研，并上报市人力社保局。

（王金茹）

【刑罚执行监督显成效】 10月下旬，房山区人民检察院监所处在监外执行检察中发现张某、李某故意伤害案中北京市第一中级人民法院执行通知书中的缓刑考验期计算错误，遂将此情况书面报告给北京市人民检察院第一分院。在北京市人民检察院第一分院的监督下，北京市第一中级人民法院及时纠正了错误。

（刘立新）

【召开“电子物证取证系统”采购项目评标会】 11月11日，房山区人民检察院召开“电子物证取证系统”采购项目评标会。最高人民检察院司法鉴定中心、北京市人民检察院司法鉴定中心、北京市国家安全局有关专家及区检察院主管副检察长南德杭、纪检监察处、行政装备处、技术处相关人员组成评标小组对各投标单位进行综合评标。此次评标会严格按照招投标工作制度操作，始终坚持公正、公平、公开的原则，全程监督采用同期录音录像。

（闫潇潇）

【纠违通知书获侦查机关回应】 11月19日，房山区人民检察院公诉一处就隗某（男，1968年12月1日出生，北京市人），涉嫌贩卖毒品一案的有关法律程序问题向北京市公安局海淀分局发出纠正违法通知书。主要纠正侦查机关出现的询问证人未个别进行和讯问人员未在笔录上签字的问题。海淀公安分局责成专人到有关部门核查情况，并进行书面回复，接受房山区人民检察院提出的意见和建议，并制定具体整改措施。

（李玉磊）

【检察联络室献策社会管理】 11月25日，由房山区人民检察院派驻城关检察联络室建议召开的集体土地新型承包大会在城关办事处东坟村举行。集体土地自主承包经营向社会公开招标发包，系房山区首例。此次竞价招标大会由城关检察联络室建议倡导并参与协助，充分发挥检察联络室密切联系基层群众、参与社会管理创新的作用。

（周继梅　陈颖）

审　判

【概述】 2010年，区法院受理各类案件20030件（含旧存471件），同比上升18.3%；审结19538件，同比上升18.7%，结案率为97.5%。受理刑事案件629件，审结618件，同比分别上升11.7%和11.4%。加大对严重影响群众安全感的暴力犯罪、财产犯罪的打击力度，加大对影响区产业结构转型的非法采矿等刑事犯罪的打击力度。妥善审结上级交办的山西溃坝事故中韩某、程某受贿、玩忽职守案。受理民商事案件11918件，审结11629件，同比分别上升14.8%和16.0%。高度重视民生类案件，为区传统资源型企业退出和产业结构升级提高司法服务；高度重视关涉发展大局的重点案件，直接挽回国有资产损失近2亿元；促成房山区重点房地产企业重整，妥善审理拆迁纠纷案件，依法保护当事人权益、有效支持拆迁，服务重大工程建设。受理行政案件171件，审结168件，同比分别上升112.7%和118.2%。依法审理涉轨道交通房山线、京石客运专线、北京人遗址博物馆迁建工程等行政案件47件，确保北京市千亿元土地一级开发投资项目及五大园区建设顺利进行。运用行政协调手段，诉前化解纠纷22件、诉中化解12件。2010年，区法院坚持推进执行工作机制改革，成立执行局，充实执行队伍，转变执行理念，正确处理和谐执行与强制执行的关系。全年受理执行案件7129件，执结7101件，同比分别上升21.5%和22.9%，执结率为97.5%，执结标的额达10.37亿元。启动“创建无执行积案百日攻坚行动”，落实“分段集约”工作要求，提高执行效率。启动立案诉讼服务管理试点工作，创新立案诉讼服务工作机制，实行分类对口衔接和副职立审双挂制度。区法院着眼于提高案件质量和效率，不断加强审判管理。新设审判管理办公室、裁判文书校核室。严控审限，定期发布《审限监督通报》；严把案件质量关，强化审监庭质量评查职能；将案件管理从季度控制细化为月控制，实现均衡结案。

（刘书涵）

【与良乡监狱结为共建单位】 1月4日，区法院与良乡监狱结为社会帮教共建单位，并举行“新生工程社会志愿者结对帮教签字仪式”。为帮助服刑人员进行思想改造，提高法治观念，增强守法意识，区法院从刑事审判第一庭和民事审判第一庭的优秀法官中各选派1人，参加监狱的社会帮教工作，为服刑人员普及法律知识，提供法律咨询服务。

（刘书涵）

【厉莉获北京市“人民满意的政法干警标兵”称号】 1月15日，区法院立案一庭法官助理厉莉获第六届“北京市人民满意的政法干警标兵”称号。厉莉曾先后于2007年9月与2009年4月两次为一名身患白血病的上海女孩捐献造血干细胞。厉莉爱岗敬业，踏实勤勉，任劳任怨，无私奉献，视百姓为亲人，在平凡的岗位上践行着司法为民的工作理念。2009年9月，厉莉被中华全国妇女联合会评为“全国三八红旗手”。2010年4月23日，获“北京市先进工作者”称号。

（刘书涵）

【厉莉获“百姓爱心明星”奖】 11月21日，“献出你的爱——2010百姓爱心故事颁奖晚会”在北京电视台大剧院举行。此次评选活动由市委宣传部、首都文明办、市委讲师团、北京人民广播电台、大学生杂志社5家单位在全市联合开展，通过公众投票对5000余篇“百姓爱心故事”进行评选，并成立北京市“百姓爱心故事”宣讲团进行巡回宣讲。最后通过公众投票评选出“十大爱心明星”，区法院爱心法官厉莉获“百姓爱心明星”奖。

（刘书涵）

【协调解决未成年被告人回归社会问题】 2月9日，区法院对未成年被告人王某盗窃一案进行不公开开庭审理。王某（16周岁），其母多年前走失，其父去世，无人监护。王某曾随其叔父生活，因不服管教多次离家出走，期间多次盗窃、诈骗，1月22日，因再次盗窃电动自行车被公诉机关起诉至区法院。承办法官走访青龙湖镇了解到王某成长的特殊经历，为了教育、感化、挽救被告人，组织区司法局阳光矫正中心、青龙湖镇司法所、辛开口村委会协商王某回归社会后的生活问题，并达成解决方案。开庭审理后，区司法局阳光矫正中心、青龙湖镇司法所及辛开口村委会领导及王某亲属到庭对王某作说服、感化工作。在多方说服教育下，王某表示对自己的罪行感到后悔不已，表示愿意服从管教，通过努力成为自食其力的守法公民。区法院当庭宣判判处王某有期徒刑6个月，缓刑1年。

（刘书涵）

【创设月通报新型考核载体】　4月起，区法院为优化管理，创设并大力推行“三十项管理指标月通报”新型考核载体。将审判管理、司法公开、司法民主、纪律作风、考核测评、平安建设6方面内容，细化为30项管理指标，并对管理数据进行月通报分析，实现考核常态化和管理有序化，院内各项工作管理得到强化。

（刘书涵）

【《房山法院月报》创刊】　4月，《房山法院月报》创刊。通过建立司法信息月通报制度，以月报形式报送区委、区人大、区政府、区政协、区委政法委领导及相关部门，向区领导及相关部门通报当月工作开展整体情况，全面、深入地反映法院结合深入推进三项重点工作，不断创新理念，服务区域发展大局的重要举措、工作成效、重点案件及调研成果等内容。月报在形式设计上分为6大板块，包括“服务大局专刊”和“三项重点工作专刊”两项重要内容，全年发送月报8期。

（刘书涵）

【与重庆市垫江县人民法院共建友好法院】　4月26日，重庆市垫江县人民法院代表一行到区法院进行学习交流，并举行共建友好法院签字仪式。两院签订共建友好法院协议，在工作中加强资源共享，建立互助交流合作机制。

（刘书涵）

【审结“9·8”特大溃坝事故系列案件】　5月13日，区法院审结最高人民法院交办的“9·8”特大溃坝事故系列案件中韩某、程某受贿、玩忽职守案。2008年9月8日，山西省襄汾县新塔矿业公司尾矿库发生特别重大溃坝事故，淹没面积35.9公顷，造成276人死亡，直接经济损失人民币9619.2万元。事故责任人韩某、程某分别因涉嫌受贿、玩忽职守，被房山区检察院公诉至区法院。经指定管辖，区法院于2010年1月5日立案。被告韩某为原山西省临汾市襄汾县公安局局长；被告程某为原山西省临汾市襄汾县公安局塔矿派出所筹备组负责人。被告人韩某分别于2006年11月、2007年春节前两次收受新塔矿业有限公司大股东张某人民币4万元的贿赂。2008年1月11日，塔矿派出所筹备组对新塔矿矿区进行执法检查时，新塔矿业有限公司职工暴力抗法，并聚众冲击筹备组的办公场所。时任筹备组负责人的被告程某向韩某报告情况后，韩某指示程某以后不要再上山检查。被告人程某未认真执行法定职责，致使新塔矿地区非法民爆物品监管失控，新塔矿业有限公司一直处于非法使用民爆物品进行违法生产状态，造成矿产资源破坏严重，酿成新塔矿尾矿库溃坝事故的发生。区法院审理认为被告人韩某作为国家工作人员，利用职务上的便利，收受他人钱财，为他人谋取利益，情节严重，其行为构成受贿罪，依法应予惩处，但鉴于其有自首情节，认罪态度好，有悔罪表现，全部退回赃款，依法予以减轻处罚。判处被告人韩某犯受贿罪，判处有期徒刑5年，没收犯罪所得4万元。被告人程某不履行法定职责，致使公共财产、国家和人民利益遭受重大损失，情节特别严重，其行为构成玩忽职守罪，依法应予惩处，但鉴于其认罪态度较好，予以从轻处罚。判处被告人程某犯玩忽职守罪，判处有期徒刑3年。

（刘书涵）

【巡回审判工作首次视频直播】　6月21日，区法院长沟法庭对一起腾房案件进行网络视频直播。因原告高龄且身有残疾，长沟法庭在原告家中开庭审理，众多村民旁听案件审理。此次庭审活动在中国法院网、北京法院网、法治中国进行网络视频直播，北京电视台“法治进行时”“第七日”《北京晨报》《法制晚报》等10余家媒体报道了此次庭审。

（刘书涵）

【审理华强奇苑公司破产案件】 6月29日，区法院做出裁定批准北京华强奇苑房地产开发有限责任公司（以下简称华强奇苑公司）进入破产重整程序。2008年此公司因资不抵债、不能清偿到期债务被债权人申请破产清算。立案之初，区法院了解到华强奇苑公司涉诉案件较多，部分案件进入执行程序，其所有的主要资产“多彩空间”房地产项目即将被北京市第一中级人民法院执行局拍卖。为使广大债权人的合法权益得到公平保护，区法院及时裁定受理华强奇苑公司破产申请，并向北京市第一中级人民法院发出中止执行裁定。由于债权人情绪较为激愤，区法院予以高度重视，多次接待债权人，了解诉求和愿望。在收到华强奇苑公司股东提出的重整申请之后，区法院认为在房地产市场逐渐回暖的经济背景之下，选择重整程序将更有利于保护广大债权人的合法权益，因此做出裁定批准华强奇苑公司进入破产重整程序。公司于2010年9月3日重新开业。此案的稳妥处理维护近百名购房业主的合法权益，维系了此公司与最大债权人北京城建公司四建设公司的合作关系，避免产生重大群信群访事件，促进了区域经济发展。区法院对华强奇苑公司重整之后的最新状况与面临的现实问题予以关注，对重整投资方进行回访，就重新开业之后的最新情况以及面临的问题进行深入研讨和广泛交流，夯实后续工作基础，协调解决华强奇苑公司在重整过程中遇到的阻力与困难，促成华强奇苑公司重整计划。

（刘书涵）

【执结中林公司案】 7月，区法院在区委政法委、良乡镇政府等多部门协助下，顺利执结中林公司案，先后两次组织大规模案款发还行动，累计为89名当事人发还案款450余万元。同时在全市首次采取使用存折发放案款的方式，方便当事人领取大额案款，避免产生廉政风险。中林公司于2001年3月，分别与房山区良乡镇小营村和邢家务村签订农村土地承包（租赁）经营合同书，共租赁土地950亩，租赁期50年。后由于经营不善，无力偿还自身债务，其法定代表人涉嫌诈骗罪在多家法院被起诉，涉案120余件，金额2000余万元，涉及数百名当事人，其中约60%为其公司员工。此案立案执行后，公司处于歇业状态，案件执行面临困境。但由于此案标的额巨大，涉案当事人众多，在区委政法委、区法院和良乡镇政府等部门的多方协调下，最终决定由良乡镇政府出资1154万购买中林公司办公房屋，以解决广大职工的现实困难，维护辖区社会稳定。

（刘书涵）

【开展“厉莉先锋岗”争创活动】 7月开始，区法院开展“厉莉先锋岗”争创活动。“厉莉先锋岗”下设“结案标兵先锋岗”“调解能手先锋岗”等9个岗位，形成分类考评、有目标争创的全新机制；启动“厉莉敬业爱民基金”（由区政法委专项资金、厉莉个人捐赠的上级奖励资金构成），用于奖励综合评定优异、贡献突出的先锋党员。

（刘书涵）

【创设“社区共建培养”模式】 8月，区法院与区委社会工委联合出台《共建青年人才培养社会实践基地实施方案》，将33名录用大学生输送到5个街道、乡镇的29个社区进行为期3个月的实践锻炼，充分培养青年干警把握社情民意、化解社会矛盾、做好群众工作的能力。在3个月的实践锻炼中，青年干警参与社区服务实践工作，组织普法宣传、法律讲座，协助社区开展各项文体活动。此模式在“房山区2010年度基层党建优秀创新项目”评选中获一等奖，并作为社会管理创新内容纳入区“十二五”规划。

（刘书涵）

【集中宣判3起非法采矿案】 9月17日，区法院集中宣判3起涉案金额巨大、人数众多的非法采矿案。经审查确认，3起案件共涉及犯罪嫌疑人18人，盗采煤炭质量达2.5万余吨，共涉及金额818万余元。当庭宣判的18人分别一审被判1年至9年半不等的刑期。其中，被告人石某因非法采矿罪、寻衅滋事罪、敲诈勒索罪被判最高刑罚，数罪并罚，执行有期徒刑9年零6个月，并处罚金人民币20万元。在宣判中，以陈某为首的12人犯罪团伙分别获刑，其中陈某获刑8年，并处罚金20万元。2007年11月至2008年11月间，以陈某为首的犯罪团伙在未取得采矿许可证的情况下，违反矿产资源法的规定，在周口店镇长沟峪国有煤矿矿区范围内“喜鹊窝”地段，雇佣大型机器，擅自盗采煤炭，经责令停止开采拒不停止直至被抓获。其间，此团伙还因“护矿”多次与他人斗殴，或寻衅勒索他人钱财。在张某等人非法采矿案中，张某在未取得采矿许可资格的情况下，于2009年4月至11月间，对史家营乡金鸡台村东江沟山上3处煤窑进行非法开采，共盗采煤炭800余吨，价值近40万元。在开采过程中，张某所开采的煤窑上曾经发生爆炸事故，造成1人死亡的严重后果。《中国日报》《北京日报》《法制晚报》《北京晨报》《京华时报》、北京电视台、北京广播电台等12家媒体对此次宣判进行了报道。

（刘书涵）

【妥善处理三力水泥有限公司劳动争议案】 年内，区法院成功处理599件北京三力水泥有限公司（以下简称三力公司）与公司职工劳动争议纠纷案。三力公司系周口店镇南韩继村与台湾某公司的合资企业，于1994年2月1日成立。2009年6月25日，三力公司按政策规定关闭，大批职工离开三力公司。2009年7月，失业职工向房山区劳动争议仲裁委员会申请劳动仲裁。北京市房山区劳动争议仲裁委员会裁决三力公司支付给职工未签订劳动合同双倍工资、终止劳动合同生活补助费、经济补偿金、社会保险补偿金。三力公司不服仲裁裁决，起诉至区法院，同时部分失业职工向区法院起诉要求三力公司履行赔偿义务。2010年，区法院共分批受理与北京三力水泥有限公司相关的劳动争议纠纷案件599件，均依法开庭审理，查明案件事实。由于涉案人员众多，且属于资源型企业按政策性关闭引发劳动争议，区法院及时组织双方当事人进行协商，按照特殊类型案件采取措施，与南韩继村及三力公司进行沟通，从政治稳定和房山区发展的高度，结合案件的实际情况讲解相关政策及法律规定。三力公司及南韩继村领导听取区法院的意见和建议，表示撤回起诉，履行法律义务。

（刘书涵）

【审结一批涉群体性商品房预售合同纠纷案】 年内，区法院审结一批以区重点企业华风腾龙房地产开发有限公司为被告的213起商品房预售合同纠纷案件。华风腾龙公司为区重点房地产开发企业之一，其开发的腾龙家园小区项目位于窦店镇，涉及面积近45万平方米，是这个园区的重要房地产开发项目，并涉及到园区整体规划。2010年初，小区213名业主以小区的幼儿园、会所、购物中心、电、燃气未达到合同约定条件及逾期办证、逾期交房为由，要求开发商继续履行合同，按约定建设会所、购物中心等，并支付违约金总额近700万元。由于案件当事人众多、诉求复杂多样、社会关注度高、涉及辖区经济和社会稳定，区法院以服务大局、有效化解社会矛盾为宗旨，耐心引导诉讼当事人缓和冲突、理性维权。区法院高度重视，制定审理预案，庭前准备充分、做好诉讼提示、判后答疑、争取服判息诉。判处华风腾龙公司对其逾期办证、逾期交房行为应给付业主违约金，而对业主要求的未建会所、购物中心部分的违约金不予支持。

（刘书涵）

【共建社会矛盾预警机制】 2010年，区法院拓宽矛盾纠纷防控渠道，与区信访办、综治办、流管办和公安分局治安支队建立社会矛盾预警长效沟通机制，就治安隐患点、矛盾多发点和社会敏感点控制工作加强沟通交流，就劳动争议案件激增、城镇化建设等相关情况向区委、政法委发布预警信息5次。加大对重点敏感案件的处置力度，实施全程跟踪督办，对重点案件制作《立案快递》18期并纳入督办；定期组织庭室就督办案进行汇报，收集相关信息并编发《服务大局专报》12期。

（刘书涵）

人民武装

【概述】 2010年，全面贯彻落实科学发展观，按照“抓中心、保安全、强素质、树形象、争先进”的工作思路，加强思想政治工作，抓民兵军事训练，强化自身安全管理，不断提升综合保障水平。发挥区域红色资源优势，在房山区范围内逐步建成“集中教育有基础、分散教育有平台、经常性教育有空间”的国防教育体系。组织区四大部门领导到驻区某工兵团过“军事日”；邀请国防大学战略教研室副主任任宝付教授作专题教育辅导。2010年，房山区人武部被北京市评为先进人武部和征兵工作先进单位。

2010年，预备役团在师党委和房山区委、区政府的领导下，坚持以科学发展观为指导，牢牢把握“完成任务、不出问题、过好日子、科学发展”的目标要求，经受住特殊形势和重大任务的双重考验，完成年度各项任务。2010年，预备役团被北京市评为“首都军（警）民共建精神文明标兵单位”。一营一连被卫戍区表彰为“基层建设先进单位”；一营一连、二营四连、三营八连被师表彰为“基层建设先进单位”。一营三连、二营五连、三营七连、直属队汽车连被团表彰为“预备役基层建设先进单位”。4人被师表彰为“优秀预备役军官”，4人被评为“房山区绿化美化先进个人”。全年落实4个专题理论学习、7项专题教育、6次战备教育，开展“读书学习、岗位成才”“热爱学习、争当标兵”等读书学习活动。参加师组织的预备役军官法知识竞赛、条令知识竞赛、“赞歌献祖国”文艺汇演中、“预星杯”篮球比赛等文体活动。6月，根据卫戍区和师部署安排，担负预备役部队“驻守首都、热爱首都、建设首都，为首都经济社会发展做贡献”拥政爱民教育先行试点活动，经验做法被卫戍区转发，主要事迹被《华北民兵》《战友报》和卫戍区政工网、军区政工网刊发。

2010年，民防工作做好人民防空应急准备，突出抓好防护工程体系和应急组织指挥体系建设这两个重点，加强两防知识宣传教育、地下空间安全管理和重点工程建设。成立重点工程项目办公室，形成项目督办会议机制，投资800万元建设府前广场、燕山公园、窦店中国版图教育公园3处应急避难场所和2处应急物资储备库，设计疏散安置居民4.3万人；投资150万元建设集应急指挥、宣传教育和物资储备于一体的窦店民防应急指挥宣教中心。全程办事代理室接待办事及咨询单位96家，受理事项47项，申办单位满意率100%。开发利用人防工程新增1万平方米，利用现有人防工程为社区居民建设599个机动车停车位。出台《房山区加强人防工程使用管理意见（试行）》；召开4次联席会议，签订“人防工程安全管理责任书”65份，组织1次人防工程安全使用管理培训和3次防灾演练；开展5次联合执法检查，累计出动执法400余人次，发放人防工程《责令整改通知书》11份，确保人防工程安全无事故。全区固定警报器统控率达到100%，区政府和主要乡镇（街道）政府所在地和人员密集区的警报音响覆盖率达100%。建设重要经济目标信息库，完成乡镇人员疏散与人员掩蔽计划编制工作；投资80万元购置应急电源车，投资70万元建设城关高点监控设施。组织防灾避险各类演练32次和各类培训10次，利用文化大院、农民学校建设民防宣传教育基地22个，在200个重点村和社区的健身广场设置宣传栏、宣传墙；开展国际民防日、防灾减灾日和纪念中国人民防空创立60周年系列活动，发放宣传材料3万份，环保购物袋、围裙、扑克等宣传品5000件，现场解答群众咨询600余人次。民防志愿救援团面向社会公开招募团员11人，使团员总数达到79人，并有针对性的定期组织培训和演练13次；投资60万元，新配备12种20余件应急救援器材；与中国壹基金志愿救援联盟、绿野救援队等社会救援组织沟通协调，建立合作互动机制，参与石楼火灾、张坊镇走失驴友抢险救援行动；在全区50个村和10个社区建立了60支基层志愿者分队。

（胡明华 张久生 张伟）

【冬季适应性训练演练】 1月11日至14日，以“信息化条件下与作战部队冬季适应性训练混合组训”为课题，区人武部依托某防化团进行了冬季适应性训练演练，锻炼机关干部在野严寒条件下“吃、打、走、住、藏”的能力。

（胡明华）

【召开民兵预备役工作会议】 2月5日，在区政府东二楼会议室召开房山区民兵预备役工作会议。大会传达北京市国防后备力量建设会议精神，总结2009年民兵预备役工作情况，对2010年民兵预备役工作安排部署，通报表彰2009年民兵工作先进单位和先进个人。大会由区委常委、区人武部政委韩裕主持，区委书记刘伟出席大会并讲话。

（胡明华）

【北京军区司令员房峰辉到区人武部考察工作】 3月30日，北京军区司令员房峰辉带领机关工作组到区人武部考查工作，对人武部党委班子建设、国防后备力量建设各项工作给予高度评价。市委常委、北京卫戍区司令员郑传福陪同考察。

（胡明华）

【人武部首长机关基础训练现场会试点】 根据北京卫戍区指示精神，区人武部承担人武部首长机关基础训练现场会任务。4月15日，北京卫戍区在房山区人武部召开试点观摩会，卫戍区首长到会观看《人武部首长机关军事训练实施细则》多媒体演示，参观训练工作软硬件设施建设情况，观摩首长机关口述战术标图组织与实施。

（胡明华）

【征兵工作】 6月，区人武部对普通本科、高职高专、普通高中、普通中专、职业高中、技工学校6类院校在校学生进行认真普查，完成卫戍区赋予房山区3名直招士官任务。8月至9月，区人武部组织3个工作组对各乡镇兵役登记和征兵摸底工作进行检查，10月，在全区开展征兵宣传工作。11月2日开始，全区700多名适龄青年上站体检，体检首日，包括北京电视台、《北京日报》《北京晚报》在内的9家新闻媒体齐集房山区，对征兵体检情况进行采访报道。12月底，完成上级赋予的征兵任务。

（胡明华）

【国防教育工作】 区人武部充分发挥区域红色教育资源优势，在房山区范围内逐步建成“集中教育有基础、分散教育有平台、经常性教育有空间”的国防教育体系。坚持区分层次，注重对领导干部的教育，在区委党校为全区科处级干部开设国防理论课。突出学校主渠道教育，通过活动结合、学科渗透、知识讲座、技能训练等形式，着重在国防意识、国防知识、国防技能等方面培养学生的国防意识。“六一”儿童节，组织中小学生到平西抗日战争纪念馆进行参观；“七一”组织全区专武干部到卢沟桥抗战纪念馆参观学习；7月28日，协调区四大班子领导到某工兵团过“军事日”；9月18日第10个全民国防教育日，邀请国防大学战略教研室副主任任宝付教授作“国防战略形势与国家安全的几个问题”专题辅导。

（胡明华）

【国防后备力量规范化建设现场会试点】 为促进国防后备力量规范化建设，北京卫戍区组织北京市国防后备力量规范化建设工作会议，区人武部担负征兵工作、正规化管理和保密工作3项试点任务。10月13日，市委常委、卫戍区司令员郑传福，政委高东璐及机关四大部门领导到房山区人武部进行检查验收。区委书记刘伟，区委副书记、区长祁红及北京市18个区县的武装部领导出席会议。

（胡明华）

【民兵分队建设】 区人武部着眼应急维稳需要，在各乡镇分别建立一支20人的应急机动分队。根据形势任务的需要，在区燃气公司新组建一支100人的燃气抢修分队。4月底，组织长阳镇民兵应急分队依托某工兵团进行为期1个月的集中训练。5月，组织燕化公司1个民兵高炮营进行专业训练。7月，分3批对基干民兵进行了实弹射击训练考核。

（胡明华）

【国防训练基地各项配套设施建设】 4月30日，区人武部完成民兵训练基地装备器材库整体搬迁工作，新址位于周口店镇新街村西。

（胡明华）

【组织驻区部队义务植树】 区人武部全年协调驻区部队3000余人次，车辆50余台次，义务植树1万余株，绿化荒山200多亩。

（胡明华）

【整组和军事训练工作】 在卫戍区组织的整组工作检查验收中以“人员齐、活动实、标准高”受到好评，整组工作经验做法被全师转发。5月，团集中146名预任士兵，完成为期20天的高炮专业训练，有1个班取得全师第2名，2人取得全师第1名，2名取得个人第2名，总评成绩优秀。5月下旬，组织团首长机关带一个建制连共计97名现役预任官兵、动用车辆10台、各类装备10部，赴某靶场完成远程机动和年度实弹射击考核任务。

（张久生）

【党委班子和干部队伍建设得到加强】 全年持续开展“增强党性强素质，爱军精武立新功”主题教育活动。4月，以“着眼建设坚强有力、奋发有为的学习型党委班子”为主题，召开专题民主生活会，增强党委班子的创造力凝聚力战斗力，振奋了党委“一班人”谋建设求发展的精神状态，为推动部队建设科学发展提供坚强的组织保证。干部队伍建设上，倡导“求真务实、争创一流”的团队精神，研究制定干部考评实施细则，坚持奖优罚劣、大力宣扬先进典型，干部队伍呈现出健康发展的良好态势。

（张久生）

【完成冬季适应性训练】 12月21日至25日，组织现役和预编官兵119人，参加师统一组织的冬季适应性训练。历时4天，总行程306公里，徒步行军105公里。完成快速动员、摩托化机动等11个课目的训练内容。通过训练，进一步提高部队“走、打、吃、住、藏”的实战能力。

（张久生）

【“十项治理”活动】 预备役团按照军区、卫戍区和师部署要求，以“十项治理”活动为契机，深入贯彻落实军区“张家口集训精神”，严格按照“十项治理”活动实施细则，突出“人、车、网、密”4个重点，先后组织4次安全常识考核，逐项逐人对照过关，共梳理整治9大类30个问题。通过这次整改，官兵“抓安全、保稳定”的思想认识得到进一步提高，团队继续保持着安全稳定的发展势头。

（张久生）

【专业训练工作】 训练上坚持以提高完成多样化军事任务能力为目标，以落实教学责任制为牵引，干部的业务素质和“新六会”技能明显提高。全年，根据任务需要多次完善防空作战预案和应急行动方案，下大力补充各类战备物资、添置了防“费太因”式恐怖袭击设施。组建2个应急分队和1个应急小分队。50多名预任官兵，参加了燕化总公司“平安—2009”反恐防暴实兵演练。3月至6月，组织营连长基本技能训练、指挥分队专业集训、高炮专业训练和轻武器实弹射击。标图专业和实弹射击考核分获全师第1名。

（张久生）

【开展部队特点规律探索研究】 按照卫戍区和师部署要求，从制约团队建设薄弱环节入手，采取学习培训、基层调研、论证研究、集体讨论等形式，在全团发动部队特点规律探讨的热潮，共形成研究材料6份。在改善基础设施建设、加强班子和干部队伍建设、抓中心谋打赢等方面积极整改，抓实车炮库改造、应急器材物资补充完善和战备库室建设、强化同预编单位联系沟通、干部考评实施细则制定、官兵心理服务等具体内容的落实，为进一步促进团队全面建设科学发展打下了坚实的基础。

（张久生）

【后装保障能力提升】 在后装建设上，按照“攻坚难点、保障全面”的思路，不断强化服务意识、提升保障能力，完成各项工作任务。从地方两区争取办公和训练经费360余万元，较好地解决年度高炮集训、实弹射击等大项任务的经费保障；在加强后勤专业训练上，先后3次对现役和预任的炊事员、卫生员、驾驶员专业组织进行技能培训。1人在卫戍区出纳业务比武中取得第2名。年底，在师组织的后勤专业比武活动中，共获得驾驶专业第3名，野战炊事第2名，野战救护第2名，卫生总评第2名；在装备管理工作中，同燕化公司协调，解决了多年来部分车炮露天存放的问题，在燕化公司拥有功能齐全、设施完善的专用炮库。

（张久生）

【全面建设稳步提高】 团党委按照卫戍区提出的“解决基层十三个具体问题”的指示要求。加大对大兴营和勤务队的帮建力度，先后投资60余万元，对团部和大兴营房进行粉刷装修；投资10万余元在勤务队新建拥有16台电脑的网络学习室和俱乐部，新购置13台台式电脑和5台笔记本电脑，进一步改善机关办公条件；进一步深化整组工作“九步法”，实现“组织健全、政治合格、训练有素、装备良好、设施完善、制度落实、动员快速”的目标。

（张久生）

【采取6项措施确保“两节”安全稳定】
1月15日，区民防局召开“两节”期间安全保卫工作会议，通过人防工程安保6项措施：一是1月10日到3月10日期间，启动《人防工程专项应急预案》，严格落实人防工程应急值守及安全保障措施，车库工程和人员居住工程实行安全零报告制度。二是加强人防工程执法检查，采取城区人防工程执法检查和重点地段人防工程夜查等方式，确保人防工程管理使用安全有序。三是民防应急指挥通信车24小时值守应急，遂行突发事件。四是民防志愿救援团加强信息网络化建设，建立畅通快捷通信渠道，能够进行人员迅速集结，随时准备参与应急救援工作。五是加强人防警报检查工作，对全区警报及警报控制系统进行检测、加电、调试，保证警报系统正常运转。六是加强民防局机关应急值守和信息报送制度，保证视频会议、高点监控、800M 电台、应急网等各项通信报知系统畅通，及时处置突发事件。2 月 14 日和 2 月 28 日，民防应急移动指挥通信车完成区政府烟花燃放和燕山灯会安全保卫工作。

（张伟）

【6 部门联合检查全区地下空间】 2 月 3 日至 4 日，区民防、建委、消防、公安、卫生、安监 6 个部门对拱辰、西潞、长阳地区地下空间进行联合执法检查。检查重点是从事餐饮、娱乐、车库、物资储备等商业经营场所，主要检查地下空间管理使用单位是否落实安全责任规章制度、安保措施是否到位、管理人员培训考核持证上岗情况、事故隐患排查整改情况等内容。此次联合检查企业单位 9 处，发现问题 2 处，并当场全部整改完毕。

（张伟）

【举办防空警报维护管理培训】 3 月 30 日，区民防局开展防空警报维护管理人员培训。培训班邀请中电瑞达电子技术有限公司技术人员进行讲课，培训内容就防空警报基本原理、终端控制、性能、操作、维护、管理等问题进行讲解培训，并对设点单位逐个进行实际操作和模拟演练。区民防局指通科负责人就防空警报检查、测试操作、防空警报器质量、安全、线路、天线维护等工作提出了要求。全区警报设置点单位警报维护管理人员 150 余人参加了此次培训。

（张伟）

【开展地震疏散演练】 2010 年是“防灾减灾日”设立的第二年，为普及地震自救互救常识，增强全区公众防灾减灾救护技能和应对突发地震灾害事件的能力，5 月 10 日，由区应急办、区教委、区地震局、区民防局、区红十字会、区新闻办等单位在房山五中组织开展地震应急疏散演练活动。活动中，通过全校师生快速从教学楼疏散到学校操场空旷地带应急演练，提高了全体师生避险逃生应急救援实战技能。区民防志愿救援团 20 名团员为与会领导及全校师生现场演示应急移动照明灯、液压扩张钳、便携式野外双人帐篷等应急救援器材。区红十字会医务人员现场教授学生心肺复苏、外伤包扎等急救技能。区民防局应急移动指挥车通过 CDMA 图像传输系统将整个演练活动现场情况实时传回区政府应急指挥大厅，进行演练备份。

（张伟）

【召开人防工程安全管理工作会】 5 月 28 日，区民防局召开人防工程安全管理工作会，传达贯彻市、区人防工程安全管理和防汛工作会议精神，安排部署年内部分乡镇、街道办事处及各人防工程管理使用单位的工程管理及防汛工作。会议通过 5 项防汛工作措施：一是成立人防工程防汛工作领导小组，开展人防工程防汛隐患排查整治。二是完善《房山区人防工程防汛应急预案》，并上报到区政府和市民防局备案。三是召开相关乡镇、街道办事处及人防工程管理使用单位人防工程安全管理工作会议，安排部署人防工程防汛工作，并与人防工程管理使用单位签订“防汛责任书”。四是分别在良乡、城关、琉璃河地区组建 4 支共 160 人的人防工程防汛抢险专业队，签订“防汛抢险责任书”，足额储备防汛物资。五是民防应急移动指挥通信车、应急电源车、短波电台等 24 小时应急值守，并加强信息报送，确保全区人防工程安全无事故。

（张伟）

【指挥车保障火灾事故现场视频通信】 6 月 29 日，北京燕房华兴仓储有限公司一仓库发生火灾。房山民防应急移动指挥通信车及 20 余名民防志愿救援团团员接到通知后，立即行动，20分钟后到达事故现场。指挥车立即开始作业，联通卫星、地面接收站，迅速与区应急办、市应急办逐级呼点，1分钟后全部互通互联。副市长苟仲文、黄卫通过民防指挥车与在市应急指挥中心的市委副书记、市长郭金龙等领导进行视频通话。指挥车将现场火灾情况实时传送到市、区应急指挥中心，为市、区领导有效决策提供依据，并得到市、区领导的充分肯定。20余名民防志愿救援团团员协助有关部门进行人员疏散和现场秩序维护。

（张伟）

【利用人防工程缓解市民“停车难”】 年内，区民防局协调相关部门对重要地区、重点地段进行调研，利用小区人防工程新建599个机动车停车位，其中包括瑞雪春堂小区130个车位，水墨林溪小区428个车位，良乡医院41个车位，缓解了市民停车难题。此项工程被列为2010年区政府为民办实事折子工程。

（张伟）

【开展中国人民防空成立60周年社会宣传活动】 10月29日，为庆祝和纪念中国人民防空创立60周年，展示房山区人民防空建设所取得的成就，区民防局在北潞园广场组织开展以“牢记人防历史，谱写民防新篇”为主题的宣传日活动。活动现场展示民防移动应急指挥车，音视频通信系统与区民防应急指挥中心互通互联，实时传送活动现场情况。20名民防志愿救援团团员向现场群众进行切割机、起重气垫、移动照明灯组、微波生命探测仪等专业救援设备应急救援演示，与现场群众互动，增强群众防灾避险技能。区民防局和区红十字会工作人员宣传防空防灾公共安全知识，向市民免费发放《避险应急实用手册》《安全应急与人防知识》《房山民防》等宣传材料3000余本，环保购物袋、围裙、雨伞等宣传品600余件。

（张伟）

【救援队5小时成功救出走失“驴友”】 10月28日20点30分，房山区民防志愿救援团办公室接到绿野救援队紧急救援邀请，15名团员立即携带海事卫星电话、医疗救护包、急救呼吸机、微波生命探测仪等专业救援设备前往仙栖洞景区实施救援。房山民防志愿救援团制定详细搜救方案，于22点20分准时从“黑崖山”（“驴友”命名）西北方向分区域进行搜寻。越过山顶后，救援团再次分成3个小队向东北、正北、西北方向进行地毯式搜索。10月29日凌晨3点左右，与绿野救援队一起将两名“驴友”救出。经检查，两名“驴友”身体状况良好。

（张伟）

【区民防局被评为全国人民防空先进单位】 “十一五”期间，房山区民防局坚持“以人为本、民防为民”指导思想，开拓创新，真抓实干，民防工作走在全国前列。在2010年10月召开的第六次全国人民防空会议上受到表彰。房山区民防局被国家人防办评为“全国人民防空先进单位”，区民防局局长刘文礼被国家人力资源和社会保障部、中国人民解放军总参谋部评为“全国人民防空先进工作者”。

（张伟）

【开展人防工程打非治违专项整治行动】 11月17日，区民防局召开乡镇民防工作会议，贯彻落实全市关于集中开展人防工程打非治违专项行动会议精神，启动人防工程打非治违专项整治行动。各乡镇、街道办事处主管民防工作领导参加会议。会议通报了全区人防工程总体情况及各乡镇属地范围内人防工程基本情况，查摆分析了人防工程使用管理、消防安全、治安卫生等方面问题。会议要求各乡镇、街道办事处要对辖区内人防工程进行拉网式排查，加强人防工程安全使用、从业人员宣传教育和冬季防火工作，畅通信息报送渠道，确保全区人防工程安全使用无事故。11月30日至12月1日，区民防局会同公安、消防、卫生、安监、工商等部门对拱辰、西潞、阎村等重点乡镇进行联合执法检查。专项整治行动累计出动检查人员600余人次，检查企业单位60处，发现问题8处，全部整改完毕。

（张伟）

【建成3处应急避难场所】 11月25日，区民防局在燕山公园举行2010年为民办实事工程之一的应急避难场所揭牌仪式，年内全区3处应急避难场所投入使用。包括燕山公园、窦店中国版图教育公园、府前广场应急避难场所。3处应急避难场所总体规划面积380亩，总投资800万元，设计疏散安置居民4.3万余人。应急避难场所是利用现有公园绿地、广场、体育场等空旷场地建成的为应对战争和突发灾难用于疏散安置灾民的主要场所，设有应急指挥中心、应急物资库、应急棚宿区、应急供水供电、应急厕所等配套设施。应急避难场所平时服务于本身原有功能，在遇有战争和地震、火灾、洪水等突发性重大灾害时，供老百姓临时生活安置使用，为老百姓平安生活起到较好的“保护伞”作用。

（张伟）

【制定人防工程使用管理意见】 为规范和加强人防工程使用和维护管理，按照《北京市人防工程平时使用标准》，区民防局拟制《房山区加强人防工程使用管理意见（试行）》草案。11月24日，经六届区政府第45次常务会议，原则通过此草案，并以区政府文件形式于11月26日印发全区。此意见坚持人防工程有偿使用、用管结合的原则，要求使用单位缴纳人防工程使用费；人防工程使用费全额上交区财政，作为人防工程维护、维修专项经费使用。《房山区加强人防工程使用管理意见（试行）》自2011年1月1日起施行。

（张伟）

【城关高点监控系统通过验收】 12月3日， 城关高点监控系统工程通过市民防局验收。全区共建成城市高点监控系统4个。城关高点监控系统工程于9月开工，11月建成，总投资近100万元。系统通过点对点无线传输模式与区民防应急指挥中心相联通，并可同时向区应急办、市民防局传输图像，能够监控城关地区重点地段的公共安全和城市运行管理状况，白天观测5公里至10公里，夜间观测3公里，为政府有效预防和处置突发事件提供帮助。

（张伟）

【建成窦店民防应急指挥宣教中心】 12月3日，窦店民防应急指挥宣教中心竣工并通过市民防局验收。12月17日，举行揭牌仪式。窦店民防应急指挥宣教中心是区政府2010年为民办实事工程之一，4月施工，11月竣工，是利用水墨林溪小区6号楼人防工程，建设集应急指挥、宣教娱乐、物资储备于一体的乡镇级分中心。防空防灾应急指挥系统与区民防应急指挥中心及辖区重点单位信息互通互联，为各级领导防范和处理突发公共事件提供信息服务；宣教展区以图文并茂、实物模拟的方式展示防灾避险、火灾逃生、地震救援等公共安全知识，是社区居民学习防空防灾知识和提高自救互救能力的园地；应急物资储备库存放各类必要的应急抢险物资和防灾装备，为抢险救灾提供保障。

（张伟）

【救援团加强户外救援技能培训】 12月12日，房山区民防志愿救援团与北京市志愿者联合会应急志愿服务总队，在周口店金陵山脚下开展岩壁速降和垂直救护训练。区民防志愿救援团针对全区山地旅游资源丰富易发游人遇险事故，专门邀请北京登山协会的专业教员进行授课。通过训练，培养团员个人安全保护意识和相互配合的精神，提高了团员户外救援的专业技能。

（张伟）

【“十一五”期间人防工程体系管理】 “十一五”期间，区民防局加强人防工程建设、管理和利用，贯彻人防建设与经济建设融合发展理念，实现人防工程战备效益、经济效益、社会效益“三效联动”。依法推进人防工程建设，全区人防工程建设总面积是“十五”期间的2.3倍；利用居住小区21处5.7万平方米人防工程为市民提供1922个机动车停车位，利用4处1.1万平方米山洞工程进行食用菌种植，利用12处1.6万平方米人防工程进行商市场经营、居民文化娱乐活动等，为社会提供就业岗位560个，上缴利税200多万元；实行区、乡镇、社区三级管理体制，出台人防工程使用管理意见，形成联席会议、教育培训、联合执法和监督考评4项长效管理机制，确保人防工程安全无事故；坚持人防工程融入社会、融入应急、融入民生，利用人防工程建设1处区级民防应急指挥中心、4处乡镇级分中心和4处应急物资储备库，为全区防灾减灾工作奠定了基础。

（张伟）

人民团体

房山区总工会

【概况】 2010年，区总工会开展“助推企业发展、服务三化两区”深入驻区企业调研走访活动，共走访驻区中央和市属企业7家、外资企业3家、合资企业4家、个体经济11家、规模以上企业17家、小型企业11家，向21家区属企业工会发放调查问卷。开展职工素质教育工程和群众性经济技术创新活动，以公益大讲堂、劳模报告会、专题演讲会等形式，开展主体教育活动，培训职工达3万余人次，农民工、家政服务员2300人。加强维权机制建设，开展工资集体协商，签订集体合同工作。全区实现签订集体合同544家，占应签单位的89.9%，覆盖职工人数53331名，占应签职工的76%，集体合同中全部包括工资内容。区域性集体合同19份，覆盖企业319个，覆盖职工13046名。全年受理劳动争议案件2008件，接12351职工热线派单6件，调解成功1220件，涉及争议金额3150.75万元，成功率为60%。成功调解3起集体争议案件。巩固和完善“两节送温暖、三八助单亲、五一关爱劳模、九月金秋助学”等传统送温暖工作，区总工会开展了政策咨询、法律援助、生活救助、就业帮扶、医疗救助、助学帮扶、农民工帮扶等多项工作，实现“无社会救助盲点”“无拖欠工资”的目标。

（吴向东）

【房山首批“工人先锋号”授牌】 2009年，全区812个单位6.3万名职工参加区总工会组织开展的“当好主力军、建功十一五、创新促发展、建设新房山”为主题的经济技术创新和劳动竞赛活动，首次评选出北京中铁房山桥梁有限公司轨枕车间、北京北一良工机械有限公司精加工班组等10个区级“工人先锋号”班组。1月22日，为在2009年经济技术创新工作中被评为房山区首批“工人先锋号”的凯捷风公交公司35路、38路、环1路公交线3个车组4辆车授牌。

（焦宇尘）

【房山区工会系统开展“送温暖”活动】 2月1日， 区总工会主席李忠到燕山2名困难职工家中进行走访慰问，将米、面、油等慰问品及存有1000元慰问金的京卡·互助服务卡发放到困难职工手中。全区各级工会“送温暖”活动开始启动。为确保 2010 年“送温暖”活动的顺利开展，区总工会通过募捐及各种渠道筹措资金 85.5 万元，并通过京卡·互助服务卡为每位困难职工送去 1000 元慰问金，保证全区 879 名困难职工家庭过上一个祥和快乐的春节。

（焦宇尘）

【房山区法律援助中心工会工作站成立】 3 月 4 日，区总工会与区司法局联合成立的房山区法律援助中心工会工作站在区总工会举行揭牌仪式。房山区法律援助中心工会工作站将通过与司法、人事保障等部门密切配合，建立相关的工作机制，努力形成工作合力，为职工、农民工、劳动模范、工会工作者和工会组织提供优质高效而便捷的无偿法律服务。

（焦宇尘）

【举办“为房山喝彩”劳模表彰文艺演出】 5 月 21 日，区总工会在良乡体育中心综合馆举办“为房山喝彩”房山区劳模宣传表彰暨大型文艺演出，表彰 2010 年评选出的全国、市级劳模和先进工作者。中共房山区委副书记、区长祁红代表区委、区政府，向获劳动模范、先进工作者和先进集体称号的个人和集体致以崇高的敬意，要求全区广大干部职工，以劳模的模范行为和杰出贡献为旗帜，从自身做起，从岗位做起，把劳模精神贯穿落实到本职工作当中，为加快“三化两区”建设和房山的跨越发展作出新贡献。整场演出由“历史文化篇——金色的光芒、建设篇——火红的热忱和生态宜居篇——绿色的梦想”3 个画卷组成。来自各行业的职工演员以舞蹈、演唱和诗朗诵，讴歌和赞颂了房山改革开放和现代化建设的新成果以及广大劳动者为房山各项事业的发展作出的突出贡献，来自全区各个行业的劳模及职工代表 1200 余人观看演出。

（焦宇尘）

【开展职工技能大赛】 6 月 30 日，区总工会联合区委组织部、区科学技术委员会、区人力资源和社会保障局等 11 个部门共同启动房山区职工职业技能大赛。北京凯捷风公交有限公司、北京一机床良工零件加工有限公司等75家企业的3000多名职工参加了数控车床工、数控铣床工、汽车驾驶、公交服务、收银员、中式烹饪 6 个职业(工种)选拔赛。经过 3 个多月的比赛，212 名选手参加复赛阶段的理论竞赛和实操技能竞赛，其中有 28 名选手进入市级决赛。大赛共有 15 名选手在 6 个职业（工种）中分获一、二、三等奖；5 名选手取得技师资格；18 名选手取得高级工资格；31 名选手取得中级工资格；区工业总公司、房山商贸集团、北京凯捷风公交有限公司等 6 个单位获大赛“优秀组织奖”。

（焦宇尘）

【召开推进工资集体协商工作动员会】 10 月 13 日，房山区召开推进工资集体协商工作动员会。各乡镇工会主席、主管社保副职、社保所长、工会协管员，各总公司、开发区、直属企业工会主席、人力资源部长共计 190 人参加会议。会上，区总工会主席李忠对区总工会和区人力社保局联合下发的《房山区关于推进工资协商工作的实施意见》作详细的说明。长阳镇做为全市签订区域性工资集体协商工作的试点地区，在会上介绍签订区域性工资集体协商工作的主要做法，得到市有关部门的肯定，并在全市进行推广。

（焦宇尘）

【召开劳动争议调解 5 方联动工作会】 11 月 12 日，房山区劳动争议调解 5 方联动工作会在区总工会召开。区总工会、区人力社保局、区司法局、区信访办和区法院共同通过了《关于全面推进房山区劳动争议调解联动机制建设的意见》，并通过建立有效的定期会议制度和重大事项会商制度，对涉及人数多、影响面大、容易引发社会矛盾的重大集体劳动争议案件，共同研究调解处置方案，促进事件快速、妥善处置。截至11月，区劳动争议调解中心共受理劳动争议案件1773件，调解成功1022件，成功率达到57%。

（焦宇尘）

【举办第八套广播体操培训班】 11月19日，区总工会与区直机关工委共同举办第八套广播体操培训班。来自全区91个单位，共185名学员参加培训。这些参训学员将作为小教员负责本单位第八套广播体操普及和推广工作。此次培训，进一步推动全区职工工间操活动的广泛开展，让“工间做操三十分，健康工作五十年，幸福生活一辈子”的健身理念深入每一个职工内心，使职工身体健康素质得到有效提升。

（焦宇尘）

【完成23个乡镇街道总工会建设】 2010年，按照《北京市总工会关于推进街道乡镇总工会建设的意见》，全区23个街道乡镇全部完成了从工会联合会向总工会的转化。街道乡镇工会，履行地方一级工会的领导职责，其代表性更为增强、覆盖面更加广泛、维权职责更加突出、工作保障更加有力。11月29日，房山区召开乡镇街道总工会授牌大会，向23个乡镇街道工会授牌。

（焦宇尘）

共青团房山区委员会

【概况】 2010年，全区有基层专职团干部52名，平均年龄29.6岁，大学本科以上学历44人。按照团市委的百强街乡（镇）创建要求，经过深入调研确定第一批开展创建工作的8个试点乡镇、街道。8个试点为：长阳镇、窦店镇、琉璃河镇、良乡镇、南窖乡、西潞街道、拱辰街道和城关街道。按照团市委“组织建设强、干部队伍强、服务功能强、整体活力强”的创建目标，8个创建试点单位团组织活力和凝聚力进一步增强。长阳镇团委在全区率先完成组织格局创新工作，配齐配全团委编外副书记和委员，并发挥集体智慧，创新打造乡镇共青团品牌“长青藤”。窦店镇团委年内确定青年就业示范企业6家、青年创业示范推广项目2个、青年技能培训基地2个。琉璃河镇团委建立市级青年社1家，并通过青年社向全镇发布青年用工信息，定期开展旅游志愿服务活动。良乡镇团委依托政府信息网，开通共青团工作博客，为倾听团员青年心声搭建交流平台。南窖乡团委对全乡所辖11个团支部书记任职进行调整，新任团支部书记年龄均在30岁以下。西潞街道团工委成立中心幼儿园等11个团支部，并组织志愿者开展各种志愿服务活动。拱辰街道团工委新成立社区团支部19个，成立希望学校等12家非公学校团支部。城关街道团工委在辖区内建立年轻共产党员发展工作站24家，并在团支部的配合下，年内推荐23名优秀团员加入党组织。按照团市委的统一部署，4月启动乡村青年社和社区青年汇建设工作。截至12月，在全区建立5家乡村青年社和4家社区青年汇，其中，市级乡村青年社3家、社区青年汇1家。9家单位通过发挥自身特点和设计特色项目，共服务联系青年1.3万余人次。房山团区委落实中央和北京市党群共建创先争优工作会精神，按照团市委相关要求，在全团下发《关于在共青团基层组织中深入开展创先争优活动的工作方案》和《关于深入开展创先争优活动的通知》。贯彻落实“三个北京”青年行动计划，围绕“三化两区”作贡献。

（张雪君）

【为打工子弟学校捐助非常快乐阅览室】 1月24日，房山团区委联合西城区志愿者联合会、西城区银河小学、新浪公益共同举办“青春温暖龙乡——爱心志愿大行动”为打工子弟学校捐助非常快乐阅览室活动。“非常快乐阅览室”，是由热爱公益事业的青年人发起的针对北京周边山区贫困学校的图书捐赠系列活动。意在为北京偏远地区教学基础设施不完备，师资条件差的学校的学生们募集到足够的课外图书。“非常快乐阅览室”的第一站，为北京房山博识打工子弟小学。募集600本童话、科普、文学、教育、世界名著、辅助教材等图书，为学校设立“非常快乐阅览室”。

（张雪君）

【青少年成长服务项目推介会在北潞园学校举行】 2月2日，由北京团市委、市未委会主办，房山团区委承办的“和谐北京·温暖之都——北京共青团两节送温暖系列活动”青少年成长服务项目推介会在房山区北潞园学校举行。会上推出北京市低保家庭重度残疾青少年帮扶计划，号召政府机关、企事业单位、社会组织等各类机构与低保家庭的重度残疾青少年建立为期1年、一对一的固定帮扶关系；“2010寒假星光自护小卫士万人培训活动”与“12355”青少年成长课堂。2010寒假星光自护小卫士万人培训活动，主要面向小学1年级至6年级学生开展免费培训，计划培训1万人次，培训内容以“社会与校园安全”“意外伤害防范”为重点；经济困难家庭青年千人职业发展促进计划经济困难家庭千名青年职业发展促进计划，通过基层推荐与社会报名相结合的方式，按照指定条件与标准选拔、确定帮扶对象，为帮扶对象提供企业定单式培训、职业资格证书培训、实用技能培训等；与会领导为参与单位志愿服务团队代表授旗、向北京电子科技职业学院颁发“北京市青少年职业技能培训基地”铜牌、向北京奔驰公司代表颁发活动纪念牌。共青团中央、团市委等与全市53所社区青少年星光自护学校校长、各团区县委、社会参与单位的负责人和代表参加活动。

（张雪君）

【龙乡青春自护行动】 3月25日，区未委会、房山团区委启动龙乡青春自护行动社区推广计划，计划旨在通过25场培训帮助全区青少年及其家庭树立安全自护意识，推动房山区安全自护教育的开展。4月4日，龙乡青春自护行动社区推广计划首场培训在拱辰街道北关东路社区举行，区未委会副主任委员、团区委书记肖丹，拱辰街道工委书记吕守军，区未委会委员、团区委副书记苗松参加培训启动仪式。

（张雪君）

【区共青团举办“五四”运动91周年大会】 4月30日，房山团区委在良乡体育馆举行“房山共青团庆祝‘五四’运动91周年暨房山青年榜样颁奖典礼”。为红领巾奖章、星星火炬奖章、团建百强街乡标兵、五四红旗团委、五四红旗团支部、北京市优秀团干部、北京市优秀团员、致富带头人进行表彰颁奖，每个奖项1人（团委、支部）。

（张雪君）

【公开选拔10位乡镇团委书记正式上岗】 6月17日，区委组织部、团区委、区人力社保局共同举办“房山区2010年公开选拔乡镇团委书记就职仪式”。区委常委、组织部部长孙强，团市委青农部部长李伟，区委组织部常务副部长马成彪，团区委书记肖丹，区人力社保局副局长隗有清等出席就职仪式并为周口店镇、长沟镇、石楼镇、张坊镇、十渡镇、佛子庄乡、霞云岭乡、南窖乡、大安山乡、浦洼乡10个单位新任职的团委书记颁发任命书。公开选拔严格按照公告、公开报名、资格审查、笔试、面试、体检、组织考察、讨论决定、公示等程序进行，最终确定陈丽娟、吴兴振、王璐、于建伟、赵鹏飞、符建平、张振夫、肖剑峰、杨冀昆、曹帆10人为2010年公开选拔乡镇团委书记最终任职人选。10人平均年龄29岁，3名硕士研究生、7名大学本科学历；中共党员7人，共青团员3人；10人中具有公务员身份的3人，事业编制身份 6 人，届满村官 1 人。

（张雪君）

【开展倾听日活动】 2010 年，房山共青团共开展倾听活动 11 次，活动覆盖青年税官、青年法官、乡村青年等青年群体，参与人数 500 余人。在每个月的“倾听日”，团区委领导和机关干部深入到青年群体中，了解青年在读书学习、就业创业、交友婚恋、文化生活、志愿服务、公益活动、社会参与、权益维护等方面的需求、困惑，解答青年关心的问题，并听取青年的建议意见，广泛凝聚智慧，推出更多服务青年的措施和政策，向有关部门呼吁，帮助青年解决困难。

（张雪君）

【成立农村青年社】 8 月 23 日，北京团市委青农部部长李伟及相关负责人和团市委青农系统 10 个远郊区县的团区（县）委书记一行考察房山区农村青年社试点单位——京之源（北京）农业有限公司。李伟为京之源·农村青年社揭牌，并实地参观农村青年社建设情况。农村青年社是新时期农村基层团建创新的重大举措，是农村共青团组织主动应对新阶段新任务的要求，大胆进行基层组织创新的有效实现形式。京之源（北京）农业有限公司属服务性合作组织，结合其特点，为更好地凝聚地区青年，为青年搭建全方位服务平台，房山团区委建立京之源·青年社。重点突出服务青年职能，选择了产品展示、青年茶座、就业服务、志愿服务、旅游咨询 5 方面工作作为常态性的工作，让京之源·青年社成为展示琉璃河镇青年人风采和服务地区青年的重要窗口。

（张雪君）

【举办基层团干部培训】 9 月 15 日，房山团区委在外研社国际会议中心举办房山区基层团干部培训班开班仪式。团市委青农部部长李伟，房山团区委书记肖丹，房山团区委副书记余涛，房山区机关、乡镇（街道）、大中专院校团组织负责人等 100 余人参加开班仪式。培训班为期 3 天，采取集中授课、案例教学和专题讲座相结合的方式，详细地讲解基层共青团组织建设及团务知识，介绍在基层组织建设实践中好的经验和做法，系统地分析新形势下共青团工作所面临的形势与任务。

（张雪君）

【15 名贫困学生领取“学子阳光助学金”】 10 月 28 日，房山区 15 名贫困学生每人领到 4000 元的“学子阳光助学金”，奖学金总计 6 万元。团区委实施“学子阳光助学金”8 年来，共筹集助学金 82.4 万元，为全区 206 名家庭贫困、品学兼优的应届高中毕业生圆了大学梦。

（张雪君）

【房山团区委举办关爱龙乡活动】 12 月 20 日，在良乡二小，房山团区委举办“中粮万科温暖行动 汇聚爱心关爱龙乡”活动。为 100 名打工子弟学生、低保重残青少年、家庭经济暂时困难青少年赠送“爱心粮油卡”，青少年代表为捐助方和与会嘉宾送上书法作品及手工艺品表达他们的感激之情。房山区青联委员、北京中粮万科房地产开发有限公司总经理隋强、北京青少年发展基金会秘书长陈淑惠、共青团房山区委员会书记肖丹、房山区良乡二小校长蔡建华等参加活动。

（张雪君）

【“冬日暖暖心”主题公益活动在房山区创唯学校举行】 12 月 30 日，2010 年中国十佳劳伦斯励志项目之蒲公英计划——“冬日暖暖心”主题公益活动在房山区创唯学校举行。活动中，世界冠军和海归精英们通过讲述自己的成长之路激励同学们好好学习，并为打工子弟学校送去体育用品、文具用品以及御寒的衣物。中国十佳劳伦斯冠军委员会冠军委员孙海涛、常昊和赵蕊蕊，海归企业家们，房山团区委书记肖丹等出席活动。

（张雪君）

房山区妇女联合会

【概况】 按照区委的统一部署和北京市党群共建创先争优会议精神，区妇联制定《关于在全区妇联组织和广大妇女中深入开展“创先争优”活动的实施意见》，推动女性进“两委”和村妇代会主任进“两委”工作，实现农村“两委”女委员配备率100%。推动“妇女之家”建设，在全区460个行政村和120个社区实现“妇女之家”全覆盖。全区各级妇联组织累计举办培训班343期，培训妇女18128人，带动就业4000余人。召开房山区各界妇女纪念“三八”国际劳动妇女节100周年大会，表彰房山区“巾帼纳税十杰”以及全区妇联系统100个“三八”红旗集体和200名“三八”红旗手。举办“阳光儿童·FUNHILL房山”首届“童乐”杯少儿书法美术公益大赛。制定实施《房山区“和谐家庭”行动计划》，在市妇联组织的“家庭才艺大赛”上，南窖乡女子中幡队获一等奖。开展“学习型家庭”“学习型社区”创建活动，燕山东风羊耳峪北里社区和迎风西里社区被评为“全国创建学习型家庭示范社区”。其中燕山东风东里健身队、区妇女儿童活动中心2个健身站点获“全国妇女健身示范站点”称号。建立房山区贫困妇女数据库和贫困儿童数据库，在“送温暖、办实事、促和谐”两节慰问活动中，为老妇救会主任、贫困三八红旗手、纯老年人困难家庭及单亲贫困母亲等弱势群体送去慰问品及慰问金共计30万元。在“六一”主题慰问活动中，共为全区的300名贫困儿童发放慰问金15万元。在广大妇女群众中深入开展心理疏导、法律咨询等服务，全年接待来信来访62件，通过不同渠道给予解决。开展母亲课堂和0岁至3岁早期教育等公益活动，近万人次受益。举办“家庭教育进乡村”——阎村专场，推出DIY亲子创意园，并举办“快乐DIY、全家总动员”家庭手工创意展示会。开展健康素质教育“三进”行动，参与家庭达1000个，直接受益3000人次。以北京妇女儿童发展基金会为平台，共募集善款近百万元，全部用于区妇女儿童专项救助。

（刘晓晨）

【区妇联举行纪念“三八”国际劳动妇女节100周年大会】 3月5日，区妇联举行各界妇女纪念“三八”国际劳动妇女节100周年大会。区委副书记、区长祁红，区人大常委会主任史全富，区政协主席唐淑荣，原房山区人大常委会主任郭先英，区委常委、组织部部长张祝华，区委常委、宣传部部长赵佳琛，区人大常委会副主任王淑红，区政协副主席李惠英、肖武出席会议。会上，授予北京华冠商贸有限公司总经理肖英等10人为房山区第二届华冠杯“巾帼纳税十杰”，授予区地税局房山税务所等100个集体为房山区“三八”红旗集体，张莉华等200人为房山区“三八”红旗手。为感谢近年来关心、重视、支持妇女工作的全区各级领导和社会各界人士，区妇联决定，授予陈硕林等78人为房山区第三届“妇女之友”称号。张祝华在大会上致辞。与会领导和各界妇女一同观看了文艺节目。

（刘晓晨）

【“巧姑靓嫂”商会会长张莉华受表彰】 3月7日，在人民大会堂举行的纪念“三八”国际劳动妇女节100周年大会上，房山区“巧姑靓嫂”商会会长张莉华获全国妇女联合会“十大全国城乡妇女岗位建功标兵”和全国“三八”红旗手称号并受到表彰。

（刘晓晨）

【房山区举办少儿书法美术公益大赛颁奖仪式】 5月31日，房山区妇女儿童工作委员会举行房山区“阳光儿童·FUNHILL房山”主题慰问暨首届“童乐”杯少儿书法美术公益大赛颁奖仪式。区领导刘伟、祁红、唐淑荣、张祝华、孙强以及区妇女儿童工作委员会成员单位领导出席活动并为获奖作者和优秀组织奖的单位颁奖。区领导同时向良乡中心小学赠送慰问金5万元，以表达对少年儿童的关爱和对节日的慰问。“六一”期间，区妇儿工委组织有关成员单位领导慰问300名贫困儿童和部分乡镇的幼儿园所，为他们送去慰问金共计25万元。

（刘晓晨）

【房山区首个“妇女之家”成立】 11月12日，房山区首个“妇女之家”在良乡镇南刘庄村揭牌成立。这标志着房山区460个村、120个社区的“妇女之家”建设正式启动。区妇联通过依托农村现有阵地和社区现有资源，以基层妇女组织阵地为平台建设“妇女之家”，为广大妇女开展综合维权服务、创业就业服务、教育培训服务、家庭教育服务、社区文化服务、家政信息服务、婚姻家庭服务、帮扶救助服务。

（刘晓晨）

【市妇联在房山区举行“送温暖、办实事、促和谐”活动启动仪式】 1月7日，市妇联在房山区举行2010年元旦春节期间“送温暖、办实事、促和谐”活动启动仪式。活动旨在对全市困难妇女儿童从生活、就业、助学等方面提供帮助救助，使他们感受到党和政府及妇联组织的关爱和温暖。启动仪式上，市区领导向房山区的老妇救会主任、生活困难的“三八”红旗奖章获得者、单亲困难母亲、纯老年人家庭困难妇女、边远山区贫困家庭和贫困儿童代表赠送“送温暖”慰问金和慰问品。此次“送温暖、办实事、促和谐”两节走访慰问活动是北京市妇联在建设“枢纽型”社会组织过程中的重要举措之一，也是北京妇女儿童发展基金会自2009年7月揭牌以来，一次性投入资金规模最大、受助人数最多的帮扶活动。原市委常委、常务副市长、北京妇女儿童发展基金会理事长翟鸿祥，市委常委梁伟，北京市妇联主席、北京妇女儿童发展基金会常务副理事长赵津芳，房山区委副书记、区长祁红，区人大常委会主任郭先英，区委副书记苗立峰，区委常委、组织部部长张祝华出席启动仪式。

（刘晓晨）

【妇女维权周活动启动仪式】 3月7日，区妇联与区司法等多家单位联合在长阳镇保合庄村举办以“关注服务妇女民生，促进社会稳定和谐”为主题的“三八”妇女维权周暨“送法下乡”宣传活动启动仪式，活动现场，举办“三八”维权百问百答有奖法律知识竞赛活动，发放维权宣传资料近1万份、图书近1000册。

（刘晓晨）

【开展“节省一元钱，幸福千万家”活动】 区妇联开展“节省一元钱，幸福千万家”活动。此项爱心奉献活动由区妇联发起，号召全区妇女节约1元钱奉献爱心，帮扶区内困难家庭、困难妇女、困难儿童。活动持续1年，共募捐52778.3元。

（刘晓晨）

【举办妇女健康知识讲座】 8月26日，区妇联与区药监局联合举办“房山区安全用药家庭行动暨妇女健康大讲堂”首场讲座，邀请专家为良乡镇广大妇女讲了一堂关于饮食与健康、饮食与美容的健康养生课，提高女性及家庭成员的健康意识。全年举办4场妇女健康知识讲座，320人参与讲座。

（刘晓晨）

【比利时妇女代表团到房山区考察】 9月21日，比利时妇女代表团一行9人到房山区考察，并参观区妇女儿童活动中心、区“巧姑靓嫂”手工艺品商会。双方还就如何为妇女就业搭建平台、提高妇女就业能力等方面进行了交流与讨论。

（刘晓晨）

【为房山区首批获全国妇联基层组织建设示范点授牌】 9月26日，区妇联在大石窝镇举行“全国妇联基层组织建设示范镇、示范村（社区）”授牌仪式，为房山区首批获得全国妇联基层组织建设示范镇、示范村和示范社区称号的大石窝镇、大石窝镇下滩村和拱辰街道北关东路社区授牌。

（刘晓晨）

【房山区4个站点获“北京市妇女健身示范站点”称号】 拱辰街道渔儿沟村健身站、西潞街道北潞园社区健身站、燕山东风东里健身队和区妇女儿童活动中心4个健身站点分别获“北京市妇女健身示范站点”称号。其中燕山东风东里健身队、区妇女儿童活动中心2个健身站点还获得“全国妇女健身示范站点”称号。10月12日，市妇联副处级调研员李江到燕山东风东里，为获“全国妇女健身示范站点”的燕山东风东里健身队授牌，并现场观看健身队的“女性保健操”和“女性健身操”展演。

（刘晓晨）

【北京市家庭教育进乡村阎村专场】 10月19日，“新蕊计划——2010北京市家庭教育进乡村阎村专场”活动在阎村镇中心小学举办。此次活动内容丰富形式多样，有趣味游戏英语学习活动、手工动漫制作、现场咨询讲座等。区委常委、组织部部长孙强表示此次活动形式更贴近家长和孩子的需求，是全新的家庭教育工作理念的延伸，是为房山区的广大家庭办的一件好事、实事。

（刘晓晨）

房山区科学技术协会

【概况】 房山区科学技术协会由全区性学会、协会、研究会，地区、街道和乡镇科协，各驻区中央市属厂矿科协组成；现有区级学、协会21个，会员8500多人，乡镇科协22个，会员3200多人（主要由科技能手，种、养大户，农村技术员等组成）。2010年，区科协系统围绕农村专业技术合作组织，农村科普示范基地建设，培育农村科技致富带头人，建立农村科技服务专家及农村专业技术指导员队伍等5个方面，实施了农村科普“一站、一栏、一员”工程、“科技套餐配送工程”“农村科普示范”工程、“金桥工程”4项科普惠农工程。实施社区“一室、一廊、一组”工程和“社区科普益民计划”。全年，举办大型科普宣传活动50多次，其中，送科技下乡20多次，受益群众4万多人次；举办科普展览8次，科技报告会20多次，科普讲座近100次，播放科普电影50场次等，参加人数近3万人次，开展健康义诊20次，受益群众近3000人次。以上活动共发送科技图书6万多册，科普挂图3000多张，科普光盘3000多张，科普资料近50万份。利用青少年科学俱乐部和青少年科普活动基地，举办以低碳生活在我身边为主题的创意活动、太阳能车动手做活动，以及科普互动展品校园巡回展活动，2万多名学生参加活动。

（刘敏）

【市科协科普发展中心领导到房山区科协调研】 1月25日，市科协科普发展中心主任何丹等一行6人到房山区调研，区科协主席祝庆忠陪同调研。市科协调研组到房山区科技工作者服务中心，参观了近2万册藏书的科技图书室和科普资源展览室，并对区科协在科普设施建设和科普资源开发与利用等方面取得的成果给予肯定。随后，市科协调研组与区科协领导就如何更好的开展区县科普工作、科普资源配送等问题进行研讨。何丹提出：区县科协科普工作的开展要与时俱进，逐步实现多元化，并充分肯定房山区科协在此项工作中取得的丰硕成果。

（游良宇）

【区科协召开三届六次常委会】 1月28日，区科协召开三届六次常委会，区委常委、组织部部长张祝华参加会议并讲话。区科协主席祝庆忠，副主席高德民、张志，常委冉照华、隗有清、赵洪新、王砚英、任群先、黄文江、李绍华、王良合、付凤生、于志良、于海军、李丽英、隗永龙、郭中华、王福顺、韩秀平 、苏春林参加会议，祝庆忠主持会议。会议审议通过：区科协 2009 年工作总结和 2010 年工作思路；区科协关于召开房山区 2010 年科普惠农益民工作总结表彰大会方案；房山区科技人员开展科技服务报酬的标准。会议还增补区财政局副局长李小英担任区科协副主席。同时，区科协向各位常委、副主席报告了关于房山区实施北京市科普惠农兴村计划和北京市社区科普益民计划情况。

（刘敏）

【区科协到大石窝镇慰问】 1月29日，区科协到大石窝镇王家磨村和三岔村开展春节慰问活动，区科协副主席高德民、张志等详细询问老党员、贫困群众家庭生产生活情况及身体状况，并向王家磨村、三岔村的20户老党员和贫困户发放大米、油等慰问品和6000多元慰问金。

（闫洋）

【房山区 2010 年“科普之春”活动启动仪式在琉璃河镇举行】 3月4日，房山区科协与琉璃河镇在琉璃河官庄集贸广场举行房山区 2010 年“科普之春”活动启动仪式。活动主题是“以科技支撑惠农兴村”，科技专家为当地群众开展技术咨询 20 多次，解答技术难题 100 多个、开展科技培训 400 多人次，推广新产品、新技术 30 多个，发放科技图书 4000 多册、科普资料 1 万多份。

（刘敏）

【区科协召开 2010 年房山区科普惠农益民工作会】 为了更好地实施“北京市科普惠农兴村计划和社区科普益民计划”，4 月 9 日，区科协召开 2010 年房山区科普惠农益民工作会。区科协主席祝庆忠主持会议，各乡镇科协秘书长、区直各学（协）会秘书长及获 2009 年和 2010 年科普惠农、益民奖补单位负责人共 80 多人参加会议。会上，区科协副主席张志作了房山区实施“北京市科普惠农兴村计划和北京市社区科普益民计划”的报告。区科协副主席高德民通报房山区 2010 年获得北京市科普惠农、益民计划奖补项目名单。区科协办公室主任刘敏宣读房山区科协关于房山区实施北京市“科普惠农兴村计划”“社区科普益民计划”的细则以及房山区科协关于落实《北京市科普惠农、益民计划专项资金管理办法》的细则。最后，祝庆忠讲话，对全区 2009 年、2010 年的科普惠农、益民项目的落实和专项资金的使用作具体安排，对 2011 年“两项计划”项目的申报工作进行部署。

（刘敏）

【市蔬菜学会专家到石楼镇开展科技服务】 4月29日，区科协聘请北京蔬菜学会秘书长李小平、北京市农林科学院蔬菜种植研究中心高级农艺师陈春秀到房山区石楼镇南庄村，就设施蔬菜茬口安排、栽培方法及改善产品品质等为 50 多名农民进行详细的讲解，并回答农民提出的各种疑难问题，还为他们送去农业科普图书，随后，专家们到农户的大棚内对草莓的选种、种植、管理等方面的知识进行现场指导。区科协副主席高德民、石楼镇副镇长赵春来陪同参加活动。

（闫洋）

【房山区 2010 年科技周活动】 5月15日至 21 日，举办以“携手建设创新型国家——提高科学素质，参与低碳行动”为主题的房山区科技周活动。全区 15 个街道、乡镇举行大型科普宣传活动。8 个区直学协会组织近百名科技专家到农村社区开展科技咨询活动。科技周期间，全区开展科普展览 20 场次；举办科技培训 18 期，1000 多人次；科技报告和科普讲座 15 场次，2000 多人次；专场科技服务和健康咨询 20 场次，3000 多人次；共发放科普资料 10 万多份，受益群众达 8 万多人次。同时，区科协为区 2009 年度北京市优秀科普惠农和社区科普益民项目单位共计 17 个，送去科普挂图 3000 册，科技图书 2.6 万册，书柜 48 组，课桌椅 250 套，电脑、投影仪、液晶电视等电教设备 50 多件，总价值 60 多万元。

（陈双）

【房山区 2010 年“科普之夏”活动启动仪式】 7 月 17 日，按照市科协《关于开展第十二届北京科普之夏活动的通知》要求，受区委、区政府委托，区科协在拱辰街道梅花庄社区举办房山区 2010 年科普之夏活动启动仪式。区科协主席祝庆忠主持仪式。参加活动的有拱辰街道办事处主任陈广利、副书记隗福壮，区科协副主席高德民、张志，区科协秘书长苏春林，以及 14 个北京市优秀科普社区负责人及其所在乡镇科协秘书长，80 多位社区优秀科普宣传员。启动仪式上，区科协分别向 14 个优秀科普社区发放科普光盘 25 套、科普图书 2000 册、科普展板 40 块，科普资料 2000 多份。同时还邀请房山区第一医院神经内科主任医师张宗欣进行卫生健康讲座。科普之夏活动以“坚持科学发展，走进低碳生活”为主题，时间从 7 月 15 日到 8 月 31 日，历时 1 个半月。

（陈双）

【市科协检查组到房山区检查科普惠农专项资金使用情况】 7 月 29 日，由市科协科普部副部长张仕贤任组长及北京科技报记者参加的市科协惠农专项检查组一行 4 人，到房山对 2007 年至 2009 年科普惠农兴村计划专项资金使用情况进行检查。区科协主席祝庆忠向检查组做了详细汇报：3 年来，房山区共争取科普惠农兴村计划专项资金 223 万元，其中，国家级 25 万元，市级 198 万元。为把专项资金管好用好，在区财政局的指导下，按照财政部、中国科协关于印发《科普惠农兴村计划专项资金管理办法（试行）》和市财政局、市科协关于印发《北京市科普惠农兴村计划专项资金管理办法（试行）的通知》要求，结合房山区实际，制定《房山区实施北京市科普专项资金管理办法的细则》，并要求使用单位按照规定的科普任务和指标，制定经费计划，经所在乡镇科协审核，并报区科协按照工作进度，或以现金方式拨付，或以实物方式配送，或以票据方式报销，实行专款专用、专户管理。区“科普惠农兴村计划”专项资金在使用中，没有出现多头申报、虚假冒领、套取资金，以及截留、挤占、挪用、滞留和违反制度规定等问题。这些资金主要用于：购置和印刷科技图书 6.5 万册，书柜 220 个；购置课桌椅 600 套，电脑 68 台，电视 28 台，投影仪 12 部，印制科普宣传资料 10 万多份，制作科普展板 1200 块、光盘 1800 张；新建科普宣传栏 16 处 500 平方米。以及组织 300 多名市、区科技专家，到农村开展科技推广、科技引进、科技开发和科技服务。3 年来，共引进推广新技术、新产品 300 多项，开展技术咨询和科技服务 500 多项，开展科技培训和技术讲座 300 多期近 3 万人次，发放实用技术资料 20 多万份。市科协检查组在听取汇报后，到区科协查看了相关文件资料以及票据和报表。市科协检查组充分肯定了房山区对惠农专项资金的管理办法和使用效果，并表示会继续大力支持房山区科普惠农工作。区科协副主席高德民、张志、秘书长苏春林以及办公室主任刘敏参加检查。

（游良宇）

【房山区户外科普园地建设工作】 8 月 18 日，北京市科普发展中心主任何丹，副主任潘梅，市科协调研员张江民等到房山区检查户外科普园地建设情况。区科协主席祝庆忠，副主席高德民、张志陪同检查。祝庆忠介绍房山区户外科普园地建设情况，在市科协、市财政局支持下，投专项资金 40 万元，在房山区建设一处户外科普园地。区科协在良乡体育中心广场建立长 100 延米不锈钢材质全封闭灯光照射的科普画廊。市科普发展中心领导到户外科普园地建设现场实地考察，表示房山区户外科普园地建设方案科学合理，具有很强的实用性。10月底建成并投入使用，区科协派专人管理，画廊内宣传内容每月更新1次，每周播放1次至2次科普电影或科普光碟，每月举办1次科普互动和科普宣传活动。

（刘敏）

【阎村文化产业园科普示范基地授牌仪式暨“全国科普日”宣传活动举行】 9月25日，阎村文化产业园科普示范基地授牌仪式暨“全国科普日”宣传活动在阎村镇文化广场举行。区委常委、组织部部长孙强出席仪式并向阎村文化产业科普示范基地授牌。区科协主席安保良、副主席高德民，区水务局纪检书记李丽英，阎村镇党委书记柳铁良、镇长张杰等出席活动。安保良在仪式上讲话。活动共展出科普展板100余块，发放科普图书2000多册，宣传资料1000多份，500多名干部群众参加“科普日”宣传活动。

（陈双）

【“北京少年科技园”在房山区挂牌启动】 10月27日，“北京少年科技园”在房山区第五中学挂牌启动。启动仪式上，与会领导为房山、平谷、顺义、通州、大兴、怀柔6家少年科技园授牌。仪式后，与会领导参观房山五中的少年科技园，并与同学们一起体验了科技带来的乐趣。房山五中是首都2010年基本实现教育现代化战略目标的山区校搬迁试点工程之一，在这里就读的孩子都来自房山区的山区，为满足青少年的课余文化生活需求，市科协出资，历经近1年的时间，房山五中的学生科技活动室建成并试运行，共配备130余台件的科研器材，通过这些科研器材的配备，有效地实现资源共享，让更多的青少年得到科学技术的熏陶，逐步提高农村青少年的科学素质。

（陈双）

【区科协召开农村科技专家服务组座谈会】 12月28日，房山区农村科技专家服务组座谈会在区种植中心召开。会上林果、畜牧、农学、农机、水利、卫生保健6个科技专家服务组的负责人汇报2010年工作情况和2011年工作思路，并对科技专家服务组如何开展工作提出意见和建议。

（闫洋）

房山区文学艺术界联合会

【概况】 2010年，充分发挥名人效应，打造房山文化大区形象，举办“凸凹创作与房山文化”研讨会。筹划“城南五区”书法美术摄影联展，助力北京南城发展，展示房山在促进新城建设、加快社会发展、改善人民生活等方面取得的新成就。开展“三化两区”主题文艺创作，生动再现房山区两年来艰巨的“破冰”历程以及取得的丰硕成果。创作快板书《三化两区明方向 FunHill 房山 fun 起来》，以文艺的形式宣传区委决策，助力房山区新城建设。举办庆五•一新锐书画家作品展，丰富群众节日文化生活。成立全市首个乡镇基层文联阎村文联，使得北京市文联系统形成市、区、镇三级建制的格局。打造阎村“书法艺术名镇”，把书法艺术引入新农村更广阔的天地，为书画艺术创作提供了一个大的舞台，推动阎村文化名镇建设。推进“房山文化学”研究工程。完成《历代名人咏房山》挖掘整理工作。完成房山农民画摸底调查工作。为更好地保护房山农民画文化遗存、发展农村文化产业打下了基础。编辑《房山文联十年图志》，全面反映房山文艺10年的发展历程，展示取得的工作成绩、创作的艺术成果和产生的社会影响。弘扬和传播先进文化。文学、音乐创作成果丰硕。凸凹推出中篇小说集《神医》，散文集《以经典的名义》获第四届全国冰心散文集奖。北京日报以《苏宝敦:京郊文学的知春鸟》为题专版报道房山的文学名家。陈光、张文良创作的歌词、歌曲参与国家级大赛并获奖。摄影、书法美术及民间艺术涌现出一批优秀艺术成果。

（徐成凤）

【承办北京日报副刊部作家笔会】 1月15日，区文联在昊天假日酒店承办“北京日报特邀作家房山笔会”，接待北京日报副刊部主任李培禹带领的30余名笔会成员，举办别开生面的笔会活动。与会者是北京日报副刊文艺园地各个栏目的写作者，包括当代艺坛各艺术门类的评论家。与会者即席表演了小品、镶名联句、魔术等。

（徐成凤）

【拍摄水头村“全家福”照片】 1月22日，在区委宣传部牵头组织的“科技、卫生、文化三下乡”活动中，作为承办单位之一，区文联组织摄影家为大石窝镇水头村100余人拍摄“全家福”照片，为“共享发展成果，共建和谐家园”主题活动增添亮丽的风采。

（徐成凤）

【举办《隗氏家族·人物》出版座谈会】 1月31日，房山区隗氏文化联谊会在良乡功德福饭庄举办隗合显主编的《隗氏家族·人物》出版座谈会。房山区委常委、政法委书记刘欣国，京郊日报总编刘炳增，区文联主席史长义及区有关单位领导，《隗氏家族·人物》主编隗合显和隗氏家族代表30余人参加座谈会。这部隗氏家族文化专集是房山区第一部记载家族文化的书籍。

（徐成凤）

【开展房山农民画摸底调查工作】 2月，区文联组稿完成的《房山农民画的兴起与发展》一文，入选由中国文联国内联络部、中国美术家协会主编的《中国农民绘画调研汇编》(人民美术出版社出版)。这是在详尽考察房山农民画的兴起、发展历程及现状的基础上形成的调查结果，是北京地区唯一入选的调研报告。全书收入农民画调研报告成果49篇，内容详实，图文并茂，具有一定的理论性、艺术性和参考性。

（徐成凤）

【举办房山新锐书画家作品展】 4月30日，区委宣传部、区文委、区文联在区文化馆展厅联合主办“让房山 fun 起来——房山新锐书画家作品展”。展出高宗、陈永生、孙长川、徐云林、李建成、李建国、王立祥、陈子石、邢光辉9名新锐书画家的近百幅新作。

（徐成凤）

【召开“凸凹创作与房山文化”研讨会】 5月18日，中国作家协会创研部、作家出版社、北京作家协会和房山区委宣传部在中国作协联合召开“凸凹创作与房山文化”暨小说集《神医》研讨会。与会领导和专家学者认为，凸凹打破了田园牧歌式、阶级斗争式等传统的乡土文学写作模式，创造了一种立足于大地本真的新的乡土文学范式。

（徐成凤）

【《中国文化报》通栏专版评价凸凹】 6月29日，《中国文化报》10版、11版“文学研讨”刊出“房山地域文化的形象名片　北京乡土文学的代表作家”凸凹（史长义）长篇小说《玄武》《神医》研讨专版，刊出评介文章6篇。分别为房山区委常委、宣传部部长赵佳琛的《凸凹：房山的光荣和自豪》；中国文化报记者魏瑞艳的《为乡土立传　为农民代言——著名乡土作家凸凹侧记》；邱华栋的《描绘北京乡村变革的史诗——评凸凹的长篇小说〈玄武〉》；辑录中国作协副主席高洪波，中国作协副主席、作家出版社社长何建明，北京作协分党组书记、驻会副主席李青，鲁迅文学院教授、矛盾文学奖评委何镇邦，中国社科院当代文学研究所研究员白烨、陈福民，光明日报社文艺部主任彭城，沈阳师范大学文学院教授贺绍俊，沈阳师范大学文学研究所所长孟繁华，《人民文学》原副主编崔道怡，北京作协评论委员会副主任谢玺璋，中国社科院文学研究所研究员张梦阳，《人民文学》编辑部主任邱华栋，《十月》副主编宁肯的有关评论《〈神医〉：北京乡土文学的扛鼎之作——众议凸凹小说集〈神医〉》。同时刊登《凸凹创作简历》、凸凹《著作目录》和研讨会照片。

（徐成凤）

【凸凹获第四届全国冰心散文奖】 8月1日，第四届全国冰心散文奖在北京中国现代文学馆揭晓。凸凹的《以经典的名义》等28部作品获散文集奖。作家雷抒雁为凸凹颁奖，凸凹即席发表获奖感言。散文集《以经典的名义》收入凸凹创作的文化散文70篇，23万字。中国国际广播出版社2007年8月将其纳入"新文界"散文丛书第一辑。

（徐成凤）

【凸凹散文获中国报纸副刊作品金奖】 8月，凸凹创作的散文《最后的凝视》(刊2009年11月29日《北京日报》)，获中国报纸副刊研究会举办的第二十届中国报纸副刊作品金奖。

（徐成凤）

【开展主题报告文学创作活动】 9月7日，区作协组织骨干作者在区文委召开"三化两区"主题报告文学创作会，区文联主席史长义出席会议并提出要求。会议旨在以长篇巨制的文学形式，深入挖掘广大干部群众中的典型事件和感人事迹，以极具影响力和冲击力，兼具纪实性和时代感的文字，全景式地反映房山的"三化两区"建设热潮。会议拟定"三化两区"战略发展之路、燕房合作进展、轨道交通房山线工程建设、长阳CSD半岛建设等多个选题，作家们分别认领选题。

（徐成凤）

【《燕都专刊·房山高职》创刊】 9月，区文联与北京理工大学房山分校联合主办、推出《燕都专刊·房山高职》第1期。专刊不仅是展现北京理工大学房山分校改革发展、教育教学成果的窗口，也是房山区职业教育资源沟通交流的一个舞台。专刊主要栏目有高职聚焦、管理论坛、教研园地、德育之窗、妙笔丹青、学生风采等。

（徐成凤）

【《中国文化报》专访凸凹】 10月14日，《中国文化报》第3版"人物"刊出记者王晓风《耕耘在乡间的文化守望者——记著名作家凸凹的成长之路》整版专访。文章从"自强不息，与文学结下不解之缘""打破藩篱，尝试'新书话散文'写作""透视心灵，引发一个时代的共鸣""赤子情怀，为家乡文化不懈耕耘"4个方面，记述凸凹的成长历程。

（徐成凤）

【凸凹获北京文艺批评奖】 11月，凸凹创作的《门外剧谈》(刊2007年第5期《文学自由谈》)获北京文联第六届北京文艺批评奖二等奖。

（徐成凤）

【参与五区书法美术摄影联展】 11月5日，"'崛起的城南'——五区书法美术摄影联展"在中国人民军事博物馆开幕。市文联党组书记朱明德，党组副书记、驻会副主席黎晶，区委常委、宣传部部长赵佳琛出席开幕式并参观联展。这次展览由丰台区、房山区、东城区、西城区和大兴区文联共同主办，旨在紧扣北京打造世界城市的脉搏，用文艺作品的形式展示城南地区时代精神风貌，助推城南行动计划。房山区参展的主题为"大美房山"，精选区内艺术家创作的书法、摄影和美术作品60件。

（徐成凤）

【参与首届"北京美丽乡村书法艺术展"】 11月6日，由北京市农工委、市文联、北京书协共同举办的首届"北京美丽乡村书法艺术展"在昌平拉开帷幕，市文联党组副书记、驻会副主席黎晶，市农工委副书记高华，市书法家协会主席林岫等为展览剪彩，10个参展区县的文联负责人和书法家百余人参加开幕式并观看展览。"北京美丽乡村书法艺术展”注重书写内容与书体形式的完美结合，给人以文采与书法艺术的双重享受。书展由昌平区文联承办，共展出160幅书法作品。房山文联精选15幅作品参展，内容主要是反映房山区新农村发展变化的诗歌和楹联。

（徐成凤）

【新疆克拉玛依区文联到房山考察】 11月24日，新疆克拉玛依市克拉玛依区区委常委、宣传部部长赵虎带领文联考察团一行11人，在中国文联国内联络部地方联络处副处长马康强的陪同下到房山区参观考察。区文联主席史长义、名誉主席柳铁良、副主席曹燕杰等陪同考察团到阎村镇文联分会，参观文化广场、龙乡书画院等文化设施。柳铁良、史长义分别对阎村镇文联和区文联的工作情况作详细介绍，并就如何做好文联工作与考察团进行广泛深入的交流。

（徐成凤）

【史长义、刘强获德艺双馨艺术家称号】 11月25日，“第五届北京中青年文艺工作者德艺双馨奖”颁奖晚会在北京首都大酒店举行。市委常委、副市长、宣传部部长蔡赴朝，市委宣传部副部长张淼，市文联主席金铁霖，市人力社保局副局长程静，中国文联人事部副主任郑希友、中国文联国内联络部副主任周雪静等出席并为获奖艺术家颁奖，市文联党组书记朱明德主持大会。区文联主席史长义、区摄影家协会秘书长刘强获“德艺双馨艺术家”称号。

（徐成凤）

【张文良获全国少儿歌词创作一等奖】 11月27日，房山区文化馆张文良创作的歌词《枕着妈妈的歌儿入眠》，获文化部中国群众文化学会在江苏常熟举办的全国少儿歌词创作征集评选一等奖。

（徐成凤）

【开展“我看‘三化两区’”主题征文活动】 9月至12月，区委宣传部、区文联联合主办“我看‘三化两区’”主题征文活动，号召全区广大干部群众选取“所见、所闻、所感”视角，采用以小见大的手法，通过细腻生动的笔触，多题材反映在“三化两区”建设中“参与、创造、见证、收益”的经历、感受和取得的成果。11月底，收到来自区直单位、乡镇和社会来稿400余篇。12月，区文联、区作协组织知名作家组成评委会，对征文稿件进行审评，评选出一等奖6名、二等奖12名，三等奖18名、优秀奖44名，另评选组织奖8个。

（徐成凤）

房山区工商业联合会

【概况】 2010年，发展新会员26家，累计发展会员企业880多家。起草《关于加快推进民营经济园项目建设的建议》，为市、区政协提供《关于推进民营企业投资发展的建议》《关于增加民营企业节能环保产品在政府采购中市场份额的建议》《关于加快推进民营企业创新发展的建议》《关于加快产业转型促进农民就业的建议》等提案5件，其中区政协3件；与区政协委员深入南窖、蒲洼、史家营等山区乡镇开展调查研究，起草《碳汇造林》《非公经济发展若干问题研究》2篇调研报告；举办民营企业招聘周，征集19家以上招聘单位，提供308个就业岗位；复验历年文明单位及标兵共计28家，新推荐文明单位4家、文明单位标兵1家；下半年恢复区工商联主办的《龙乡工商界》刊物并出版2期；及时更新网站信息，共发布各类信息50余条；配合区总工会举办全区数控车床工、数控铣床工、汽车驾驶、公交服务、收银员、中式烹饪6个职业(工种)的技能比武大赛；与区委组织部共同组织20家规模以上民营企业参加了在区委党校免费举办的为期5天的封闭学习培训；组织40家生产型企业在会议中心开展质量安全、法律维权、市场营销等相关知识培训活动；组织润福通、利民恒华、博源包装制品等7家会员企业参加房山区葡萄酒庄园产业庆典活动；组织20家民营企业赴上海世博会考察；完成1993年至2010年区工商联组织史的编报工作；完成区工商联专项职能考核管理办法上报，明确2010年5项重点工作和5项专项职能，以及5项职能的考核管理办法；完成“五五”自查报告和党风廉政建设责任制落实自查报告；参与贵州省毕节实验区建设的捐款活动，共捐款10万元，区工商联获得市工商联系统组织奖，北京金恒通达投资集团有限公司获得企业参与奖；为60家企业融资8000万元。

（景然）

【组织企业参加房山区“十二五”规划建言献策座谈会】　5月18日，在房山区发展和改革委员会召开房山区“十二五”规划建言献策座谈会，区工商联主席孙志强出席座谈，并就如何促进房山区民营经济发展方面建言房山区“十二五”规划。会员企业北京金恒通达投资有限公司、北京中稷盛达投资管理有限公司、北京市润福通商贸中心、北京文新德隆有限责任公司、北京澳特舒尔保健品开发有限公司参加座谈会。

（景然）

【组织会员企业培训】　9月21日，区工商联组织40家生产型企业在区会议中心开展培训活动，区工商联党组书记、常务副主席隗功跃做开班动员，并对企业的发展提出具体要求。邀请房山区质量监督局局长杨兆生及各企业家进行对接。杨兆生结合本单位工作实际，以“拉升质量安全水平，服务经济平稳较快发展”为主题，向企业主讲解进一步促进落实质量安全主体责任，促进社会增强质量意识，加快房山区经济发展方式转变等相关政策，同时与培训人员进行互动交流。会员企业北京亿邦广告公司总经理朱邦业向参训企业讲解营销策略，从投入与产出、组织结构与流程设置、业绩达成要素及过程，企业整合营销与企业进行对接。区工商联常委、法律顾问、律师史甫臣向大家讲解了有关法律知识、法律政策以及为企业维权的有关内容，同时表示区工商联全方位为企业提供法律服务。

（景然）

【同中担投资信用担保有限公司开展对接活动】　11月18日，房山区工商联邀请中担投资信用担保有限公司副董事长兼常务副总经理张颖辉就如何为房山区非公中小企业融资等问题进行座谈。房山区工商联党组书记兼常务副主席隗功跃就如何开展进一步运作提出具体的意见和建议。座谈会后进行实地考察，并提出为企业融资建议。

（景然）

【邀请区质监局领导考察指导会员企业】　11月2日，区工商联邀请区质监局领导到会员企业北京凯达恒业农业技术开发有限公司进行考察指导工作。区工商联党组书记、常务副主席隗功跃陪同区质监局局长杨兆生深入企业了解情况，就企业生产情况、科学工艺、标准检测、安全操作等生产环节进行指导。

（景然）

【区工商联获北京市工商联系统光彩事业工作奖】　12月17日，北京市工商联召开会议，表彰各区县工商联单项工作奖。市工商联按照市委、市政府的要求，围绕中国特色世界城市建设和“三个北京”这一中心任务，不断创新工作机制，努力发挥工商联的“联”字优势。经市联各处室综合考评，市联主席办公会议决定，对16个区县的各项工作取得的突出成绩给予表彰，房山区工商联被评为光彩事业工作奖。

（景然）

房山区残疾人联合会

【概况】 2010年,完成区政府办实事项目，为1000名贫困残疾人免费发放辅助用品，对2540户下肢残疾人家庭进行家庭无障碍改造，为100名贫困精神病人提供半年至1年的免费住院治疗。新建8家温馨家园和职康站。抓好残疾人教育扶贫就业和社会保障工作，新建4个扶贫助残基地，共扶持140名残疾人增收；为11229名残疾人发放助残券；对12807名残疾人参加城乡居民养老保险给予补贴；扶持生活困难残疾人子女、残疾人大学生370人,全年安置残疾人就业230人。做好残疾人康复服务工作，投资140万元，建设建筑面积500平方米的区级辅助器具服务中心；为284名贫困精神病人免费发放药品;为486名白内障患者进行复明手术；为42名贫困肢体残疾人免费安装假肢矫形器；送36名0周岁至6周岁残疾儿童到康复机构训练。开展残疾人个性化服务活动，对街道乡镇残联工作人员进行培训，指导村级残协专职委员入户调查需求，并根据需求提供相关服务。通过开展个性化服务活动，使更多的残疾人在就业、康复、救助等各方面的需求及时得到满足。据统计，全区个性化服务率达到85%以上。完成保障金审核任务，2010年审核用人单位16380家，审核率88.2%，安置残疾人2172人。审核残保金3285万元，入库3246万元，入库率99%。分别比2009年增加34%、34%、0.8%。1年来，区、乡镇、村三级残疾人组织充分发挥自身作用，努力做好残疾人的信访维权工作，把矛盾和问题化解在基层，解决在萌芽状态。全年接待信访51件次，基本实现残疾人群体无集体访、无越级访，为全区建设和谐稳定的社会环境作出贡献。特别是在“五大园区”建设工作中，发挥残联特有的优势，组织区、乡、村三级残疾人组织，对涉及拆迁的224户残疾人家庭走访慰问，使全区所有拆迁项目中，没有一个残疾人家庭“钉子户”。房山区被民政部、卫生部、中国残联授予“全国残疾人社区康复示范区”称号。

（张静）

【爱耳日活动】 3月3日，是全国第9个爱耳日，房山区残联分别在西潞街道和长沟镇。开展宣传咨询活动。工作人员向过往群众介绍人工耳蜗对耳聋患者恢复听力的特殊作用、聋儿康复基础知识以及耳背式助听器及耳模的正确佩戴方式。同时，还为群众开展义诊、测听等服务。

（张静）

【中国残联领导到房山区参观调研】 4月13日,中国残联理事、机关党委常务副书记、人事部主任相自成，康复部主任尤红等13人到房山区西潞街道温馨家园参观调研。

（李俊）

【区领导慰问贫困残疾人】 5月13日，房山区政协副主席李惠英、房山区残联副理事长刘桂珍、长沟镇党委书记李仲，慰问长沟镇沿村贫困拆迁残疾人家庭，并送去电饭煲、食用油等生活用品。

（张静）

【区残联举办书画笔会活动】 5月14日，区残联与十渡镇政府、中国汉唐画院、北京纪晓岚纪念馆联合在十渡镇望佛台山庄举行以“弘扬华夏书画艺术　共建和谐温馨家园”为主题的大型书画笔会。在笔会上各位书法家挥毫泼墨、饱含激情，为房山区残疾人朋友写下鼓舞人心、催人奋进的格言名句。

（李俊）

【区残联向贫困精神残疾人免费送药】 6月18日，房山区残联与房山区精神卫生保健院联合开展主题为“精神康复进社区”为贫困精神残疾人免费送药活动，共为西潞街道辖区内7名精神残疾人进行病情筛查并为其免费发放药品。

（张静）

【区残联为贫困残疾人免费体检】 6月25日，区残联组织20多名医务工作者在佛子庄乡社区卫生服务中心，为该乡17名低保及困难家庭残疾人进行免费体检。

（张静）

【房山区文化馆老师辅导残疾人文艺表演】 7月2日，房山区文化馆副馆长赵培霞等人，到西潞指导残疾人的文艺表演。文化馆领导在了解残疾人需求的基础上，计划开设交谊舞、合唱队、三句半、诗朗诵、书法等课程，由文化馆老师定期进行辅导，以丰富辖区内残疾人的文化生活。

（张静）

【区残联慰问长沟镇房屋失火残疾人家庭】 9月1日，房山区残联理事长王红英、副理事长刘桂珍及长沟镇副镇长刘雪松，一同走访慰问长沟镇东良村贫困残疾人李庆才、孙桂香夫妇。王红英将救助资金1万元送到李庆才手中，为其解了燃眉之急，并安慰他们一定要坚强的度过难关，早日重建家园。

（李俊）

【房山区获全国残疾人社区康复示范区称号】 10月21日，中国残联在江西九江市召开全国社区康复达标区总结大会，房山区被授予“全国残疾人社区康复示范区”称号。

（李文敏）

【举办保管员培训班】 11月1日，区残联在西潞街道太平庄村举办残疾人保管员培训班，邀请北京市经贸技校王建军老师为残疾人讲解仓储保管方面的实用知识，30余名残疾人参加培训。

（张静）

【房山区残疾人选手参加第五届北京市残疾人职业技能竞赛】 11月26日，房山区残联派出16名选手参加北京市第五届残疾人职业技能竞赛。蒲洼乡齐春燕获得计算机文字录入第3名，选手张贻芳、王晓冬、隗达、李小刚分别获得新秀奖与拼搏奖。房山区残联获“优秀组织奖”。

（张静）

【房山区盲人按摩选手夺得第五届北京市盲人保健按摩技能比赛第1名】 12月，第五届北京市盲人保健按摩职业技能比赛在京举行，全市18个区县的137名盲人保健按摩选手参加比赛。比赛分为实操与理论测试相结合的方式进行，通过10组选手的激烈角逐，最终房山区盲人选手崔顺利、苏广成获第1名、第2名。房山区残联被评为优秀组织单位。

（张静）

房山区红十字会

【概况】 2010年，围绕区委、区政府的中心工作和年初工作计划，弘扬“人道、博爱、奉献”的红十字精神，履行红十字会各项职责，以备灾救灾为重点，以基层红会组织建设为基础，加大宣传力度，充分发挥政府人道事务工作方面的助手作用，全面推进区红十字事业。区红十字会在乡镇红十字会及10个行业工作委员会的基础上，在各村（社区）组建红十字组织。并要求做到“五有三上墙”，即：有组织机构、有工作职责、有工作措施、有办公场地、有工作档案；组织机构上墙、工作职责上墙、红十字宣传内容上墙。教育、卫生红十字基层组织的规范工作也同时启动。2010年，全区有6780人取得初级救护证，比2009年度增长15%，完成市会下达任务的150%。是第一个完成市、区政府为民办实事工程的区县红十字会。为普及救护知识，区红十字会聘请市红十字会讲师深入乡镇、社区、学校进行讲座62次，为69498人普及急救知识、避险逃生、自救互救等知识，受益人数比2009年度增长25%。另外，选送40余人参加中国红十字会总会和北京市红十字会举办的应急救护师资培训班。房山区有应急救护培训师资 65 人。全年举办“博爱在京城”、为青海省玉树地震、为“西南旱灾”、为“舟曲泥石流”灾害募捐款物共计 5652506.8 元。2010 年区红十字会累计发放救助款物 1945248.6 元，救助贫困家庭 5000 多户，有 2 万多名困难群众受益。全年招募造血干细胞捐献志愿者 463 人，超额完成市会下达的工作任务。

（刘春艳）

【红十字基层组织建设】 4 月，制定《关于进一步加强村级(社区)红十字组织建设实施意见》下发到各乡镇、街道。组织建设党支部书记（社区主任）任会长，村主任（社区副主任）、社保专干任秘书长，成员有“两委”干部、党员、村民代表和驻村企业代表。

（刘春艳）

【聘请厉莉为区红十字会形象大使】 8 月 20 日，区红十字会聘请区法院法官助理厉莉为公益形象大使。厉莉现任区法院民二庭助理审判员，曾为上海 1 名患白血病的女孩于 2007 年、2009 年两次捐献造血干细胞，为救助患病女孩，厉莉一再推迟生育。厉莉在工作中具有良好的职业道德和素质，是首都法院系统涌现出的一心为民、无私奉献的典范。区红十字会执委会聘任厉莉为公益形象大使，以弘扬红十字精神，并通过厉莉这样的榜样力量，动员更多的爱心人士加入到红十字公益慈善事业中来。

（刘春艳）

【初级急救员培训】 2010 年，全区有 6780 人取得初级救护证，比 2009 年度增长 15%，完成市会下达任务的 150%。房山区是第一个完成市、区政府为民办实事工程的区县红十字会。

（刘春艳）

【募捐工作】 2010 年，区红十会组织 4 次募捐活动，共计募集款物 5652506.8 元。一是“博爱在京城”募集善款 2538624.84 元，比 2009 年度增长 34.3%。二是为青海省玉树地震捐款 2201486.96 元，接收棉被、方便面等救灾物资折合 85 万元。区红十字会被中国红十字会评为“青海玉树抗震救灾先进集体”。三是为“西南旱灾”捐款 12835 元。四是为“舟曲泥石流”募捐 49560 元。

（刘春艳）

经　济

综合经济管理

工商行政管理

【概况】　2010年，房山工商分局围绕“服务型机关发展年”主题年建设，打造八大品牌工作，服务经济发展。全力打造法制建设品牌工作，打造企业帮扶品牌工作，打造准入服务品牌工作，打造食品安全监管品牌工作，打造红盾护农品牌工作，打造商标服务品牌工作，打造消保维权品牌工作，打造合同服务品牌工作。年内，新建10个社区工商工作站，社区工商工作站累计达到32个。在全区建立45所消费教育学校，编写了《中、小学消费维权教育读本》。创新消费教育模式，通过设立“飞信在线课堂”“消费维权、百例解析”“农民消费维权日”等活动，教育和引导消费者谨防消费陷阱，提升自我保护意识。全年开展农村消费维权服务日活动100场次，发放宣传材料20多万份，向20个社区的居民讲解发生在百姓身边的维权案例。2010年，分局共受理解决消费者投诉347件，为消费者挽回经济损失12万元。与区司法局建立《人民调解与行政调解衔接机制》，实现行政调解与司法调解、人民调解的有效衔接。截至2010年年底，共调解成功132件经济合同争议，涉及金额1707.19万元，法院委托调解并予以司法确认19件。推动监管方法由突击性、专项性整治向日常规范监管转变，构建市场监管长效机制，加强与社会综合治理委员会的沟通，继续将食品安全、打击无照经营、打击传销、有形市场监管等纳入社会治安综合治理工作的范畴。提出“无照经营存量管理”的工作理念，青龙湖镇、良乡镇等建立“周二、周四”政府牵头组织，职能部门配合的综合治理工作机制，有力地打击了无证照经营行为。在打击传销工作中，房山工商分局采取以乡镇、街道办事处管辖区域为单元，实行分级分类预防监控措施，建立了红、黄、绿3种由高到低的风险监控模式。完善商品质量监管体系，同区质监局、区商务委、房山药监分局、房山公安分局和区监察局在全市率先建立商品质量监督管理联席会议，完善工作职责和工作制度，开展成品油市场、建筑材料市场、劳保用品市场、眼镜市场的专项整治活动，加强辖区商品质量控制力度。

（侯佳慧）

【“韩建”“东易日盛”被评为中国驰名商标】 1月15日，韩建集团有限公司的“韩建”商标和东易日盛装饰股份有限公司的“东易日盛”商标分别被国家工商总局商标局和国家工商总局商标评审委员会认定为中国驰名商标，是房山区首次获得的中国驰名商标。根据国家工商总局颁布的《驰名商标认定和保护规定》，驰名商标是指在中国为相关公众广为知晓并享有较高声誉的商标。“韩建”和“东易日盛”2件驰名商标均通过行政认定程序认定，其中“韩建”商标为侵权认定，“东易日盛”商标为争议认定。国家工商总局商标局和国家工商总局商标评审委员会在对2件商标的企业情况、商标注册和使用情况、行业排名、广告宣传等多个方面进行考核后，认定2件商标为中国驰名商标。

（周琳）

【开展春节市场食品专项整治】 2月1日至2日，全局出动执法人员168人次，检查商场、超市、小食杂店843家，批发市场、集贸市场等各类市场28次，检查市场内商户200余家，抽取食品样本26件。

（周琳）

【召开消费者权益保护联络站、12315绿色通道企业工作会】 2月26日，房山工商分局、区消协召开消费者权益保护联络站、12315绿色通道企业工作会，共有42家联络站、绿色通道企业60余名工作人员参加会议。此次会议上，区消协与房山工商分局整合维权资源，将“消费纠纷和解绿色通道”的建立扩展到有形市场和公用企业，在42家单位建立“消费纠纷和解绿色通道”，扩大了消费纠纷和解覆盖面。

（周琳）

【房山区私个协良乡学雷锋小组成立20周年】 3月5日，房山私个协良乡学雷锋小组组织理发、保健、修表、修鞋等行业的16名学雷锋小组成员在良乡镇小营村开展学雷锋志愿服务日活动。私个协良乡学雷锋小组成立于1990年3月5日，20年来，他们实现“把雷锋精神留在良乡个体队伍中”，每月5日，他们风雨无阻，准时到光荣院为革命老人义务理发、量血压、测血糖，成员由7人增加到16人，他们的行动为个体工商户作出了榜样，为房山区两个文明建设作出了贡献。

（周琳）

【开展农资市场专项检查】 3月8日，房山工商分局市场科及各工商所干部，对辖区内农资经营店进行了检查。此次检查的重点是种子的进货渠道、种子质量、保质期等，同时查看了进、销货台账登记情况，并了解种子配送等便民措施的落实情况。执法干部对北京富民逢春种子有限公司购进的35万公斤杂交玉米进货合同，保质期等进行全面检查，并提示该公司，要加强责任意识，确保种子消费安全；要严格各项规章制度，保证种子质量，全心全意为农民服务。

（周琳）

【开通消费教育“飞信在线课堂”】 为落实中国消费者协会“消费与服务年”主题，5月6日，房山区消费者协会与中国移动北京公司房山分公司共同开通消费教育“飞信在线课堂”。“飞信在线课堂”每月发布2次信息，信息发布周期为15天，信息发布内容主要是消费提示、消费维权知识、移动通信知识以及便民生活信息等。另外，还在“飞信”上建立“社区空间”，存放消费维权活动的图片、视频、稿件，为广大消费者提供交流和学习的平台。

（周琳）

【北京首创奥特莱斯房山置业有限公司落户房山】 5月25日，北京首创奥特莱斯房山置业有限公司领取营业执照，该企业为北京创新建业地产投资有限公司、中创置业有限公司共同投资成立的中外合资企业，注册资本 1.27 亿美元。北京首创奥特莱斯房山置业有限公司在房山工商分局全程跟踪服务的基础上，在北京市工商局完成落户房山的登记注册工作。

（周琳）

【开展打击“黑车”营运专项行动】 按照北京市工商局执法大队关于打击“黑车”营运相关工作的通知要求，6 月 3 日，房山工商分局对房山区重点挂户摩托车修理、销售企业进行检查，检查中除核对经营者营业执照及相关经营资质外，还重点对当事人的进货渠道、销售情况和是否存在拼、改装摩托车情况进行详细询问、调查。在检查过程中，执法人员督促经营者要明确签订经销协议，做到责任明晰；加强摩托车修理、销售过程的索证索票管理，进一步完善进销货台账。

（周琳）

【运用模拟法庭审理行政诉讼案件】 7 月 29 日，房山工商分局法制科设置场景，组织模拟法庭审理行政诉讼案件，区法制办、区法院、市工商局干校的领导参加活动。此次模拟法庭按照真实的法院庭审程序和人员配备，使用直观且身临其境的模拟场景，以执法中真实存在的问题为辩论点，模拟一起原告因不服搭售过期牛奶被处罚，而提起行政诉讼的案件。庭审中原被告双方，就证据效力、法律适用问题和执法程序不当等 3 个问题进行举证、质证，并展开激烈的辩论，使全体执法干部观摩、体验到工商执法行为接受原告指控和法庭审查的全过程，体会到证据、程序的重要性，并使争论性的问题引发执法人员思考和讨论，收到讲课灌输的教学方式所无法达到的学习效果。

（周琳）

【举行人民调解与行政调解衔接机制启动仪式】 8 月 25 日，区司法局与房山工商分局共同举行经济合同争议人民调解与行政调解衔接机制启动仪式。启动仪式上，区司法局局长孙玉成与房山工商分局局长王华鑫签订《人民调解与行政调解衔接办法》，成立经济合同争议案件调解工作协调小组，具体负责经济合同争议的共同调解或移交调解的沟通协调工作。衔接机制启动后，房山区司法局系统在受理民事纠纷过程中就生产经营纠纷和其他经济纠纷与房山工商分局共同调解或移交房山工商分局进行调解，促成当事人达成和解，从而更好地促进经济合同争议调解工作。

（周琳）

【率先成立“商品（产品）质量监督管理联席会”】 8 月 31 日，房山区商品（产品）质量监督管理联席会启动仪式暨第一次会议在房山工商分局召开，在北京市率先成立“商品（产品）质量管理联系会”。联席会办公室设在房山工商分局，区政府主管副区长任会长，成员单位有房山工商分局、区质监局、区商务委、房山药监分局、房山公安分局、区监察局等部门。联席会主要研究分析房山区商品（产品）质量的基本状况，制订管理措施；协调解决商品（产品）质量监管工作中出现的重要问题；向市、区政府提出商品（产品）质量监管的意见和建议；督促、检查、考核各成员单位执行联席会议决定的情况。联席会议每季度召开一次会议。必要时由成员单位提议，经政府主管领导同意可随时召开。

（周琳）

【促成“黄土高坡”商标异地转让】 房山工商分局支持房山区沟域经济转型和发展，在实地走访黄土坡村时，房山工商分局了解到：该村打算以“黄土坡”作为商标进行对外宣传，扩大全村金银花中药材的知名度和市场占有率，促进农民增收。房山工商分局与北京市工商局商标处和国家工商总局商标局沟通协调，查询到山西省绛县一农户于 2009 年 6 月申请注册了“黄土高坡”商标。由于“黄土坡”与“黄土高坡”商标具有类似性而无法注册，该村只能通过赎买来获取该商标专用权。房山工商分局选派擅长商标转让谈判的人员，代表黄土坡村于10月14日和21日两次前往山西绛县与商标持有人谈判。经过努力，于10月22日双方达成商标异地转让协议：黄土坡村支付给商标持有人10万元作为补偿，可以获取“黄土高坡”商标专用权。由于黄土坡村资金紧张，房山工商分局及时向区政府汇报，区政府决定由区财政出资赎买，赠送给河北镇，以支持该镇沟域经济发展。

（周琳）

【完善商标闲置库的信息】 房山工商分局利用年检契机，完善商标监管系统，并初步建立商标闲置库，通过完善商标监管系统，彻底摸清全区商标的分布、类别组成、闲置商标情况，改版了房山工商分局商标信息系统，充实驰名商标子模块、增加了闲置商标模块，更新完善了蒲洼乡、十渡镇的商标库。截至2010年年底，共更新著名商标库、驰名商标库、乡镇注册商标库共计97件，掌握闲置商标27件。

（周琳）

质量技术管理

【概况】 2010年，区质监局在服务和支持城南发展行动中，充分履行和发挥质监职能作用。围绕房山轨道交通和集中供热工程建设，与建设单位建立“手拉手”对接联系机制，开辟行政许可与检验检测的“绿色通道”，启动集中供热工程中的锅炉、压力管道等特种设备的安全监察与检验检测，工作运转有序。完成轻轨房山线中锅炉、电梯、起重机械、压力容器等268台特种设备的安装告知和使用登记及146台设备的检验检测。探索医疗卫生单位计量器具分级分类监管机制，建立“部门协同、行业管理、分级监管”的模式，初步实现监管方式由对计量器具的监管向医疗行业的监管转变。自筹资金建立和完善B超诊断仪、医用X射线源、数字血压计和血氧饱和度4项医用计量器具检定装置，基本建立起医疗计量器具检测平台。

年内，开展30大类重点工业产品监督抽查，开展12大类产品质量专项整治，消除质量隐患。登记注册国家、行业标准113个，复核企业产品标准288个，及时为企业提供标准的更新替代信息服务。引导有规模、科技含量高的企业积极参与标准化活动，2家企业4个产品申报采用国际标准和国外先进标准。开展高耗能特种设备的节能监管，全区204台在用锅炉完成水处理达标检测，5台热水锅炉进行能效测试，2个节能示范锅炉房通过评估验收。落实区政府产业政策，停发被列入淘汰落后产能的17家水泥生产企业生产许可证。对全区获证食品生产企业开展全覆盖质量监督抽查，共抽查179个样品，合格率90.4%，同比提高0.6个百分点。全年，检查特种设备生产、安装、使用单位287家次，检查特种设备997台件，消除安全隐患81起，全区未发生特种设备安全事故。开展诚信计量体系建设，启动“推进诚信计量、建设和谐城乡”主题行动，实施统配统管的菜市场以及区内中石油、中石化所属加油站全部实现诚信计量自我承诺并公示社会，提升了整个行业的诚信计量水平。开展涉及民生和公共安全的重点行业计量监督抽查与专项执法检查309起，检查计量器具4629台件，进一步规范了市场计量行为。启动供热计量的计量监管，参与配合制定了《房山区推进供热计量改革综合工作方案》。

2010年，区计量所完成强检计量器具1.26万台件、燃气表首检2.6万块、电能表检定4617块，分别完成全年任务的108%、137%、220%。特检所检验特种设备2050台，完成全年任务的110%；质检所检验样品750组。计量所实现行政事业性收费195万元、经营收入142万元，分别完成全年任务的105%、118%；特检所实现行政事业性收费204万元、经营收入70万元，分别完成全年任务的113%、135%；质检所实现经营收入59.8万元。

（崔琦）

【开展液化气站计量监督检查】 1月5日至7日，区质监局开展液化气站计量监督检查。重点检查液化气经营单位是否配备合格的计量衡器、瓶装液化气的重量是否符合计量要求、计量器具是否在检定周期内、计量强检器具是否登记备案等情况。累计检查全区15家液化气站，检查在用计量器具533台（件）。所检计量器具均在检定周期内使用，未发现超周期使用计量器具违法行为，液化气净含量抽查未发现亏重现象，计量管理工作比较规范。

（崔琦）

【开展节日白酒生产企业计量监督检查】 结合节日期间白酒产销旺盛的特点，2月8日，区质监局计量执法人员对7家白酒生产企业进行监督检查，重点检查企业在用计量器具和定量包装商品净含量情况。共查计量器具98台件，抽查产品净含量5个批次。从检查结果来看，各企业在用计量器具受检率比往年明显提高，白酒净含量总体情况较好，对1家生产企业使用不合格计量器具，执法人员立案进行调查。

（崔琦）

【开展机动车安全技术检验机构监督检查】 3月9日，区质监局对区内唯一一家机动车安全技术检验机构——“北京市良乡机动车检测场有限公司”进行执法检查。重点查看该场的安检机构检验资格和计量认证、检测仪器设备计量检定及设备运行情况、各项工作管理制度执行等情况，并现场抽查原始记录181份。从检查结果看，检验人员均能做到持证上岗，执行机动车辆安全检验技术标准，严格操作规程，检测设备处于良好状态，计量器具均在合格的检定有效期内使用，规章制度齐全，记录完整清晰，未发现在检验过程中存在漏检、少检项目等弄虚作假及伪造数据现象。

（崔琦）

【开展化肥专项检查集中行动】 4月12日，区质监局在开展的农资执法打假工作基础上，对全区化肥生产企业进行为期1周的专项检查集中行动。一是核对企业生产许可证产品明细，重点检查企业是否存在超出许可范围、许可证有效期生产化肥产品的行为。二是核对产品包装标识是否符合GB18382《肥料标识内容和要求》，重点检查是否存在以复混肥冒充复合肥等以次充好、以假充真、掺杂掺假、虚假标注等问题。三是检查企业是否按照许可要求进行生产，全面掌握生产企业的生产条件、生产设备、产品质量状况等信息，更新质量档案。四是加强生产许可证相关法律、法规及相关产品标识、技术要求的宣传，书面告知相关法律法规及生产许可证制度的要求。五是强化企业作为产品质量安全第一责任人的主体意识，提高企业负责人守法意识。此次共检查全区2家化肥生产企业，未发现企业存在超出许可范围、超出许可证有效期生产等违法行为。

（崔琦）

【部署启动社区菜市场计价秤统配统管工作】 4月26日，区质监局结合加强社区菜市场诚信计量体系建设，召开社区菜市场计价秤统配统管工作会。安庄农副产品批发市场、黄辛庄社区菜市场、北潞园菜市场、太平庄社区菜市场、华龙社区菜市场负责人参加此次会议。会议宣讲《集贸市场计量监督管理办法》《社区菜市场（集贸市场）计量器具管理制度》等文件。此项工作按准备、实施、考核验收、申领政府补偿4个阶段实施，分阶段进行宣传动员、统计计价秤数量和等级、与生产厂家洽谈定购、完善市场内部计量管理制度、申报计量器具检定并建立管理台账、考核验收、申领政府补偿款等工作。

（崔琦）

【开展细木工板等4类产品质量专项监督检查】 5月14日，区质监局对细木工板、家用燃气灶具、室内加热器、电动助力车用密封铅酸蓄电池4类产品生产企业开展专项检查工作。根据产品特点，重点检查企业生产场所、生产设备及检测设备是否符合要求，是否严把原材料关，是否存在使用劣质原材料或偷工减料等违法生产现象。加强生产许可证、强制性认证等相关法律、法规及有关技术要求的宣传，提高企业作为产品质量安全第一责任人的主体意识。开展企业调查，查清企业实际生产状况、产品质量状况、监督抽查情况，并做到及时更新企业质量档案。此次专项监督检查，共出动执法人员15人次，检查5家企业。检查中未发现无证生产等违法行为。

（崔琦）

【开展汽车零部件产品生产企业专项检查】 6月3日至4日，区质监局开展汽车零部件产品生产企业专项检查。重点检查企业生产场所、生产设备及检测设备是否符合要求，原材料是否严格进货把关，是否存在使用劣质原材料或偷工减料等违法生产现象。全区共有7家汽车零部件产品生产企业，其中5家企业生产的产品直接销往汽车生产企业、1家企业产品直接销往汽配城、1家企业未生产。经查，所有在产企业生产、检测设备建有台账，使用的原材料能够严格把关并索取批次检验报告，产品出厂自检或委托检验，未发现使用劣质原材料或偷工减料等违法行为。

（崔琦）

【举办特种设备（电梯）管理人员第一期培训班】 6月9日至11日，房山特种设备检验所举办电梯管理人员第一期培训班。此次培训是为提高全区电梯使用单位管理水平，提高电梯安全管理人员持证率，培训内容包括：特种设备法律、法规，电梯管理基本知识，电梯日常保养规则，应急指南，电梯事故案例等。通过培训，提高了电梯作业人员的实际操作能力，增强了对电梯安全运行的意识。此次培训班为期3天，共有105人参加学习与考核。

（崔琦）

【开展大型游乐设施和客运索道专项检查】 7月12日，区质监局对辖区内的大型游乐设施和客运索道使用单位开展专项检查。重点检查特种设备使用单位落实企业安全生产主体责任、安全管理制度和岗位责任制度的情况，查看日常自检和维护保养记录、操作人员作业证及安全教育培训记录，检验报告、应急预案及救援演练记录等。此次专项检查，共检查8家游乐设施和客运索道使用单位的设备19台套。设备总体运行状况良好，发现的部分问题设备责令停止使用、限期整改，力保区内大型游乐设施的安全使用。

（崔琦）

【开展乳制品及含乳食品生产企业专项检查】 为杜绝房山区出现使用藏匿三聚氰胺超标原料乳粉加工乳制品及含乳食品的违法行为，7月21日，区质监局迅速对区内乳制品及含乳食品生产企业开展专项检查。一是检查企业质量安全主体责任落实情况，要求辖区内乳制品及含乳食品生产企业进行自查，并提交自查报告，重点报告企业自查外派机构、使用外租外借库房等情况，不得有盲区死角。二是对乳制品及含乳食品生产企业进行监督检查，重点检查中小企业和间歇性生产企业，对停产的企业书面形式告知其恢复生产时及时报告。三是对乳制品及含乳食品生产企业原料库房和成品库房进行抽样送检。经查，全区5家乳制品及含乳食品生产企业中2家处于正常生产状态，产品为鲜牛奶和酸牛奶，企业生产用原料奶的质量处于可控状态，进货把关较为严格。执法人员对正常生产的2家企业进行了现场抽样，送国家食品质量监督检验中心检验。

（崔琦）

【完成农资计量专项整治工作】 按照市局《关于开展农资计量专项整治行动的通知》部署，区质监局开展农资计量专项整治，专项整治工作分两个阶段。第一阶段（3月5日至3月20日）主要围绕辖区种子、农药、化肥等农资生产、经营、销售单位进行专项执法检查；第二阶段（6月1日至7月30日）主要结合小麦、玉米等粮食作物收购季节和西瓜、桃等农副产品上市交易时节对粮食收储库、农业观光采摘园等单位进行专项执法检查。执法检查中，执法人员注重法律法规方面的宣传，注重检查、服务相结合，通过专项整治，从生产资料源头治理，有效的保障了农副产品生产经营的计量秩序，强化了生产经营者的计量法律法规意识，维护了消费者权益和广大农民的根本利益。此次专项整治工作共出动执法人员145人次，执法检查48次。共检查在用计量器具265台（件），未发现利用计量器具作弊的违法行为。

（崔琦）

【开展食品质量监督抽查】 7月26日至8月5日，为保证食品产品的质量，根据市质量技术监督局的部署，区质监局对区瓶桶装饮用水、炒货、乳制品、方便食品、固体饮料、小麦粉、罐头等7类产品的43个食品生产企业进行2010年第三季度的食品质量监督抽样。此次抽样与日常的监督检查相结合，督促食品生产企业，落实食品质量责任制，保证产品质量。经查，43个食品生产企业中，抽到样品的食品企业30个，共抽样31个，未抽到样品的食品企业13个，其主要原因是这些食品生产企业未生产。成品库内无产品。

（崔琦）

【在全区生产领域开展建材产品质量专项整治】 8月12日至25日，区质监局在全区生产领域开展建材产品质量专项整治。一是开展调查摸底，全面掌握房山区重点建筑材料和室内装饰装修材料（简称建材）产品生产企业数量、分布、生产条件、生产设备、产品质量状况等情况，建立生产企业质量档案。二是加强产品质量法律法规、产品标准和相关技术要求的宣传，提高企业作为产品质量安全第一责任人的主体意识。三是开展建材产品生产企业专项执法检查和监督抽查，严厉查处无证生产、以假充真、以次充好、以不合格品冒充合格品等违法行为。累计检查区内建材产品生产企业28家，抽取样品20个，未发现违法行为。

（崔琦）

【开展危化品企业特种设备隐患排查】 9月1日至5日，区质监局集中对辖区危险化学品存储单位使用的压力容器开展执法检查。共出动执法人员50人次，检查24家化工企业、液化气充装站的压力容器90台套。重点查看特种设备的使用情况，包括注册登记及检验情况、作业人员持证情况及应急演练记录等。通过检查发现，各单位的特种设备运行情况良好，符合安全技术规范的要求，未发现明显问题。

（崔琦）

【开展能效标识专项监督检查】 9月9日，房山区质监局围绕群众生活密切相关的重点用能产品，对区重点大型电器商城开展能源效率标识执法监督检查。此次执法监督检查以冰箱、空调、洗衣机等家电下乡中标产品为主，采取现场查看、查阅资料等方式，重点检查经销单位所销售的应当标注能源效率标识产品是否按照规定标注能源效率标识、是否建立了完善的能效标识产品进货制度。此次共检查国美、大中、苏宁等6家电器商场销售的145家企业产品2967种。从检查情况看，用能产品实施能效标识情况总体良好，未发现违法违规现象。

（崔琦）

【开展加油站计量专项执法行动】 9月26日，区质监局组织执法人员集中开展加油站计量专项执法行动。此次专项行动以房山区高速路、国道、城区、集贸市场等交通流量大的路段及消费者投诉较多的加油站为主，重点检查加油站是否存在利用各种手段（如破坏加油铅封、偷换加油机电脑芯片或主板等）进行计量作弊、使用未经检定、检定不合格或超过检定周期的加油机等计量违法行为。同时，要求加油站经营者严格遵守计量法律法规，保证经营现场所使用计量器具的受检率达到 100%，在进行成品油零售时，明示计量单位、计量过程和计量器具显示的量值，不得估量计费。此次行动共检查 6 家单位，未发现计量违法问题。

（崔琦）

【3 家国家级农业标准化示范区通过验收】 10 月 19 日，北京市质量技术监督局受国家标准化管理委员会的委托，组织北京林果研究所、中国农科学院等专家，对房山区被列入第六批国家级农业标准化示范区项目的北京格瑞拓普生物科技有限公司、北京大石窝绿洲蔬菜种植中心、北京交道富恒农业技术开发有限公司进行考核验收。考核验收组通过听汇报、察看现场、审查文档等方式，对 3 家示范项目的组织管理及保障、标准体系的建立及水平、标准体系的宣贯和实施、标准化示范效果、标准体系的持续改进和创新性等方面逐项进行考核。经过评审打分，房山区 3 家第六批国家级农业标准化示范区以平均 97 分的成绩通过考核验收，其中北京格瑞拓普生物科技有限公司 101 分。

（崔琦）

【开展体育场所特种设备执法检查】 11 月 18 日至 19 日，区质监局会同体育、安监、公安、消防等部门对区内高尔夫球俱乐部进行拉网式检查。重点检查高尔夫行业的消防、安全及特种设备使用情况并对特种设备使用情况进行摸底调查，从源头上预防安全事故的发生。共检查高尔夫球俱乐部 12 家，其中 9 家正常营业。所有俱乐部均有特种设备，共计 267 台，其中锅炉 2 台，厂内机动车 265 辆。区质监局执法人员向俱乐部特种设备管理人员现场宣传讲解了《特种设备安全监察条例》的相关内容，要求其在冬季歇业期间进行自查，对所有设备进行检修，同时加强上岗人员培训，落实各项管理制度，并尽快办理未注册登记设备的相关手续，确保 2011 年正式营业时特种设备正常运行，各项制度健全，管理和执行到位。

（崔琦）

【开展食醋产品生产企业监督检查】 12 月 14 日，区质监局对辖区内 3 家食醋产品生产企业进行监督检查。一是检查企业质量安全主体责任落实情况，要求企业认真开展自查，重点检查原辅料进货台账是否齐全、使用的醋精是否符合标准规定、是否存在配制食醋冒充酿造食醋等违法行为。二是对企业成品库内已检区的产品依法进行抽样，共抽 3 家企业 4 个样品，送国家食品质量安全检验中心检验。三是对停产企业，书面通知企业恢复生产时及时报告，并对恢复生产情况进行监督检查。

（崔琦）

【开展公交系统橇装加油站执法检查】 12 月 24 日，区质监局计量执法人员对辖区内公交系统内橇装式加油机进行专项监督检查。重点检查橇装式加油机是否按周期进行检定、铅封状态是否完好、防作弊功能是否开启等；结合检查采集了各橇装站站名、分布地址、场站管理负责单位、加油机生产厂家、加油机出厂日期等基本信息。共检查橇装站 10 家，加油机 14 台，加油枪 20 把，辖区内公交系统所有橇装站均管理正规，在用计量器具均依法定期申请检定，并在有效期内使用，检查中未发现计量违法问题。

（崔琦）

【开展轻轨房山线特种设备安全专项执法检查】 12 月 27 日，区质监局开展轻轨“房山线”特种设备安全监察。共对苏庄大街、南关 2 个站点及阎村车辆段电梯、锅炉、起重机械、压力容器等特种设备 67 台件进行专项检查。重点检查特种设备注册登记情况，核实特种设备作业人员持证上岗情况，查阅各项制度和应急预案的制定和演练情况。检查中，各站台特种设备状况良好，未发现问题。

（崔琦）

药品管理

【概况】 2010 年，房山药监分局强化专项整治和技术监督，稽查严格执法。严厉打击利用互联网等媒体发布虚假广告及通过寄递等渠道销售假药和医疗机构周边非法收售药品违法行为，开展打击工业氧（或压缩气体）冒充医用氧违法行为以及含麻黄碱复方制剂、温热理疗设备、药用阿胶、保健食品化妆品违法添加等专项检查。全年，受理各类举报投诉 76 件，查办行政处罚案件 14 起，罚没款共计 73053.26 元，没收药械货值金额 70850.47 元。公开销毁假冒伪劣、过期失效药品及不合格医疗器械共计 2800 余公斤，约 6000 多个品种，货值近 20 万余元。2010 年，房山药监分局完成药品抽验 690 件。按乡镇计算的地区覆盖率达 100%。另对辖区内 2 家药包材生产企业及 1 家高风险药品生产企业进行了药包材 4 个批次的抽样，全部合格。全年完成保健食品安全风险监测采样 24 个批次，抽检保健食品 27 件，化妆品 40 件，未发现不合格产品。

（邵婷）

【开展温热理疗床市场专项整治】 3 月，根据市药监局相关要求，房山药监分局开展温热理疗床市场专项整治。分集中教育培训、企业自查整改、现场检查及普法宣传 3 个阶段。房山药监分局对辖区 12 家经营温热理疗床产品的医疗器械经营企业进行了现场检查，未发现产品说明书中增加适用范围或适应症、在宣传材料中夸大宣传的情况。但也发现部分企业质量管理方面存在一些问题，如：未建立完整的产品购销记录、留存的供方资质和产品资质不齐全、储存条件不符合要求等。房山药监分局责令相关企业对问题进行整改，并提交整改报告。

（邵婷）

【开展含麻黄碱复方制剂专项整治】 4 月 21 日，为防止含特殊药品复方制剂从药用渠道流失，造成被滥用或提取制造毒品情况的发生，房山药监分局采取多种措施，在药品经营环节针对含麻黄碱复方制剂开展专项整治。组织重点企业法人、负责人观看《消失的麻黄碱复方制剂——“4·08”大案侦破纪实》，以案说法，以鲜活的形象警示教育进一步强化企业的守法经营意识和社会责任意识。全区共有药品批发企业 3 家，零售企业 240 家。其中一家批发企业作为北京医药股份有限公司的二级配送单位，主要工作是配送北京市社区卫生服务药品（零差率）集中采购成交品种。自营品种很少，无含麻黄碱品种，在房山药监分局每季度的监督检查中，抽查药品均能提供购进、销售票据，无“挂靠经营”“走票”等情况。另两家批发企业仅经营体外诊断试剂。另外，含麻黄碱复方制剂监督检查作为分局常态管理项目，在药品经营行业中的监督检查、专项检查、GSP 跟踪检查等工作中必查此类药品经营管理情况，未发现经营过程中异常流量和不明流向。

（邵婷）

【实现药品监管信息科学管理】 4 月，由房山药监分局自主研发的“药品监管信息管理系统”投入使用，用于药品和医疗器械经营企业日常监管数据的科学管理、综合评价和统计报表，实现监管数据的科学化、信息化管理。该系统主要针对监管数据的有效管理进行设计，围绕整合监管信息、评估监管成效、降低监管风险、提高监管效率、合理配置资源进行功能设计。系统能够随时对监管工作完成情况进行检查、量化和评估，对监管信息进行历史追溯和统计分析，对监管情况、市场问题进行分析评价，增强了监管工作计划制定和任务落实的针对性和靶向性，提高了监管的科学性、有效性。

（邵婷）

【加强抗震救灾捐赠药械监管】 4月，为做好抗震救灾期间药品、医疗器械监管工作，房山药监分局有针对性的加强质量监管工作，要求所捐赠的药品必须是获得批准文号且符合质量标准的品种，有效期距失效日期必须在6个月以上；捐赠的医疗器械必须是获得“医疗器械注册证”且符合质量标准的产品，其中，一次性使用无菌医疗器械有效期限距失效期必须6个月以上。同时，房山药监分局要求各企业向灾区捐赠的药品和医疗器械必须提前将捐赠清单报至房山药监分局，房山药监分局对捐赠药械的质量监管，必要时进行抽检。

（邵婷）

【开展打击工业氧（或压缩气体）冒充医用氧专项检查】 6月，根据市药监局统一部署，房山药监分局在辖区内开展医用氧专项检查工作，对医用氧使用单位使用医用氧的行为进行规范。要求辖区内所有使用医用氧的医疗机构进行自查，按照“打击工业氧（或压缩气体）冒充医用氧违法行为医疗机构自查表”所确定的内容逐项认真检查并按时将自查表上报分局。房山药监分局对21家医疗机构医用氧进行了现场检查，通过监督检查未发现使用工业氧（或压缩气体）冒充医用氧行为。

（邵婷）

【开展阿胶及阿胶制品专项检查】 6月，房山药监分局组织监督执法力量，对标识为“河北永丰药业有限公司”生产的阿胶及阿胶制品进行市场专项检查，并对其他生产厂家的同类产品市场情况进行清查。经查，未发现辖区生产、经营和使用单位经营、使用标识为“河北永丰药业有限公司”生产的阿胶及阿胶制品。

（邵婷）

【开展医疗机构周边非法收售药品专项整治】 7月22日，市药监局启动医疗机构周边非法收售药品专项整治工作，房山药监分局党组高度重视，第一时间对此项工作进行研究部署，成立相应的组织机构，并建立稽查办牵头负责、各科室共同参与的工作模式。在此次专项整治工作中，房山药监分局确立“四结合”的工作原则，即：全面整治与重点整治相结合、集中治理与日常监管相结合、督查检查与暗中查访相结合、打击治理与宣传引导相结合。由房山药监分局稽查办牵头对全区二级以上医疗机构进行巡查，并按期组织开展联合执法；各业务科室分片包干，对辖区各乡镇卫生院周边实施不定期巡查和暗访，一旦发现违法收售药品线索，立即移交稽查办进行查处。截至12月底，共对良乡医院、燕化凤凰医院、房山医院等重点大型医疗机构进行不定期盯守十余次，在盯守的同时督促医院加强院内巡查；检查一级以上医疗机构52家次，开展联合执法行动5次，出动执法人员114人次，当场取缔违法收售药品行为1起。

（邵婷）

【向全区发放6万份公益广告】 8月，房山药监分局策划印制6万份以“强化安全用药意识·远离非法售药行为”的邮政公益广告，在广告中，房山药监分局对医疗机构非法周边收售药品、利用互联网络邮售假药等几种违法行为的表现形式与识别方法进行了总结，对日常安全用药知识进行宣传，力图通过公益宣传使广大群众擦亮双眼，提高自我保护能力，让不法分子失去市场。通过邮政管理部门以报刊夹带的方式向全区进行发放，具有宣传覆盖面广、内容针对性强、介质便于保存等特点。在一个投递周期内，宣传范围能够覆盖到全区各机关企事业单位、各乡镇、居委会和家庭。从反馈情况来看，该公益广告受到群众的广泛关注和欢迎，达到了预期的宣传效果。

（邵婷）

【开展麻疹疫苗专项检查】 9月，房山药监分局针对麻疹疫苗开展专项监督检查。全区各接种点的麻疹疫苗均由房山区疾病预防控制中心统一供应，房山药监分局对房山区疾控中心进行全面检查，重点检查麻疹疫苗购进渠道是否合法、批签发证明文件是否索取齐全、冷藏设施设备及运输中的冷链是否符合要求、配发手续是否完备等。经检查，房山区麻疹疫苗管理情况总体较好，购进渠道合法，批签发材料完备，冷链系统运转正常，购进、出库记录完整，疫苗的去向可查可控，检查中未发现假劣麻疹疫苗。

（邵婷）

【通过ISO 9001质量管理体系再认证】 11月8日至9日，方圆认证公司派出的审核小组对房山药监分局ISO 9001质量管理体系进行现场监督审核。通过严格审核，审核小组未发现不合格项，现场宣布分局管理体系运行基本有效，可以保持认证，确认证书继续有效。

（邵婷）

烟草管理

【概况】 2010年，全区卷烟销量44608箱，同比增长3.23%；销售收入6.03亿元，同比增长13.25%；实现利税12620万元，同比增长19.7%；全年查处涉烟违法案件126起，与相关区局联合破获网络案件1起，查办大要案件18起。全年查获涉案卷烟295.68万支，案值135.31万元。

（李春平）

【治理无证经营烟草】 1月，区烟草专卖局对辖区市场开展无证户专项调研，统计无证户117户。根据不同情况分别进行处理：一是对基本符合办证条件的在进行法制培训后统一办理许可证。二是对不符合办证条件但违法情节轻微的进行法律教育，说服其不再经营卷烟业务。三是对违法情节严重或多次违法的，联合工商部门坚决予以取缔。

（李春平）

【查获一起销售假烟网络案】 6月29日，在北京市烟草专卖局专卖处、海淀公安分局治安总队的协调指导下，区烟草专卖局联合海淀、丰台、通州、密云烟草专卖局破获以林某为主犯的销售假烟网络案，捣毁假烟窝点9个，查扣涉案车辆5辆，起获假烟244.5万支，标值416万元，抓获涉案人员15名，刑事拘留3人。

（李春平）

【开展卷烟市场专项整治】 年内，房山烟草专卖局开展“今冬明春专项整治”和“两节卷烟市场集中整治”。两次整治共组织执法检查244次，出动执法人员3508人次，出动执法车辆932台次，检查零售户7840户次。共查获涉烟违法案件64起，其中5万元以上案件8起。查获各类涉案卷烟共计143.46万支，总案值60.71万元。组织各类咨询活动8次，发放宣传材料2300余份，宣传零售户6000余户次。治理公开摆卖假私非零售户60户，清理取缔无证经营户39户，清理非法广告标识牌46块。

（李春平）

生产安全管理

【概况】 2010年，房山区安全生产工作坚持用安全发展指导原则引领安全生产工作，将安全生产监督管理工作同全区社会经济发展同步进行。根据国务院安委会、市安委会《关于立即开展全国安全生产大检查有关文件的通知》，区安委会、区安委会办公室立即制定下发《关于印发房山区安全生产大检查工作方案的通知》和《关于开展安全生产大检查督查工作的通知》，全面细致地部署煤矿、非煤矿山、危险化学品、建筑施工、机械加工、轻纺、建材等行业的安全生产工作。各乡镇（街道）、有关安委会成员单位立即行动起来，各单位主要领导亲自抓，认真履行安全生产管理（监管）职责，开展安全生产大检查，排查治理各类事故隐患，确保检查取得实效。全年，组织督查、检查组345个，参加检查人员4242人次，检查生产经营单位2150个，查处安全隐患3045项，下达整改指令书1200份，强制措施决定书31份。共发生生产安全事故5起，死亡6人。事故起数同比减少2起，下降29%；死亡人数同比减少4人，下降40%。

年内，加强危险化学品和烟花爆竹安全管理和检查。全年检查各类危险化学品企业290家，检查危险化学品运输车辆1000余辆，发现各类安全隐患和违法违章问题1652项，下发整改指令100份，罚款13.7万元，暂扣危险化学品经营许可证1个，强制措施决定书1份，责令暂时停止经营2家，停止使用危险化学品运输车辆5辆，暂扣危险化学品运输车辆33辆，要求企业辞退不合格司机2名。开展了对北京电力设备总厂等20家驻区中央、市属企业的粉尘与高毒物品危害治理专项行动自查情况和周口店、青龙湖、窦店、长阳、大石窝、河北6个乡镇所辖化工、采石、印刷、家具等行业79家相关企业自查活动情况的联合督查，逐步规范企业安全管理行为。在联合督查的同时，专门成立督查复查组，对督查企业提出问题的进行跟踪复查，此次联合督查行动成果，《中国安全生产报》予以专题报道。开展专项治理行动，对歌华有限公司、良泉水业、住建委、市政市容委、电力公司等12个单位有限空间作业现场警示标志设置情况进行了督查并提出具体意见和建议；开展对物业小区和有关企业的有限空间专项治理督查95家次，下达整改指令书21份，加强安全管理建设书15份。

年初，区编委批准安监局增设宣传教育科，将原发改委所属矿山服务中心划转区安全监管局，采取多种形式相结合的方式，组织全区煤矿、非煤矿山安全员及从业人员进行岗前培训；生产经营单位主要负责人、安全管理人员的培训；特种作业人员的培训等培训班。截至2010年年底，共培训各类人员12069人。

（邱玉珊）

【贾峪口综合检查站投入使用】 1月9日，贾峪口综合检查站举行落成仪式。贾峪口综合检查站自2009年12月7日开工，总投资1278万元，占地35亩，设办公区、车辆停放区和卸载区。其中：建有功能房46间，总建筑面积1629.5平方米，建有安检棚和处理大厅1座，锅炉房、公共厕所、龙门架各1座，设置标志标牌16块。贾峪口综合检查站集公安、交警、交通、路政、安监、环保、林业、畜牧8个部门职能于一体，将有效切断史家营地区非法开采经济利益链条，进一步规范房山区煤炭资源的开采和运输秩序，减少和避免因非法开采导致的各类问题发生。1月25日，贾峪口综合检查站投入使用。

（周娜）

【开展烟花爆竹集中检查】 2月4日，区安全生产监督管理局对全区的烟花爆竹储存批发企业、销售网点进行安全检查。检查组对北京市汇源北路工贸有限责任公司、北京市熊猫烟花爆竹有限公司、北京市逗逗烟花爆竹有限公司3家批发企业和北京长虹金台百货商店、北京盖尔烟花爆竹经销有限公司第一分公司等7家销售网点进行检查。此次检查共下达限期整改指令书2份，现场检查记录10份。对检查中出现的问题，提出了整改要求。

（李杰）

【召开粉尘与高毒物品专项整治协调会】3月2日，在区安全生产监督管理局召开粉尘与高毒物品专项整治工作会。区卫生局、区人力社保局、区总工会、区卫生监督所、房山区疾控中心有关领导及区安全生产监督管理局职业卫生科参加会议。会上，区安全生产监督管理局职安科汇报了粉尘与高毒物品专项整治工作进展情况；区卫生局、区人力社保局、区总工会、房山区疾控中心、区卫生监督所分别就如何进一步做好粉尘与高毒物品专项治理工作交换了意见和建议。会议议定：一是2010年3月上旬，召开有关企业负责人参加的粉尘与高毒物品动员大会，各专项领导小组成员要准备好相关工作部署内容。二是2010年7月至9月，区安全生产监督管理局、区卫生局、区卫生监督所、房山区疾控中心、区总工会抽调有关人员组成联合检查组在全区开展专项检查。三是针对粉尘与高毒物品专项整治中，通过体检，有可能查出历史遗留职业病患者问题，探讨了相关的解决方案。

（李杰）

【召开煤矿安全生产紧急工作会】　3月19日，区安全生产监督管理局组织召开全区煤矿安全生产紧急工作会，对全区节后复产工作及确保关闭前安全生产进行再部署。会上，区安全生产监督管理局主管领导传达了《关于印发房山区驻乡包矿安全生产督查组督查方案的通知》。通知要求，自3月25日开始，安监、国土等部门组成6个督查组，驻乡包矿，对煤矿企业进行安全生产全面督查，确保煤矿企业关闭前安全稳定。同时，对“区与乡”“乡与矿”签订“煤矿安全监管责任书”“煤矿安全生产责任书”工作进行了部署。北京煤矿安全监察分局、房山国土分局、房山公安分局有关负责人及各产煤乡镇主管乡（镇）长、安全科长，各煤矿企业矿长、投资人，区驻矿安全督导员共计80余人参加会议。

（李杰）

【“驻乡包矿”力保煤矿到期关闭前安全稳定】　为切实防止煤矿企业证照到期前，煤矿安全管理松懈滑坡、“三超”“疯狂”突击组织生产行为，坚决杜绝生产安全事故的发生，确保煤矿关闭前安全稳定，根据《房山区驻乡包矿安全生产督查组督查方案》要求，3月，房山区安全生产监督管理局派出6个督查组，进驻各产煤乡镇，每个督查组督查3家煤矿企业，采取“驻乡包矿”的方式，对煤矿开展安全生产全面督查。督查期间，凡发现煤矿企业存在超能力、超定员、超核定工作面个数组织生产的，未按照要求管理、使用火工品的，超层越界开采的，矿界范围内关闭水平井出现非法开采的；职工未经四级培训上岗作业的；井下提升运输系统不完善、一坡三挡不齐全可靠的，责令其停产整顿，并停止火工品使用，经整顿仍不符合要求或拒绝整顿的；情节严重或因此造成事故的，提请区政府予以提前关闭。

（李杰）

【市联合督查组到房山区督查非煤矿山关闭情况】　4月14日，由市安全监管局、市国土局、市公安局、市工商局等部门组成的联合督查组，由市安全监管局副局长贾太保带队，对房山区非煤矿山整顿关闭工作进行专项督查。督查组一行在大石窝镇召开现场工作会，听取了区政府关于2009年度非煤矿山整合关闭工作情况和2010年整顿关闭工作思路汇报。参与陪同的区安全生产委员会各成员单位就2009年整顿关闭工作向督查组做了汇报。听取汇报后，督查组领导首先肯定了房山区2009年非煤矿山整顿关闭工作取得的成绩，同时要求房山区认真总结经验，进一步完善关闭方案，全面巩固2009年关闭成果，防止反弹。积极筹划2010年整合关闭工作，确保全区非煤矿山行业平稳有序退出市场。随后督查组一行实地查看了关闭矿山的现场情况，并要求房山区要认真总结经验，进一步妥善处理关闭矿山遗留的废弃采坑，消除隐患，确保周边村庄和人民群众的生产、出行安全。

（李杰）

【完成隐患排查治理信息系统培训】 根据市安全监管局《关于做好隐患排查治理信息系统培训工作的通知》要求，房山区安全生产监督管理局结合房山区实际，制定了详细的培训方案。4月28日，由市安全监管局委派的3名系统专家在房山职业技术学校3个专业电教室进行统一授课培训。区安全生产监督管理局各业务科室内勤，全区各乡镇、街道办事处系统操作人员及50多家高危行业的具体操作人员共100多人参加培训。

（李杰）

【加大粉尘与高毒物品危害治理专项行动督查力度】 贯彻落实市安全监管局、市卫生局、市人力社保局、市总工会《粉尘与高毒物品危害治理专项行动工作方案的通知》，房山区结合全区实际制定了《房山区粉尘与高毒物品危害治理专项行动工作方案》，按照方案要求，4月12日开始，区安全生产监督管理局、区卫生局、区人力社保局组成联合检查组，共计出动280人次、车辆80余台次，对全区矿山开采业、家具制造业、印刷业、石英砂企业等行业，开展粉尘与高毒物品危害治理专项行动督查行动。此次专项行动治理内容以督促生产经营单位落实职业危害防治主体责任为主要内容，共计13项内容。4月12日至5月18日，督查周口店镇、青龙湖镇、窦店镇、长阳镇4个镇，56家生产经营单位，共下达责令整改指令书46份，现场记录46份，对因各种原因停产的7家企业提出了具体要求。同时区安全生产监督管理局抽调2名执法人员、1台专用车辆，组成隐患整改复查组，跟随复查验收，复查12家企业，立案5起，处罚7.3万元。

（李杰）

【国务院安委会督查组到房山检查安全生产工作】 5月20日，国务院安全生产委员会督查组到房山监督检查安全生产工作。区委书记刘伟与督查组组长、国家安全生产监督管理总局副局长杨元元一行进行座谈。国家安全生产监督管理总局监察局局长王武琦参加检查，市安全生产监督管理局副局长陈清陪同检查。区委常委、常务副区长高言杰汇报了全区安全生产工作情况。全区安全生产工作始终围绕国务院安委会确定的中心任务，扎实推进“平安奥运行动”“隐患排查治理”“国庆平安行动”“打击安全生产非法违法行为专项行动”等重点工作，强化安全生产宣传教育培训，加强安全监督队伍建设，加大安全基础投入，建立部门协作联动机制，各项工作取得了较大的进展。自国务院安委会部署安全大检查工作以来，全区按照中央、北京市的总体工作部署，专门召开会议，全面安排安全大检查工作。4月5日至5月15日，各单位共组成293个检查组，出动检查人员2967人次，检查企业1429家，下达整改指令书854份，查出安全隐患2341项，完成整改1483项，行政处罚22万元，责令5家企业依法停业整顿。杨元元充分肯定了房山区安全生产工作，认为房山为实现首都乃至全国的安全作出了积极贡献。座谈会后，督查组一行来到区安全监管局查看了法规科全程办事代理室和应急指挥平台，并与企业、乡镇负责人代表共同研讨了安全生产管理机制、人员培训等相关问题。

（周娜）

【开展石棉开采和石棉制品制造企业职业危害状况调查】 贯彻落实市安全生产监督管理局《关于开展石棉制品制造企业职业危害状况调查的通知》，区安全生产监督管理局采取4项措施做好危害状况调查，此次调查内容包括石棉制品制造企业基本情况及石棉粉尘作业人员接触情况、防护设备设施情况、个体防护用品发放是否正确佩戴使用、职业健康体检及石棉粉尘作业场所检测评价等情况。一是5月19日转发北京市安全生产监督管理局《关于开展石棉制品制造企业职业危害状况调查的通知》。二是各有关企业组织自查，如实填写、“《石棉制品制造企业职业危害状况调查表”，不得漏报、瞒报。三是各乡镇（街道）按照属地管理、分级负责的原则认真组织调查。四是区安全生产监督管理局、区卫生局、区人力社保局等单位组成联合督查组，结合粉尘与高毒物品危害专项治理行动全面落实危害状况调查。

（李杰）

【史家营最后12座煤矿全部垒封】 6月10日，史家营乡翁窑煤矿等5家煤矿完成井口垒封。至此，该乡最后关闭的12座煤矿实现井口全部垒封，12座煤矿的生产设备、生产设施全部拆除，矿井图纸、作业规程全部收缴，累计拆除各类生产设备2380台（件），拆除电缆11.28万米，轨道10.59万米，遣散外来务工人员3800名。

（周娜）

【召开危险化学品安全生产紧急工作会】 贯彻落实市政府“6·30”安全生产电视电话会议精神，吸取北京燕房华兴仓储有限公司仓库“6·29”发生火灾事故教训，按照市、区政府的安全生产工作部署和安排。房山区安全生产委员会于7月1日在北京石油交易所组织召开房山区危险化学品安全生产紧急工作会，区交通局、房山公安分局、区环保局、区质监局、区市政市容委、房山消防支队、区交通局的主管局长以及25个乡镇的主管领导、安全科科长和危险化学品单位的主要负责人，共计416人参加会议。会上，区安全生产监督管理局通报了北京燕房华兴仓储有限公司仓库“6·29”发生火灾事故的有关情况，全面部署和安排开展全区危险化学品企业大检查，逐一排查各个环节存在的问题和安全隐患。进一步教育职工提高安全意识，堵塞安全管理漏洞，确保全区安全生产稳定。

（李杰）

【开展建材行业专项整治工作】 8月至11月初，房山区安全生产委员会组织开展全区建材行业安全生产专项整治工作，整治工作由企业自查、乡镇检查和区联合检查组检查3项工作组成。10月9日至11月上旬，区安全生产委员会组织区安全生产监督管理局、房山工商分局、区住建委、区人力社保局、区电力办等单位组成联合专项检查组对房山区近1400家建材企业进行为期1个月的检查。专项检查组根据《国务院关于进一步加强企业安全生产工作的通知》要求，制定了4项共22条的综合检查表，按照检查表项目逐一对企业进行检查。截至10月底共检查企业494家次，查处隐患636条，完成整改636条，下达安全生产监督执法文书642份。此次联合专项检查，规范了房山区建材行业安全生产管理的各项规章制度，详细指导建材企业做好安全生产工作，有效的控制了生产安全事故。

（周娜）

【史家营乡炸封非法矿点101处】 9月8日至11月1日，史家营乡共炸封非法矿点101处，累计使用炸药1275箱，合计3.06万公斤。累计出动巡查队员5400余人次，车辆790余台次，抓获私挖盗采嫌疑人165人，移交公安机关处置105人，查扣非法运输车辆39辆，砸毁非法车辆12辆，捣毁机器设备113套、收缴39套，收缴非法煤炭1140吨，炸封非法矿点101处，累计使用炸药1275箱、3.06万公斤，使用雷管1340枚。

（周娜）

【举办乡镇安全检查人员培训班】 按照北京市乡镇街道安全检查员培训大纲要求，10月13日至14日，区安全生产监督管理局组织专人对乡镇（街道）的安全生产检查员进行安全生产的法律、法规及其业务知识培训。全区各安全生产委员会成员单位领导、乡镇领导及乡镇、街道办事处安全生产检查员120余人参加培训。此次培训邀请首都安全生产宣讲团专家，首钢安全教育处处长王小雷等专家就国务院《关于进一步加强企业安全生产工作的通知》、安全生产执法监察监管内容进行授课。

（周娜）

【开展“打击偷挖盗采矿产资源联合执法检查”专项行动】 11月23日，房山区打击偷挖盗采矿产资源联合执法检查专项行动在史家营乡展开。市国土局、市公安局、市安监局、北京煤监分局、房山国土分局、房山工商分局、房山公安分局、区安监局和史家营乡等成员单位共170余人参加。市国土分局副局长李燕飞到现场指挥。专项行动共出动巡查队人员200人次，出动车辆15辆次。使用炸药30箱，使用雷管30枚，共炸封偷挖盗采窑口3处，销毁偷挖盗采机器设备2套。抓获9名偷挖盗采人员，移送公安机关处置。

（周娜）

【职业健康监督员试点工作取得成效】 按照市安全监管局《关于印发北京市职业健康监督员岗位建设工作方案的通知》，于2009年1月初，房山区开展职业健康监督员岗位试点工作。截至2010年年底，全区有128名职业健康监督员，在93家存在职业危害的生产经营单位履行职业健康监督员的职责，促进了全区存在职业危害企业的职业病防治工作。房山区作为全市职业健康监督员先行试点单位之一，为2010年全市职业病防治工作积累了经验。

（周娜）

【350家烟花爆竹销售点获审批】 2010年，房山区有350家单位进行烟花爆竹销售登记，其中主渠道260家，占74%。房山区坚持“先登记、先审查、先批准”，以临时销售、大型连锁企业连锁店、专营单位建立的直销网点为主，以长期销售为辅，以个体零售网点为补充的原则，展开布点工作。同时房山区确定了2011年烟花爆竹许可工作时间、报名时间、销售时间、回收时间，建立烟花爆竹“风险抵押金”制度以及建立烟花爆竹零售网点从业人员意外伤害保险和零售网点公众责任保险为核心内容的安全生产责任保险制度，确定销售搭棚材质的具体要求，确保全区烟花爆竹批发、销售等环节安全。

（李杰）

农　业

【概述】 2010年，房山区农林牧渔业总产值实现42.6亿元，比2009年增加1.4亿元，增长3.3%，农、林、牧、渔、服呈“四增一降”，其中：农业产值实现18.8亿元，比2009年增长6.9%；林业产值实现1.2亿元，比2009年增长1.9%；牧业产值实现20.8亿元，比2009年减少0.6%；渔业产值实现0.9亿元，比2009年增长28.1%；农林牧渔服务业产值实现0.9亿元，比2009年增长6.6%。

全区农村经济营业总收入实现484.3亿元，同比增长4.9%；农民人均纯收入12492.3元，同比增长10.4%。中国北京农业生态谷项目取得实质性进展，市政府与中粮集团就项目建设签署战略合作框架协议。成功举办北京房山［世界·庄］葡萄酒庄产业集群启动盛典和青龙湖国际红酒城酒庄协议签订暨土地流转启动仪式。葡萄酒庄产业核心起步区的青龙湖镇与4家企业达成合作意向并签约，为产业良好发展奠定了基础。食用菌栽培面积达到3646亩，产量1.42万吨，食用菌工厂化现代制造聚集园区正式动工建设。实施标准化肉禽舍建设项目，新增标准化生态禽舍230栋，规模化水平和养殖环境均得到进一步提升。花卉产业发展迅速，成功引进百合种球鳞片繁殖技术，繁育红掌切花20万支、草花300万盆。籽种产业全面推进，全年完成小麦籽种更新10.1万亩，小麦优良品种覆盖率大幅度提高。稳步发展设施农业，年内新增设施3000亩，总面积达到3.17万亩。全区农业企业累计达到318家，资产总额51.8亿元，实现产值38.4亿元，同比增长9.7%，解决劳动力就业1.5万人。全区农民专业合作社总数达到494家，注册成员9995人。完成各类新型农民培训6万余人次。全年完成荒山造林、京津风沙源造林、矿山修复工程4.2万亩，启动房山新城滨河森林公园和永定河绿色生态走廊建设工程，刺猬河二期治理工程顺利完工。实施2.3万亩都市型现代农业基础建设及综合开发工程。沟域经济建设在打造蒲洼"京郊小西藏"生态休闲沟域和张坊仙栖谷沟域两个市级试点的基础上，完成南窖沟域规划设计方案国际招标工作。十渡镇西北石门生态农业观光园等3家观光园成为市级农业观光园。青龙湖镇南观村等30个村被评为市级民俗村。各项补贴政策有效落实，完成险户搬迁543户1618人，山区群众生活条件进一步改善。政策性农业保险参保农户6万户次，险种达到18类。扶持低收入农户增收，人均可支配收入达到4274.4元，同比增长14.7%。

（张萌）

【启动2010年新型农民培养工作】 4月30日，房山区举行新型农民培养工作启动暨长阳镇"城乡手拉手"培训就业对接仪式，38家用人单位提供工作岗位1178个，现场达成就业意向378个。2010年，全区新型农民培养的工作目标是根据农民的实际需求，坚持分类培训模式，完成新型农民培养5.2万人次。同时，探索发放培训卡的培训方式，开展特色培训。

（张萌）

【北京房山[世界·庄]国际葡萄酒庄产业集群建设启动】 5月27日，北京房山[世界·庄]国际葡萄酒庄产业集群建设启动。法国勃艮第葡萄酒文化投资发展协会主席菲利浦·加涅（Philippe gamier）、法国国立葡萄与葡萄酒研究院副院长泰瑞·库龙(Thierry coulon)和市农委、市发改委等市直有关部门领导，区长祁红、区人大常委会主任史全富、区政协主席唐淑荣、区委副书记张祝华、副区长马丽英出席。启动仪式上，房山区与法国国立葡萄与葡萄酒研究院签订技术战略合作及服务协议；青龙湖镇与法国勃艮第葡萄酒文化投资发展协会签订建设OIV标准葡萄酒庄和标准化育种基地协议；与北京紫魁丰农业发展有限公司签订投资建设标准葡萄酒庄协议，并为房山区聘请的专家顾问代表颁发聘书。北京房山国际葡萄酒庄产业以[世界·庄]"一樽一盏一心海，一房一山一世界"为主题。以青龙湖镇为核心起步区，进而带动城关等10个浅山区乡镇发展高端葡萄酒产业。按照原产地、标准化、高质量、品牌化酒庄酒发展原则，打造高端葡萄酒庄园产业带，并与之配套建设相关的商务贸易会展区、加工物流区、科研教育区、生态办公区和人文涵养区。

（张萌）

【新建20家区级农业标准化基地】 8月6日，区农业局会同区质量技术监督局、区园林绿化局、区种植业服务中心等单位，将石楼陈利养殖场、窦店芦村种植专业合作社、大安山昊达绿丰核桃专业合作社等20家基地列为2010年区级新建农业标准化基地。其中：养殖业10家，种植业5家，林果业5家。

（郁建伟 郑宇）

【房山区农产品在第八届农交会获奖】 10月18日至22日，第八届中国国际农产品交易会在河南省郑州国际会展中心举行。此次农交会以“转变发展方式，推进现代农业”为主题，展区共分为综合展示交易区、农业产业化行业十强企业成果展示交易区、创意农业展示交易区、国际展示交易区等6个板块，集中展示“十一五”期间中国农业农村经济工作取得的新成就、新技术以及全国各地优质农产品，搭建农产品贸易和交流合作平台。房山区选送“波龙堡”葡萄酒、张坊磨盘柿、蒲洼烙画等产品参加北京团展示。12月8日，第八届中国国际农产品交易会北京团召开总结表彰大会。北京凯达恒业农业技术开发有限公司生产的“金北联”红小豆获第八届农交会组委会金奖产品，北京得立青农业科技有限公司和北京波龙堡葡萄酒业有限公司的参展产品获第八届农交会北京团畅销产品奖，区农委获北京参展团最佳组织奖。

（张萌）

【签订首批4个红酒庄园建设协议】 10月26日，青龙湖镇政府分别与中葡汇（北京）葡萄酒业发展有限公司、北京紫魁丰农业发展有限公司、北京佳年葡萄种植有限公司、丹世红庄园葡萄酒业有限公司4家单位签订酒庄建设协议。区领导刘伟、祁红、史全富、唐淑荣、李江、赵佳琛、孙强、赵军、卢国懿、马丽英出席仪式。此次签订建设协议的4家单位分别在青龙湖镇沙窝村、马家沟村、西庄户村、口头村和辛开口村建设4个红酒庄园，总面积达5000余亩。协议签订仪式上，青龙湖镇政府领导还分别与土地流转村代表沙窝村、马家沟村、西庄户村、口头村的经济联合社社长签订土地流转协议。

（张秀平）

【南窖沟域发展规划对外公开征集活动结束】 南窖沟域作为全市7条发展规划国际招标的沟域之一，4月按照市农委安排部署，房山区聘请北京国际招标公司作为代理人，采用网上报名、专家评审的办法，从具有甲级资质的国内外32家投标规划设计单位中，评选出国外2家、国内3家，共5家一级规划设计公司，进行规划设计。达到控规标准后，通过市、区有关部门研讨，专家评审，芬兰萨米宁建筑事务所与北京创新景观园林设计公司组成的联合体中标。该公司集合其余4家公司精华，多次修改完善，10月底形成了南窖沟域规划，规划体现了生态、环保、低碳、循环的理念，设计出四大基地、八大景区、二十四个节点，定位为“燕山绿谷 丰饶之角”。从昔日的煤矿区到未来的宜居型生态旅游示范地，南窖沟域将再现600年古商道的繁华。

（张萌）

【都市型现代农业建设项目通过市级验收】 11月30日，市农业局、市发改委、市财政局等部门组织专家组对房山区2009年都市型现代农业基础建设及综合开发项目进行验收。验收组听取房山区2009年度工程实施的情况汇报，查阅有关资料，并实地查看石楼、长阳项目区建设情况。2009年，房山区农业基础建设及综合开发项目区涉及长阳、张坊、石楼3个乡镇、19个村，总建设面积3.42万亩，其中：农业综合开发项目2.7万亩，长阳、张坊、石楼各0.9万亩；土地整理项目7194亩，张坊镇2299亩，石楼镇4895亩。农田水利项目节水工程涉及长阳镇、石楼镇、张坊镇等6个镇，25个行政村，建设节水灌溉总面积21937亩。长阳、石楼、张坊3个项目区基本形成沟、路、林、田、网一体化的高标准农田，石楼项目区内的小麦亩产由300公斤左右提高到425公斤左右，玉米亩产由450公斤左右提高到650公斤左右。种植的设施茄子，亩产可达2.5万公斤，实现收入8万元。验收组对房山区2009年度都市型现代农业建设及综合开发项目给予了高度肯定。

（郝建伟）

【新增3家国家级农业标准化基地】 2010年，窦店镇富恒农业科技有限公司、格瑞拓普生物科技有限公司、大石窝绿洲蔬菜种植中心 3 个基地顺利通过国家级标准化基地验收。全区国家级农业标准化基地累计达到 6 家，市级标准化基地累计达到 84 家，区级标准化基地累计达到 124 家。

（郁建伟 郑宇）

气 象

【2010 年气候评价】 2010 年（1 月 1 日 ~ 12 月 31 日），全区降水量较常年明显偏少；气温偏低。2010 年（1 月 1 日 ~ 12 月 31 日），平原地区（以房山站为参考站）降水量为 402.8 毫米，比常年（582.8 毫米）偏少 180.0 毫米，与 2009 年（404.8 毫米）基本持平。西部山区（以霞云岭站为参考站）降水量为 509.5 毫米，比常年（640.5 毫米）偏少 131.0 毫米，比 2009 年（412.5 毫米）偏多 97.0 毫米。

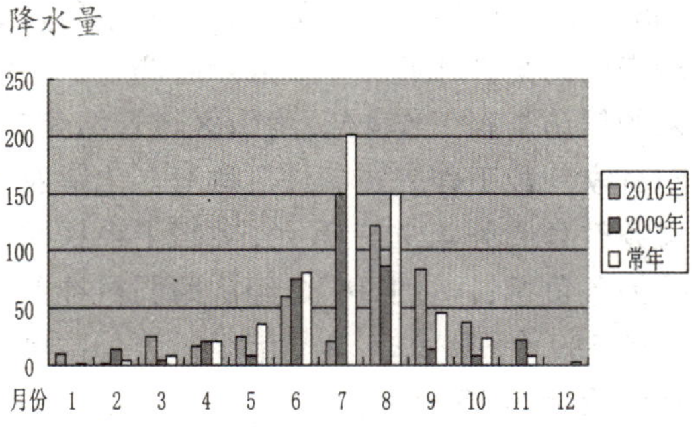

图 1 房山区平原地区降水量对比图

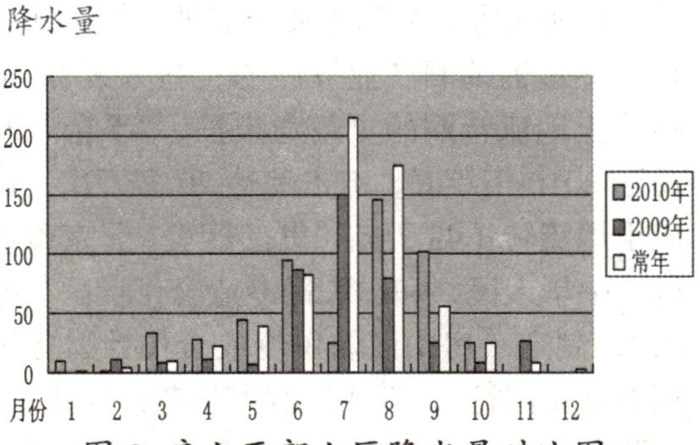

图 2 房山西部山区降水量对比图

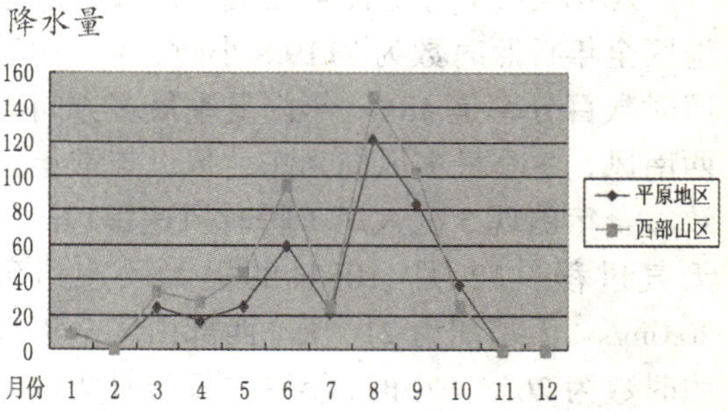

图 3 2010 年房山平原与山区降水量对比图

从图 1、图 2 可以看出，汛期平原地区降水量仅为常年同期的 48.4%，西部山区为常年同期的 61.4% ，是造成 2010 年降水总量少于常年的主要原因。其中 7 月降水量仅为常年同期的 1 成，偏少将近 200 毫米。图 3 为 2010 年平原地区和西部山区的降水量对比曲线，从图中明显可以看到，两条曲线形状相仿，但西部山区有 6 个月份降水量明显多于平原地区，共偏多 106.7 毫米。

平原地区日最大降水量为 51.0 毫米，出现在 8 月 21 日。全年日降水量超过 25.0 毫米(大雨级别)天数为 2 天。最长连续降水日数为 5 天（9 月 17 日 ~ 21 日），降水量共 66.0 毫米。最长连续无降水日数为 68 天（10 月 25 日 ~ 12 月 31 日）。西部山区日最大降水量为 56.5 毫米，出现在 8 月 21 日。全年日降水量超过 25.0 毫米(大雨级别)天数为 3 天。最长连续降水日数为 7 天（9 月 16 日 ~ 22 日），降水量共 56.5 毫米。最长连续无降水日数为 68 天（10 月 25 日 ~ 12 月 31 日）。

2010 年（1 月 1 日 ~ 12 月 31 日），平原地区平均气温为 11.5℃，比 2009 年（12.2℃）和常年（11.9℃）偏低。西部山区平均气温为 9.9℃，比 2009 年（10.8℃）和常年（10.8℃）偏低。1 月 6 日，平原地区的最低气温达到 -20.4℃，为 1959 年建站以来的第三低值（1966 年为 -26.0℃，1969 年为 -21.1℃）；7 月 5 日，最高气温达到 40.3℃，为建站以来的第二高值（1961 年为 43.5℃）。

2010年（1月1日～12月31日），平原地区全年日照时数为2119.8小时，年平均日照时数百分率是48%。年内夏季最多方向为西南风，冬季最多风向为东北风，与常年一致。全年出现3次大风（瞬时风速≥17m/s）天气过程，12月10日的极大风速达到20.0m/s。无霜期为210天。西部山区全年日照时数为2034.4小时，年平均日照时数百分率是46%。全年无论冬季还是夏季都以南风为主。全年出现14次大风天气过程，其中6月19日的极大风速达到30.5m/s。无霜期为174天。

平原地区出现高温天气（最高气温≥35℃）日数为11天，其中7月10天，8月1天。最早出现在7月2日，为36.3℃。极端最高气温出现在7月5日，为40.3℃。西部山区出现高温天气（最高气温≥35℃）日数为6天，全部出现在7月份。最早出现在7月3日，为35.6℃。极端最高气温出现在7月5日，为37.3℃。

平原地区和西部山区各出现暴雨1次，均出现在8月21日，该日平原地区降水量为51.0毫米，西部山区为56.5毫米。平原地区降雪日数为13天，其中1月3天，2月5天，3月5天。1月3日降雪最大，为9.8毫米，雪深20厘米。西部山区降雪日数为13天，其中1月2天，2月4天，3月6天，4月1天。3月14日降雪最大，为16.5毫米，雪深12厘米。

（赵松）

农村经济管理

【概况】 2010年，全面推进产权制度改革，启动产权制度改革村209个，完成61个。完成资产管理平台软件升级，平台点击近4万次；完成466个集体经济组织产权证书年检工作，实现“文电双管”；完成全区农村集体经济组织合作社登记证书年检；结合“两委”换届，变更83个村集体经济组织的法人。全区463个村实行“村账托管”，447个村实行“村级账款双托管”，457个村集体经济组织制定财务收支预算，107个村集体经济组织实行工程项目招投标制度。制定村级民主管理制度，进行村级民主理财小组成员备案，为33个村安装触摸屏。“届前”审计成效显著，对全区454名有经济责任的村干部进行了届前审计，在换届中没有出现因财务问题引起的集体访。全年“村账乡审”累计审计1415村次，审计金额86.57亿元，促进增收节支63万元。进行2次土地征占补偿款管理使用情况调查，涉及14个乡镇99个村，调查金额48.11亿元。

采取多种形式宣传《中华人民共和国农村土地承包纠纷调解仲裁法》，完善16项仲裁工作制度，扩建近200平方米的仲裁大厅和合议庭。全年受理土地承包纠纷87起，纠纷案件结案率100%。接待群众来电来访206起，487人次。完成12345非紧急救助转来信访案件4起，完成区矛盾调处中心转来的信访复查工作4起。房山区经管站获“全国百家仲裁工作先进集体”称号。化解农村义务教育债务4271.7万元，减轻了乡村两级的债务负担；追加16个经济薄弱村补助，累计389个村，每年享受市级村级公益事业补助资金6419万元。

参与五大功能园区建设，制定《关于推进农村土地流转，建设“中国北京农业生态谷”的实施方案》和《关于推进农村土地流转，促进葡萄酒产业发展的实施方案》。加强了土地流转网的更新与维护，“平台”开通至2010年年底，点击率达20多万次，促成土地流转1.43万亩。贯彻落实《北京市实施〈中华人民共和国农民专业合作社法〉办法》，制定《房山区农民专业合作社财务管理制度（试行）》等3项制度规范；创建区、乡联审机制，评选出9家财务管理示范社，涌现出城关、张坊、长阳、青龙湖、窦店等8家规范指导优秀乡镇；4家专业合作社被评为市级示范社，5家专业合作社被评为市级示范社建设单位。房山农合网共发布信息1753条，点击8万余次，访客2万余人。“网上联合社”会员增至120家，创收约1700万元。信息化管理平台成功搭建，382个村成功实现四级网络联通，开通了“土地地块地理图层系统”。对20092户低收入家庭进行监测，2009年低收入农户家庭可支配收入21879.69万元，同比增长14.84%。对16类70个农产品生产单位进行了成本监测。全年，组织各类培训达1500余人次。编制《房山区农村集体经济组织重大事项决策流程》，以流程图的方式表述常见的57个重大事项决策步骤，编印《房山区经管站调研文章汇编》，收录调研文章24篇。

（马连杰）

【启动农村集体资产产权登记证年检】 房山区2009年度农村集体资产产权登记证年检工作自2010年1月1日开始到3月1日结束。完成466个集体经济组织的手工年检和数据上传工作，集体经济组织产权证书年检工作实现“文电双管”。

（马连杰）

【为42家农民专业合作社购置47辆运输车】 为提高农民专业合作社的营销运输能力，加强农民专业合作社与市场对接，解决农民专业合作社运输难的问题，房山区启动“现代农业装备对接农民专业合作社工程”，工程通过政府招标采购，财政按购车全款50%补助的方式，帮助农民专业合作社购置符合北京市汽车排放标准的封闭货车、冷藏车和奶罐车。按照市农委的总体部署，从2009年上半年开始，经过调查摸底、乡镇申报、市区审核等环节，完成了此项工作，全区涉及17个乡镇。1月10日，房山区举行现代农业装备对接农民专业合作社工程发车仪式，为42家符合条件的合作社购置发放47辆运输车。其中封闭货车32辆，冷藏车13辆，奶罐车2辆，总金额592万元，政府补贴资金296万元，惠及6888户农民。

（张萌）

【区经管站获全国农村土地承包仲裁试点先进集体称号】 1月20日，在全国农村土地仲裁工作会上，区经管站被评为全国农村土地承包仲裁试点先进集体，是北京市唯一一家获此称号的单位。区经管站以化解农村矛盾、维护农村社会和谐稳定为目标，采取多项措施调处农村土地承包纠纷。在处理土地承包经营纠纷案件过程中，区经管站始终坚持以调解为主、裁决为辅的方针，把调解工作贯穿于案件办理的全过程。在仲裁过程中，区经管站始终坚持公开、公平、公正的原则，解决土地承包经营纠纷，不偏袒任何一方当事人，不受任何组织和个人的干涉，及时、合理地解决纠纷，切实维护当事人的合法权益。区经管站始终坚持以事实为依据、法律为准绳的原则，处理农村土地承包经营纠纷，解决了一批棘手问题，巩固了农村的土地承包政策。

（马连杰）

【强化专项资金审计】 1月25日至3月1日，对2009年村级组织正常运转专项补助资金的管理使用情况进行审计，全区审计金额为7736.98万元；对乡镇集体资产经营公司经理进行2009年度任期经济责任审计，审计资产总额5.1亿元。

（马连杰）

【完成“届前”审计】 1月，区经管站对全区454名有经济责任的村干部进行届前审计，换届前后未出现1起因财务问题引发的集体访。全区下发审计通知书454份，出具审计报告454份，共发现问题530多个，提出审计意见或建议640多条，向被审计村干部和村级组织下发书面审计意见书377份。

（马连杰）

【建立农村土地承包纠纷调处长效机制】 1月，区经管站农村土地承包纠纷调处长效机制。一是建立《土地承包纠纷矛盾排查登记与信息上报制度》《联席会议制度》，实现土地纠纷信息资源共享，增强纠纷调处制度保障。二是健全村级土地承包纠纷调解小组、乡镇土地承包纠纷调解办公室和区级农村土地承包纠纷仲裁委员会三级调处机构，增强纠纷调处组织保障。三是实施土地承包纠纷调处主动介入制、土地承包纠纷案件专人负责制、土地承包纠纷解决时限制和矛盾纠纷化解考评制，增强纠纷调处机制保障。

（马连杰）

【9家农民专业合作社被授予财务管理示范社称号】 3月始，依据《中华人民共和国农民专业合作社法》《北京市农民专业合作社会计核算办法（试行）》以及《北京市农民专业合作社示范社建设行动计划》等法律法规和文件要求，区经管站结合房山区实际情况，在全区开展农民专业合作社财务管理示范社建设活动。活动遵循公开、公平、公正的原则，通过培训指导手段，创建区乡联审机制，采取乡镇交叉互评的方法，评选出机制运行良好、运营管理较为规范的北京泰华芦村种植专业合作社、北京绿绮花卉专业合作社、北京长阳百家乐葡萄种植专业合作社、北京市金帅甜玉米专业合作社、北京峪龙苑林果专业合作社、北京市乐一生蜜蜂专业合作社、北京韩继养殖专业合作社、北京市仙栖谷柴鸡生态养殖专业合作社、北京利民恒华农产品种植专业合作社9家农民专业合作社。

（马连杰）

【健全合作社制度建设】 4月20日，下发《房山区农民专业合作社财务管理示范社建设的实施意见》，修改制定《房山区农民专业合作社财务管理制度（试行）》，并以市级示范建设内容为依据，以财务管理为核心制定《房山区农民专业合作社财务管理示范社建设标准（试行）》。根据《北京市实施〈中华人民共和国农民专业合作社法〉办法》所定职责，在全市率先制定《房山区农民专业合作社与成员的纠纷调解办法（试行）》，同时与房山区档案局联合出台《房山区农民专业合作社档案管理指南》，成为合作社规范建设的依据和根本。

（马连杰）

【规范指导示范建设项目】 6月，对申报市级农民专业合作社示范社的27家合作社进行初审，组织10家合作社上报典型材料。7月8日，组织15家合作社参加市级专家评审会，经过评审，北京泰华芦村种植专业合作社、北京绿绮花卉专业合作社、北京百家乐葡萄种植专业合作社和北京京南明胜蔬菜专业合作社被评为市级示范社，北京金帅甜玉米专业合作社等5家专业合作社被评为市级示范社建设单位。

（马连杰）

【开展土地征占调查】 区经管站分别于6月至7月和9月至11月开展土地征占调查（检查）。对全区14个乡镇87个村的土地征占补偿管理使用情况进行检查或调查，涉及金额48.11亿元。基本摸清了全区土地补偿款的拨付、管理、使用和结存情况，为加强土地征占款管理使用和领导决策提供了支持。

（马连杰）

【率先制定合作社纠纷调解办法】 贯彻落实《北京市实施〈中华人民共和国农民专业合作社法〉办法》，区经管站以农村社会稳定、维护农民专业合作社和成员的合法权益为目的，以保障农民专业合作社有序经营，推动农民专业合作社规范有序发展为指导，率先在全市制定《房山区农民专业合作社与成员纠纷调解办法（试行）》，7月1日，正式实施。《房山区农民专业合作社与成员纠纷调解办法（试行）》共包括28条，明确规定纠纷调解受理范围、条件、程序和经管部门的职责、权限，为区乡两级经管部门受理、调解农民专业合作社与成员矛盾提供了政策依据。为合作社及其成员申请调解纠纷、维护合作社成员合法权益提供了制度保障。

（马连杰）

【启动农村集体经济产权制度改革】 8月6日，房山区召开农村集体经济产权制度改革工作会。区领导刘伟、祁红、张祝华、马丽英出席会议。8月9日，印发《房山区积极推进农村集体经济产权制度改革工作方案》，阐述产权制度改革工作的目的意义、应遵循的原则、优先推进产权制度改革工作的条件，制定产权制度改革工作规划，并提出了要求。截至2010年年底，全区乡村集体经济产权制度改革试点村由年初的41个村增至80个。其中，有4个村基本完成改革工作，42个村进入清产核资、人口统计、劳龄登记阶段，34个村正在制定改革方案。

（马连杰）

【农村义务教育债务化解率100%】 10月18日，全区农村义务教育债务全部化解完毕，历经2年的时间，通过乡村报、区县审、市级核，共偿还农村义务教育债务4271.7万元，化解率100%，减轻了乡村两级的债务负担，期间未引发一起矛盾产生。

（马连杰）

【制定《进一步完善“村级账款双托管”工作的意见》】 12月31日，下发《进一步完善“村级账款双托管”工作的意见》，完善农村集体财务规范化建设，规范村集体“三资”管理行为，维护集体经济组织及其成员的合法权益，推进社会主义新农村建设，促进农村经济发展，同时也维护了基层社会稳定。

（马连杰）

【农户亩均土地权益费达到383元】 年底，对全区农村土地确权权益费兑现情况进行检查。据调查结果显示，全区282个村的18.4万亩土地应向农户兑现权益费7063.1万元，同比增长13%；权益费亩均达到383元，同比增长14.6%。

（马连杰）

种植业

【概况】 2010年，全区粮食总产量13.54万吨；食用菌总产量14.2万公斤；蔬菜总产2.03亿公斤。农机总动力40.11万千瓦。农村新能源共投入资金4837.8万元。培训新型农民3.1万人次。房山区食用菌工厂化现代制造聚集园区已完成前期规划论证，正式动工。蔬菜的设施化、标准化和应急保障能力显著提高。高标准农田综合开发和粮食高产示范全面推进。小麦籽种繁育1.5万亩，完成小麦籽种更新面积10.1万亩。全年落地项目46个，到位资金1.45亿元。农产品质量安全成效显著，被国家农业部农产品质量安全中心审定为全国种植业无公害农产品标志推广与监管示范县。全国首创“房山区农产品质量安全信息监管系统”投入运行。

（姚凯）

【完成葡萄酒庄产业发展产地环境调查取样】 2009年10月至2010年3月，区种植业服务中心通过现场踏查、点位布设、现场采样、样品制备、样品送检等程序，共出动车辆90台次，人员300人次。对西部浅山区9个乡镇，42个行政村，87个种植地块的1.53万亩拟种植酿酒葡萄的地块进行产地环境调查。共完成305个点位的基本情况调查、CPS定位、样品采集、样品制备工作，采集点位1525个，采集土壤样品305个，灌溉水监测点点位43个，大气点位9个，现场填写调查表305张，制备土壤样品1220个。所有样品经检测符合无公害产地环境标准，形成《房山区葡萄酒庄产业发展产地环境适宜性评价报告》，为房山区葡萄酒庄产业发展提供了科学的数据基础。

（赵娜）

【启动番茄黄化曲叶病毒病防控工作】 2月27日，房山区番茄黄化曲叶病毒防控工作启动仪式在官庄村举行，现场为农民发放防控药品38.2公斤。区植保专家就番茄黄化曲叶病毒病的发生特点、传播途径和防治方法为农民进行了详细的讲解。截至12月，发放《防控番茄黄化曲叶病毒病专刊》、含有彩色危害症状图片的《番茄黄化曲叶病毒病的防治》简报、番茄黄化曲叶病毒病挂图和手册、防控TYLCV灭虱清园行动方案和烟剂使用操作规范明白纸等材料，共计1.8万余份；发放第一批防控药品（30%敌敌畏烟剂和20%毒死蜱微囊悬浮剂）共978公斤，覆盖面积为2208.5亩，做到责任到人，发药到户。

（赵娜）

【举行食用菌主题园揭牌剪彩仪式】 3月26日，北京市食用菌主题园揭牌剪彩仪式在区农科所举行。北京市食用菌主题园位于良乡镇官道村，综合占地面积200亩，是一座具有都市型、示范型、生态型的食用菌文化园区，建有食用菌科普展示园、现代工艺示范园、品种与栽培技术试验园和采摘休闲体验园四大功能区，集中体现食用菌主题园的科普示范、农技推广、技术培训、文化展示、农业观光、休闲体验、旅游美食的综合功能，营造食用菌文化氛围，引领北京市食用菌产业发展。

（赵娜）

【非洲能源专家到房山区参观农村新能源建设情况】 3月31日，国家商务部组织非洲13个国家的25名能源专家到房山区参观农村新能源建设情况。在听取房山区农村新能源建设工作汇报后，参观了窦店镇窦店村大型沼气工程，对全区农村新能源建设给予了高度评价。

（赵娜）

【房山区农产品质量安全检测站建成】 4月8日，“房山区农产品质量安全检验检测体系建设暨房山区农产品质量安全检测站建成揭牌仪式”在房山区种植业服务中心举行。国家农业部农产品质量安全中心副主任金发忠，市农村工作委员会主任王孝东，房山区委副书记、区长祁红为检测站揭牌。房山区农产品质量安全检测站是全市第一个建成并投入使用的国家农业部第一批区县级农产品质量安全检测体系建设项目，通过高科技手段实行源头检测，力保居民“菜篮子”安全。房山区农产品质量安全检测站建设项目总投资520万元，建有1个定量检测中心和3个快速检测分中心，其中定量检测中心检测室面积496平方米，配有气相色谱仪、液相色谱仪、气相色谱质谱联用仪等高精密仪器36台（套），3个快速检测分中心检测室面积80平方米，配备快速检测仪器16台（套）。该项目检测范围覆盖了种植业、畜牧业、渔业三大行业，检测内容涉及农业投入品、农业产地环境和农产品质量3个方面，规范化检测项目有无公害蔬菜、水果中的农残检测项目79项，农业生产环境类检测项目32项，农业生产投入品检测项目32项，年定量检测量达到3000份、快速抽检量3万样次，覆盖京西南地区。

（赵娜）

【组织专家指导小麦生产】 4月28日，针对2010年气候异常的严峻形势，区农业局组建房山区小麦生产专家顾问组，到石楼、城关、韩村河、琉璃河、窦店等小麦种植面积较大的乡镇，查看麦田面积近10万亩，占全区小麦总面积的66.7%。经过实地查看，全区小麦生产总体形势是：群体偏小，个体偏弱，生育期推迟，长势不平衡。专家组指出下一步麦田管理的重点是：以保花增粒为中心，结合田间具体情况科学增肥补水，同时做好防治小麦白粉病、赤霉病、吸浆虫、蚜虫和干热风的物资、机械准备工作，力争把小麦生产损失降到最低。

（郁建伟　郑宇）

【建造现实版开心农场】 7月，由市农业技术推广站、房山区种植业服务中心联合建造的“开心农场”正式开园，来自15个市民家庭、各界游客和多家新闻媒体记者60余人参加了开园活动。其建造目的是为了让长期生活在钢筋水泥丛林中的都市人放松身心、亲近自然，走进乡村、走进农业、体验农耕的辛苦与快乐。该农场位于窦店镇窦店村107国道旁，占地120亩，由67种作物203个品种组成的“$-CO_2$”（低碳）图案，以向日葵做走道隔离，四周由五颜六色的花卉做衬托。农场分试验区、体验区、采摘区、科普区。

（赵娜）

【法国大使馆参赞到波龙堡葡萄酒庄参观考察】 10月13日，法国大使馆农业科技出口参赞娄兰在市农业局副局长马荣才、市农机试验鉴定推广站领导的陪同下到房山区波龙堡葡萄酒庄产业基地参观考察。区种植中心主任杨建坡详细介绍房山区葡萄酒庄产业的分布、现状及今后工作的战略目标、葡萄酒庄主导产业关键机械化技术服务跟进等情况，娄兰女士介绍法国葡萄酒产业发展过程，并指出：希望通过实地观摩、机具推广、技术培训等形式，帮助房山把葡萄酒庄这个支柱产业做大、做强、做好，成为具有国际影响力的友好型产业。

（赵娜）

【国家农业部食用菌标准化实施示范项目落户房山区】 10月15日，国家农业部食用菌标准化实施示范项目在琉璃河镇、城关街道、西潞街道、青龙湖镇、蒲洼乡、大安山乡等乡镇落地，该项目以食用菌产品质量安全为核心，以食用菌产品认证为契机，以食用菌生产龙头企业、合作社和生产基地为载体，以3个食用菌标准化生产核心示范区为重点，以加强食用菌产品体系建设、标准化技术培训与推广、标准化生产体系建设、规范农业投入品使用、质量安全检测、生产档案及追溯建设、品牌培育、产地准出和市场准入制度建设与实施为目标，建立食用菌标准化体系，使每个环节都有标准可依、有规范可循，提高标准的科学性、先进性、适用性。全区以“农产品质量安全为目标，以‘三品一标’为抓手，以农产品质量监管为措施”的新型农业标准化模式得到了国家农业部领导的高度肯定，正式示范全国。

（刘建强）

【农产品质量安全信息监管系统投入使用】 10月18日，“房山区农产品质量安全信息监管系统”建成并投入使用。该系统建设在全国县级信息化监管模式中尚属首创，通过多数据综合处理对农产品质量安全基础信息、监管信息、监控信息三大内容进行科学管理，实现农产品质量安全管理的网络智能化、传输实时化、监管全程化、反应及时化和管理科学化，保障了农产品质量安全，提升农产品竞争力，增加农民收入。为房山区农产品质量安全提供了坚强的技术保障。

（赵娜）

【房山区获“优秀基地县”称号】 10月，中国食用菌协会授予房山区“优秀基地县”称号。同时房山区种植业服务中心被授予“先进组织”称号。2009年房山区政府制定《北京市房山区人民政府关于进一步加快食用菌产业发展的指导意见》《房山区食用菌产业发展支持奖励办法》，突显食用菌作为一区一品农业主导产业政策优势，2009年至2013年区政府每年安排财政专项资金（资金额度在1000万元的基础上按10%的比例递增）支持产业发展，构建食用菌产业科技服务体系，开展各类实用技术培训。食用菌产业逐渐成为房山区农业的一项支柱产业，并突出形成工厂化食用菌生产模式、规模设施种植模式、林地食用菌生产模式、巷道食用菌生产模式、野山菌保护生产模式、食用菌废料循环利用模式六大食用菌产业模式，实现促民增收。在发展食用菌产业的同时，更注重加强食用菌产业文化的提升，以食用菌主题园、食用菌文化驿站作为文化展示平台，让更多的消费者形成到房山“看菌、吃菌、采菌、学菌”的文化氛围。食用菌产业作为朝阳产业、循环产业、富民产业，带动房山区7000多户农民从事食用菌生产，实现增收致富。

（刘建强）

【房山区成功创建“全国无公害农产品标志推广与监管示范县”】 11月15日，房山区通过国家农业部农产品质量安全中心的验收，获“全国无公害农产品标志推广与监管示范县”称号。房山区在创建无公害农产品标志推广与监管示范县过程中，以依法实施标志管理为核心，以促进获证企业自觉并规范使用无公害农产品标志为重点，坚持推广与监管有机结合，加强品牌产品用标。截至11月，全区无公害农产品认证基地165家，获证产品440个，获证企业累计征订无公害标识465.7万枚，无公害标识加贴率达到100%。

（赵娜　刘建强）

【实施小麦籽种更新工程】 2010年，为解决全区小麦品种混杂和“三层楼”（由于品质混杂造成的小麦长势参差不齐，高矮不一，俗称“三层楼”）问题，实施小麦籽种更新工程，重点对长沟、长阳、城关、大石窝、窦店、拱辰、韩村河、良乡、琉璃河、青龙湖、十渡、石楼、阎村、张坊、周口店15个乡镇的10.1万亩小麦进行籽种更新，主要推广京冬8、中麦175、农大211、中优206、京冬12、京9843、京花9、烟农19、轮选987高产优质品种，完成202.5万公斤籽种的配送。

（赵娜）

【农村新能源体系建设】 2010年，全区完成新建和完善3处大型沼气集中供气工程和2处秸秆气化集中供气工程。同时完成10个户用沼气整体推进村建设共500户、安装太阳能照明灯4000盏、建设太阳能公共浴池5处、推广生物质地采暖600户、建设生物质燃料加工厂2座、完成“绿色燃气”和“阳光浴室”工程建设。建设5处大型沼气站、50座太阳能公共浴室和500座生光互补大棚工程。

（赵娜）

【山区口粮田建设】 年内，在张坊等5个山区乡镇实施山区口粮田建设项目，对1.2万亩退耕还林口粮田实施综合规划，通过农田基础改造和耕地质量提升两项工程的实施，达到打造精品、完善布局的目标，使山区生态环境得到明显改善，耕地质量逐步提高，促进退耕区农业增效、农民增收，实现山区社会、经济持续发展。

（赵娜）

【测土配方施肥工程】 2010年，在石楼、琉璃河、阎村等13个乡镇推广测土配方施肥60万亩；施用配方肥面积21.1万亩；并完成60万亩的土壤样品采集与化验和60万亩配方卡和3万份施肥建议卡发放。建立规范的测土配方施肥土壤样品库、数据库和县域耕地资源空间数据库、属性数据库的管理信息系统，开展县域耕地地力评价，构建耕地资源管理信息系统。

（赵娜）

【房山区设施农业获丰收】 2010年，房山区设施农业播种面积35498亩，比2009年同期增加707亩，增长2%。设施农业充分发挥高技术含量种植和抵御自然灾害的优势，实现收入28909万元，比2009年增加4047.1万元，增长16.3%。2010年罕见倒春寒影响农业生产，导致陆地蔬菜大幅减产，设施农业充分发挥抵御自然灾害的优势。2010年，设施蔬菜种植播种面积32181亩，比2009年增长0.9%，实现产量64330.7吨，比2009年下降0.1%；由于价格因素的影响，设施蔬菜收入增长，实现收入24552.8万元，比2009年增长11%。设施水果产量251吨，增长10.5%，实现收入308.7万元，增加

25.3%。水果产量增加，表明虽然受天气因素影响开花期推迟，但设施水果总体生产情况还是比较平稳，由于价格因素的影响，2010年设施水果单价比较高，全区设施水果收入增加。

（刘东娜）

【房山区药材生产面积、产量增长91%】 2010年，全区药材种植面积3721亩，比2009年增加2606亩，增长2.3倍，主要是琉璃河镇务滋村增加2000亩的金银花种植，史家营乡新增黄芩种植面积200亩，南窖乡扩建200亩黄芩种植面积。全区药材产量247.5吨，比2009年增加118吨，增长91.1%。

（刘东娜）

【房山区食用菌生产】 2010年，全区食用菌3646亩，比2009年增加1230亩，增长50.9%，产量14201.8吨，比2009年增加1987.4吨，增长16.27%。分乡镇来看，主要是西潞街道一个生产蟹味菇的农业企业，面积110亩，产量803吨；长阳镇增加食用菌167亩，增加产量745吨，石楼镇增加食用菌100亩，产量增加359吨。

（刘东娜）

【房山区蔬菜生产略降】 2010年，全区蔬菜产量（含食用菌）202665.9吨，同比减少9176.8吨，下降4.3%。主要原因：一是受春寒天气的影响。一季度陆地菜基本绝收，设施蔬菜部分中小棚不能抵抗低温，菜苗受冻伤，导致产量下降。二是长阳镇、长沟镇等受拆迁因素的影响，蔬菜产量下降。

（刘东娜）

养殖业

【概况】 2010年，全区主要畜禽产量基本稳定。生猪价格上涨，出栏有所增加，蛋鸡存栏稳定；由于推进了奶牛散养入区工程，散养户减少，牛奶产量暂时下降；全年生猪出栏36.69万头，同比增长2.63%；鲜蛋产量1.01万吨，同比增长7.82%；牛奶产量3.7万吨，同比减少6.6%。同时，渔业产量和效益实现双提升。与民俗旅游相结合的休闲渔业持续升温，高端观赏鱼产业兴起，促进了全区渔业发展。全年商品鱼产量0.29万吨，同比增长11%；年内新增观赏鱼产值1170万元，占新增渔业产值总量的50%左右。全年5种重大动物疫病免疫率、免疫密度、监测面、产地检疫、病害动物及动物产品无害化处理率达到100%，实现了全年无重大动物疫病发生的目标。开展农业联合执法和专项执法，累计出动执法人员3200余人次，行政处罚及立案63起，保持了农业执法高压态势，实现了全年无重大农产品质量安全事故发生的目标。全年完成水产品样本检测1300份，合格率100%；无公害蔬菜果品样本检测426份，合格率为99.5%；检测动物产品、饲料样本583份，合格率100%。年内新建标准化基地20家，累计总数达到184家。年内新增无公害基地18家、认证产品83个，全区无公害农产品基地总量达165家，产品认证总数达440个。

（张山 郑宇）

【房山区畜牧业协会成立】 3月24日，房山区畜牧业协会成立，协会由从事畜牧业及相关行业的企业、事业单位及个人组成，为全区性的行业联合组织，是具有法人资格的非盈利性的社团组织。协会共有注册会员130名，其中个人会员57名，单位会员73名。畜牧业协会宗旨是在行业中发挥服务、协调、咨询等作用，协助政府进行行业管理，维护会员行业的合法权益，加强联系、完善自我，推动全区畜牧业健康发展。涉及业务范围包括：行业管理、展览展示、业务培训、产品推荐、信息交流、制定行为规范、咨询服务、建立自律机制、组织开展公益活动等。

（郁建伟 郑宇）

【完成渔机补贴工作】 4月22日，窦店镇、琉璃河镇、韩村河镇、蒲洼乡的12个水产养殖场领到由北京市农业局补贴采购的44台增氧机，完成2010年度政府补贴渔机发放工作。渔机是"小青青"牌叶轮式增氧机，由北京市农业局为北京市各郊区县水产养殖场集中补帖采购，每台1490元，养殖户出资50%，政府补帖50%，共为养殖户节省资金32780元。

（郁建伟　郑宇）

【动物卫生监督执法工作实现实时在线移动办公】 5月17日，按照全市统一要求，房山区全面配备实时在线移动办公设备。此次系统的全面应用将实现市、区（县）、官方兽医室三级动物卫生监督执法网络全覆盖，此次配发的设备有交换机、路由器、计算机、中国移动无线上网数据卡、无线上网卡、语音数据卡、VPN密钥、办公软件、杀毒软件以及移动执法终端机（PDA）。按照要求制定了信息系统管理制度，指定专人为系统管理员，负责设备的日常维护和管理工作。PDA要求由一线执法人员临时固定持有，实行专机、专号、专用制度。动物卫生监督执法工作通过系统对动物及动物产品检疫、执法案卷、证章标志领取、政务信息、执法监督信息、各类报表等信息数据进行全面、实时上传，节省时间，提高效率，确保了信息的精确性。

（郁建伟　郑宇）

【抽样检测养殖水产品药残】 7月6日，国家农业部水产种质监督检验测试中心（广东分中心）到房山区对养殖环节水产品进行抽样检测，市农业局水产处和区农业局、区渔政监督管理站、区水产技术推广站相关人员一起参加此次抽检。此次抽检是国家农业部检验测试中心随机选定的，选定4个养殖单位进行抽检，主要检测水产品是否含有孔雀石绿、氯霉素、五氯酚钠、硝基呋喃类等禁用渔药。国家农业部检验测试中心抽检人员对4个养殖单位现场抽取6个样品，其中鲫鱼样品2个、鲤鱼样品4个，每个样品分正、副样，分别为检测样品和备检测样品，每个样品由抽检人员、养殖单位负责人和区渔政站执法人员签字后封存备检。

（郁建伟　郑宇）

【完成新增畜禽养殖场和养殖小区备案工作】 7月21日，为加强畜禽养殖管理，促进畜牧业持续健康发展，按照市农业局关于加强畜禽养殖场和养殖小区备案工作的要求，区农业局通过现场验收、GPS定位等方式，开展对全区养殖场（小区）的入户、入场登记工作,做到"底数清、情况明、数据准"。2010年，全区新增规模养殖场（小区）21个。全区备案规模养殖场（小区）共341个，涉及19个乡镇及街道办事处。其中：猪场102个；肉鸭场87个；羊场22个；肉鸡场35个；蛋鸡场68个；奶牛场12个；肉牛场3个；特种养殖场12个。

（郁建伟　郑宇）

【完成生猪规模场改扩建项目】 截至9月9日，完成2009年～2010年生猪规模场改扩建项目，改扩建猪舍总面积9753平方米，项目涉及周口店镇、青龙湖镇和城关街道3家生猪养殖场，均完成粪污处理系统、猪舍标准化改造以及水、电、路、防疫等配套设施建设。

（郁建伟　郑宇）

【7家渔业生产企业通过无公害认证】 9月15日，全区有7家渔业生产企业通过国家农业部无公害产品、产地认证，获得产品、产地认证证书。全区有16家渔业生产企业获无公害认证，认证面积达到95公顷，认证品种达到29个，年产量458吨，占全区水产品年产量的22%。

（郁建伟　郑宇）

【在2010北京金鱼锦鲤大赛中获20个奖项】 9月30日，2010北京·中国金鱼锦鲤大赛在北京朝阳公园举办。此次比赛共有来自北京、福建、广州、天津、江苏等10余个省市，65个协会、学会、俱乐部、企业等单位参加金鱼10个组别、锦鲤7个组别共89个奖项的角逐。房山区共有5家养殖单位参加比赛，其中北京红运锦鲤养殖中心养殖的锦鲤分别获全场总冠军和全场总季军，全区共获得包括金鱼、锦鲤品种在内的20个奖项，占总奖项的1/3。开奖当天还对获奖鱼进行现场拍卖，房山区获冠军的锦鲤拍出120万元的最高价。

（郁建伟　郑宇）

【开展2010年能繁母猪、后备母牛补贴工作】　为进一步扶持生猪生产，促进奶牛养殖健康发展，9月30日，房山区召开2010年能繁母猪、后备母牛补贴工作会，会上通报了全区关于能繁母猪、后备母牛补贴工作情况，并全面部署补贴发放工作。全区此次补贴共涉及能繁母猪35345头、后备母牛5363头。按照北京市补贴标准，能繁母猪补贴100元/头、后备母牛补贴500元/头，为确保补贴资金尽快发放到位，区农业局分别与23个乡镇政府签订补贴合同，并要求各乡镇及时做出部署，将支农惠农政策落实到实处。

（郁建伟　郑宇）

【实施抗菌肽研究项目】　10月21日，为了减少畜禽产品中抗生素的药物残留，为市民提供优质绿色无公害型畜禽产品，区动物疫病预防控制中心配合市畜牧兽医总站，对中国科学院动物研究所生产的新型复合抗菌肽在肉鸭生产中的抗菌效果及性能、影响做进一步研究试验。此次试验主要研究抗菌肽在减少肉鸭的发病率、死亡率，提高免疫力等方面的功效，从而达到降低养殖风险提高收入的目的。项目共分三批次对肉鸭进行重复试验，第一批试验完成，经试验肉鸭死亡率由2%减少到0.3%。

（郁建伟　郑宇）

【完成2010年增殖放流工作】　截至10月27日，全区完成2010年度增殖放流工作。2010年增殖放流工作共分为春、秋两季，涉及青龙湖镇崇青水库等6个乡镇的7处水域，累计放流水域面积1万余亩，共投放鲢、锦鲤、中华鳖等苗种72.38万尾。区渔政监督管理站对放流工作进行全程监管，并对苗种的药残检测、数量、规格、质量和成活率进行严格检查验收。

（郁建伟　郑宇）

【19万公斤清真牛肉供“世博”】　按照世博会动物产品供应的统一要求，依据北京市动物卫生监督所制定的标准，房山区被选定为2010年上海世博会动物产品提供单位。为确保供沪动物及动物产品安全，房山区按照供奥期间动物及动物产品安全监管经验，对全区屠宰企业的供沪条件进行了严格的审查，确定北京卓宸畜牧有限公司、北京天鸿顺鸭业有限公司、北京三江宏利牧业有限公司、窦店益生清真肉业有限公司、崇各庄童英养殖场5家企业的供沪资质，3月对5家企业的供沪资质进行重新审核，报市有关部门备案。区动物卫生监督所成立供沪动物产品安全保障领导小组，对供沪动物产品采取分级负责、专职检疫、制度保障、登记备案等措施，出具“出县境动物产品检疫合格证明”22张、消毒车辆22车次，全部通过上海检疫检验等有关部门的检验验收，确保供沪动物产品无疫安全。“世博会”期间，房山区共向上海输入清真牛肉19.57万公斤、火鸡肉2930公斤。

（郁建伟　郑宇）

【完成市级标准化基地普查工作】　为了进一步推进都市型现代农业标准化基地建设，全面掌握房山区农业标准化基地的基本情况，按照《关于开展北京市农业标准化基地普查和确认工作的通知》要求，截至12月7日，完成全区市级标准化基地普查工作，共对区内88家市级标准化基地进行普查，确认通过的61家。其中粮经类7家、蔬菜类9家、畜牧类21家、水产类2家、林果类22家。终止资格的27家，其中粮经类的4家、蔬菜类的7家、畜牧类的12家、水产类的2家、林果类2家。

（郁建伟　郑宇）

【完成区内动物卫生企业社会责任等级评价】 截至12月10日，房山区完成对辖区内动物养殖、经营、诊疗、动物产品生产、贮藏等10类432家企业的社会责任等级评价工作。其中，134家被评为A级（很好，几乎无风险）；252家企业评为B级（好，基本无风险）；46家企业评为C级（较好，风险较小）。

（郁建伟　郑宇）

【房山区牛奶产量下降6.6%】 2010年，房山区牛奶产量37042.3吨，比2009年下降6.6%，造成牛奶产量减少的主要原因是由于养殖奶牛利润不高，一部分养殖大户改变了养殖结构。窦店镇牛奶产量减少654.9吨。其中窦店村减少326吨、一街减少151吨、六股道减少128吨。城关街道塔湾村和顾册村，由于饲料涨价，奶牛生病的原因，养殖户没有注重奶牛的养殖，产奶量579吨，比2009年下降37.3%。2010年房山区成乳牛比2009年减少647头，也是牛奶产量减少的主要原因。

（周旭）

【房山区羊出栏下降12.8%】 房山区注重生态环境保护，封山造林以及新农村改造等情况，限制了山、绵羊的养殖。2010年房山区山、绵羊出栏99695只，比2009年下降12.8%。主要减少原因在于，长阳镇因为京石快客征占赵庄村土地，导致大部分养羊户于2009年年底不再饲养羊，石楼镇年初双孝村的羊感染了病情，部分养殖户将羊清理干净。

（周旭）

【禽蛋产值增长22.8%】 2010年，全区累计禽蛋产量10135.6吨，比2009年增长7.8%，种蛋、柴鸡重越来越大，单价上涨，鸡蛋价格由原来的8.1元/公斤上涨到9.9元/公斤，由于价格的影响，禽蛋产值为1亿元，比2009年增长22.8%。

（胡淑香）

【生猪饲养产值增长一成】 到2010年末，全区生猪出栏头数为36.7万头，比2009年增长2.6%，生猪产值实现5.9亿元，比2009年增长11.2%。生猪价格每公斤12.5元左右，比2009年上涨7.8%，由于生猪市场略有回暖，价格逐步回升，加上国家出台各项补贴政策，在此影响下养殖户纷纷加大投入力度，扩大养殖规模，产值增长一成以上。

（胡淑香）

【完成2010年规模畜禽场粪污治理工程】 为实现生态农业良性循环，全区实施“规模畜禽场粪污治理”项目，2010年项目共涉及20个规模畜禽场，年底进入设备调试阶段。项目完成后，养殖场水冲式改为干捡粪，每个月可节水6000立方米，增加日处理污水能力500吨以上，使20个养殖场实现污水达标排放。自2004年至2010年，全区有近100个规模养殖场进行粪污治理改造项目，建有机肥场2个。每年可节水30万立方米以上，总日处理污水能力2000多立方米以上，实现污水达标排放或零排放，有机肥场年生产有机肥5万吨以上，实现总体产值3000万元。

（郁建伟　郑宇）

水　务

【概况】 2010年，水务工作重点实施祁家坡水厂改扩建工程、吴店水厂改扩建工程、长阳第三水厂工程前期等7项工程。完成良乡中水综合利用工程（2010年实事工程）。

2010年对房、良两城30余处低洼地区进行改造，增加雨水箅子，消除隐患。完成良坨路污水管道清通工程。以构建宜居城市水生态景观体系、推进“大美房山、绿美房山”建设为主题，实施刺猬河二期治理、修建巡河路、河坡防护以及美化绿化等工程。2010年是连续第12个干旱年，河北、张坊等山区乡镇出现不同程度的用水困难。区水务局结合新农村建设，实施一户一表及管网改造工程、山区饮水改造工程、应急抗旱水源工程等。新建改造水源工程15处，安装水泵变频设备33台套、水净化处理设备22台套，铺设管路532公里，解决了.6万户6.6万人的安全饮水问题。以全国小型农田水利重点县建设为契机，实施4项农业节水灌溉工程，共新增改善农业节水灌溉面积3.3万亩。工程运行后，每年可节水330万立方米，节电100万千瓦小时，节省人工6.6万个工日，增加农民收入800万元。以构筑“生态修复、生态治理、生态保护”三道防线为主要内容，对南窖乡水峪村、大石窝镇三岔村等7条小流域60平方公里面积进行综合治理。抓好乡村污水治理尤其加强水源地和民俗村污水治理。工程共涉及周口店镇等11个乡镇16个行政村。2010年在北部山区6个乡镇实施山洪灾害防治试点建设，通过建设雨水情监测系统和通讯预警系统，实现从区到乡、乡到村、村到户的逐级预警机制。北部山区建立乡到村间的无线电台通讯系统，6个乡镇60个险村安装了电台通讯系统，险村电台安装率达到75%。全年举办培训班10场次，培训农村管水员及基层水务技术骨干1146人次，发放节水、防汛宣传材料及培训教材4000余册，同时加大执法检查力度，巡视河道300次，下达清障通知书560份，处理水事违法行为47起，清除盗采砂石点44处，对盗采砂石、非指定区域游泳、钓鱼、非法洗车等进行了整治。扎实推进水库移民后期扶持工作，共落实单个建设项目34项，总投资1428万元。

（王子璇）

【小型农田水利重点县项目获专家优评】
3月23日，市水务局、市财政局组织专家对房山区小型农田水利重点县项目进行评审。专家组实地察看项目的建设情况，听取区水务局建设情况、区财政局配套资金落实情况以及设计单位的设计情况的汇报，对农田水利规划情况、工程建设方案、资金筹措与整合方案、运行管护机制与预期效果等项目方案进行综合评审，专家组认为房山区所做项目符合国家水利部对小型农田水利重点县项目的有关要求，项目综合评价为优。房山区小型农田水利重点县建设项目共涉及良乡镇、琉璃河镇、韩村河镇等5个镇11个村52个地块，共发展农业节水灌溉工程面积8300亩，其中新建设施农业温室大棚蔬菜滴灌694亩，设施农业温室食用菌微喷277亩，大田喷灌1436亩，管道灌溉3768亩，蔬菜花卉管道灌溉930亩，果树管道灌溉1195亩。工程主要建设内容为，新打及更新机井7眼，新建泵房51座，配套水泵51台套，安装机井计量水表51块，变频控制装置20套，给水井44座，泄水井81座，铺设管道229公里，滴灌管296公里，管道土方开挖9.667万立方米，管道土方回填9.377万立方米。工程完成后，从经济效益上看，可改善灌溉面积8300亩，年新增粮食生产能力120万公斤，预计年节能效益为7.24万元，年增收效益为254.73万元，年省工效益为88.33万元，合计年累计效益350.3万元。从社会效益上看，通过对农业节水设施的改善，并依托优越的生产条件，可促进项目区农业生产布局和品种结构调整，加快区域由传统农业向优质、高效的现代农业转换，增加农产品的社会供给能力。同时，发挥节水工程的作用，带动周边地区节水型农业的发展。

（王子璇）

【刺猬河上游综合水环境综合治理工程开工】　4月21日，2010年房山区为民办实事工程之一的刺猬河上游综合水环境综合治理工程开工。7月完工，完成疏挖河道3.46公里，筑堤6.88公里，修建巡河路、河坡防护以及美化绿化等工程。刺猬河治理完成后，良乡组团共有一个总长8公里，面积1150亩，蓄水面积48万平方米，蓄水量70万立方米滨水景观廊带，基本解决刺猬河上游的污水随意排放问题，水环境得到有效改善，为新城居民提供了一个滨河休憩空间。

（王子璇）

【开展百日集中整治沿河盗采砂石等行为】　7月6日至9月底，房山区对盗采砂石、非指定区域游泳和钓鱼、非法洗车等行为进行为期百天的整治。此次整治行动重点是打击盗采砂石、整治非指定区域游泳以及整治非指定区域钓鱼和整治非法洗车4项工作。相关执法单位以“区域内永定河房山段、大石河、拒马河、小清河及镇管重点河道的大规模盗采砂石得到有效控制；杜绝在水库、塘坝、河道等重要水源地群体性游泳现象，杜绝非指定水域游泳行为；杜绝在非指定区域的钓鱼行为；杜绝沿河占道洗车现象，纠正违规用水行为”为目标，利用100天的时间进行集中整治。行动将按照专项整治与长效管理相结合、查处整顿与合理疏导相结合、属地负责与部门联动相结合、舆论宣传与社会监督相结合的原则进行，集中曝光一批，集中打击一批，集中整治一批，确保取得成果，为市民提供良好的水事秩序和优美的水环境。

（续晓璐）

【全区2010年小型农田水利重点县工程开工】　8月3日，全区作为北京市唯一的小型农田重点县开工，工程结束后，全区通过小型农田水利重点县工程建设的农业节水灌溉面积将再增8300亩。

（王子璇　许俊熊）

【8月4日全区普降中到大雨】　截至8月4日8时至15时，全区累计平均降雨量达到233.1毫米，与2009年同期相比减少68.7毫米。其中山区降雨累计比2009年同期减少7.5毫米；此次全区平均降雨42.2毫米，平原平均38毫米，山区平均46.4毫米，其中石楼、十渡、蒲洼、史家营、杨林水、金鸡台、堂上、北峪、红煤厂达到暴雨，其中降雨量最大的为红煤厂80毫米。

（王子璇　许俊熊）

【启动防汛预案】　8月21日0时起，全区开始降雨，截至22日8时，全区平均降雨49.6毫米，其中平原降雨46毫米，山区降雨53.2毫米，北峪、红煤厂、良乡等6处观测站出现暴雨，最大降雨量出现在北峪。良乡降雨51毫米，多处出现积水现象，区水务局及时启动防汛预案，派出巡查队员50人，及时处理各路段问题，清掏雨水箅16座。良乡排涝站超过安全高度1.7米后，启动《闸坝场站联合调度方案》，排涝站提闸90厘米，将刺猬河南留庄橡胶坝降低70厘米，使城区雨洪水及时排向泄洪河道，缓解了积水路段，保障居民出行。

（王子璇）

【杨林水降雨达到116毫米】　9月7日8时至8日8时，山区普降大雨。全区累计平均降雨量达到344.7毫米，比2009年同期相比减少44毫米。其中山区累计降雨401.6毫米，比2009年同期增加28.3毫米。南窖、史家营、杨林水、金鸡台达到暴雨，其中降雨量最大的为杨林水观测站116毫米。水峪水库水位达到414.65米、大窖水库水位达到400.72米。其中大窖水库水位差2米达到满库。

（续晓璐）

【小型农田水利专项工程完工】　9月7日，房山区2009年小型农田水利工程专项工程完工。该工程建成，改善了当地农业生产环境，增强了农业抗旱能力，提高了水资源利用率，减少地下水开采量25万立方米，节省人工8000个工日，省电7.9万千瓦时。

（王子璇）

【召开第一次水务普查工作动员大会】 12月13日，房山区召开第一次水务普查工作动员大会。会上，区水务局负责人介绍了普查工作方案。此次水务普查是北京市第一次水务大普查。整个普查工作分为前期准备、清查登记、上报、成果发布4个阶段。普查的标准时点为2011年12月31日24时。水务普查对象包括全市境内的所有河流湖泊、水利工程、供排水设施、水务机构以及重点社会经济取用水户。根据北京市普查重点，房山区主要对河流湖泊情况、水利工程情况、经济社会用水情况、河流湖泊治理和保护情况、水土保持情况、水务行业能力建设情况，清灌区情况、村镇供水设施情况等10项内容进行普查。此次普查已确定的各类普查表式83张，其中普查表48张、清查表32张、台账表3张。

（续晓璐）

【房山区2010年雨洪利用工程启动】 年内，全区雨洪利用工程共启动12处，每年利用坑塘收集雨水7万立方米，以水价4元/立方米计，则每年可节约水费28万元。并使农民生活环境得到极大改善，同时土地资源、水资源的利用率提高。

（许俊熊）

【完成良乡中水综合利用工程】 年内，区水务局完成良乡中水综合利用工程，经良乡中水厂处理达标的中水一部分作为景观用水注入刺猬河，回补地下水，改善水环境。另一部分则取代好水作为景观用水、城市绿化、道路浇撒、洗车等城市用水。据统计，每年中水利用量约634万吨，节省水资源，有效地缓解了城市供水压力。

（王子璇）

【治理7条小流域】 年内，以构筑“生态修复、生态治理、生态保护”三道防线为主要内容，对南窖乡水峪村、大石窝镇三岔村等7条小流域60平方公里面积进行综合治理，共实施封禁治理1398公顷，建防护坝1390米，污水处理站3处，铺设污水收集管网5086米，加快了山区生态环境发展，也为沟域经济发展奠定了基础。

（王子璇）

【对16个村进行污水治理】 年内，区水务局对乡村污水进行治理，包括水源地和民俗村污水治理。工程共涉及周口店镇等11个乡镇16个行政村，铺设污水收集管网37公里，建检查井5476座，污水处理站16座，污水处理总规模可达到每天855立方米，实现生活污水达标排放，净化乡村水环境，保障了城市供水安全。同时，利用废弃坑塘、沟道建设12处雨洪利用工程，共完成土石方12.2万立方米，清淤0.4万立方米，护坡2万平方米，植草绿化3.6万平方米，形成蓄水能力17万立方米。

（王子璇）

林 业

【概况】 2010年，全区完成重点绿化造林工程7项，绿化面积6.2万亩，栽植各类苗木338.6万株。新增园林绿地55.03万平方米，成功创建1个园林小城镇、13个“首都绿色村庄”。“五一”“十一”期间，在府前广场、文体公园、拱辰北大街等主要公园、道路节点布置花坛造型、栽植应季花卉，共摆放同心同结、组字灯箱等花坛21个，花球100余个，垂吊花篮20个，花树58个，栽摆花卉30余个品种200万盆。通过见缝插绿、拆墙透绿、立体治绿，改善农村人居环境，新建绿化总面积183.95万平方米，共栽植乔木及花灌木275.9万株；完成25个村的500户庭院经济示范户建设，栽植核桃、石榴、山楂等苗木8000株。承办第9次“共和国部长义务植树活动”，义务植树新植苗木27万株。新发展果树面积1.15万亩、设施果树409栋，进一步调整果树品种结构，引进优新水蜜桃品种7个、改接甜柿604亩，共嫁接阳丰、次郎、早秋3个品种1.6万株。大力推广果品有机栽培技术，建成200吨气调保鲜库,引进水果分选设备1套。繁育主要造林树种400万株，各类花卉300万盆。成功引进百合种球鳞片繁殖技术，共繁育20万粒；繁育红掌切花20万支、草花300万盆。全区蜂群总数达到3.4万群，养蜂合作社增加到9家。林木有害生物防治面积135.28万亩，完成飞机防治585架次。全年没有发生森林火灾和人员伤亡事故。按照《房山区林改倒排工期实施方案》，全区256个村完成集体林权制度主体改革，确权勘界面积147.1万亩，完善合同35份。实施科技项目22项，开展科普宣传7次，举办各类培训班64期、培训农民3500人次。

（杨娟）

【共和国部长到房山参加义务植树】 3月27日，由全国绿化委员会、中共中央直属机关绿化委员会、中央国家机关绿化委员会、首都绿化委员会共同举办的“共建绿色家园——共和国部长义务植树活动”在长阳镇南水北调中线植树工地举行。来自中央直属机关和中央国家机关各部委、单位的168位部级领导参加义务植树活动，栽植3000多株侧柏、油松、白皮松、雪松、玉兰、毛白杨等树木。这是第9处共和国部长纪念林。北京市委副书记、市委政法委书记王安顺，市委常委、市总工会主席梁伟，副市长刘敬民，市人大常委会副主任吴世雄，市政协副主席熊大新等领导陪同植树。

（李萍）

【市级林下经济建设项目试点落户房山区】 4月9日，市园林绿化局主管部门及沙产业协会相关技术人员到张坊镇瓦沟村实地查看房山区2010年林下经济建设项目金银花种植试点地块，并将此项目列为市级试点。项目建设面积100亩，规划栽植金银花苗木2.2万株。项目的实施为当地农民与企业之间搭建起营销平台，企业从提供种植技术到采摘收购为农民提供一条龙式支持与服务，解决当地农民部分就业问题，增加了农民的收益。

（吴政颂）

【“房山磨盘柿”产业化关键技术研发项目通过验收】 4月20日，由北京市园林绿化局、中国农业大学、北京市农林科学院及北京市农学院专家组成的评审组，对房山区《“房山磨盘柿”产业化关键技术研发项目》进行评审，并通过验收。此项目是房山区完成的市科委重大项目之一。经过3年的组织实施，建立起“房山磨盘柿”产业发展的科技协调员体系；在优系筛选、优良品种引进、栽培技术、病虫害防治、都市农业功能开发、有机栽培、脱涩保鲜、加工产品研发等多个领域开展深入的研究，解决了影响产业发展的瓶颈性问题；制定《地理标志产品·房山磨盘柿》国家标准，建立有机果品生产示范基地，推动磨盘柿产业化进程。

（王乔）

【2个梨园被评为无公害改造技术示范园】 6月23日，琉璃河京白梨主题公园和窦店网架梨两大梨园被国家梨产业技术体系北京试验站评为“国家梨产业技术体系示范基地无公害改造技术示范园”。琉璃河镇贾河村以京白梨为主的3000亩梨园和窦店镇富恒农业公司的500亩网架黄金梨园纳入国家梨产业技术体系北京试验站示范基地。

（曹海英）

【房山区第一处屋顶绿化施工完成】 6月21日，房山区第一处屋顶绿化施工完成，此处屋顶绿化位于区府前广场东侧，共栽植佛甲草168平方米。屋顶绿化是用植物材料来覆盖平台屋顶的一种绿地形式，一方面可以降解沙尘、涵养水土、吸纳二氧化碳和可吸入颗粒物、改善局部小气候，释放氧气，对环保的监测起到一定辅助作用，有效确保空气达标天数。另一方面，能使夏季屋面室内温度下降4℃～6℃，调节微气候，增加空气湿度减少能源支出，降低城市热岛效应。

（吴政颂）

【召开集体林权制度改革工作会】 5月5日，房山区召开集体林权制度改革工作会。总结前一阶段全区林改工作的进展情况，安排部署下一阶段的主要任务。截至4月底，2个林改试点镇工作进展顺利，其中：琉璃河镇完成35个村的勘界填表工作，周口店镇完成18个村的勘界工作。全区23个乡镇、办事处，共有集体林业用地面积208万亩，集体林权制度改革涉及农户数15万多户，人口38万余人。

（刘士河）

【琉璃河京白梨全国梨王赛夺金】 9月16日，由中国园艺学会、中国果品流通协会、北京市园林绿化局、北京市大兴区人民政府联合举办的第八届全国梨王擂台赛在大兴区开幕，房山区琉璃河镇贾河村世名伟业果树种植专业合作社郭伟选送的京白梨获秋子梨系金奖，窦店镇天亦园民族旅游观光服务公司孙阿雷选送的黄金梨获砂梨系优秀奖。

（吴政颂　王乔）

【十渡镇获“首都园林绿化小城镇”称号】 3月1日，十渡镇被首都绿化办公室评为首都园林绿化小城镇。十渡镇确定以创建首都绿化美化园林小城镇为目标的总体规划，实施景区绿化美化、休闲娱乐观光采摘园等建设工程。在景区绿化工程方面，完成爆破造林1900亩、京津风沙源工程造林800亩，共栽植侧柏、油松、火炬、元宝枫等树种18万株，并在中心区内实施彩叶工程造林1650亩，栽植火炬、元宝枫、黄栌等树木10万株。完成府前广场休闲公园改造和北石门健身公园建设，投资2300余万元，在西石门、平峪等村建观光采摘园18个，共计1万余亩。

（吴政颂）

【完成第一代美国白蛾防治工作】 5月31日，全区完成预定的美国白蛾监测任务和第一代美国白蛾防治工作。其中：飞机预防394架次，作业面积23.64万亩；4辆高射程打药机防治34天，防治面积1.23万亩；人工地面防治32.9万亩。截至6月4日，在全区18个乡镇222个村点共监测到越冬代美国白蛾成虫5600头，在10个乡镇16个村点普查到幼虫卵1块、幼虫网幕35个。区园林绿化局加大对专业技术人员的业务培训和社会宣传力度，累计下发“美国白蛾宣传材料”36万余册，达到每户1册；下发防治农药7.23吨、黑光灯700台、诱捕器710台。

（隗玮）

【房山区获荐全国林改典型县】 2010年，房山区与昌平区被市园林绿化局推荐为国家林改典型县候选单位。6月11日，国家林业局林改典型县核查工作组到房山区进行集体林权制度改革工作全面性核查。核查工作组到周口店镇娄子水村和拴马桩村考察林改促进农村合作经济组织建设和发展情况、林改后林下经济产业发展带动情况，检查林改档案，并与村民代表进行座谈。此次全区集体林权制度改革的基本范围是农民集体所有的商品林和山区生态公益林。林改重点之一是对商品林全面放开经营，另一个重点是完善山区生态公益林管理体制。按照“均股不分山、均利不分林”的原则，采取确权确股方式，明晰所属集体林地产权股本，依法进行股权确认，均股到户，为集体经济组织成员颁发个人股权证。2009年，全区率先在琉璃河、周口店2个镇开展集体林权制度改革试点工作。在试点镇取得成功经验的基础上，2010年全区其他各乡镇的林改工作也全面展开，各项前期准备基本完成。国家林业局林改典型县核查工作组对房山集体林权制度改革工作给予了充分肯定，并表示，国家林业局将对全国林改典型县建立长效联系机制，在政策指导与支持等各方面给予倾斜，把这些典型作为旗帜和模范，引导改革，推动改革，全面推进林业科学发展。

（隗玮　张伯一）

【果品采摘面积减少产量增长】　2010 年，全区采摘果园面积 6419 亩，比 2009 年减少 526 亩，下降 7.57%，主要是由于春寒气候影响了果树的生产，张坊镇的磨盘柿、猕猴桃果园果树受冻伤，影响张坊镇采摘果园面积减少 610 亩。全区采摘水果产量 6670.7 吨，比 2009 年增加 376.8 吨，增长 6%，其中梨采摘产量增加 212.6 吨，桃的采摘产量增加 304.5 吨。

（刘东娜）

【房山区果品生产 69683.1 吨】　2010 年，房山区果品生产与 2009 年基本持平。果品产量 69683.1 吨，同比增加 586.3 吨，比 2009 年增长 0.9%，其中园林水果 67118.7 吨，同比增加 607.5 吨，增长 0.9%。

（刘东娜）

2009 年度首都全民义务植树先进单位

中煤北京煤矿机械有限公司、青龙湖镇人民政府、房山公安分局、房山区人民武装部

2009 年度首都绿化美化花园式社区

西潞街道北潞园社区、长阳镇加州水郡社区

2009 年度首都绿化美化花园式单位

伟业嘉园小区、千禧家园小区、燕山石化公司羊耳峪西区住宅小区、琉璃河镇人民政府机关、佛子庄中心小学、解放军总后勤部农副业科技服务站、昊天温泉居住小区、窦店镇中心幼儿园、韩村河镇五侯中心小学、静安公墓、北京房建建筑股份有限公司凯信分公司、大石窝镇南尚乐村委会、北京生态岛科技有限责任公司、房山区公路局十渡培训中心

2009 年度首都绿化美化园林小城镇

房山区十渡镇

2009 年度首都绿色村庄

良乡镇富庄村、周口店镇车厂村、周口店镇拴马庄村、大石窝镇塔照村、琉璃河镇立教村、琉璃河镇南洛村、张坊镇蔡家口村、琉璃河庄头村、琉璃河镇祖村、良乡镇张谢村

2009 年度首都绿化美化先进单位

房山区林果科技服务中心、房山区人民政府燕山办事处、周口店镇人民政府

2009 年度首都绿化美化积极分子

赵永祥、孔庆远、苗宗启、张建国、李晓梅（女）、石银山、任国强、张治军、杨兆宝、石宝、杨树成、刘明、高冰山、郭秀旗（女）、陆大勇、曹磊、杨建坡、齐文东、顾淑莲（女）、刘振红、王明伍、张解宇、赵德新、王福、杨立军（女）、赵向东、王荣贵、郝永华、张鲁、冯瑞（女）

（颁奖单位：北京市人民政府、首都绿化委员会；颁奖时间：2010 年 3 月）

工　业

【概述】　2010 年，全区工业总产值实现 966.6 亿元，比 2009 年增长 24%，比“十五”期末增加 332.7 亿元，年均增长 8.8%。按照房山区“两轴、三带、五园区”的产业布局，房山区工业两大重点功能区——北京石化新材料科技产业基地和北京窦店高端现代制造业产业基地各项基础工作扎实推进，两大重点功能区建设均取得突破性进展。其中，北京石化新材料科技产业基地被国家工信部正式确定为 62 个“国家新型工业化示

范产业基地”之一，并通过纳入中关村国家自主创新示范区的初审。北京窦店高端现代制造业产业基地建设有序进行，长安汽车北京基地正式入驻；北京京西重工有限公司房山基地减震器一期工程项目进展顺利，部分设备进入安装调试阶段。围绕产业结构调整和主导产业发展，采取“走出去，请进来”等多种方式，推介和改善投资环境，努力拓展招商引资渠道，吸引投资商到重点功能区和乡镇考察，引导高端生产要素向房山区聚集。2010年全区工业新建、续建项目共计59个，其中新建项目36个、续建项目23个，计划总投资92.6亿元，实际到位资金28.62亿元。依据市政府要求，2010年前，房山区需全部关闭20万吨以下的水泥生产企业和水泥粉磨企业、所有石灰生产企业和石板加工企业，共计181家。其中：水泥生产企业11家；石灰生产企业117家；石板加工企业53家。

截至2010年年底，三大产业基地和六个农民就业产业基地累计入驻企业1791家，比2009年增加36家；完成技工贸总收入250.8亿元，上缴税金13.4亿元，比2009年分别增长9.8%和30.1%。2个市级开发区共有入区企业1784家，比2009年增加238家。全年实现技工贸总收入202.1亿元，比2009年增长9.3%。其中良乡经济开发区年末拥有入区企业1628家，全年实现技工贸总收入195.1亿元。“十一五”期间，开发区入区企业增加843家，其中，良乡工业开发区增加698家；技工贸总收入平均增长11.3%，其中，良乡工业开发区平均增长10.7%。2010年，成立燕鸿担保公司，为企业提供高效、便捷的融资服务。到2010年年底，累计办理担保项目762项，到位金额24.6亿元，其中当年完成贷款担保项目302项，到位担保金额10.3亿元。

（孙学东）

【美国密歇根州奥克兰郡副郡长道格拉斯·史密斯率团到房山区考察】 4月16日，美国密歇根州奥克兰郡副郡长道格拉斯·史密斯率团到房山区就德尔福项目建设情况进行考察，区委常委、常务副区长高言杰陪同考察。考察团参观了窦店现代制造业产业基地，双方就如何进行下一步合作召开座谈会。座谈会上，高言杰简要介绍了房山区社会发展情况及窦店现代制造业产业基地建设进展情况。道格拉斯·史密斯对房山区投资环境给予了高度的评价，表示愿意引导美国其他汽车零部件企业到房山区投资建厂。

（孙学东）

【房山结束千年煤炭开采史】 5月31日24时，房山区现有的18座煤矿全部停止生产，宣告房山彻底告别千年煤炭开采史。2005年以来，根据国家及北京市产业结构调整要求，房山先后关闭乡、镇煤矿121座，关闭矿井333个，煤矿由2005年的139座减少到此次关闭之前的18座。此次关闭的18座煤矿性质主要包括个人投资、合伙投资、集体投资和村民入股等，年生产总能力为83万吨，产值5亿元左右，分布在北部山区4个乡镇。其中南窖乡2个，霞云岭乡3个，史家营乡11个，大安山乡2个。大安山乡的2个煤矿于4月底前先行关闭，其余16座煤矿停止生产，6月15日前完成关闭矿井井上井下设施及设备拆除工作，6月30日完成井口垒封等工作。

（孙光凯）

【22家企业获市工业企业保增长突出贡献企业奖】 根据《2009年北京工业保增长奖励政策实施细则》，区经信委组织企业申报2009年保增长扶持资金，通过审核筛选：产值过亿元，增幅9%以上的中国石化集团北京燕山石油化工有限公司、中煤北京煤矿机械有限责任公司、北京澳特舒尔保健品开发有限公司等22家工业企业获2009年保增长突出贡献企业奖，7月15日获市经信委奖励资金490万元。其中：中央市属企业9家，

获240万元；区属企业13家，获250万元。

（孙学东）

【中煤北京煤矿机械有限公司合作项目开工建设】 7月14日，中煤北京煤矿机械有限责任公司合作项目开工建设。该项目计划投资3000万元，用于厂房及附属配套设施建设；600万元用于设备购置。主要生产煤矿液压支架结构件，项目达产后，年产结构件3万吨，可实现年收入1亿元。

（冯智武）

【房山区与北京金隅股份有限公司就非煤矿山资源整合项目签订战略合作协议】 7月20日，房山区与北京金隅股份有限公司就非煤矿山资源整合项目签订战略合作协议。协议结合房山区非煤矿山资源急需整合、资源型企业面临加快退出的现实，房山区与金隅股份进行多次协商，最终达成一致。双方约定：由北京金隅股份有限公司对位于周口店镇、河北镇及大石窝镇的3个标的矿区进行整合开采，采用国际最先进技术，安全、有序、规范、科学、绿色地进行生产与管理。通过此次整合，可以做到不破坏植被、不污染环境、不产生噪音干扰的效果，同时矿石利用率和尾矿利用率均达到百分之百。此项目的实施是对矿产资源整合开采途径的有效探索，实现资源开发、利用与保护的有机结合。

（孙学东）

【北京百草畔帅旭植物油有限公司正式投产】 8月8日，霞云岭乡四马台村农产品深加工企业——北京百草畔帅旭植物油有限公司举行投产仪式。该企业生产杏仁油、杏仁粉、核桃油及核桃粉等绿色产品，具有年产300吨油、1000吨粉产品的生产规模，年营业总收入可突破1.5亿元，可带动300余人就业，缓解关闭煤矿后当地劳动力就业难题。

（张萌）

【北京燕山和成橡塑新材料有限公司开工】 9月8日，北京燕山和成橡塑新材料有限公司在周口店厂区举办开工仪式。区领导刘伟、祁红、史全富、唐淑荣、高言杰、赵军、马继业及燕山石化董事长王永健、北京燕山和成橡塑新材料有限公司董事长李光松出席庆典。李光松宣布开工，刘伟和王永健启动开工电钮，随后，各位领导参观了生产线。

（孙学东）

【西门子公司全球数据中心落户房山】 10月29日，房山区政府与西门子（中国）有限公司及能通国际信息服务有限公司签署战略合作协议，三方将共同在房山建造以"云计算"研究应用为核心、以革新型数据中心为基础的综合信息服务产业基地。西门子IT解决方案和服务集团全球外包区域协调部总经理Pernstecher Warter，北京能通国际信息服务有限公司总裁贯培一，区领导刘伟、祁红、高言杰、李江、赵军出席签约仪式。西门子公司全球数据中心选址在大石窝镇云居寺路西南、下庄村位置，项目建设所需双路供电、供地、网络宽带、用水等基础条件全部具备。西门子（中国）IT解决方案和服务集团将为革新型数据中心提供全面的咨询、设计、建造、实施方案，并且在数据中心投入运营后，为入驻客户提供IT运维服务。

（陈艳军）

【接管区农机公司】 11月，按照区国资委要求，区工业总公司接管区农机公司，共安置农机公司职工14人，接收管理退休人员60多人。

（冯智武）

【北京澳特舒尔保健品开发有限公司在香港挂牌上市】 北京澳特舒尔保健品开发有限公司是一家保健品研发、生产、销售于一体的专业生产经营中国茶疗保健产品的高新技术企业。2009年销售收入达5.65亿元，税金8850万元。其主打品牌为碧生源系列功能性保健袋泡茶，"碧生源"商标获北京著名商标称号。公司引进意大利IMA袋泡茶生产线 10 条，该生产线使用非热封天然过滤纸形成茶袋包装茶叶，设备生产速度快，效率高。销售网络覆盖全国 17 个省市和欧美、日韩等 20 多个国家和地区，销售网点超过 7.5 万个。2009 年，该公司主导产品碧生源减肥茶和碧生源常润茶市场占有率达到 42%。9 月 29 日，北京澳特舒尔保健品开发有限公司在香港联合交易所正式挂牌上市，成为房山区唯一一家上市公司。股份代号“926”，首个交易日交投活跃，每股定价港币 3.12 元，全日最高价达每股港币 3.85 元，收市报每股港币 3.58 元。

（孙学东）

五大园区建设

中央休闲购物区（CSD）

【世界名牌折扣店北京现代服务产业园落户房山 CSD 核心区】 3 月 22 日，首创置业股份有限公司与奥特莱斯共同投资建设的世界名牌折扣店北京现代服务产业园奠基仪式在房山区 CSD 核心区举行，市规划委、市住建委、市水务局、市商务局、市旅游局、市规划局、市交通委、市发改委、市市政市容委领导，房山区领导刘伟、祁红、史全富、唐淑荣、张祝华、高言杰、李江、赵佳琛、马丽英、吴会杰以及首创置业、投资北京、奥特莱斯（中国）、北京设计创意协会有关领导一同为项目培土奠基。此次房山长阳镇地块项目，是继首创置业股份有限公司在广东佛山和浙江湖州与奥特莱斯合作后，共同建设的第 3 个新型住宅产业综合体项目。世界名牌折扣店北京现代服务产业园紧邻京石高速路和轨道交通房山线，经京港澳（原京石）高速至北京金融街地区仅 30 分钟车程。

（石晶）

【CSD 设计方案征集申请报名工作结束】 北京房山中央休闲购物区（CSD）规划设计方案征集的规划范围约 16.5 平方公里，其中核心区范围约 3 平方公里，研究范围约 13.5 平方公里。该项目采取国际公开征集的方式进行，应征申请报名工作于 3 月 31 日结束，共有来自中国、美国、英国、澳大利亚、德国、西班牙、芬兰、瑞士、日本、新加坡等 10 个国家和中国香港地区的 35 个应征申请人提交资格预审申请文件。此次征集的设计任务包括 CSD 用地功能规划、交通规划研究、市政设施规划研究、景观生态环境规划、城市设计等。4 月 6 日，由区政府、CSD 管委会、房山规划分局和北京市城市规划设计研究院、北京市规划委员会等方面专家组成的资格评审小组，对应征申请人进行评审，最终选定 5 家应征申请单位作为规划设计单位。

（陈艳军）

【举行芭蕾雨品牌发布盛典】 9 月 17 日，奥特莱斯（中国）举行芭蕾雨品牌发布盛典，由首创集团、奥特莱斯（中国）有限公司、首创置业股份有限公司联手打造的 CSD 奥特莱斯项目，将按照“芭蕾雨”品牌战略模式，打造以奥特莱斯名品折扣中心为龙头，结合现代综合商业群、休闲度假与高品质住宅为一体的城市新中心。房山区副区长吴会杰出席发布会并致辞。“芭蕾雨”是城市芭蕾的生活新概念和代表浪漫、滋润、财富的“雨”的完美融合。“芭蕾雨”的战略模式为独具特色的“3+X”，即奥特莱斯名品折扣中心、现代综合商业群、休闲住宅和高尔夫、温泉、水岸休闲等地方特色产业资源的结合。引领休闲度假购物特区的五彩奥莱是3+X模式的核心，集聚五大优势：享誉世界的一线品牌、极具竞争力的价格、充足的货源、舒适的购物环境、权威的专业运营团队。在奥特莱斯周边还配套有会议会展、酒店旅游、餐饮娱乐等服务设施，组成了综合现代商业群。同时，将欧式风格的休闲住宅有机地融入其中，带给人们具有国际风情的生活感受。

（石晶）

北京石化新材料科技产业基地

【北京石化新材料基地核心区东区控规获批复】 1月21日，《北京石化新材料科技产业基地核心区东区控制性详细规划（街区层面）》获市规委批复。根据批复，核心区东区街区控规规划范围位于房山新城燕房组团前朱各庄村、后朱各庄村及周边区域，东至东流水工业区东边界，西至铁路及丁东路，南至大件路，北至铁路。规划总面积约5.68平方公里，主导功能为工业、仓储。批复要求，基地开发建设要积极维护公共利益，切实保障和优先落实基础设施、公共服务设施和公共安全设施。要深化完善规划设计，按照"一轴、两心、三组团"的城市空间形态，提高建设品质。要合理把握建设时序，确定开发建设重点区域，加快搬迁安置燕山石化"厂中村"、前后朱各庄、羊头岗、东流水等村庄，有序推进规划实施。要以科学发展观为指导，加快确定产业规划、明确产业项目，做好规划建设相关工作。要认真组织实施规划，完善体制机制，高标准、高水平、高起点建设好石化基地。

（杨龙）

【北京石化新材料基地被评为国家新型工业化产业示范基地】 1月，北京石化新材料基地通过国家工信部审核，被评为国家新型工业化产业示范基地。北京石化新材料科技产业基地是北京市"十一五"期间重点建设的五大产业基地之一。该基地依托北京燕山石化集团有限公司的基础、资源和人才优势，以石油化工产业为基础，按照发展循环经济的要求，延伸产业链，形成以炼油、乙烯、合成树脂、合成橡胶、基本有机原料等石化基础工业为支撑，发展涵盖橡塑深加工、特种化学品和化工新材料等具有纵深潜力的高科技产品集群，从而构成较为完善的石化产业新格局。

（王淑玲　张杨）

【组建北京石化新材料基地管理委员会】 4月22日，北京石化新材料科技基地管理委员会组成，区人大常委会主任、燕山工委书记史全富为主任，主要职责：负责石化新材料基地的招商引资和投资促进工作；负责保证国家法律、法规和产业政策在石化新材料基地贯彻实施；负责编制石化新材料基地总体规划和经济、社会发展计划，经市、区人民政府批准后组织实施；制定并组织实施石化新材料基地的行政管理规定；按照规定权限审核、批准石化新材料基地各类投资项目；按照石化新材料基地的总体规划，对土地实行统一管理；统一规划、管理石化新材料基地的各项基础设施和公共设施；管理石化新材料基地的财政收支；管理石化新材料基地的进出口事务；管理石化新材料基地的涉外事务；管理石化新材料基地范围内的工商行政、税务、规划、建设、劳动人事、统计、物价、技术监督、安全生产、环境保护、环境卫生等行政工作；监督、检查、协调有关部门设在石化新材料基地分支机构的工作；市、区人民政府授予的其他职权。

（邢海洋）

【核发北京石化新材料科技产业基地土地储备前期整理规划条件】 6月1日，房山规划分局办理完成北京石化新材料科技产业基地土地储备前期整理规划条件。其中：B5街区总用地面积约31万平方米，工业用地面积约15.3万平方米，市政设施用地面积约0.7万平方米，公共绿化用地面积约6.2万平方米，道路用地面积约4.8万平方米，水域用地面积约4万平方米；B7街区总用地面积约56万平方米，工业用地面积约为34.9万平方米，公共绿化用地面积约6.7万平方米，生化防护用地面积约1.1万平方米，道路用地面积约10万平方米，水域用地面积约3.3万平方米。此项工作的完成，为土地一级开发项目的拆迁、贷款工作提供了有效保障，进一步加快了项目的落地。

（王学青）

【北京石化新材料基地首批入驻企业产品下线】　6月3日，首批入驻北京石化新材科技产业基地的重点企业——北京华美聚合物有限公司生产的第一包合格的乙烯-醋酸乙烯共聚物（EVA）产品顺利包装下线。北京华美聚合物有限公司是以生产EVA为主的生产型企业，由中石化与杜邦公司合资成立，项目投资总额为5.6亿元人民币，预计年产EVA 6万吨。该项目于2007年2月批复立项，2008年开始对燕山石化已有的高压聚乙烯生产装置其中一条生产线进行改造，2009年11月底,开始进行装置的工艺安全性筛查,对所有设备进行调试并进行低密度聚乙烯度聚乙烯试生产。

（荆昕会）

【中石化化工销售华北分公司燕山经营部正式运营】　7月1日，中石化化工销售华北分公司燕山经营部进驻石化新材料基地正式挂牌运营，主要经营石化新材料基地生产的产品。燕山经营部设经理1名，副经理2名，分为综合、财务、合成材料、有机化工、物流、业务支持6个组。经营部挂牌运营后，将为石化新材料基地相关产品的销售提供有效服务，提前实现基地产品的产销衔接，并将在增加地区税收，扩大社会就业，带动仓储和物流发展等方面发挥重要作用。

（杨龙）

【石化新材料基地专家咨询委员会成立】
7月15日，石化新材料基地组建专家咨询委员会。专家咨询委员会隶属于基地管委会，是为基地科学决策提供服务的智囊团和咨询机构，也是推进基地决策科学化、民主化的重要组织形式。专家咨询委员会由中国化工学会新材料委员会理事长于希椿、中国石油和化学工业协会副秘书长冯世良、燕山石化公司发展研究中心主任丛煜等22名石化行业的专业人士组成。专家咨询委员会采用季度例会形式，每年以研讨会的模式向基地管委会介绍石化行业的最新动态、政策导向，对基地招商引资、产业发展等工作提供咨询建议。专家咨询委员会主要履行6项职责：一是针对石化行业中带有全局性、战略性、前瞻性、综合性的重大问题进行研究，为基地管委会决策提供咨询建议。二是协助基地管委会开展重点项目筛选、招商引资、产业发展、服务跟踪等工作。三是了解、掌握和研究石化领域科学技术发展动态，参与研究制订基地发展规划、发展战略。四是围绕基地中心工作，广泛开展咨询论证、企业诊断、可行性研究等活动。五是对基地建设工作中出现的新情况、新问题进行专题调研，并向基地管委会提供信息和咨询建议。六是承办基地管委会委托的其他事宜。

（杨龙　李峰）

窦店高端现代制造业产业基地

【完成窦店高端现代制造业产业基地建设用地规划许可工作】　2月5日，房山规划分局完成窦店高端现代制造业产业基地建设用地规划许可。01街区01地块项目东至规划纵五路，南至房窑路，西至规划纵四路、电台路，北至规划房黄亦联络线，规划总用地面积约 29 公顷；01 街区 04 地块项目东至规划纵一、二、三路，南至房窑路，西至京广铁路，北至规划房黄亦联络线，规划总用地面积约 32 公顷。

（王学青）

【京西重工汽车减震器项目开工建设】 2 月 20 日，北京窦店高端现代制造产业基地首个项目——京西重工汽车减震器项目开工建设。汽车减震器项目是“京西重工”完成美国德尔福公司的悬架系统和制动系统收购后引进的首个项目。此项目用地约 250 亩，预计年产减震器 400 万支，直接供应奔驰、宝马等著名汽车使用，年产值可达到 100 亿元。

（刘康岩）

【房山区与北京控股集团签订战略合作协议】 5 月 11 日，区委副书记、区长祁红代表房山区委、区政府与北京控股集团签订战略合作协议，北控集团董事张虹海，区领导刘伟、祁红、张祝华、高言杰等出席签约仪式。房山区与北京控股集团合作内容包括：一、发展太阳能（CPV）产业，共包含 4 个项目：一是建设绿色科技产业园项目。此项目投资总额约为 19 亿元，拟在窦店现代装备制造业产业基地内划定约 500 亩土地，用于建设北控绿色科技产业园。乙方将在该产业园内规划、投资、二是建设太阳能（CPV）发电产品及配套设备。建设太阳能（CPV）示范性并网电站。项目总投资约为 14 亿元，在房山区一废弃石灰石矿山旧址投资、建设、运营 30 兆瓦（分 2～3 期实施）太阳能（CPV）示范性并网电站。三是建设阳光校园工程。在全区所属中小学中选择合适的学校建设阳光校园工程。四是建设小型展示性 CPV 发电装置。在全区合适场所建设小型（20 千瓦）展示性 CPV 发电装置。二是建设生活垃圾综合处理厂项目。项目预计总投资为 5 亿元。年处理规模约为 1000 吨/日，年处理生活垃圾约为 25.55 万吨，项目采用以全量化分选、焚烧和填埋相结合的综合处理工艺。

（孙学东）

【核发窦店现代制造业产业基地 02 街区建设用地规划许可证】 5 月 26 日，核发窦店高端现代制造业产业基地 02 街区的 4 个地块位于窦店镇交道村，地块用地四至范围东至交道二街村，南至房窑路，西至规划综五路，北至规划房黄亦联络线。总用地面积约 108.7 万平方米，其中建设用地面积约 62.6 万平方米，公共服务设施用地面积约 3.0 万平方米，代征道路用地面积约 28.8 万平方米，代征公共绿地面积约 14.3 万平方米。

（王学青）

【京西重工房山基地减震器厂厂房落成】 6 月 27 日，举行京西重工房山基地减震器厂厂房落成暨设备安装剪彩仪式。副市长苟仲文，市经信委委员樊健，房山区委副书记、区长祁红，首钢总公司董事长朱继民、总经理王青海，京西重工董事长兼总裁方建一为房山基地减震器厂厂房落成暨设备安装剪彩。根据“宝马”“福特”的供应量以及“本田”“沃尔沃”等潜在需求，京西重工房山基地一期将安排年产 400 万支减震器，还将适时启动二期年产 400 万支减震器工厂和制动器工厂的建设，逐步向北京转移研发能力，建设研发中心和培训中心，最终在房山形成京西重工的管理中心、利润中心、技术中心和高端零部件制造和总成中心。项目建成后，总占地 250 亩，总投资预计 20 亿元。

（刘康岩）

【重庆长安汽车股份有限公司北京长安汽车公司落户房山】 6 月 29 日，北京市人民政府与中国兵装集团签署战略合作协议。同日，房山区人民政府与重庆长安股份有限公司签署合作协议。7 月 1 日，重庆长安股份有限公司自主品牌和新能源研发基地项目团队入驻基地，长安汽车北京基地项目建设正式启动。8 月，完成长安汽车北京基地项目总体规划布局方案设计。

（刘康岩）

【举行长安汽车北京基地奠基】 9月30日，重庆长安汽车股份有限公司北京长安汽车公司在房山区窦店高端现代制造业产业基地举行乘用车建设项目奠基仪式，中央政治局委员、北京市委书记刘淇，北京市委副书记、市长郭金龙，国家工业和信息化部副部长苗圩及中国兵器装备集团公司、中国长安汽车集团股份有限公司的主要领导出席奠基仪式。该生产基地位于窦店镇高端现代制造业产业基地核心区内，总投资 115 亿元，分两期建设。规划总占地 5000 亩，其中整车及发动机占地面积 2300 亩，零部件占地面积 2700 亩。新基地建成后可年产整车 50 万辆、发动机 50 万台。年产值将达 500 亿元，带动地方就业 2 万人。

（孙学东）

【窦店 02 街区拆迁周转房项目开工】 10 月 11 日，北京窦店高端现代制造业产业基地 02 街区拆迁周转房项目——圣福洲小区开工。 圣福洲小区位于窦店镇小高舍村东南，占地面积为 7.60 万平方米。此次开工的一期工程共计建设周转房63栋、378套住房，包括每户 67 平方米的两居室 252 套、每户 77 平方米的三居室 126 套。小区配套建设商业建筑面积为712平方米，设计可停车位211辆。小区还配套建设 2 个公共卫生间、3 个配套化粪池。

（刘康岩）

中国房山世界地质公园

【百元年票可不限次游览 17 家景区】 1 月，《中国房山世界地质公园优惠年票》开始在北海公园、颐和园、景山公园等景点发售。年票有效期为 1 年，从 1 月 16 日至 2011 年 1 月 15 日，发售价每张 100 元，而年票所涵盖的 17 家景区门票单次总价值为 473 元。即日起持票人可持本人身份证及 1 寸免冠照片在京城北海公园、颐和园、景山公园、陶然亭公园、天坛公园、玉渊潭公园、北京动物园、北京植物园、中山公园、香山公园、紫竹院公园、双秀公园、国际雕塑园、青年湖公园等 15 家销售网点购买，持票者可在有效使用期内不限次游览区内 17 家重点景区，并在 9 家签约星级饭店和 6 家采摘园享受 5 折至 9 折的优惠。云居寺、圣莲山风景度假区、韩村河景村、上方山国家森林公园、银狐洞、青龙湖水上游乐园、中华石雕艺术园、张坊古战道、白草畔、百花山、鑫湖苑观光园、富恒农业观光园、十渡孤山寨、十渡东湖港、西周燕都遗址、没有共产党就没有新中国纪念馆、平西抗日战争纪念馆 17 家 A 级景区参与年票发售。

（隗功霞）

【举行姊妹世界地质公园签约仪式】 5 月 15 日，在长沟镇桃苑沟举行中国房山世界地质公园与广东丹霞山世界地质公园建立姊妹公园签约仪式。国际地质科学联合会秘书长彼得·巴布洛夫斯基及夫人、山东泰山、内蒙古克什克腾等世界地质公园及两省市三区县有关领导参加仪式。

（隗功霞）

【举办房山世界地质公园百花山风情节】 6 月 29 日至 7 月 5 日，百花山景区举办百花山风情节，风情节的主题是“房山福祥地，相约百花山”。期间有百花山传统庙会、大鼓会、中幡会、秧歌会、滑翔伞等精彩表演。对游客舍粥、舍茶、舍馒头，游人系福条、挂福牌、走福路，敲平安钟，祈福迎祥。同时景区还开展花卉写生、诗歌采风、风光摄影等系列活动。百花山风情节是在房山区关闭煤矿企业后举办的，这对促进当地产业结构调整，助推房山北沟旅游业发展，进一步加大房山百花山景区的宣传力度，拉动当地经济起到促进作用。

（李宝芬）

【世界地质公园评委对房山世界地质公园进行中评估检查】 7月11日至13日，联合国教科文组织世界地质公园评委、法国专家盖伊·马提尼先生及夫人艾丽西亚·索托女士、联合国教科文组织世界地质公园评委、马来西亚专家亚布拉罕·库莫先生、马兹林·默克它博士、努赞妮·阿兹曼博士一行到房山区对中国房山世界地质公园进行为期3天的中评估工作，国家国土资源部地质环境司副司长陈小宁女士，联合国教科文组织世界地质公园评委、中国专家赵逊先生，区委副书记、区长祁红，区政协主席唐淑荣，区政府副区长吴会杰，河北省国土资源厅副厅长邢承国陪同评估考察。联合国教科文组织世界地质公园评委、专家一行在房山区查看了石花洞、周口店北京人遗址、中国房山世界地质公园博物馆、十渡、野三坡等景区、景点的标志碑、界碑等建设情况，并着重就园区的环境建设与管理、品牌建设与发展质量进行了考察。在随后召开的中国房山世界地质公园中评估专家反馈会上，专家们对此次评估考察工作表示满意，认为公园审批4年来，各相关部门在地质遗迹保护、科研科普、基础设施、产业发展、公园管理等方面做了大量卓有成效的工作，引领了世界地质公园的发展态势，成为中国最好的世界地质公园之一和其他世界地质公园学习的榜样，完全可以成为亚太地区世界地质公园的表率。专家们指出：中国房山世界地质公园在自然景观、地质遗迹保护等方面是世界上独一无二的，也是唯一一个坐落在首都城市的世界地质公园。希望中国房山世界地质公园管委会各级领导要进一步加强规范化建设和宣传、推介等工作，努力使房山世界地质公园成为建设世界地质公园的典范。

（隗功霞）

【房山世界地质公园全票通过中期评估】 10月3日，联合国教科文组织世界地质公园网络执行局在希腊召开第九届欧洲世界地质公园网络会议。在此次会议上，联合国教科文组织世界地质公园网络执行局专家正式宣布中国房山世界地质公园全票通过中期评估。会议中，联合国教科文组织世界地质公园网络执行局的专家对中国房山世界地质公园过去4年所做的工作给予充分肯定，认为中国房山世界地质公园的保护与建设引领世界地质公园的发展态势，是亚太地区世界地质公园的表率和其他国家世界地质公园学习的榜样。专家指出，中国房山世界地质公园不仅是房山的，也是北京的，更是世界的，建设好中国房山世界地质公园，具有重大的现实意义和深远的历史意义；建设好中国房山世界地质公园，能为北京建设体现人文、科技、绿色的中国特色世界城市增添新的内涵，是北京提升区域形象、建设旅游城市的必然选择，是优化首都产业结构、培育替代产业的有效途径。专家对中国房山世界地质公园的建设提出了新的期望，希望中国房山世界地质公园站在世界城市的高度，按照创一流的标准，进一步加强公园统一性建设、产业发展、宣传推广、合作交流等工作，不断提升公园整体发展和管理水平，发挥示范表率作用，力争成为世界地质公园的典范和形象大使。中国房山世界地质公园管理委员会副主任、区政协主席唐淑荣，副区长吴会杰出席此次会议。

（隗功霞）

都市现代农业示范区

【中国北京农业生态谷落户房山】 11月17日，北京市人民政府与中粮集团有限公司签署战略合作框架协议，共同建设中国北京农业生态谷。中共中央政治局委员、市委书记刘淇，市委副书记、市长郭金龙，市委常委、常务副市长吉林，市委常委、市委秘书长李士祥，市委常委牛有成，副市长夏占义，市政府秘书长孙康林，中粮集团有限公司董事长宁高宁、总裁于旭波，区领导刘伟、祁红、赵军、马丽英出席签约仪式。中国北京农业生态谷项目建设地点位于琉璃河镇，占地总面积 1146.67 公顷。中粮集团有限公司用 3 年至 5 年，投资 280 亿元进行建设。该项目在产业布局上，着眼于解决“三农”问题，是央企与地方合作统筹解决“三农”问题的一种模式创新。遵循基本农田不减少、农民全部上楼、劳动力充分就业、农业产业集聚发展的原则，采取政府引导、企业运作、机制创新、政策推动的建管方式，促进一二三产业高度融合，实现农村面貌的新改观，农业生产方式和农民生活方式的新转变。

（张萌）

商业 贸易

【概述】 2010 年，全区商务工作积极引导商务领域各促进机构、行业协会和重点龙头企业，在加快产业发展、繁荣稳定消费市场、提升外资利用质量、促进外贸出口等方面均取得阶段性成果。2010 年，全区实现社会消费品零售额 119.8 亿元，同比增长 20.9%；利用外资形势平稳，实际到位外资 7475 万美元，同比增长 105%；外贸出口总额完成 3.2 亿美元，同比增长 83.9%。3 项主要经济指标相对值均居全市首位。全区批发零售业、服务业（不含金融、保险、交通运输、仓储、邮政、电信等行业）、限额以上三资企业税收合计完成 22.3 亿元，同比增长 32%，占区域税收总额的 12.3%，税收规模在全区 7 个重点行业中保持第 2 位。产业发展迈上新台阶。北京石油交易所、菜百首饰良乡店、家乐福等相继开业运营，极大提升了全区商业的档次和水平。惠民工程实事扎实开展。陆续新建、升级改造霞云岭庄户台、窦店下坡店、周口店瓦井 3 家农村集贸市场，同时通过整合商业资源、优化网点配置、扩大引资规模、盘活闲置资产、加快新店开业等途径，共计为下岗职工和失地失业农民安置就业岗位 4000 个。

（张国庆）

【北京菜百公司第七分店落户拱辰街道】 4 月 30 日，北京最大的黄金珠宝首饰专营公司菜百第七分店——良乡菜百首饰店正式在拱辰街道开业。良乡菜百首饰店位于拱辰街道 53 号大厦 1 层，营业面积 700 平方米，以经营黄金、珠宝首饰为主，在店内设立首饰售后服务中心，实现首饰以旧换新、免费清洗、修理、包装等 30 项服务。

（张国庆）

【城关供销社农产品批发交易市场二期工程竣工】 7 月 31 日，城关供销社农产品批发交易市场二期工程竣工投入使用。该项目总投资 130 万元，建筑面积 1000 平方米，两层砖混结构。一期工程于 2009 年 8 月完成，建筑面积 900 平方米。

（冯汉庆）

【房山华冠加盟的 SPAR 适佰家大卖场落户朝阳】 9 月 5 日，国际 SPAR 大卖场在朝阳区管庄开业。该卖场为华冠商贸有限公司加盟 SPAR 国际后在京开业的第一家店铺，也是 SPAR 国际位于中国一线城市的首家超市。SPAR 是全球最大的食品分销企业，目前在全球经营 1.5 万家超市。与直营连锁、特许连锁超市不同，SPAR 采取自愿连锁超市模式，由多家零售商自愿组成的一个整体，进行统一采购和营销，每家会员零售商保持着自己的资产所有权且进行独立财务核算。开业当天卖场销售额将近200万元，客流量2万人左右。

（张国庆）

【房山区酒类流通专业委员会成立】 10月28日，房山区酒类流通专业委员会正式授牌成立。该机构是房山区商业联合会分支机构，属中介性行业联合组织。成立后，参与酒类商品产销政策及法律、法规的宣传，向政府部门反映酒类商品市场情况和会员单位意见，协调、沟通酒类产销企业关系等各项工作，发挥其行业引领、行业规范和组织协调的作用。

（张国庆）

【家乐福超市开业运营】 12月30日，家乐福超市开业运营，该店位于拱辰南大街金花大厦1层至3层，商业面积1.5万平方米。

（张国庆）

【14家企业被授予“北京早餐经营示范店”】 12月30日，房山区举行北京早餐经营示范店授牌仪式，房山区共有14家早餐经营企业参加此次评定，全部通过评定，并被评为“北京早餐经营示范店”。

（张国庆）

【实施农超对接工程】 2010年，房山区商务委实施农超对接工程，加快推进华冠生鲜配送中心建设，完善冷链物流、分拣、检疫检测等基础设施；强化采购环节建设，发展各类果蔬直供基地，提高采购标准，严格检验程序，确保食品安全和市场供应。

（张国庆）

【销售家电下乡产品4.87万件】 2010年，房山区家电下乡共销售冰箱、洗衣机、空调、彩电、手机、计算机、热水器、微波炉、电磁炉等家电下乡产品4.87万件，销售金额8478.8万元。其中，农户实际购买家电下乡产品3.5万件，销售金额11090.1万元，补贴金额1277.2万元。

（张国庆）

【房山区区域社会消费品零售额同比增长两成以上】 市统计局反馈资料显示，按照产业在地原则，2010年房山区区域内批零住餐各业共实现社会消费品零售额156.5亿元，同比增长20.5%。其中：限上企业实现114.7亿元，占73.3%，同比增长42%，是社会消费品零售额增长的主要因素；限下企业、个体和市场共实现41.9亿元，占26.7%，同比下降14.9%。

（丁慧萍）

【实现外贸进出口总额6.42亿美元】 2010年，房山区完成进出口总额6.42亿美元，同比增长42.16%。其中：出口总额3.23亿美元，同比增长85.51%；进口总额3.19亿美元，同比增长14.94%。相对值在全市排名第1位，绝对值排名第11位。

（张国庆）

【出口超百万美元企业达到30家】 2010年，房山区商务委通过采取重点联系企业制度、外贸政策和行业信息重点帮扶等措施，加大对重点外贸出口企业的扶持。2010年，房山区出口超百万美元企业达到30家，同比增加3家，其中：出口超亿美元企业1家，超千万美元企业4家，超100万美元30家。完成出口总额3.23亿美元，同比增长85.51%。出口额同比增速列全市第1位，其中：30家重点外贸出口企业出口额3.043亿美元，占全区出口总额的94.2%。

（张国庆）

【麦当劳汽车餐厅加州水郡店开业】 9月28日，房山区首家“得来速”麦当劳汽车餐厅在长阳镇加州水郡西区开业，占地面积2300平方米，消费者不用下车只需3分钟即可享受麦当劳“得来速”特有的服务。“得来速”是一种全新的快餐服务模式，其通过3个窗口让消费者在汽车上完成全部购物过程，消费者驾车在第一个窗口点餐，在第二个窗口付费，在第三个窗口取食品，然后开车离开。“得来速”餐厅最大的好处是节省时间。

（石晶）

【超市发落户良乡大学城】 9月18日，超市发良乡大学城店开业，由北京荣泽方圆商贸公司投资2000余万元兴建，是北京超市发公司最大的加盟店之一，建筑面积近1万平方米，经营面积为8200平方米。超市发良乡大学城店共有4层，其中一期营业的1、2、3层分别经营服饰、食品副食、日用百货等数万种由百余家知名供应商直供的商品。

（胡巧坤）

【北京第一家梅赛德斯——奔驰卡车中心在窦店镇成立】 4月10日，北京银汉华星商贸有限公司梅赛德斯奔驰卡车中心在窦店镇窦店汽车城开业，戴姆勒卡车中国总裁兼首席执行官格瑞特马克思，戴姆勒卡车中国销售市场业务发展部副总裁王宁，区人大常委会主任、燕山工委书记史全富，副区长卢国懿及窦店镇领导出席开业仪式。仪式结束后，梅赛德斯奔驰卡车中心向天津津雄物流有限公司交出第一批车。北京银汉华星商贸有限公司梅赛德斯奔驰卡车中心集销售、服务、配件于一体，共投资6000万元，硬件设施均达到国际先进水平，填补了奔驰卡车在北京地区的销售空白。

（殷金玉）

【北京石油交易所投入运营】 7月30日，北京石油交易所投入运营。市委副书记、市长郭金龙，市委常委、常务副市长吉林，副市长程红，市政协副主席黎晓宏，以及中国石油天然气集团公司、中国中化集团公司、中国海洋石油总公司等央企高层领导，区委副书记、区长祁红，区委常委、常务副区长高言杰出席运营仪式。按照建设世界一流交易平台的目标，在市委、市政府的统筹指导下，北京石油交易所完成了股权重组工作。引进中国石油天然气股份有限公司、中国中化股份有限公司和中国海洋石油投资控股有限公司等石油央企股东，与市国资公司、房山区国资公司、中油燕宾公司共同参股经营石油交易所。北京石油交易所进行石油化工产品的现货即期交易，并推出成品油、燃料油、航空煤油、润滑油、溶剂油、石脑油、液化石油气、甲醇（ME）、甲苯、甲醛、乙二醇、苯乙烯、二甲苯等各类石油化工产品的交易品种。

（朱德水）

建筑　建材　房地产

【概述】 2010年，全区建筑业总产值实现260亿元，比2009年增长17.3%，比“十五”期末增加114.3亿元，年平均增长12.3%。房屋施工面积完成2073.8万平方米，比2009年增长9.6%，比“十五”期末增加523.8万平方米，年平均增长6%。推进住房保障工作。2010年，政策性住房建设项目共有15个，住宅总建筑面积217万平方米，开复工面积121.3万平方米。经济适用住房项目6个，住宅面积135万平方米（含配建廉租房8万平方米），开复工面积66万平方米；限价房项目5个，住宅建筑面积23万平方米，开复工面积21.4万平方米；定向安置房项目4个，住宅建筑面积59万平方米，开复工面积34万平方米。拥有资质的建筑业企业314家，其中施工总承包65家、专业承包194家、劳务55家，涉及专业36个。

全区房地产投资170.66亿元、同比增长85.7%；上缴税金17.02亿元，同比增长20.78%；施工规模340.01万平米、同比增长

1.82%；商品房销售面积 92.65 万平方米、同比下降 32%，销售额 111.5 亿元、同比增长 19%；商品住宅均价 12034 元/平方米、同比增长 73%。截至 2010 年年底，全区拥有资质的房地产开发企业 204 家，其中一级 6 家、二级 13 家、三级 18 家、四级 87 家、暂定 80 家。小区综合验收工作顺利进行，天骄俊园、田家园、靠山居等小区已按照要求完成了各项配套设施的验收和交接工作，大宁山庄、西棕榈滩、瑞雪春堂等项目开始进行配套设施的验收和交接工作。

（孟凡蕊）

【启动低碳山村社区——大龙社区大地港住宅区工程】 5 月 28 日，霞云岭乡大龙社区大地港住宅去工程举行奠基仪式。此项工程属险户搬迁工程，与毗邻龙门台村险户搬迁新建社区共同组成大龙社区。该村将 8 个村民居住区集中到两片建成二层别墅式住宅区，建筑面积约 1.4 万平方米。住宅区全部按照 65%节能标准进行设计建设，并采用太阳能加电辅助地板采暖。截至 2010 年年底完成 120 户。

（殷业华）

【房山区长阳保障性住房开工】 7 月 6 日，房山区长阳保障性住房开工。长阳镇保障性住房项目位于长阳镇起步区 4 号地，项目总用地面积 29.04 万平方米，其中建设用地面积 21.22 万平方米，建设用地性质为居住、商业金融、文化娱乐及幼儿园小学用地等；总建筑面积约 36 万平方米，其中商品房约 17 万平方米，两限房约 16 万平方米，商业约 1.2 万平方米，文娱约 0.48 万平方米，幼儿园小学约 1.36 万平方米，居住用地容积率为 1.8。项目整体定位为：北京西南区域具有轨道交通支持的中高端、配套齐全、宜居的人文社区，以英式学院风格作为基调，营造高档、休闲、轻松的高品质现代生活情调。

（石晶）

【北京市首个木结构房屋试点在房山区建设】

7 月 9 日，加拿大木业协会中国执行总监到房山区调研，并在霞云岭乡龙门台村建设北京地区首个木结构房屋试点工程。该项目原料均采用加拿大国内木材生产屋面板和墙板，现场进行拼装，加拿大木业协会将给予新建农宅每户 3 万元的资金补贴。

（殷业华）

【长阳高佃三村经济适用住房项目开工】

7 月 27 日，长阳高佃三村经济适用住房项目开工。该项目总建筑面积 24.5 万平方米，可提供住房 2800 套，2010 年开工建设 8.34 万平方米、1158 套。该项目的开工建设，不仅有利于满足城镇居民刚性住房需求，逐渐解决低收入家庭的住房问题，也标志着 2010 年全区开工建设 3629 套政策性住房任务的完成。

（石晶）

【城关街道楮榆树首批居民回迁】 5 月 12 日，房山区住房和建设委员会、城关街道办事处联合举行城关楮榆树经济适用房（回迁房）入住仪式，市、区领导为首批回迁的居民颁发钥匙。楮榆树地区原来是城关街道每年雨季防洪抗险的重点部位，当地居民房屋大都建于 20 世纪五六十年代，并且大部分成为危房，周边环境“脏乱差”情况非常突出，严重影响居民生活质量。为彻底改善楮榆街地区居民生活状况，在市区领导的大力支持下，楮榆树危旧房改造被纳入 2007 年全市 32 项重点确保开工项目之一，于 2007 年 10 月 16 日开工建设。项目总投资 7.5 亿元，建筑面积 18.6 万平方米，可提供保障性住房 2319 套，其中回迁安置用房 1197 套。楮榆树危旧房改造完成投资 2.5 亿元，开工 7.3 万平方米，竣工 2.8 万平方米，首批 314 户居民回迁入住。

（刘建）

【848 户中低收入家庭摇号选房】 11 月 30 日，房山区 848 户中低收入家庭通过摇号方式获取保障性住房选取顺序号，其中包括 768

户经济适用房申请家庭和80户廉租家庭。此次经济适用住房摇号房源共887套，其中高佃三村项目2、3号楼352套，东关伟业嘉园项目10、11、12号楼452套，城关洪寺项目83套。廉租房摇号房源椿榆树项目80套。参加此次经济适用住房配售摇号家庭为2009年12月31日前按照“三级审核、两次公示”的审核程序完成备案、经核查符合标准且对此次摇号房源有意向购买并进行登记的申请家庭共计768户。此次经适房摇号房源为887套，参加摇号配售家庭768户，房源多余配售家庭。参加此次廉租住房摇号配租家庭为2010年11月20日前按照“三级审核、两次公示”的审核程序完成备案、经核查符合标准，对椿榆树房源有意向配租并进行登记的廉租住房申请家庭共80户。此次摇号采取电脑随机摇号的方式，被摇中的家庭即具备选房资格，摇中的号码即为参加选房的顺序号，同时也作为其升档选房的顺序号。全部选房结束后的剩余房源，列入下一次摇号分配。

（许栩）

【房山获中国最具投资价值城市大奖】 12月10日至12日，第12届中国国际房地产与建筑科技展览会（CIHAF中国住交会）在深圳会展中心举行，此届住交会由中国国际贸易促进委员会、中国房地产业协会、中华全国工商业联合会房地产商会、中国房地产报和优博(会展)集团联合主办。此次住交会有万达、绿城、首创、合生、海尔、万通、碧桂园、富力、恒大、金地、星河湾、金隅、金科、今典等地产商参展。开幕式当天，以“FUNHILL, FUN动全北京”为主题的房山馆开馆，189平方米的展区成流线型的五彩设计，展馆最中央位置是一块滚动播出房山新业绩的超大LED显示屏，布展内容包含“五大园区”的项目情况及此届住交会房山重点推介的项目情况。展馆以图文并茂的方式向参观者展示房山日新月异的变化。在2010CIHAF“三名”颁奖盛典上，房山获中国最具投资价值城市大奖。

（胡颖）

【长沟镇迁村并居工程完工回迁】 11月19日，北京市千亿投资土地储备项目长沟镇迁村并居工程完工并正式回迁入住。区委书记刘伟，区委副书记、区长祁红，区委副书记张祝华现场为回迁群众代表发放新楼钥匙。长沟镇沿村迁村并居工程是北京市千亿投资土地储备、长沟镇区改造一期A地块土地一级开发带拆迁村项目，涉及沿村整村拆迁，共698户、2134人。新建成的沿村迁村并居工程回迁安置房项目西厢苑B区项目，位于长沟镇中心区，总占地面积11.48万平方米，建筑面积为9.07万平方米，建筑主体为住宅楼17栋，三居、两居、一居共计1110套，物业楼1栋，综合楼1栋。该项目于3月破土动工，6月封顶，9月中旬进入内部装修阶段，11月达到入住条件。

（王萌）

【石化基地定向安置用房工程开工】 12月1日，“北京石化新材料科技产业基地项目定向安置用房建设工程”开工建设。根据房山新城规划建设管理委员会办公室关于北京石化新材料科技产业基地项目进展协调会议精神，确定燕房组团7号街区YF07-013、-018、-029、-034、-099地块作为石化基地项目定向安置用房用地。该项目东至规划顾八路、规划经二路，南至兴东园一级开发项目用地北侧边界，西至规划依山路，北至丁家洼河、圣水嘉名项目区，总用地面积20.13公顷，规划建筑面积为24.4万平方米，预计投资8.5亿元，设计建设17栋楼，地上为11层至18层，地下为2层，建筑高度为20米到52米，总建筑面积为27.9万平方米，包括相关配套面积5000平方米。地上面积为24.4万平方米，地下面积为3.49万平方米，共2618套回迁房，其中一居395套、二居1672套、三居551套。

（刘建）

【瑞雪春堂住宅小区三期5项工程获北京市结构长城杯银质奖】 8月1日，北京韩建集团有限公司承建的瑞雪春堂住宅小区三期工程（共5项）被北京市优质工程评审委员会授予“2009年度北京市结构长城杯银质奖”。5项工程分别为五公司承建的21号、24号楼，六公司承建的18号楼、十三公司的19号楼，二十一公司的9号、15号楼、直属一公司的10号楼。三期工程于2008年3月开工，五公司21号、24号楼，二十一公司9号、15号楼两项工程竣工。

（刘佳杰）

【中国电影博物馆工程获第九届中国土木工程詹天佑大奖】 3月28日，北京韩建集团有限公司承建的中国电影博物馆工程获“第九届中国土木工程詹天佑大奖”。中国电影博物馆是国内最大的专业性博物馆之一，由中国电影博物馆业主委员会筹资新建，北京韩建集团有限公司总承包。博物馆建筑面积37930平方米，共分为地上4层、局部5层、地下1层。总建筑高度38.19米，绿化率达35%，建筑容积率小于0.98。该工程推广应用“建筑业十项新技术”中的10大项31小项。创新超大超长外幕墙五角星孔洞结构设计与施工等7项技术，其中EVE轻质复合外墙板施工技术和中央圆厅LED照明设计与施工达到了国际先进水平。在新技术推广应用过程中，此工程组织严密，措施得力，工期合理，施工过程受控，全过程推行节能环保的理念，取得了显著的经济效益和社会效益。中国电影博物馆于2002年11月22日开工，2005年12月29日开馆，2007年1月24日正式竣工验收。

（刘佳杰）

【韩建集团EVE轻质复合外墙板施工工法被评为国家一级工法】 4月，北京韩建集团有限公司EVE轻质复合外墙板施工工法被评为国家一级工法。EVE轻质复合外墙板施工工法是EVE轻质复合外墙板安装配套工法，该墙板具有节能环保、居住舒适度高等优点，其保温效果经专家鉴定达到国际先进水平。其在北京韩建集团有限公司承建的中国电影博物馆工程中首次应用于国内工程，通过项目部、韩建集团技术管理处和生产厂家的不断摸索实践，总结并应用了EVE轻质复合外墙板施工工法。该工法应用于中国电影博物馆工程、北京温都水城度假村以及国家奥林匹克体育中心训练馆工程中，提高了施工质量和施工速度，缩短了工期，取得了显著的社会效益和技术经济效果。

（刘佳杰）

【兴礼110千伏变电站工程获竣工长城杯银质奖】 由房山城建集团有限公司承建的兴礼110千伏变电站工程被北京市政工程行业协会评为市政基础设施竣工长城杯银质奖。该工程为框架结构，建筑面积1379平方米，于2007年1月26日开工，2007年7月15日竣工。

（田兴安　张鹏里）

【长沟110千伏变电站工程获竣工长城杯金质奖】 由房山城建集团有限公司承建的长沟110千伏变电站工程被北京市政工程行业协会评为市政基础设施竣工长城杯金质奖。该工程为框架结构，建筑面积3120平方米，于2007年1月26日开工，2007年12月13日竣工。

（田兴安　张鹏里）

【泰华龙旗广场5号住宅楼工程获结构长城杯银质奖】 由房山城建集团有限公司承建的泰华旗广场5号住宅楼工程被北京市优质工程评审委员会评为结构长城杯银质奖。该工程为整体现浇剪力墙结构，建筑面积27317平方米，于2008年11月开工，预计2011年12月竣工。

（田兴安　张鹏里）

【泰华龙旗广场6号住宅楼工程获结构长城杯银质奖】 由房山城建集团有限公司承建的泰华龙旗广场6号住宅楼工程被北京市优

质工程评审委员会评为结构长城杯银质奖。该工程为整体现浇剪力墙结构，建筑面积31037平方米，于2008年11月开工，2011年12月竣工。

（田兴安 张鹏里）

【房山城建集团成立两家市政分公司】 5月7日，房山城建集团在市政资质由三级升为二级的基础上，注册成立北京市房山城建集团有限公司第一、第二市政工程分公司，并中标良乡新城东环路二标段道路工程，造价1.82亿元，经营范围进一步向市政公路等领域拓展。

（田兴安 张鹏里）

【房山城建集团成立重庆分公司】 房山城建集团发挥资产规模大、资质等级高的优势，拓展外埠市场，在2009年成立大兴、辽宁、四川绵羊分公司的基础上，于5月16日注册成立北京市房山城建集团有限公司重庆分公司。

（田兴安 张鹏里）

【龙建集团获全国“安康杯竞赛优胜企业”称号】 1月28日，在中华全国总工会、国家安全生产监督管理总局联合开展的“安康杯竞赛活动”中，龙建集团获全国“安康杯竞赛优胜企业”称号，龙建集团连续8年获此称号。龙建集团把此项活动作为一个从“上”到“下”，齐抓共管的系统工程。从“上”抓，即加强活动组织领导，建立领导机构。坚持安全工作值班制度，及时处理工作过程中遇到的问题，定期召开“安全生产形势分析会”，研究上月安全工作情况，部署下一阶段安全工作要点。从“下”抓，即抓基层、抓班组。为落实安全责任、强化过程控制和管理，集团细化安全责任目标，分别与基层单位签订安全生产责任书，层层分解安全指标，逐级落实安全责任，对安全运行全过程实施科学管理。

（李博语）

【龙建天鸿顺鸭业公司获全国“安康杯竞赛优胜班组”称号】 1月28日，在中华全国总工会、国家安全生产监督管理总局联合开展的“安康杯竞赛活动”中，龙建天鸿顺鸭业有限公司荣获全国“安康杯竞赛优胜班组”称号。这是连续第三年获此称号。

（李博语）

【龙建集团承建的首个重型钢结构工程竣工投产】 5月23日，龙建集团第二十二分公司承建的首个重型钢结构工程——新型特高压电抗器厂房正式竣工投产。该工程由国家发改委、国家电网公司和华北电网公司重点支持兴建，总投资1.2亿元，承担着快速推进特高压电网设备自主创新技术应用和发展重任。龙建集团第二十二分公司用半年多时间，完成1万多平方米国际标准的生产及试验厂房、户外试验场和其他附属生产设施建设。打造世界级特高压电网设备研发制造基地，为特高压产品和常规电抗器出口产品的生产制造带来强大的保障。

（李博语）

【龙建集团王广福QC小组获全国工程建设优秀质量管理小组称号】 6月下旬，龙建集团王广福QC小组研制的“可调式卡架在钢网架上研发与应用”QC成果，在获2010年度北京市工程建设优秀管理小组的基础上，又被中国建筑业协会授予“全国工程建设优秀质量管理小组”称号。

（李博语）

【龙建集团5项工程获长城杯奖】 8月，龙建集团的5项工程获北京市优质工程评审委员会颁发的长城杯。其中，良乡三街家园北里4号、5号楼工程，获北京市结构长城杯银质奖；长阳张家场回迁安置用房5号至8号楼工程，获北京市结构长城杯银质奖；良乡体育中心综合馆及设施工程，获北京市结构长城杯银质奖；良乡佳世苑二期21号楼工程，获北京市结构长城杯银质奖；城关楮榆树C区6号至8号楼工程，获北京市结构长城杯银质奖。

（李博语）

【北京昊远隆基物业管理有限公司晋升物业管理国家一级资质】 5 月 21 日，北京昊远隆基房地产开发总公司下属的昊远隆基物业管理有限公司经由城乡和建设部权威评审，正式被授予国家级物业管理一级资质。

（陈娇）

【昊远隆基竞得长沟镇镇区改造一期 A 地块北区居住项目国有建设用地使用权】 11 月 3 日，北京昊远隆基房地产开发总公司以 5.6 亿元竞得长沟镇“镇区改造一期 A 地块北区”居住项目国有建设用地使用权。该项目位于素有“京南水乡”之称的房山区长沟镇，毗邻长沟镇政府，东至政府大街、西至规划泉水河西路、南至政府北街、北至规划云居寺路，地理位置优越，周边环境优美、配套设施齐全。项目建设用地面积 126701 平方米，规划建筑面积 162422 平方米。

（陈娇）

【昊远隆基首个外埠开发项目——黄果树·瀑韵天城开盘】 11 月 12 日，由北京昊远隆基房地产开发总公司投资、贵州昊远隆基房地产开发有限公司开发的位于国家 AAAAA 级黄果树瀑布风景名胜区新城中心商业区项目——“黄果树•瀑韵天城”开盘。“黄果树•瀑韵天城”一期正式预售，此次开盘预售面积共 19053 平方米，销售均价 7000 元/平方米，开盘当日即售出旺铺 17 套，合同金额 843.4 万元。

（陈娇）

【昊远隆基获“低碳地产企业”称号】 8 月 10 日，在第四届中国品牌节上，北京昊远隆基房地产开发总公司和旗下开发的贵州黄果树新城中心商业区项目分别获“2010 品牌中国低碳地产十大领军企业”和“2010 品牌中国低碳地产示范工程”。北京昊远隆基房山地产开发总公司始终注重建筑与自然的和谐，并将节能、减排、绿色、环保等“低碳”理念引入各项目开发和施工过程中。此次获“2010 品牌中国低碳地产示范工程”的贵州黄果树新城中心商业区项目，广泛采用太阳能发电、污水回流处理、雨水收集和节能材料等措施来节约能源、降低碳排量，创造良好人居环境。

（陈娇）

旅　游

【概述】 2010 年，以“走进中国房山世界地质公园”为主题，突出特色、突出整体，加大旅游营销推介力度。推出 2010 年春季北京国际长走大会暨中国房山世界地质公园开馆仪式、云居寺浴佛节、圣莲山老子文化节、长阳音乐节、首届北京大地艺术节、北京青龙湖国际红酒城自行车邀请赛等 69 项特色活动，吸引游客近 1000 万人次。2010 年 10 月，中国房山世界地质公园顺利通过联合国教科文组织的中期评估。专家给予了很高评价，认为中国房山世界地质公园的保护与建设引领了世界地质公园的发展态势，是亚太地区世界地质公园的表率和其他国家世界地质公园学习的榜样。全区启动旅游重点项目 28 个，累计完成投资 7.8 亿元（政府投资 3.1 亿元，社会投资 4.7 亿元）。圣莲山老子文化园、河北颐年山主、张坊仙栖驿站等项目相继建成；新建旅游咨询服务站 3 个，生态停车场 59 个，旅游引导标识 8000 余块。投资 2400 万元，完成 23 个民俗村的提升改造工程，推动周口店乡村酒店、十渡山水人家、佛子庄养生山吧以及河北、蒲洼生态节能环保小屋等新型业态发展。共拥有市级民俗旅游村30个，市级民俗户1387户，分别居全市首位。青龙湖镇南观村被评为全区第5个北京最美丽的乡村。全区接待游客990.8万人次，实现旅游综合收入14.16亿元，同比分别增长10.2%和22.7%。截至2010年年底，区内有A级景区20家、星级饭店35家。

（隗功霞）

【石花洞旅游服务中心成立】 1月1日，“石花洞旅游服务中心”成立。石花洞旅游服务中心设于河北镇南车营村，占地面积0.073平方公里，工作人员72人,为正科级自收自支的事业单位，隶属石花洞风景名胜区管理处领导,下设票检班、导游班、洞管班、水电班、综治班和市场部。其主要职责：负责石花洞游客接待服务、保护溶洞资源、维护洞内设施和组织经营创收4个职能。

（管志龙）

【房山区获最具旅游人气的区县称号】 2月26日，在北京市旅游局、北京市商务委员会、北京市文化局、北京市公园管理中心、北京晚报等机构联合主办的“2010北京请您来过年——春节十大系列群众评选”活动上，房山区获“北京市十大最具旅游人气的区县”称号。同时，云居滑雪场成为“北京最受喜爱的十大滑雪场”之一；功德福、昊天假日酒店获“北京最受欢迎的年夜饭”称号；大石窝镇小河人家农家院、河北镇栗春荣等10家民俗户获“北京百家最受喜爱的民俗户”称号。

（隗功霞）

【5家单位入选北京市首批乡村旅游特色业态】 2010年，全市38家乡村游接待单位入选北京市首批乡村旅游特色业态，房山区共有5家乡村游接待单位入选。大石窝镇小河人家、周口店镇天毓山庄被评为“乡村酒店”，十渡镇北石门村被评为“采摘篱园”，佛子庄乡北台民俗村被评为“养生山吧”，窦店镇富恒农业观光园被评为“休闲农庄”。

（隗功霞）

【端午节假日旅游接待人数与综合收入均增长】 2010年，端午节假日期间，全区共接待游客21万人次，实现旅游综合收入1959万元，同比分别增长26.2%和19.3%。青龙湖龙舟邀请赛、上方山暑期地质遗迹和动植物科普游、富恒樱桃采摘节等11项特色活动，吸引了众多游客参与。其中，列入监测范围的17家A级景区共接待游客8万人次，实现旅游综合收入764.2万元，分别占全区接待总量的38.1%和39%，同比分别增长13.8%和13.5%。列入监测范围的星级饭店共接待游客6248人，实现旅游综合收入147.2万元，同比分别增长36%和141.6%；全区民俗旅游共接待游客12.3万人次，实现旅游综合收入1047.6万元，同比分别增长35.3%和15.4%，分别占全区接待总量的58.6%和53.5%。

（隗功霞）

【云居寺文化景区开发有限责任公司成立】 8月6日，云居寺文化景区开发有限责任公司成立，大石窝镇政府与温德拉企业管理集团举行签约仪式。此次签约是继2月3日双方签署“云居寺文化景区项目合作框架协议”，7月19日“云居寺文化景区项目合作协议”后的第三次签约，标志着云居寺文化景区开发建设进入实质性阶段。

（隗功霞 符秀玲）

【举办2010中国(北京)房车露营大会】 8日7日，由北京市旅游局、房山区人民政府、中国房车露营联盟主办，房山区旅游局、房山长阳镇政府、21世纪房车网承办的“2010中国（北京）房车露营大会”在房山长阳镇中央休闲购物区（简称CSD）开幕。同时，北京房车博览中心在CSD开业。中心位于长阳京石高速公路附近，占地200余亩，是集国内外各式房车整车、各种房车零配件以及露营用品展示、销售为一体的大型、专业房车、露营产品销售贸易中心，也是各房车露营厂家合作、交流的平台，是发展以房车露营旅游为内容的绿色产业，形成集房车生产、房车展示、房车销售、房车零配件以及各种户外露营用具设施于一体的中国房车露营休闲产业集散中心。作为北京房车博览中心第一届房车露营展，2010中国房车露营大会汇集全国各地房车车主、房车露营爱好者及全国各地房车生产、销售企业，通过展示形式多样的房车及种类繁多的露营用品，充分阐述露营旅游新内涵，广泛传播CSD户外运动新理念，促进CSD休闲旅游产业的迅速升级，加快CSD品牌形象的深度推介。8日7日下午，作为“2010中国（北京）房车露营大会”重要内容之一的“中国房车发展论坛”，在房山长阳镇中央休闲购物区（简称CSD）的北京房车博览中心举行。论坛旨在研讨、展示、宣扬房车旅行与露营、汽车露营的健康生活方式，促使房车露营旅游产业链早日健全。论坛集中展示了房山多处露营地，特色旅游景区景点，为房车车友、露营者提供温馨、舒适的“房车露营之家”，推动CSD成为中国乃至世界房车露营业界年度聚会的胜地。

（隗功霞）

【举办首届房山长沟花田节】 9月12日，首届房山长沟花田节在长沟镇开幕。“房山长沟花田节”是长沟镇政府为推动当地乡村旅游度假产业而举行的一系列特色农业观光活动，“金秋葵海”为该系列中第一个大面积盛开迎客的花田。该花田依托长沟镇沿村1000余亩向日葵农田进行景观建设，在北京市农业技术推广站和房山区农科所的指导下，经过当地镇政府的筹划以及当地农民的精心培育，在保持田园乡土气息的前提下突出大面积油葵的观赏效果，为前来赏花的市民提供了一系列花海摄影、亲子娱乐、户外野营、游船赏荷、果园采摘、品农家饭、购土特产等极富北方水乡特色的乡村旅游综合服务，让大家充分感受到花田长沟与水岸长沟的魅力。

（隗功霞）

【房山区旅游业2010年综合收入实现14.2亿元】 据市统计局反馈的统计结果，2010年房山区旅游业实现综合收入14.2亿元，收入同比增长22.7%，绝对值在远郊10区县中位列第5位，相对值列第4位；接待游客990.8万人次，同比增长10.2%，绝对值在远郊10区县中排名第4位，相对值列第2位。从旅游业各构成要素看，住宿业收入和接待人次同比分别增长11.4%和7.5%；旅游区（点）收入同比增长12.9%，接待人次同比下降4.3%；旅行社收入和接待人数同比分别增长2.3倍和72.1%；旅游餐饮和旅游商业收入同比均增长20.9%；民俗旅游收入和接待人次同比分别增长32.9%和36.1%。

（吴红梅）

【A级景区平稳收局】 据统计资料显示，2010年房山区20家A级以上(含A级)和主要旅游区（点）累计接待游客252.1万人次，同比下降3.1%；实现营业收入9568.9万元，同比增长12.9%，其中门票收入实现6229.2万元，同比增长4.5%。增长原因主要是受节假日旅游效应带动，实现全年的平稳收局。

（吴红梅）

银行　保险

【概述】 截至2010年年底，全区各类金融机构人民币存款余额达到778.9亿元，比2009年增长22.4%，比“十五”期末增加498.9亿元，年均增长22.7%。城乡居民储蓄余额达到410.3亿元，占人民币存款余额的比重为52.7%，比2009年增长16.5%，比“十五”期末增加236.5亿元，平均增长18.7%。对公存款余额实现368.6亿元，同比增长29.7%。全区各类金融机构贷款余额达到190.7亿元，比2009年增长2.9%，比“十五”期末增加83.7亿元，平均增长12.3%。

（冷志伟）

【投放北京地区首笔公积金项目贷款】 受北京市住房公积金管理中心委托，在建设银行北京分行、市住建委、市公积金管理中心及区住建委、区住房公积金管理中心等相关部门共同配合下，于10月18日投放了北京地区首笔住房公积金支持保障性住房建设项目贷款（简称公积金项目贷款），贷款总金额为1亿元，期限3年。

（郭文晖）

【调整信贷结构】 年内，建行北京房山支行在贷款营销方面，调整信贷结构，发展“速贷通”“成长之路”小企业信贷业务，全年发放1笔2500万元“成长之路”、2笔700万元“速贷通”小企业贷款。个人贷款业务以一手房贷款为重点，全年发放商业性个贷593笔3.62亿元，新增5200万元，

（郭文晖）

【发展中间业务】 年内，建行北京房山支行对公条线确定“乾元”系列理财产品、各类保函、造价咨询、财务顾问、单位人民币结算业务等重点产品，个人条线确定基金、保险、理财产品、银行卡、电子银行、百易安等重点产品。抓重点客户、抓高收益产品、抓大单业务，全年实现中间业务净收入3108万元，增幅达39.6%。

（郭文晖）

【北京农商银行房山支行完成机构改革】 5月25日，根据北京农商银行《关于房山支行所属大石窝支行等2家机构降格并更名的通知》要求，房山支行将辖属韩村河支行、大石窝支行降格为分理处，并入长沟支行统一管理。

（魏莎莎）

【开展“走千村、进万户——送贷下乡”活动】 为发挥农村金融对农村经济的促进作用，有效缓解农民贷款难问题，北京农商银行房山支行开展“走千村、进万户——送贷下乡”活动，成立20个宣传小组，重点走访197个村、镇，发放宣传材料3776份。此次活动累计支持农户贷款498笔，金额2439.28万元，切实为农民增收致富提供帮扶，实现了农村金融由“坐等上门”到“送贷下乡”的转变。

（魏莎莎）

【实行信贷统一管理】 年内，为适应快速发展的信贷需求，北京农商银行房山支行根据部门职责，细化分工，成立授信业务审查中心和授信业务营销中心，上收各非管辖支行放款权限。授信业务审查中心主要负责全区单笔300万元以下授信业务的审查、管理及全部授信业务的贷后管理工作。授信业务营销中心主要负责全区单笔300万元及以上业务的审查及管理工作。两个中心的建立，减少管理层级，有效防范人为操作风险，提高了工作效率，在专业管理方面加深了管理纵度，提高了授信业务分类管理水平，为支行信贷业务全面发展奠定了坚实基础。

（魏莎莎）

【优化客户经理管理模式】 根据对公业务发展需要及网点分布特点，北京农商银行房山支行在原有分散管理的基础上，采取“集中+分散”的管理模式，对部分客户经理实行集中管理，同时进行全辖统一学习、培训，不断优化支行客户经理结构。

（魏莎莎）

【实行授信档案集中管理】 为进一步提高授信档案管理水平，有效规避操作风险，9月，北京农商银行房山支行结合自身实际情况制定《房山支行授信档案集中管理工作方案（试行）》及《房山支行授信档案资料集

中管理操作规程（试行）》，并在管辖支行成立授信档案管理中心，对全辖授信档案进行集中管理。集中管理档案的范围包括：公司类贷款、农户贷款、按揭贷款、承兑汇票、贴现、信用证、保函、备用信用证、进出口押汇业务、抵债资产等全部授信档案资料。通过授信档案中心的建立，进一步规范授信档案的日常管理，有效规避人为操作风险，确保档案资料的完整性和安全性，为支行实现授信业务统一管理奠定坚实基础。截至12月末，完成全辖1855户授信档案的集中上收工作，完成总任务量的24.5%。

（魏莎莎）

【加大特色小额农贷的投放力度】 2010年，北京农商银行房山支行不断优化贷款结构，增加到期收回率较高的抵押、质押为主的农户贷款投放，减少以个人或企业担保形式发放的担保贷款，提高个人担保贷款的准入资格，确保信贷投放质量。同时，按照“主体合格、程序规范、政策支持、风险可控”的原则，进一步健全、深化与政府及各类经济组织现有的合作关系，大力拓展对“经济组织+农户”发展模式的支持力度，对北京农商银行房山支行重点支持的“龙头企业+农户”“计划生育贴息”“农家女贴息”贷款实行“及时上报、随时审批”的绿色通道。截至12月末，房山支行农户贷款余额达到21466万元，抵质押贷款余额15282.18万元，抵质押率71.19%，累计支持“龙头企业+农户肉鸭养殖”111户，金额435.3万元，计生贴息贷款360户，金额2006万元。

（魏莎莎）

【推进“三信工程”评定工作】 为改善农村信用环境，北京农商银行房山支行推进“三信工程”建设。截至12月末，共发出《农户信用等级评定申请表》4300份，共评定信用户4208户，其中优秀信用户317户，良好信用户2238户、一般信用户1545户、不合格信用户108户，完成总任务的100.19%，完成全年“三信工程”评定工作。

（魏莎莎）

【改造地区支付服务环境】 2010年，北京农商银行房山支行结合房山地区经济发展状况，区域发展潜力，通过调研决定加大在行式自助机具布放力度，同时对现有存量机具布放进行合理调整，提高自助机具使用率，有效缓解柜面压力。截至12月末，共开通自动取款机54台，存取款一体机10台，比年初增加4台；发展特约商户600户，其中2010年新增85户；安装POS机1040台，年内新增135台。

（魏莎莎）

【开展清非工作】 2010年，北京农商银行房山支行进一步加大不良资产管理力度，以推进“不良资产攻坚年”为契机，狠抓不良贷款双降，有效开展清非（清收非正常类贷款）工作。一是开展“集中清理执行案件活动”，有针对性的清收大额不良贷款，截至12月末，共计清收大额不良贷款6户，金额2128万元，其中北京五谷道场食品技术开发有限公司1800万元。二是加大现金清收力度，全年现金清收6249万元，为全面化解不良奠定基础。三是积极落实转据条件，及时化解不良贷款，2010年通过转据方式化解不良贷款1346万元。四是进一步加强同法院的协作，提高依法收贷力度，积极利用法律武器清收不良贷款，截至12月末，共收回不良贷款本息2374万元。五是做好不良资产批量处置的准备工作，根据北京农商银行增资扩股工作要求，房山支行对不良资产进行全面梳理，保质保量完成不良资产剥离前的准备工作。截至12月末，完成3.57亿元不良贷款的打包处置工作，四级不良贷款率由年初的12.73%下降到3.26%，五级不良贷款率由年初的8.44%下降到2.91%。六是利用“银政”合作平台，在投入信贷资产的同时，向政府相关部门反映支行因政府产业政策的调整等政府行为，导致水泥、非煤矿山行业贷款形成不良的情况，建议由政府出资打包进行化解。七是建立不良贷款形成的问责制，一旦贷款形成不良，行长、副行长、信贷人员每月汇报清收进度及相关责任人尽职情况，严防不良贷款的反弹，增加不良贷款化解压力。

（魏莎莎）

【农行北京分行与区政府签署战略合作协议】　4月14日，中国农业银行股份有限公司北京市分行与北京市房山区政府签署战略合作协议。农行北京分行行长易映森表示将把房山区作为重要战略合作区域和业务发展的重点支持区域，在未来3年内向房山区人民政府提供不少于100亿元人民币的信用支持，主要用于区域基础设施建设、公共服务、新城建设、环境保护、产业提升、小企业金融服务等领域，助推房山区经济又好又快发展。房山区区委副书记、区长祁红表示将进一步拓宽和深化房山区政府与农行北京分行的银政合作的领域与层次，推动房山地区经济社会有效发展。与此同时，农行房山支行还与房山区水务局、韩建集团、龙建集团及京西重工签署了合作协议。

（赵宏）

【农行房山支行成立个贷经营中心】　4月，农行房山支行个贷经营中心组建完毕。中心主要负责个人信贷业务营销拓展方案的制定与实施，集中进行辖内个贷业务的调查、授信执行、抵押登记、贷后及档案管理、制定并落实辖内绩效考核方案等。通过全员营销、分散受理、集中调查、专业运作、流程作业的运作模式。截至2010年年底，新增个人贷款136笔，金额9127.6万元。

（赵宏）

【农行苏庄分理处营业】　6月7日，农行房山支行新建网点苏庄分理处正式营业。苏庄分理处是农行房山支行努力优化地区金融网点布局，力争为地区居民提供更加优质、便捷、高效金融服务的重要举措之一。

（赵宏）

【农行发放“城中村”改造项目贷款6亿元】　9月30日，农业银行总行批准通过北京市土地整理储备中心房山分中心14个项目60亿元贷款授信额度。11月5日，农业银行房山支行发放东羊庄村“城中村”改造项目贷款6亿元。

（赵宏）

城乡建设

基础设施建设

【概况】　区市政市容委以充分发挥新型城市化带动作用为目标，完成10亿元市政基础设施建设投资任务。稳步推进市政道路建设，完成北京市六环路天然气管线和“陕京三线房山段”输油气管道工程沿线拆迁工作和长阳大街雨水、给水管线铺设工作。逐步完善环卫基础设施。城关田各庄临时垃圾卫生填埋场投入使用。完成良乡厨余垃圾处理站改造，新增厨余垃圾处理机2台，安装了自动吊装进料系统。完成燕山地区4座密闭式垃圾清洁站的改造。完成10个乡镇197个村的农村生活垃圾分类工作，购置源头垃圾分类桶8.2万个、分类运输车361辆，建设中转房171座、堆肥场11座，实现农村生活垃圾分类收集、运输和处理，全区生活垃圾无害化处理率达87%。纳入房山区供热行业管理的供热单位102家，共投资7495万元，对供热设备、管网进行维修和更新改造，完成大修更新锅炉288台，大修更新水泵 294 台，新建换热站 7 座，维修管网 81 公里。完成储煤 37.5 万吨，储煤率达 86%。城关西里、城关城中、良乡鸿顺园、良乡吴店 4 个集中供热项目取得市规委建设用地许可证。实施农村改水工程。新建联村水厂 1 座，更新改造农村单村水厂 5 座、单村水质处理水厂 4 座、单村扶贫水厂 1 座，改造管线约 10 万米，涉及 11 个行政村，1.2 万人受益。完成改造农村户厕 1 万座、新建公厕 200 座，全区农村无害化厕所普及率和农村粪便无害化处理率均达到 96%。实施良坨路部分路段路灯改造。投资 1042 万元，完成良坨路京石高速跨线桥（京港澳高速跨线桥）至青龙湖镇豆各庄路口路灯改造，拆除太阳能路灯 315 盏，安装市电路灯 240 盏，改善了夜间照明条件。年内，成立城乡环境建设委员会，全面统筹城乡环境建设。全年创建北京市健康促进示范村 17 个，北京市健康社区 3 个。

（杨春柳）

【房山城关、良乡两城路灯节电系统工程竣工】 3 月 15 日，房山城关、良乡两城路灯节电系统工程开工，6 月 23 日竣工。工程总投资 1240 万元，实施路灯节电系统、远程监控系统、电缆铺设工程及更换部分 LED 灯等工程项目，共安装节电器 70 台、监控器 128 台。

（杨春柳）

【启动“再生资源回收日”活动】 3 月 27 日，房山区“再生资源回收日”活动启动。此次活动是全市第八个“再生资源回收日”，也是远郊区县“再生资源回收日”首次启动，由区商务委和区市政市容委共同组织区内再生资源回收主体企业、垃圾分类社区、家电以旧换新企业，以回收再生资源、垃圾分类宣传、发放“再生资源回收积分卡”、家电以旧换新咨询服务等形式开展了宣传活动，共接待群众咨询 1000 余人次，发放宣传材料 1000 余份，发放“再生资源回收积分卡”300 余份。

（杨春柳）

【区市政市容委清洁二队获 2010 年“北京市模范集体”称号】 4 月 20 日，2010 年北京市劳动模范和先进工作者表彰大会举行，房山区市政市容委清洁二队获 2010 年“北京市模范集体”称号，并受到市委、市政府表彰。清洁二队在管理上实现 5 个突破：一是主要道路实现机器化清扫，从而大幅度降低了个人的劳动强度。二是城内取消了地撮站，新增了箱站和桶站。三是主要大街取消了垃圾桶改压缩车集中收集。四是新增了垃圾分类、厨余垃圾处理站，实现了垃圾减量化，并走在全市前列。五是粪便处理厂正常运转，解决了全区多年来粪便无处倒的难题，良乡新城环境得到全面提升，环卫事业实现跨越式大发展。

（杨春柳）

【良坨路路灯改造工程竣工】 5 月 10 日，2010 年区政府拟办 30 件实事之一——良坨路路灯改造工程开工，9 月 27 日，工程竣工。该工程位于良坨路京石高速跨线桥（京港澳高速跨线桥）至青龙湖镇窦各庄路口，全长约 5 公里，完成拆除原有太阳能路灯 315 盏，新安装 LED 路灯 286 盏，设置路灯照明控制箱 10 台，改善了居民出行条件。

（杨春柳）

【东环路工程开工】 5 月 27 日，房山区东环路建设工程开工。东环路建设工程既是北京市 2010 年重点工程，又是北京市城南行动计划的重点建设项目。道路为城市主干路，北起京良路、南至南六环，全长 7.4 公里，规划红线 60 米。工程总投资为 6.7 亿元，主要包括道路、排水、桥梁、铁路箱涵、泵站、给水、中水、交通、照明、绿化等工程。东环路建成后将成为沟通良乡组团南北方向的重要交通走廊，将极大改善良乡东区的交通环境，方便周边居民出行。

（杨春柳）

【村庄环境整治工作保持全市郊区领先水平】 5月28日，北京市召开2010年新农村“5+3”工程和环境建设工作会，会上对4月26日至29日开展的迎“五一”郊区村庄环境检查情况进行通报，房山区以91.83分的成绩名列全市郊区县第一名，继续保持全市郊区领先水平。房山区制定了《房山区环境建设规划（2010年～2012年）》《房山区2010年城乡环境建设工作实施意见》《房山区2010年城乡环境建设考核办法》。组织召开全区城乡环境建设动员会，对全区村庄环境整治工作进行安排部署，区政府与各乡镇（办事处）、委办局分别签订了“2010年城乡环境建设任务书”，明确整治重点、任务要求和目标，确保环境整治工作有效开展。区城乡环境建设办对全区462个村进行暗查，对环境问题进行现场登记、拍照，并建立整治台账（共上账80处），向问题所属乡镇下发“整改通知书”，督促各相关乡镇在半个月内全部完成整改。在检查方式上，由单向检查向多向互查、定期检查与随机抽查相结合转变，由区城乡环境建设办牵头，每月组织区委、区政府督查室、监察局等部门参加，采取抽签的方式对23个乡镇（办事处）环境建设情况进行拉练检查，现场打分、排名，将结果向全区通报。各乡镇（办事处）积极开展环境自查，共发现各类问题215处，做到整改一处、核减一处，3月底前完成全部整治工作。截至4月底，共组织拉练检查4次、暗查2次，增强各乡镇（办事处）工作的主动性。各乡镇（办事处）对存在脏、乱、差卫生死角进行集中整治，对各村环境进行地毯式排查，对存在的问题进行督促整改。按照“干净、整洁、村绿、路畅、建制”和“六无三落实”的标准，将村庄环境整治工作向纵深延伸，巩固整治成效。各村建立村庄环境领导责任制、清扫保洁岗位责任制，制定《村规民约》等制度，做到任务上账、制度上墙，任务量分解到周，接受群众监督。通过全区上下共同努力，形成了区、乡、村三级齐抓共管的工作局面。

（杨春柳）

【集中清理整治户外广告牌匾】 根据房山区2010年城乡环境建设动员会精神，从5月中旬至6月底，在良乡建成区开展以清理、拆除各类违规设置的户外广告、牌匾标识为重点的环境整治工作。区市政市容委会同区城管、街道办事处等13个相关单位对良乡建成区15条道路两侧违规设置的广告、牌匾、标语宣传品进行了集中整治，共拆除各类违规设置广告牌匾334处7210平方米、标语宣传品26处198平方米、玻璃贴画271处1426平方米。

（杨春柳）

【良乡苏庄中路（建鑫大街）路灯改造工程竣工】 8月12日，良乡苏庄中路路灯改造工程开工，8月31日工程竣工。该工程东起苏庄东路、西至苏庄西路，全长840米，包括拆除华灯、景观灯53套，安装高压钠灯40套，更换电缆1800米。

（杨春柳）

【城关南沿里社区整治工程竣工】 10月11日，2010年老旧小区整治项目——城关南沿里社区整治工程开工，11月19日，工程竣工。完成外墙粉饰49597平方米，内墙粉饰15014平方米，新建混凝土路面5923平方米，铺设人行步道砖5348平方米，新安装太阳能路灯72套。

（杨春柳）

【房山区长阳环卫所成立】 8月26日，区编办下发《关于成立北京市房山区长阳环卫所的批复》，长阳环卫所属全额拨款事业单位，人员编制15名，其中相当科级领导职数1正2副（设所长1名、副所长2名）。11月23日，房山区长阳环卫所举行成立揭牌仪式。长阳环卫所作业范围北至赵辛店高速入口、南至任营、东至永定河大桥、西至黄管屯，作业面积为1576557.25平方米。主要职责：负责长阳地区主要街道清扫保洁；负责长阳地区居民生活垃圾清运；负责公厕清扫、保洁和粪便清掏；负责垃圾场的垃圾消纳管理；负责垃圾桶、果皮箱的维修、清掏、油饰、保洁和管理；负责有关单位垃圾有偿清运。

（杨春柳）

【房山区长阳市政管理所成立】 8月26日，区编办下发《关于成立北京市房山区长阳市政管理所的批复》，长阳市政管理所属全额拨款事业单位，人员编制15名，其中相当科级领导职数1正2副（设所长1名、副所长2名）。11月23日，房山区长阳市政管理所举行成立揭牌仪式。长阳市政管理所作业范围为圣水西路以北、京周路以东、广阳大街以北、东环路以东、长虹东路以北的区域内的主干、次干城市道路及附属设施管理。作业面积为157.66万平方米。主要职责：负责长阳地区道路建设和基础设施管理；负责长阳地区内大街、人行便道的建设和管理。

（杨春柳）

【房山区清扫保洁道路能力提高25.86%】 截至2010年年底，房山区清扫保洁道路面积达796.88万平方米，比2009年同期增加163.71万平方米，增长25.86%；其中机械化清扫保洁面积达365.89万平方米，比2009年同期增加62.72万平方米，增长20.69%。建垃圾站611座，比2009年同期增加227座，增长59.12%。环卫专用车辆335辆，比2009年同期增加23辆，增长7.38%。

（周澂）

【签署燃气发展合作协议】 1月18日，区政府与北京市燃气集团有限责任公司共同签署燃气发展合作协议书。按照协议，房山区管道天然气用户将与北京城区天然气用户同网同价，并享有相同的优质服务及供气安全保障。同时，北京燃气集团将按照房山区总体规划及相应的重点项目进度安排，积极投资建设合作区域内的燃气干线及配套设施，并推进房山区未通气老旧小区的燃气改造工作和煤矿关闭地区的液化石油气供应工作。

（化凤梅）

【资产转让及委托管理协议签订】 2月26日，区燃气中心与市燃气集团资产转让及委托管理协议签字仪式在凯悦莱温泉会议中心第二会议室举行。此次协议的签订标志着原区燃气中心管理范围内的270余公里燃气管线，近10万燃气用户正式纳入北京市燃气集团管理服务体系，房山区居民在使用与城区同网同价的管道天然气同时，还将享受到与城区相同的优质服务及安全供气保障。

（化凤梅）

【十渡35千伏输变电工程投产发电】 1月26日，由房山供电公司实施改造的十渡35千伏输变电工程投产发电。此次改造，增加1万千伏安主变一台，缓解了十渡地区用电紧张局面。

（贾鹏）

城乡规划

【概况】 2010年，房山规划分局结合房山新城规划，开展“全区战略研究”，提出“两轴三带五园区”的构想。开展永定河水岸生态带规划研究、轨道交通燕房线沿线土地利用规划研究，轨道交通房山线沿线土地利用规划研究，房山区葡萄酒产业发展规划试点研究，中核项目和港中旅项目前期规划研究等工作。编制完成《北京市房山区山区生态恢复与综合利用发展规划（2009～2020）》《房山区山区废弃工矿利用试点规划》《房山区平原地区废弃工矿用地利用规划研究》《房山新城良乡组团地名规划》，推进《房山区客运枢纽、场站建设规划》《高教园区中央景观带规划调整》《山区人口搬迁规划》

等工作。五大功能区建设方面：完成燕房石化新材料产业基地、窦店产业基地总体规划研究和部分街区层面控规及测绘工作；对中央休闲购物区、世界地质公园、文化创意产业区、琉璃河高端农业产业区开展前期规划调查、数据整理、规划选址和规划编制等工作。重点工程方面：完成高教园区回迁区、良乡旧城棚户区改造和轨道交通、物流基地、京石客运专线、青龙湖、长沟以及城关街道等 23 个回迁定向安置用房项目；永安东里、槠榆树街、长阳北部组团、洪寺、伟业嘉园、高佃三村等经济适用住房项目审查工作，审批面积 74.7 万平方米。完成新城文化体育中心和文图两馆为代表的文化休闲设施建设和以区疾控中心和重点学校为代表的文化医疗设施建设规划工作；启动房山区客运枢纽、场站建设规划工作，良乡老城区交通疏堵工作；推进城关西里等 5 大集中供热工程、房山生活垃圾综合处理循环经济园、长阳生活垃圾综合处理厂和房山新城滨河森林公园建设工作。轨道交通方面：完成轨道交通房山线稻田站、广阳城站等 6 座车站站点及周边土地一体化设计和汇总综合工作；完成房山线长阳镇站综合枢纽体规划方案编制工作；开展房山线沿线景观规划研究。完成轨道交通燕房线规划方案，开展沿线土地利用优化规划工作。道路建设方面：完成京昆高速公路（北京段）项目设计方案、公路附属设施规划方案和丰良路、石水路、南胜路、良常路、南水北调巡线路（房山段）、京港澳高速（五环路—赵辛店立交段）改造工程、107 国道改造等重要道路工程规划方案批复；开展京石客运专线在房山区设站问题协调工作和良乡老城区交通疏堵工作的研究。全年受理各类申办件 511 件。其中，核发规划意见书 52 件；建设用地规划许可证 58 件，总用地面积 1184.8 公顷；核发建设工程规划许可证 91 件，总建筑面积 200.5 万平方米；地名命名审批 6 件。核发各类规划复函 91 件。全年完成 4 次卫星查违核查，核查 431 处 277.6 万平方米，发现违法建设 112 处，建筑面积 88.4 万平方米。进行规划监督 131 件次，总建筑面积 300.83 万平方米。为改善城市容貌、优化城乡建设和人居环境提供了有力支持。

（王学青）

【完成北京理工大学良乡校区项目规划许可】 1 月 6 日，房山规划分局完成北京理工大学良乡校区数字化图书馆项目、数字化基础教学楼、行政办公楼、学生食堂、校医院等项目建设工程规划许可。该项目一期规划总用地面积约 47.2 万平方米，规划总建筑面积 29 万平方米。

（王学青）

【房山涿州签订城乡规划合作交流协议】 1 月 20 日，房山区与河北省涿州市两地规划部门结成友好合作关系，签定了城乡规划合作交流协议。两地规划部门进一步丰富合作形式，完善合作机制，扩展合作领域和范围，深化合作层次和内涵，积极推动互惠双赢的合作持久深入地开展，全面推动房山涿州城乡建设再上新台阶。

（王学青）

【丰良路道路工程规划方案获批复】 4 月 12 日，丰良路道路工程规划方案获北京市规划委批复。该道路工程西起长青路环岛，向东经中环路、航天总公司第三研究院铁路专用线、京广铁路、牤牛河、京周公路、京广铁路、京石高速公路、小清河、京石客运专线、长韩路、南水北调后沿南水北调南干渠南侧布置，经永定河右堤路、永定河、西五环路、丰西铁路编组站，至终点榆树庄东路，与规划六圈路相接，道路全长约 8.8 公里。道路红线宽 50 米，设计时速 60 公里/小时。

（王学青）

【轨道交通房山线长阳站、稻田站规划意见书获市规划委批复】 5 月 28 日，轨道交通房山线长阳站、稻田站规划意见书获市规划委批复。长阳站位于长阳镇政府西侧，京良路南侧，车站沿京良路东西向布置于道路南侧绿化带内，总占地面积约3880平方米。长阳站为路侧岛式3层高架车站，地上1层为车站变电所，地上2层为站厅层，地上3层为站台层。车站主体总长度约118.1米，宽18.3米，高21.7米，车站总建筑面积约6652.86平方米，其中地下建筑面积约140.6平方米（消防泵房），地上建筑面积约6512.26平方米。稻田站位于规划长阳镇北部独义组团核心区，车站沿规划独义三路东西向布置于道路路中，总占地面积约5191平方米。稻田站为路侧岛式地上3层高架车站，地上1层为车站变电所，地上2层为站厅层，地上3层为站台层。车站主体总长度约118米，宽18.4米，高23.55米，车站总建筑面积约7119平方米，其中地下建筑面积约882.5平方米（消防泵房），地上建筑面积约6236.5平方米。

（王学青）

【轨道交通房山线车辆段规划意见书获市规划委批复】 5月28日，轨道交通房山线车辆段规划意见书获市规划委批复。阎村车辆段位于轨道交通房山线西南末端，位于大件路以北、京石高速公路以西、六环路以东。阎村车辆段规划总用地面积约22.87公顷，东西长约1100米，南北最宽约300米，最窄约65米，规划总建筑面积约9万平方米。

（王学青）

【轨道交通房山线高架区间规划意见书获市规划委批复】 5月31日，轨道交通房山线高架区间规划意见书获市规划委批复。轨道交通房山线高架区间起点位于京石高速公路，途经长虹路、长于路、京良路、长周路、独义三路，终点位于丰台区葆台北路，总用地面积约35.14万平方米。高架区间包括：阎村车辆段出入段线区间、起点至苏庄站区间、苏庄站至良乡南关站区间、良乡南关站至大学城西站区间、大学城西站至良乡大学城站区间、良乡大学城站至大学城北站区间、大学城北站至广阳城站区间、广阳城站至篱笆房站区间、篱笆房站至长阳站区间、长阳站至稻田站区间、稻田站至永定河西岸区间、永定河东岸至高架桥与U型槽分界点区间。

（王学青）

【市政府批准《房山新城良乡组团地名规划》】 6月7日，市政府批准《房山新城良乡组团地名规划》。《房山新城良乡组团地名规划》以传承和保护良乡文化遗产、再现区域风貌特色、表现区域风情民意、体现新区规划功能为设计主线，构建起规范化、层次化、系列化、层次清晰的地名体系。以“良乡——人物俱良”为主题，设计道路、桥梁、公园等名称191个。良乡组团地名规划成果将同步应用于道路定线、规划许可和地名审批之中。

（王学青）

【市规划委核发房山区东环路改造工程规划意见书】 6月21日，市规划委核发房山区东环路改造工程规划意见书。东环路改造工程起点位于圣水南大街，终点位于京良路，道路全长约7382米，总用地面积约56.9万平方米。东环路规划为城市主干路，道路红线宽60米，道路横断面为四幅路形式，双向6车道。

（王学青）

【南胜路道路工程设计方案获市规划委批复】 6月21日，南胜路道路工程设计方案获市规划委批复。南胜路西起南窖乡红新路，线路向东南经北安村、十字寺东侧、车厂村，至终点燕山周胜路，道路全长约11.5公里。该道路规划为二级公路，设计速度为40公里/小时，道路采用一幅路形式，路面宽8.5米，路基全宽10米。

（王学青）

【市规划委核发轨道交通房山线5个站点及阎村车辆段“建设用地规划许可证”】 6月28日，市规划委核发轨道交通房山线5个站点及阎村车辆段“建设用地规划许可证”。其中，5 个站点分别为：稻田站建设用地面积 5190.9 平方米、长阳站建设用地面积 3900.4 平方米、篱笆房站建设用地面积 5249 平方米、大学城北站建设用地面积 5459.7 平方米、良乡大学城站建设用地面积 5249 平方米。阎村车辆段建设用地面积 22.83 万平方米。

（王学青）

【核发中粮万科长阳半岛项目“建设用地规划许可证”】　7 月 8 日，房山规划分局核发中粮万科长阳半岛项目“建设用地规划许可证”。此次核发的项目位于长阳镇起步区 1 号地，用地范围：东至规划经一南路，西至规划军张路，南至规划纬五路，北至京良路，规划用地性质为居住、文化娱乐用地，总用地规模 22.2 万平方米。其中，建设用地 15.7 万平方米（二类居住用地 15.4 万平方米，文化娱乐用地 0.3 万平方米）；代征城市公共用地 6.5 万平方米（代征道路用地 4.4 万平方米，代征绿化用地 2.1 万平方米）。此地块规划建设规模约 33.8 万平方米。该项目“建设用地规划许可证”从受理到核发仅用 1 个工作日办理完成。

（王学青）

【核发中粮万科长阳半岛项目“建设工程规划许可证”】　7 月 19 日，房山规划分局核发中粮万科长阳半岛项目“建设工程规划许可证”。该项目位于长阳镇起步区 1 号地 04 地块，建设内容为 1、5、6、7 号住宅楼和 PT1、PT2 号配套用房、1 号地下车库及动力中心。用地范围：东至规划经一南路，西至规划军张路，南至规划纬五路，北至京良路，规划用地性质为居住、文化娱乐用地，总用地规模 22.2 万平方米。此次核发“建设工程规划许可证”规划总建筑面积 8.4 万平方米，其中地上建筑面积 7.7 万平方米、地下建筑面积 0.7 万平方米。

（王学青）

【东羊庄村地块控制性详细规划获市规划委批复】　7 月 26 日，东羊庄村地块控制性详细规划获市规划委批复。该地块规划范围北起兴良大街、南至良乡高教园七号路、西至塔坡路、东至阳光大街，原则同意《东羊庄村地块控制性详细规划》确定的用地规划布局和各类建设用地的各项规划指标、规划范围、相关用地与建筑规模，规划范围用地面积约 92.19 公顷，规划总建筑控制规模约 114.1 万平方米。

（王学青）

【市规划委核发轨道交通房山线苏庄站、广阳城站、良乡南关站“建设用地规划许可证”】　8 月 17 日，市规划委核发轨道交通房山线苏庄站、广阳城站、良乡南关站“建设用地规划许可证”。苏庄站：建设用地面积 5419.53 平方米；广阳城站：建设用地面积 5248.962 平方米;良乡南关站：建设用地面积 5492.08 平方米。以上 3 个站点用地性质全部为公共交通用地。

（王学青）

【市规划委核发轨道交通燕房线规划方案批复】　9 月 27 日，市规划委核发轨道交通燕房线规划方案批复。轨道燕房线走向及工程规模获北京市规划委员会批复。燕房线自燕化产业区南端起，沿燕房路向东南方向走行，过燕东路、北关环岛至柳林街，随后线路向东拐入京周路，向东过顾八路，跨越大石河后，过大窦路、紫十路，之后线路向北，沿大件路向东跨越西六环，接入房山线西延终点站；支线起自周口店地区，由周口店镇政府门口沿兴房大街向东北方向走行，过马刨泉河绕行南关立交，至城关南路以北后向东拐入京周路，并接入主线。燕房线全线以高架线为主，线路全长约 21.4 公里，其中主线长约 15.2 公里、支线长约 6.2 公里，新建车站 12 座和车辆段 1 座。12 座车站包括燕化站、洪寺站、老城区北站、周口店镇站、顾册站、老城区站、饶乐府站、顾八路站、星城站、阎村站、大紫草坞站、车辆段站。在顾册附近设置车辆段一座，位于顾册西路以西，兴房大街南侧的规划地块中，规划用地约25公顷。

（王学青）

【南水北调巡线路（房山段）道路工程规划设计方案获市规划委批复】 10月12日，南水北调巡线路（房山段）道路工程规划设计方案获市规划委批复。南水北调巡线路（房山段）属于城南行动计划房山区2010年重点推进项目折子工程。该段道路工程南起大石窝镇南庄泵站，途经大石窝、长沟、韩村河、周口店、城关、青龙湖，终点至京良路，道路全长约45.8公里。规划为二级公路，设计车速为60公里/小时，道路中间路面宽9米，路基全宽10米。

（王学青）

国土资源管理

【概况】 2010年，房山国土分局认真履职保民生，扎实工作强基础，完成土地储备开发投资90亿元，土地开发面积732公顷，经营性用地土地供应393公顷。完成收购储备项目2宗，土地面积0.7公顷，总投资1795万元。完成土地入市交易31宗，总成交价款188.6亿元，实现政府土地收益133.3亿元。完成全区土地供应677公顷。加快用地审批，完成用地预审143个，完成征地93个，完成出让或划拨38个，完成登记发证17个。加强土地批后监管的力度，签订土地出让合同5宗，收取土地出让金1874.7万元，催缴土地出让金欠款206万元。加大土地执法工作力度，查处第十次卫片违法用地126宗。按非立案方式处理95宗，全部处理到位，拆除29宗，拆除面积4.2万平方米。整顿规范矿产资源秩序，完成18家煤矿的关闭工作，注销了采矿许可证，房山区小煤矿全部关闭。

（张学强）

【调解一宗二十多年军产土地权属争议】 1月13日，北京市国土资源局副局长谢俊奇、副区长吴会杰参加土地确权会，并为部队颁发“土地证”。该地从1984年由部队征用，使用土地面积为76.29亩。2003年长阳镇长阳一村向北京市国土资源局提出土地权属争议调查处理申请，由于该宗地涉及历史遗留问题，情况复杂，调解较为困难。北京市国土资源局了解情况后，与房山区政府联系，经过多方努力，长阳一村和部队达成一致意见，明确了双方的权属界限，成功调解了房山区这宗二十多年一直未能解决的军产土地权属争议，并为部队颁发了土地证。

（张学强）

【房山区土地利用总体规划大纲（2006～2020年）通过市国土局评审】 4月30日，北京市国土资源局组织有关专家对《北京市房山区土地利用总体规划（2006～2020年）》大纲进行评审。参会专家听取房山区土地规划大纲成果汇报，认为规划大纲结合房山区土地资源现状、未来土地利用的趋势和全区经济社会发展战略，提出的“三带两田，两轴两翼多点”土地利用总体格局，符合房山区“两轴、三带、五园区”的区域发展战略，落实了《北京市土地利用总体规划（2006～2020年）》下达的各项指标要求，同意通过审查。

（张学强）

【大石窝镇辛庄矿山地质环境治理项目开工】 5月6日，大石窝镇辛庄大理石矿山地质环境治理工程开工，该工程是国家国土资源部在北京市最大的矿山地质环境治理项目。该项目位于大石窝镇辛庄村北部的大理石矿区，治理区总面积1000亩，旨在对矿区进行地质环境整治和修复。工程主要包括地形地貌整治、挡土墙、场区道路、给水井、植被防护5项工程，具体内容包括整治采废石矿堆14处；回填采石坑10个；修建38道干砌挡土墙；完成治理区道路、台阶及

4 段路坡治理工程；修建 1 座水井；马道及部分台地绿化。项目的实施将改变治理区内采坑遍布、渣土成山的面貌，降低矿山次生灾害发生的可能；彻底改变治理区内各种不良地质环境，改善生态、生活环境，逐步恢复涵养水源、保持水土等功能，为引进低碳高端产业、开展生态休闲旅游创造条件。

（张学强）

【完成征地补偿区片价听证会】 10 月 19 日，房山国土分局召开由相关委办局、23 个乡镇街道办事处、部分村委会、社会专家学者以及社会公民申请听证代表共计 60 余人参加的“房山区征地补偿区片价听证会”。此次听证会严格按听证程序进行，就制定征地补偿区片综合地价的必要性、制定原则及划定区片和标准进行听证，听证会群众代表根据各自实际情况发表了意见和建议，为合理确定全区征地补偿区片价，推行同地同价，解决征地工作中存在的问题打下了良好的基础。

（张学强）

【房山区土地利用总体规划（2006～2020 年）通过专家评审】 10 月 27 日，北京市国土局组织北京大学环境学院蔡运龙、中国地质大学土地资源学院的 5 位专家对房山区土地利用总体规划（2006～2020 年）进行评审，市发改委、市规划委、市环保局、市水务局、首农集团领导，房山区委常委、常务副区长高言杰，区“三化两区”建设咨询委员会副主任委员、房山国土分局局长任振秋等领导出席评审会。专家表示，房山区土地规划工作扎实，规划内容符合房山实际，符合规划编制政策要求，同意通过评审，要求进一步完善后上报市政府审批。

（张学强）

【完成房山区土地储备开发目标】 2010 年，房山区土地储备开发项目共 48 个，土地总面积 1836 公顷，其中结转项目 37 个，面积 932 公顷，新增项目 11 个，面积 904 公顷。计划完成土地储备开发投资 90 亿元、完成土地开发面积 600 公顷、完成经营性用地土地供应 379 公顷。截至年底，房山区实际完成土地储备开发投资 90 亿元，完成土地开发面积 732 公顷，完成经营性用地土地供应 393 公顷。完成收购储备项目 2 宗，土地面积 0.7 公顷，总投资 1795 万元。完成土地入市交易 31 宗，总成交价款 188.6 亿元，实现政府土地收益 133.3 亿元。

（张学强）

【采取 4 项措施推进土地储备】 年内，房山国土分局采取 4 项措施加快推进土地储备。一是早做准备，制定土地储备工作计划。二是落实责任。建立问责制度，强化责任意识，在各个环节推行主要领导负责制，确保责任落实到位。对重大项目责成专人负责，细化工作目标，分解工作任务，把任务落实到每个项目、每个企业，并按要求做好信息反馈。三是完善沟通顺畅、衔接严密、运转高效、保障有力的工作机制。建立由区发改委、区住建委、房山规划分局、区市政市容管委、房山国土分局、区文委、区园林绿化局等部门的主管副职、相关科室和乡镇街道参加的例会制度，定期召开会议，及时协调、解决项目运作过程中的困难和问题。同时提高服务意识，强化工作管理，保证项目的各项审批手续在确定的时限内完成，确保项目顺利实施，投资及早落地。四是落实审计监察机制，确保项目资金的安全有效利用。区纪检监察、财政、审计等部门组成督察审计小组，及时跟进、全程参与，认真履行职责，加强监督检查，严格执行纪律，确保投资安全、透明、高效和有序使用。

（张学强）

【采取 4 项措施实施土地供应】 年内，房山国土分局采取 4 项措施加快实施土地供应，保障房山区五大园区建设。一是建立联合审核制度。成立协调小组，按照项目进展情况，定期召开相关委办局的小组会，协调各部门的关系，及时解决土地供应中遇到的重大问题，保障项目的顺利实施。建立土地项目审核机制，科学确定土地项目开发成本和招标拍卖挂牌出让底价，合理有效的控制区域地价水平，并邀请社会专家参与评审。二是建立园区绿色通道机制。对重点项目专人负责，对涉及到的园区项目责任到人，确保顺利办理各项审批手续，尽快完成一级开发和上市准备工作。按照房山区政府工作报告，2010 年房山区土地储备项目完成 100 亿元，其中包括园区项目 5 亿元。三是建立土地供应项目监管制度。要求项目单位月底前上报项目进度，房山国土分局随时掌握项目进展情况。定期组织召开项目监管例会，研究解决出现的问题，对项目进行现场巡查，及时解决项目运做中遇到的难点问题。四是发挥职能严格土地批后监管。进一步加大土地执法的工作力度，充分发挥土地执法巡查员的作用，利用完善的土地执法手段，开展土地执法行动，确保在园区项目建设过程中不出现用地违法违规现象。

（张学强）

【采取“一费变五费”的土地征收补偿模式】 年内，房山国土分局在长阳镇率先采取“一费变五费”的土地征收补偿模式。长阳镇在征地拆迁补偿中由单一的征地补偿费变成土地补偿费、实物补偿费、人员安置费、土地经营补偿费、村庄改造费 5 项费用。土地补偿费，用于集体经济组织解决当前涉农问题；人员安置费，解决农民转居生活保障问题；实物补偿费，用于解决集体经济组织后续发展及长期收益问题；村庄改造费，纳入挂牌底价，解决农民整村整转和上楼问题；土地经营补偿费，对承包人进行补偿，解决土地承包权制约土地开发问题。此模式的落实得到长阳镇群众的积极配合，为加快推进土地储备开发项目奠定了良好基础。

（张学强）

【创新征地补偿安置机制】 房山国土分局创新征地补偿安置机制，保障群众合法权益。一是坚持征地补偿安置工作的公开原则。按照市政府 148 号令的规定，对农村集体经济组织或者村民委员会在签订征地补偿安置协议前是否履行民主程序、征地双方达成协议的内容是否符合法律规定进行监督，进行征地补偿安置公示后，及时听取农村村民意见。二是坚决执行征地补偿费最低保护标准制度。制定了在征地补偿费最低保护标准制度，具体化到各乡镇区域范围。同时严格审核征地补偿安置协议，凡是低于该地区标准的，不予办理后期手续，确保农村土地征占收益以及人员安置费用的足额支付。三是坚持做好征地补偿落实到位的监督管理机制。对征地补偿费到位情况进行严格监管，在办理征地结案手续的环节上制定严格的规定，只有征地单位出具征地补偿费收款发票，填写补偿支付凭证，被征地乡镇政府、被征地村签章，证明确实收到征地补偿款后才能办理下一步手续，以确保征地补偿费足额到位。四是积极探索创新多元化补偿方式，确保被征地农民长效安置。经征地双方协商，在已支付征地补偿费的基础上，根据规划用途，用地单位在取得用地使用权后，按照一定比例留给被征地单位一部分建筑面积，作为被征地村集体经营所用，村民可以采取入股方式进行分红，达到长效安置被征地农民的目的。五是加强政策指导，建立组织机构。为了进一步贯彻落实市政府 148 号令的精神，房山区出台《房山区建设征地补偿安置指导意见》，促进落实征地补偿安置工作，并成立房山区建设征地补偿安置办公室，由国土部门牵头，会同公安、人力保障、民政等部门，积极探索解决人员安置难题。

（张学强）

【采取多项措施应对汛期地质灾害】 全区有 12 个乡镇、52 个行政村、6 条道路、2 个景点、2 个度假村、11 个矿山，共 1335 户，4564 人，6871 间房屋受突发性地质灾害威胁。房山国土分局采取多项具体措施应对汛期地质灾害：一是高度重视。召开科长以上和全区乡镇专题会议研究部署，制定工作计划，重点要求12个乡镇制定出应对地质灾害的具体工作措施。二是精心组织，周密排查。组织全区进行地质灾害隐患的再排查工作，对地质灾害易发区采取拉网式排查，在地质灾害点树立警示牌，做到早预防。全区各乡镇将地质灾害防治排查结果上报到房山国土分局。三是加大宣传，完善制度。向险村险户发放“明白卡”，普及地质灾害防治知识，提高百姓防灾避险和自救能力。同时建立群测群防网络，建立地质灾害预报预警制度。四是强化值班。严格落实24小时值班制度，要求各乡镇、村组织巡查员24小时上山巡查；值班期间关注天气变化，遇到有雨情随时上报山区情况。

（张学强）

城市管理

【概况】 2010年，以市城管执法局工作部署为依据，共拆除违章建筑95908平方米，查处工地679起，查处露天烧烤1632起，查扣黑摩的、人力三轮车809辆，查处非法小广告70余万张，停机902部，完成简易程序1386件，一般程序1485件，罚款97万余元。参与应急保障任务50余次，出动执法车辆114余台次，执法人员1800余人次。受理并处理各类政风行风热线、举报电话6115起，回复率100%。根据节假日游商出没多、黑车经营多、散发小广告多的特点，加强节假日巡查。

（刘颖）

【召开公开销毁非法营运车辆现场会】 为巩固创卫成果、做好新中国成立60周年环境保障工作，房山区于2009年成立全区打击车辆非法运营工作专项领导小组，并成立联合执法队。房山公安分局、房山交通支队、区交通局、区城管大队等部门加强协作、联合执法、捆绑作战，对人力三轮车、电动三轮车、正三轮摩托车等非法营运行为进行了集中整治并形成严打严控的高压态势。2010年1月22日，房山区在长阳镇保良停车场召开公开销毁非法运营车辆现场会，对2009年查处的300余辆非法营运车辆进行公开销毁。区法制办、区财政局、区审计局、区监察局等部门对公开销毁非法营运车辆进行了全程监督。

（马秀梅）

【信访宣传周】 4月19日，区城管监察大队与拱辰街道一起在拱辰街道鱼儿沟村开展信访宣传周活动。此次宣传周的主题是：“和谐有序、依法信访”。城管队员向群众发放信访条例、维护信访人的合法权益、规范信访行为、城管宣传扑克、环保购物袋等宣传材料。共发放宣传材料500余份，宣传品500余份。区政法委书记刘欣国也到活动现场并向群众发放宣传品。通过此次信访宣传活动，让群众了解信访权利与义务，使群众更加了解信访、支持信访工作。

（马秀梅）

【设立第二办公区】 因城管监察大队新招收公务员较多，基层分队的办公、备勤用房更加紧张，租赁良乡机动车检测场前大院作为大队第二办公区。占地12.5亩，房间94间，建筑面积达3340平方米。包括办公室、宿舍、备勤室、谈话室、食堂、浴室、会议室、排练室等，形成功能齐全的办公场所。6月27日，拱辰、直属、西潞3个分队正式入驻对外办公。

（张麓）

【开展双百整治活动】 9月14日，区城管监察大队召开百日纪律作风整顿暨百日街面环境秩序整治工作动员部署会。此次活动自9月中旬至年底，为期100天。百日纪律作风整顿活动分别开展专题教育，即宗旨教育、规范教育、纪律教育、形象教育等4项教育活动，同时开展大讨论、大调研、大走访活动，先后组织进行“执法为民”大讨论，开展“千名城管访万家”爱民实践大走访活动。通过活动，收集意见和建议200余条，达到了整顿纪律，改进作风，提升形象的要求。在百日街面环境秩序整治工作中，大队发挥牵头作用，主动作为，重点整治五类重点地区，整治五类重点违法行为。全区各部门共出动执法人员1.5万余人次，出动执法车辆3500多车次，开展较大规模的联合执法行动56次，规范重点大街59条，规范店外经营2264家，清理无照游商4350人次，拆除违法广告牌匾126块，条幅110条，清除玻璃贴字127家，没收小广告36080张，有效的治理了街面环境秩序。与此同时，还加大对危害公共安全的非法运营行为的治理，共查扣人力三轮、黑摩的110辆，改装残摩2辆，移送交通队电动三轮3辆。教育相对人415人，发放告知书243份，告诫书121份。

（张麓）

【开展治理黑车“脉冲行动”】　根据市局下发的《关于启动治理黑车“脉冲行动”第十一波次集中整治行动的通知》精神，区城管监察大队于9月23日、24日启动黑车集中整治脉冲行动，采取人盯车巡的措施，控制重点点位的秩序等措施，发现一起取缔一起。此次执法行动共出动人员690人次，出动车辆240车次，规范教育非法营运行为59起次，查扣非法营运车辆2辆小型客车，6辆三轮摩的。

（刘颖）

【六环路内正三轮摩托车禁行】　根据市公安局发布的《关于加强三轮摩托车和残疾人机动轮椅车管理的通告》，自9月25日起全市暂停对三轮摩托车销售、修理经营项目的审批登记，六环路以内禁止生产、销售三轮摩托车，并且禁止正三轮摩托车在六环路以内道路行驶。10月21日，房山公安、城管、交通等部门对违禁行驶的正三轮摩托车及残疾人机动轮椅车开展联合检查，共查处违章三轮车9辆。

（刘颖）

【维护校园周边环境】　9月，区城管监察大队将学校周边环境秩序保障工作列入执法工作重点之一，明确一名副大队长专门负责分管此项工作，并成立以城管大队指挥中心、督察科为主要成员的校园周边环境秩序保障小组，制定《校园周边环境保障实施预案》。下设14个分队通过加强宣传教育；“六进”活动；与校园周边固定单位签订“门前三包责任书”；建立健全学校周边环境情况台账等措施、手段使校园周边环境秩序始终保持良好状态。该月开展专项整治行动14起，依法取缔非法摊贩590起次，行政罚款2.9万元；规范店外经营120起次；没收非法经营工具499件；依法查扣校园周边非法运营三轮、摩的48辆；配合整治发放宣传品4800余份；与校园周边单位及商户签定“门前三包”责任书728家，与建筑工地签定责任书37份，其中对校园周边建筑工地管理差、施工扰民的5家工地依法责令其停工整改并处罚金4万元。

（刘颖）

【开展制度建设年】　为进一步加强队伍建设，区城管监察大队实现用制度管权、管人、管物的机制体制，经多次讨论征求意见，对现有规章制度进行修订。此次修订共废除《中层干部任用管理规定》《执法用车管理办法》等6项规定；合并《错案责任追究办法》等6项规定，增加《热线办理规定》《八小时之外管理制度》等23项规章制度。

（刘颖）

公路　运输

【概况】　截至2010年年底，全区公路总里程2693.3公里，公路覆盖密度133.4公里

/百平方公里。全年，房山公路分局工程计划项目共计 22 项，新改建工程 5 项（续建 3 项），提级改造项目 1 项，大修工程 9 项，旧桥改造工程 6 项，平改立工程计划 1 项，全年共完成公路建设、养护总投资 44807 万元，年计划投资 55487 万元，其中包括征地拆迁补助 11478 万元。2010 年度财政预算批复指标共计 24223 万元，2010 年累计支出 23777 万元，财政资金支付率为 98%。公路中小修维护、绿化和交通等共完成投资 8893 万元。完成乡村公路大修工程 102 公里、桥梁改造 21 座。建养完成投资共 9400 万元。加强路政管理，加大处罚力度，各类案件录入路政巡查子系统达 100%以上。全年查处路政案件 595 件，实施行政处罚 74 件，罚款 16.82 万元；查处损坏路产案件 66 件，收取路产损失赔偿费 16.33 万元；行政许可 58 项，收取补偿费 65.48 万元。各类案件录入路政巡查子系统达到 100%，路政案件的结案率达到 100%，查处率 100%，行政许可卷、行政处罚卷合格率均达到 100%。

房山区有郊区道路客运企业 1 家，客运线路 43 条，客运里程 2269 公里，车辆 477 台，年客运量 5580 万人次，从业人员 1742 人。其中：驾驶员 697 人，乘务员 648 人，管理人员 397 人；客运场站 17 个，占地面积 59781 平方米，候车站亭 415 个，公交站牌 200 个，电子站牌 20 个；省际客运企业 1 家，车辆 29 辆，省际客运线路 15 条，线路长度 10635 公里，从业人员 72 人；旅游客运企业 2 家，车辆 56 辆，从业人员 65 人。全年，房山区累计出动各类治超执法人员 7.5 万人次，检查车辆 26.8 万次，完成市治超办下达的年度任务指标 184.83%；卸载 2800 车次，卸载各类货物 12.82 万吨，卸载量居全市第一；查处非法改装车辆 349 起，无证运营车辆 74 起，扬撒车辆 251 起。年内，房山区有出租汽车企业 6 家，个体出租 16 户，出租汽车 3631 辆，驾驶员 6780 人。全区有汽车租赁企业 8 家，车辆 38 辆。房山区有水运游船单位 21 家，船舶总数 953 艘，从业人员 200 人。房山区有普通货运业户 9712 家，车辆 16263 台，总吨位 75028 吨，化危运输企业 32 家，车辆总数 410 台，总吨位 3002.46 吨。货运场站经营企业 3 家，总经营面积 11.5 万平方米，库房 30781 平方米。

房山区有铁路监护道口 20 处，分布在 9 个乡镇，道路监护人员 161 人。年内，20 处铁路监护道口均实现安全运行，共运送列车 92369 列，避免事故 7 起，保证了铁路安全运营和道口的顺畅通行，实现全年零事故、零伤亡的既定工作目标。

（门洪娟　李玉为）

【108 国道大修工程】 2008 年 10 月 28 日，108 国道大修工程开工，工程分为 6 个标段进行施工。路基宽 8.5 米，路面宽 7 米。道路等级为山区二级公路。设计速度：40 公里/小时。总投资为 36716 万元。1 号标段起点 K40+300，终点 K48+000。全长 7.7 公里。2 号标段起点 K62+000，终点 K74+000。全长 12 公里。3 号标段起点 K74+000，终点 K84+000。全长 10 公里。4 号标段起点 K84+000，终点 K94+000。全长 10 公里。5 号标段起点 K94+000，终点 K104+700。全长 10.7 公里。6 号标段起点 K104+700，终点 K119+000。全长 15.7 公里。建设单位为北京市路政局房山公路分局。设计单位为北京市京联设计事务所。1 号至 3 号施工单位为北京路桥瑞通养护中心。4 号标施工单位为北京市公路桥梁建设集团。5 号至 6 号标施工单位为北京鑫实路桥建设有限公司。监理单位为北京德通达交通工程监理咨询有限责任公司。监督单位为北京市路政局道路工程质量监督站。2010 年 3 月 1 日完工。

（门洪娟）

【京良路（房山段）开工建设】 3 月 23 日，京西南跨区交通大动脉——京良路（房山段）拓宽改造工程于开工。横跨房山、丰台、大兴3区的京良路全长约23.8公里。其中房山段长约9.3公里、丰台段长约7.2公里、大兴段长约7.3公里。起点为西六环路以东约1.1公里处，向西与京石二通道衔接，终点为京开高速公路。从西六环路至西南五环路段规划道路等级为城市快速路，道路长度约14.3公里，由西南五环路至京开高速公路段规划道路等级为城市主干路，道路长度约9.5公里，全线道路红线宽度80米至100米。

（门洪娟）

【长韩路大修工程】 4月23日，长韩路大修工程开工，起点K24+400，终点K28+756。全长4.356公里。路基宽8.5米至14米，路面宽7米至12米。道路等级为三级公路。投资7194522元。建设单位为北京市交通委员会路政局房山公路分局。设计单位为北京国道通公路设计研究院，施工单位为北京路桥瑞通养护中心。监理单位为北京正远监理咨询有限公司。监督单位为北京市路政局道路工程质量监督站。6月30日完工。

（门洪娟）

【京周路预防性养护工程】 5月4日，京周路预防性养护工程开工，工程分两段K25+800—K42+800，K46+392—K48+230。全长18.83公里。路基宽12米至15米，路面宽9米至10米。道路等级为二级公路。投资20742397元。建设单位为北京市交通委员会路政局房山公路分局。设计单位为北京市市政专业设计院有限责任公司。施工单位为北京路桥瑞通养护中心。监理单位为北京市高速公路监理有限公司。监督单位为北京市路政局道路工程质量监督站。8月5日完工。

（门洪娟）

【良三路大修工程】 5月12日，良三路大修工程开工，工程分两段起点K0+000—K4+460，K12+000—K14+845。全长7.3公里。路基宽12米至15米，路面宽9米至10米。道路等级为二级公路。投资21197232元。建设单位为北京市路政局房山公路分局。设计单位为北京中领工程咨询有限责任公司。施工单位为北京路桥瑞通养护中心。监理单位为山东格瑞特监理咨询有限公司。监督单位为北京市路政局道路工程质量监督站。8月12日完工。

（门洪娟）

【琉陶路大修工程】 6月10日，琉陶路大修工程开工，起点K3+000，终点K14+230。全长7.3公里。路基宽8.5米至14米，路面宽7米至12米。道路等级为二级公路。投资29107533元。建设单位为北京市交通路政局房山公路分局。设计单位为北京市京联设计事务所，施工单位为天津路桥建设工程有限公司。监理单位为北京正远监理咨询有限公司。监督单位为北京市路政局道路工程质量监督站。11月15日完工。

（门洪娟）

【良坨路大修工程】 8月15日，良坨路大修工程开工，起点K6+285，终点K10+940。全长4.655公里。路基宽8.5米，路面宽7米。道路等级为三级公路。投资11624782元。建设单位为北京市路政局房山公路分局。设计单位为北京中领工程咨询有限责任公司。施工单位为北京鑫峰路桥水利建筑有限公司。监理单位为山东格瑞特监理咨询有限公司。监督单位为北京市路政局道路工程质量监督站。10月15日完工。

（门洪娟）

【108国道复线六石路工程完工】 9月29日，108国道复线新建、六石路改建和国道108提级改造工程项目完工。108国道在房山区境内起自松树岭，终于河北省交界处，全长99.15公里，承担着过境、物资运输、旅游、当地群众出行的重要任务。该路原为山区三级公路，局部道路线形差，长时间昼夜堵车现象时有发生，无法满足交通需求及当地居民出行要求。六石路起于十渡镇六渡，终于霞云岭乡石板台村，全长29.759公

里，是连接北部山区与西南部山区的重要通道，是十渡景区与霞云岭景区的一条重要连接线。该路原为砂石路，大部分路段标准不足山区四级，不具备机动车通行条件。房山公路分局从2004年组织实施国道108复线新建、六石路改建和108国道提级改造工程的施工。108国道复线新建工程起自河北镇新庄，终于佛子庄乡贾峪口村，路程全长20.78公里，设计标准为二级公路，路基宽10.5米，路面宽9米，沿线有桥梁14座，隧道3座。108国道提级改造工程全长65公里，设计标准为二级公路，路基宽8.5米，路面宽7米。六石路改建工程全长29.759公里，设计标准为三级公路，路基宽8.5米，路面宽7米，沿线桥梁15座，隧道3座，涵洞117道。工程总投资9亿元。

（高相如）

【设立乡镇交通战备工作兼管部门】 3月16日，根据北京市交通战备办公室文件精神，房山区机构编制委员会正式下发通知要求在全区25个乡镇、街道办事处设立本级交通战备兼管机构、确定领导及兼管人员。4月7日，房山区人民政府下发了关于乡镇、街道办事处交通战备兼管机构的工作职责和工作任务。全区25个乡镇、街道办事处按要求设立了交通战备兼管机构、领导及监管人员。

（李玉为）

【新增3条省际客运线路】 4月，新增新发地站—太仆寺旗1条省际客运线路，全长410公里，运营车辆2台。12月，新增木樨园站—突泉线路，全长990公里，运营车辆2台；新增木樨园—扎鲁特旗线路，全长910公里，运营车辆1台。

（李玉为）

【完成年度公路货运车辆抽样调查】 按照北京市交通委运输局的统一安排，房山交通局分别于4月和9月，分两次3个阶段对330辆货运车辆进行跟踪调查，同时对数据进行汇总和统计，并完成《房山区公路货运运输量抽样调查分析报告》。根据数据分析结果表明：一是专业运输的工作率、里程利用率呈现正常波动下降，实载率下降幅度较大。二是非专业运输的工作效率有了明显的上升，其他几项尚属正常波动。三是个体运输各项指标上升。

（李玉为）

【加强汽修行业监管】 4月和12月，房山交通局分别对房山境内71家一、二类维修企业的73台烤漆房及烤漆房使用超过5年的53户维修企业进行了安全专项检查。年内，房山交通局累计出动889人次，检查维修企业339家。

（李玉为）

【北京风雅创捷旅游汽车客运服务有限公司成立】 5月7日，北京风雅创捷旅游汽车客运服务有限公司成立并举行剪彩仪式，市交通委副主任谷胜利、市运管局局长刘通亮，区领导刘伟、祁红、史全富、张祝华、高维魁以及相关市、区部门主要领导出席仪式。该公司位于房山区城关工业园区，注册资金1000万元，初期置购车辆50辆，总投资2300万元。采取社会投资，民营经营模式，由交通运输部门对其实施行业监管。主要业务范围为区内旅游、市内旅游、省际旅游和旅游班线。

（李玉为）

【新建7个旅游停车场】 7月底前，完成十渡神蝠山、孤山寨、平峪、五渡（西关上）、七渡、十二渡、九渡漂流停车场建设工作。

（李玉为）

【完成上万道口平改立工作】 9月，房山区交通局配合北京市道口办公室完成上万道口平改立工作。根据北京铁路局电传，定于9月14日16时关闭上万道口，协助市道口处及时拆除了道口设施及房屋，并及时召开下岗的8名监护员会议，做好监护员的善后处理工作，请劳务部门讲清有关政策规定，按照政策测算补偿标准报请市处进行补偿，后续工作积极稳妥的进行。上万道口于9月14日成功拆除。

（李玉为）

【完成交通综合调查】 9月10日至10月底，根据北京市第四次全市交通综合调查办公室统一要求，房山区对所辖的17个乡镇、街道办事处，61个社区居委会和4个村委会采取抽样调查的方法，对居民家庭进行1天出行情况调查。此次调查以居民家庭户为调查单位，调查内容为被访居民调查日的出行目的、出行时间、出行距离、交通方式、乘车路线、交通费用及停车情况等一日的出行信息。

（李玉为）

【66名出租车司机获“的士之星”称号】 10月中旬，房山区交通局组织区内出租车企业评选“的士之星”工作，66名出租车司机被评为房山区2010年度“的士之星”。

（李玉为）

【实现道口视频监控】 11月，房山区内铁路道口视频监控系统安装完毕，并投入使用，实现了对2处道口有线实时监控和18处道口无线传输照片及接车信息。

（李玉为）

【完成化危运输企业远程定位监控系统联网】 年内，房山区完成区内化危运输企业远程定位监控系统与全市的联网工作，将区内化危运输企业内部监控平台上所有运输车辆终端与北京市交通委运输局总监控平台进行对接，共有410辆化危运输车实现联网监控。

（李玉为）

【新增绿色车队9家】 全年，房山区绿色车队新增企业9家，新增车辆数323台。截至年底，全区绿色车队总数达41家，车辆总计3376台。

（李玉为）

【调整优化公交线路】 12月，为与轨道交通房山线接驳，共调整优化公交客运线路22条。新开通房48路刘丈村—口头村和房49路侯庄—北车营2条线路；调整了房14路、房37路、房43路等20条线路。

（李玉为）

【加强联合执法检查】 年内，房山区交通局在北沟、南沟、良乡等地组织联合执法10余次，并针对房山“双超”特点，开展百日安全专项整治行动，行动中，累计出动各类执法人员1.1万余人次，出动执法车辆2750台次，查扣车辆950台次，卸载各类货物1.92万吨，有效地遏制了超限超载违法行为的势头。

（李玉为）

【完成出租车辆年审换证】 年内，房山区交通局完成房山区内3631辆出租车年审换证工作和治安验车工作，更新188辆出租车。

（李玉为）

【64条公交线接驳10座地铁站】 12月，《轻轨房山线公交线路接驳方案》获市交通委正式批复。根据客运线网实际情况，结合地铁各站点接驳需求，区交通主管部门对区内外部分公交线路进行调整，共协调64条公交线路分别接驳苏庄、良乡南关、良乡大学城西站等10座地铁站，以确保各公交线路与地铁各站点有效对接。

（孙文浩）

【地铁房山线新车上轨测试】 8月15日，写有“FS002”号列车首次驶上地铁房山线正轨，开始在东羊庄站至篱笆房站、5站4区间内进行为期1个月的热滑测试。测试内容主要包括机车性能和信号系统，为空载试运行做准备。

（孙文浩）

【北京地铁房山线空载试运行】 8月28日，地铁房山线开始空载试运行，市交通委主任、市轨道交通建设指挥部常务副总指挥刘小明，房山区委书记刘伟，房山区委副书记、区长祁红参加空载试运行仪式，为房山线开通试运行剪彩。地铁房山线车辆采用的是 6 辆编组国内第一个时速 100 公里/小时具有完全自主知识产权的地铁电动客车；信号系统采用自主知识产权的国产化 CBTC 信号系统。

（孙文浩）

【60 名房山市民试乘地铁房山线】 9月 26 日，60 名来自长阳、拱辰、西潞、阎村的房山市民应邀试乘地铁房山线，提前感受轨道交通带来的方便快捷。房山线地铁电动客车是国内第一个时速 100 公里、国产化率达到 95%以上、具有完全自主知识产权的地铁电动客车。该车 6 辆编组，4 辆动车、2 辆拖车，车体宽 2.8 米、高 3.8 米，最大载客量为 1820 人，车辆总体性能和技术指标达到国内外同类产品先进水平。 房山线地铁电动客车车厢内部主色为浅绿色，地面上用地毯颜色区分站立区和座位区，黄色为站立区，灰色为座位区。

（孙文浩）

【地铁房山线车站站点正式命名】 6月 25 日，北京市规划委员会核发《北京市规划委员会关于轨道交通房山线车站站点命名的通知》。地铁房山线是一条连接北京市中心城区与房山新城的轨道交通快速客运线路。该线路起点在房山区苏庄，向东、北至丰台站郭公庄与地铁 9 号线连通，全长约 24.8 公里。地铁房山线沿线共设车站 11 座，其中高架站 9 座，地下站 2 座（普通站 1 座、换乘站 1 座，位于丰台区）。此次 10 个站点命名由起点依顺序分别为苏庄站、良乡南关站、良乡大学城西站、良乡大学城站、良乡大学城北站、广阳城站、篱笆房站、长阳站、稻田站、大葆台站。（郭公庄站由 9 号线命名方案命名）

（孙文浩）

【地铁房山线正式通车】 12月 30 日 14时，地铁房山线正式载客运营。房山区领导刘伟、祁红、唐淑荣、王智慧、赵佳琛、赵军、吴会杰等与乘客一同乘坐了首趟列车。房山线全长约 24.8 公里，沿线共设 11 座车站，其中高架站 9 座，地下站 2 座，全线设车辆段 1 处，选址于东沿村，占地约 23 公顷，接轨于苏庄站。起点设在良乡城南长虹西路和苏庄大街交叉口，终点设在丰台区郭公庄站，与地铁 9 号线连接。初期开通苏庄—大葆台部分线路，共 10 站，其中房山境内 9 站。

（孙文浩）

【建成轨道交通房山线沿线 8 个临时停车场】 年内，为配合轨道交通房山线开通运营，在苏庄站、良乡南关站、良乡大学城西站、良乡大学城站、良乡大学城北站、广阳城站、篱笆房站、稻田站建设 8 个临时停车场。其中，房山线建设两处 P+R 停车场，分别设在广阳城站和稻田站，实行 24 小时停车管理服务，换乘车辆凭当日一卡通乘坐公共交通记录，按每次 2 元标准收费。建设 6 座社会停车场，分别位于轻轨苏庄站北侧，长虹西路与翠柳大街交叉路口东北角，车位 200 个；良乡南关站西南侧，长虹东路与原 107 国道交叉路口西南角，车位 80 个；良乡大学城站正南侧，长虹东路南侧，车位 180 个；良乡大学城北站正东侧，东环路和良乡东路交叉路口东南侧，车位 180 个；广阳城站北侧，长阳大街和长于路东北侧，小轿车车位 180 个、公交车车位 10 个；篱笆房站西侧，长于路西侧，奥特莱斯项目南侧，小轿车车位 180 个、公交车车位 10 个。

（李玉为）

邮政 电信

【概况】 2010年，邮政业务总量完成10483.1 万元，订销报纸及杂志 2268.9 万份，出口函件 941.9 万件，特快专递 16.2 万件。

（区统计局）

【开展亏损网点减亏工作】 1月至 8月，从全区邮政网点损益核算运行情况看，41 个营业网点中有 17 个网点处于亏损状态，占全部网点比重的 41%，亏损金额共计 164 万元，其中 12 个网点收入规模在 10 万元以下。9 月 16 日，区邮政局正式开展亏损网点减亏工作，制定减亏工作方案，成立领导小组，明确职责，对各亏损网点进行全面摸底和分析研讨，分类制定改进措施及优化方案，按月对全部营业网点效益情况进行通报，加强实时监控，分别在作业计划调整、人员整合、完善营销奖励政策、邮路改革等方面展开工作。截至 2010 年年底，亏损网点下降到 9 个，累计亏损金额 103 万元，亏损额下降了 61 万元，8 个网点实现扭亏，其中 10 万元以下网点扭亏 7 个。

（刘玮）

【开发明信片项目】 4 月，与琉璃河镇政府合作，制作《北京之源——琉璃河》邮资明信片 1000 册，创收 2.4 万元。5 月，与首都博物馆合作，制作首都博物馆建馆 5 周年馆藏明信片 2000 套，创收 14 万元。6 月，与房山联通公司合作，制作世界杯有奖竞猜定制型明信片 3000 枚，创收 6000 元。7 月，与霞云岭乡政府合作开发“没有共产党就没有新中国”明信片 1 万枚，创收 15 万元。

（刘玮）

【成立代理业务部】 4 月 16 日，区邮政局成立邮政代理业务部，专人负责邮政代理金融业务，同时原来由中国邮政储蓄银行北京分行房山支行管理的汇检岗位也划归代理业务部管理，代理金融业务步入专人专业化管理的正轨。

（刘玮）

【开发邮册项目】 5 月，与区旅游局合作，制作中国房山世界地质公园博物馆邮册 1000 册，创收 22 万元。与长阳镇政府合作，制作长阳名人高尔夫邀请赛纪念邮册 800 册，创收 15.2 万元。

（刘玮）

【开办个人电子银行业务】 6 月 1 日，正式开通个人电子银行业务，共加办电话银行 7954 户，完成指标的 132.57%，加办网上银行 8423 户，完成指标的 140.38%，开辟了稳固大客户、吸引新客户的新渠道，为用户提供了便捷的服务。

（刘玮）

【成立红领巾邮驿站】 6 月 5 日，城关邮政支局与城关小学结对成立“红领巾邮驿站”，通过邮驿站，向小学生普及信函、集邮、报刊杂志等简单邮政常识，宣传低碳减排理念，引导学生培养良好的低碳生活习惯。

（刘玮）

【各专业经济指标完成情况】 代理金融业务共计完成 4455.72 万元（含关联交易），完成全年任务指标的 113.48%，增幅 27.81%。其中，储蓄业务收入累计完成 3330.29 万元，完成进度的 115.65%，增幅 29.46%；保险收入累计完成 288.35 万元，完成进度的 116.28%，增幅 51.13%；汇兑收入累计完成 234.99 万元，完成进度的 89.35%，增幅 0.75%。储蓄余额规模达到 30.18 亿元，全年累计净增 4.43 亿元，完成全年余额净增指标的 105.57%。新增公司客户 32 户，累计达到 64 户，公司余额达到 1.44 亿元，年日均存款余额达到 1.01 亿元，完成年日均存款余额任务指标的 151%。综合理财产品销售量达到 5867.36 万元，完成全年任务指标的 195.57%。其中，理财产品销售 2896.6 万元，基金产品销售 233.34 万元，国债共销售 2737.42 万元。代收保费 8105.52 万元，完成全年任务指标的 104.9%，增幅 44.35%。函件业务收入共完成 1390.6 万元，完成年计划的 100.91%，同比增幅 47.23%。集邮专业全年累计完成 880.27 万元，完成计划的 100.6%，同比增幅 9.89%。发行收入完成 608.15 万元，完成年计划的 100.03%，同比增幅 13.55%。代理和信息收入实现 180.57 万元，完成年计划的 112.85%，同比增幅 72.65%。

（刘玮）

【北京联通房山分公司支撑地方教育信息化建设】 5 月，为落实北京市政府关于“中小幼安防监控”整体工作要求，实现中小学校视频监控，北京联通房山分公司发挥网络和资源优势，集中力量，用 10 天完成房山区 52 所学校的光纤点位的勘察、设计施工及网络开通工作，使先期接入到北京联通房山分公司 EPON 专网中的 151 所学校的校园网具备视频监控功能。

（万翊）

【房山地区农村信息化建设成果显著】 8 月 24 日，北京联通公司在房山分公司召开农村信息化建设启动大会，推进农村信息化发展。2010 年，北京联通房山分公司完成 150 余个村的信息化建设，实现新增宽带用户 3000 余个，2G 用户 3500 余个，提升了农村信息化水平。

（万翊）

【北京联通房山分公司为长阳音乐节提供通信保障】 9 月 21 日至 23 日，房山区“首届 MUSIC FUNHILL 2010 长阳音乐节”在长阳镇万亩滨河公园举行。北京联通房山区公司为此次活动提供通信保障，成立通信保障小组，组织制定详尽的通信保障方案及应急预案，为此次盛会提供了互联网专线接入和移动通信保障服务，为大会搭建无缝网络沟通平台，保障音乐节的语音、图像、视频等各种通信需求畅通无阻，高质量地完成 3 天的音乐节通信保障任务。

（万翊）

【北京联通房山分公司提升地区移动网络通信能力】 2010 年，北京联通房山分公司大力开展移动通信网络建设，着力提升移动网络通信能力，打造精品移动网络。共开通各类基站 200 个，极大的提升了房山地区移动通信网络能力。

（万翊）

长沟镇千亩向日葵景观。

文化事业

教　育

党校教育

【概况】 区委党校围绕区委、区政府中心工作和全区“三化两区”建设及干部培养的实际需要，开展了长短结合、多层次、多形式的培训，建立了师资库，师资库中有中央党校、市委党校、清华大学、北京大学等高等院校教师101名，有基层经验的干部32名；开设了大讲堂，加大干部自主选学培训力度，全年举办12场讲座，有5694人参加培训；承接异地培训，共培训外地学员79人。全年完成22种类型37个班次的干部培训任务,累计培训各级各类干部10299人。学历教育方面：有在校专科、本科、研究生688人，分为7个专业7个教学班，全年共开设66门课程；配合教师授课达9000多学时；校内教师完成学历班1110课时的授课任务；评审完成336篇毕业论文；完成了2010级在职研究生班的招生、入学辅导和组织入学考试等工作；完成了市委党校2007级研究生班的毕业工作和2008级、2009级研究生班、天津大学工程管理硕士研究生班的班主任工作；完成了48课时的主体班次授课和5次主题教育约300人次的宣讲任务；完成区委宣传部接待班次、处级轮训班次和青干班的教学辅导员工作；完成了处级轮训班次120余篇学习体会和结业论坛稿件的审阅评阅工作；完成北京市委党校系统立项科研课题；组织召开房山区委党建研究会成立大会，并编纂了党建研究会会刊。

（殷玉佳）

【举办组工干部专题培训班】 3月9日至3月12日，由区委组织部、区委党校共同举办的组工干部学习贯彻中共十七届四中全会精神专题培训班。培训班主要采取集中辅导、学习考察相结合的方式进行。按照新时期组工干部能力素质要求，聘请专家教授，围绕中共十七届四中全会精神、学习实践科学发展观、提高党建科学化水平等方面的内容进行集中辅导，共80人参加了培训。

（殷玉佳）

【举办两期处级干部轮训班】 4月6日至4月30日，5月4日至5月31日，区委组织部、区委党校共同举办两期处级领导干部轮训班。轮训采取区委党校集中授课、异地培训和实地考察、自学和分组研讨交流相结合的方式。重点围绕坚持科学发展观，推进“三化两区”建设进程专题内容；领导力提升专题内容；党性修养和作风建设专题内容；解放思想，更新观念，开阔视野，创新思维专题内容四个模块进行集中授课辅导。全区副处级实职领导干部 130 人参加培训。

（殷玉佳）

【举办公务员科级任职培训班】 4 月 12 日至 4 月 30 日，由区人力资源和社会保障局和区行政学校联合举办公务员科级任职培训班，有 89 人参加培训。参加培训班的人员是经任免机关批准晋升为科级领导职务尚未参加过任职培训的公务员。培训班采用集中培训的方式，培训时间 15 天，授课内容涉及公共课程必修课：政治理论；廉政教育；区域发展规划；科长的职位分析和能力要求；领导方法与领导艺术；人力资源开发与管理；政府职能转变和建设服务型政府；机关公文处理；如何做个合格的科长。公共课程选修课：科学发展观与首都经济发展；社会主义和谐社会的建设；如何树立科学的政绩观；如何面对和处理突发事件；如何增强团队的凝聚力；如何提高自身的协调能力；创造性思维能力的培养；国学等 17 个专题。

（殷玉佳）

【完成第十九期中青年干部培训】 9 月 26 日至 12 月 24 日，区委组织部、区委党校共同举办第十九期中青年干部培训班，共 60 人参加。培训班共安排 8 个单元培训内容：第一单元：封闭军训、拓展训练；第二单元：专题调研；第三单元：马克思主义基础理论；第四单元：党的建设与党性修养；第五单元：区域经济社会发展与“三化两区”建设；第六单元：异地培训；第七单元：领导科学与艺术；第八单元：法律知识。

（殷玉佳）

【区会议中心接待各种会议 98 个】 2010 年，区会议中心接待各种会议 98 个。其中：500 人以上大型会议 29 个；100 人左右中型会议 28 个；小型会议 41 个，接待的主要领导有：北京市市长郭金龙、市政协主席阳安江、离休老领导焦若愚等部级领导 18 人次；区主要领导在内的局级领导干部近 500 人次；处级干部 6000 余人次。全年会议接待达 3.5 万人次；客房接待 1.8 万人次，总接待人数达到 5.3 万人次。

（殷玉佳）

【1153 人在党校接受学历教育】 2010 年，在区委党校接受学历教育的专科、本科、研究生共计 1153 人，分为大专班经济管理、行政管理、建筑企业管理和本科班经济管理、行政管理、建筑工程管理、法律共 7 个专业 13 个教学班。07 级专科班、08 级本科班共毕业 7 个班次，645 人。全年共开设 66 门课程，聘请 400 余人到校授课；配合教师授课达 9000 多学时。

（殷玉佳）

基础教育

【概况】 2010 年，房山区有：托幼园所 183 所，在园幼儿 22475 人，其中外省市幼儿 4866 人；其中教育部门办园 38 所，集体办园 20 所，其他部门办园 3 所，社会办园 122 所；全区幼儿园教职工 2932 人，其中教师 1837 人。小学 110 所，1297 个班；招生 6334 人，毕业 6580 人，在校生 37169 人，其中借读生 10031 人；教职工 4164 人，其中专任教师 3087 人；小学入学率 100%，巩固率 100%，毕业及格率 100%。中学 54 所，教学班 1043 个，在校生 36260 人，教职工 5059 人。初中毕业合格率 100%；2010 年 3659 人参加普通高考，本科上线 1954 人，上线率为 53.41 %、比 2009 年增加 12.74 个百分点。实际升学 3342 人，升学率为 91.34%、比 2009 年高 3.24 个百分点、连续 7 年超市平均升学率；其中重本升学 464 人，本科共升学 1382 人，专科升学 1960 人。特殊教育 8 个班，招生 6 人，毕业 7 人，在校生35人。校外教育单位1家，教职工72人，其中，专任教师57人。小学教师学历合格率99.97%，初中教师学历合格率99.95%，高中教师学历合格率99.47%。中小学教师具有中学高级专业技术职务409人，其中，小学教师26人，初、高中教师383人。全年教育投入169560.2万元，其中国拨162730.3万元，自筹6829.9万元。

（丁术刚）

【98名青海果洛藏族自治州教师培训结束】 1月26日，98名青海果洛藏族自治州教师完成为期一个月的培训。此次培训是区政府、区教委为落实《房山区与果洛藏族自治州教育交流合作协议》，实施西部对口支援与帮扶所开展的一项具体工作，由区教委主办，区教师进修学校和房山二职高承办。培训内容涉及教育教学、学校管理等多方面内容。

（丁术刚）

【张坊中心校获“全国家庭教育先进单位”称号】 3月10日，全国妇联、国家教育部联合表彰全国家庭教育先进单位和先进个人，张坊中心校获“全国家庭教育先进单位”称号。区教委坚持以素质教育为中心，对学生广泛开展学校、家庭、社会三结合教育，涌现出张坊中心校等一大批“三结合”教育先进单位。张坊中心校成立家长学校，组建学校讲师团。从1996年开始，以张坊中心小学为点，成立了以村委会主任为校长、村管学代表、中心校领导为副校长的领导小组。规范管理体系，做到“五到位、三开放”，五到位是：领导到位、授课内容和方法到位、流程管理的重点措施到位、家长参与到位、典型活动到位；三开放即：校长热线开放、家长开放日、校园开放日。2008年至2010年，邀请专家讲座8次，家长听课4860余人次，听课率达到了100%。2008年，张坊中心校市级家教课题获批准立项；2009年，国家级子课题获取立项。在家庭中，有19.2%的户获村镇级文明户称号；三个实验班均成为张坊中心校的先进班集体，学生及格率、优秀率均比其他班高出8个至16个百分点，学生自主能力明显增强。

（丁术刚）

【良乡附中师生在科技创新大赛上获奖】
3月29日，在北京市第30届青少年科技创新大赛中，良乡附中学生参赛的“结构承压测试仪”“锂电池低电压报警器”“智能灯光楼宇控制程序设计”三个项目分别获北京市二等奖，吴大勇老师获北京市优秀科技辅导员称号。

（丁术刚）

【首批百名保安进驻校园】 5月17日，房山区首批百名保安正式进驻校园。首批配备的100名保安，安排在师生人数较多的房良地区，每个学校配备2名，共配备50所中小学、幼儿园。保安配备警棍、防割手套等装备，保安人员工资由区财政统一支付，房山公安分局、保安公司负责保安的业务培训，区教委提供食宿，保安人员在学生入校前20分钟到岗，学生离校后方可离岗。

（丁术刚）

【完善全区中小学、幼儿园技防设施】 经过招投标，房山区教育系统视频监控系统由北京欣卓越技术开发有限公司承建，校园网络建设工程由中国联通北京房山分公司承建，5月18日开工，9月30日完工。全区203所公办中小学、幼儿园实施技防工程，其中，为98所学校（幼儿园）新建技防设施，建设校园内部监控系统、校园周边200米图像系统和周界报警系统；完善105所学校技防设施，完善周边图像系统、周界报警系统和相关网络系统建设；增加教育系统各学校网络带宽，拓宽区教委监控系统和各学校校园网络带宽，满足监控系统和正常教育教学工作的实际需要；完善相关基础设施改造，更新区教委监控指挥中心相关设备，为51所公办幼儿园建设校园网络，保障视频监控系统的全覆盖。

（丁术刚）

【首批安全保卫器具装备203所公办中小学】 截至5月20日，全区203所公办中小学、幼儿园安全物防“四件套”全部到位，并完成器械使用培训。四件套包括：每校配备警棍2支，计406支，防割手套每校2付，计406付，自卫喷雾器每校1支，计203支，警用钢叉每校1支，计203支，至此，房山区公办中小学物防装备率实现100%。

（丁术刚）

【高考升学率突破90%】 2010年，全区共有3659名考生参加全国普通高等学校招生统一考试，升学3342人(其中本科1382人，专科1960人)，升学率为91.34%，同比提高3.24个百分点，连续第七年超过市平均水平。其中，本科上线1730人，本科上线率达到53.41%，比2009年提高12.74%。2010年共有275名考生参加单考单招考试，录取266人，升学率为96.73%，同比提高3.87个百分点。本届高考，是北京市实施普通高中新课程改革后的首次高考。

（丁术刚）

【区中小学门球队获全国佳绩】 9月6日，房山三中、良乡中心校代表北京市参加全国少儿门球比赛，房山三中获中学组第5名，良乡中心校获小学组第16名。此次比赛在河北廊坊举行，全国20个省市区的49支代表队300多名运动员参赛。

（丁术刚）

【举办“爱房山，走进家乡大课堂”成果展示活动】 10月9日，“爱房山，走进家乡大课堂”总结表彰暨成果展示活动在青龙湖水上游乐园举行。与会人员通过展板和资料等形式观看房山区社会大课堂成果；观摩青龙湖中心校“小青龙快乐体验营”分营课程及实践活动展示。会议阶段，大家一同观看了《房山区中小学生社会大课堂工作回顾专题片》；与会领导向房山区49家区级资源单位颁牌；向房山区社会大课堂建设先进集体和先进工作者颁发荣誉证书；青龙湖中心校作为中小学校的代表，介绍学校以“小青龙快乐体验营”活动为载体，依托校本课程开发，利用社会资源，构建学校社会大课堂长效机制建设的经验与体会；周口店遗址博物馆作为资源单位的代表，介绍社会资源服务于课程改革、推进实践育人的做法和感悟。

（丁术刚）

【区教委与西城区教委、中粮万科签署合作办学协议】 10月12日，区教委与西城区教委、中粮万科签署合作办学协议，区教委主任郭志族、西城区教委主任田京生、中粮万科北京地区总经理毛大庆在协议上签字。协议规定，三方将围绕长阳地区发展优质教育资源开展协作，将引进北京小学、北京第四幼儿园分校（园），提升长阳地区教育服务水平。

（丁术刚）

【官道中学更名为良乡六中】 官道中学成立于1970年，位于原官道镇，2002年良乡地区办事处与官道镇合并成立良乡镇。2006年9月，良乡镇划分为西潞街道办事处、拱辰街道办事处、良乡地区办事处。官道中学位于良乡镇。10月，房山区机构编制委员会批准官道中学更名为房山区良乡第六中学，招生范围不变。10月22日，官道中学举行40周年校庆暨更名为良乡六中仪式，区委常委、区政法委书记刘欣国，区委常委、副区长李江，区教委主任郭志族，区委组织部副部长、区编办主任金守江共同为良乡六中揭牌。

（丁术刚）

【学前教育居郊区前列】 2010年，房山区学前教育居北京郊区县前列。全区23个乡镇办事处100%建有中心园，共有中心园26所，分园26所。为解决入园难的问题，扩班22个，增班30个，多接收幼儿850名，学前三年入园率达93.64%。2010年，有10所幼儿园（其中包括9所中心园）通过市级验收。截至年底，全区26所中心园中，中心园达标率96%。其中，一级一类园4所，一级二类园3所，二级二类园15所。全年邀请市级专家为园长开展系列培训5次，完成北京市乡镇中心园转岗教师培训班房山教学点的培训工作。房山幼儿园、良乡幼儿园编写的丛书作为北京市“园本课程理论与实践探索丛书”出版发行，并在全市推广。

（丁术刚）

职成教育

【概况】 2010年，全区有职业中学5所，在校生4853人。成人教育学校6所，在校生8979人，毕业生2966人。区成教中心开设中专、大专、本科层次专业112个，学历教育招生2128人，在校生总数达7759人；开展各级各类社会培训18834人次，完成各类社会考试组考4706人次。房山区被国家教育部确定为全国新型农民培养联系点和全国社区教育示范区；17所乡镇成人学校被评为市级示范乡校，占全市市级示范乡校总数的1/4；成教中心全民教育讲师团被评为首都优秀文明团队；中央农业广播电视学校房山分校（简称农广校）被农业部评为全国县级农业广播电视学校办学水平评估A级校。

（王淑红）

【农村干部大专班开学】 3月3日，房山区农村干部大专班在青龙湖镇开班。该班由农业大学和房山区农广校共同举办，共有学员33人，全部来自青龙湖镇两委干部及后备干部，学时两年，专业为农村经济管理和农村区域发展专业，通过面授、网络等形式开展教学，学员经考核合格后，颁发中国农业大学毕业证书。

（王淑红）

【房山第二职业高中举办首批建筑表现专业人才培训班】 3月26日，房山第二职业高中举行“中国建筑装饰协会培训中心房山人才培训基地”首批建筑表现专业人才培训班开学典礼。区教委、区住建委、中国建筑装饰协会领导以及多家建筑和装饰公司领导参加开学典礼。该班聘请中国建筑装饰协会培训中心的专家以及中视典数字有限公司的工程师参与主要课程的讲授与师资培训，共有学生350余名。在项目学习过程中，学生可取得多证双学历，即建筑表现制作师及建筑装饰装修制图（设计）员，取得国家承认的高中及中专学历证书，成绩优异的学生可以取得建筑表现助理设计师证书。学生信息将录入中国建筑装饰协会培训中心人才数据库。学校与中国建筑装饰协会及中视典数字有限公司负责安排学生实习就业。

（丁术刚）

【农广校房山分校获3项部级奖励】 3月，农广校房山分校被国家农业部评为“全国县级农业广播电视学校办学水平评估A级校”“全国县级农业广播电视学校办学水平评估中等职业教育工作突出学校”“全国县级农业广播电视学校办学水平评估农民培训工作突出学校”。

（王淑红）

【房山职业学校学生在北京市物流技能大赛中获奖】 5月4日至5日，在北京市中等职业学校“康尼杯”物流技能大赛中，房山职业学校物流专业学生禹俊男获叉车操作第一名，史长彬、禹俊男获搬运车操作三等奖，孙金龙获叉车操作、堆高车操作优秀奖。房山职业学校在此次大赛中获优秀组织奖。

（丁术刚）

【北师大房山学习中心通过市教委专家组评估检查】 5月11日，市教委专家组对北京师范大学网络教育学院房山学习中心的办学情况进行评估检查。专家组一行5人听取了工作汇报，查看了教学环境、网络硬件设施等，并与部分教职工进行了座谈。专家组一致认为房山学习中心办学特色突出，品牌效应优势明显，尤其是对学员和用人单位的满意度调查工作值得借鉴。房山学习中心通过市教委专家组评估检查。

（王淑红）

【电大房山分校建校 50 周年】 5月16日，北京电大房山分校举行建校 50 周年庆祝大会。北京广播电视大学校长胡晓松，市纪委副书记王海平，区委副书记张祝华，区委常委、副区长李江，区人大常委会副主任刘顺林，区政协副主席李惠英出席大会。原市林业局局长李永芳、原区政协主席游来柱、原区人大常委会副主任王福来代表杰出校友、分校老领导出席庆祝大会。电大房山分校成立于 1960 年，学校由建校初期的 2 名工作人员、2 间教室，发展成为建筑面积 2.9 万平方米，固定资产 3000 余万元，专兼职教师 156 名，拥有北京师范大学网络教育学院学习中心和奥鹏远程学习中心，集卫星电视网络、计算机网络和教学管理网络三网合一的新型开放大学，为社会各类成员提供了灵活、多样、便捷、优质的教育服务，共获市级以上集体奖励 64 项、个人奖励 65 项。截至 2010 年，学校与 10 余所高校合作办学，开设专业 60 余个，在校生 3923 人，向社会输送本专科毕业生 1.7 万人，开展社会培训 30 余万人次。

（王淑红）

【一年制会计中专班办到山区】 5月19日，会计一年制中专学历教育班开学。该班由电专房山分校与霞云岭乡共同举办，学制一年，开设基础会计、财务会计、经济法等课程，学员学习期满后可获中专学历证书和会计从业资格证书，首期中专班有 22 名学员参加学习。

（王淑红）

【举办创建学习型乡镇专题讲座】 5月28日，房山区创建学习型乡镇专题讲座在区成教中心举行。北京市学习型城市研究中心特邀研究员、市教委创建学习型组织专家指导委员会委员费元鸿，围绕为什么要建设学习型乡镇、什么是学习型乡镇、怎样建设学习型乡镇进行讲授。全区各乡镇负责学习型组织创建工作的主管领导、教育助理、校领导和区成教中心干部职工共计 280 人参加培训。

（王淑红）

【举办村干部大专班和果蔬花卉中专班】 10月15日，农广校房山分校在阎村镇举办的农村干部大专班和果蔬花卉中专班开学。大专班开设农村区域发展和农林经济管理专业，22 名村级两委干部、后备干部和 34 名村民分别参加大、中专学历教育。

（王淑红）

【房山区被确定为全国新型农民培训工作联系点】 10月30日，房山区被国家教育部确定为全国新型农民培训工作联系点，列为全国 61 个成人教育实验区之一。2010 年，房山区参加全国新型农民培训工作先进区评选。根据国家教育部的要求，凡被确定为联系点的区县，中央财政专项经费将予以倾斜；各省市在安排成人教育资金时，要增加联系点区县的投入，加强联系点区县的基础能力建设。

（丁术刚）

【创建中央电大基层示范校】 12月10日，北京电大专家组一行 9 人到电大房山分校指导创建中央电大基层示范校工作。专家组听取学校的工作汇报，观看了创建示范校的专题片，查看了办公环境、网络硬件设施和档案资料等，专家组对学校的各项工作给予肯定，对教师队伍建设及教科研工作提出了意见和建议。

（王淑红）

【建成 10 个村级广播站】 截至 2010 年年底，农广校房山分校投入 20 多万元在全区建成 10 个村级广播站，大喇叭广播站每天早晚时间利用乡村有线广播宣传惠农政策、推广农业科技、传递市场信息，使农业新产品、新技术、新成果快速传播到农村。农广校房山分校赠送农业科技光盘450张，制作和播出贴近农民生产实际及农村发展的农业广播教育节目165期。

（王淑红）

高等教育

【概况】 截至2010年年底，良乡高教园区累计完成投资78亿元，其中：土地一级开发投入22.6亿元，园区所辖范围的征地任务（18个项目）全面完成，95%的土地拆清腾净；市政基础设施建设投资9.6亿元，完成“五横六纵”道路网络建设，总长20.5公里，给水、中水、污水、雨水、供电、燃气、通信、宽带等市政配套设施已趋完善；高校建设累计完成投资32亿元、开复工建筑面积66万平方米、建筑单体80栋；配套项目投资13.8亿元，建设回迁房，启动教育实习基地项目等；2010年下半年，中国社会科学院研究生院、北京理工大学、首都师范大学、北京工商大学4所入驻高校全部启用新校区开展正常的教育教学工作，师生入驻规模超过2万人，与北京中医药大学签署入驻意向并获教育部批复；召开“Funhill智汇城”新闻发布会，提升了园区发展的功能定位和社会知名度。

（孙静）

【房山区政府与北京中医药大学举行合作协议签字仪式】 12月21日，在区政府434会议室举行房山区人民政府与北京中医药大学合作协议签字仪式。区委书记刘伟，区委副书记、区长祁红，区委常委、宣传部部长赵佳琛，副区长卢国懿，副区长吴会杰，房山区“三化两区”咨询委员会副主任委员、良乡高教园区管委会常务副主任高培军，北京中医药大学党委书记吴建伟，北京中医药大学校长高思华，北京中医药大学副校长王庆国，北京中医药大学党委副书记兼纪委书记常江等领导参加了签字仪式。房山区人民政府与北京中医药大学经过协商，决定建设北京中医药大学新校区。校园内建设规模42万平方米，项目总投资约20亿元。

（孙静）

【良乡高教园区中央设施区西区北侧地块以14.7亿元拍出】 12月24日，北京首都开发股份有限公司通过挂牌方式以总价14.7亿元获北京市房山区良乡高教园区中央设施区西区北侧住宅混合公建项目国有建设用地使用权,并收到北京市土地整理储备中心成交确认书。该宗地位于良乡高教园区中央设施区西区，轨道交通房山线北侧，总用地面积13.56万平方米，其中：建设用地7.9万平方米。地上建筑控制规模22.13万平方米，其中住宅约13.28万平方米。用地性质为住宅混合公建用地。

（孙静）

【驻区高校大学生社会实践活动启动】 12月29日，“集聚高校人才 智汇三化两区——驻区高校大学生社会实践活动”启动仪式在北京理工大学良乡校区理学楼B106会议室举行。房山区与高校开展校地合作，发挥各自优势，促进科教与经济的结合，符合双方的根本利益，良乡高教园区入驻高校——北京理工大学、北京工商大学团委分别与区城管大队、房山工商分局签订寒暑假大学生实践团共建协议书。

（孙静）

【理工大房山分校召开教育教学表彰会】 5月12日 北京理工大学房山分校在学校报告厅召开2009—2010学年第一学期表彰大会。会上共表彰获奖学金学生145人、优秀班集体6个、“三好”学生87人、“文明标兵”60人、优秀学生干部110人、优秀国旗班旗手10人、优秀宿舍32个、优秀宿舍长32人、优秀宿管干部25人。

（何雪红 龚晓庆）

【参加大学生志愿者活动】 5月15日至16日，北京理工大学房山分校组织300名大学生志愿者到房山区长沟镇参加2010年春季北京国际长走大会。志愿者们用灿烂的微笑和热情的服务，诠释着“团结 友爱 奉献 互助”的志愿者精神，展示了学校青年学生良好的精神面貌。

（何雪红　龚晓庆）

【召开教学模式改革研讨会】 6月18日至19日，北京理工大学房山分校组织中层及以上干部、专业助理、公共课程组长召开教学模式改革研讨会。会上专业助理和公共课程组长对一年中专业建设、课程建设、实习实训等情况作了汇报，并提出存在的问题和努力方向。北京理工大学高职学院教学副院长张德平回顾了一年中所作的教学改革情况。

（何雪红　龚晓庆）

【2010届毕业生毕业典礼】 7月10日，北京理工大学房山分校在报告厅举行2010届毕业生毕业典礼。该届毕业生共计305人，28人升入北京信息科技大学本科继续学习。毕业生就业率高达98.6%，签约率达到68%。

（何雪红　龚晓庆）

【开展教科研工作】 2010年，北京理工大学房山分校课题组与北京农业职业学院合作的“北京郊区镇域经济战略研究”课题研究项目，出版《北京郊区镇域经济战略研究》一书，作为“西南五区发展论谈”交流材料之一；编辑出版校刊第一期《燕都·房山高职》，刊物主要针对房山区高等职业教育范围，刊登教育教学管理、教科研论文、师生原创散文、诗歌、书法、绘画等作品；有多位教师编写出版了教材和书籍。电工电子专业编写了《电工电子仿真实验和实训》、建筑专业编辑《建筑制图》、果建红老师编辑《做最好的自己》等，还有多位教师发表了学术论文。

（何雪红　龚晓庆）

科　技

【概述】 2010年，围绕优化经济结构调整、促进重点产业升级、推进沟域经济建设、节能减排等方面，确立并组织实施52项科技计划项目，其中，列入国家级、市级科技项目15项，区级科技计划项目37项（社会发展12项、科技致富4项、星火计划12项、科技成果推广6项、科研试验示范3项）。通过项目带动，取得专利等科技成果7项，应用和转化先进技术60余项，开发新产品160个，实现产值75723.76万元，充分发挥了科技计划的引领、支撑、辐射、带动作用。全区专利申请量441件，其中，发明专利162件，实用新型专利187件，外观设计专利92件。专利授权量达到321件，其中发明专利34件，实用新型专利201件，外观设计专利86件。以实施“五个对接”（与首都经济创新服务体系对接、与中关村国家自主创新示范区对接、与“首都新农村建设科技创业服务联盟”对接、与科研院所大专院校对接、与驻区中央、市属科研单位及企业对接）为抓手，积极搭建科技服务平台，为企业提供有效的科技服务。重点与知识产权中介服务机构对接，提升知识产权服务的综合能力。通过有效对接，全区高新技术企业累计达31家，提升了企业综合竞争能力，为经济发展注入活力。认定登记各类技术合同157项，合同成交总金额2.54亿元，其中技术交易额2.54亿元。比2009年增长151%。深入开展科普工作，提高公众科学文化素质。成功申报一家北京市创新型科普社区——蒲洼乡东村。全区共举办各类科技培训12000人次，2000人取得绿色证书。

（张潇）

【开展保护知识产权宣传周活动】 4月23日，由区科委牵头，区文委、房山工商分局、房山药监分局、区质监局、区城管监察大队、区广电中心、区科协等单位主管领导及相关人员，在华冠购物中心举行知识产权宣传活动。通过制作条幅、分发宣传品，拉近了知识产权与广大市民的距离。其中，发放图书1200册，发放宣传材料2000余份。同时还现场为市民提供专业咨询，耐心解答各种与知识产权有关的问题，进而提高全社会的知识产权意识，推进知识产权保护工作的开展。

（王勇）

【2项北京市星火计划课题通过市科委验收】 5月11日，“琉璃河镇肉鸭产业提升工程”“大石窝镇菱枣主题园科技示范”2项国家科技计划项目衔接——北京市星火计划课题通过市科委验收。“琉璃河镇肉鸭产业提升工程”课题以琉璃河镇肉鸭产业提升为目标，以中国农业大学、北京农业职业学院为技术支撑，引进200单元英国樱桃谷祖代种鸭，建成4个祖代种鸭标准化养殖基地，祖代种鸭存栏达1200单元；研制出适合当地使用的特色饲料配方；肉鸭平均料肉比由2.32∶1降为2.28∶1，雏鸭死淘率降低1.8%；形成天鸿、天鸿顺、宏利3个肉鸭特色产品品牌，提高肉鸭产品竞争力。建成1座年产20万吨的肉鸭专用饲料加工厂，促进琉璃河镇肉鸭产业升级换代。通过课题实施，培养了一支280人的农村科技协调员队伍，示范推广10余项养殖技术，带动区内10个乡镇、100个村的2100余养殖户增收，养殖户户均年纯收入达4万元。“大石窝镇菱枣主题园科技示范”课题以北京农业科学院为技术支撑，在大石窝镇开展菱枣主题园科技示范区建设。通过课题实施，建成菱枣主题园500亩，引进葫芦枣、冬枣等新品种12个，推广地膜覆盖、生物防治和嫁接栽培等技术。制定菱枣标准化种植技术规程，为大石窝镇以菱枣为主的鲜枣产业发展提供科技示范。课题实施过程中，举办3期技术培训班，培训农民300人次，培养了农村科技协调员50名，带动了农户200户、民俗旅游户80户，该课题的实施，促进一、三产业融合，带动当地观光旅游农业发展，促进了农民增收。

（王文伟）

【加盟首都科技条件平台技术转移领域平台】 5月17日，北京市科委技术交易促进中心授牌5个区县科委加盟首都科技条件平台技术转移领域平台，房山区科委是其中之一。该平台是首都区域创新体系建设中的一项基础工程，通过促进首都科技条件平台科技成果转移转化，为北京市创新和经济发展服务，对于推动首都创新型城市建设意义重大。依托首都科技服务平台，通过加盟的方式，开通信息窗口把科技资源集中起来，为企业服务，从不同领域和具体业务方面进行全方位服务，涉及到有协同科研单位项目落地、贷款贴息、科技保险、研发机构登记、技术转移等。

（刘冬玲）

【3个高成长企业自主创新科技课题通过市科委验收】 10月21日，“房山区豆类籽种创新基地建设”“冰鲜牛肉系列产品开发”“樱桃谷SM3鸭祖代新品种引进及配套繁育技术研发”3个高成长企业自主创新科技课题通过北京市科委验收。“房山区豆类籽种创新基地建设”是北京凯达恒业农业技术开发有限公司实施的课题。执行期间完成了500亩籽种试验示范田的建设；“KD05—4”“KD05—256—1”两个大豆品种参加了国家区试，对照品种中黄13增产10%，收集、研发、引进了双青豆、黄芸豆、黑豆、青仁乌豆等20个优良品种。重点繁育了“京黄1”“冀豆12”两个大豆新品种，亩产达到200公斤以上；“京农950”“冀红9218”两个红小豆品种，亩产达到150公斤以上。完

成了120平方米的实验室和低温种子资源储存库，收集了鹰嘴豆、花芸豆、白小豆、英国红、特大豆粒豆等1000多个品种。总结了一套《籽种种植技术规程》，为本市及国内豆类籽种产业的发展提供了具有实用价值的参考资料。完成全国最大的豆类杂粮新品种展示基地建设，并举办了全国小宗粮豆新品种观摩会。北京卓宸畜牧有限公司承担的“冰鲜牛肉系列产品开发”课题，在实施中，完成了冰鲜牛肉的开发并投入生产，在-2℃～2℃恒温下牛肉保质期从3天提高到90天；课题执行期间产量达到了2000吨，产品出口到阿联酋、约旦、黎巴嫩等中东国家，出口量达到500吨，出口额达200万美元，公司的销售收入增长63%，利润增长199%。通过课题的实施，研究制订出了冰鲜牛肉加工的企业标准；通过与中国农业大学合作，为企业培养20名技术骨干，提高了企业的研发能力，同时培养了农村科技协调员300余人，带动农户3000余户。“樱桃谷SM3鸭祖代新品种引进及配套繁育技术研发”是北京龙建天鸿顺鸭业有限公司承担的课题。该课题通过樱桃谷SM3鸭祖代新品种引进及配套繁育技术研发，种鸭的平均料肉比由课题实施前的2.32∶1降为2.22∶1，雏鸭死亡率由2.9%降低到1.0%；开发种鸭饲料新品种2种；种鸭场年增加综合效益350万元，销售收入年增长率20%，利润年增长率3.5%；通过该课题的实施，制定和完善了种鸭饲料使用准则、鸭苗孵化操作规程和肉鸭饲养管理手册，使种鸭和肉鸭的饲养管理得到进一步规范。通过与中国农业大学合作，引进和培养一批专业技术人员和管理人员，提高了企业的研发能力，同时培养了农村科技协调员30人，带动农户1200余。

（王文伟）

【房山区关闭煤矿替代产业科技示范立项实施】 北京市重大成果转化落地课题“房山区关闭煤矿替代产业科技示范”经北京市科委批准，于10月开始实施。该课题结合北京市推进首都优秀科技成果落地转化的有利条件，通过与中国农业大学合作，以房山区山区关闭煤矿替代产业的重大需求为切入点，在特色种植、农产品深加工、规模化养殖等领域开展重大科技成果的转化与应用。通过转化应用“豆乳蛋白粒子表面修饰与豆乳产品物性调控技术”“冷榨杏仁油工厂化生产技术”“安全药材栽培技术”“嫩叶黄芩茶系列产品制作工艺技术”“乳鸽全程孵育与肉鸽工厂化生产技术”“北京地区鸽子衣原体和副粘病毒病防控技术的研究与应用”及“主要干果树种育种技术创新及新品种推广”等一批具有重大市场需求的科技成果，建立工厂化的生产线及标准化基地，开展相关科技成果的集成转化和示范推广，培育和壮大产业化龙头企业，形成仁用杏、黄芩、肉鸽3个独具山区资源特色、且能够快速形成替代产业规模的示范性现代都市农业基地。为实现山区经济转型，为资源产业退出，发展替代产业提供科技示范和产业发展模式。项目完成后，企业可实现产值12250万元，建成标准化种养基地8360亩，年收入720万元。解决800人就业，受益人口1500户，户均收入2万元。

（王文伟）

【房山区科委生产力促进中心成立】 11月，经区编办批准，房山区科委生产力促进中心成立。房山区科委生产力促进中心为区科委下属的全额拨款事业单位，其主要职责是：提供科技、经济、人才、政策等方面的信息服务；负责在京大专院校、科研院所科技成果和专利技术在本区的推广转化工作；承担区科委委托的有关科技项目申报工作。

（张潇）

【东村被列入市科委“北京市第四批创新型科普社区创建工作”计划】 年内，按照市科委“北京市第四批创新型科普社区创建工作”的要求，区科委从加强社区科普能力建设，提升公众科学文化素质的角度出发，整合科普资源、突出特色，在前期的工作基础上，成功申报一家创新型科普社区——蒲洼乡东村。东村创新型科普社区创建工作的主题是“魅力小西藏，科普生态游”,创建工作获市科委经费支持。蒲洼乡素有京郊“小西藏”之称，东村位于蒲洼乡北部，其自然现状、气候特点等更具有西藏林芝地区的特点，这是其他乡镇不具备的特点，东村的创建工作把科普知识内容注入到独具特色的生态旅游景点、路线的规划与设计中，把科普知识融入到旅游项目的开发和建设中，旨在实现科学知识普及与旅游休闲相得益彰的双赢局面。

（徐璐璐）

【2 项课题被列入市科技计划】 年内，房山区农业科学研究所承担的“食用菌科普展厅建设提升项目”、房山世界地质公园博物馆承担的“博物馆展陈展示设计提升方案”课题被列入市科委科技计划。“食用菌科普展厅建设提升项目”申请市财政科技经费 49 万元，自筹 49 万元，以食用菌的科学知识作为支撑，诠释食用菌的基本机构、生活史、与人类的关系、产业情况和历史文化，宣传食用菌与循环经济的关系。通过传统的食用菌生产和现代食用菌生产对比，体现科技促进生产效率的提升和生产方式的转变，促进食用菌品种和生产模式的丰富，促进食用菌产业的升级。形式上，采用现代声光电技术，以 3D、水墨动画、智能控制系统等科技手段展示食用菌科普文化知识。内容上全面展示了食用菌的基本知识、生活史、生态环境、民俗文化、产业发展情况、与人类的关系，展示内容丰富全面新颖，科普性强，部分成果属于独创。“博物馆展陈展示设计提升方案”课题，申请市科委 15 万元科普经费支持，房山世界地质公园博物馆依托中国地质博物馆、北京市地质研究所、地质大学、北京市工业设计促进中心等专业机构和展厅专业设计单位，通过方案设计、研讨修改、听取观众、专家意见再修改再完善，形成良性循环，逐步做到展厅的专业化、科学化、形象化、信息化、实用化。

（徐璐璐）

文化　文物

【概述】 2010 年，推进房山区群众文化活动中心项目建设，编制了可行性研究报告，通过了建设用地地质灾害危险性评估，完成了设计、勘察、招投标。启动韩村河、琉璃河、窦店、长沟、河北 5 个重点乡镇文体中心的建设工程，编制完成项目建议书，得到区发改委的批复。落实房山区行政文化活动室工程建设，完成 67 个行政村文化活动室建设工程招标、地勘、设计、测绘等工作。开展益民书屋建设工程，实现房山区行政村益民书屋全覆盖。编制《房山区非物质文化遗产图集》，举办非物质文化遗产工作成果展，组织第五个“文化遗产日”系列活动，并对国家、市、区三级名录进行颁牌，向项目传承人颁发了传承人证书。

全年，举办 2010 年新年音乐会、正月十五花会汇演、清明节系列文化活动、4·23 世界读书日系列文化活动、第九届全民运动会开幕式和闭幕式文艺表演等 20 余场大型文化活动。组织参与的演职人员达 4000 余人，观众 8.4 万余人次。组织开展了“星火工程文艺演出”1384 场，参演演员达 4 万多人次，观众人数近 50 万人次，共有 19 支专业团队、21 支非专业团队参演；组织专业团队“周末场演出（良乡影剧院）”共计 60 场，观众人数达 2.64 万人次；组织“文化下乡”

共计 1102 场，其中区级团队演出 444 场、镇级团队 462 场、村级团队 196 场，观众人数近 30 万人次。开展了“文化周末大舞台”“周末金曲大家唱”“文化周末大戏台”“文化周末大课堂”系列活动，其中主舞台演出 29 场，金曲周末大家唱活动 29 场、文化周末大戏台演出 28 场、文化周末大课堂培训 28 场、18 个乡镇大舞台演出 252 场，共计 366 场，参与演职员 2 万余人，培训 1700 余人次，服务群众 30 余万人次。全区文艺工作者创作歌曲、歌舞、小品等各类文艺节目 20 余个；创作摄影、绘画作品 300 余个；创刊发行反映全区文艺创作最新成果的季刊《房山文化》；出版发行《2008 房山区庆奥运百幅摄影书画作品集》等艺术作品。

年内，新办理读者证 7831 个，全年流通人次达 179888 人次，流通册次达 242606 册；送书下乡 165 次，送书 10.5 万册。全年电影放映 21975 场次，其中流动放映 2240 场次，固定影院放映 19735 场次，观众达 200 多万人。电影服务中心为 23 个乡镇 313 个行政村拷贝电影 5022 部；为 23 个乡镇 17 个村维修及联系维修机器 33 台；为 2009 年年底新建成数字影院放映设备新发硬盘 100 个，拷贝电影 2318 部。

2010 年，完成区内 135 家文化场所经营单位年检换证工作；对 61 家印刷企业进行两年一度的年度审核工作和行业统计上报工作；办理审批事项 29 起，其中，新审批单位 14 家，办理了变更事项 9 家，办理注销 6 家。全年共组织、参与对文化市场的检查 246 人次，检查服务对象 293 家次，受理各类举报 36 件，立案调查 6 起，办结 6 起，罚款 7000 元，整改安全隐患 15 处，与有关部门联合取缔黑网吧 3 家，收缴电脑及附属设备 54 件，取缔游商 5 户，收缴非法音像制品 5000 张，全年无行政复议及行政诉讼案件。

启动了《房山区“十二五”时期文物博物馆事业发展规划》的编制工作，制定了金陵遗址公园等 5 项规划的编制工作方案；完成 3 批 47 项绿色审批项目的文物调查工作；会同公安、消防等部门检查文物保护单位 38 家次，查处并制止琉璃河镇商周遗址周边非法动土和青龙湖镇常乐寺内非法建设施工 2 起违章案件。对上方山三期工程、灵鹫禅寺中殿、圆通殿进行了抢险性修缮。完成 28 个乡镇街道办事处 461 个行政村 121 个社区的文物普查工作，普查覆盖率达到 100%，复查不可移动文物 302 处，注销 43 处，新发现 92 处。截至 2010 年，全区文物保护单位共计 351 处。

（金超）

【举办 2010 年新年音乐会】 1 月 1 日，由房山区委宣传部、房山区文化委员会举办的《竹乐声 房山情》2010 年新年音乐会在良乡电影院举行。音乐会上，北京良宵竹乐团用竹子做成的乐器为在场观众倾情演绎了《好日子》《哎哟，妈妈》《拨弦波尔卡》《翠竹映京城》等节目，以与众不同的演奏，带给观众一种绿色、新鲜，用天籁般的声音，把人们带入静谧的大自然之中。

（金超）

【利用光盘资源服务】 区图书馆落实文化部全国文化信息资源建设管理中心“关于利用文化共享助春耕光盘资源开展服务活动的通知”，组织工作人员刻录制作 23 套光碟，并于 4 月 29 日，全部赠送到全区 23 个乡镇、办事处。此套光碟资源涉及春耕时节话“三农”、春耕农机管理、春季苹果树修剪、病虫害防治等内容，涵盖了春耕时节化肥、农膜、农药及种子等农业生产资料准备、农机具管理、种植及养殖技术等，帮助广大农民群众丰富农业科技知识，提高生产技能。

（金超）

【举办文体中心工作人员培训班】 为落实文化部《关于贯彻落实科学发展观进一步强大规模培训干部工作的实施意见》和《乡镇

综合文化站管理办法》，加强文体中心工作人员的管理，提高文体中心工作人员的基本素质和工作水平，区文委于7月中、下旬，在全区范围内举办了3期、历时18天的文体中心工作人员培训班。7月30日，培训工作结束。此次培训共有118名文体中心工作人员参加。

（金超）

【房山作者获“群星奖”】 8月22日，中国第八届艺术节全国第十五届群星奖颁奖仪式在国家体育场举行。第十五届“群星奖”评奖汇集了2008年至2010年基层创作的一批具有鲜明时代感和浓郁生活气息的优秀群众文艺作品和一批在当地乃至全国具有广泛影响力的群众文化活动品牌以及一批长期扎根生活、具有蓬勃朝气和创造力的业余文艺工作者。房山区文化馆馆长李清梅获“群文之星”称号，区文委副主任陈光的歌曲作品《乡村百姓家》获“群星奖”。

（金超）

【举办首届“残疾人文化周”活动】 8月23日至27日，房山区以“绽放生命，共享阳光”为主题举办了首届“残疾人文化周”。文化周由四项主体活动组成：一是开展了以残疾人为主体的文艺创作活动，创作文艺节目10余个；二是组织“燕都神韵”艺术团深入残疾人较多的农村广泛开展慰问演出；三是派遣文化志愿者到区残联所属的“温馨家园”针对残疾人开展书法、绘画等艺术类培训；四是在良乡电影院举办了由残疾人艺术团表演的综艺类文艺演出。

（金超）

【举办农家书屋管理员业务培训】 8月26日至9月30日，区图书馆对农家书屋管理员进行业务培训，分别对十渡镇六渡村、十渡村、五合村，河北镇东庄子村、磁家务村，南窖乡北安村等9个乡镇的14个村的农家书屋管理员进行了培训。

（金超）

【城关消防中队建立图书室】 8月31日，为进一步推进双拥工作，增进军民友谊，加强“文化拥军”，更好地解决官兵们借书难的问题，满足官兵的不同阅读需求，使图书馆的资源充分发挥作用，区图书馆和房山区城关消防中队签定了图书配送协议书。自9月开始，区图书馆将每季度为城管消防中队图书室轮换一次图书，第一批图书涉及哲学、经济、军事、文学、历史地理等方面共计500册。

（金超）

【五区签订“永定河工程”战略合作协议书】 9月3日，石景山、丰台、房山、大兴、门头沟五区文化委员会在房山区文委，正式签订“北京西南五区文化市场监管‘永定河工程’战略合作协议书”。具体行业涉及广播影视、文化娱乐、新闻出版（版权）和文物等文化行业。协议明确了五区文化市场监管和执法工作合作的目的、意义、指导思想、任务目标、合作原则和适用范围。就具体合作工作，五区共同达成建立组织领导机制、联席会议机制、定期沟通机制、信息共享机制、情报预警机制、联防联动机制、合作协助机制和建立市场监管机制。

（金超）

【举办“异彩中华·《放歌长阳》全国城乡优秀歌手展演”颁奖音乐会】 10月6日，由中国世界民族文化交流促进会、中国群众文化学会音乐专业委员会等单位主办，房山区文化委员会、CSD管理委员会等单位承办的“异彩中华·《放歌长阳》全国城乡优秀歌手展演”颁奖音乐会在北京市科教音像中心演播厅举行。来自全国各地的100余名歌手参加演出，他们中有学生、教师、农民、企事业单位的职员，也有基层文艺工作者。其中，年龄最小的16岁，最大的60多岁。颁奖晚会上，选手通过独唱、重唱、组合等形式演唱了1949年10月1日后创作或改编的中国歌曲（包括影视插曲和民歌），风格涵盖了“美声”“民族”“通俗”等唱法。著名歌唱家程桂兰、聂建华、方琼等同台演出。房山区选送的歌手黄莉、郝俊明分别以房山原创歌曲《龙的摇篮》和《为祖国祝寿》获青年组金奖和中年组金奖。

（金超）

【在第八届“椿树杯”票友大赛中获奖】 10月17日，由北京市文化艺术活动中心、西城区委宣传部、西城区教育委员会、西城区文化委员会、椿树街道工委办事处联合主办的第八届“椿树杯”北京市社区京剧票友大赛在宣武区文化馆闭幕。由房山区文化馆选送并辅导的《沙家浜》获家庭组三等奖，《四郎探母》和《红灯记》获少年组优秀奖。

（金超）

【全区实现“村村有书屋”】 10月27日，房山区举行2010年新建益民书屋图书发放仪式上，182个村被授予益民书屋的牌子。益民书屋是市委宣传部、市新闻出版局等六部委联合在全市推广的一项“读书益民工程”。在2005年以前，全区主要以“送书下乡”“捐赠图书”等形式举办“三下乡”活动。因为农村没有固定场所，送下去的书往往很难真正发挥作用。2005年在市委、市政府指导下，全区开始“读书益民工程”建设，截至2009年年底，全区共建成“益民书屋”280个，实现山区乡镇“村村有书屋”，2010年新建了182个，全区实现462个行政村“村村有书屋”。

（金超）

【房山区图书馆北京经贸职业学院分馆开馆】 11月18日，由区图书馆和北京经贸职业学院合作建立的“房山区图书馆北京经贸职业学院分馆”开馆仪式在北京经贸职业学院举行。区文委主任李立新、区图书馆馆长宋守鹏分别与北京经贸职业学院院长王东、北京经贸职业学院教务处处长李启英签订了共建协议和共同财产保管协议。房山区图书馆向分馆提供了价值100多万元的23945册图书和50个书架，双方在共建活动过程中，坚持资源共享、信息沟通，互相学习、互相帮助、互相促进、共同提高的原则，促进图书馆社会服务职能的发展，满足良乡地区群众的文化学习的需求。

（金超）

【区文委获第十届首都家庭文化艺术节优秀组织奖】 11月21日，“倡导低碳生活、共建和谐社会——第四届首都家庭文化艺术节”在北京市青年宫举行，活动由北京市妇女联合会、北京市文化局共同举办。房山区文委推荐选送的宋秀兰艺术家庭参加比赛，并以“女子中幡”节目获一等奖。房山区文委获优秀组织奖。

（金超）

【举办房山区第十届青年歌手、票友大赛】

12月4日，房山区第十届青年歌手、票友大赛初赛在文化馆开幕。此次大赛由北京文化艺术活动中心，北京市音乐家协会、房山区委宣传部、房山区文化委员会、房山区音舞协会联合主办，房山区文化馆承办。大赛共设民族、美声、通俗、评剧、梆子、京剧6个组别，参赛选手400人。12月11日，民族组、美声组、通俗组101人进行复赛。12月18日至19日，房山区第十届青年歌手、票友大赛决赛在区文化馆进行，有117人参加6个组别的决赛，76名选手获奖。郝亮亮、周文晶、吕孝萧刘分别获民族组、美声组、通俗组一等奖，许淑玲、赵金楼、王铸钧，分别获评剧组、梆子组、京剧组一等奖。

（金超）

【长沟镇流动放映队获全国农村电影放映工作先进集体和优秀放映队称号】 12月21日，中共中央宣传部、文化部、国家广播电视总局、国家新闻出版署在北京联合召开了全国服务农民、服务基层文化建设先进集体表彰会。此次表彰会面向全国共评选出260个优秀基层单位，长沟镇流动放映队被授予“全国农村电影放映工作先进集体和优秀放映队”称号，为北京市唯一获奖的数字电影流动放映队。

（金超）

【区文化馆获"全国服务农民服务基层文化建设先进集体"称号】 12月21日，中共中央宣传部、文化部、国家广播电视总局、国家新闻出版署在北京联合召开了全国服务农民、服务基层文化建设先进集体表彰会，中宣部部长刘云山出席会议并讲话。此次表彰会面向全国共评选出260个优秀基层单位，房山区文化馆被授予"全国服务农民服务基层文化建设先进集体"称号，为北京市唯一获奖的区县级文化馆。

（金超）

【拓乾隆御笔碑28石】 9月初，区文物所对长沟镇乾隆御笔碑进行保护性拓碑。乾隆御笔碑刻于清代，今保存于长沟镇，御制石刻共计28石，这些诗涉及内容广泛，有助于了解乾隆盛世的历史。

（金超）

【举行周口店遗址博物馆新馆奠基仪式】 5月19日，举行周口店遗址博物馆新馆奠基仪式。国家文物局局长单霁翔，全国政协常委、民建中央常务副主席马培华，中国博物馆学会理事长张柏，联合国教科文组织文化遗产保护专员杜晓帆，中国科学院院士吴新智，北京市政协副主席赵文芝，北京市人民政府副秘书长张玉平，中国科学院副秘书长曹效业，中国科学院古脊椎动物与古人类研究所副所长高星，北京市文物局副局长崔国民，中共房山区委书记刘伟，区委副书记、区长祁红，区政协主席唐淑荣，区委副书记张祝华，区委常委、宣传部部长赵佳琛，副区长卢国懿、吴会杰，区政协常务副主席高维魁及相关部门领导、专家参加奠基仪式。奠基仪式包括"探索篇、发掘篇、呵护篇、传承篇"四大主题。奠基仪式由北京电视台著名节目主持人顾阳主持。房山区政协主席唐淑荣致辞，国家文物局局长单霁翔、北京市政府副秘书长张玉平、中国科学院副秘书长曹效业分别在仪式上讲话。周口店遗址博物馆新馆位于周口店遗址建设控制地带内，新馆创意源于"北京人"50万年前制作和使用的劳动工具——石器。建筑线条简约、粗粒、刚毅，多折面的面与面之间形成锋利的石器"刃口"结构。新馆占地3.8万平方米，规划批准建筑面积8093平方米，限高9米，地下1层，地上2层，新馆总投资约1.8亿元。新博物馆集陈列展览、科普教育、藏品保管、科学研究和管理办公一体。通过运用现代化科技手段和高新技术，在展览形式、展陈内容、服务标准、管理功能上具有国际水准的、充分体现遗址文化内涵。

（武灵玉）

【《北京猿人的原始之恋》上演】 9月10日，《北京猿人的原始之恋》在北京海淀剧院上演。该剧是由周口店遗址博物馆和北京一九九八国际青年艺术剧团共同创作的史诗话剧。《北京猿人的原始之恋》是以世界文化遗产周口店遗址为题材，以北京猿人生活为历史背景，通过艺术形象把北京猿人首次搬上中国话剧舞台。《北京猿人的原始之恋》史诗话剧在海淀剧院上演12场。

（武灵玉）

【周口店遗址博物馆与西班牙人类发展博物馆结为姊妹博物馆】 10月8日，西班牙卡斯蒂亚和莱昂自治区政府文化旅游部部长约瑟·萨尔盖罗·科蒂尼亚斯与周口店遗址博物馆馆长杨海峰在上海世博会西班牙馆共同签署了《周口店遗址博物馆和人类发展博物馆成为姐妹博物馆文件》，标志着两馆结为姊妹博物馆，为今后双方开展合作、交流奠定基础。

（武灵玉）

【周口店遗址成为首批国家考古遗址公园】

国家考古遗址公园是中国在文化遗产保护领域提出的新概念。6月，国家文物局正式启动第一批国家考古遗址公园评定工作。在全国各地申请的项目中，国家文物局组织专家，通过初审、现场考察评分、会议评议以及专家投票等方式，最终从 77 个项目中确定了 12 个项目列为第一批国家考古遗址公园。周口店遗址是举世闻名的人类化石宝库，是古人类学、考古学、古生物学、地层学、年代学、环境学及岩溶学等多学科综合研究基地，1987 年，被联合国教科文组织列入中国首批“世界遗产”名录。10 月 9 日，国家文物局下发通知公布第一批国家考古遗址公园名单和立项名单，周口店遗址成为首批 12 个国家考古遗址公园之一。

（武灵玉）

【《石经传奇》首演】 1 月 29 日下午，由北京房山云居寺创作的大型舞台剧《石经传奇》在北京地质礼堂举行首场演出。该剧以云居寺和房山石经为主题，以一个现代游客的视角切入，通过神奇的梦回形式，使游客穿越时空回到了过去，回到了对于佛教最为黑暗的“法难”时期。通过主人公的讲述，时间分别停留在唐朝、元朝、抗日战争时期、新中国成立和现在，不同的时间段展开了一部令人荡气回肠的千年刻经史。舞台剧《石经传奇》突破传统，将歌舞、戏曲和戏剧巧妙融合为一体，它的公演，对弘扬云居寺石经文化，提升京西南文化圈的竞争力，助推房山区文化创意产业发展起到积极作用。

（安江华）

【举行云居国际石经文化园项目合作框架协议签约仪式】 2 月 3 日，北京市房山区人民政府与温德拉企业管理集团有限公司签署《北京云居国际石经文化园项目合作框架协议》，该项目采取政企合作的方式，吸引社会投资、拓宽了融资渠道。北京云居国际石经文化园项目占地面积约 3800 亩，总建筑面积 70 万平方米，利用房山独特的文化资源，依托闻名于世的房山石经文化，按照“人文北京”的建设理念，借鉴国际先进经验，建设石经碑林、石经博物馆、度假酒店、莲花艺术中心等基础设施。项目建设后将是以石经文化为核心，同时集中华优秀传统文化传播、教育、旅游、养生、休闲、商业于一体的世界级复合型文化产业园区。

（安江华）

【举办房山石经精神主题歌曲征集评选活动】 8 月 28 日，云居寺文物管处与中华佛商网举办“房山石经精神”主题歌曲征集评选活动新闻发布会。征集作品以歌颂坚韧不拔、锲而不舍、一丝不苟、默默奉献的“房山石经精神”为主题，要求原创歌词健康，易于传唱，歌名自定，独唱、重唱、合唱形式均可，主办方于 12 月聘请著名词曲家、艺术家、高校专业人士、著名音乐人及专业歌手等组成专家评审委员会对作品进行评选。征集活动设一等奖 1 名、奖金 5 万元，二等奖 2 名、奖金 1 万元，优秀奖 10 个、奖金各 3000 元。作品提交截止时间：2010 年 11 月 31 日。

（武灵玉）

史志　档案

史志工作

【概况】 2010 年，按照北京市地方志办公室的要求，区史志办召开专家、退休老干部座谈会，听取有关领导的意见，在全市率先完成房山地方志“十二五”规划的编制。推进二轮修志启动工作。为贯彻市委、市政府关于启动第二轮修志工作要求，区史志办进行业务培训。在为续修区志作准备的同时，高度关注基层修志，对修志单位给予力所能及的支持和帮助，为各单位的修志人员做好各项服务工作。对基层修志中遇到的种种问题，认真加以研究，与修志人员一道努力，解决这些问题，确保志书的质量，推动基层修志多出成果。为区检察院、区人力社保局、大石窝镇、十渡镇等单位提供修志指导；对区武装部编纂的《房山区军事志》进行审稿，并提出具体的审稿意见；直接参与《房山农业志》《四马台村志》的具体编纂工作。区史志办编写了《房山志鉴文集》《房山》。

（赵茂义）

【举行《百花山志·族谱篇》首发式】 1月29日，《百花山志·族谱篇》首发式在佛子庄乡举行。房山区老领导蒲怀瑛、魏士宽、赵振隆、任全胜、刘存泽等出席，区史志办、区农委、百花山地区房山区9个乡镇主管史志工作的领导及编辑人员参加首发式。区史志办主任刘文江主持会议。首发式上，《百花山志·族谱篇》编委会主任任全胜介绍了《百花山志·族谱篇》的主要内容及成书过程。房山区老领导对《百花山志·族谱篇》的出版表示祝贺，给予了充分的肯定，此书的出版对继承历史，传承文化有着深远意义，对有价值的村落文化起到了保留和保护作用。仪式上，向9个乡镇代表赠书。

（赵茂义）

【区史志办获《北京农村年鉴》"优秀组织奖"】 2月4日，在北京市农工委召开的2010年《北京农村年鉴》工作会上，房山区史志办获"优秀组织奖"。《北京农村年鉴》房山区情部分供稿任务由区史志办方志科担任，按照市农委的要求，按时按质按量完成稿件的上报任务，每年提供稿件3万余字和相关内容照片。

（赵茂义）

【《乡镇工作百问百答》公开出版】 2月，区史志办主任刘文江编著的《乡镇工作百问百答》由中国人事出版社公开出版。该书是为加强乡镇干部培训工作，由中国人事出版社组织推出的系列丛书之一。全书内容包括：乡镇如何全面贯彻科学发展观、乡镇如何坚持党在农村的基本政策、乡镇如何把握当前农村改革发展的目标任务、乡镇如何加强新形势下农村制度建设、乡镇如何加快现代农业发展、乡镇如何加快发展农村社会公共事业等。作者从乡镇工作实际出发，分12个部分102个问题，解答了在新时期如何做好乡镇工作的主要问题。该书的出版将成为乡镇干部做好实际工作的有力推手。

（许冬梅）

【举办乡镇采编员业务培训班】 3月10日，区史志办在区委宣传部345会议室对乡镇年鉴采编员进行业务培训。区史志办副主任、《北京房山年鉴》副主编李桂清就年鉴的资料整理、编写方法进行了详细的讲解，并结合所报2010年年鉴材料进行了分析，指出了存在的问题和注意事项等问题。全区有22个乡镇22人参加了培训，达到了预期目的。

（赵茂义）

【举办二轮修志培训班】 3月26日、4月1日至2日，区史志办在区委党校举办第二轮修志培训班，主任刘文江就房山区第二轮修志工作形势、意义、特点分别作了开班动员；副主任李桂清针对三种不同类型修志单位的情况就如何收集资料、考证资料、整理资料、基本材料的编纂、交稿材料的格式5个方面进行了详细的讲解，并与参训人员进行交流，解答疑问。全区各乡镇，街道办事处，人民团体，中央、市属驻区和区属企业，高等院校共146个单位166名撰稿人参加了培训班。通过第二轮修志培训，各修志单位明确了第二轮修志工作的规范要求，为房山区第二轮修志工作的顺利开展打下了坚实的基础。

（赵茂义）

【召开《房山志鉴文集》出版座谈会】 11月11日，区史志办公室在区委党校举办《房山志鉴文集》出版座谈会。区委常委、区委宣传部部长赵佳琛，市地方志办公室副主任张恒彬、区县指导处处长高文瑞，区委宣传部常务副部长邓思博出席座谈会，方志出版社副编审夏红兵，《房山志鉴文集》主编、区委正处级巡视员刘文江，原史志办副主任张东升及部分委办局、乡镇的领导 25 人参加会议。区史志办主任李桂清主持会议，并介绍了本书成书过程及意义。刘文江结合本书介绍了房山区第二轮修志理论准备情况及理论对修志的现实指导意义。张恒彬提出 3 点要求：一是《房山志鉴文集》对第二轮修志工作有很强的指导性，要加大宣传、学习、使用好此书；二是进一步加强地方志的理论研究；三是要抓好当前的第二轮修志工作。最后，赵佳琛对史志工作提出了新的更高要求：继续发扬好的传统、发挥优势，加强理论研究，做好第二轮修志的表率；充分发挥区史志办的职能作用，组织、指导好全区的修志工作；利用现代信息工具加大读志、用志宣传力度，发挥资政、育人的功能。

（赵茂义）

【公开出版《北京房山年鉴（2010）》】 11 月，区史志办编纂的《北京房山年鉴（2010）》公开出版发行。该年鉴记载 2009 年房山区各项事业的基本情况和主要成就。总字数 74.2 万字，编辑条目 1393 条，照片 52 幅。

（许冬梅）

档案工作

【概况】 2010 年，区档案局以“基层档案室资源建设年”为抓手，以争创国家一级档案馆为目标，开展各项工作。积极推进档案工作法制化建设，开展档案业务指导，针对 2009 年档案执法检查中问题比较多的单位和涉及到机构改革的单位进行业务指导，在指导中贯彻执行《新机关文件材料归档范围和文书档案保管期限规定》，解决单位档案业务上的问题。对 50 个单位开展业务培训，共计培训专兼职档案人员 1383 人。为全区 22 个乡镇举办镇、村两级档案人员的业务培训班。以新农村档案工作为重点，贯彻《北京市村级档案管理办法》，以农村两委换届为契机，与区委组织部、区农委、区民政局联合制发了《关于在农村两委换届中加强档案工作的意见》。继续加强农业合作社档案管理推广，与区经管站联合制发了《房山区农民专业合作社档案管理指南》。通过建立试点、多次调研起草下发了《房山区集体林权制度改革档案管理办法》，并与区林改办举办了专题培训班，在全市率先完成林改档案管理工作。全面加强档案资源和档案利用体系建设，全年共为社会提供档案利用 4767 人次，调阅各类档案 16585 卷（册），政府信息文件公开接收 69 个单位，公开文件 1553 份，利用 61 人次。创建馆以来档案利用之最。采取按年代分段分批接收进馆的方法，分别将 20 个乡镇和 15 个区直机关具有永久、长期保存价值的种类档案接收进馆。完成《房山报》2009 年和 2010 年第一季度的备份工作，征集散存照片近 600 余张，征集资料 4 本。对 7899 张照片和 305 卷革命历史档案进行了数字化扫描，并对 72 万条文件级条目的档案进行了录入，档案录入数据库条目总量达到 146 万余条。2010 年，制作了《走近“三化两区”新房山》主题巡展，完成了《走进房山》区情展和《档案大观》重新改版工作，新制作和推出了《重阳佳节话重阳》图片展。2010 年，区档案馆教育基地累计接待人数已达 8 万人次。按照北京市爱国主义教育基地领导小组的要求，在清明节期间，区档案馆教育基地结合房山地区革命历史，制作了《房山英烈知多少——清明节故事会》电子书。与区教委协作，通过校园网在全区中小学广泛开展“追忆革命先烈，弘扬民族精神”主题诵读教育活动。据统计，全区近 7 万名中小学生（人、次）观看、诵读英烈故事。

（高玉蜀　何涛）

【举办《走进“三化两区”新房山》展览】 7月30日，由区档案局、馆设计制作的《走进“三化两区”新房山》展览在燕山地区杏花西里社区展出，此次活动是《走进“三化两区”新房山》图片展览下基层巡回展出活动的第一站。展览通过图片文字和相关数据，详细地介绍了“三化两区”新房山发展战略从规划讨论到建设实施等一系列发展历程，目的是面向基层，广泛宣传，让更多的人了解、支持、参与房山“三化两区”建设。当天，杏花西里社区280多名居民参观了展览。

（高玉蜀　何涛）

【举办第二届“档案馆日”活动】 10月16日，房山区在区档案馆举办了第二届“档案馆日”活动。“档案馆日”接待了拱辰街道、西潞街道的社区居民，部分区直机关、北京经贸职业学院文秘专业师生及通过电话预约参观的群众500余人，发放各类材料5000多份。其中，燕山分会场接待群众200余人，发放宣传材料1000余份。此次“档案馆日”活动的主题是“追寻房山记忆，感受档案魅力”，围绕活动主题，区档案馆向观众开放了《走进房山》《足迹》《档案大观》《重阳佳节话重阳》《百姓与档案》5个展览。参加活动的群众参观了档案馆档案库房，区档案馆工作人员现场演示了档案整理与修复、档案数字化过程。

（高玉蜀　何涛）

【朝鲜国家文献局代表团参观区档案馆】 11月18日，朝鲜民主主义人民共和国国家文献代表团一行3人在国家档案局外事办人员的陪同下到区档案馆参观交流，区档案局局长张志元向代表团成员介绍了房山区档案馆的职能、馆藏档案等情况。代表团成员参观了档案馆库房、爱国主义教育基地展厅、档案查阅利用大厅，详细询问并解了了档案馆馆藏档案的全宗、分类以及馆舍建设等情况。

（高玉蜀　何涛）

【召开区档案馆建馆50周年座谈会】 12月16日，区档案馆召开建馆50周年座谈会，北京市档案局局长陈乐人、区人大副主任刘顺林、区政府副区长卢国懿、原区人大常委会主任郭先英和部分立档案单位主管档案工作领导出席了会议。会议回顾了房山区档案事业50年来的发展历程，观看了房山档案事业发展50年专题片，与会代表分别就房山档案50年来的发展变化进行了发言，并对未来房山档案事业的发展提出了许多合理化的建议。市档案局局长陈乐人对房山区档案事业取得的成绩表示的肯定，对房山档案事业的发展提出了希望。区副区长卢国懿代表区四大部门对档案馆建馆50年表示祝贺，并提出希望。

（高玉蜀　何涛）

【开展档案行政执法检查】 年内，在各单位报送自查报告的基础上，区档案局对全区68个立档单位进行行政执法实地检查，并邀请了区人大代表、区政协委员和区法制办领导参与了部分单位的检查，在实地检查的68个单位中，除3个单位因特殊情况没查外，在95分以上39个，占实地检查单位的60%；90分以上19个，占实地检查单位的29%；80分以上4个，占实地检查单位的6%；通过检查，向62个单位发放档案执法检查百分考核合格证，向2个单位提出了口头警告，向1个违反《中华人民共和国档案法》的单位制发了限期整改通知书，并进行了跟踪监督。

（高玉蜀　何涛）

广播电视　信息化建设

广播电视

【概况】 2010年，房山广电中心围绕全区中心工作，按照“创新思维，打造新型都市传媒；凝神聚力，助推‘三化两区’发展”的战略思路，制作推出了代表“三化两区”新形象的房山电视台新LOGO，房山人民广播电台形象标识、房山广电传媒网域名及标识同时启用，同时对全新改版电视节目，推出《早安房山》《午后真谈》等新节目；开播电台调频96.9、电视29频道两个无线转播频道，其中FM96.9乐活养生广播，推出了包括“乐活乐购”“养生我知道”“96.9乐活书场”等栏目在内的7档广播直播节目。全年围绕走新型城市化道路、“三化两区”建设等重大宣传主题以及“两会”、五大功能区建设等宣传重点，制作播出了“热议新房山”“新战略·新行动”“市民园区行”“‘三化两区’访谈录”“园区加速度”等一批有影响力的系列报道和访谈节目，广泛宣传“三化两区”建设的新思路、新举措、新成果，激发了干部群众积极投身“三化两区”建设的激情和干劲。2010年，全年广播电台播出总时长为6388小时，其中，新闻总时长为288.5小时，专题节目总时长为2755小时，文艺节目总时长为3110.5小时。全年电视台播出总时长为8577.5小时，其中，新闻总时长1184小时，专题节目总时长1624小时，文艺节目总时长为2785小时。

（芊德艺）

【“热议新房山”开播】 1月，区广播中心录制了6期大型访谈栏目——“热议新房山”，邀请政府官员、“两会”代表、社会群众以及专家学者，以汇聚媒体的力量、政府的力量和社会的力量，透视公众热点、解析政策要点，为房山发展出谋献策，热烈讨论房山区未来发展的新思路，使市民、代表、委员与政府有关部门领导进行了很好的沟通。“热议新房山”节目注重“结合性”“典型性”“故事性”，内容既是百姓最关心的典型热点话题，又和“两会”报道形结合，紧跟“三化两区”建设的步伐，贴近群众生活。节目通过台上、台下互动的方式，从城市化建设等多个角度探讨了全区经济社会发展面临的新发展、新机遇和取得的新成绩。

（李文娟）

【启用新台标】 4月23日，经北京市广播电视局，国家广电总局批准，房山区广播电视台变更台标，原台标废止，启用新台标。FUNHILL TELEVISION新台标整体为金黄色，体现牢固的根基和富足、光明的前景；整体造型趋势向上，表示房山区的发展态势朝气蓬勃，潜力十足；刚劲有力的笔锋，象征着青春、活力、激情在这一刻迸发。台标主体酷似一个变形的“F”，寓意着“房山—FANGSHAN”新的起航，即将乘风借势迅猛发展。台标主体还像一把燃烧的火炬，寓意房山发展如熊熊烈火般势不可挡，也象征着人类的起源。台标主体造型形既像一个“U”字，又像一个“N”字，与变形的“F”组合起来就是一个“FUN”；从综合图形上看，又像一座“山”——一座有金色梯田的山，也就是“HILL”的意思。“FUN HILL”总体造型意义得以淋漓尽致的展现。主体造型酷似由两个“L”字母组成。从形状上看就像两条金色的跑道，源起于房山，道路越走越宽，体现出房山现代化建设进程的“加速度”，也象征着产业友好新区和生态宜居新区的跨越式同步发展；从英文意义上理解就是“LUCKY　LIFE”——“美好生活”的缩写，体现着房山广电为创造市民“美好生活”而努力的方向和宗旨。

（李文娟）

【FM96.9 乐活养生广播频率开播】 7月19日，房山人民广播电台乐活养生广播FM96.9开播。以讲座、访谈、故事会等形式宣传绿色房山、宜居房山和人文房山。电台节目同步全面改版，推出“都市晨曲”“乐活乐购”“乐活丽人”“养生我知道”“午休音乐坊”等11档节目播出时间长达18小时，其中实现每天直播节目7小时。

（李文娟）

【电视节目全新改版】 7月19日，房山广电中心在原开办的“房山新闻”“百姓今天”“三农零距离”基础上，适时对电视节（栏）目进行创新改版，推出了“Morning FunHill——早安房山”“午后真谈”“都市生活”等栏目，电视节目自制能力达到90分钟以上，实现每日播出新闻和每日播出专题，实现全天播出22小时。房山电视台全新改版节目“早安房山”“午后真谈”“房山新闻”等节目开始播出后，“百姓今天”“三农零距离”“红灯停、绿灯行”“新经济”“时尚生活”“满意新居”均停播。

（李文娟）

【改造广播电台机房投入使用】 7月，房山广播电视中心投资350万元改造的广播电台机房投入使用。电台制作播出网由原来的简单的3台音频工作站，1台播出工作站和主备服务器组成的简单的音频制播网，升级改造成为由11个音频工作站点及多台音频服务器组成，具有智能总控系统的并为大型户外直播活动预留接口的数字化网络。同时，配备周边设备齐全，功能完备，现代化、网络化，并具备热线电话接入的2个直播机房，3个高水准的录制制作机房，并配备了高质量的话筒和数字调音台和硬件效果器，可以满足日常录播节目制作和节目包装片花广告等需求。在一楼电台办公区内设置了4台快速编辑音频工作站和1个音频上载单元，可以完成音频上载，节目编辑合成和节目上单工作，有效的提高了录制机房的使用效率。架设了内网ftp服务器，通过网闸和办公网络相连，实现了音频资料高效快速的共享。

（李文娟）

【推出“Morning FunHill——早安房山”栏目】 7月，新闻资讯节目“Morning FunHill——早安房山”开播，每天7:35首播，时长：30分钟。主要内容有新闻资讯、服务信息、民生话题等新闻资讯栏目，重点报道“三化两区”新房山建设中的热点和焦点，播报全国各地的相关信息。说老百姓话，讲市民故事，服务民生。下设板块有：《FunHill快报》《FunHill关注》《FunHill秀场》《图说天下》。

（李文娟）

【推出“午后真谈”栏目】 7月，推出新闻类访谈节目“午后真谈”，每天中午12:34首播，时长：30分钟。栏目宗旨：以宣传党的方针政策和区委、区政府决策为宗旨，以关注社会热点、焦点事件，引导社会舆论为己任，打造符合房山经济社会发展方向，具有前瞻性的舆论平台。节目以“谈”为主，从群众关注的话题入手，谈出符合国家大政方针、能够准确传达区委、区政府决策的真知灼见，谈出理性的分析和思考，谈出正确的、引导舆论的主流观点。

（李文娟）

【推出“都市生活”栏目】 7月，推出生活服务类经济栏目“都市生活”，播出时间为每周一、三、五19:55首播。二、四、六重播。时长：10分钟。栏目包含《美食美客》《购物我开心》《开心档》《健康故事》《我的低碳生活》5个版块。节目形式灵活多样，内容涉及科技、教育、商业、建筑、旅游、饮食、流行时装、娱乐健身、养生生活经验和技巧等方方面面，能让群众多角度的感受现代都市生活的点点滴滴。

（李文娟）

信息化建设

【概况】 以加快房山区信息社会建设、全面建设“数字房山”为信息化战略目标，推进资源整合、利用和信息公开，以应用促发展，提高全区信息化水平。推进电子政务重大应用项目，为综合行政服务大厅定制开发了“行政许可电子监察系统”，推进视频会议系统应用。探索互联网应用，推进“感知北京”工程。完善流动人口数据资源系统，开展绿色出行信息服务，加强网络基础设施建设，完善市—区—乡（镇）—村四级网络。加强网站建设完善政务公开工作，推进信息资源共享体系建设和应用，发挥网络媒体作用做好网络宣传工作，全年在《房山信息网》发布各类动态信息3000余条。通过《房山信息网》政府信息公开专栏公开的政府信息达2800条。在专题内容宣传方面，为突出对房山区重点工作、重点工程的宣传力度，2010年度共制作专题栏目14个。为扩大网站宣传辐射范围，区信息中心坚持与市区有关媒体合作，积极向市政府网站“首都之窗”报送房山区各类信息，大部分信息在《首都之窗》“区县热点”栏目发布，全年共计1520条。同时，将房山电视台每天的“房山新闻”栏目转录到区政府网站发布，结合网站改版，实现了将《房山报》网络版链接到政府网站首页醒目位置，这些举措都明显地扩大了网络宣传效果。

（郑桂敏）

【推进“感知北京”工程】 年内，区信息中心加强交通、社会管理、学校安防、安全生产等方面的图像信息系统建设，并制定了全区数字、模拟图像信息系统整合的方案；建立安全生产监控平台，将区内所有加油站、危化企业的监控接入平台，并制定两期建设方案，在一期平台基础上建立声光报警联动机制；数字环保平台，利月3S集成技术，在空间地理系统上建立工业污染源图层、乡镇种植养殖业图层、日常生活污染源图层、污水和污物处理厂图层、挥发性有机物污染源图层。安放大气污染、烟雾排放、噪声、污水排放等监测设备，实现数据的实时采集，对于超标的监测点能够实时响应报警。

（郑桂敏）

【完善流动人口数据资源系统】 市流管办开发的二期流管工作平台延伸到基层服务站，实现区、乡、村三级信息平台联动，且在信息采集登记、数据统计分析、信息查询比对以及办公信息流转等功能方面有了极大的改进和完善，更加符合基层使用。截至年底，区乡两级财政共投入资金74万元，为区乡流管办和基层服务站配置计算机150台，招聘大专以上的专职管理人员350余名，专门负责流管信息平台的使用、管理。

（郑桂敏）

【加强网站建设完善政务公开】 2010年，通过《房山信息网》发布的主动公开信息2680条，依申请公开20条。各单位通过行政许可电子监察系统录入的行政办事事项共786件。2010年，区信息中心联合区监察局，参照市级行政办事服务目录对全区43个单位的行政办事服务事项和便民服务事项进行了重新梳理，共梳理行政办事事项825项，新增便民服务243项。2010年行政办事表格下载达8453人次，事项结果的网上反馈达19045件。“房山信息网”设立的部门动态、统计数据、统计信息、招聘信息等栏目，为各部门通过区政府网站发布信息和反映本部门工作提供了方便条件。2010年，由各单位维护的部门动态共发布信息867条，统计数据、统计信息等54条，招聘信息150余条，极大的丰富了政府门户网站的政务信息。

（郑桂敏）

【改版《房山信息网》】 年内，区信息中心对《房山信息网》网站版面、频道和栏目进行全新设计，对网站各项业务资源和政务公开内容、服务事项按照考评要求进行了大量的目录梳理工作。将房山区2007年梳理的《房山区行政许可目录》、房山区资源整合平台梳理出的6家单位的业务资源目录及2010年各单位上报行政综合服务大厅筹建办的目录进行比对。根据目录梳理的事项服务内容，建立了婚育收养、企业开办和医疗保险3个场景式服务。对行政服务事项按用户对象分为个人和企业两大类。其中个人细分了22个小类，企业细分了27小类。建立了绿色通道服务，并对特殊人群进行了农民和老幼病残的分类，便民服务事项分了教育培训、医疗卫生、劳动就业、社会保障、租房住房、交通出行、休闲娱乐、供求信息、居家饮食和农业服务10大类。

（郑桂敏）

【全面推进信息资源共享体系建设和应用】 2010年，通过人口、法人、空间三大基础库数据和各类政务资源的展示与在线使用，为全区公安、计生、市政、监察、环保、安监、应急、非紧急救助、乡镇街道等部门和业务提供服务。为社会安保、人口管理、地下管线管理、行政审批监察、环境监测、安全生产监管、突发事件应急处置、非紧急救助热线、乡镇街道重点人口管理等系统提供了重要的资源数据支撑。在基础库应用方面，一是由人口基础数据库提供数据支撑的房山区育龄妇女管理系统2010年正式上线使用，建立起了基于全区人口与计划生育业务的“全员人口数据信息库”，整合了全区80万条常驻人口数据，截至2010年年底，系统经接入25个乡镇（街道）计生办，正在向村（社区）连接。协助区第六次人口普查办公室开展全区范围的人口普查工作，将人口数据信息支撑人口普查，提供查询参考依据。二是完成了区共享交换平台法人数据库与区监察局“行政审批电子监察系统”的对接，通过法人库基础法人数据支撑监察局业务应用，实现了房山区行政审批及电子监察系统与市、区两级的各个单位内部系统的数据对接，将各个业务系统的审批事项数据传入房山区行政审批及电子监察系统中，有效支撑了监察人员对监察事项的办理。截至2010年年底，房山区行政审批及电子监察平台共调用区法人库的信息办理事项共431件次。三是完善了空间地理信息库，在空间地理信息服务平台41家视频监控展示信息的基础上，经过协调对全区39家安全生产监管部门视频监控图像资源进行了整合，包括加油站、贮罐区、高危化企业等单位，通过建立流媒体访问途径以及改进开发适应多种前端监控设备图像数据的展示插件，实现一家单位多路多通道图像信息实时展示，同时与其他空间资源配合展示，为安全生产监管与突发事件应急处置提供有效支撑。

（郑桂敏）

【搭建房山区空间地下管线单机展示系统】 年内，区信息中心将空间数据部署在与网络隔离的服务器中，为市政、水务、电力、燃气、有线电视等管线业务展示、城市安全运行、城市规划与管理、突发事件应急处置提供独立展示服务。对房山区界进行了瓦片数据切割与加工，共加工数据40G，完成了1187.5公里地下管线、1∶500、1∶2000地形图数据的隔离存储，形成图层149个，其中管线图层44个，并配套相应的资源保密体系。管线数据及设备存放于信息中心机房，严格按照管理规定为管线展示需求部门提供应用服务。

（郑桂敏）

11 月 7 日，全市 182 名自行车爱好者在青龙湖国际红酒城参加自行车邀请赛。

社会生活

人口

【概述】 区人口计生工作落实《中共中央国务院关于全面加强人口和计划生育工作统筹解决人口问题的决定》和《中共北京市委北京市人民政府关于深入贯彻落实科学发展观统筹解决人口问题的决定》，围绕建设新型生育文化“一条主线”，开展宣传教育活动；以奖扶特扶和幸福工程项目“两项措施”为重点，进行计划生育利益导向工作；以满足群众生殖健康需求为宗旨，开展“三大服务”，提高群众对计划生育服务满意度；以更好发挥群团组织的作用为目标，抓好“四项建设”，提高计划生育协会整体工作水平；以市民化服务为引导，采取“五项举措”，展现流动人口服务管理新面貌；以强化基础为重点，提高各项基础管理工作水平。全年，全区办理、发放一孩生育服务证7005本；办理独生子女父母光荣证4753本；再生育子女的审批工作中审核上报材料580份，入户调查20次，组织审批会7次、发放再生育子女生育服务证575本。全年，下发征收决定书286例、社会抚养费实际征缴到位2069.2万元，其中征收当年1774.6万元、征收往年294.6万元，当年征收率为82%。

（晋朝晖）

【开展以妇科病查治为主的生殖保健服务】
根据育龄妇女的需求，开展以妇科病查治为主的生殖保健下乡体检，增加尿常规、血糖、TCT等项目。体检对象扩大到老龄妇女、非农业人口和流动人口，全年服务6万多人次。在5月15日至21日科技活动周中，区生殖健康技术服务中心对育龄妇女进行免费测血压、称体重、测血糖、尿常规、B超、妇科检查和TCT等技术服务，共计960多人次。发放计生政策、优生优育、生殖健康、艾滋病预防知识等宣传品1000多份，接待咨询500多人次，有2000多人受益，提高了群众的保健意识和健康水平。

（晋朝晖）

【规范镇村人口文化活动场所】 为落实《北京市人口计生委关于规范人口文化学校工作的指导意见》，房山区投资规范镇村两级人口文化中心和人口文化活动室。全年规范25个乡镇人口文化中心和60个村级人口文化室，配备投影仪、多媒体、电脑、桌椅、图书资料等宣传设备。

（晋朝晖）

【开展“肩负国策重任、服务‘三化两区’建设”主题活动】 为纪念《公开信》发表

30周年，区人口计生委开展房山区“肩负国策重任、服务‘三化两区’建设”电视人物访谈和走访慰问活动。在房山电视台演播厅制作3期人物访谈。副区长卢国懿带队慰问计生战线上战斗过的老领导、原区人大常委会主任郭先英，区人口计生委主任带领领导班子成员慰问原计生委主任、副主任以及从事计生工作30年以上的老计生专干。

（晋朝晖）

【审核享受奖励扶助金和特别扶助金人员1920人】 年内，区人口计生委对享受奖励扶助金或特别扶助金的人员按照规定的程序进行审核，全年审核1920人，对新增的370人给予申报，不符合条件的88人，逐级办理退出。对独生子女发生意外伤残致使基本丧失劳动能力或死亡的家庭，按年满规定年龄全部落实，每人给予5000元的一次性经济帮助，兑现率100%。

（晋朝晖）

【做好贴息贷款和幸福工程】 2010年，利用市财政贴息贷款扶持农村计划生育低收入家庭发展生产，共为510户计生家庭发放贴息贷款2176.4万元，兑现利息130余万元。幸福工程项目自2007年起，房山区财政按照1∶1的比例匹配项目资金。2010年末，累计投入项目资金276万元，在14个乡、镇、街道建立项目基地29个，救助贫困母亲313人，惠及人口1000余人。推进生育关怀行动，继续开展“暖心工程——特扶对象享受养老保险补贴项目”，帮助计生空巢老人和伤残特扶对象解决养老问题。政府出资12万元为143名独生子女死亡和伤残的关怀对象办理了养老保险。

（晋朝晖）

【开展特殊人群“千人免费体检”】 关注弱势群体，开展特殊人群“千人免费体检”工作（特殊人群包括低保户、残疾人、贫困母亲）。区生殖健康技术服务中心与各乡镇计生办配合，历经半年时间，体检25个乡镇，涉及195个村（居），完成1000位特殊人群的体检及微机录入工作。

（晋朝晖）

【推进出生缺陷一级预防工作】 2010年初，区人口计生委争取区财政资金32万元，以区生殖健康技术服务中心和各乡镇计生办为免费发放点，对已婚待孕和怀孕3个月内的育龄妇女，免费发放叶酸增补剂。全年发放4287人，共计2.5万瓶，并对服药人群进行随访。全区实施“婚育健康服务包”项目，从源头上降低出生缺陷发生率。自2010年1月1日起，凡在房山区登记结婚的新婚夫妇，在区民政局婚姻登记处领取结婚证时，可免费自愿领取“婚育健康服务包”一个，全年发放“婚育健康服务包”7500多个。聘请北京妇产医院、北京同仁医院等医院的专家为新婚待孕和现孕夫妇们讲解“如何生育一个健康聪明宝宝”的优生优育知识，全年开展讲座56期，听课人员达5200人。

（晋朝晖）

【创建社区计划生育服务站】 年内，区人口计生委与区卫生局合作，开展卫生社区挂计划生育服务站牌活动，定期为他们提供避孕药具、计划生育宣传品，并对专兼职人员进行培训，指导相关工作，提高他们的计划生育技术服务水平。截至2010年年末，全区有挂牌社区186个。2010年，区人口计生委申请市基金项目，在10个乡镇中心地带，创建10个示范社区计划生育服务站，在原有设施的基础上，配备电脑、电视、视听机、DVD、药具柜、教育光盘、计划生育技术服务丛书等，使社区计划生育服务站能够承担避孕药具的发放和指导、全员人口的宣传教育、计划生育手术随访、普及健康知识、特殊人群的咨询等计划生育技术服务工作。

（晋朝晖）

【做好避孕药具管理与知情选择普及工作】 2010年，全区继续深入开展免费药具“发放日”活动。在发放药具的同时最大限度地扩大避孕药具的知晓率和领取及时率。完成乡村两级药具展示包的发放工作，为乡、村药管员、发药员两级配备集药具发放、展示、培训多功能药具展示包，共计800个。在乡、镇、社区居委会、村委会以及其他建材市场、写字楼等地方安装完成第四代避孕套自助发放机74台。完成全区免费发放网点摸底、登记、统计。据统计，全区有免费服务网点1683个。

（晋朝晖）

【开展协会认定评估工作】 2010年，全区各级计生协会开展协会评估认定工作，全区25个乡镇街道的463个村、113个社区、12个流动人口计生协会通过此次评估认定，达到了对基层计生协会摸清底数，健全制度，规范工作，科学管理，促进提高的预期效果。

（晋朝晖）

【做好流动人口动态监测】 2010年，全区流动人口监测工作上半年、下半年各一次。窦店镇窦店村和瓦窑头村为国家人口计生委监测点。区人口计生委做好抽样表的编制及调查员的培训组织工作，并对监测点入户调查、数据收集等工作进行指导，认真检查调查问卷的质量，按时按质完成国家人口计生委的工作任务。

（晋朝晖）

【加强流动人口双向管理协作】 2010年，区人口计生委与占房山区流动人口比例较高的16个省33市、区县签订了双向管理协议书，明确双方服务管理责任。配合外省市到房山区联合执法，并宣传这些省市的奖励优惠政策和处罚措施，减少流动人口违法生育的发生。定期向这些省市反馈在房山区的出生名单，并长期通过电话、邮件和PADIS保持联系。2010年，区人口计生委配合山东省、湖北省、安徽省等地区的计生部门进行执法3次，征收社会抚养费3.5万元。

（晋朝晖）

【完成人口综合信息交换平台建设工程】 年内，按照国家人口计生委信息化建设的指导意见和国家人口统计监测项目县的要求，在市人口计生委信息中心、区信息中心、东方正通科技有限公司的配合下，区人口计生委完成系统平台的软件编制和系统集成工作。2010年末，完成全区人口77万人数据的整合，并将22万人的育龄妇女数据和全员人口数据进行对接。

（晋朝晖）

【完成人口计生数据直报和计划生育基础信息核查】 根据国家人口计生委的要求，完成了全区人口计生数据的直报。区人口计生委在区、街道（乡镇）、村（居）三级计生工作者和相关单位的密切配合下，通过部署启动、信息采集、信息提交、双向协查、总结工作5个阶段，完成全国人口和计划生育基础信息核查工作。此次基础信息核查全区共提交人口出生信息65135人，其中户籍人口出生50294人、流动人口出生14841人。人户同在的人口出生占71%，人户分离的人口出生占14.6%，子女死亡率为0.23%。双向协查工作中，全区协查人数为3445人，其中流出人口895人，流入人口2550人。所有数据于4月30日前全部反馈，反馈率为100%。

（晋朝晖）

【完成人口出生清理清查工作】 根据国务院第六次全国人口普查领导小组、国家人口计生委、公安部、国家统计局《关于在第六次全国人口普查中认真做好人口普查登记工作防止漏报瞒报的通知》，按照北京市人口计生委《关于开展北京市人口计生系统统计执法大检查的通知》，房山区开展了人口出生清理清查工作。本次清查的重点是2009年12月底以前政策外出生人口，及在第六次全国人口普查户口整顿期间，由于各种原因未落户出生人口。

（晋朝晖）

劳动和社会保障

【概述】　截至 2010 年年底，房山区城镇新增就业 1.35 万人，有 1.27 万名城镇登记失业人员实现再就业，登记失业人员就业率为 58.82%，比 2009 年同期增加 1.63 个百分点；登记失业率为 3.17%，比 2009 年同期降低 0.42 个百分点。农村劳动力转移就业 1.4 万人；城乡就业困难人员实现就业 1.59 万人。新增登记失业人员 14324 人，较 2009 年同期减少 624 人，降低 4.18%；其中，女性有 6614 人，占总数的 46.18%，较 2009 年同期减少 627 人；高校毕业生数为 13 人，较 2009 年同期减少 27 人。关闭煤矿职工实现就业软着陆，共组建沟域经济实体 19 个，安置关矿职工 3400 多人。关闭煤矿职工尘肺病待遇问题逐步得到妥善解决，发放 317 人、3738 万元工伤保险待遇，其中工伤保险基金支付 2240 万元。失地农民历史遗留问题取得进展，有 4434 名劳动力转居并补缴社会保险，其中 66%的劳动力实现就业。开拓就业渠道，就业形势基本稳定。在全市率先建立对各类用人单位和求职人员提供统一、规范服务的人力资源管理服务中心；建立 91 个标准化村级就业服务站；举办招聘会 153 场，推荐 6585 人实现就业，其中 1362 人通过城乡就业协作机制实现在区外就业；保持"零就业家庭"动态为零，帮助 80%的"纯农就业家庭"至少 1 人在二、三产业就业。

社会保险覆盖面进一步扩大。养老保障 3 项制度覆盖总人数达到 57.05 万人，比"十五"期末增加 42.26 万人，其中享受待遇人数达到 15.3 万人；医疗保障 4 项制度（不包括新农合）覆盖 32.36 万人，比"十五"期末增加 17.48 万人。城镇养老、医疗、失业、工伤和生育保险参保人数分别达到 19.14 万人、26.78 万人、19.72 万人、18.89 万人、10.5 万人。涉及 3.5 万人的公费医疗与职工基本医疗保险制度实现并轨。5.38 万名退休人员养老金水平提高到平均每人每月 1940 元，同比增长 11%，比"十五"期末增长 74.99%。全年各项社会保险收支 43.1 亿元。

全年引进各类人才 529 人，其中高级人才 166 人，超过过去 10 年的总和；引进外埠毕业生 333 人，是 2009 年的 2 倍。人事工作完成全年工作。区人力社保局与区委组织部门联合制定《改善公务员队伍结构五年规划纲要》，每年有 100 个左右的职位面向第一学历本科及以上学历人员进行招考。完成事业单位岗位设置方案的核准和岗位聘任等工作，继续推行公开招聘，建立公开公正的选人用人制度；推进事业单位实施绩效工资。建立健全监考员库、面试考官库，进一步完善监督机制和协调机制。组织各类考试 16 次、480 场笔试和面试，参考人数达 1.35 万人次。监控企业劳动合同签订率达 98.57%，劳动合同续订率达 94.31%。及时妥善处理各类违法案件、受理争议案件、接待信访近 5000 件（其中仲裁调解案件 3207 件），为 4259 名农民工追发工资 1921.58 万元，实现无拖欠工资目标。

（陈华铃）

【大学生"村官"当选村党支部书记】　1 月，房山区举行的新一届村党组织换届选举，河北镇大学生"村官"徐方当选为中共杏园村支部书记，成为全区首个在村内担任中共支部书记的大学生"村官"。徐方毕业于中国矿业大学生物工程专业，2008 年 7 月被房山区选聘为大学生"村官"后，在杏园村担任村党支部书记助理。

（陈华铃）

【调整退休人员养老金和工伤保险待遇】1月，房山区按全市统一要求，完成退休人员养老金和工伤保险待遇调整工作。此次基本养老保险待遇调整共涉及全区506家单位的5.38万名退休职工。经过调整，全区人均养老金水平由原来的1747元提高到1940元，增幅为11%，人均月增资192.37元。工伤保险待遇调整共涉及203人，调整金额3.38万元。其中伤残津贴调整涉及63人，津贴由原来的1881元上调到2117元，人均月增资236元，增幅12.55%；供养亲属抚恤金调整涉及140人，抚恤金由原来的939元上调到1074元，人均月增加135元，增幅为14.38%。此次两项保险待遇的调整将每月增加社保基金支出1038.37万元。

（陈华铃）

【7人被评为首席技师】 为提高房山区高技能人才参与企业重大生产活动、技术革新、工艺改造等企业活动的积极性，更好地为区域经济建设和社会发展服务，2月8日，房山区召开首席技师评选颁发证书会议。郝建军、程电英、王斌、魏爱娣、乔秀梅、王永平、张天明7人成为房山区第一批首席技师。首席技师的选拔坚持“公开、平等、竞争、择优”的原则，充分考虑技术技能型、知识技能型、复合技能型高技能人才的不同特点和行业分布不同的原则。房山区企业首席技师实行动态管理，由企业按期聘任，每个管理期为2年。此次首席技师待遇起止时间：自2010年1月至2011年12月31日止。在聘任期间，每人每年给予5000元的岗位津贴，并纳入房山区高技能人才库。企业首席技师管理期内享受1次至2次的学习考察，每年1次免费体检，由企业每年安排1周以上带薪休假。管理期满后，符合条件的企业首席技师可继续参与选拔。

（陈华铃）

【89名非北京生源大学生“村官”落户房山】

2月，经北京市人力资源和社会保障局审批，房山区89名2007年度非北京生源大学生“村官”符合转户条件，全部落户在房山区人才交流服务中心集体户。

（陈华铃）

【职称外语考试和会计专业技术中级资格考试】 3月28日，房山区2010年度全国专业技术人员职称外语等级考试在良乡中学、良乡二中、良乡三中和良乡四中同时进行，共113场，应考3151人，实考2788人。5月15日至16日，房山区2010年度全国会计专业技术中级资格考试在良乡二中进行，3科共设91场，考生报名人数1042人，其中，财务管理考生839人、中级会计实务959人、经济法929人。

（陈华铃）

【城乡居民养老保险每年享补30元】 3月，区财政给予2009年起参加城乡居民养老保险的符合条件人员每人每年30元的缴费补贴。2009年的缴费补贴在2010年3月底前计入获补人员的个人账户。可享受此项普惠式补贴的人员范围是：具有北京市户籍，男年满16周岁未满60周岁、女年满16周岁未满55周岁（不含在校生），未纳入行政事业单位编制管理或不符合参加北京市基本养老保险条件的城乡居民，且当年缴纳了城乡居民养老保险费的人员。不能享受到30元补贴的人员为：参保人员延期缴费或一次性补足差额年限保险费对应的年限；已经纳入行政事业单位编制管理或参加北京市基本养老保险当年缴纳了基本养老保险费的人员；享受工伤保险定期待遇、建设征地超转人员生活补贴、工亡人员供养直系亲属抚恤金等待遇的人员。对于享受政府缴费补贴的人员，如其享受补贴超过30元，区财政将不再给予30元的缴费补贴，如其享受补贴低于30元，区财政将给予差补。此项补贴年限最长不超过15年。房山区城乡居民养老保险经办机构将在每年3月底前把上一年度缴费补贴计入符合条件的参保人员个人账户。个人缴费、集体补助、财政补贴将分别记账计息。

（陈华铃）

【率先实现门诊"持卡就医、实时结算"】 4月底，全区87家定点医疗机构在郊区县率先实现门诊"持卡就医、实时结算"，首批近16万张社保卡全部发放到位，提前两个月完成工作任务。

（陈华铃）

【职工医保支付上限提高至30万元】 从5月1日起，北京市参加职工基本医疗保险人员的住院医疗费用和门诊特殊疾病医疗费用，一个年度医疗保险最高支付限额由17万元提高至30万元。按照市人力资源和社会保障局发布的《关于调整职工基本医疗保险和城镇居民大病医疗保险最高支付限额有关问题的通知》，参加城镇职工基本医疗保险的在职职工和退休人员基本医疗保险统筹基金最高支付限额调整为10万元，住院大额医疗互助资金最高支付限额调整为20万元，即，一个年度医疗保险最高支付限额为30万元。

（陈华铃）

【出台促进2010年关闭煤矿职工就业政策】 针对2010年史家营、南窖、大安山、霞云岭4个乡关闭的18家煤矿职工，出台《促进2010年关闭煤矿职工就业政策（试行办法）》。政策规定，2010年6月1日以后，对招用关闭煤矿职工，签订1年及以上劳动合同，按照城镇职工标准缴纳各项社会保险，办理招聘备案或转移就业手续的企业和申领"个体工商户营业执照""税务登记证"，自谋职业并正常经营1个月以上，在区人力社保部门办理就业登记的关闭煤矿职工给予工资性补贴、岗位补贴和社会保险补贴。具体标准是：一是对招用关闭煤矿职工的沟域经济实体给予工资性岗位补贴。补贴标准为在劳动合同期内每人每月850元。二是对到关闭煤矿地区以外用人单位就业的关闭煤矿职工给予工资性岗位补贴。补贴标准为在劳动合同期内每人每月400元。三是对招用关闭煤矿职工的用人单位给予岗位补贴和社会保险补贴。岗位补贴标准为每人每年3000元，社会保险补贴标准为养老保险、基本医疗保险、失业保险以北京市2009年度职工月平均工资的60%为基数，分别补贴20%、9%、1%。四是对自谋职业的关闭煤矿职工给予工资性岗位补贴和社会保险补贴。工资性岗位补贴标准为每人每月350元。其中不属于就业困难人员的城镇户籍的关闭煤矿职工还可以享受社会保险补贴，标准为养老保险、基本医疗保险、失业保险分别以2009年度职工月平均工资的40%、40%、70%为基数，分别补贴14%、1%、6%。

（陈华铃）

【开通远程面试系统】 6月，区人力资源和社会保障局开通区人力资源管理服务中心与27个乡镇（街道）的远程面试系统，开展远程面试招聘活动，为招聘企业与求职人员提供远距离交流的互动平台，方便农村劳动力实现转移就业。截至12月底，共进行远程面试6场，共有8家招聘单位分别与长阳、青龙湖、长沟、河北、南窖、霞云岭、大安山、史家营等19个乡镇共同参与远程面试。

（陈华铃）

【成立房山区人力资源管理服务中心】 6月，通过对原有的人才交流服务中心、人才市场、职业介绍服务中心、外来劳动力分中心4个机构进行制度、政策、信息、人员、业务、机构、场地、管理8个方面的整合，成立房山区人力资源管理服务中心，地址在西潞街道苏庄东街9号，设置公共就业服务部、高端人才开发部、信息网络部、流动人员档案管理部、人力资源管理部、流动党员管理部和中心办公室6部1室。形成统一信息发布、统一市场监管、统一就业服务等“八个统一”的人力资源服务新模式。

（陈华铃）

【失业保险金增加 70 元】 按照《北京市失业保险规定》，失业保险金标准应低于北京市最低工资标准、高于城镇居民最低生活保障标准的原则，从 7 月 1 日起，2010 年失业保险金标准在原先基础上平均每档上调 70 元。调整后的标准为：累计缴费时间满 1 年不满 5 年的，失业保险金月发放标准为 632 元；累计缴费时间满 5 年不满 10 年的，失业保险金月发放标准为 659 元；累计缴费时间满 10 年不满 15 年的，失业保险金月发放标准为 686 元；累计缴费时间满 15 年不满 20 年的，失业保险金月发放标准为 713 元；累计缴费时间满 20 年以上的，失业保险金月发放标准为 741 元。

（陈华铃）

【举行旅游行业餐厅服务员职业技能竞赛】 7 月，由区委组织部、区人力资源和社会保障局、区旅游局共同举办房山区旅游行业餐厅服务员职业技能竞赛，10 月 27 日结束。竞赛从北京西宛饭店等单位聘请 4 位全市知名的高级裁判员，全面负责竞赛的组织、评判工作。全区有 11 个单位近百人参赛，有 30%成绩合格者经市人力资源和社会保障局审核认定后，对其核发相应等级的职业资格证书。

（陈华铃）

【出台新政策解决随军家属就业问题】 7 月，根据随军家属就业的实际情况，房山区出台《促进部队随军家属就业工作实施方案》，加大对自谋职业、自行联系单位就业的随军家属的就业扶持力度。对于经北京市人力社保部门、公安部门批准随军的工人身份或随军前无工作的随军家属，随军后自谋职业或自行联系单位就业的，给予每人 3 万元的一次性就业补助。

（陈华铃）

【公费医疗全面纳入基本医疗保险】 9 月，经区政府 43 次常务会议讨论通过，《房山区公费医疗改革实施意见（试行）》颁布，全区享受公费医疗的 3.5 万人于 2011 年 1 月 1 日起，全部转入基本医疗保险。公费医疗和基本医疗保险并轨。

（陈华铃）

【首次面向大学生“村官”公开选拔乡镇科级领导干部】 11 月，房山区面向续聘和进入乡镇机关公务员编制、专项事业编制的合同期满大学生“村官”公开选拔乡镇科级领导干部，原青龙湖镇“村官”专项事业编的齐颖秀经过笔试、面试、考察等程序，就任青龙湖镇村镇建设科副科长。

（陈华铃）

【公共卫生与基层医疗卫生事业单位全面实施绩效工资】 12 月，《房山区公共卫生与基层医疗卫生事业单位绩效工资实施方案》正式实行。从 2009 年 10 月起，全区公共卫生事业单位（包括疾病预防控制、健康教育、妇幼保健、精神卫生、应急救治、采供血、计划生育技术服务等机构）和基层医疗卫生事业单位（包括乡镇卫生院和社区卫生服务机构）的 1539 名在职工作人员实施绩效工资。实施绩效工资后，全区公共卫生与基层医疗卫生机构工作人员平均年工资达到 6.11 万元。

（陈华铃）

【劳动争议案件同比上升 4.8%】 2010 年，区劳动人事争议仲裁部门共立案 3207 件，同比上升 4.8%，通过调解解决 2459 件，调解率达 76.77%，同比提高 26.72 个百分点。

（陈华铃）

【招录大学生“村官”285 名】 2010 年，经过严格的选拔程序，房山区录用 285 名应届大学毕业生到农村任中共支部书记、村主任助理。其中：男性 129 人，女性 156 人；硕士研究生 5 人，本科生 206 人，专科生 74 人；房山本地生源 220 人。

（陈华铃）

【关闭煤矿职工通过沟域经济实体实现再就业】　按照“政策全覆盖、服务全方位、就业有出路、生活有保障”的工作思路，区人力资源和社会保障局会同有关乡镇采取组建沟域经济实体吸纳关矿职工就业、引导出山就业、鼓励自谋职业等措施，同时捆绑使用市级政策，争取市级资金支持。到年底，共组建沟域经济实体19个，安置3342名本地关矿职工就业，全年利用市级政策资金6000万元，稳定了煤矿关闭地区的就业形势和社会稳定。

（陈华铃）

【公务员招考录用161人】　年内，区委组织部、区人力资源和社会保障局共为区纪委监察局等36个单位录用公务员161名。其中：男性73人，占招考人数的45%；女性88人，占55%。第一学历本科以上并取得相应学位的158人，占招考人数的98%；30岁以下131人，占招考人数的82%。

（陈华铃）

【改善公务员队伍结构】　2010年，通过公开招考、在职培训等措施，全区公务员队伍整体素质明显加强，年龄结构、学历层次、男女比例进一步改善。全区3821名公务员和参照公务员法管理人员平均年龄同比下降0.08岁，达到41.66岁；本科以上学历占到74%，同比增长4%；女性公务员由2009年的1361人增加到1420人，同比增长1%。

（陈华铃）

【公开招聘事业单位工作人员118名】　根据《北京市事业单位公开招聘工作人员实施办法》有关规定，按照“公开、平等、竞争、择优”的原则，全年为33个事业单位公开招聘工作人员118名。

（陈华铃）

【2009年度军转安置工作】　年内，房山区接收2009年度军转干部13名，其中，团职2名，营职8名，连职1名，技术级2名。按照“择优录用”的原则，组织军转干部参加北京市统一考试，有4人进入行政单位，9人进入全额拨款事业单位。同时，对随调和驻区部队的9名随军家属（干部身份）根据其所从事的工作进行统一协调，全部安置进入事业单位。

（陈华铃）

【高级人才引进实现突破】　全年，引进外埠高级人才166人。其中为北京石化新材料基地单独引进155名高级人才。高级人才引进人数是过去10年的总和。

（陈华铃）

【社保基金收支突破43亿元】　2010年，全区养老、工伤、生育、医疗、失业5项社会保险基金累计收缴183089.86万元，比2009年增加50269.55万元，增长37.85%。养老保险累计收缴7064.13万元，同比增加2038.82万元，增长40.57%；工伤保险累计收缴2949.43万元，同比增加226.42万元，增长18.73%；生育保险累计收缴2410.04万元，同比增加380.27万元，增长18.73%；医疗保险累计收缴54752.06万元，同比增加15102.43万元，增长38.09%；失业保险累计收缴7064.13万元，同比增加2038.82万元，增长40.57%。五险累计支出248029.05万元，比2009年增加54182.85万元，增长27.95%。

（陈华铃）

【解决拖欠农民工工资工作】　2010年，区劳动监察部门协调解决拖欠农民工工资案件354件，涉及农民工4259人，金额达1921.58万元，有效维护了农民工合法权益和首都形象。

（陈华铃）

民　政

【概述】 2010年，房山区落实城乡低保政策。完成城乡低保调标工作，城市低保标准从月410元调整到430元，农村低保从年2040元调整到2520元。全区有城乡低保对象1.4万户、2.7万人。全年发放各类救助资金近1亿元，直接受益对象4.6万多人次。全区有农村五保对象546户、563人，农村五保供养标准从年人均6889元提高到8234元。在全市率先制定《房山区农村五保供养人员丧葬补贴办法》，房山区民政局被国家民政部评为“全国五保供养工作先进单位”。为80户农村社救对象改造危旧房240间。完成全区461个村、120个社区居委会应急疏散避险图的标注、审定工作，做好救灾物资储备，提高救灾应急反应能力。全年救助流浪乞讨人员384人次。加强征地超转服务管理工作，全年接收超转人员898人，上缴财政专户资金3.8亿元，发放生活和医疗补助金2038万元。投资1.6亿元，完成拱辰、城关、西潞、琉璃河4个街道、镇社区服务中心建设和33个社区办公用房建设，总建筑面积1.9万平方米。争取资金600万元，为社区居委会发放音响、投影仪、电脑等办公设备，保障社区工作高效运行。全区注册登记社区志愿者6649人，志愿服务队363支。开展创建首都特色精品社区、先进社区居委会系列活动以及“96156社区大课堂”精品课程、优秀讲师评选活动。2010年，全区开展社区大课堂共计1368堂，惠及居民20余万人。申报市级示范乡镇3个，示范村47个。加强农村“两委”干部和村民代表培训，全区累计举办各类培训班115期，培训村干部、村民代表8000多人次。争取和吸引资金2000万元，新建1家养老机构，对韩村河、佛子庄等5家街道、乡镇老年福利服务中心进行扩建、改造。全年新增养老服务床位1420张。全区有养老服务机构39家，投入使用的养老床位4186张，每千名老人拥有养老床位35张，超过全市平均24.8张的水平。完成全区养老机构年检工作，年检合格率100%。全区养老服务机构院长持证上岗率100%，养老护理员持证上岗率达85%。全区共有福彩网点67个，全年销售福利彩票1.08亿元，争取福彩公益金960万元。为全区60岁以上的低保老人5340人发放慈善医疗救助卡267万元。加强对福利企业服务与指导，为4家福利企业协调资金1800万元。为福利企业审核发放残疾人就业岗位补贴344万元。全年发放各类抚恤补助资金1700余万元。为每名抗日老战士发放一次性生活补助金5000元，为每名抗日烈属、残疾军人发放一次性生活补助金2000元，累计为145人发放资金46.4万元。在全市率先采取用证明人证明的方式认定参战参试人员96人，有力维护了社会稳定。全区有参战参试退役人员844人。全年接收退伍军人332人，采取多种形式促进退役士兵就业，安置率保持100%。

全年成立社会组织16家，变更36家，注销11家。开展社会组织服务民生行动，有48家社会组织向政府申请服务民生项目51项，6个项目被列为北京市优秀项目。此次行动参与人数8670人，投入资金700多万元，总受益人数达3.5万人次。完成清明节扫墓接待工作，共接待祭扫群众10万人次，未发生任何安全事故。严格把关，做好丧葬补贴审批发放工作，全年受理申请3900件，办结3900件，办结率100%，发放丧葬补贴 1950 万元。全年办理结婚登记 8396 对，离婚登记 1852 对，补发婚姻登记证 1398 对，执法合格率 100%。妥善解决居民私自收养子女问题，办理事实收养登记 91 件。争取市、区财政资金 700 万元，扶持民族村重点发展项目 7 个，4 个民族村被列入房山区“百村帮扶工程”。

全年，区民政局办理政风行风热线 82 件，其中 2 件被评为房山区政风行风热线优秀办理件。办理北京市“12345”非紧急救助热线 30 件次，办结率 100%。全年，投入教育经费近 200 万元，组织各类培训 100 余次，培训 20 万余人次。依法做好信访接待工作，全年办理信访件 282 件次，办结率 100%。做好乡镇民政事业费和基层单位财务收支情况的审计工作，确保资金专款专用，全年投入民政事业经费 2.6 亿元。

（户立恒）

【房山区低保对象燃煤自采暖资助金发放完毕】 截至 1 月 5 日，房山区低保对象燃煤自采暖资金发放全部完成。经统计核准，房山区享受低保和生活困难补助对象家庭中依靠燃煤自采暖过冬的共有 10630 户 23318 人，按照每户 300 元标准，共计发放燃煤自采暖救助金 318.9 万元。

（户立恒）

【做好强降雪天气救助工作】 截至 1 月 6 日 16 时，1 月 2 日至 3 日的强降雪造成琉璃河镇、长沟镇、河北镇、青龙湖镇、长阳镇、大石窝镇、南窖乡、霞云岭乡、大安山乡、史家营乡、佛子庄乡、蒲洼乡 12 个乡镇、111 个行政村受灾，受灾人口 25050 人，其中饮水困难人口 1300 人，需衣被救济人口 1670 人，需口粮救济人口 4856 人；倒损温室大棚 2002 栋，冻死冻伤家禽家畜 65576 只（头），倒折果树 20230 棵，冻伤玫瑰 300 亩，损坏房屋 184 间、养殖设施 5 个，冻裂用水管线 5000 米、水表 150 块，直接经济损失 4046 万元。区民政局及时向各乡镇、街道下发《关于做好强降雪天气防灾减灾工作的通知》，及时启动并组织实施应对预案，切实维护好人民群众生命财产安全和生产生活秩序，最大程度减少强降雪灾害天气可能造成的损失。妥善安排好特殊困难群体的生活，及时对城市“三无”人员、农村五保户、高龄特困人员等进行走访，集中力量对强降雪造成的灾害进行排查，重点排查敬老院、分散五保户、低保户和低收入家庭等困难群体的房屋隐患。及时发放燃煤自采暖救助金，为房山区享受低保和生活困难补助对象家庭中依靠燃煤自采暖过冬的 10630 户 23318 人共计发放燃煤自采暖救助金 318.9 万元。及时下发冬令期间救灾资金 156 万元，向市有关部门争取临时救灾救助资金 120 万元，发放棉衣被 5000 余条。加强流浪乞讨人员救助工作，及时与公安、卫生等部门联系，拓展巡视区域，延长巡视时间，增加巡视次数。对各类流浪、乞讨人员进行主动救助，向社会公布求助电话和流浪乞讨举报电话，排查重点地区和流浪乞讨人员可能出现的区域，形成整体防控工作体系。

（户立恒）

【完成优抚对象抚恤金补助金调标补发工作】 截至 1 月 15 日，区民政局完成 25 个乡镇（街道）1874 名优抚对象的抚恤补助金调标补发工作。调整后，一级因战、因公、因病残疾抚恤金标准，分别为每人每年 26080 元、25250 元、24430 元，分别比 2008 年提高 3400 元、3290 元、3190 元。农村烈属定期抚恤金标准由原来的每月 831 元提高到 1373 元；农村抗日战争老复员军人定期补助标准由原来的每月 748 元提高到 1235 元；将带病回乡退伍军人、参战参试人员的生活补助标准由原来的每月 311 元提高至 496 元。

（户立恒）

【开展“情牵一线 关爱孤残儿童”捐赠活动】 2 月 6 日，区民政局组织部分妇女代表到区儿童福利中心开展“情牵一线 关爱孤残儿童”活动，与孤残儿童共贺新年。局机关妇女干部、职工每人向孩子们赠送1件亲手编织的毛衣以及围巾、手套等物品，为孤残儿童带去一份冬日的真情，使他们切身感受到大家庭的温暖，获得快乐成长的动力。区儿童福利中心的孩子们表演舞蹈《蓝精灵》《感恩的心》等节目。区政协主席唐淑荣参加活动并向儿童福利中心的孤残儿童和工作人员表示亲切的慰问，为孩子们赠送了新年礼物，同时希望相关部门和社会各界要积极奉献爱心，进一步关注和关心孤残儿童，为孤残儿童的健康成长营造良好的社会环境。

（户立恒）

【组织社区志愿者陪伴老人过小年】 2月6日，区民政局组织部分社区志愿者、青年社区居委会工作者到永安西里社区与老人共同开展“我们共有一个家”——社区居民同联欢活动，一起欢庆小年。青年志愿者与老人做了“贴鼻子”“套环”“歌曲联唱”等游戏，表演了舞蹈、小品、三句半等节目。联欢会后大家共同包饺子，共同品尝喜庆团圆的小年饭。活动为社区老人带去了新年的慰问，营造喜庆温馨的新春氛围。

（户立恒）

【完成清明节期间群众祭奠接待工作】 截至4月6日，房山区完成清明节期间群众祭奠接待工作。据统计，清明节期间房山区6家公墓共接待祭扫群众90423人次，机动车23992辆，清明节期间累计上岗人员3391人次。

（户立恒）

【完成2009年度养老服务机构年检工作】 4月10日，对全区37家养老机构进行年检，其中政府办23家（公办民营2家）、社会办14家，全区养老服务机构床位共计3460张，入住人员1265人。检查重点包括机构证照是否齐全有效、服务管理制度是否存在重大疏漏、机构消防安全管理制度是否完善，机构值班制度尤其是夜间巡查制度是否完善等方面。2010年，全区共有36家养老服务机构参加年检并全部合格，有1家福利机构提出不再执业未参加年检。

（户立恒）

【完成房山区第八届村民委员会选举】 4月26日，区委、区政府召开第八届村民委员会选举工作会，正式启动全区第八届村民委员会选举工作。6月19日，为正式选举日。7月底，房山区第八届村民委员会选举工作完成。全区共有462个行政村，其中应参加换届选举的有439个村， 23个村因整体转居、整体拆迁不参加此次选举。截至7月底，全区439个参选村中全部完成选举工作。其中一次选举成功的村有358个，占81.7%，同比提高4%；有80个村由于一次选举不足名额，进行另行选举。此次换届选举，共选举产生村委会成员1470人，其中主任438人，副主任70人，委员962人；村委会成员中党员1189名，占80.9%，同比提高7.3%。新一届村委会主任中，村党组织书记273人，占62.3%，同比提高24.6%；村党组织委员（不含村党组织书记）任主任的有35人，占8%，同比降低18.7%；普通党员任主任的有17人，占3.9%，同比降低6.7%；普通群众任主任的有53人，占12.1%，同比降低13%。新一届村委会主任中：原村委会成员当选村委会主任的有235人，占53.6%；女性任主任的有16人，占3.7%。大学生“村官”进入村委会的1人。村委会成员中：初中及以下学历的有348人，占23.7%，同比减少1.9%；高中、中专学历的有725人，占49.3%，同比减少8.9%；大专及以上学历的有381人，占25.9%，同比提高9.6%。新一届村委会成员，平均年龄47岁，同比增加5.8岁；女性成员327人，同比下降2.9%。从选举结果看，村党组织书记与村委会主任“一人兼”和村“两委”交叉任职比例分别达到62.3%和61.1%，同比提高24.6%和10.1%；非党员村主任比例为18%，同比降低 7.1%；村委会成员中没有党员的“白点村”为零。

（卢立恒）

【开展纪念新中国首部婚姻法颁布 60 周年宣传活动】 4 月 30 日是《中华人民共和国婚姻法》颁布实施 60 周年纪念日。区民政局联合区计生委、区卫生局、区司法局等部门在昊天广场开展以“依法缔结美满婚姻，携手共建和谐社会”为主题的宣传活动。活动现场，通过悬挂横幅、摆放展板、文艺表演等方式宣传婚姻法律法规和相关政策，工作人员向过往群众发放 2 万余份宣传材料，并解答群众咨询。60 年来，《中华人民共和国婚姻法》在实践中不断发展完善，成为中国特色社会主义法律体系的重要组成部分。区委常委、副区长李江视察区民政局婚姻登记处并为当天结婚登记的新人代表举行集体颁证仪式。

（卢立恒）

【7 家单位被评为北京市首批民政系统行风示范单位】 根据民政部《关于全国民政系统行风建设示范单位创建活动的暂行办法》和北京市民政局关于《首都民政系统行风建设示范单位评定和命名办法》要求，4 月起，全市民政系统近千家基层窗口单位组织开展行风建设示范单位创建活动。经过市评审组的评审，房山区光荣院、平西抗日战争纪念馆、军队离休退休干部第二休养所、燕山养老院、房山区儿童福利中心、房山区婚姻登记处、西潞街道被评为北京市首批民政系统行风示范单位。

（卢立恒）

【刘涛被确认为北京市见义勇为人员】 3 月 13 日晚 22 时左右，房山区供电公司职工刘涛在京周路阎村桥旁等其爱人下班时，发现 1 名女孩被 3 名男子尾随并实施抢劫，刘涛孤身追赶歹徒，抓住其中 1 名犯罪嫌疑人并移交民警，女孩获救。区民政局经过现场勘查取证，在最短时间内完成对其见义勇为确认工作。5 月 18 日，为其颁发“北京市见义勇为确认证书”和 2000 元慰问金。这是自实施《北京市见义勇为人员奖励和保护条例》以来房山区确认的第 12 例见义勇为行为。

（卢立恒）

【房山区召开双拥工作领导小组会议】 5 月 28 日，房山区召开双拥工作领导小组会，传达学习全国双拥工作会议精神，对创建全国双拥模范区工作进行安排部署。区委副书记、区长祁红主持会议，区委副书记张祝华传达全国双拥工作领导小组新颁布的《双拥模范城（县）创建命名管理办法》的有关内容，区委常委、宣传部部长赵佳琛传达全国双拥办召开的“双拥模范城（县）考评试点工作”会议精神，区委常委、人武部政委韩裕宣读《房山区落实双拥模范城（县）考评试点工作方案》。

（卢立恒）

【制定《房山区落实双拥模范城（县）考评试点工作方案》】 5 月，房山区制定《房山区落实双拥模范城（县）考评试点工作方案》。主要内容：加强领导，统一组织。落实双拥工作区委书记、区长双组长责任制，召开专题会议研究部署争创工作，听取工作进展情况。主管区长多次召开协调会议，研究解决争创工作中存在的问题。对照标准，明确责任。严格按照北京市创建全国双拥模范城（县）考评工作标准，制定《房山区落实双拥模范城（县）考评试点工作方案》，明确部门责任，细化工作任务，双拥办加大督察协调力度，确保工作进度。齐抓共管、形成合力。各部门、各单位、驻区部队按照职责分工，加强领导，认真落实党委议军、军营一日、地方一日、军民共建、走访慰问等各项制度。严格执行各项政策法规，保障优抚对象的合法权益。加强宣传、营造氛围。在电视台、信息网、报刊等媒体上开辟专栏，大力宣传双拥共建成果。在高速路出口、人口聚集地等重点地区、重要路段设置双拥宣传牌，印制横幅1000余条，海报10万张。开展文化进军营、部队文艺演出进社区等军地文化共建活动。

（户立恒）

【房山区民政局成立综合执法队】 6月25日，区民政局举行综合执法队成立仪式。房山区民政综合执法队是全区民政系统综合执法部门，在区民政局法制工作领导小组领导下开展工作，具体负责对全区社会组织登记、社会福利机构管理、殡葬管理、行政区划界限管理、城乡低保、优待抚恤、民族宗教等方面工作进行监督检查，并对违反规定行为进行行政处罚或采取行政强制措施。

（户立恒）

【启动创建先进社区居委会系列活动】 6月，为全面提升房山区社区居委会管理服务水平，进一步加强社区建设、促进社区和谐，区民政局决定在全区开展创建先进社区居委会系列活动。创建活动以社区居民满意为标准，将进一步规范社区居委会各项制度建设，推进建立管理有序、制度完善、服务优良、凝聚力强、充满活力的新型现代化社区居委会，完善社区居委会的民主自治功能、管理服务功能、资源整合功能、创新发展功能，从而带动全区和谐社区建设上新水平。10月，创建活动结束。活动将评选出先进社区居委会、先进社区居委会主任各10名；先进社区居委会工作者、先进社区志愿者各20名。

（户立恒）

【开展“监察月”活动】 从2005年起，区民政局确定每年6月为“监察月”。监察主要内容为工作部署的贯彻落实情况；履行职能、建立健全工作机制、制度情况；依法行政情况；工作作风、工作效率和工作质量情况。此次监察活动共分7个小组，成员由区民政局社会监督员，领导班子成员、相关工作人员组成，采取听汇报、实地检查和暗访等形式对各乡镇、街道进行检查，据统计，此次检查共走访23个乡镇、街道的34个村（居）委会，访问乡镇干部120人次，村（居）委会干部80人次，群众200余人次，征求各类意见建议30条。

（户立恒）

【提高城乡低保、农村五保供养标准】 依据北京市民政局、北京市财政局联合下发的《关于调整2010年本市城乡社会救助相关标准的通知》（京民救发〔2010〕274号）文件精神，房山区从7月1日起调整城乡低保标准：城市低保标准由家庭月人均410元调整到430元；农村低保标准从年人均2040元调整为2520元。房山区农村五保供养标准由现行的年供养标准6889元调整到8234元，即年供养标准增加1345元。

（户立恒）

【开展“96156社区大课堂精品课程、优秀讲师评选活动”】 7月22日，房山区民政局在北潞园社区举办96156社区大课堂精品、优秀讲师评选活动启动仪式。市、区领导为社区大课堂讲师代表颁发聘书，为社区居委会代表颁授“96156社区大课堂”牌，启动仪式后为社区居民开讲了一堂金融理财课。“96156社区大课堂”是北京市社区公共服务信息网推出的社区公益品牌服务项目，自2005年实施以来房山区共开设课程1957堂，辐射居民将近10万人次，社区大课堂成为传播科学文化、倡导健康生活、培育社会主义核心价值观的一个品牌载体，深受广大居民的认可和欢迎。按照北京市社区服务中心的统一部署，房山区7月至10月在全区组织开展“社区大课堂精品课程、优秀讲师评选活动”，在此期间在全区社区组织社区大课堂1200场。11月30日，区民政局举办“96156社区大课堂精品课程、优秀讲师评选活动颁奖仪式”对房山区13个先进社区居委会、10名先进社区居委会主任、10名先进社区居委会工作者代表、10名先进社区志愿者代表、10个优秀组织社区、10名优秀讲师、4个优秀组织街道进行表彰。

（户立恒）

【退伍军人安置率 100%】 年内，区民政局采取4项措施安置退伍军人。一是落实安置政策。对确有困难不能接收的单位按《房山区退伍义务兵安置办法》的有关规定执行，即：每少安置一名男义务兵、转业士官、女义务兵单位分别上缴区安置办安置转移金3万元、4万元、5万元。接收单位因自身原因不能安排退役士兵上岗的，按不低于北京市最低工资标准逐月发给生活费，并按有关政策上齐各种社会保险。二是强化奖惩机制。对在安置工作中做出突出贡献的单位，区政府将予以表彰和奖励；对拒绝接收安置任务的单位当年不得被评为区双拥工作先进单位和文明单位称号。三是落实优惠政策。积极鼓励退伍军人自谋职业，按照自谋职业补助2年义务兵补助2.5万元，每多服役1年增加1000元，10年以上转业士官补助3.5万元的标准确保及时发放，协调相关部门为自谋职业的城镇退伍军人在办证、纳税等方面给予优惠。四是拓宽就业渠道。为农村退伍军人免费提供计算机文字录入、低压电工、电焊工、叉车等劳动技能培训，并随时公开招聘信息。10月9日，房山区2009年度退伍军人安置工作结束。接收退伍军人332名，其中城镇户口230人、农村户口102人。其中城镇户口退伍军人办理自谋职业的80人，安置率100%。

（户立恒）

【为重点优抚对象免费体检】 根据北京市民政局、市财政局、市卫生局联合印发的《全市重点优抚对象体检实施方案》的通知，自9月14日起对全区参战参试退役军人、革命伤残军人、老复员军人、带病退伍军人、烈属、因公牺牲军人遗属等1414名重点优抚对象进行免费健康体检。为确保工作安全有序进行，房山区制定详细的体检实施方案，由财政部门负责落实优抚对象全部体检经费，卫生部门提供医务工作者和场地，各乡镇按时组织优抚对象到指定地点进行体检。全区按片划分8个体检地点，本着就近体检的原则，安排工作人员全程陪同，最大限度为优抚对象提供便捷服务。活动10月中旬结束。

（户立恒）

【房山区3处寺庙被列为宗教活动场所】 9月19日，房山区韩村河镇天开寺、佛子庄乡真武庙、史家营乡圣莲山真武庙3处寺庙被正式列为宗教活动场所，房山区共有宗教活动场所10处，涉及佛教、道教、基督教、伊斯兰教。

（户立恒）

【房山区优抚对象抚恤补助标准和义务兵优待金标准调整】 自10月1日开始，房山区优抚对象根据国家有关政策再次提高优待标准，按2009年度补助标准的8.7%予以调整，房山区累计补发各类抚恤补助金50余万元。同时，建立义务兵优待金标准随城镇居民消费性支出水平科学调整机制。房山区1874名优抚对象的抚恤补助金得到调整。此次调整后，一级因战、因公、因病残疾抚恤金标准为每人每年28690元、27780元、26870元，分别比2009年提高2610元、2530元、2440元。农村烈属定期抚恤金标准由原来的每月1373元提高到1492元；农村抗日战争老复员军人定期补助标准由原来的每月1235元提高到1342元；将带病回乡退伍军人、参战参试人员的生活补助标准由原来的每月496元提高至539元。优待金标准由每人每年1.5万元提高至1.8万元，自2011年起执行。

（户立恒）

【10月10日婚姻登记690对】 2010年10月10日，“三连十”出现婚姻登记高峰，区民政局为满足群众办理婚姻登记需求，采取4项措施：一是成立结婚登记高峰日领导小组，制定10月10日办理婚姻登记工作方案和处置婚姻登记高峰日突发事件应急预案，

与相关部门进行协调，做好应急保障工作。二是启动现场预约登记业务，对相关手续提前进行备案存档，缩短当日登记工作的办理时间，提高工作效率。三是从局机关选派责任心强有能力的人员进行婚姻法律法规、计算机操作、行为礼仪和突发事件应对措施等内容的培训，提高婚姻登记员的业务素质、服务质量和应急能力，提前做好机器设备的检修保养、婚姻登记证和办公用品的准备工作。四是做好宣传引导工作，广泛宣传婚姻登记工作流程，预约登记以及所需手续等事项进行提示。10月10日，区民政局婚姻登记处全天办理婚姻登记690对，完成婚姻登记高峰日的各项工作，单日结婚登记数量创下2010年最高。

（户立恒）

【开展第二次“民主议政日”活动】 10月20日，按照房山区村务公开协调小组的统一部署，各乡镇（街道）积极组织各村开展2010年第二次“民主议政日”活动。村领导班子全面总结第三季度的各项工作，如实公开财务收支状况，对村内新农村建设、工程项目招投标、重大事项票决制等情况予以通报，真正将“民主议政日”办成百姓的“公开日”。村民代表结合村实际，提出大量的意见建议，内容涉及村政建设、本村经济发展、村民利益等多个方面。区委组织部、区民政局组织5个检查组，分别对10个重点乡镇的20个村进行集中检查。据初步统计，参加此次“民主议政日”活动的村民代表共1.2万人，上会决策议题1200余件，提出各类建议680余条。

（户立恒）

【完成敬老院锅炉设施改造】 市慈善协会通过实地调研，决定2010年继续开展锅炉改造工程，此工程涉及房山区、怀柔区、平谷区等区县共18家敬老院。房山区良乡镇社会福利中心、十渡镇社会福利中心、青龙湖镇社会福利中心3家乡镇敬老院进行锅炉设施的改造，截至11月10日，安装工程全部完工，开始供暖，室温全部达标。此次锅炉改造工程的资金主要来源于市共产党员献爱心活动以及社会各界的爱心捐赠。

（户立恒）

【为城乡低保对象发放一次性临时生活补贴】 根据北京市民政局、北京市财政局《关于为本市城乡低保对象发放临时生活补贴的通知》要求，12月2日，房山区为全区城乡低保对象发放一次性临时生活补贴，此次临时生活补贴标准为每人100元，为全区23605名城乡低保对象发放临时生活补贴资金236.05万元，全部发放到位。

（户立恒）

【房山区福利彩票年销量首次突破亿元】 截至12月29日，房山区2010年福利彩票销量达到1.08亿元，完成年销售任务的108%，与2009年同比增长19%，其中：电脑彩票销售8900多万元，即开票销售1700多万元。2010年，开拓乡镇市场，重点放在向发展较好的乡镇进行布点，加大乡镇的彩民的购买力度；加强对站点负责人和操作人员的培训力度，全年组织业务培训5次，提高工作人员的业务素质和销售水平，及时完成全区投注机全部升级工作，投注机全部拥有即开票扫描器，方便即开型彩票的兑奖，为提高销售量奠定基础。2010年，筹得福彩公益金960多万元。

（户立恒）

【做好汛期防灾救灾工作】 2010年，区民政局采取多种措施做好汛期防灾救灾工作。一是与各乡镇签订汛期救灾工作岗位责任书，检查维修雨量报警装置，对各乡镇保有的救灾储备物资进行登记造册，最大限度地防范和减少自然灾害带来的损失。二是加大对城镇社会孤老、农村五保户、特困户等社救对象住房等隐患的排查力度，加快90户270间农村社救优抚对象危旧房翻建进度。三是要求各乡镇结合本地区汛期灾害特点，制定汛期应急预案，根据灾情启动相应的应急预案，保证救灾人员、物资、资金等及时到位，确保救灾工作的及时顺利进行。四是对救灾干部进行集中培训，提高应急救灾能力。建立健全查灾、核灾、报灾制度，确保24小时通讯畅通。

（户立恒）

【区民政局为社区居委会配发办公和服务设备】 2010年，区民政局争取市福利彩票公益金567万元、区级专项资金31万元，为社区居委会配备投影仪、室外音响、家庭影院、笔记本电脑4类设备。其中投影仪、家庭影院每个社区1套；大型室外音响每个街道（乡镇）1套；笔记本电脑城关、拱辰、西潞每2个社区1台，其余乡镇每个社区1台。11月16日，包括室外音响、家庭影院在内的第一批设备在夏庄社区统一发放到位。

（户立恒）

【采购救灾应急保障物资并全部入库】 年内，为提高房山区救灾工作应急反应能力，保障受灾群众的基本生活，区民政局根据市民政局关于按照千人受灾需求量储备救灾物资的要求，分别采购救灾专用12平方米单帐篷250顶，救灾专用折叠床1000张，救灾专用手提式应急灯300只，总价579350元。采购的救灾物资全部交货，验收后存放于房山区捐赠中心储备库。

（户立恒）

卫　生

【概述】 2010年，辖区内医疗机构1008个（医院、门诊部69个，社区卫生服务中心、站221个，个体诊所、医务室178个，村卫生室534个，其他卫生机构15个），其中营利性105、非营利性903个；卫生技术人员共7049人（含村卫生室757人），其中执业医师2114人，执业助理医师323人（包括西医、中医、中西医结合），注册护士2215人，实有床位6077张。平均每千常住人口拥有卫生技术人员7.46人，执业（助理）医师2.58人，注册护士2.34人，床位6.34张。完成大型活动卫生保障51次，出动救护车辆215车次，出动医务人员850人次。卫生监督检查11065户次，覆盖率100%；处罚183户次，罚款34.35万元，全年无重大食源性食物中毒案例发生。传染病发病率低于全市平均水平20个百分点，报告法定传染病6459例，其中乙类传染病2522例，无甲类传染病发生。甲型H1N1疫情得到有效控制，艾滋病高危人群监测力度加大，结核病人全程督导化疗率100%，举办健康教育大课堂139场。医疗业务总收入突破14亿元，门诊量达到7519494人次，急诊量达到425625人次；入院93309人，出院病人达到93936人，同比分别增长33.7%、14.3%。基本公共卫生服务均等化强势推进，妇幼保健贴近居民，免费儿童体检、新生儿先天性疾病筛查4.4万余人次。四种慢病筛查覆盖23乡镇近10万人农民，免费供药5.64万人，发放药品517.5万元。新农合保障水平继续提高，总体运行良好，收支基本平衡。社区卫生服务创新发展，健康管理服务内涵不断丰富，零差率药品销售比例75%，举办社区医生专业技术公益性培训5场，共培训130人次。基本建设方面，良乡医院门急诊综合楼竣工交付使用，新建房山区妇幼保健院门诊病房楼工程开工建设。

（张源龙）

【召开深化医药卫生体制改革工作动员大会】 8月3日，房山区召开深化医药卫生体制改革工作动员大会，市发改委委员、市医改领导小组办公室主任韩晓芳，区领导祁红、高言杰、卢国懿参加会议。会上，副区长、区医改领导小组常务副组长卢国懿做大会动员报告，并就具体工作进行了部署。区发改委、区卫生区、区人力社保局和区财政局等单位领导就相关工作进行了部署。2010年，房山区医改工作重点是：一、通过加快推进基本医疗保障制度建设，进一步提高城镇职工、城镇居民医疗保险参保率。二、初步建立国家基本药物制度。三、推进建设运行高效的医疗服务体系。四、促进基本公共卫生服务逐步均等化。五、积极稳妥推进公立医院改革和进一步完善医药卫生管理和运行机制。

（张源龙）

【农村新型合作医疗参合率 100%】 2010年，房山区农村新型合作医疗参合率连续三年保持100%，参合农民41.25万人；人均筹资520元，比2009年增加100元；筹资总额2.145亿元，政府补助达到91.5%，人均筹资和筹资总额分别比2009年增长23.8个百分点和25.4个百分点。

（谢超）

【社区医疗绩效考核居全市第二】 年内，社区医疗工作呈现费用下降、业务量上升的态势，基本药物零差率销售稳定在70%以上，药价平均下降18.16%，年门诊量240万人次，收治住院病人2900人次，绩效考核位居全市10个远郊区县第2名。

（谢超）

【公共卫生服务工作】 2010年，妇女儿童健康体检106718人次，老年人社区服务“三优先”62.8万人次，农村孕产妇住院分娩全部享受每人600元补贴，适龄儿童窝沟封闭8454人，贫困白内障患者复明手术190人，脑卒中筛查1212人，贫困精神病人供药1777人次，农民慢病供药56363人次。社区健康管理模式普遍建立，城乡居民健康档案建档率95%以上，高血压、糖尿病慢病规范化管理率67.3%，有效控制率36.69%。开展健康大课堂1125场，制作宣传栏1041期，发放宣传材料20万份。

（谢超）

【“十一五”期间卫生基础得到发展】 “十一五”期间与“十五”期间相比：区属医疗卫生机构基本建设投资由1.53亿元增加到7.1亿元，增长364.1%；改扩建总面积由12.1万平方米增加到15.22万平方米，增长25.8%；固定资产由4.6亿元增加到12.74亿元，增长177%；万元以上设备由1534台件增加到2824台件，增长84.1%。本科及以上学历卫技人员所占比例由22.6%提高到34.8%，提高12.2个百分点；中、高级职称人员占46.55%，结构比例基本合理。

（谢超）

【实施国家基本卫生服务项目】 2010年，房山区卫生工作实施居民健康档案、健康教育、免疫规划、传染病防治、儿童保健、孕产妇保健、老年人保健、慢性病管理、重性精神疾病患者管理9类国家基本公共卫生服务项目，全区孕产妇系统管理3984人，管理率90.83%；儿童系统管理30111人，管理率97.58%。在社区卫生服务机构为老年人提供优先就诊和出诊服务1105434人次；为无社会保障的老年人提供一次免费体检服务67132人次。

（谢超）

【房山区第一医院与区精神卫生保健院签订对口支援协议】 房山区精神卫生保健院是房山区一家精神卫生保健机构，患者在其住院过程中常常并发各种躯体疾病，为了不断提高患者的健康水平，改善患者的生活质量， 2月24日，房山区第一医院与区精神卫生保健院签订对口支援协议，确保精神卫生保健院精神病人在发生躯体疾病时能够得到及时治疗。按照协议要求，房山区第一医院通过管理培训、卫生技术培训、接收人员进修学习、派专家查房会诊等方式对精神卫生保健院进行全方位的帮扶。

（穆海玲）

【房山区第一医院通过划卡结算验收】 3月15日，房山区第一医院通过市、区两级领导的现场划卡实时结算验收工作，成为北京市远郊区县中首家通过验收的医疗机构。

（贾晓霞）

【房山区第一医院成立血液内科病区】 3月，房山区第一医院成立血液内科病区。科室形成一套比较完善的诊疗常规，常年收治各种血液系统疾病，尤其对各种贫血，白细胞、血小板增多或减少性疾病，血液系统恶性肿瘤化疗，出凝血相关等血液病的诊治有独到之处。血液科有主治医师1名，住院医师3名及技术熟练的8名护理人员。

（刘中宾）

【房山区第一医院成立营养科】 4月，房山区第一医院在全区率先成立营养科，并将营养治疗应用于临床，通过营养咨询、饮食治疗和配餐指导等方式，提高患者的疾病治疗效果，降低患者住院天数及住院费用，使患者的饮食更加科学。

（王凤珍）

【房山区第一医院获"CHANCE研究最佳分中心"称号】 6月，房山区第一医院获由"国家脑血管病创新药物临床技术评价平台子项目-CHANCE项目组"颁发的"CHANCE研究最佳分中心"称号。CHANCE项目为国家科技部重大专项，是国家中长期科学和技术发展规划中的重大创新项目，全国100家大型医院为研究分中心，房山区第一医院是最早入选的分中心之一，并且在课题进度与质量控制方面始终位居各研究分中心前列。

（侯红盖）

【房山区第一医院开展信息公开】 自8月1日起，房山区第一医院《医疗卫生服务单位信息公开管理办法》正式实施。医院采取网站、信息公开栏、电子屏、媒体宣传、电话咨询、会议等多种方式进行信息公开，公开的信息包括向社会公开、向患者公开和向职工公开3类信息。主要内容涉及医院概况、医院环境、医疗服务、行风建设、服务告知、服务价格及收费等多项内容。提高医院的公信力，满足人民群众就医需要。

（王莉）

【举办首届戒烟干预技术培训班】 10月11日，区健康教育与健康促进领导小组组织的首届简短干预技术培训班在区第一医院举办。来自全区50余个单位的200多名控烟工作负责人参加培训。此次培训特邀英国伦敦大学烟草依赖研究中心专家Peter Hajek教授、世界卫生组织烟草或健康合作中心主任肖丹教授前来授课。

（崔海荣）

【房山区第一医院与社区卫生服务中心建立双向转诊关系】 10月中旬，为促进分级诊疗和双向转诊机制的建立，不断优化就诊流程，进一步方便患者就医．在区政府和区卫生局的大力支持下，房山区第一医院与长沟、张坊、十渡、蒲洼等乡镇的社区卫生服务中心签订双向转诊协议书。根据协议，房山区第一医院设立专职机构，由专人负责接受指定社区预约转诊工作；根据转诊患者病情，在3个工作日内安排患者到相应科室就诊时间，必要时安排有关科室会诊；在门诊醒目位置设立专门窗口，接洽持本人有效身份证件或预约单据的预约就诊患者。

（吴刚）

【房山区第一医院首例区内自体造血干细胞移植手术成功】 11月9日，房山区第一医院骨科为一位股骨头坏死患者实施了房山区首例自体造血干细胞移植手术。59岁的患者谢女士被确诊为双侧股骨头坏死，其中右侧股骨头坏死已属晚期，需进行全髋置换手术治疗，而左侧股骨头缺血性坏死尚属于早期阶段，如果采用骨髓干细胞移植针对早期股骨头坏死区进行干预治疗，将促进股骨头缺血坏死病灶的修复，从而避免发展为晚期病变而使用人工关节置换。在与谢女士充分沟通及完善各项术前准备后，骨科医师为她实施了自体造血干细胞移植手术。术后，谢女士的髋关节活动自如，疼痛感消失，未出现不适感，手术效果理想。

（陈玉竹　陈秀健）

【良乡医院启用新门急诊综合楼】　5月18日，良乡医院新门急诊综合楼正式启用。新门急诊综合楼面积40014.73平方米，占地面积7.88亩；地下2层均为停车场，共94个车位；地上共9层，1层至4层为门诊、急诊，包括急诊药房、门诊药房、急诊室、CT室、临检化验室、放射科、妇产科门诊、外科门诊、中医门诊、注射室、抽血室、超声科、脑电图室、心电图室、内科门诊、五官科门诊、重症医学科、皮肤科、介入室、内窥镜室、检验科、住院处、血液净化科、医保办；5层至9层为内科住院部，包括心血管内科一病区、心血管内科二病区、呼吸内科一病区、呼吸内科二病区、神经内科一病区、神经内科二病区、消化内科病区、神经内科三病区、内分泌肾病病区、综合病区，其中综合病区、心血管内科二病区、神经内科三病区、呼吸内科二病区、重症医学科为新增科室。

（沈学延）

【良乡医院成立重症医学科】　9月，良乡医院成立重症医学科（ICU）。重症医学科位于良乡医院新门急诊综合楼3层，使用面积达400平方米，共有8个抢救房间，拥有12张多功能重症监护床，分为4个单人间和4个双人间。每个房间均安装空气消毒机和紫外线消毒设备，采用全封闭式管理。配备有多参数监护仪，2台无创呼吸机，4台有创呼吸机，2台床旁血滤机，1台除颤仪，1台震动排痰仪，1台全自动血气分析仪等设备。科室有医护人员17名。重症医学科除能完成普通监护与诊疗工作外，能够独立完成心肺复苏术、人工气道的建立与管理、机械通气技术、肠内外营养支持技术、持续床旁血液净化技术、疾病危重程度评估技术等综合诊疗技术。截至12月31日，共收治危重病患25人，其中19人病情好转，转入普通病房。

（沈学延）

【良乡医院招标采购设备】　年内，区卫生局组织实施为良乡医院招标设备采购，第一批政府采购设备共用资金1794.87万元，购买设备91台。其中，新添置8台除颤监护仪，9台12导同步心电图机，18台空气除菌净化器，3台耳鼻喉治疗台；中央监护仪（一拖十五）2套，分别用于重症医学科、心血管内科一病区；中央监护仪（一拖十）5套，分别用于消化内科病区、内分泌病区、神经内科三病区、神经内科二病区、呼吸内科二病区；中央监护仪3套，分别用于神经内科一病区、呼吸内科一病区以及急诊室；多功能呼吸机6台，其中4台用于重症医学科，另外2台分别用于神经内科一病区和内分泌病区；2台血滤机，用于重症医学科；1台连续式自体血回输系统，用于手术室；1台乳管镜和1台胸外科腔镜均用于心胸外科；17台ICU重症监护床，用于重症医学科12台，心内科一病区5台；12台抢救转运床用于急诊室；全自动血气分析仪1台用于重症医学科；1台膀胱镜和1台体内混合动力清石系统均用于泌尿外科。第二批政府采购共用资金2808.9万元，购买9台设备。微波综合治疗仪1台，用于普外二病区；核磁1台，用于CT室；2台双板DR、1台单版DR和3台移动CR，均用于放射科；1台C型臂用于手术室。

（肖文红）

【健康教育大课堂村村行】　年内，良乡医院开展"良乡医院健康直通车村村行"大型公益活动。"良乡医院健康直通车村村行"活动深入窦店、琉璃河、韩村河、良乡等乡镇开展防病知识讲座、常见病、多发病的健康知识讲座每周3次，每次讲座时间1小时至2小时，共举办讲座75场、义诊2场。各村参加听课群众达3951人次。育儿学校、孕妇学校、家长课堂等针对特殊人群开展讲座49场。受教育人数2000人。

（唐月君）

【良乡医院与4家卫生院建立双向转诊关系】 年内，良乡医院与韩村河中心卫生院、窦店中心卫生院、琉璃河中心卫生院、良乡镇卫生院建立双向转诊关系，遇复杂患病或需良乡医院专家会诊或转院的患者，由韩村河中心卫生院、窦店中心卫生院、琉璃河中心卫生院、良乡镇卫生院负责人开具转诊单或电话联系良乡医院患者服务处，良乡医院负责安排绿色通道，优先就诊、优先安排住院。在良乡医院诊治后的韩村河、窦店、琉璃河、良乡地区患者离院后，由良乡医院患者服务处通知卫生院负责人，卫生院派医务人员到患者家中进行随访。

（唐月君）

【举办房山区首届中医药文化节】 9月26日，由房山区人民政府主办，北京中医药协会协办，房山区卫生局承办的北京房山首届中医药文化节启动仪式在北潞园社区文化广场举行。启动仪式设置了市区专家义诊、健康教育、中药标本展示、非药物治疗体验和中药灯谜有奖竞猜5个活动展区。中医药文化节同北京中医药学会以及京城知名中医专家，共同为社区居民提供一个面对面与专家交流、亲身体验中医非药物治疗技法的平台，提高百姓对中医药养生的认识，增加中医保健意识，树立科学养生观。此届中医药文化节活动历时3个月，包含中医健康大讲堂、“我心目中的好中医”评选、中医良方验方征集以及中医“七进”（进社区、进园区、进学校、进企业、进家庭、进农村、进军营）等系列活动。全区评选出韩臣子、李让、袁涛等20名“我心目中的好中医”。

（石国友）

【房山区中医医院成立心内科】 11月19日，房山区中医医院心内科（内九病区）成立。科室设置心脏重症监护病房（CCU），拥有多参数监护仪、中央监护系统、心脏监护除颤器等急救设备。诊疗范围包括：心绞痛、心肌梗死、心律失常、心力衰竭、高血压、心肌病、心肌炎、高脂血症、心脏瓣膜病、心包疾病、主动脉和周围血管病等多个心血管系统疾病。科室具有中医药治疗全方位心血管疾病的优势，配合冠心病介入治疗及防治介入治疗术后再狭窄方面拥有自己的特色，可以为急性心肌梗死、心力衰竭等心血管急危重症提供中西医结合的双重保护。科室有主任医师2人，主治医师及住院医师4人。

（石国友）

【中医流动医院进乡村】 2009年12月21日至2010年10月20日，房山中医院中医流动医院共巡诊127个村、义诊10292人次，医疗服务覆盖人群17.32万人，现场医保直报30.2万元，为百姓节省挂号费诊察费用等约51.46万元。

（石国友）

【中医康复科成立】 12月20日，房山中医院中医康复科成立。医院利用中医治疗康复的优势采取中西医结合的康复手段在北京市博爱医院康复中心及有关部门的技术、设备、人员的支持援助下，在门诊4楼建立康复科，建筑面积350平方米，有康复治疗师10名，护士1名。配备中医熏蒸舱、多功能神经康复系统、动态平衡训练与评估系统、语言康复系统、电脑颈腰椎牵引床等25台设备。

（石国友）

体　育

【概述】 2010年，区体育局完成《房山区“十一五”时期体育发展规划》提出的各项工作任务。举办房山区第九届全民运动会，组织承办“房山杯”北京名人乒乓球邀请赛、“长阳半岛杯”高尔夫名人赛等赛事活动。全民健身活动不断升温，经常参加体育锻炼人口占全区人口的比重达到40%。全区体育协会发展到21个；纳入规范管理的社会体育指导员总数达到1302人，等级裁判员达到942人；为农村配建全民健身工程更新80套，新建乡镇级体育广场6个、农村篮球场100个。截至2010年年底，全区有体育场馆7个，比2009年增加4个；全区行政村健身设施配建率达到100%；全区健身工程达到859套，“十一五”期间共安装551套。全区人均公共体育面积1.3平方米。2010年，参加市级竞技比赛获金牌51枚、银牌48枚、铜牌42枚，4人次打破4项记录。“十一五”期间共获金、银、铜牌，分别为202枚、153枚、131枚。截至2010年年末，全区有等级运动员222人，其中，年内新增加68人。

（赵颖　周梦）

【开展“体育三下乡”活动】 3月26日，房山区在城关街道洪寺村健身广场启动“体育三下乡”活动，活动由区政府主办，区体育局承办，区农委、区文明办、区广电中心、城关街道协办。活动以体育器材送下乡、健身知识讲下乡、健身项目传下乡为主要内容，区体育局向乡镇、村、社区，赠送健身器材80套、篮球架100付、篮球500个、室内乒乓球台115张、乒乓球拍5000支、广场音响（收录一体机）100台、照相机23架、体育管理科学健身知识书籍5000册。

（赵颖　周梦）

【举办跆拳道比赛】 4月24日，北京市“跆协杯”青少年跆拳道分站赛暨房山区首届中小学生跆拳道比赛在房山体校综合训练馆举行，赛事分为女乙46公斤级、男乙48公斤级、女丙一33公斤级等42个级别，共有来自海淀区、丰台区、石景山区、昌平区、门头沟区、大兴区、房山区约600名运动员参加。

（赵颖　周梦）

【承办第四届北京名人乒乓球邀请赛】 4月25日，由中共北京市委市直机关工委、北京市乒乓球协会、中共房山区委、房山区人民政府共同主办的第四届北京名人乒乓球赛暨“房山杯”北京名人乒乓球邀请赛在良乡体育中心综合训练馆开赛，中央中直机关、中央国家机关部司级领导、驻京部队军师级领导、北京市直机关局级以上领导、北京社会名流组成的6支代表队142人参加比赛。全国人大常委会副委员长、民建中央主席陈昌智，北京市乒乓协球协会名誉主席、北京市人大常委会主任杜德印、中国女子乒乓球队原主教练陆元盛、北大方正乒乓球俱乐部总经理、原乒乓球世界冠军刘伟共同为比赛开球。经过近70场比赛，中央国家机关一队、空军代表队、大学校长队等代表队获团体优胜奖，中央中直机关一队、市直机关二队等代表队获纪念奖，张晓辉、王芳等获女子单打优胜奖和纪念奖，房山区获特殊贡献奖。

（赵颖　周梦）

【组织长阳半岛高尔夫名人赛】 5月29日，2010长阳半岛高尔夫名人赛在加州水郡高尔夫球场开赛。区领导刘伟、祁红、刘顺林、吴会杰、卢国懿出席开球仪式。知名企业家和演艺界明星近200人参赛。比赛当天，在加州水郡高尔夫俱乐部召开2010CSD长阳半岛生态城市建设记者招待会，就CSD长阳半岛城市建设、房山体育产业及低碳生态规划进行主题发布，并针对长阳模式、体育产业发展布局、CSD国际招投标等事宜进行了答记者问。经过近5个小时角逐，比赛产生总杆、净杆前3名，最远距离奖、最近距离奖、最佳风采奖、最多小鸟奖、老鹰奖等奖项。

（赵颖　周梦）

【参加全国瓦尔特杯青少年射击锦标赛】 6月9日至14日，房山区运动员袁浩民、冯赫、焦铜作为北京队的成员参加全国瓦尔特杯青少年射击锦标赛。袁浩民以688.7环获青年男子50米步枪卧射第5名、以1237.6环获青年男子50米步枪3种姿势第6名；冯赫以1228环获青男50米步枪3种姿势第7名。由焦铜与朝阳区的两名队员组合的团体获青年女子组气步枪团体第6名；由袁浩明、冯赫和朝阳区1名队员组合的团体获青年男子组步枪3种姿势团体第7名。

（赵颖　周梦）

【承办中央直属机关职工乒乓球赛】 6月10日，中央直属机关职工乒乓球赛在良乡体育中心训练馆开赛。赛事为期3天，来自中直机关的350多名选手分别参加混合团体、普通干部男女单打、副部级以上领导干部组等3个组别的比赛。

（赵颖　周梦）

【举办房山区第九届全民运动会】 6月18日，房山区第九届全民运动会在房山体育场开幕。运动会从4月28日开始，6月28日结束。期间共举办篮球、足球、乒乓球、羽毛球、门球、保龄球、台球、棋类、游泳、武术、拔河、跳绳、大众健身操、健身操舞、健身路径、体育舞蹈、趣味运动、田径18个项目的比赛，共102个参赛单位的5058名运动员参加运动会。

（赵颖　周梦）

【参加全国田径冠军赛暨大奖总决赛】 6月26日至27日，在重庆市奥林匹克体育中心体育场举行2010年全国田径冠军赛暨大奖总决赛，房山区田径队运动员程飒代表北京市参赛，以1分53秒86的成绩获男子800米第5名。

（赵颖　周梦）

【吉羊村成为国民体质监测点】 7月5日，石楼镇吉羊村被定为国民体质监测点，开始对村民进行体质监测。体质监测分为身体形态、身体机能、身体素质3个方面，包括身高、体重、握力、纵跳、闭眼单脚站立、肺活量、台阶试验等内容。监测对象为乡村成年人和乡村老年人，抽样监测人数为474人，其中男性234人、女性240人。

（赵颖　周梦）

【开展国民体质监测活动】 7月5日至20日，房山区体育局对全区部分群众进行国民体质监测。石楼镇、张坊镇、燕山办事处等7个受测站点近1500人进行体质检测。

（赵颖　周梦）

【参加北京市第十三届运动会】 7月14日至8月15日，房山区体育代表团325名运动员参加北京市第十三届运动会举重、摔跤、武术、跆拳道、柔道、拳击、田径、篮球、游泳、射击、乒乓球、足球等13个大项的比赛。共获金牌51枚、银牌48枚、铜牌42枚，共有4人次破4项北京市青少年纪录。

金牌榜

表1

项目	小项	姓　名	教练员
举重	男子85公斤级	董立铮	刘俊生
	女子69+公斤级	张曼玲（破纪录）	
	男子48公斤级	蔡　续	刘蕴军
	男子85公斤级	于济航	

续表 1

项目	小项	姓　名	教练员
	女子 75+公斤级	刘　鑫（破纪录）	
	男子 69 公斤级	刘新航（破纪录）	
	男子 85+公斤级	霍云澎（破纪录）	
拳击	男子拳击 51 公斤级	韩　京	栾　洋
	男子拳击 54 公斤级	金明昊	
柔道	女子 48 公斤级	崔彤菲	崔阳阳
散打	男子散打 80+公斤级	石旺晰	李永泽
射击	男子乙组慢加速 30+30 发	王子威	刘金巍
	女子甲组 10 米气手枪 40 发	任玉红	
	男子甲组 25 米速射 30+30 发	解春腾	
	男子甲组 25 米速射 30+30 发团体	解春腾 赵　豪 田浩然	刘金巍
	男子甲组步枪卧射 60 发	王子威	衣志勇
	男子乙组 10 气步枪 40 发	杨　顺	
	男子甲组三姿 3×20 发	袁浩民	
	女子甲组三姿 3×20 发	焦　铜	
	男子乙组 50 米三姿 3×20 发	刘　凯	
	男子甲组步枪卧射 60 发团体	王子威 冯　赫 袁浩民	
	男子乙组 10 米气步枪 40 发团体	刘　凯 杨　顺 郑文秋	
	男子 50 米三姿 3×20 发团体	刘　凯 杨　顺 郑文秋	
	女子甲组 10 米气步枪 40 发团体	焦　铜 沙宇林 张　茜	
	男子甲组三姿 3×20 发团体	王子威 冯　赫 袁浩民	
	女子甲组三姿 3×20 发团体	焦　铜 沙宇林 张　茜	
	女子甲组卧射 30 发	焦　铜	

注：根据北京市第十三届运动会赛事规程的规定，破市级记录按金牌计算

（赵颖　周梦）

【女子门球队全国公开赛获金牌】 8 月 2 日至 6 日，在天津大港举行“天津银行杯”全国女子门球公开赛，来自全国 29 个省、市、自治区的 45 支门球队参加。房山区女子门球队代表北京市参加此次比赛，经过 3 天 179 场次的激烈角逐，获金牌，是北京市门协自成立以来在历次全国比赛中取得的最好成绩。

（赵颖　周梦）

【参加北京奥林城市体育文化节】 8 月 14 日，区体育局组织参加由国家体育总局健身气功管理中心和北京市体育局主办，北京市社会体育管理中心承办的“北京奥林城市体育文化节——万人健身气功展示活动”，房山区拱辰街道、西潞街道、长阳镇、阎村镇和矿机社区的 600 名健身气功习练者参与表演了健身气功·五禽戏、健身气功·八段锦和太极功夫扇的展示活动。

（赵颖　周梦）

【良乡体育中心游泳馆投入使用】 9 月 28 日，“迎国庆促和谐”龙建杯首届领导干部游泳比赛在良乡体育中心游泳馆举行，此次比赛是良乡体育中心游泳馆建成后举办的首次赛事，设置了仰泳 50 米、100 米，自由泳 50 米、100 米 2 个项目 4 个组别。游泳馆建筑面积为 4286 平方米，可容纳 500 名观众观看比赛。在游泳馆中央的一个长 50 米，8 条泳道的标准泳池，可同时容纳 200 人至 300 人健身娱乐。新建的游泳馆对泳池水采用了臭氧消毒处理方式，具有自动检测、自动循环、自动补水等功能。

自动调温功能使池水温度常年保持在摄氏22度至26度之间。

（赵颖　周梦）

【**举办北京青龙湖国际红酒城自行车邀请赛**】　11月7日，房山区举办北京青龙湖国际红酒城自行车邀请赛，自行车邀请赛是房山区举办的首个自行车运动赛事，是与北京市自行车运动协会共同合作。比赛以团体赛的形式，设置了公路车组和山地车组两个组别，并通过多种宣传媒体和推广形式，向全市自行车爱好者广泛发出邀请，共有39支参赛队182名运动员参加比赛。

（赵颖　周梦）

【**举办房山区首届残疾人象棋比赛**】　11月25日，区残联在区体育局会议室举办房山区首届残疾人象棋比赛。来自全区22个乡镇（街道）的47名残疾人参加比赛。经过激烈角逐，崔长海、张同江、王胜利、刘志平、李国亮、王柱安、张伯志、沙利分别获得前8名。

（赵颖　周梦）

【**参加北京市业余体校游泳锦标赛**】　12月5日，房山区体育运动学校运动员参加“水立方未来之星”2010年全国少儿游泳分区赛暨北京市业余体校游泳锦标赛，取得3个第4名、2个第6名、1个第8名的成绩。即：张振昊获2000年男子组50米第4名和100米蝶泳第6名；孙寒冰获2000年女子组100米蝶泳第6名；刘畅获2001年女子组50米和100米自由泳第4名；杨相宜获2001年女子组50米仰泳第8名。

（赵颖　周梦）

老龄工作

【**概述**】　2010年，老龄工作落实北京市政府“九养”政策（“九养”政策是指：一、建立万名“孝星”评选表彰制度。二、建立居家养老（助残）券服务制度和百岁老人补助医疗制度。三、建立城乡社区（村）养老（助残）餐桌。四、建立城乡社区（村）托老（残）所。五、招聘居家服务养老（助残）员。六、配备养老（助残）无障碍服务车。七、开展养老（助残）精神关怀服务。八、实施家庭无障碍设施改造。九、为老年人（残疾人）配备“小帮手”电子服务器），成立居家养老（助残）工作领导小组，区委常委、副区长李江任组长，区老龄办负责全区居家养老工作开展的审批、管理、指导、协调、监督、检查工作，区政府办制定下发相关文件促进居家养老工作。各乡镇（街道）分别成立居家养老工作管理办公室，负责辖区内居家养老工作的开展，在村、居设立居家养老工作服务站，初步形成三级网络管理。建有托老（残）所481家，老年（助残）餐桌221家，签约服务商30家，基本实现所有乡镇区域和需求人群的全覆盖。初步建立居家养老服务工作体系，根据不同的区域特点和需求实际，摸索出城镇、农村、深山区3种不同服务模式。利用房山电视台、房山报、房山信息网报道养老助残券的申办方法、程序、居家养老服务的内容、方式，设立电话咨询专线，指定工作人员专人值机，解答电话咨询。印刷介绍服务网点的宣传手册，发放到每户村民、居民家中，11月与房山区电视台共同拍摄录制“九养”政策系列的专题访谈节目。使广大群众了解居家养老助残工作。与区委宣传部、区文明办、区妇联、团区委4家单位联合开展“孝星”评选活动。与房山电视台、《房山报》、房山信息网多家媒体共同举办“孝行房山、每周一星”系列宣传活动，三家媒体每周同时推出一名“孝星”，以专题片、人物通讯、百姓故事、图片展示等方式宣传其感人事迹，用持续半年的时间进行全方位、多角度系列报道。经过城乡社区（村）推荐，街道（乡镇）初选，区级评选、表彰、上报，市级表彰奖励4个阶段。全区评选出534名市级“孝星”和176名区级“孝星”并进行表彰。与区人力社保局、财政局联合招聘录用132名养老（助残）员，在德宝会议中心举办首批养老员岗前培训班，7月底全部上岗。共为6129名老年人配备“小帮手”电子服务器。争取市150万元的资金支持，为15个平原行政村建设老年文体活动中心，配备专业卡拉OK、电视机、空调、乒乓球案、台球案以及棋牌桌、椅。举办房山区第十一届“松鹤杯”老年门球赛、“秋风送爽，情系夕阳”房山区老年秧歌大赛，各乡镇（街道）在重阳节期间都组织1次至3次老年体育赛事、文艺表演、书画展览活动。有条件的社区利用节假日、周末时间开展经常性的唱红歌、戏曲演唱、棋类比赛等活动。

（张芳　陈向辉）

【为80周岁及以上老人每人每月发放100元养老服务券】 1月15日，经房山区委、区政府研究决定，为具有北京市户籍在房山区居住的80周岁及以上的老年人每人每月发放100元养老服务（助残）券，并为老年人提供居家养老服务，列入房山区2010年为民拟办重要实事项目。全年为12979人发放服务券，累计发放1403余万元，收回1398余万元。

（张芳　陈向辉）

【建成481个托老（残）所】 3月2日，在西潞街道夏庄社区服务中心举办房山区贯彻落实“九养”政策——托老（残）所授牌仪式，为琉璃河镇红叶托老（残）所等8个托老（残）所代表授牌。托老（残）所是依托现有的公办、民办养老机构，山区星光计划、社区残疾人温馨家园、职业康复中心等服务场所和空闲房屋及家庭空间开办，为老年人提供托老托残、日间照料、就餐、送餐服务。截至2010年年底，房山区建成托老（残）所481个。

（张芳　陈向辉）

【发放“小帮手”电子服务器6129个】 6月2日，在区民政局4楼会议室召开“小帮手”电子服务器发放工作会，部署“小帮手”发放具体工作。“小帮手”电子服务器是由北京市政府采购定制，为老年人和残疾人提供一键通话（可通过“小帮手”服务中心帮助接通常用联系人的号码）、亲情服务（可一键接通预设的亲属电话）、代发短信（只需口述内容，由服务中心帮助用户编辑、发送短信）、定时提醒（应用户要求，提醒按时起居、服药等日常生活琐事）、紧急救助（遇到紧急情况时，在救助服务范围内，推动急救/报警键可直接拨打“999”（“120”）紧急救援中心或“110”报警服务台）、社会化便捷服务（一键接通北京市“96156”社区服务中心服务热线，可以获得家政、便民服务）。此外，“小帮手”电子服务器还具有语音朗读、手电筒、收音机、TD—SCDMA（部分3G）等功能。户籍在房山区，符合条件的城镇“三无”老年人、享受城乡最低生活保障待遇的老年人、民政部门公布的低收入家庭中的老年人每台每人缴纳60元，政府补贴200元；有使用需求并具备使用能力的65周岁及以上老年人、残疾人每台个人缴纳130元，政府补贴130元。老年人（残疾人）持户口簿和身份证（残疾人持二代残疾人证）原件及复印件在户籍所在地社区（村）提出申请，经街道（乡镇、地区办事处）审核，区老龄办、区残联核准后分别报市老龄办、市残联审定，并与“999”紧急救援中心、北京“小帮手”服务中心等部门签订相关服务协议。全年发放小帮手电子服务器 6129 个。

（张芳　陈向辉）

【举办首批养老员岗前培训班】 7 月 7 日至 9 日，在良乡德宝温泉会议中心举办首批养老员岗前培训班，132 名居家养老服务工作人员参加培训。邀请市老龄办副主任、老龄协会副会长陈谊，首都师范大学教授郭海燕，首都经贸大学教授王树新，宣武医院主任医师汤哲及中科院心理研究所研究员韩布新分别就北京市人口老龄化及老龄政策、论职业道德教育、老年社会工作、老年人的健康与照料、老年人心理健康及调适等方面进行培训。

（张芳　陈向辉）

【开展“房山区百名健康寿星评选活动”】 8 月 20 日至 9 月 25 日，区老龄办、区老年学学会联合开展“房山区百名健康寿星评选活动”。凡年满 90 周岁，具有房山户籍的老年人；身体健康、性格开朗豁达；家庭和睦；积极参加适合自身的各种活动的老人均可参加。经过老年人自荐、居住所在地的村、居委会初审，乡镇、街道审核及区百名健康寿星评选活动组织委员会审定，最终评选出 101 名“健康寿星”。

（张芳　陈向辉）

【举办“孝亲敬老文明之星”表彰暨典型事迹报告会】 10 月 13 日，为表彰在社会主义精神文明建设中涌现出来的敬老爱老先进人物，房山区在区政府东二楼报告厅举办“孝亲敬老文明之星”表彰暨典型事迹报告会。会议表彰 534 名市级和 176 名区级“孝亲敬老文明之星”以及 53 家为老服务先进单位。刘淑东等 3 位受表彰代表进行了典型事迹演讲。区委宣传部、区老龄办、区文明办、区妇联、团区委及区老龄委各成员单位主管领导、各乡镇主管领导、科长、村（居）委会干部、“孝星”代表等共计 300 余人参加。

（张芳　陈向辉）

【开展“2010 年中国城乡老年人口状况追踪调查”的问卷调查】 为了解老年人的生活状况和愿望，增强对全国老年人总体状况和心态的认识，为政府制定政策提供科学依据，遵照全国老龄工作委员会办公室的部署，按照科学的抽样方法，12 月 12 日至 13 日，北京市老龄办对房山区的 298 名老年人进行“2010 年中国城乡老年人口状况追踪调查”的问卷调查。来自北京大学、首都经济贸易大学的 60 余名在职研究生、博士生以及市老龄办的工作人员分别到燕山地区办事处、大石窝镇、河北镇、青龙湖镇、石楼镇、大安山乡进行调研。

（张芳　陈向辉）

【构建居家养老工作组织管理网络】 年内，房山区成立居家养老（助残）工作领导小组，区委常委、副区长李江任组长。区老龄办作为房山区居家养老服务工作的主管部门，负责全区居家养老工作开展的审批、管理、指导、协调、监督、检查工作。区政府办公室专门制定下发《北京市房山区人民政府办公室转发区老龄办关于房山区贯彻落实北京市市民居家养老（助残）服务办法实施意见的通知》，区老龄办制定下发《北京市房山区居家养老（助残）服务补贴实施细则》《关于做好 2010 年度房山区“孝星”评选表彰工作的通知》《招聘居家服务养老（助残）员的实施方案》《关于居家养老服务券管理、使用工作的暂行规定》《关于开展 2010 年度为老服务先进单位评选表彰工作的通知》《关于奖励优秀养老（助残）餐桌的实施方案》；各乡镇（街道）分别成立居家养老工作管理办公室，负责辖区内居家养老工作的开展，在村、居设立居家养老工作服务站，初步形成了三级网络管理。

（张芳　陈向辉）

2010 年度北京万名“孝星”

丁芳田、丁振阳、于红芬、于红玲、于克新、于明顺、于海芳、于敏、于淑娟、马广珍、马玉春、马立红、马会玲、马宝岐、马春娃、马振华、马振英、马艳玲、马淑文、马淑芹、马腾、井月玲、仉锁英、从艳玲、孔祥平、尹振海、牛学成、王力新、王久宏、王士丰、王凤花、王文生、王文启、王月平、王平、王玉伶、王玉芹、王玉娥、王亚军、王如金、王延松、王红军、王怀义、王秀兰、王运遥、王卓军、王国利、王学、王学永、王建玲、王思思、王政光、王春霞、王洪芝、王炳海、王秋生、王振华、王桂凤、王海学、王爱花、王素玲、王素珍、王素娥、王素琴、王艳平、王艳彬、王彩红、王敏、王淑香、王淑梅、王淑婷、王敬芹、王景华、邓桂芝、付双林、付林利、付俊云、付秋苹、兰宝忠、冯万增、冯少侠、冯文华、冯东红、冯玉民、冯会敏、冯利、冯启斌、冯维悦、卢月、史宝义、叶建刚、司玉玲、田凤苹、田阿学、田淑玲、田淑香、申秀娟、白冬薇、白翠玲、石秀强、石金凤、任正宁、任正军、任会荣、任国敏、任贺贤、任淑丽、任嘉秋、刑郁民、刘万芝、刘士英、刘文军、刘文霞、刘术芝、刘玉华、刘玉梅、刘玉清、刘玉精、刘扣华、刘志杰、刘怀珍、刘秀荣、刘秀莲、刘秀影、刘国栋、刘宝银、刘尚明、刘建平、刘茂香、刘金龙、刘金香、刘春燕、刘洪权、刘荣芹、刘振华、刘晓秋、刘晓梅、刘晓稳、刘桂英、刘培全、刘敏杰、刘淑东、刘淑英、刘淑珍、刘焕光、刘焕珍、刘瑞莲、刘蓬勃、吕秀荣、吕学春、吕建英、吕桂香、孙化佳、孙天福、孙玉芹、孙立红、孙丽萍、孙伯铁、孙志和、孙建新、孙桂荣、孙海红、孙爱萍、孙福利、安玉霞、安伯芬、安志国、安春明、安瑞霞、安锦仙、师存香、曲连春、朱凤琴、朱占芳、朱立新、朱丽梅、朱秀娥、朱连元、朱素香、朱淑文、朱淑萍、朴艳平、毕冠志、毕冠武、毕振海、牟永胜、纪卫新、纪更、许全生、许建强、许贺、许桂才、许桂芬、许惠敏、邢桂英、邢淑琴、邢曦宇、闫红霞、闫建艇、闫金萍、闫彬、何玉华、何亚杰、何志强、何桂香、吴玉生、吴泽生、吴桂秀、宋庆、宋振银、宋继伦、宋淑文、张天凤、张文凤、张文志、张月娜、张永强、张玉志、张玉玲、张玉玲、张玉莲、张玉楼、张亚静、张会萍、张庆祥、张庆喜、张红艳、张志强、张秀玲、张秀梅、张秀梅、张连军、张和燕、张国安、张学明、张定远、张明晶、张金玲、张彦云、张春玲、张春玲、张洪振、张荣贤、张悦、张桂芬、张爱平、张爱英、张素红、张莉、张梅秀、张淑云、张银平、张翠平、李万菊、李云侠、李凤芹、李凤珍、李午英、李文平、李文同、李文捷、李丙義、李仪、李巧梅、李永红、李玉民、李玉芝、李玉霞、李立娜、李廷荣、李成、李有文、李丽捷、李利、李志兰、李志强、李秀芬、李秀莲、李秀梅、李其庄、李学顺、李建会、李建军、李建海、李建新、李金平、李俊兰、李俊杰、李春风、李春英、李春敏、李显荣、李树凤、李洪名、李洪翠、李秋敏、李香菊、李振林、李桂平、李海英、李艳红、李艳涛、李淑芝、李淑芬、李淑英、李章凤、李景之、李新莉、李楷、李福伶、李德贵、李蕴会、杨为民、杨凤玲、杨长玉、杨生贤、杨会艳、杨守香、杨成仪、杨江、杨作琴、杨秀芝、杨芳、杨建永、杨彦霞、杨振生、杨振军、杨翠英、沈艳丽、肖宗旗、苏广荣、苏京、邵学平、邸照利、陆慧华、陈天华、陈玉和、陈玉环、陈玉荣、陈京玉、陈京房、陈泽、陈金花、陈显民、陈桂英、陈海霞、陈艳英、陈淑琪、陈雪英、陈敬恋、周月英、周玉成、周红、周国荣、周星浩、周素芝、周彬彬、孟书平、孟庆军、孟庆新、孟爱军、孟德芹、岳文春、庞若族、林玉梅、果春霞、果祖义、武秀华、武建林、武相玉、祈静、罗桂兰、苗立荣、范芹、范春梅、郑龙兵、郑有通、郑秀英、郑建华、郑明玉、郑金香、郑春风、郑桂华、郑海龙、郑爱华、郑起瑞、金守江、金建新、侯雪英、俞建、姜永民、姜玉红、姜玉珍、姜秀丽、姜淑玲、姜淑霞、姜慕静、宫文琴、段宇、段志敏、胡民庆、胡玉辉、胡传菊、胡有志、胡英梅、胡淑英、赵凤兰、赵凤清、赵平礼、赵玉茹、赵玉梅、赵如君、赵志、赵志国、赵连英、赵国庆、赵学宁、赵忠、赵金荣、赵金霞、赵荣友、赵桂兰、赵桂平、赵桂玲、赵淑民、赵淑芹、赵淑芹、赵淑珍、赵淑艳、赵雪玲、赵德旺、郜洪海、郝永红、郝艳霞、郝淑婷、项自立、骆凤英、唐绍平、徐万海、徐志英、徐秀清、徐玲、徐曼、翁振华、耿云亭、耿海英、耿淑清、袁俊光、贾异男、贾成、贾继玲、贾淑娟、贾淑霞、郭凤平、郭学军、郭俊贤、郭勋、郭普明、钱荣苹、顾如意、顾孟军、高华、高成、高秀梅、高金凤、高鸿、高媛、高富增、高新山、高翠华、唱秀英、宿安国、崔凤山、崔成、崔桂珍、常友水、康立新、曹绍成、曹燕霞、梁云敏、梁凤翠、梁永亮、续学全、隗功华、隗永红、隗合香、隗合莲、隗秀聪、隗翠青、黄士全、黄希忠、黄俊、龚丽萍、彭雪梅、温桂英、温雅琴、焦书芬、焦秀娥、程惠民、董文英、董立刚、董秀珍、董秀琴、董桂红、谢文敏、韩书怡、韩凤君、韩晓飞、满振华、雷秀英、藏金英、蔡玉玲、蔡丽珍、蔡连霞、裴永俊、裴淑芬、谭自立、谭自青、滕连仲、潘会芬、穆希泉、穆苹红、薄树翠、霍凤学、霍印梅、霍秀兰、霍明漫、霍爱贤、魏立国、魏会山、魏景香、魏德元、攀立云、巍翠玲

2010年北京市千家为老服务先进单位

十渡镇社会福利中心、大石窝镇社会福利中心、中国人民解放军91395部队、今康老年护理院、北京长阳普乐园爱心养老院、北京长阳镇残疾人温馨家园、北京东顺风饭店、北京金色时光康乐家园琉璃河地区居家养老（助残）服务中心、北京帮助家政服务中心、北京泰达君安宏业家政服务有限公司、北京康爱乐家政服务公司、北京蜀香苑星城饭庄、史家营乡史家营村、良乡镇福港老年公寓托老所、房山区人力资源和社会保障局、房山区卫生局、大安山乡水峪村、房山区广播电视中心、房山区文化委员会、房山区长远养老（助残）服务中心、房山区司法局、房山区民政局、房山区交通局、房山区军队离休退休干部第二休养所、房山区老年学会、房山区西潞街道夏庄社区服务中心、房山区体育局、房山区佛子庄乡敬老院、张坊镇南白岱村、房山区财政局、周口店镇政府、房山区周口店镇敬老院、房山区委老干部局、河北镇磁家务村、房山区青龙湖镇社会福利中心、青龙湖镇南四位村、南窖乡水峪村、房山区旅游局、房山区教育委员会、房山区琉璃河镇、房山区韩村河龙门农业生态观光有限公司、韩村河镇赵各庄村、房山区新闻中心、房山区窦店镇敬老院、窦店镇窦店村、房山区霞云岭乡敬老院、城关街道矿机社区、拱辰街道纸房村、拱辰街道梅花庄村、阎村镇大紫草坞村、阎村镇小董村、蒲洼乡敬老院、德兰餐厅、燕山养老院

（颁发单位：北京市人民政府；颁发时间：2010年10月）

环境保护

【概述】 2010年，全区空气质量达到二级和好于二级的天数为257天，占全年总监测天数的70.4%，超额完成北京市政府年初制定的68%的空气环境质量目标。区环保局制定《房山区2010年扬尘污染控制联合执法工作方案》《房山区空气质量联合监管工作方案》，与区城管监察大队、区住建委、区市政市容委等部门联合，每周定期对各类施工工地进行检查。完善落实空气质量考核办法，将镇域内的大气污染指数纳入年终乡镇

（街道）领导班子考核体系，以考核激励基层乡镇街道更好地发挥属地监管职责。同时，加强专项治理工作，以工业废气、煤烟、工业扬尘、机动车尾气污染防治为重点，加大对石油化工、水泥建材、餐饮、干洗、家具制造等企业的监管治理力度，重点对废气、工业粉尘、可挥发性有机气体排放情况进行专项检查。加强对燃煤锅炉烟气排放的监察监测力度。联同城管、工商、卫生等部门，对70余家露天烧烤开展联合执法检查。针对机动车尾气污染，以“五重三查”与专项检查相结合，逐步淘汰高污染排放车辆，办理黄标车淘汰补助手续1367件，淘汰改造黄标车5053辆，淘汰改造比63.5%。检查车辆近39万余辆，进京路口劝返外埠进京车辆3.5万余辆。通过开展对加油站、储油库、油罐车油气回收治理工作，对全区159家加油站、7家油库全部安装油气回收系统。按照区政府《关于进一步加强全区污染源监管工作的意见》的精神，为将环境监管延伸至各企业、各乡镇（街道），在全区25个乡镇（街道）设立环保员，组织培训，明确工作职责。同时在72家区控以上重点污染源企业设立企业环境监督员，完善“区—街乡镇—企业”三级监管体系。环境宣传工作，以专题报道与日常报道相结合，开展主题性活动与经常性宣传相结合，做到图文并茂，突出实效。全年，新闻宣传报道在区级新闻媒体上采用40余篇。在《北京环保信息》上采用35篇，区委、区政府采用56篇；编制《房山环保信息专刊》10期，在区环保局网站公布，制作印刷《房山环保》专报100余份。2010年7月初，成立房山区环保协会，搭建人人参与环保事业的平台，为企业提供政策咨询和服务，充实环保力量。

（孙美珍）

【《北京市房山国家生态区建设规划》通过评审】 4月20日，《北京市房山国家生态区建设规划》专家评审会在区环保局召开。评审会上，评审专家听取有关《北京市房山国家生态区建设规划》编制情况的汇报，认为规划指导思想和目标明确，技术路线正确，所提出的重点建设项目具有较好的针对性和可操作性，符合国家环保部关于编制生态区建设规划的总体要求，是切实可行的，评审予以通过。为使规划更趋于完善，专家组还就规划中关于降低单位GDP能耗、水耗措施、增强环保监测监管能力建设等细节方面提出了一些指导性的建议。北京市环保局、区环保局、区新农村办、区园林绿化局等相关部门领导参加会议。

（孙美珍）

【成立房山区环境保护协会】 9日，房山区环境保护协会成立大会在区环保局召开。区环境保护协会为群众性环保组织，秉承为经济社会和环保事业服务的宗旨，致力于推动全区环保产业的科技进步和持续发展。作为联结政府和社会各界的纽带和桥梁，协会成为房山区环保事业发展的重要社会力量，在环保政策咨询、技术交流培训、信息沟通等方面发挥作用。

（孙美珍）

【房山区举行突发环境事件应急演练】 10月29日，危险化学品生产企业突发环境事件应急处置研究性演练在房山区举行，此次演练旨在通过演练，加强市、区两级环保部门联合处置突发环境事件的能力，探索市、区两级专业联动，落实属地与专业相结合的应急处置联动协调机制。此次演练引入3G无线通信网络技术，分为前后两个指挥部，背景是房山区石楼镇吉羊村的北京极易化工有限公司，在生产过程中，抗氧化剂生产装置中间体因内部压力过大，致使下装料阀门破裂，造成危险化学品泄漏，并引发火灾事故。事发后，企业立即实施自救并及时上报有关部门。房山区环保局接到报告后，立即启动应急预案，组织监察、监测组赶赴事发现场，采取有效的处置措施，开展救援。

与此同时，位于后方指挥部的专家技术组依托房山区环保数字平台，通过网络地理信息系统、北京市危险化学品查询系统、大气扩散模型等技术手段及时给予有效支撑。在全区各部门的大力协作下，经过市、区两级环保部门的共同努力，此次突发环境事件得到了妥善处置。

（孙美珍）

【举办首次乡镇环保员培训班】 10月14日至15日，房山区举办乡镇环保员培训班。25个乡镇（街道）的主管领导、主管环保业务科长及环保员参加培训班。培训采取讲座与讨论相结合的方式，由市、区环保部门的部分主管领导从业务角度出发，分别围绕环保形势、环保重点工作、环保法律法规、环境监察等内容。通过集体讨论，大家集思广益，对一些环保问题进行了深入地探讨，进一步明确了工作任务和努力方向。向25个乡镇（街道）考核合格的环保员颁发了培训结业证书。

（孙美珍）

【召开房山区第一次全国污染源普查总结表彰会】 12月1日，房山区第一次全国污染源普查总结表彰会在区环保局召开，会议总结了房山区第一次全国污染源普查工作，对在污染源普查工作中表现突出的4个先进集体和54名个人进行表彰。房山区于2007年10月开始污染源普查工作，组织动员各级普查工作人员892人，及时准确地完成了全区所有排放污染物的3109个工业源、2485个农业源、2282个生活源和6个集中式污染治理设施的全部普查登记任务，并代表北京市接受国务院普查办的质量抽查。抽查结果，房山区的污普工作质量远高于国家污普质量控制要求。通过普查，摸清了辖区范围内污染源的分布和主要污染物的排放情况，全面掌握了污染源与环境的相关信息，普查成果在服务奥运环境保障、提高环境监管水平、谋划“十二五”期间环境保护工作等方面发挥了作用。

（孙美珍）

【严把建设项目审批关】 区环保局按照总量控制要求，为从源头控制污染物排放，按照区域功能定位和“增产减污”“增产不增污”的原则，对无法满足总量控制要求的建设项目，一律不予受理审批，对不符合要求和技术含量低、附加值小、污染大的中小企业严格控制审批，以从根本上解决因产业结构不合理导致的环境污染问题，促进产业结构优化升级。全年依法审批建设项目729件（其中：审批环境影响报告书项目17件，环境影响报告表项目248件，环境影响登记表项目464件），其中许可728件、不许可1件。

（孙美珍）

【加快污染治理工作】 2010年，房山区加快产业结构调整和能源结构优化，以工程减排为重点，推进污染物总量减排措施落实。除房山磁家务水泥厂未关闭以外，其余10家20万吨以下水泥厂全部停产。房山区原有石灰生产企业117家，关闭67家，剩余50家处于半停产状态。燕房3座集中供热工程（城关西里、城关城中、城关城东集中供热锅炉房）的建设和良乡组团2座集中供热工程（吴店锅炉房、鸿顺园锅炉房）稳步推进。2010年，制定9项COD减排措施和7项SO_2减排措施。2010年，COD减排完成1485吨，SO_2减排完成797吨。

（孙美珍）

【提升环境监管能力】 按照区政府《关于进一步加强全区污染源监管工作的意见》精神，为将环境监管延伸至各企业、各乡镇（街道），在全区25个乡镇（街道）设立环保员，在72家区控以上重点污染源企业设立企业环境监督员，完善“区—街道乡镇—企业”三级监管体系。为进一步完善环境执法模式，加大环境执法力度，以内部法制培训和应急演练相结合，不断增强执法人员的法制意识，提高执法能力水平。通过制发《环境保护法律法规执法手册》《环境监察使用案例》等，规范了行政处罚裁量权，统一处罚标准，为执法人员工作提供实用依据。投资250万元，用于改善有机物、重金属、应急监测现状，申请财政资金140万元，用于购置流动注射、离子色谱等快速检测仪器设备。按时完成各类环境监测工作304项，出具监测报告296份。

（孙美珍）

【加大环境执法力度】 区环保局对市控以上32家污染源企业每月检查1次，区控以上72家污染源企业每季度检查1次，对涉源单位每季度检查一次。2010年，开展“总量核查”，工业开发区和产业基地、重金属污染企业、建材企业、重点流域内污水排放企业、机动车维修、拆解企业、中小工业企业、“飓风行动”8项专项行动。妥善处置环境突发事件5起。全年出动执法人员3600余人次，检查企业3300余家，对存在环境违法问题的109家企业进行了行政处罚并责令其限期整改，共处罚金103.4万元。同时，通过加大路检路查、入户检查等力度，对328辆“冒黑烟”车罚款3.12万元；对7家未正常使用油气回收装置的单位罚款5.14万元。通过强化排污申报及收费力度，截至2010年年底，环保局共核定、收缴排污费171家，收缴排污费金额708.98万元。分别是2009年同期89家和584.64万元的1.92倍和1.21倍。加强建设项目验收检查，检查150家次，通过建设项目竣工验收95个。

（孙美珍）

群众生活

【房山区城镇低保户家庭生活消费“五升三降”】 据城镇低保调查资料显示：2010年，房山区城镇低保家庭人均可支配收入实现5975.8元，比2009年同期增加545元，同比增长10%；其中：工资性收入人均实现2879.3元，同比增长48%，工资性收入的增长成为拉动低保户家庭收入增长的重要来源。2010年，城镇低保居民家庭“八大类”生活消费支出呈现“五升三降”。上升的有：食品类、衣着类、家庭设备用品类、交通通信类和杂项商品及服务支出，同比分别增长32.4%、85.4%、57.7%、45.9%和97.4%；下降的有：医疗保健支出同比下降34.9%，居住支出同比下降17.2%，教育文化用品及服务支出同比下降5.3%。随着家庭收入的增加和政府扶持政策的增加，2010年，城镇低保家庭人均社会保障支出达到533.4元，同比增长1.1倍。随着社会保障制度的不断完善，2010年城镇低保家庭人均医疗保健支出942.7元，比2009年同期减少504.4元，同比下降34.9%。城镇低保居民家庭耐用消费品拥有量大幅度增加。截至2010年年底，房山区城镇低保家庭每百户拥有电冰箱达到80台，比2009年同期增加13.3台；每百户拥有家用电脑达到13.4台，同比增加6.7台；每百户拥有空调器达到16.7台，同比增加10台；每百户拥有淋浴热水器达到50台，同比增加13.3台。

（刘学玲）

【农村低保家庭收入同比增长、支出情况】

随着各项民生政策的逐步落实，房山区农村低保家庭收入明显增加。据农村低保家庭抽样调查资料显示：2010年，房山区农村低保家庭人均纯收入达到4849元，同比增长52%。农村低保家庭人均生活消费支出达到4382元，同比增长33.3%。增幅较大的项目有食品支出、居住支出、医疗保健支出和教育文化娱乐服务支出，同比增幅分别为

22%、80%、51%和 32%。

（王雪芳）

【房山区城镇居民收入、消费性支出实现稳步增长】 据住户调查资料显示：2010 年，房山区城镇居民人均可支配收入实现 23768.9 元，同比增长 8.3%。其中：工资性收入为 18999.6 元，同比增长 7.8%；经营净收入为 1340.5 元，同比增长 94.4%。从 10 个郊区县排名来看，无论是绝对值还是相对值均名列第 6 位。2010 年，房山区城镇居民消费性支出人均实现 15869.6 元，同比增长 14.3%。8 大类生活消费呈现“六升二降”，上升的有：食品支出 5099.5 元，同比增长 7.4%；衣着支出 1752.3 元，同比增长 7.2%；居住支出 1678.3 元，同比增长 43%；家庭设备用品及服务支出 1104.7 元，同比增长 35.7%；交通和通信支出 2338.2 元，同比增长 21.3%。教育文化娱乐服务支出 2232.9 元，同比增长 23%；下降的有：医疗保健支出 1148.8 元，同比下降 6.2%；其他商品和服务支出 514.9 元，同比下降 5.9%。

（王雪芳）

【房山区农村居民人均纯收入支出情况】 据农村住户抽样调查资料显示：2010 年，房山区农村居民收入实现稳定增长，延续 2009 年“万元”走势，人均纯收入达到 12492.3 元，同比增长 10.4%。农村居民人均生活消费总支出达到 8914.8 元，比 2009 年增加 680.3 元，同比增长 8.3%。8 大类消费支出中，居住支出为 2129.4 元，同比增长 23.2%；衣着支出为 731.3 元，同比增长 16.7%；家庭设备用品及服务支出为 637.9 元，同比增长 8.7%；食品支出为 2654.5 元，同比增长 6.5%；交通通信支出、文化教育娱乐支出和医疗保健支出呈下降态势，同比分别下降 3%、5.6% 和 6.6%。

（曹丽）

乡镇概况

燕山办事处

【概况】 燕山办事处位于房山区中部，北邻河北镇，西接佛子庄乡与周口店镇，东南与城关街道办事处接壤，东北与青龙湖镇交界。总面积40.8平方公里。2010年，常住人口86044人，其中外来人口10308人，户籍总人口83261人。年内，出生人口429人，出生率5.15‰，死亡人数374人，死亡率4.49‰，自然增长率0.66‰。办事处下辖49个单位，其中委、办、分局、公司45个，街道办事处4个。中央、市、区所驻单位27个。设居委会32个。少数民族有蒙古族、藏族、维吾尔族、苗族、壮族、布依族、朝鲜族、满族、瑶族、白族、土家族、畲族、纳西族、仡佬族、锡伯族、鄂温克族等19个少数民族。办事处地处山麓地带。境内地势西北高，东南低。主要山峰有凤凰山、猴石山、西虎岭等5座。山地占总面积的1/3，其余为丘陵、岗坡、河谷与小片平原。气候为温带大陆性季风气候。主要河流有东沙河、丁家洼河、双泉河等5条。

2010年，燕山地区完成税收6.55亿元，同比增长20.78%；完成财政支出7.83亿元，同比增长11.83%；完成税收123.09亿元，同比增长23.7%。其中国税完成110.02亿元，同比增长24.9%，地税完成13.07亿元，同比增长14.1%。

境内交通便利。917支线公交车在燕山境内与星城街道之间运营，901路公交车每隔10分钟向前门发车一趟，在八方达公交公司进入燕山地区后，地区公交线路实现全覆盖。公共设施方面，有邮政局1所，电讯站1处。燕房路商业街一期工程竣工，燕山体育馆正式投入使用，推进燕山文化活动中心建设工程，建成影剧院、少年宫、文化馆、图书馆等。生活垃圾综合处理场投入试运营，完善了城市发展配套设施。

燕山地区有：市立托幼园所7所，托幼儿1461人，教职工229人，其中教师107人。小学7所，106个教学班，毕业生646人，在校生3115人。教职工355人，其中专任教师290人。中学5所（初中校4所、高中校1所），教学班103个（初中76个、高中27个），招生931人（初中605人、高中326人），毕业生924人（初中601人、高中323人），在校生3410人（初中2492人、高中918人）。高中入学率100%，毕业及格率100%，应届毕业生高考录取率99.4%。教职工471人，其中专任教师378

人。特教班3个，在校生28人。校外教育单位1个，教职工27人，其中专任教师18人。2010年，启动东风小学翻建工程，完成地区幼教资源重组，地区教育环境进一步优化。

文化场馆有影剧院，坐席900个；图书馆藏书20万册；燕山文化广场、燕山少年宫、工人文化宫、职工文化活动中心等多处文化活动场所。年内举办夏日文化广场和第三届文化艺术节，专业团体、机关企事业单位、街道社区演出16场，观众5万余人。全年，影剧院周末场演出60场，接待观众近4万人次。4辆流动电影放映车开进各个社区，全年放映电影360场，接待观众8万多人次。

燕山地区有医疗卫生机构53个，其中燕山医院为一级甲等，燕化凤凰医院达到三级综合医院水平。两家医院有病床663张，医护人员798人，具有中级以上职称的420人。

体育设施有职工体育场、燕山体育馆，群众健身场地有北京市级的体育健身工程——燕山健身广场及东风、宏塔、星城3个社区健身广场。

古迹有白水寺、凤凰亭、长春寺、摩崖造像等。

（孟祥）

【燕山体育馆建设工程竣工】 3月，燕山体育馆开工建设，11月25日竣工。燕山体育馆位于燕房路沿线，东临富燕新村，西临燕山社区卫生服务中心，占地面积24448.4平方米，总建筑面积18043.2平方米，层数为3层，局部为4层，建筑高度18米，地面设停车位150个。工程总投资1亿元，建筑为丙级综合体育馆，安装有2480个固定坐席。体育馆主要分为比赛馆及观众厅；训练馆，全民健身房及配套商业；辅助配套用房（包括运动员区、管理办公室、器械室、卫生间等）；设备用房4个功能区。比赛馆和训练馆可同时布置5个（28米×15米）篮球场或26个（13米×6米）羽毛球场。工程结构形式采用钢筋混凝土框架结构，屋顶为网架结构，外立面由铝板格栅造型环绕，凸显现代意识，成为燕山地标性建筑。

（孟祥）

【完成燕山地区幼教资源重组】 9月6日，燕山办事处在阳光幼儿园举行燕山地区幼教资源重组揭牌仪式暨阳光幼儿园开学典礼，燕山地区6所私立幼儿园转为一级二类公办园，6所幼儿园的90名教职工转为事业编。燕山地区共有7所公办幼儿园，实行就近入园的招生政策，取缔了市场化、按课程收费，为收费开课程的模式。公有制后收费按级类标准收费，托费降至400元以下。成立学前教育中心，为事业单位，负责燕山地区幼教园的工作。

（孟祥）

【燕和园小区竣工】 为了给北京石化新材料科技产业基地提供建设用地，燕山地区“厂中村”拟进行搬迁。燕和园小区作为燕山地区“厂中村”拆迁安置用房，东至燕化教培中心操场东侧挡土墙，南至京原铁路，西至双泉东路，北至羊耳峪生活区及南侧道路，占地面积7.3万平方米，总建筑面积近10万平方米，户数1032户，由15栋住宅楼、1个地下人防工程、1个综合楼组成，采用天然气壁挂炉分户采暖。户型有1居室、2居室和3居室。其中：1居室192户，有2种户型，建筑面积分别是51.88平方米和52.84平方米；2居室648户，1种户型，建筑面积85.92平方米；3居室192户，有2种户型，建筑面积分别是113.13平方米和115.16平方米。工程2009年11月开工，2010年11月竣工。

（孟祥）

【成立经济和信息化委员会等4个单位】 根据《北京市房山区燕山办事处关于机构设置的通知》要求，燕山办事处成立北京市房山区燕山经济和信息化委员会、北京市房山区燕山人力资源和社会保障分局、北京市房山区燕山住房和城市建设委员会（挂北京市房山区燕山办事处住房保障和改革办公室牌子）、北京市房山区燕山市政市容管理委员会（挂北京市房山区燕山城市环境建设委员会办公室、北京市房山区燕山园林绿化分局牌子）。

（孟祥）

城关街道办事处

【概况】 城关街道办事处为北京燕房卫星城的重要组成部分。北邻青龙湖镇，西接周口店镇，东与阎村镇和窦店镇相连。辖区总面积 51 平方公里。2010 年，常住人口 96243 人，其中外来人口 21721 人；户籍人口 70247 人；总户数 30299 户，其中农业户 7723 户、非农业户 22576 户。年内，出生人口 440 人，出生率 6.26‰，死亡人口 1028 人，死亡率 14.63‰，自然增长率-8.37‰。全街道辖社区居委会 21 个，村民委员会 22 个。

全年，城关街道营业收入 922186.4 万元，利润总额 6096.7 万元，上缴税金 16106.2 万元。人均劳动所得 7322.4 元。全街道粮食播种面积 14619 亩，耕地面积 9485 亩，总产量 3761.9 吨。主要农作物面积和产量：小麦播种面积 3987 亩，总产量 1340.9 吨；玉米播种面积 10505 亩，总产量 2400.1 吨。蔬菜播种面积 5129 亩，总产量 9423.4 吨。主要农用机械动力及拥有量：农机总动力 26195 千瓦，耕作机械 3657.5 千瓦。全年，生猪出栏 14359 头，存栏 12473 头；羊出栏 2668 只，存栏 3046 只；肉牛出栏 132 头，存栏 371 头；肉鸡出栏 72.18 万羽，存栏 12.9 万羽；牛奶产量 579.1 吨；鲜蛋产量 240.2 吨；肉类总产量 2256.9 吨。干鲜果品产量：干果 6 吨，鲜果 536 吨。当年植树造林 13 公顷，四旁植树 0.4 万株。

房山科技工业园区（西区）基础设施累计投资 2.2 亿元，完成土地开发面积 58 公顷。2010 年，上缴税金 2.16 亿元，新引进注册企业 673 家，总注册资金 8.53 亿元。园区入驻企业投产 6 家，实现销售收入 7.7 亿元，企业资产总额达 9.4 亿元。北京石化新材料产业基地拆迁取得阶段性成果。截至 12 月 31 日，前朱各庄、后朱各庄完成宅院拆迁总任务的 81%，完成非宅拆迁总任务的 87%。并协调有关部门做好就业安置等社会保障落实工作，通过政府搭建社区公益性岗位，完成大龄劳动力安置 329 人。

城市化水平不断提高。楮榆树街、洪寺两项保障性住房项目累计完成投资 18 亿元，开工面积 40.5 万平方米，完工 13.6 万平方米。圣水嘉名、兴东园两个土地一级开发项目摘牌、交地；实施低效林改造、残次林网改造、荒山造林 3 项生态工程，造林 1102 亩，改造栽植树木 3.7 万株。创建首都园林小城镇取得新成果，新增 5 个花园式单位，建城区人均绿地面积达 75 平方米，绿化覆盖率达 53% 。

新农村建设全面提升。各村五项基础设施及新能源设施建设共投入资金 2966.4 万元，完成一批道路改造、安全用水、新能源设施等工程；新增设施面积 110 亩，设施面积达 1100 余亩。全街道 38 家农业企业，资产总额达 2.9 亿元，年实现销售收入 2.7 亿元。全年开展种植、养殖、防病抗灾等培训 4000 人次。街道 12 家合作社共计带动 1300 余户农民。全年兑现发放各项惠农补贴 900

余万元，惠及6400余农户。

社会保障体系进一步完善。城镇登记失业人员实现就业2205人，城镇登记失业率控制在3.5%以内，就业困难人员实现就业1036人，农村劳动力实现转移就业450人。社会保障覆盖面不断扩大，参合率和续保率保持100%。通过大病救助基金为40名大病患者提供救助，大病保障爱心基金救助款发放金额同比增长87%。完成4户特困户、优抚对象危旧房翻建改造、189户贫困残疾人家庭无障碍设施改造工程及残疾人辅助器具服务中心建设。

辖区有房山区第一医院、房山区中医医院，村级卫生室12个，社区卫生服务站10个。有中学5所，小学5所，幼儿园市级一级一类2所，私立幼儿园19所。居民知情台、村邮站、数字影院实现全覆盖。拥有村（居）文化室41个，健身场所22处，村级文化大院22个，文化广场22个。有文物古迹15处。街道社区、村成立了秧歌队、舞狮队、高跑跷队等多种民间艺术组织。

（姜楠）

【北京碧生源食品饮料有限公司落户房山科技园区】 1月18日，以生产制造食品饮料为主的生产企业——北京碧生源食品饮料有限公司落户房山工业科技园区（西区），并举行开工奠基仪式。北京碧生源食品饮料有限公司是一家投资规模大、市场前景广阔的食品饮料生产企业，产品种类繁多，有14个保健茶类产品，12个产品包装专利，在美国、俄罗斯、日本等11个国家进行了商标注册。项目总投资2.2亿元，占地153亩，生产后年销售收入可达4亿元，可安置300多名劳动力就业。

（姜楠）

【民防应急指挥宣教中心成立】 城关街道民防应急指挥宣教中心是房山区人民政府2009年为民办实事工程之一，中心自2009年5月开始进行招投标建设，至2009年12月竣工，2010年1月7日通过市民防局、通信处、宣教处、财务处联合检查组验收。3月9日，城关街道民防应急指挥宣教中心挂牌成立，中心利用永安家园小区人防工程为基础，建设集应急指挥、宣教娱乐、物资储备于一体，设有防空防灾知识宣传展厅、地震模拟演示、视频指挥终端等13个部分。

（姜楠）

【举办“我的书屋我的家”演讲比赛】 4月20日，北京市《农村基层干部反腐倡廉知识读本》赠书仪式暨“我的书屋我的家”演讲比赛启动仪式在洪寺数字影院举行。启动仪式上，市、区领导向农村基层干部代表赠送《农村基层干部反腐倡廉知识读本》等书籍100余部，聆听了来自街道各村、社区的12名选手的演讲比赛，并实地察看了洪寺村益民书屋建设和使用情况。

（姜楠）

【开展“检察官说法校园行”主题校会】 5月17日，房山三中举行“检察官说法校园行”主题校会。区检察院法官为房山三中师生讲授法制教育课。通过讲解法律知识，教育全体学生在日常生活中规范自身行为，树立法律意识，珍惜宝贵青春，走好人生每一步。

（姜楠）

【区集中供热工程奠基】 5月27日，区集中供热工程开工奠基仪式在城关街道举行。建设房山城关西里、城中、城东，良乡鸿顺园、吴店5座大型集中供热厂，实现近期供热面积1600万平方米，远期供热面积4200万平方米。其中城关西里、城中、城东3座集中供热厂建设项目均被列为北京市2010年重点工程和北京市城南行动计划重点建设项目。建成后，房山区将取消城关、拱辰、西潞分散燃煤锅炉房82座，热源水温由70度提高到130度。

（姜楠）

【定向安置用房建设开工】 12月1日，北京石化新材料科技产业基地项目定向安置用房建设开工，项目位于燕房组团7号街区，总用地面积20.13公顷，规划建筑面积24.4万平方米。

（姜楠）

【2块住宅用地项目招标出让】 12月10日、15日，城关街道饶乐府村东的兴东园和丁家洼村南的圣水嘉名2块住宅用地招标出让，分别由北京中冶京诚技术有限公司和中铁房地产公司以6.18亿元、13.88亿元竞得。

（姜楠）

拱辰街道办事处

【概况】 拱辰街道办事处是房山区委、区政府所在地，全区的政治、经济、文化活动中心，位于房山新城良乡组团的核心区。东至小清河，与长阳镇接壤；南至刺猬河，与良乡镇接壤；西至西潞大街，与西潞街道办事处接壤；北与青龙湖镇及丰台区相连。2010年，拱辰街道常住人口132320人，其中外来人口32996人；户籍人口70893人；总户数30458户，其中农业户4595户、非农业户25863户。年内，出生人口554人，出生率7.81‰，死亡人口443人，死亡率6.25‰，自然增长率1.57‰。全街道辖社区居委会23个，村民委员会20个。

全年，拱辰街道营业收入436692万元，利润总额–2780.1万元，上缴税金9116.3万元。人均劳动所得12729.3元。全街道粮食播种面积1950亩，耕地面积1950亩，总产量655吨。主要农作物面积和产量：小麦播种面积780亩，总产量217.2吨；玉米播种面积1170亩，总产量437.8吨。蔬菜播种面积549亩，总产量776.7吨。主要农用机械动力及拥有量：农机总动力2035.4千瓦，耕作机械1121.4千瓦。全年，生猪出栏1703头，存栏748头；羊出栏1947只，存栏613只；肉牛出栏2头，存栏92头；肉鸡出栏2.81万羽；牛奶产量133.9吨；鲜蛋产量42.4吨；肉类总产185.9吨。鲜果产量705.6吨。

拱辰街道以第三产业为主，是房山区商贸、金融、经济发展的核心地区，餐饮业、服务业、商贸业及建筑业占主体地位。辖区有华冠商贸公司、苏宁电器、良乡商场、53号大厦等1000平方米以上大型商业近30家；裕恒通家具建材城、盛通建材城、城东农副产品交易市场、黄辛庄市场等大型建材、农贸市场12个；肯德基、稻香村等专卖店65家；松盛源超市、百思胜等商业零售网点2000余个；中国银行、北京农村商业银行、工商银行等大型银行10余家；功德福、三益轩等面积在500平方米以上的餐饮单位23家；北方温泉会议中心、昊天假日酒店等大型会议中心、宾馆酒店20余家。

拱辰街道交通条件便利，道路四通八达。辖区内共有京港澳（原京石）高速公路、南六环公路、京保公路和京广铁路等国家级公路、铁路4条；京周、京良等市级公路4条，良坨路、长于路等区级公路20余条；乡村级公路24条；通往市区及周边区县的917路、616路等公交线路20余条；房山地铁在街道辖区内设立大学城、东羊庄、南关3个站。

拱辰街道人文资源丰富，文化底蕴深厚。中国社会科学院研究生院、首都医科大学、北京工商大学、首都师范大学、北京理工大学5所高等院校入住良乡大学城。街道内拥有新华书店等大型书店2个，图书销售网点20余个，基层图书室42个，专业体育场1个。辖区内有昊天塔等市、区、一般级保留比较完整的文物古迹13处。

（赵树鑫）

【实现共青团组织全覆盖】 4月28日，拱辰街道19个社区共青团支部宣告成立，填补了社区共青团组织建设的空白，为社区3.2万名团员青年展示才华、建设拱辰提供了平台。截至年底，实现全街道20个村、23个社区团组织全覆盖。

（赵树鑫）

【宝丽城项目拆迁工程一期告捷】 4月30日，房山区重点工程宝丽城项目拆迁工程，一期48号、50号、52号、54号4栋楼拆迁拆除工作全部完成。宝丽城项目是房山区为改善居民居住条件而实施的城市危改项目之一，也是房山区第一个老旧居民小区楼房拆迁改造项目，项目共需拆迁楼房13栋，24640.5平方米，涉及居民425户。

（赵树鑫）

【完成三街住宅拆迁】 4月，拱辰街道中心区一街至五街改造工程三街住宅拆迁工作完成，在一街至五街中心改造所涉及的5个村中第一个完成拆迁任务。此次拆迁共涉及三街村177个村民宅院，总拆迁面积31460平方米。

（赵树鑫）

【于管营整村拆迁工程】 5月18日，高教园区占地重点村于管营整村拆迁工程正式启动。于管营村是高教园区建设占地拱辰街道6个重点拆迁村之一，也是6个村中拆迁任务最重、难度最大的村。此次拆迁共需拆除村民宅院388个，拆迁村民住宅面积11.79万平方米。截至年底，完成326个宅院的拆迁拆除。

（赵树鑫）

【启动家庭浴室无障碍改造工程】 5月26日，拱辰街道家庭浴室无障碍改造工程启动，此工程共涉及17个社区、3个村97户残疾人家庭。此次改造按照残疾家庭需求，配发残疾人专用浴椅、坐便椅、固定扶手等，使下肢残疾人能更加方便地使用浴室。截至年底，改造工程完成。

（赵树鑫）

【昊天健身广场投入使用】 6月2日，拱辰街道昊天健身广场投入使用。健身广场建设投资120余万元，占地面积3500平方米，安装了20余件健身器械，集休闲、娱乐、健身功能于一身，是地区群众娱乐、锻炼的又一大型场所。

（赵树鑫）

【首个社区国税宣传站成立】 6月8日，房山区首个社区国税宣传站在拱辰街道行宫社区成立，此站以税收宣传、政策辅导、业务咨询、涉税服务为主要工作内容，向社区居民提供优质、高效、便捷、规范的纳税宣传咨询服务。

（赵树鑫）

【帮扶山区关矿乡镇人员就业】 7月31日，拱辰街道举办就业帮扶专场招聘会，帮扶南窖乡煤矿关闭失业人员就业。当日，共有内蒙古蒙牛乳业（集团）股份有限公司、首都医科大学后勤部、国泰商场、苏宁电器等14家用人单位现场招聘，提供35个工种308个就业岗位，600多名失业人员参加招聘，140多名失业人员现场与用工单位达成了就业意向。

（赵树鑫）

【房山区规模最大的社会福利中心投入使用】 10月20日，拱辰街道社会福利中心投入使用，社会福利中心位于梨村，建筑面积6000平方米，拥有床位350张，是房山区规模最大的一家养老机构，能为老年人提供养老、康复、看护等服务。福利中心环境优美、设施齐全、护理专业，是广大老年人养老、康复、休闲、娱乐的理想场所。

（赵树鑫）

【保障性住房配售摇号】 11月30日，房山区2010年保障性住房配售摇号仪式在拱辰街道举行。此次房源共887套，其中，高佃村项目2号、3号楼352套；东关伟业嘉园项目10号、11号、12号楼452套；城关洪寺项目83套。廉租房摇号房源楮榆树项目80套。参加此次经济适用住房配售摇号家庭有768户。

（赵树鑫）

【2块经营性用地上市交易】 年内，拱辰街道北方温泉扩建项目和金谷大厦项目2块经营性用地上市交易，北方温泉扩建项目被北京昊天工业公司摘牌，成交价为20791万元，建设用地面积57889.57平方米，项目东至北方温泉会议中心，南至规划三十号路，西至京广铁路，北至规划辰光路。金谷大厦项目被北京苏宁电器有限公司摘牌，成交价为13400万元，建设用地面积4424平方米，项目东至良乡拱辰南大街，南至良乡中路，西至村民住宅，北至路家胡同。

（赵树鑫）

西潞街道办事处

【概况】 西潞街道东至西潞大街与拱辰街道办事处接壤，南至长虹路与良乡镇毗邻，西至东沿村与阎村镇相连，北至安庄村与青龙湖镇相接。街道地处平原地带，地势开阔，地理位置优越，是房山新城良乡组团的核心区。

2010年，西潞街道常住人口64757人，其中外来人口12284人；户籍人口31208人；总户数12421户，其中农业户1570户、非农业户10851户。年内，出生人口194人，出生率6.22‰，死亡人口176人，死亡率5.64‰，自然增长率0.58‰。全街道辖社区居委会12个，村民委员会7个。

全年，西潞街道营业收入186316.9万元，利润总额844.4万元，上缴税金3311.3万元。人均劳动所得13332.4元。全街道粮食播种面积449亩，耕地面积349亩，总产量85.1吨。主要农作物面积和产量：小麦播种面积200亩，总产量2.5吨；玉米播种面积219亩，总产量79.6吨。蔬菜播种面积614亩，总产量1184.8吨。主要农用机械动力及拥有量：农机总动力397.3千瓦，耕作机械37.6千瓦。全年，生猪出栏1539头，存栏1444头；羊出栏153只，存栏93只；肉牛出栏32头，存栏46头；肉鸡出栏0.03万羽，存栏1.9万羽；牛奶产量16吨；鲜蛋产量4.5吨；肉类总产量131.5吨。干果产量0.2吨，鲜果产量30.9吨。全年四旁植树7万株。

西潞街道交通便利。京港澳（原京石）高速公路、京周公路穿境而过，轨道交通房山线、616路、646路等公交车总站设在辖区内，917路、971路、952路等公交车站点众多，西潞大街、良坨路、翠柳大街等城市干道以及连村路网纵横交错，交通便捷，是全区物流中心、客流中心。

2010年，西潞街道拥有注册企业1000多家，有华龙市场、中大瑞祥百货市场、福良苑、宝宇花园等近2000家商业企业，其中有美廉美、权金城、金百万、大鸭梨等近30家连锁商业企业、商业网点100多个。

西潞街道基础设施完善。境内有北京师范大学良乡附属中学、北潞园学校、良乡三小，还有街道所属的2所中学、3所小学和13所幼儿园，教职工500多名，在校生4000多名。卫生医疗设施齐全，邮政局、电信局、银行、医院等配套设施完备。

（李振敏）

【西潞社保和就业工作通过市级验收】 1月6日，市人力社保局社会保障和就业工作领导小组到西潞街道检查验收。检查组通过了解情况、查看就业工作基础档案等环节，对西潞街道社会保障和就业工作给予充分肯定。并要求：做好基础工作。建立基础台账，对失业人员进行动态管理，并做好跟踪服务；随着城市化进程的加快，针对失地转居人员技能低的特点，加强培训，引导其转变就业观念；加强基层社保所的服务力度，摸清底数，做好失业登记，多渠道开发就业岗位，有效地为失业人员提供服务。

（李振敏）

【奥岗金羽文体中心投入使用】 4月20日，区重点工程奥岗金羽文体中心投入使用。奥岗金羽文体中心位于西潞街道南尚岗村，共投资1700多万元，占地面积2900平方米，建筑面积2300平方米，由球类馆和健身馆两部分组成。按照国家级标准配备了乒乓球、台球、羽毛球、健身器材等运动设施。

（李振敏）

【政法大学实践基地落户西潞】 6月24日，中国政法大学国际法学院学生党支部“红色1+1”实践基地在西潞街道苏庄三里社区挂牌。实践基地的成立为学校与西潞街道的沟通、交流搭建了良好平台。中国政法大学定期组织师生到苏庄三里社区，开展法律宣讲、法律咨询、法律援助等实践活动，帮助社区居民解决法律问题，推动社区法制建设。

（李振敏）

【召开红十字会第一届会员代表大会】 10月13日，西潞街道召开全市首个乡镇级红十字会第一届会员代表大会。会议宣读了西潞街道红十字会第一届会员代表大会理事选举办法；王海燕等25人当选西潞街道红十字会第一届理事会理事，并选举胡淑苹、刘永玘等13名西潞街道红十字会第一届理事会名誉会长、会长、常务理事、秘书长。

（李振敏）

【东沿村277户回迁】 11月14日，西潞街道召开轨道交通房山线西潞段（东沿村）回迁安置工作会。区委常委、政法委书记刘欣国在东沿村回迁现场检查指导工作，并为3户村民颁发新房钥匙。至11月19日，完成东沿村277户村民、687套定向安置房回迁安置工作，回迁房总面积5万平方米，回迁安置率达到86.8%。

（李振敏）

【海逸半岛居民获市垃圾分类知识竞赛冠军】 12月4日，由市文明办、市政市容委等多部门联合举办的“做文明有礼的北京人——垃圾减量、垃圾分类从我做起”知识竞赛决赛在北京电视台举行，西潞街道海逸半岛社区程仁一家代表房山区参加比赛，获全市总决赛冠军。

（李振敏）

【采取4项措施做好居家养老服务】 年内，西潞街道采取4项措施做好居家养老服务。一是加强管理。专门成立居家养老服务办公室，制定相关制度，做到责任到人。二是加强沟通。将辖区内享受居家养老服务的老年人情况进行统计，登记造册，并定期到老人家中进行走访，了解老人生活情况及服务情况，为提供更好的服务奠定基础。三是加强宣传。通过开展宣传、咨询、发放宣传材料等活动，使居家养老服务项目、申办条件等内容家喻户晓。四是加强培训。定期组织辖区内工作人员进行培训，增强业务能力，提高办事效率。

（李振敏）

琉璃河镇

【概况】 琉璃河镇位于房山区东南，东部与北京市大兴区交界，南部与河北省涿州市接壤。全镇总面积110平方公里。2010年，常住人口59931人，其中外来人口7180人；户籍人口58159人；总户数28038户，其中农业户15179户、非农业户12859户。年内，出生人口353人，出生率6.07‰，死亡人口968人，死亡率16.64‰，自然增长率-10.57‰。全镇辖社区居委会5个，村民委员会47个，是房山区平原乡镇中面积最大、行政村最多的乡镇。京广铁路、京保公路、京港澳（原京石）高速公路南北贯穿全境。大石河、小清河、永定河流经琉璃河镇，交通发达，物产丰富，经济繁荣。

全年，琉璃河镇营业收入601782.1万元，利润总额9501.6万元，上缴税金2182.7万元。人均劳动所得9913.2元。全镇粮食播种面积8.4万亩，耕地面积50897亩，总产量25552吨。主要农作物面积和产量：小麦播种面积33132亩，总产量10231.4吨；玉米播种面积48802亩，总产量14555.7吨。蔬菜播种面积16132亩，总产量57249.6吨。主要农用机械动力及拥有量：农机总动力33380.2千瓦，耕作机械14556.2千瓦。全年，生猪出栏76869头，存栏67276头；羊出栏12143只，存栏10354只；肉牛出栏333头，存栏1523头；肉鸡出栏190.58万羽，存栏13.16万羽；牛奶产量5219.9吨；鲜蛋产量926.3吨；肉类总产18466.2吨。干鲜果品中鸭梨、酥梨、黄金梨最为著名，素有“京郊梨乡”之称。干果产量5.6吨，鲜果产量23591.4吨。全年四旁植树2万株。

全镇有乡镇企业3094家，从业人员26149人，其中集体企业18家，主要包括建筑、建材、化工、造纸、铸造、印刷、加工、运输、食品、餐饮服务和房地产等。中粮五谷道场食品有限公司生产的“五谷道场”非油炸方便面倡导健康、绿色的饮食方式，深受全国广大消费者的青睐。北京龙建天鸿顺鸭业有限公司和北京三江宏利牧业有限公司生产的肉鸭系列产品，北京科泰兴达高新技术有限公司生产的净水机，兴河造纸厂生产的“金宇”餐巾纸、面巾纸、卫生纸和编织纸，北京燕都利民屠宰有限公司生产的“中原”熟肉制品，在全市乃至全国享有声誉。琉璃河劳保厂生产的盾牌安全帽，被国家劳动部评为全国劳动防护用品标准化技术委员会唯一监制产品，产品行销全国。境内有35家中央、市、区属企事业单位和驻军武警单位，其中包括国家大型企业——北京市琉璃河水泥厂。拥有占地123公顷的高尔夫俱乐部，具备承办国内外正式比赛的能力。

琉璃河镇旅游休闲产业发展迅速，改建和引进了贾河京白梨大家族主题公园、务滋百果休闲采摘园等一批观光采摘园和窑上高尔夫、沙生植物园等一批旅游企业，形成琉窑路一线的休闲产业带。

琉璃河镇境内有国家级文物保护单位——西周燕都遗址。还有市级文物保护单位——琉璃河大石桥和琉璃河老公庙等。

（祝文亮）

【琉璃河镇企业管理者协会成立】 3月，琉璃河镇企业管理者协会成立。4月8日，琉璃河镇企业管理者协会成立大会在琉璃河镇政府举行。协会是具有独立法人资格的社会团体，成立初期设会员理事单位20余家。协会发展宗旨是坚持党的政策方针路线，遵守宪法、法律、法规和国家政策，倡导诚信经营，携手发展。协会围绕服务全区“三化两区”的建设目标，以服务为基本手段，通过开展各种活动，提供交流企业信息、管理经验的平台，促进企业管理者素质的提高，提高企业和管理者的社会知名度和影响力，从而推动琉璃河镇乃至全区经济良性发展。

（祝文亮）

【琉璃河镇第三届梨花文化周】 4月11日，琉璃河镇第三届梨花文化周开幕，文化周以“寻千年古镇，赏万亩梨花”为主题，由区委宣传部、区农委、区文委、琉璃河镇政府共同主办。4月25日，北京•琉璃河第三届梨花文化周在文艺表演声中落下帷幕。文化周期间，在贾河村京白梨大家族主题公园和务滋村百果观光园内设置主会场和分会场，举办了招聘会、健身讲座、笔会交流、产品展示、旅游推介等丰富新鲜的活动，保证天天有文艺节目表演，丰富了京城百姓的业余文化生活。

（祝文亮）

【举办第一届“北京之源”杯摄影比赛】 4月15日，琉璃河镇第一届“北京之源”杯摄影比赛落下帷幕，在贾河村梨园举行了颁奖仪式。共有来自区内外150名摄影爱好者参加比赛，收到摄影作品500余幅。作品以宣传“北京之源——琉璃河”的文化品牌，弘扬古镇悠久的历史文化为主题，充分展示了琉璃河镇的新发展、新变化、新成绩，集中体现琉璃河独特的文化内涵、风土人情、自然景观，以及推进都市现代农业、现代工业和新农村建设等突出亮点。比赛评出了一、二、三等奖和优秀奖。

（祝文亮）

【琉璃河镇社保所与宣武区广外街道依莲轩社区达成城乡牵手就业合作协议】 4月26日，为了进一步拓宽农村富余劳动力就业渠道，促进地区和谐社会建设，琉璃河镇社保所与宣武区广外街道依莲轩社区达成城乡牵手就业合作协议。协议规定广外街道依莲轩社区就业服务小组负责向琉璃河镇提供相关劳动保障政策信息，协助镇对所招用人员进行培训，琉璃河镇社保所及时向社区“牵手再就业”联盟企业提供本区内求职人员信息及岗位用工信息，并与社区联盟企业共同举办专场用工招聘会。截至年底，依莲轩社区企业联盟为琉璃河镇提供30多个工种的200多个岗位。

（祝文亮）

【首届外交官文化节启动仪式在琉璃河镇举行】 5月8日，由《外交官》杂志社主办的2010年首届外交官文化节启动仪式在琉璃河镇天香牡丹园举行。来自越南、保加利亚等国的驻华使节携夫人、子女参加了活动。此次活动开展赏花交友、书画交流等一系列文化艺术活动，有效增进中外外交官之间的友谊，繁荣中外之间的文化艺术交流。

（祝文亮）

【南北大街综合整治工程完工】 5月25日，为期2个月的琉璃河镇重点工程——南北大街综合整治工程基本完工。工程投资200万元，沿琉璃河南北大街铺设人行道、植树、种草、修筑围墙等硬化、美化工程，并为沿街商户统一制作了广告牌匾。整治后街道两旁的卫生院、琉璃河中学营造了良好的周边环境，为学生的上下学出行提供了安全保障。

（祝文亮）

【京之源・青年社成立】 8月23日，琉璃河镇京之源・青年社成立。琉璃河镇京之源•青年社以京之源（北京）农业有限公司为依托，在团区委和镇团委的领导下，以服务大局、服务农村、服务青年为宗旨，以凝聚青年智慧，汇聚青年力量，实现多赢发展，打造青年服务品牌为目标，着力搭建志愿服务、就业指导、学习交流、信息沟通、娱乐活动“五个平台”，重点做好产品展示、青年茶座、就业服务、志愿服务、旅游咨询5个方面工作。

（祝文亮）

【设立专项就业服务站】 8月24日，琉璃河镇社保所根据房山区就业工作领导小组要求和镇就业工作的总体布局，在琉璃河社会保障事务所下设立全区唯一一家专项就业工作服务站，专项就业工作服务站下辖职业介绍、职业指导、创业指导、失业人员管理、农村劳动力管理、就业前培训、在职培训和就业优惠政策共8项专项就业职能，实现了就业一站式服务。

（祝文亮）

【琉陶路改建工程】 11月11日，琉璃河镇2010年重点工程琉陶路改建工程竣工。琉陶路西起京港澳（原京石）高速公路琉璃河出口以东，东至琉璃河镇大陶村与房窑路交叉路口，全长10.5公里。工程于7月开工，翻修路面，把原7米宽路面两侧各拓宽1米，总宽度达到9米，包括路肩共11米宽。移栽、砍伐树木近千株，拆、改、移各类线杆16根。

（祝文亮）

窦店镇

【概况】 窦店镇东至小清河岸边，南邻琉璃河镇，西至大石河，北到阎村镇界址。总面积64.58平方公里。2010年，常住人口65574人，其中外来人口25916人；户籍人口41662人；总户数20950户，其中农业户12506户、非农业户8444户。年内，出生人口285人，出生率6.84‰，死亡人口314人，死亡率7.54‰，自然增长率-0.7‰。全镇辖社区居委会4个，村民委员会30个。

全年，窦店镇营业收入473164万元，利润总额28345.7万元，上缴税金11719.4万元。人均劳动所得11614.7元。全镇粮食播种面积44733亩，耕地面积25080亩，总产量17464.3吨。主要农作物面积和产量：小麦播种面积19165亩，总产量7240.2吨；玉米播种面积25085亩，总产量10139.3吨。蔬菜播种面积7416亩，总产量20731.2吨。主要农用机械动力及拥有量：农机总动力27832.5千瓦，耕作机械7229千瓦。全年生猪出栏25262头，存栏17395头；羊出栏4549只，存栏6064只；肉牛出栏638头，存栏2784头；肉鸡出栏42.46万羽，存栏5.68万羽；牛奶产量3444.6吨；鲜蛋产量989.1吨；肉类总产3929.9吨。干果产量6.5吨，鲜果产量3183.4吨。全年，四旁植树5.1万株。

窦店镇地势平坦，土壤肥沃，地下水资源丰富，电力充足，镇域内有丰富的地热资源，交通与通信发达。京广铁路、京港澳（原京石）高速公路、107国道贯穿全镇，设有京港澳（原京石）高速公路出入口。区、镇、村三级公路与国道交织成网。

全镇有法人资格的餐饮业3家，个体商业网点685家，规模集贸市场2个。2010年，全镇共引进招商项目14个，其中1000万元以上的项目7家，安置当地劳动力300余人。盘活闲置资产5家，盘活土地78亩。招商引资协议总金额1.55亿元。全镇拥有年产值超亿元的企业2家，产值超过1000万元的12家，规模以上工业企业16家，实现产值16.1亿元。村级集体经济实力进一步增强，2010年税收超千万元的村（企业）有9个，税收超过500万元的村（企业）3个，税收超百万元的村（企业）19个。其中北京澳特舒尔保健品开发有限公司税收突破亿元大关，税收实现1.36亿元。窦店村税收突破5000万元，实现税收7250.2万元。

窦店镇城镇建设快速发展，人民生活水平不断提高。2010年，投资10亿元，完成房地产开复工面积21.9万平方米。规划占地面积46.71公顷，规划建筑面积52.41万平方米，项目总投资2.6亿元，总拆迁面积7万多平方米、215户，拆除面积6.3万平方米、212户。配合完成“陕京三线”及“良常路”拆迁工作，重点对第10次卫片的违法占地进行拆除整改工作；完成长周路拆迁后续工作；办理小城镇户口8户，共计16人；保障性住房申请工作进展顺利，共审核通过家庭109户，其中经济适用房审核通过67户，限价商品住房审核通过42户。基础设施建设逐步完善。窦店镇污水处理厂配套管网及中水回用工程重点完成收取污水处理费许可证等相关手续办理工作；环城西大街的道路工程完成编制决算报告。2010年，共硬化道路11.6万平方米。新增绿地面积14.5万平方米。为8个村改厕1200户，为10个村建设公共厕所14座。实施水环境治理工程，对窦店村的废弃闲置坑塘进行整治利用；对袁庄、窦店、西安庄、芦村4个村580亩设施农业进行了节水改造；对七里店、望楚、窦店3个村1100亩农田进行节水灌溉改造；为芦村、交道三街村安装了净化水设备。

低碳环保技术得到广泛应用。前柳村大型沼气集中供气跨年度建设工程完工并投入使用；窦店村沼气二期工程完工，惠及农户1500户；河口、西安庄、大高舍村太阳能公共浴池进入设备调试阶段，正式投入使用后可解决1216户农民洗澡问题。

2010年，新增设施农业面积800亩，新建设施温室500余栋，全镇累计投资近3亿元，共计完成设施温室3000栋，解决农村劳动力就业3000余人。新增北京泰华芦村种植专业合作社（芦村）和北京松岩种植专业合作社（辛庄户村）2家，全镇合作社总数达到27家，有1000多户农民加入合作社。全镇有14家种植单位、4家水产养殖单位通过无公害农产品认证。

北京窦店高端现代制造业产业基地建设快速发展。2010年，02街区拆迁工作顺利完成。拆迁工作涉及交道二街、三街2个村，总面积1630亩，宅院226个，企事业单位56家，权益地108户，249亩。基地入驻企业2家。北京长安汽车项目于9月30日开工建设。总投资20亿元的北控光伏太阳能项目于5月签订协议。

2010年，共安置城镇失业人员363人；劳动力转移就业713人。城镇登记失业控制率在4%以下。建成一处残疾人“温馨家园”，完成无障碍设施改造192户，免费为残疾人缴纳城乡居民养老保险441人，累计发放助残服务券、重残补助及扶残助学金等200余万元。全镇有享受城乡低保470户854人，累计发放最低生活保障金、居家养老补贴、优抚对象优待金、救助款和医疗款等近400万元。

年内，完成窦店镇第二小学校舍建设工程，完成窦店中学、望楚小学等学校的抗震加固工程及兴隆庄小学完成校舍翻建工程。利用数字影厅和流动电影放映车放映电影近3000场，观众累计达到3万余人次。新型农村合作医疗参保人数达到3万人。

（殷金玉）

【北柳村设施采摘园项目】 4月，北柳村设施采摘园项目开始动工建设。此采摘园占地面积60亩，总投资150万元，主要种植草莓、樱桃、大桃等观光采摘作物。采摘园建成后解决村内20余名劳动力就业。

（殷金玉）

【窦店村获北京市第五届民族健身操舞一等奖】 8月24日，窦店村获北京市第五届民族健身操舞一等奖。第八届北京市民族传统体育运动会暨北京市第五届民族健身操舞比赛共有全市170个队报名参加，大赛分为预赛和决赛，经过分区预赛有61个队进入决赛，窦店村以小组第二的成绩进入决赛。经过激烈的角逐，窦店村获D组一等奖。

（殷金玉）

【开展"万册图书润民心，百场讲座下基层"活动】 8月，窦店镇开展"万册图书润民心，百场讲座下基层"活动。为全力配合首都图书馆文化信息资源共享工程，落实北京市政府《北京市2010年在直接关系群众生活方面拟办的重要实事》，建设多媒体信息资源服务平台，为每个村级基层服务点提供数字书刊5万册，文化讲座100场，让更多群众了解此次推送的数字资源，也方便基层群众使用这些资源，为全镇30个村配发了数字资源使用手册、电子图书卡和宣传海报。

（殷金玉）

【瓦窑头村为大学新生发放奖学金】 8月，瓦窑头村为9名考上本科、专科的学生发放奖学金共计8500元。考上重点本科的学生奖励2000元，考上普通本科学生奖励1000元，考上专科学生奖励500元。

（殷金玉）

【窦店村青年就业服务站正式成立】 8月，为适应农村经济发展和青年就业需求，窦店村团委以"关心青年，服务青年，帮助青年"为宗旨，以为企业培养、输送人才为目标，成立青年就业服务站。为做到心中有数，服务站成员深入到各企业单位调查、采集用人信息，掌握企业用人的第一手资料。对有就业愿望的无业青年进行登记造册，为开展职业技能培训和推荐就业提供信息依据。针对企业不同时期投产招工需求情况、镇社保所及其他培训机构提供的招工信息和培训信息，及时反馈给广大青年，对参加培训的人员进行详细登记，建立培训工作的专项档案。

（殷金玉）

【首次采集造血干细胞样本】 9月14日，窦店镇开展造血干细胞样本采集活动。窦店镇文卫科联合区红十字会在镇域内的现代管理大学、中国信息大学开展造血干细胞样本采集活动。参与此次活动的志愿者包括学校的学生和教职工，共计50人。志愿者们填写了登记表、志愿捐献者同意书以及准确个人信息后，由医务人员抽取血样。此次采集的50名志愿者的血样将由专业的工作人员统一化验，数据存入"中国造血干细胞捐献者资料库"。需要的时候，将由红十字会通知捐献者实施捐献。所有捐献造血干细胞样本的志愿者都得到了区红十字会颁发的荣誉证书和纪念品。

（殷金玉）

【北京格瑞拓普生物技术有限公司被授予"食用菌行业龙头企业"称号】 10月27日，在中国食用菌协会换届大会上，北京格瑞拓普生物技术有限公司被中国食用菌协会授予"食用菌行业龙头企业"称号，同时公司品牌"格瑞拓普"被授予行业知名品牌。北京格瑞拓普生物技术有限公司食用菌生产基地建有现代化冷房1.2万平方米、智能控制阳光温室6000平方米，主要从事珍稀食用菌人工驯化、周年规模化人工环境生产、深加工及销售，公司自2004年落户窦店镇，累计投资近4000万元，引进日本等国外自动生产线，采用农作物秸杆综合利用技术，生产含有人体所需多种营养物质的白灵菇，年产量达到2000吨，成为国内最大的食用菌生产基地。公司拥有EOURGAP(欧洲良好农业操作规范)、有机食品、AA绿色食品、ISO 9001、CHINAGAPI5项认证，产品销往北京、上海、广州市场以及日本、韩国、美国等国际市场，并带动农户200余户种植，实现产业化、规模化生产，户均增收1万元左右。

（殷金玉）

【应急指挥宣教中心成立】 12月17日，窦店镇民防应急指挥宣教中心在水墨林溪小区举行揭牌仪式。中心位于水墨林溪小区6号楼的人防工程。自4月施工至11月竣工，是集应急指挥、宣教娱乐、物资储备于一体的乡镇级分中心。防空防灾应急指挥系统与区民防应急指挥中心及辖区重点单位信息互通互联，为防范和处理突发公共事件提供信息服务；宣教展区以图文并茂、实物模拟的方式展示防灾避险、火灾逃生、地震救援等公共安全知识，是社区居民学习防空防灾知识和提高自救互救能力的园地；应急物资储备库存放各类必要的应急抢险物资和防灾装备，为抢险救灾提供保障。

（殷金玉）

【社区成人职业学校成人免费中专班开班】 12月16日，窦店镇社区成人职业学校第一批成人免费中专班开班。社区成人职业学校坚持“走出去，请进来”的办学思路，为镇域内的居民提供就近学习的平台，鼓励居民业余时间参加到“全民学习，终身学习”的行列中。在窦店汽车产业基地发展过程中，为了给学员创造更多就业机会，加大成人学历文化培训，提升劳动者的文化素养，成人学校把免费中专班的专业定为“汽车技术服务”。这期中专班共招收134位学员，全部完成了学籍注册。

（殷金玉）

青龙湖镇

【概况】 青龙湖镇东与丰台区隔湖相望，北与门头沟区相邻。集山区、丘陵、平原、湖泊于一体，其中山区、丘陵、平原约各占1/3。镇域东部的青龙湖，水域面积400公顷，蓄水量2900万立方米。全镇总面积91平方公里。2010年，青龙湖镇常住人口44598人，其中外来人口7198人；户籍人口40538人；总户数20369户，其中农业户12115户、非农业人口8254户。年内出生人口303人，出生率7.47‰，死亡人口532人，死亡率13.12‰；自然增长率-5.65‰。全镇辖社区居委会2个，村民委员会,32个。

全年，青龙湖镇营业收入295424.7万元，利润总额7209.1万元，上缴税金7246.6万元。人均劳动所得7720.9元。全镇粮食播种面积19611亩，耕地面积18768亩，总产量2813.8吨。主要农作物面积和产量：小麦播种面积843亩，总产量196.5吨；玉米播种面积17244亩，总产量2465.4吨。蔬菜播种面积5003亩，总产量11430.9吨。主要农用机械动力及拥有量：农机总动力35323.6千瓦，耕作机械5873.7千瓦。全年，生猪出栏34638头，存栏32405头；羊出栏4359只，存栏3512只；肉牛出栏114头，存栏233头；肉鸡出栏21.36万羽，存栏2.85万羽；牛奶产量456.6吨；鲜蛋产量1724.6吨；肉类总产3767.9吨。干果产量39吨，鲜果产量4441.4吨。全年植树造林123公顷，四旁植树17.8万株。

2010年，青龙湖镇重点抓好青龙湖国际红酒城、中心区开发和拆迁三大重点项目。青龙湖镇是房山区葡萄酒产业的起步区和核心区，青龙湖国际红酒城项目涉及14个村，总面积近2万亩。新成立的北京青龙湖鑫绿源农业科技有限公司作为项目运作实体进行注册。青龙湖生态宜居新城区建设以青龙湖组团（01街区）和坨里组团（02街区）为核心起步区。中心区市区联合储备（2号~6号地）实施方案已通过区里专家会审核，取得规划条件、授权批复、建设用地规划许可证。中心区拆迁范围涉及6个行政村。

新农村“5+3”工程进展顺利。全镇32个村都完成了村庄规划，17个市级新农村建设重点村的道路硬化、绿化美化、改水改厕任务全部完成；太阳能路灯、户用沼气、生物质地采暖全部完成。实施农业产业化升级工程。以“农乡文化，景观庄园”为主题，完成焦各庄村12栋（累计62栋）的设施农业大棚建设。投资1200余万元完成占地3600平方米的庙耳岗村智能温室产业化食用菌庄园工程。实施了上万设施农业采摘园、西庄户蔬菜加工厂等项目。年内，开展污染企业专项整治工作。对镇内的16家非煤矿山进行关闭，结束了上百年的矿山开采。对镇域范围内的煤场、石板厂及灰粉厂进行了集中清理。清空煤场6家，清理原煤61万吨；清理灰粉厂5家，清理存灰4.7万吨；清理石板53万平方米。

全镇有：中学2所，其中区属中学1所、镇属中学1所；中心小学2所，中心幼儿园2所，改善办学条件，对上万小学、南四位小学、坨里中心校、沙窝小学、北车营小学进行标准化改造。

（赵洁　李涛）

【房山区首家农村干部大专班开班】 3月3日，青龙湖镇社区成人职业学校举行农村干部学历教育班开学典礼。为进一步提高基层两委干部的整体素质，提高服务地区发展的能力和水平，青龙湖镇结合地区实际，以镇社区成人职业学校为依托，采取集中面授与远程教育相结合的教育模式，开设农村经济管理专业，旨在提高领导干部专业水平、学历水平的同时提高管理能力，从而更好的为“一城三区”建设服好务，全面推进地区各项事业的跨跃式发展。此次农村干部学历教育班涉及青龙湖镇基层两委干部共计33人。

（赵洁　李涛）

【举行出租房屋钉牌启动仪式】 4月15日，青龙湖镇与房山交通支队、房山区流管办联合举行出租房屋钉牌启动仪式。为切实达到维护社会稳定、加大对流动人口及出租房屋的宣传教育力度，进一步规范出租房屋税收管理，保护出租房屋当事人合法权益。青龙湖镇针对辖区出租房屋分布零散、管理难度较大等实际情况，在全镇范围内推行“门牌管理”模式。青龙湖镇在发放的出租房屋门牌上写有“出租房屋、关爱生命、平安出行”提示语，全面促进“以房管人”的管理模式。活动当天，装钉出租房屋门牌20多户。截至12月底，为610户装订了出租房屋门牌，并制定台账及门牌管理须知。

（赵洁　李涛）

【举行北京崇民防伪印刷集团新址奠基仪式】 4月16日，青龙湖镇举行北京崇民防伪印刷集团新址奠基开工仪式。北京崇民防伪印刷集团迁址工作是青龙湖镇2010年重点启动的4个工业项目之一，新址位于青龙湖镇劳动力就业基地内，项目预计投资3000万元，建筑面积1.8万平方米，主要包括办公楼、印刷车间、装订车间、水厂、运输服务队及仓储等多个部门。

（赵洁　李涛）

【举办地震避险疏散演练】 5月7日、11日，青龙湖镇分别在青龙湖中学和坨里中心校举办地震避险疏散演练活动。为使中、小学师生充分了解防震疏散及各种灾害应急避险知识，提高在突发事件发生时紧急避险、自救及应变能力。青龙湖镇邀请国家地震救援队队员向中、小学师生讲解地震常识、地震中避险、自救相关知识，发放了地震避险知识手册。并以发生地震为背景，按照预案组织师生进行地震避险紧急疏散演练。通过教育一个学生，带动一个家庭，影响整个社会的防灾减灾宣传模式，深入开展公共安全知识教育活动。

（赵洁　李涛）

【2010年北京房山青龙湖第七届龙舟赛】 6月14日，龙舟竞渡红酒城——2010年北京房山青龙湖第七届龙舟赛在青龙湖水上游乐园展开。此届龙舟赛突出青龙湖端午文化节“龙舟竞渡红酒城”主题，参赛队伍18支，分3组进行，除首都西南区域政协龙舟队（房山区、丰台区、大兴区、门头沟区、

石景山区、河北省涿州市、河北省固安县政协）外，还特别设置了知名红酒企业龙舟代表队和名流队。活动中“为龙首点睛”由市、区领导用红酒注入龙眼，其目的是将红酒文化与龙舟文化有机结合。比赛采用600米直道竞速赛，按计时成绩排序名次，经过激烈的角逐，第一组的房山区政协队、第二组的波龙堡队、第三组的青龙湖水上游乐园队，分别以2分14秒28、2分31秒43、2分18秒46的成绩赢得各组优胜。

（赵洁　李涛）

【青龙湖国际红酒城建设启动】 6月14日晚，青龙湖镇在天湖国际会议中心举办“红酒之夜”活动，此次活动作为“龙舟竞渡红酒城”重要活动之一，宣告青龙湖国际红酒城建设正式启动。青龙湖国际红酒城是北京房山[世界·庄]国际葡萄酒庄产业集群的重要组成部分。青龙湖镇规划在西部浅山区和环湖区域建设15000亩高端休闲葡萄酒庄园。庄园内，除了种植赤霞珠、蛇龙珠等多个品质上乘的酒用葡萄品种外，还将配套建造酿酒、贮藏等设施，逐步形成以葡萄种植、酿造、窖藏、观光、销售、会展、交易、酒吧消费为一体的产业链，并围绕这条产业链培育包括红酒俱乐部、红酒文化节、红酒博物馆、红酒会展在内的红酒文化。青龙湖镇与法国勃艮第葡萄酒文化投资发展协会签订了建设O.I.V标准葡萄酒庄和标准化育苗基地协议。市、区领导及红酒行业代表共同用红酒向冰雕内注酒，为青龙湖国际红酒城揭幕。

（赵洁　李涛）

【举办2010年周末社区大讲堂】 7月23日，青龙湖镇举办2010年周末社区大讲堂，邀请中共北京市委讲师团专家团成员，北京市社科联“周末社区大讲堂”教授团成员刘永利作了题为《沟通你我——人际交往与人际交流》讲座。此次讲座，内容生动活泼，论据翔实有力，贴近实际，受到大家的欢迎。

（赵洁　李涛）

【举行“城乡手拉手”现场招聘洽谈会】 9月15日，青龙湖镇与西城区人力社保局联合举办“城乡手拉手”现场招聘洽谈会。此次参会的招聘单位共31家，提供财务、钢筋工、销售、市场营销、前台接待等62个工种400多个岗位。吸引青龙湖镇求职人员500余人，当天有200余名求职人员与用工单位达成就业意向。

（赵洁　李涛）

【举行“青龙湖国际红酒城酒庄协议签订暨土地流转启动仪式”】 10月26日，青龙湖镇举行“青龙湖国际红酒城酒庄协议签订暨土地流转启动仪式”。作为全区葡萄酒产业的核心区和起步区，青龙湖国际红酒城项目总建设规模为1.6万亩，涉及大石河流域和环湖流域的16个行政村。计划2015年建设完成，总投资80亿元，其中：红酒城核心区占地500亩，投资40亿元；起步区将用4年时间投资40亿元，建设酒庄20个。启动仪式上，青龙湖镇镇长樊会来与土地流转村代表沙窝村、马家沟村、西庄户村、口头村的经济联合社社长签订土地流转协议、与中葡汇（北京）葡萄酒业发展有限公司、北京紫魁丰农业发展有限公司、北京佳年葡萄种植有限公司、丹世红庄园葡萄酒业有限公司4家酒庄投资者代表签订土地租赁协议。

（赵洁　李涛）

【启动中心区拆迁工作】 11月23日，青龙湖镇召开中心区一期拆迁工作动员会。标志着青龙湖镇中心区拆迁工作全面启动。会议部署了青龙湖镇中心区一期拆迁工作。为进一步加快青龙湖镇“一城三区”建设步伐，全面推动中心区的开发建设，青龙湖镇将对“中心区一期建设项目”实施整体拆迁。一期拆迁涉及473户，截至2010年12月底，签订拆迁补偿协议80户。

（赵洁　李涛）

【实现镇域“妇女之家”全覆盖】 12月2日，青龙湖镇在岗上村举行“妇女之家”揭牌仪式，标志着青龙湖镇“妇女之家”建设工作正式启动。“妇女之家”的主要功能是用于开展综合维权、创业就业、教育培训、家庭教育、帮扶救助等八项服务。仪式上，区妇联与青龙湖镇共同为“妇女之家”揭牌。12月8日，青龙湖镇在32个行政村、2个居委会均成立“妇女之家”，实现镇域“妇女之家”全覆盖。

（赵洁 李涛）

【青龙湖社区卫生服务中心竣工】 12月28日，青龙湖镇社区卫生服务中心竣工。卫生中心总用地面积6666.94平方米，总建筑面积3850平方米。工程总投资1752.31万元，分为综合门诊区、健康教育区、康复区、预防保健区、行政后勤5个区。

（赵洁 李涛）

韩村河镇

【概况】 韩村河镇位于房山区西南部，地处太行山脉。地势西北高东南低，依次为山区、丘陵、平原各占1/3。北与石楼镇和周口店镇接壤，东与琉璃河镇为邻，南与长沟镇和河北省东仙坡交界，西与霞云岭乡、大石窝镇和张坊镇相接。镇域总面积100.8平方公里。2010年，常住人口29210人，其中外来人口2625人；户籍人口39331人；总户数17156户，其中农业户10745人户、非农业户6411户。年内，出生人口312人，出生率7.93‰，死亡人口462人，死亡率11.75‰，自然增长率-3.81‰。全镇辖社区居委会1个，村民委员会27个。

全年，韩村河镇营业收入273128.4万元，利润总额14897.6万元，上缴税金8438.2万元。人均劳动所得5516.5元。全镇粮食播种面积55066亩，耕地面积33905亩，总产量16250.1吨。主要农作物面积和产量：小麦播种面积20465亩，总产量6385.9吨；玉米播种面积33460亩，总产量9745吨。蔬菜播种面积1701亩，总产量4543.3吨。主要农用机械动力及拥有量：农机总动力16663.7千瓦，耕作机械5453.7千瓦。全年，生猪出栏20748头，存栏16866头；羊出栏7128只，存栏6734只；肉牛出栏288头，存栏891头；肉鸡出栏28.47万羽，存栏5.18万羽；牛奶产量531.8吨；鲜蛋产量317.9吨；肉类总产2348.3吨。干果产量27.7吨，鲜果产量194吨。全年，植树造林133公顷，四旁植树6万株。

全镇有镇办企业6家、村办企业5家、私营个体1729家。其中：农业企业88家，完成收入1469万元；工业企业131家，完成收入50037万元；建筑业110家，完成收入195130万元；交通运输业917家，完成收入9777万元；批发零售业256家，完成收入3645万元；住宿餐饮业51家，完成收入1174万元；社会服务业187家，完成收入2086万元。

2010年，全镇14个新农村建设重点村总投资3948.1万元，道路完成47.43万平方米。新建太阳能公共浴池1座（二龙岗），太阳能路灯安装320盏。在曹章、郑庄、五侯等村共计安装户用沼气140户。完成维修2006年安装的太阳能路灯420盏，龙门口集中沼气站维护，增加200立方储气罐1座。

全镇有中学3所，小学6所，中、小学生在校生3001人，入学率100%。有镇级卫生院 1 所，社区卫生服务中心 1 所，社区卫生服务站 23 个，村级卫生室 4 个，医疗服务人员 122 人。

全镇共有文物古迹 23 处，其中市级文物 4 处，分别是：上方山诸寺及云水洞、天开村元代应公长老寿塔、孤山口村明代周吉祥塔、皇后台村清代伊桑阿墓。区级文物 2 处：曹章村汉代陶井、天开村天开塔。一般级文物共 17 处。

（孟德坤）

【加拿大 AcuShot 公司举办无针头注射技术房山区首场示范】 4 月 16 日，经全国畜牧兽医总站推介，加拿大 AcuShot 公司在韩村河镇举办房山区首场“充电式无针头注射系统”演示推广活动。公司全球销售总监卡尔·芬克介绍公司生产的充电式无针头注射器使用原理、产品性能和使用效果。随后由该公司教授朱尔斯带领参加现场观摩的规模生猪养殖场业主和技术人员身着防护服进入养殖区，进行生猪实体操作示范。充电式无针注射器与传统针头注射方式相比，具有节约免疫成本、动物应激反应小、无交叉感染等显著优势。

（孟德坤）

【开展脑卒中和颈动脉狭窄筛查】 年内，韩村河镇在岳各庄社区卫生服务中心开展脑卒中和颈动脉狭窄筛查。筛查活动为期 1 周，共对韩村河镇 300 名 45 岁以上北京市户籍人口进行血压、体重、腰围等重要健康项目检查。同时，采用安全无创的超声波颈部血管检查手段，检测颈内动脉狭窄程度、病灶位置、斑块类型及血流状况等。对在检查中发现异常的患者，社区卫生服务中心将采取药物、手术、生活方式等综合手段干预。

（孟德坤）

【推广户用沼气节能减排】 年内，韩村河镇把曹章村作为试点村，推广户用沼气节能减排。投资 100 万元，建成曹章沼气罐技术服务中心，并从中国农科院、国家新农村建设新能源技术顾问办公室聘请 4 名生物和新材料专家作为顾问，研制出节能环保高分子材料沼气罐。服务中心为韩村河、大石窝、青龙湖、大安山等 8 个乡镇的 700 户农户安装了环保沼气罐设备。

（孟德坤）

【二龙岗满族民族村“造血工程”开工】 年内，市民族事务委员会、区民政局、韩村河镇二龙岗村共同建设的二龙岗满族民族村“造血工程”开工。此工程总投资 396.97 万元，集中开发二龙岗村荒山荒坡资源，建设满族风情采摘园，种植核桃、樱桃、树莓、西梅等优良果品。按照现有地物地貌和设计的田间路进行园区划分，大力发展民俗观光农业，可直接为满族群众提供 60 个就业岗位，并间接为群众发展林下种养殖和民俗旅游提供机会。

（孟德坤）

【采用 GIS 和 GPS 技术高效管理土地合同】 年内，韩村河镇引入采用 GIS 技术的《北京市郊区自然资源与社会经济信息管理平台》系统，有效管理具有空间属性的各种资源环境信息，对资源环境管理和实践模式进行快速和重复的分析测试，将全镇的资源管理信息在地理图块上直观展示，实现“以图索数”“图数互查”“直观分析”等应用。同时，采用带 GPS 接收模块的掌上电脑，利用全球卫星定位系统，帮助工作人员进行农村经济合同地块实时定位、绘制成图、查清合同地块利用情况、记录合同和地块的对应关系等，提高野外地块调绘工作效率。

（孟德坤）

【建成全区首座农业大观园】 年内，全区首座农业大观园在韩村河镇建成。此项目投资 200 万元，总建筑面积 8571 平方米，分为设施农业的设施类型和设施农业文化长廊两大展示区，通过实景再现、展板、立式触摸屏等手段，集中展示中国和国外设施农业的发展历史、现状及发展趋势，发挥设施农业的科普教育功能。大观园建成设施农业文化长廊及辽沈Ⅳ型、冀优Ⅱ型、蓟春型、山东Ⅲ型、寿光Ⅳ型、北京地区标准型、京优Ⅰ型日光温室各1栋，并分别种植以色列樱桃番茄、台湾圣女番茄、美国多彩番茄等特色蔬菜。

（孟德坤）

【实施中心区路网改造工程】 年内，韩村河镇投资1.67亿元，实施中心区路网改造工程。主要工程包括岳李路和房郑路两条镇域主干道建设，修路里程全长8.9公里。其中岳李路道路红线宽40米，房郑路道路红线宽35米，均采用三幅路布置形式，机动车道宽16米，分双向四车道，并分别设立非机动车道、人行道和绿化带。

（孟德坤）

阎村镇

【概况】 阎村镇东与西潞街道毗邻，北与青龙湖接壤，西与城关街道相邻，南接窦店镇。全镇总面积48.5平方公里。2010年，常住人口57615人，其中外来人口17763人；户籍人口38897人；总户数17608户，其中农业户8969户、非农业户8639户。年内，出生人口207人，出生率7.07‰，死亡人口272人，死亡率6.99‰，自然增长0.08‰。全镇辖社区居委会3个，村民委员会22个。

全年，阎村镇营业收入261328.8万元，利润总额-2821.1万元，上缴税金1207.7万元。人均劳动所得9855.5元。全镇粮食播种面积16926亩，耕地面积16926亩，总产量5648.9吨。主要农作物面积和产量：小麦播种面积4373亩，总产量1292.3吨；玉米播种面积12553亩，总产量4356.6吨。蔬菜播种面积5105亩，总产量14986.3吨。主要农用机械动力及拥有量：农机总动力32218千瓦，耕作机械2223.4千瓦。全年，生猪出栏19678头，存栏8077头；羊出栏3564只，存栏3068只；肉牛出栏53头，存栏168头；肉鸡出栏14.28万羽，存栏1.1万羽；牛奶产量386.5吨；鲜蛋产量620.3吨；肉类总产1871.6吨。干鲜果品干果3吨，鲜果464.9吨。全年四旁植树1.6万株。

全镇有：幼儿园3所；小学6所，在校生1704人；中学2所，在校生729人；中小学教职工共288人。镇内有良乡五中寄宿制学校1所，北京理工大学房山分校1所，民办京蓼学校1所，在校生812人。

基础设施建设不断完善。共完成4个市级重点村道路硬化10万平方米；喷涂墙面10万平方米，修建安全饮水管道2万米，污水管道1400米，栽植树木花卉1.35万株，新增绿化面积9.55万平方米，平整绿化用地7.26万平方米。投资4760万元，完成焦庄和大十三里两个村的生态村申报验收工作。完成22个村林权制度改革。新农村改水铺设管线2.4万米，安装水表560块。

依托阎村镇农业和林业资源，结合自然风景组合发展休闲度假产品，以龙人腾业生态园为中心，通过投入拉动、科技推动、示范带动等措施向周边村扩展，建设集观光采摘、生态涵养、回归自然、休闲娱乐、餐饮住宿、农耕文化、历史文化等项目为一体的休闲产业园。投资150万元，建成20亩农耕文化展示园；投资150万元，建成10亩鱼池；投资189万元，建设建筑面积1000平方米的特色餐饮食府。投资200万元，安装温室设施49套，其中滴灌35套，微喷5套，管灌9套，建设4000平方米集雨池一座。

启动阎村群众文化年活动，成立全市首

家乡镇文联，包括书法协会、文学创作、摄影、舞蹈、音乐等13家协会，吸纳会员400余名。开展书画展览、文体比赛、诗歌朗诵等群众文化活动110余次。在全镇范围内组织开展百个文化户、文化作品和十佳文化名人评选等活动，提高群众的文化修养和文化欣赏水平。利用政府信息机、农信通的资源优势，面向群众开展春联征集活动，共征集阎村镇“三个文明”建设成果的春联200余条，营造文明祥和的氛围。与中央电视台联手共同推出了“《梦想剧场》——走进阎村特别节目”。

建成全区首家“龙乡书画苑”，投资700万元，占地面积2000平方米，建筑面积670平方米，开展文化交流、作品展示、文化人才等活动，并联合市、区文联等文化部门举办北京市书协理事作品展、庆祝中国共产党建党89周年“绿城之韵”摄影作品展活动，收集作品658幅，接待镇内外参观游客进6000多人次。阎村镇被市文联授予全市首家“北京书法艺术镇”称号。

（王苗）

【阎村中心校被评为体育传统项目学校】 1月4日，阎村中心校被北京市体育局、北京市教委评为体育传统项目学校。阎村中心校下辖的后十三里小学的小足球项目、北坊小学的乒乓球项目、大董村小学的田径项目以及后沿村小学的“阳光体育”是阎村中心校多年来一直发展的传统体育项目，并在市区及各类比赛中多次取得优异成绩。

（王苗）

【阎村文联召开成立大会】 1月21日，北京市首家乡镇级文联——阎村文联成立大会暨第一次代表大会在镇东二楼会议室召开，全镇200多名文艺界代表参加大会。会议审议通过工作报告、章程，选举顾淑莲为文联主席，车玉梅为秘书长。阎村文学艺术界联合会隶属区文联，下设书法美术、摄影、音乐、舞蹈、文学创作共5家协会，共有会员200余人。

（王苗）

【紫园新城投资发展有限公司成立】 3月11日，阎村镇紫园新城投资发展有限公司揭牌成立，公司主要经营投资管理、房地产开发、商品房销售、物业管理及园林绿化服务等项目。北京紫园新城投资发展有限公司重点推进E05、百乐城、南梨园安置、物流回迁等项目的前期手续办理，完成778亩土地一级开发上市以及项目建设过程的管理。

（王苗）

【龙人腾业生态园开园】 4月2日，阎村镇龙人腾业生态观光园开园，生态园位于阎村镇小十三里村西，长周路南侧，是阎村镇文化产业项目“千亩先农文化园”的重要组成部分，园区总投资2000万元，占地面积120亩，设施面积100亩，建设高标准日光温室50栋。生态园是集生态示范、科普教育、观光采摘、休闲游乐于一体的观光休闲农业园。园区主要经营范围为无公害蔬菜、果品种植。

（王苗）

【阎村镇获“书法艺术镇”称号】 4月13日，北京书法家协会、阎村镇文联在阎村文化广场举行“龙乡书画苑”落成暨北京书协理事书法展剪彩仪式。北京市文联党组副书记黎晶代表市文联将北京市首个“书法艺术镇”称号授予阎村镇。阎村镇联合市、区文联等文化部门先后举办北京市书协理事作品展、庆祝中国共产党建党89周年“绿城之韵”摄影作品展活动，收集作品658幅，接待镇内外参观游客进6000多人次。建成“文化阎村”网站和占地面积200平方米的“舞墨轩”书画创作室，开展文化对外交流活动。先后举办阎村书协万幅春联送农家活动、北京书法家文化下乡到阎村迎新春笔会等活动20余场。

（王苗）

【“龙乡书画院”落成】 4月13日，北京书法家协会和房山区阎村镇文联在阎村镇文化产业园举行“龙乡书画苑”落成暨北京书协理事书法展剪彩仪式。该书画苑投资 700 万元，占地面积 2000 平方米，建筑面积 670 平方米，是全区首家集文化交流、作品展示、文化人才培养于一体的“龙乡书画苑”。

（王茁）

【建立科普示范基地】 9 月 25 日，阎村镇举行科普示范基地授牌仪式暨全国科普宣传日活动。阎村文化产业园科普示范基地位于阎村镇文化广场，基地占地面积 100 亩，建有培训教室 120 平方米，安装计算机 30 台，图书室 50 平方米，拥有各类科普读物 5000 余册；每个科普宣传橱窗 30 平方米，共有 10 个，配备科普放映设备 1 套。

（王茁）

【水处理厂正式启用】 9 月 26 日，阎村镇水处理厂正式启用，此厂区占地 1.1 万平方米，购置 120 台污水处理设备，铺设污水集输管线 1 万米，共投资 2000 万元，预计日处理污水 3000 吨，主要服务于镇域内的 27 家企业和单位。处理厂的水质达到国家规定排放标准。

（王茁）

【首届中国农民艺术节全国新农村楹联书法大赛在阎村镇举行】 11 月 25 日，由国家农业部、国家文化部、中国文联发起，中国楹联学会、中共房山区委宣传部、房山区文化委员会和阎村镇联合承办的首届全国新农村楹联书法大赛开幕式在阎村镇文化广场举行。活动共征集到 29 个省、市、自治区 870 余名作者的 1200 余幅楹联书法作品，经专家认真评选，评出一等奖 5 名、二等奖 10 名、三等奖 20 名、优秀奖 200 名。活动还邀请中国文联、中国书法家协会、中国楹联学会的领导和书法家为此次比赛题词。获奖作品在阎村文化广场展出 1 周。

（王茁）

【完成轨道交通房山线（阎村段）后沿村回迁安置工作】 10 月 24 日，轨道交通房山线阎村镇段后沿村回迁安置工作正式启动。轨道交通房山线阎村段建设是市属重点工程，涉及阎村镇后沿村拆迁 185 个院落，整村 2009 年 3 月 14 日拆迁完毕。项目占地约 4.37 万平方米，共涉及回迁 185 户。11 月 27 日，后沿村 185 户村民，630 人回迁安置工作结束，回迁率 98%，回迁村民选购回迁房 412 套，回迁总建筑面积 31892.15 平方米。

（王茁）

【镇域“妇女之家”全覆盖】 12 月 8 日，阎村镇在桥梁厂社区举行“妇女之家”揭牌仪式，桥梁厂社区“妇女之家”涵盖妇女维权服务站、单亲母亲俱乐部、妇女就业服务站、妇女学校等服务功能，为广大妇女提供综合维权、帮扶救助、创业就业、婚姻家庭等方面的援助。截至年底，全镇 22 个行政村、3 个居委会成立“妇女之家”，实现镇域“妇女之家”全覆盖。

（王茁）

大石窝镇

【概况】 大石窝镇东邻长沟镇，西连张坊镇，南接河北省涿洲市、涞水县，北邻韩村河镇的上方山地区。镇域面积 96 平方公里，山地、丘陵、平原各占 1/3，自北向南呈狭长梯次分布，属山前暖区气候。2010 年，大石窝镇常住人口 31139 人，其中外来人口 1853 人；户籍人口 37621 人；总户数 18633 户，其中农业户 11897 户、非农业户 6736

户。年内，出生人口 303 人，出生率 8.05‰，死亡人口 476 人，死亡率 12.65‰，自然增长率-4.6‰。全镇辖村民委员会 24 个，有汉、回、满 3 个民族。

全年，大石窝镇营业收入 132175.6 万元，利润总额 639.1 万元，上缴税金 721 万元。人均劳动所得 10291.2 元。全镇粮食播种面积 40681 亩，耕地面积 29753 亩，总产量 10660.2 吨。主要农作物面积和产量：小麦播种面积 10936 亩，总产量 3310.9 吨；玉米播种面积 29163 亩，总产量 7214.4 吨。蔬菜播种面积 4394 亩，总产量 12870.5 吨。主要农用机械动力及拥有量：农机总动力 24491 千瓦，耕作机械 5037 千瓦。全年，生猪出栏 13038 头，存栏 9987 头；羊出栏 7610 只，存栏 8116 只；肉牛出栏 304 头，存栏 345 头；肉鸡出栏 152.66 万羽，存栏 15.05 万羽；牛奶产量 210.1 吨；鲜蛋产量 339.2 吨；肉类总产 4651.4 吨。干果产量 72.6 吨，鲜果产量 3777.4 吨。全年植树造林 185 公顷，四旁植树 2 万株。

镇内蕴藏着丰富的矿产资源，有汉白玉、红砂岩和白云石等，总储量 2450 万立方米，其中汉白玉储量达 80 万立方米，石材产业是大石窝镇主导产业之一。“石作文化村落”入围首批北京非物质文化遗产名录，举办了历时 5 个月的北京房山首届汉白玉文化艺术节。

全年引进落地企业 8 家，完成投资 7800 万元。全年治理矿山面积 1354 亩，整理土地 683 亩，新增土地 569 亩，新增耕地率达到 83.3%。新增设施农业 200 亩。全年，新农村建设共投资 7556.26 万元，硬化道路 43 万平方米，粉刷、制作文化墙 2 万平方米，铺设下水管道 2000 余米，绿化面积 6.2 万平方米，新安装太阳能路灯 455 盏，推广节能灯 10 万余盏。土堤村、南尚乐村建沼气池 60 户，下滩村 50 户安装地采暖和阳光浴室，建公厕 20 座。加强环境整治，垃圾分类管理，半壁店、下营等 10 个村通过生态村创建验收。旅游业发展以北部为主，有水头、三岔、下庄及南河 4 个市级民俗旅游专业村，民俗旅游接待户达 380 户。大石窝镇率先开展农村集体经济产权制度改革试点工作，完成 19 个村的资产清查工作，12 个村完成公告工作，9 个村完成集体经济产权制度改革试点工作。

镇域地理位置优越，交通便利，距京港澳（原京石）高速公路 20 公里，京源铁路、房易路穿境而过，境内公路总里程 148 公里，917 路、31 路、18 路、12 路公交车可达良乡、市区，6 路公交车通往河北省涿州市。有三岔公交客运中心 1 座，邮政局 1 所，变电站 1 座，安装程控电话 11260 部。

镇内有中学 2 所、完全小学 5 所、中心幼儿园 1 所，在校中、小学生 2228 人，教职工 317 人，中小学入学率 100%。有中心卫生院 1 所，社区卫生服务站 10 个，医疗卫生人员 69 人，病床 20 张。城乡居民养老保险及农村新型合作医疗参保率均 100%。全镇有文化活动场所 53 个，有数字影院 24 个，全年巡回放映电影 3052 场。

境内文物古迹有国家级文物保护单位云居寺，市级文物保护单位塔照村七级密檐砖塔、高庄御皇塔，区级文物保护单位有镇江营村新石器时代文化遗址和镇江石塔、石窝明代铜钟、蔡庄的战国古城址等。还有岩上村磨碑寺遗址，高庄汉白玉塘开采遗址。一级保护古树树龄在 300 年以上的古槐 3 株。

（符秀玲）

【4 个农家院获北京百家最受喜爱的民俗户称号】 2 月 26 日，由北京市旅游局联合北京市商务委员会、北京市文化局、北京市公园管理中心、北京晚报等多家机构共同主办的“2010 北京请您来过年——春节十大系列群众评选”活动揭晓，通过网络、短信等平台，群众投票，专家审核，按照票数的排名

和安全卫生一票否决制的原则，小河人家农家院、坤润山庄农家院、俣辰庄园农家院、碧泽龙农家院荣获“北京百家最受喜爱的民俗户”称号。

（符秀玲）

【大理石矿区环境治理】 3月，大理石矿区环境治理开工，12月完工。辛庄村、岩上村大理石矿山矿区地质环境治理总面积1354亩，总投资2580万元。治理辛庄矿山矿区14处50万立方米废石清除与10个采坑的回填，完成38道干砌挡土墙的修建及配套设施建设。岩上村矿山矿区共铲运土石方18万立方米，干砌挡土墙986立方米，铺设涵管12米，绿化面积6万平方米。

（符秀玲）

【房山区私营个体经济协会大石窝镇分会成立】 4月23日，房山区私营个体经济协会大石窝镇分会成立并召开第一届会员代表大会。会议制定《房山区私营个体经济协会大石窝镇分会章程》，通过《大石窝镇市场主体和私营个体经济发展情况报告》，大会选举产生分会会长、副会长、秘书长和理事，聘请了名誉会长，成立分会理事会和大石窝镇私营个体经济指导服务中心。区相关领导、镇主要领导及全镇私营企业、个体工商户、农民专业合作社会员代表共62人参加会议。

（符秀玲）

【辛庄食用菌生产加工基地一期工程完工】 5月，辛庄食用菌加工基地建设启动，总投资1.5亿元，由北京永常福生物科技有限公司建设，占地面积70亩。累计投资6000万元，完成一期工程建设。建厂房1万平方米，引进制冷机、打包机等机械设备100台套。投入生产，日产杏鲍菇10吨，解决劳动力就业100余人。

（符秀玲）

【后石门小学移址新建】 后石门小学总投资1310万元，占地面积4100平方米，教学用房3246平方米，附属配套用房54平方米，原校址教室改建为操场。新校址为后石门村北、村委会西侧、原后石门小学北侧。2月开工建设，9月竣工并投入使用，承担着三岔、下庄、水头、后石门和前石门5村的教学任务，达到了北京市中小学校办学条件标准。

（符秀玲）

【合兴餐饮集团农产品生产加工基地落户南河村】 8月，合兴餐饮集团农产品生产加工基地落成，设施农业占地面积500亩。该集团在大石窝镇南河村建立北京南河华农农业发展有限公司农产品生产加工基地，以蔬菜、禽蛋、种植、养殖、加工为主，分为特色养殖区、特色种植区、加工贸易区3个部分，采取从田间到餐桌经营模式，降低农民种植风险，实现富民增收。年产值达近亿元，销售收入1.5亿元，带动农户2000户，安置农村剩余劳动力500人。

（符秀玲）

【长城和比亚迪4S店项目落户大石窝镇】 11月，大石窝镇和万达集团签订筹建北京万达集团长城和比亚迪4S店项目协议。此项目北临房易路，占地面积34055平方米，总投资7000万元，其中，投资3000万建立“比亚迪”4S店，投资4000万元建立“长城”4S店。

（符秀玲）

【石文化博览园项目正式启动】 11月28日，北京林安现代商贸物流园暨石文化博览园建设项目在大石窝镇辛庄村举行奠基仪式。北京林安现代物流园项目总投资10亿元，规划建设用地5000亩，位于大石窝镇中心，涉及辛庄、半壁店、石窝3个村，规划房屋建筑面积100万平方米，分期开工建设。石文化博览园项目是北京林安现代商贸物流园的一期工程，占地面积183亩，总建筑面积14万平方米。其中石文化博览园10万平方米，培训中心2万平方米，办公大楼2万平方米。

（符秀玲）

周口店镇

【概况】 周口店镇东邻城关街道办事处，北接燕化地区，南连韩村河镇，西与十渡镇、霞云岭乡相连。镇域东西宽 17 公里，南北长 18 公里，地形自西北向东南呈山地、丘陵、平原递次垂降分布，各占 1/3。全镇总面积 126 平方公里。2010 年，周口店镇常住人口 42840 人，其中外来人口 8462 人；户籍人口 36476 人；总户数 16612 户，其中农业户 8741 户、非农业户 7871 户。年内，出生人口 244 人，出生率 6.69‰，死亡人口 489 人，死亡率 13.41‰，自然增长率-6.72‰。全镇辖社区居委会 5 个，村民委员会 24 个。

全年，周口店镇营业收入 201097.2 万元，利润总额 4063.3 万元，上缴税金 12324.9 万元。人均劳动所得 7993.2 元。全镇粮食播种面积 15029 亩，耕地面积 10553 亩，总产量 4331.7 吨。主要农作物面积和产量：小麦播种面积 3751 亩，总产量 883.1 吨；玉米播种面积 10806 亩，总产量 3346.4 吨。蔬菜播种面积 827 亩，总产量 1821.1 吨。主要农用机械动力及拥有量：农机总动力 30619.9 千瓦，耕作机械 2965 千瓦。全年，生猪出栏 39794 头，存栏 32559 头；羊出栏 3108 只，存栏 3309 只；肉牛出栏 113 头，存栏 445 头；肉鸡出栏 35.04 万羽，存栏 6.45 万羽；牛奶产量 1551 吨；鲜蛋产量 690.6 吨；肉类总产 3796.6 吨。干果产量 106.2 吨，鲜果产量 4139.5 吨。全年植树造林 100 公顷，四旁植树 5 万株。

周口店镇资源型低端产业逐步退出，累计关闭煤矿 8 家（10 个井口），关闭非煤矿山 56 家、水泥立窑生产线 13 条。

周口店矿产资源十分丰富，可开采的各种资源 56 种，以石灰石、煤炭、大理石、花岗岩而闻名。依托丰富的矿产资源，乡镇企业发展迅速，逐步形成建材、煤炭、化工、建筑、运输、商饮 6 大支柱产业，被列为“京郊建材基地”。

全镇共有中小学 8 所，在校生 3590 人，教师职工 474 人。有幼儿园、托儿所、学前班 11 个。图书馆、文化站 23 个，体育馆 1 个，体育健身场所 39 处。有镇中心卫生院 1 所、病床 25 张。有敬老院、福利院 1 所，收养人数 87 人。

周口店镇是北京历史悠久的重镇，风光秀丽，有着丰富的历史文化底蕴，境内享誉国内外的“北京人遗址”，被联合国教科文组织确定为“世界自然与文化遗产”，年旅游接待人数达 8 万人。有北京历史上第一个皇家陵寝——金陵、唐代大诗人贾岛的故居——贾岛峪、明代避暑胜地——红螺三险及庄公院、宝金山、棋盘山、云峰寺等名胜古迹，计 22 处。

（尚晓娇）

【举办元宵佳节游子联谊会】 2 月 26 日，周口店镇举办“情系周口店，共谋新发展”元宵佳节游子联谊会。在周口店镇生活过、工作过的党政领导聚集一堂，以故乡人的责任感，纷纷为家乡创建“一城两区三店”建设支高招、出良策。在联谊会上，与会游子们纷纷称赞周口店镇的巨大变化。他们表示，这些变化，是周口店镇党委、政府从实际出发，真抓实干的结果，也是全体周口店人民努力的结果。尤其是今后周口店镇的发展规划非常鼓舞人心。以后要当好宣传员、信息员、联络员，积极向外推介周口店，促进家乡经济社会更好、更快的发展。

（尚晓娇）

【开展“爱耳日”活动】 3月3日是第十一次全国“爱耳日”，周口店镇以“人工耳蜗——重建听的希望”为主题开展丰富多彩的宣传活动。在宣传“爱耳日”的活动中，发放宣传资料、回答咨询问题、普及预防听力障碍的多种科普知识。除此之外，周口店镇大韩继温馨家园的志愿者们在大韩继村主要街道设立宣传咨询台，发放宣传品，面向公众普及和宣传人工耳蜗知识。咨询的人群络绎不绝，认真的阅读宣传资料、咨询各种不懂的专业术语及康复知识。

（尚晓娇）

【大韩继村沼气站投入使用】 2009年11月，周口店镇大韩继村沼气站开始施工，2010年6月底，建成1000立方米规模的沼气站。工程投资1200多万元，政府出资70%，村集体投资30%。8月正式产气、供气。

（尚晓娇）

【举行国际服装工贸园区合作意向书签字仪式】 8月30日，周口店镇与北京房通置业有限公司签订国际服装工贸园区合作意向书。北京房通置业有限公司是由北京德和投资有限公司、北京东方赛狐服饰有限公司等共同投资组建的，公司通过“造市、兴市、立市”的经营策略，投资建设“北京周口店国际服装工贸园区”，按照“立足工业、发展贸易”的产业方向，园区将实施周口店镇农民就业产业基地及新街村水泥厂改造项目，建设行政服务中心、物流仓储中心；服装展销（展览）中心等配套设施等。

（尚晓娇）

【完成秋粮网点调查统计工作】 周口店镇黄元寺村是国家统计局确定的农村抽样调查网点单位。为做好秋粮网点统计工作，周口店镇深入实地进行调查统计。一是核对播种面积。黄元寺村秋粮播种面积190亩，大小地块29块，通过重新丈量，丈量结果与上报面积一致，核实系数100%。二是做好抽选绘图工作。对29个块地绘制草图，做好抽选工作。三是实测保质保量。6个抽选地块通过采样本、测水分、查棵数粒、千粒称重等程序，保质保量完成秋粮网点工作任务。

（尚晓娇）

【大韩继村农贸市场工程完工】 9月，北京大韩继农贸市场开始建设，11月，农贸市场基本竣工。北京大韩继农贸市场位于周口店镇大韩继村917公交总站北侧，长周公路大桥下，占地面积15亩，投资150万元，建办公用房、库房1200平方米，农产品摊位135个，2000平方米，太阳能公厕80平方米。

（尚晓娇）

【提高妇女就业安置率】 周口店镇为提高妇女就业安置率，重点加强妇女知识与技术的培养，邀请市区专家教授分片对镇域内的妇女进行就业知识讲座，转变女性择业观念，并通过致富之星创业史、报刊、杂志等增强多种方法致富的信心。对24个村、5个居委会的闲置妇女进行详细摸底调查，建立档案，根据求职意向和企业用工需求进行计算机、美容美发、服装裁剪等技能培训和岗前培训，增加就业机会。12月，近千名妇女参加了培训。为进一步使镇域妇女了解多方就业信息，周口店镇建设就业信息发布平台，通过妇女就业便民联系卡，定期上门登记等同区内外相关单位和镇域企业建立密切关系，及时获取第一手就业信息，方便快捷地将就业信息进村入户送到妇女手中，建立企业空岗报告制度，对新引进企业实行除特殊岗位以外优先安置本地工的办法，做好企工对接。周口店镇通过以基地带动就业模式提高就业安置率，全镇从事养殖业的妇女达到700多人，新增柴鸡养殖业80户，养蜂增加45户；养猪增加200多户。从事种植业妇女780人。

（尚晓娇）

【实现劳动力就业“网格化”】 周口店镇立足民生，多措并举，11月，实现劳动力就业“网格化”。一是跨区县推荐劳动力就业。通过“手拉手工程”等，推荐失业人员就业

171 人。二是项目建设安置就业。通过工业项目开发，重大项目工程落地等，转移农村劳动力就业 400 人。三是特色产业吸引劳动力就业。开发社区岗位 157 个。四是鼓励引导创业。指导就业 422 人；创业培训 11 人。

（尚晓娇）

【西藏小型猪生产繁殖基地二期工程完成】 年内，周口店镇西藏小型猪生产繁殖基地二期工程完成建设任务，转入正常生产阶段。该基地建设累计投资 4000 万元，种猪存栏达到 1500 头。

（尚晓娇）

长阳镇

【概况】 长阳镇位于房山、丰台、大兴三区交汇处，总面积 91.37 平方公里。长阳镇交通优势明显，紧邻首都规划建设的五环、六环路，境内有京九、京广线铁路和京周、京良、京保公路，京港澳（原京石）高速公路在长阳设有出入口，驱车抵达市区仅需 15 分钟，917 路、646 路、321 路、391 路、993 路等市郊公共汽车在长阳镇设站经过。新建成通车的轨道交通房山线在长阳设有 5 个站点。2010 年，常住人口 64996 人，其中外来人口 28049 人；户籍人口 34405 人；总户数 15294 户，其中农业户 8198 户、非农业户 7096 户。年内，出生人口 522 人，出生率 15.17‰，死亡人口 239 人，死亡率 6.95‰，自然增长 8.23‰。全镇辖社区居委会 6 个，村民委员会 36 个。

全年，长阳镇营业收入 298902.3 万元，利润总额 10475.9 万元，上缴税金 4164.4 万元。人均劳动所得 14208.8 元。全镇粮食播种面积 9456 亩，耕地面积 5934 亩，总产量 2808.7 吨。主要农作物面积和产量：小麦播种面积 3831 亩，总产量 941.1 吨；玉米播种面积 5570 亩，总产量 1854.1 吨。蔬菜播种面积 8296 亩，总产量 16644.6 吨。主要农用机械动力及拥有量：农机总动力 35949 千瓦，耕作机械 2196 千瓦。全年，生猪出栏 22898 头，存栏 6257 头；羊出栏 6893 只，存栏 6040 只；肉牛出栏 141 头，存栏 832 头；肉鸡出栏 19.4 万羽，存栏 0.4 万羽；牛奶产量 1671.4 吨；鲜蛋产量 867 吨；肉类总产 2304.7 吨。鲜果产量 11385.4 吨。全年四旁植树 11.6 万株。

长阳镇地热资源分布面积大，蕴藏丰富，具有出水温度高，富含多种矿物质的热点，在宾馆、娱乐场所及民用住宅取暖、洗浴等领域广泛应用。

全镇有：中学 3 所，在校生 1042 人，教职工 147 人；小学 6 所，在校生 1794 人，教职工 134 人。有卫生院 1 所，社区卫生服务站 10 个，卫生技术人员 50 人，病床 50 张。

民间乡土文化有公议庄村的五虎少林会，水碾屯的铜锣会等。2008 年，仁和酒业有限责任公司“菊花白”酒酿制技艺、长阳镇公议庄五虎少林会入选北京市非物质文化遗产名录，其中，北京仁和酒业有限责任公司“菊花白”酒酿制技艺入选国家级非物质文化遗产项目。

（石晶）

【长阳镇完成产权制度改革】 按照市委、市政府关于“近郊区全面推开，远郊区扩大试点”的总体要求，先试点后铺开，2008 年年初，长阳镇在全镇 37 个村级组织中选择长阳一村、长营村、水碾屯二村、大宁村 4 个试点村，启动并完成村级集体经济产权制度改革的各项工作，成立了社区股份经济合作社。首先由股东民主选举股东代表，并召开股东代表大会。由全体股东代表民主选举由 3 人至 4 人组成的董事会和监事会。董事会和监事会分别民主选举董事长和监事长，并成立社区股份经济合作社，每个股东不仅有权参与股金分红，而且有权平等地参与集体经济经营管理的重大决策，进一步调动了广大干部和群众发展集体经济的积极性，强化了集体资产管理，确保集体资产不断保值增值。长阳镇通过实施集体经济产权制度改革，资产量化到每个社员应该占有的资产份额，改变了“集体所有、人人没有”的模糊集体所有制形式。社员从原来的不清楚自己在集体资产中拥有多少资产，到现在的拥有资产的股权、当上了股东，知道个人利益所在，通过效益分红，每年还能获得一定的经济收益。截至 2009 年年底，全镇村级集体净资产总额为 27.9 亿元，比 2008 年增加 25 亿元。2009 年年底，长阳一村、大宁村 2 个村进行股份分红，股东最高分得红利 7078 元。2010 年 7 月底，长阳镇在房山区 25 个乡镇中第一个完成农村产权制度改革。长阳镇进行产权制度改革后，量化给集体经济组织成员的股份占总股本的 70%，同时在基本股、劳龄股和土地股外，增设 2%的独生子女奖励股。并根据长阳发展设计 3 种分红办法：一是对享受土地流转一次性补偿剩余年限的人员，在土地承包经营权期间不享受土地股的分红，待土地承包经营权期满后，对所持股份进行重新量化。二是对享受土地流转补偿一年一补偿的人员，在改制后停发土地流转补偿费起，开始享受土地股份红。三是对享有土地的人员，在土地未流转回村集体时不享受土地股份红，待土地流转回村集体之日起享受土地股的分红。

（石晶）

【篱笆房村党支部、村委会正式成立】 9 月 25 日，长阳镇举办篱笆房村党支部、村委会成立大会，宣布篱笆房一村、篱笆房二村正式合并。篱笆房行政村的合并对于促进农村经济社会科学发展、和谐发展、率先发展具有非常重要的意义。

（石晶）

【中科院化学所纳米自洁高科技项目落地长阳】 11 月 30 日，中科院化学所纳米自洁高科技项目正式落户长阳。此项目位于葫芦垡村，占地 51 亩，主要生产纳米自洁材料，这种材料先后应用在国家大剧院、五棵松体育馆及首都机场 T3 塔台等国家重点项目中，项目计划总投资 1 亿元，可安置劳动力 200 余人，项目的落户标志着纳米界面自洁材料真正的从纳米研究的高科技领域走向了产、学、研一体的高科技服务于社会的道路。

（石晶）

【成立全区首家政府事务服务中心】 年内，长阳镇成立全区首家政府事务服务中心，下设公议庄、赵庄、西场等 21 个农村社区服务站，负责社会救助、社会保险、劳动就业、技能培训、法律援助、人民调解、流动人口和出租房屋的服务管理。村级事务综合服务站人员由包村干部、大学生村官 1 名，流动人口和出租房屋管理员 1 名，劳动保障协管员 1 名构成。

（石晶）

石楼镇

【概况】 石楼镇东临窦店镇，南接琉璃河镇，西连韩村河镇、周口店镇，北衔燕房卫星城。总面积 48 平方公里。2010 年，常住人口 28902 人，其中外来人口 2791 人；户籍人口 29770 人；总户数 15300 户，其中农业户 9592 户、非农业户 5708 户。年内，出生人口 172 人，出生率 5.78‰，死亡人口 360 人，死亡率 12.09‰，自然增长-6.32‰。全镇辖社区居委会1个，村民委员会12个。

大石河、周口店河、马刨泉河3条河流在境内蜿蜒穿绕。镇域内水源充足，水质良好。石楼镇交通便捷、四通八达，长周路、房琉路等区级公路穿境而过。镇内有石楼火车站，与京广铁路干线相连。30路、40路客运车直达城关街道办事处，42路、46路客运车直达良乡。石楼通信发达，有1.2万门程控电话分局可通过光纤电缆与国内外直拨电话，与国际互连网接通。有11万伏输变电站1座，天然气加压站1座。

全年，石楼镇农村经济营业收入158356.1万元，利润总额1709.3万元，上缴税金2319.6万元。人均劳动所得4628.9元。全镇粮食播种面积57851亩，耕地面积29824亩，总产量22868.5吨。主要农作物面积和产量：小麦播种面积28055亩，总产量9042.9吨；玉米播种面积29055亩，总产量13730.2吨。蔬菜播种面积6369亩，总产量26200.1吨。主要农用机械动力及拥有量：农机总动力10481.8千瓦，耕作机械1767.8千瓦。全年，生猪出栏41225头，存栏24218头；羊出栏4916只，存栏5850只；肉牛出栏152头，存栏473头；肉鸡出栏3.75万羽，存栏1.5万羽；牛奶产量1477.1吨；鲜蛋产量226.4吨；肉类总产3983.9吨。鲜果产量51.1吨。全年四旁植树4.7万株。

群众文化生活丰富多彩，建成12个村党员服务站。全年完成电影放映1596场，文艺团队演出236场。

镇内有中、小学校7所，幼儿园5所，健身乐园2处，文体活动中心23处，老年康复中心1处，医疗保障网络辐射全镇。

（符建平）

【农业综合开发中低产田改造工程】 3月，石楼镇对东部地区梨园店和夏村2个村进行土地治理，共计7700亩农田，总投资1509.31万元。修建渠系建筑物39座，开挖疏浚渠道2500米，修机耕路12340米，改良土壤7700亩，设肥料质量控制样品点117个、肥力监测点9个，建天敌扩繁基地1个、耕地污染监控预警点14个，植树4930株。9月底，工程全部完成，并通过验收。

（李长艳）

【出租房屋税收代征工作】 8月至9月，石楼镇对全镇个人出租房屋进行税收代征工作，共征收税款6474.94元，根据区流管办下发的4700元任务指标，超额完成1774.94元，完成任务工作率达138%。

（李晶晶）

【夏村沼气站竣工】 2009年11月，夏村沼气站开工建设，项目属于市发改委工程，2010年10月完工，项目总投资835.16万元，是房山区建设规模最大，设施最先进的一座沼气站。夏村沼气站设计日供气量2400立方米，采用先进的原料过滤和二次发酵技术，可满足全村1200余户村民一日三餐的炊事用气需求。

（任正伟）

【建13个党员服务站】 根据区委组织部《中共北京市房山区委组织部关于建立党员服务中心（站）的意见》要求，石楼镇共建设1个党员服务中心站、12个党员服务站。11月14日，石楼镇辖区内13个党员服务站挂牌。石楼镇党员服务站共设立党员咨询服务热线12部，制作展板144个、牌匾13个、室外公开栏12个，展板内容涵盖入党誓词、党员的权利和义务、三委职责和主要规章制度等。党员服务站在同级党组织领导下开展工作，办公室设在村党支部，党支部书记兼任服务站站长，党支部副书记、组织委员或专兼职工作人员负责日常工作。通过建立党员服务站，设立专门的党员服务机构，为党员提供党务政策咨询、办理组织关系的转移和接收手续、上报党员各类求助事项、代缴党费等服务。

（隗功晋）

【启动农业节水灌溉工程】 2010年，石楼镇启动农业节水灌溉工程。工程涉及支楼、南庄、北庄、大次洛4个村的38块农田。包括新建设泵房48座，打井18眼，更新机井25眼，埋设地下输水管道铺设16358米，工程完工后，新增节水灌溉农田7998亩。

（孙化佳）

【公厕户厕建设及垃圾分类】 2010年，石楼镇建设公厕16座，购置垃圾分类车辆41台，户用垃圾分类桶13230套，完成7个村庄的垃圾分类土建工程。户厕改造完成2150户，涉及支楼、吉羊、石楼、梨元店4个村。其中石楼村代表房山区两次迎接全国爱卫会专家组、北京市爱卫会专家组的户厕改造检查工作。

（王秋玲）

【新农村道路硬化工程】 2010年，石楼镇有5个村被确定为新农村建设市级重点村，分别为：支楼、大次洛、杨驸马庄、双孝和双柳树村。5月4日，道路硬化工程动工，至10月30日全部完工。经区新农村建设办公室审核、检测，道路建设质量全部合格。其中：支楼村共完成主路硬化20340平方米、支路硬化48688平方米；大次洛村共完成主路硬化6900平方米、支路硬化25419.5平方米；杨驸马庄村共完成主路硬化23399平方米、支路硬化16790平方米；双柳树村共完成主路硬化1156平方米、支路硬化6918平方米；双孝村共完成主路硬化2100平方米、支路硬化15702平方米。全镇合计完成主支路硬化面积14.8万平方米。市区镇村四级共投入建设资金1443.543万元。

（任正伟）

【全镇范围内公开选拔全科农技员】 2010年，石楼镇作为第一批公开选拔村级全科农业技术员试点乡镇，通过严格的遴选，共录用8名全科农业技术人员。11月1日，8名全科农业技术人员与所服务的村委会签订了聘用协议，正式进村工作。

（李长艳）

【帮残助残工作】 2010年，石楼镇享受重残无业补助人员中农户238人，居民14人；202人享受农村特困补助100元/月；12人享受城镇特困100元/月；31人享受农村特困补助50元/月。为残疾人子女4名高中生、13名大学生申请扶残助学资金56000元。为梨园店村残疾人彭车子申请危房改造资金3000元。为579名残疾人续办城乡居民养老保险补贴，新入保157人，为554名重度残疾人申请了养老助残服务券。为3名残疾人办理“残疾人自主创业个体就业扶持”申请资金8万元。免费为各类残疾人发放辅助器具51件。免费为全镇87户肢体残疾人家庭进行无障碍改造并发放浴登和座便椅。为各类残疾人发放“小帮手”服务器19台。

（李宝新）

【受污染农田生态治理与农产品质量提升工程】 2010年，石楼镇开展受污染农田生态治理与农产品质量提升工程，项目总投资2400万元，共分为3个课题，由清华大学、中国石油大学等9家单位共同参与实施，2010年和2011年分两年实施。2010年，石楼镇共种植能源草200亩，种植花卉100亩，建食用菌设施栽培基地500亩，温室200栋，建立重金属污染治理综合示范田120亩，建立有机污染物治理综合示范田2000亩，开展技术培训1200人次。

（李长艳）

【设施农业及农民培养工程】 2010年，石楼镇成立各种农民专业合作组织14个，吸纳23万余农户。建农业设施1264栋，占地面积共1199.7亩。成立农民田间学校13所，开展各类培训8次，共培训1300人次。

（李长艳）

长沟镇

【概况】 长沟镇东南与河北省涿州市交界，东北邻韩村河镇，西邻大石窝镇。房易路、云居寺路穿境而过，交通便利。地势平原、丘陵、山区三分天下。总面积 40 平方公里。2010 年，长沟镇常住人口 23791 人，其中外来人口 1523 人；户籍人口 26375 人；总户数 11805 户，其中农业户 6090 户、非农业户 5715 户。年内，出生人口 217 人，出生率 8.23‰，死亡人口 265 人，死亡率 10.05‰。自然增长-1.82‰。全镇辖社区居委会 1 个，村民委员会 18 个。

全年，长沟镇营业收入 159767.8 万元，利润总额 3469.6 万元，上缴税金 4276.3 万元。人均劳动所得 10863.4 元。全镇粮食播种面积 23123 亩，耕地面积 14318 亩，总产量 8920.5 吨。主要农作物：小麦播种面积 9106 亩，总产量 2827.2 吨；玉米播种面积 12777 亩，总产量 5769.4 吨。蔬菜播种面积 2118 亩，总产量 10000.8 吨。主要农用机械动力及拥有量：农机总动力 11493.8 千瓦，耕作机械 3020 千瓦。全年，生猪出栏 24847 头，存栏 15117 头；羊出栏 3377 只，存栏 3696 只；肉牛出栏 136 头，存栏 951 头；肉鸡出栏 33.12 万羽，存栏 2.2 万羽；牛奶产量 1565.7 吨；鲜蛋产量 253.3 吨；肉类总产 2626.2 吨。干果产量 84.3 吨，鲜果产量 1124 吨。全年植树造林 56 公顷，四旁植树 2 万株。

水是长沟的第一资源和特色，也是长沟的形象、品牌和灵魂。长沟镇素有“京南水乡”的美誉，镇域内南、北泉水河形成水系，贯穿全境，依托丰富的水资源实施水域经济战略，形成了一道约 6 公里长的水景观旅游线，全镇人均湿地面积达到 150 平方米。

长沟镇围绕绿色生态全面启动了“环境兴镇”战略，关闭 116 个非煤矿山，实施爆破造林 3550 亩，种植花木、经济林 500 余万株。截至年底，全镇绿化覆盖率达到 54%，人均公共绿地面积达到 65 平方米。

完善基础设施。按照“两横三纵”中心区路网规划，完成玉粟路、白云路、金元大街、天宝大街和广聚大街 5 条道路的中心路网一期建设；建成日供水能力 5000 吨的集中供水厂、日处理污水 5000 吨的污水处理厂、110 千伏变电站和燃气站，完善了邮政、电信、银行、法庭等公共服务部门。

启动了中心综合服务区、水系生态游赏区、现在农业耕作区、运动休闲度假区、特色农庄体验区五大功能片区的开发建设和环境塑造，规划在风景优美的沿湖区域和北部山区建设高档酒店、临湖别墅、企业独栋会所，打造休闲度假高端产业链条。完成了土地开发面积 66.7 公顷、建设用地面积 36.6 万平方米的长沟镇区改造一期 A、B、C 地块（紫云庭住宅小区、九龙湖花园二期、圣水伊甸园一期）项目的土地一级开发工作，截至年底，土地开发面积 28.1 公顷、建设用地 12.67 公顷的 A 地块北区已上市。

全镇有：完全中学 1 所，教职工 136 人，在校生 943 人，其中初中生 545 人，高中生 398 人；小学 3 所，在校生 990 人，教职工 103 人；中心幼儿园 1 所，教职工 36 人，入园儿童 294 人。镇中心卫生院 1 所，卫生技术人员 33 人，病床 44 张。截至 2010 年，全镇村级文化大院达到 19 个、村级数字影院 18 处、文体活动中心 1 处。释芳艺术团自编自导自演，歌唱长沟、赞美长沟，展现家乡风采，丰富了群众的业余文化生活。

（刘新）

【中心区改造回迁房完工】 3 月 10 日，长沟镇举行中心区改造回迁房安置项目开工仪式。长沟镇迁村并居回迁安置房项目位于坟庄村，总占地面积 114809.30 平方米，建筑面积 90654.89 平方米，建筑密度为 24.1%，绿地率为 33%。建筑主体为住宅楼 17 栋，三居室、两居室、一居室共计 1110 套，物业楼 1 栋，综合楼 1 栋。11 月 19 日，沿村 698 户，2134 人回迁。

（刘新）

【举办旅游集散特色镇品牌年启动仪式新闻发布会】 4 月 10 日，长沟镇举办旅游集散特色镇品牌年启动仪式新闻发布会。发布会上，长沟镇提出了“北京国际首脑峰会度假区”的全新品牌规划。作为长沟镇未来发展的核心经济理念，首脑峰会度假区是集合旅游集散中心、世界地质公园、会议度假酒店群、特色民宿以及公共服务等多种业态的综合产业区，旨在满足现代都市精英高端、休闲的商务会议需求。

（刘新）

河北镇

【概况】 河北镇位于北京西南房山区西北部浅山区，东与青龙湖镇接壤，西与佛子庄乡毗临，北与门头沟区潭柘寺镇交界，南与燕山石油化工总公司相连。2010 年，全镇常住人口 19877 人，其中外来人口 1481 人；户籍人口 22413 人；总户数 10613 户，其中农业户 3868 户、非农业户 6745 户。年内，出生人口 146 人，出生率 6.51‰，死亡人口 307 人，死亡率 13.7‰，自然增长-7.18‰。全镇辖社区居委会 2 个，村民委员会 19 个。

全年，河北镇营业收入 88892 万元，利润总额-2790 万元，上缴税金 1800.7 万元。人均劳动所得 6284.2 元。全镇粮食播种面积 2895 亩，耕地面积 2895 亩，总产量 365.4 吨。主要农作物：玉米播种面积 1102 亩，总产量 151.3 吨。蔬菜播种面积 457 亩，总产量 542.4 吨。主要农用机械动力及拥有量：农机总动力 60427 千瓦，耕作机械 986 千瓦。全年，生猪出栏 2205 头，存栏 2203 头；羊出栏 2115 只，存栏 3766 只；肉牛出栏 4 头，存栏 18 头；肉鸡出栏 1.16 万羽，存栏 0.04 万羽；牛奶产量 45.3 吨；鲜蛋产量 102.6 吨；肉类总产 210.4 吨。干果产量 69.6 吨，鲜果产量 1160.9 吨。全年植树造林 100 公顷，四旁植树 2.8 万株。

河北镇地处华北平原与太行山交界地带。地势西北高东南低，地势落差大，最高海拔 831.9 米，最低海拔 90.7 米。镇中心海拔 150 米。镇域内河谷沟壑纵横，群峰耸立，有凤凰山、荞麦山、南大山、将军坨、朝阳洞山、半壁山等。山间沟谷交错、山泉丰沛，有主沟 67 条，支沟 710 条。大石河自西向东蜿蜒流经镇境中部，流程 15 公里。村庄多依山傍水，沿河谷沟域分布。

河北镇地理位置优越，地势平缓，交通发达，良陈铁路沿境而伸，108 国道穿境而过。京昆复线、闫东路、良三路、万窑路，交织在境内，村村通柏油路。833 路、948 路、13 路公交车由良乡、石景山、红煤厂车站直通河北镇。全镇通讯发达，程控电话、移动通讯网遍布全镇。

2010 年，关闭镇域内多家煤场、石板厂、石灰厂，并与北京京煤集团有限责任公司签订协议，确定由北京京煤集团与河北镇政府全面合作，请美国 AECOM 公司对河北镇整体发展进行概念性规划，提出“中国美丽谷”的目标。确定以大石河滨水休闲带为主线，实施明星项目带动，沿线串联，连片发展，形成项目提升区域的一轴一带四片区“珍珠链”式布局。

河北镇历史悠久，镇内名胜古迹较多，旅游资源丰富。国家级重点风景名胜区石花洞坐落境内，并与周边洞穴共同构成了房山世界地质公园的溶洞观赏区，景区内唐代花塔、万佛龙泉宝殿及明代铁瓦寺，至今保存完好。其他还有清代王陵，传说中的孙膑庞涓学艺台，清朝王爷坟以及张良洞、孔水洞、蝙蝠洞等。镇内有1处国家级文物保护单位、1处市级文物保护单位、2处区级文物保护单位以及17处历史遗迹。

河北镇民间乡土文化丰富多彩，有河北村的高跷会、磁家务村的小车会、半壁店村的太平鼓等。半壁店村的太平鼓和高跷、河北村的高跷3个项目入选房山区非物质文化遗产名录。

（高立勇）

【开展“小城镇大景区”大讨论活动】 3月6日，河北镇开展“小城镇大景区”大讨论活动，此活动结合河北镇2010年工作动员会的精神，抓住河北镇被列为北京市42个重点小城镇行列的重要机遇，高标准推动重点小城镇和国家级风景名胜区建设，探索河北镇走新型城市化道路的发展模式，镇党委、镇政府在镇机关范围内开展“小城镇大景区”建设发展大讨论活动。此次大讨论活动针对河北镇“在推进‘小城镇大景区’建设上面临的新形势、新机遇和新任务有哪些”“制约瓶颈和存在的问题是什么”“河北镇的‘小城镇大景区’该怎样建设，结合自身工作，如何在工作中争先创优，最大限度地发挥主动性、积极性，为‘小城镇大景区’建设贡献力量”3个问题进行了内部讨论、分系统讨论、集中研讨提高3个阶段的讨论。

（高立勇）

【举办全国百家旅行社走进石花洞活动】 3月12日，全国100家旅行社参加了由石花洞风景名胜区主办的“全国百家旅行社走进房山石花洞系列活动”。活动通过举办推介会，宣传展示河北镇旅游资源，树立河北镇旅游整体形象，使各地旅行社汇聚在景区，实地考察、踩线，为双方合作寻求机会。区旅游局、云居寺、十渡、门头沟区旅游局、门头沟潭柘寺景区等10个单位参加活动。

（高立勇）

【房山区老年书画研究会河北小组成立】 6月28日，房山区老年书画研究会河北小组成立，有成员35人，旨在为广大老年书画爱好者提供一个学习、研究书画艺术的场所。小组的成立为喜爱书画方面艺术的老年人搭建了一个共同交流、互相学习、切磋技艺的平台，活跃和丰富了老年人晚年的文娱生活，净化了老年人心灵，陶冶了老年人情操，提高了老年人生活质量，增进老年人的身心健康，为老年人老有所乐、老有所为创造了一个和谐的环境。

（高立勇）

【矿山生态修复工程】 矿山生态修复工程2008年动工，2009年停工，2010年7月再次开工。截至2010年年底，工程治理面积800亩，涉及磁家务村、牛山石灰厂、黄土坡村、兴河建材公司、东庄子村、李各庄村、三十亩地村等单位，治理内容包括弃渣40.7万立方米，客土15万余立方米，挡渣墙、生态袋17846立方米，栽植苗木37894株，架设管线3970米。

（高立勇）

【25名造血干细胞捐献志愿者进行血样采集】 为落实房山区红十字会《关于进一步做好招募造血干细胞捐献志愿者工作的通知》等相关文件精神，河北镇广泛动员村（社区）干部、党员、工作人员积极报名捐献。9月3日上午，房山区红十字会医务人员对全镇符合条件且自愿报名的25名捐献志愿者进行了血样采集，志愿者在工作人员的指导下填写登记表，按照填表顺序依次采血。

（高立勇）

【全市第一个村级门球场投入使用】 10月16日，全市第一个村级门球场——河北镇磁家务村门球场投入使用，并举行首届门球邀请赛。河北镇磁家务村门球场，也是房山区山区乡镇首个比赛用门球场地，场地占地3000平方米，有4块草坪球场，可容纳24支队伍进行比赛。

（高立勇）

【河北镇召开清理非法经营煤场整治工作协调会】 12月6日，河北镇召开清理非法经营煤场整治工作协调会，区发改委、区市政市容委、区法制办、房山公安分局、区交通局、区水务局、区环保局、房山工商分局、房山国土分局、房山规划分局、房山公路分局、区城管大队、区交通支队、北部山区环境整治办公室及河北镇有关领导参加会议。会上听取河北镇关于对非法经营煤场进行帮清工作方案的情况汇报，并到现场进行实地勘察。与会区直单位提出了切合实际的意见和建议，全力支持清理整治工作。

（赵宁宁）

【召开清理整治非法经营煤场工作现场会】 12月10日，房山区召开清理整治非法经营煤场工作现场会，对河北镇未签订协议的2家非法经营煤场予以清理。为贯彻落实区委、区政府关于“加快北沟环境综合整治、建设北京西南生态屏障”以及“北部山区发展绿色行动计划”精神，按照《房山区人民政府关于北部山区环境清理整治工作的通告》要求，河北镇绝大部分煤场都按期完成清理工作，但仍有13家煤场非法经营，存煤共计5万吨，其中11家煤场签订了协议。

（赵宁宁）

【东港村引进农家院特色种植】 年内，为丰富农家院特色种植，推动东港村旅游产业发展。东港村从北京农业科学院引进150棵景观葡萄，免费分发给民俗户，景观葡萄冬天不下架，好管理，既可直接食用，又可用于酿酒。同时引进糯玉米新品种——银糯1号，并给予每公斤10元的政府补贴。

（高立勇）

张坊镇

【概况】 张坊镇由东南到西北分别与大石窝镇、韩村河镇、霞云岭乡和十渡镇毗邻。西南隔拒马河与河北省涞水县相望。总面积119.4平方公里。山区、丘陵、平原各占1/3。2010年，张坊镇常住人口18446人，其中外来人口1151人；户籍人口21322人；总户数11537户，其中农业户7228户、非农业户4309户。年内，出生人口157人，出生率7.36‰，死亡人口190人，死亡率8.91‰，自然增长率-1.55‰。全镇辖村民委员会15个。

全年，张坊镇营业收入90778万元，利润总额551.2万元，上缴税金1074.2万元。人均劳动所得6315.3元。全镇粮食播种面积21200亩，耕地面积12832亩，总产量4290.9吨。主要农作物面积和产量：小麦播种面积3802亩，总产量1121吨；玉米播种面积16266亩，总产量3035.1吨。蔬菜播种面积649亩，总产量1172.2吨。主要农用机械动力及拥有量：农机总动力3584千瓦，耕作机械79千瓦。全年，生猪出栏7982头，存栏11722头；羊出栏10933只，存栏15454只；肉牛出栏8头，存栏152头；肉鸡出栏6.46万羽，存栏0.65万羽；鲜蛋产量146.8吨；肉类总产883.3吨。干鲜果品中干果产量28.4吨，鲜果产量4689.4吨。全年植树造林233公顷，四旁植树2.8万株。

张坊镇域内有区级文物保护单位7处，其中，大峪沟摩崖造像对研究云居寺历史有重要价值，张坊古地道对研究宋辽时期战事有一定价值。张坊镇有：中学1所，在校生464人；小学4所，在校生733人；中小学教师163人。中心幼儿园1所，卫生院1个，社区卫生服务中心5个，农业商业银行、电信局、邮政局各1个。境内公路里程72公里，对外联电话线路6560条，自来水用户11182户。

（李然）

【开展打击私挖盗采专项整治行动】 4月26日，张坊镇在拒马河河道开展打击私挖盗采专项整治行动，水务、公安等相关部门参加行动。行动中，出动人员400名，装载机3台、运输机2台、切割机2台、吊车1台，依法对镇内拒马河沿线17家私挖盗采砂石企业进行彻底清理，拆除违章建筑面积1829平方米，生产砂石机器设备5套。

（李然）

【实施绿色仙栖谷二期工程】 年内，张坊镇2010年重点工程绿色仙栖谷二期工程竣工。完成沟域经济建设：种植金银花100亩，2.2万株；完成蜜蜂文化产业园基础设施建设；金鸡岭餐厅二楼、三合院主体工程；完成七彩农园规划设计，并实施基础设施建设；提升樱桃园、竹台、荷花池、观光栈桥等配套设施；在三合庄节点处，建设10个展卖地区特色农产品的休闲售卖亭；完成沟域水系蓄水增容定井位6眼。

（李然）

【土地整理工程】 1月，张坊镇实施土地整理工程，12月完成。工程包括下寺、大峪沟村2300亩土地，完成土地平整工程，砌筑石坎12万立方米。农田水利工程：新打井5眼，更新机井3眼，新建泵房5座。田间道路工程：大峪沟片区新修泥结碎石生产路延长3970米，新修砼田间道1545米，下寺片区新修泥结碎石生产路1220米，新修砼田间道660米。

（李然）

【完成造林工程3500亩】 年内，张坊镇造林工程主要涉及9村，总投资450万元，工程总任务3500亩，其中爆破造林2770亩，荒山造林730亩，共栽种侧柏、油松、紫穗槐、栾树、黄栌等各类绿化苗木26.5万株。

（李然）

佛子庄乡

【概况】 佛子庄乡东接河北镇，南与周口店镇、燕山办事处交界，西邻大安山乡、史家营乡、霞云岭乡，北与门头沟区相接，处于房山区北部山区的中心地带。乡域平均海拔在450米以上，全乡总面积150.06平方公里。2010年，佛子庄乡常住人口8925人，其中外来人口551人；户籍人口15626人；总户数7589户，其中农业户4105户、非农业户3484户。年内，出生人口101人，出生率6.46‰，死亡人口169人，死亡率10.82‰，自然增长率-4.35‰。全乡辖村民委员会18个。

全年，佛子庄乡营业收入9198.2万元，利润总额-490.2万元，上缴税金73.5万元。人均劳动所得3281.5元。全乡粮食播种面积4082亩，耕地面积4082亩，总产量273.6吨。主要农作物是玉米、谷子、高粱，其中玉米播种面积2478亩，总产量194吨。蔬菜播种面积145亩，总产量66.6吨。主要农用机械动力及拥有量：农机总动力3104.1千瓦，耕作机械734千瓦。全年，生猪出栏1667头，存栏1890头；羊出栏4183只，存栏7611只；肉牛出栏26头，存栏15头；肉鸡出栏2.38万羽，存栏0.03万羽；牛奶产量25吨；鲜蛋产量111.7吨；肉类总产量210.9吨。干鲜果品有柿子、核桃、板栗、杏、桃、苹果等，干果产量44.2吨，鲜果产量1880.4吨。全年植树造林180公顷，四旁植树0.5万株。

完善新农村重点村基础设施建设。在8个市级新农村建设重点村实施道路硬化、供水、农户厕所改造、村庄绿化等建设，实现新农村“五项基础工程”和“三起来工程”“村村全覆盖”。西安村民俗旅游示范户工程，改造民俗接待户70户。英水沟绿色生态观光基地一期基础设施建设项目完工。完成春季荒山绿化2500亩、英水沟生态小流域治理646亩、废弃矿山植被恢复等项目。村庄环境综合整理工程，完成大石河沿线绿化3000亩，加快生活垃圾处理，形成环境建设长效机制。全年，完成硬化道路17.27万平方米，铺设供水管线4.5万米，改造私厕530个，新修公厕8个，村庄绿化6.7万平方米，安装太阳能路灯310盏。

全乡参加农村社会养老保险人数为4280人，享受农村最低生活保障的为483户，1063人；享受城镇最低生活保障为264户，487人；有养老院1所，收养9人；参加农村新型合作医疗10728人，参合率达100%。

佛子庄乡有完全小学1所，有教职工83人，在校生373人。有中心幼儿园1所，下设3个分园，有职工31人，3岁至6岁学龄前儿童146人。有乡社区卫生服务站1个，村级卫生服务站12个，卫生技术人员17人，病床14张。乡内有全民健身体育设施16处。

（马志江）

【佛子庄乡召开落实绿色行动计划动员会】 4月29日，佛子庄乡召开落实绿色行动计划动员大会。佛子庄乡党委书记于瑞林作动员报告，乡党委副书记、乡长宿廷虎与各村签订“佛子庄乡绿色行动计划目标责任书”。佛子庄乡围绕山区绿色行动计划，研究制定“1147”行动计划，即：确立“打造世界城市的绿色山区、建设房山西部的生态屏障的核心示范乡镇”的发展定位，明确“推进乡域经济又好又快发展”的工作中心，努力实现“区域生态环境更加亮丽宜人，特色产业支撑体系更加健全，基础资源要素更加完备，人文亲和力和区域美誉度明显增强”的四大预期目标。全力落实好“资源型产业退出、环境整治、大石河流域水环境治理、新农村基础设施建设及新能源利用、替代产业发展、生态修复、人口生态搬迁”七项重点工程，通过落实绿色行动计划，推动山区经济社会发展实现历史性的新跨越。

（赵宁宁）

【“深入佛子庄农村开展服务民生行动项目”启动】 9月7日，由市民政局社团办主办，北京高血压防治协会、佛子庄社区卫生服务中心承办，双鹤药业集团协办的“深入房山佛子庄农村开展服务民生行动项目”在佛子庄社区卫生服务中心正式启动。活动的主题是“深入农村社区，总结经验，探索管理模式，宣传高血压防治知识，服务低收入家庭高血压患者”。通过北京高血压防治协会的技术优势，培养由当地农民组成的高血压防治宣传队伍，建立高血压防治管理体系，从佛子庄社区卫生服务中心选18名医务工作者，并培养36名基层骨干学员，组建志愿者服务队，进一步宣传高血压防治知识，送医送药资助低收入家庭高血压患者。启动仪式上，来自北京安贞医院的专家详细讲解了农村高血压管理的专业知识，并赠送了科普读物和降压药品。通过活动，推进城乡医疗资源共享，探索高血压防治新模式，提升群众科学防治高血压的观念，使佛子庄乡500个低收入家庭的3000多名高血压患者直接受益，切实达到“人人享有初级卫生保健”的目标。

（马志江）

【表彰 40 名道德模范】 2 月 2 日，佛子庄乡召开“弘扬社会主义道德观表彰大会”。表彰 40 名道德模范，每人获 1000 元奖金，随后在会场播放 4 名模范感人事迹的专题片。这项活动是佛子庄乡继 2008 年后再次评选奖励道德模范，通过评比，评出 10 名好儿媳、10 名孝子标兵、10 个和谐家庭、10 名计划生育标兵。

（马志江）

【“文化扶贫·青少年教育基地”落成】 10 月 26 日，房山区首家“文化扶贫·青少年教育基地”在佛子庄乡落成。基地由中国扶贫开发协会宣传教育委员会、国扶阳光（北京）青少年书画院主办，旨在选取一些悠久文化历史、具备发展文化创意产业的地区（乡镇），通过开展定向培养，对学生的学费直接募捐和赞助，举办“艺术夏令营”等方式，实现慈善事业对艺术教育领域的定向投入和可持续培植，帮助一批有艺术天分和追求的贫困家庭青少年成就艺术梦想。在活动仪式上，文化扶贫·关爱青少年系列活动组委会向佛子庄“文化扶贫·青少年教育基地”捐赠了美术书籍和书画作品。佛子庄中心小学的学生表演了“三字经”“弟子规”“梁启超·少年中国说”等铭文朗诵以及歌舞节目，展示了蜡笔绘画、彩绘、涂鸦等自创的艺术作品。

（翟金鹏）

【“红领巾”气象站在佛子庄中心校建成】 5 月 19 日，北京科技周“城市气象服务大众”在佛子庄中心校启动。同时，由北京市气象局资助建设的房山区首家“红领巾”气象站在佛子庄中心校正式建成并投入使用。气象站为在山区学校上学的孩子们学习自然科学、了解气象科技知识、探索自然奥秘，增强分析问题和解决问题的能力，搭建了广阔的平台。

（马志江）

【真武庙景区被评为“北京市宗教活动场所”】 真武庙景区位于房山区佛子庄乡上英水村，毗邻银狐洞景区，始建于明代。其占地面积 10 亩。自 2005 年 7 月始，上英水村投资 1800 多万元，对真武庙进行了历时 2 年的重修，建成上英水村旅游接待中心，并恢复了真武庙会。2009 年，被市宗教事务管理局评定为北京宗教活动场所。2010 年 9 月 17 日，区民政局等相关部门领导组成考察组，到佛子庄乡道教养生基地——真武庙景区，正式授予真武庙景区为“北京市宗教活动场所”并颁发证书。考察组与真武庙法师进行了亲切的交流并详细询问真武庙的历史背景，法师对考察组一行表示热烈欢迎，同时也详细介绍了真武庙当前的发展建设和庙院的管理状况。考察组高度评价真武庙在全区道教界所取得的成绩，对真武庙为构建和谐社会、弘扬道教文化所作出的贡献给予了肯定，并希望真武庙在正式定为“北京市宗教文化活动场所”以后，要继续发扬道教的优良传统文化，在服务地方经济发展、构建和谐社会中作出更大的贡献。

（翟金鹏）

【北台民俗村被评为“养生山吧”】 3 月 10 日，在市旅游局公布的首批 38 家“京郊特色农家乐——乡村旅游特色业态单位”名录中，中英水北台民俗村榜上有名，被评为北京市两家“养生山吧”之一。北台民俗村位于北京房山区佛子庄乡中英水村东坡的半山腰。民俗村地处海拔 400 米 ~ 800 米间，盛夏凉爽，气温比北京市区低 5 度 ~ 8 度，极适于消夏、休闲、避暑。这里是天然氧吧，负离子远高于市区；这里是绿色生态基地，生长着 100 多种花草树木。

（晋嗣伯）

良乡镇

【概况】 良乡镇南与窦店镇接壤；东与长阳镇相连，北至长虹路与拱辰街道办事处接壤；西与阎村镇毗邻。全镇总面积 33.9 平方公里。2010 年，良乡镇常住人口 18978 人，其中外来人口 4967 人；户籍人口 16303 人；总户数 8613 户，其中农业户 5484 户、非农业户 3129 户。年内，出生人口 166 人，出生率 10.18‰，死亡人口 168 人，死亡率 10.3‰，自然增长率-0.12‰。全镇辖村民委员会 16 个。

全年，良乡镇营业收入 119777.7 万元，利润总额-200.4 万元，上缴税金 46.4 万元。人均劳动所得 9341.8 元。全镇粮食播种面积 17299 亩，耕地面积 10062 亩，总产量 6587.4 吨。主要农作物面积和产量：小麦播种面积 7414 亩，总产量 2331 吨；玉米播种面积 9579 亩，总产量 4195.2 吨。蔬菜播种面积 6078 亩，总产量 11225.3 吨。主要农用机械动力及拥有量：农机总动力 24236.2 千瓦，耕作机械 4584.2 千瓦。全年，生猪出栏 13362 头，存栏 8573 头；羊出栏 3975 只，存栏 2329 只；肉牛出栏 5290 头，存栏 629 头；肉鸡出栏 6.8 万羽，存栏 0.5 万羽；牛奶产量 287 吨；鲜蛋产量 2329.9 吨；肉类总产量 2426.9 吨。鲜果总产量 1885 吨。全年四旁植树 6.2 万株。

良乡镇交通发达，处于北京六环线南北两侧，六环路出口位于良乡镇域内，京广铁路、良常路、白杨东西路、长周路纵贯全镇，33 路、43 路、49 路公交车穿境而过，形成了便捷的交通网络。

良乡镇工业发展迅速，全镇有企业 56 家，其中镇工业基地内入驻有梦幻三星涂装设备有限公司、北京考利特电气设备有限公司、企星冶金机电技术工程有限公司等 14 家千万元以上企业。2010 年，北京凯达农业技术开发有限公司升级为市级龙头企业。

良乡镇有中学 1 所、中心校 1 所，下设完全小学 3 所、中心幼儿园 1 所，入学率均为 100%。在校生和幼儿 1098 人，教职工 152 人。有卫生院 1 所，建筑面积 3323.6 平方米；邮电局 1 所；电管站 1 所。镇内设电信局 1 所，电信交换机总容量 5000 门，交换机实占总容量 87%；农村商业银行 1 所。

（刘鹏超）

【食用菌主题园落成】 3 月 26 日，北京市唯一的都市型、示范型、生态型食用菌文化园区在良乡镇落成。该园占地 200 亩，总投资 1000 万元，设有食用菌科普展示园、现代工艺示范园、品种与栽培技术实验园和采摘休闲体验园，具备科普示范、农技推广、技术培训、文化展示、农业观光、旅游美食等多项功能。此园引进和示范食用菌 30 个种类、200 多个品种，展示 8 种栽培模式，参观者在体验学菌、种菌、采菇乐趣的同时，还能了解食用菌的历史文化，学习食用菌栽培的相关知识。

（刘鹏超）

【雨洪利用工程】 5 月 20 日，良乡镇官道、下禅坊 2 个村雨洪利用工程启动，6 月 29 日竣工。工程总投资 300 万元，对辖区内的 2 个垃圾大坑实施改造，在村原有排水坑的基础上，动土方 1.8 万立方米，砌石 3000 平方米，铺设排水管道 270 米，通过疏挖整理，建成功能齐全的排水设施。建成后可形成蓄水 6 万立方米的生态水面。

（刘鹏超）

【建造千米文化墙】 7 月 21 日，良乡镇在良乡西大街投资 5 万元建造千米文化墙。文化墙面积达 2000 平方米，内容涵盖“科学种养致富、婚育新风尚、家庭美德、社会主义荣辱观”等一些群众喜闻乐见、通俗易懂的图画、诗歌、谚语、顺口溜等，文化墙使街区面貌焕然一新，为村民休闲注入了思想文化的内涵。

（刘鹏超）

【北京市小型农田重点项目开工】 8 月 3 日，2010 年度北京市唯一小型农田重点县项目在良乡镇后石羊村开工。项目累计投资 5054 万元，共涉及良乡镇、琉璃河镇、韩村河镇、阎村镇、长阳镇 5 个乡镇的 11 个行政村，工程将新打、更新机井 7 眼，新建井房 51 座。11 月 5 日良乡段竣工，完成 3330 亩的低压管灌的铺设工作，江村、东石羊、后石羊配套机井房 25 座，解决了 3 个村冬季小麦浇水困难问题。

（刘鹏超）

【文艺骨干学正版胶州秧歌】 10 月 29 日，良乡镇为丰富群众业余生活，从山东省青岛市胶州地区聘请专业老师到良乡镇教授正版胶州秧歌。胶州秧歌具有“三弯、九劲、十八态”的外部运动特征，同时吸取了中扇女和小鳗的舞蹈元素，运用秧歌扇“团扇扑蝶”“折扇戏法”“取扇游走”等舞动形态，其动律特点可概括为“抻、韧、踉、拧、扭”五大特点。

（刘鹏超）

【再生资源分拣中心二期工程竣工】 再生资源分拣中心是一家践行绿色低碳循环经济的新兴企业，对统一收购废纸板、塑料、玻璃制品等可再生资源， 进行统一分拣归类、压缩打包，然后运往再生资源利用企业，进行加工处理。分拣中心一期工程主要针对废纸进行回收处理，2009 年一期工程投产，2010 年 1 月 10 日，投资 3000 万元进行二期工程建设，二期工程主要包括公司办公大楼建设和废塑料分拣设备。11 月 16 日，二期工程竣工并投入使用。

（刘鹏超）

【成立房山首家农业企业家协会】 11 月 18 日，房山区首家农业企业家协会在良乡镇成立。良乡镇农业企业家协会是具有法人资格的非盈利性的社团组织，它由从事农业及相关行业的企业、各村经济联合社及个人等 41 名会员组成，其中单位会员 37 名。其主要职责是：协调和推动农业企业改革与发展；调查研究农业企业及相关行业发展动态和趋势，为政府制定行业政策、法规、规划提供咨询和建议；指导生产，协调产、供、销，帮助会员开拓市场，协助协调本行业进出口贸易等工作。协会通过开展技术咨询、展览会、交易会、专题研讨会等活动为企业搭建交流平台，成为了政府与农业企业（户）间沟通的纽带。

（刘鹏超）

【南刘庄猪场粪污处理工程竣工】 12 月 20 日，良乡镇完成南刘庄村猪场粪污处理工程，工程总投资 34 万元，竣工后的粪污处理系统可对猪场内 20 吨污水进行处理，处理后的污水可以用作灌溉。

（刘鹏超）

【镇团委配备行政编制外副书记】 12 月 30 日，为推动良乡镇共青团工作，镇团委召开由 47 名各行业团员代表参加的组织格局创新选举大会，会议选举产生了 2 名行政编制外副书记和 4 名委员，充实了镇团委组织力量，为更好的为广大团员青年服务提供了组织保障。行政编制外副书记享有原工作待遇，不增加额外支出。

（刘鹏超）

十渡镇

【概况】 十渡镇东与张坊镇为邻，南与河北省涞水县接壤，北与蒲洼乡、霞云岭乡为邻。总面积193平方公里。2010年，十渡镇常住人口9778人，其中外来人口851人；户籍人口11250人；总户数6329户，其中农业户4052户、非农业户2277户。年内，出生人口74人，出生率6.58‰，死亡人口92人，死亡率8.18‰，自然增长率-1.6‰。全镇辖村民委员会21个。

十渡镇处于太行山深山区，地势西北高，东南低，最高处海拔1245.8米，最低处海拔90余米。自然风景独特。以独特的喀斯特地貌称绝，是华北地区最大的岩溶峰林大峡谷，山奇水秀，谷壁峭立，峰林叠翠，石美洞幽，风景如画的风景区使十渡的旅游业得到了迅速的发展。2010年，景区共接待游客329万人，同比增长0.1%,实现旅游综合收入2.87亿元，同比增长15.3%。

全年，十渡镇营业收入66751.3万元，利润总额1942.7万元，上缴税金438.1万元。人均劳动所得7278元。全镇粮食播种面积7226亩，耕地面积6981亩，总产量1296.9吨。主要农作物面积和产量：小麦播种面积205亩，总产量41.1吨；玉米播种面积5449亩，总产量982.7吨。蔬菜播种面积724亩，总产量1109吨。主要农用机械动力及拥有量：农机总动力5469.6千瓦。全年，生猪出栏877头，存栏1089头；羊出栏7421只，存栏11442只；肉牛存栏6头；肉鸡出栏0.83万羽，存栏0.17万羽；鲜蛋产量99.5吨；肉类总产188.9吨。干果产量50.9吨，鲜果产量761.4吨。全年植树造林174公顷，四旁植树2.5万株。

十渡镇有寄宿制中心小学1所，教职工48人，11个教学班，在校生320人，其中住宿生219人。有中心幼儿园1所，下设分园2所，教职工21人，共7个教学班，入园儿童161人。有镇成人学校1所，教职工6人。

有社区卫生服务中心1个，十渡、平峪、西石门、六渡4个卫生服务站，共有职工50人。有村卫生室12个，健康促进室4个。

2010年，完善基层文化体育设施，对五合、六渡、北石门、府前广场4处运动场地进行完善建设，如完成西庄村健身器材更新。培育培养农民文化体育队伍，丰富群众文化生活，组织了5场镇级大型文化活动。

（杨新潮）

【21个村设“妇女之家”】 12月1日，十渡镇举行“妇女之家”挂牌仪式，至此，十渡镇“妇女之家”建设工作实现21个村全覆盖。妇女之家作为妇联基层组织的工作阵地，整合了农村现有巧娘工作室、党员活动室等阵地资源，坚持单独管理和资源共享相结合，服务广大妇女儿童，重点开展综合维权、创业就业、教育培训、社区文化、家政信息、婚姻家庭、帮扶救助等8项服务。

（杨新潮）

【召开集体林权制度改革动员会】 9月26日，十渡镇召开集体林权制度改革工作动员会，会议围绕“集体林权制度为什么改、怎么改、改什么”做了详细的部署安排，制定十渡镇集体林权制度改革工作实施方案，明确改革工作的程序和原则，成立十渡镇林权制度改革工作领导小组，传达了北京市《关于进一步扎实推进集体林权制度改革工作的通知》精神。

（杨新潮）

【十渡镇第六届人民代表大会第五次会议】 9月7日，十渡镇第六届人民代表大会第五次会议召开。全镇 44 名正式代表出席会议。大会听取、审议、通过了《政府工作报告》《十渡镇 2009 年财政预算执行情况和 2010 年财政预算草案的报告》。按照法定程序，大会选举产生了十渡镇人民政府镇长，许金涛全票当选。此次大会共收到代表意见、建议 8 条，经大会主席团审核通过，决定提交政府有关部门落实解决，会议认真总结 2010 年上半年经济社会各项工作，确定了全镇下半年的奋斗目标和任务。

（杨新潮）

【举办“我的书屋，我的家”益民书屋阅读讲演比赛】 为倡导读书风尚，在全镇形成崇尚科学、读书求知的良好社会风气，5 月 27 日，十渡镇举办了“我的书屋，我的家”益民书屋阅读讲演比赛，来自全镇 20 多位选手尽展风采，以《当读书不再是一种奢望》《书香飘洒农家院，书屋添彩新农村》《农村书屋——农村中的图书馆》等为题，比赛共评出一等奖 1 名，二等奖 2 名，三等奖 3 名，九渡村丁红梅获一等奖。

（杨新潮）

史家营乡

【概况】 史家营乡位于房山区西北部山区，西、北两面与门头沟区接壤，东邻大安山乡和佛子庄乡，南接霞云岭乡。全乡总面积 109.87 平方公里。2010 年，史家营乡常住人口 6300 人，其中外来人口 535 人；户籍人口 11313 人；总户数 5217 户，其中农业户 3713 户、非农业户 504 户。年内，出生人口 96 人，出生率 8.49‰，死亡人口 73 人，死亡率 6.45‰，自然增长率 2.03‰。全乡辖村民委员会 12 个。

全年，史家营乡营业收入 14666 万元，利润总额 2592 万元，上缴税金 83 万元。人均劳动所得 5954.7 元。全乡粮食播种面积 2997 亩，耕地面积 2997 亩，总产量 91.7 吨。主要农作物玉米播种面积 1217 亩，总产量 64.7 吨。主要农用机械动力及拥有量：农机总动力 10 千瓦，耕作机械 10 千瓦。全年，生猪出栏 866 头，存栏 973 头；羊出栏 645 只，存栏 2995 只；肉牛存栏 10 头；肉鸡出栏 0.27 万羽；鲜蛋产量 10 吨；肉类总产 77.6 吨。干鲜果品中干果产量 250 吨，鲜果产量 219 吨。全年植树造林 167 公顷，四旁植树 6.8 万株。

（李宝芬　史晓娇）

【推进下岗矿工转移就业】 年内，史家营乡采取 4 项措施推进下岗矿工转移就业。一是走自主创业之路，制定《煤矿下岗工人自主创业扶助奖励办法》，加快培育山内替代产业，创造就业岗位。二是走自主择业之路，对 12 座关矿企业的下岗工人登记造册，掌握就业意向，做好跟踪服务和对口指导，鼓励煤矿关闭后有技能的下岗人员自谋职业。三是走就地安置之路，投入 2.4 万元，建成 12 个村级就业服务站，整合公益性岗位、机关服务人员等就业岗位，切实解决失业劳动力问题。四是走外迁安置之路，利用市区优惠政策，继续实施“双基工程”，开展发挥城乡“手拉手”活动，推动外迁群众转移就业。“双基工程”即原宣武区企业为史家营乡行政村的“就业见习基地”；史家营乡行政村为原宣武区企业的“人力资源储备基地”。

（李宝芬　史晓娇）

【环境综合整治生态环境建设】 年内，对贾史公路沿线进行全面整治。建设 6 公里景观大道。成立 20 人的道路养护队，配置 1

辆垃圾清运车辆，对沿线两侧实施绿化、美化，绿化植树2.1万株。在贾史公路沿线建环保厕所6处，建垃圾中转站1处，配置密闭式垃圾箱30个，整修沿线护墙2800米，建设文化墙800米。在府前街修建文化宣传公益广告牌150米，固定文化宣传标语30条。金鸡台、莲花庵、柳林水等村对文化宣传墙进行了更新，共计1000平方米。实施柳林水至圣莲山1.3公里环境亮点建设工程，共绿化植树7万株，绿化370平方米，砌垒护墙2750立方米。完成矿山植被修复320亩，基本农田整理4553亩。以贾史公路沿线综合治理为主线，实施乡村道路硬化25公里，村庄绿化3万平方米，建立村级长效保洁队伍共300人，乡政府为12个村配置垃圾清运车1台。

（李宝芬　史晓娇）

【北京市圣莲山真武庙宗教活动场所举行证书颁发仪式】　9月15日，北京市真武庙宗教活动场所证书颁证仪式在圣莲山举行。区民政局、公安局国宝处、北京圣莲山真武庙主持、中国民营企业国际合作发展促进会易学咨询专家委员会副秘书长、中国医学风水研究院教授等诸山长老和各界领导参加颁证仪式。区民政局局长刘胜国向真武庙主持高良洁道长颁发宗教活动场所登记证。

（李宝芬　史晓娇）

【组建史家营乡沟域经济实体】　5月31日，史家营乡煤矿全部关闭，区委、区政府出台关矿职工转移就业政策，批准史家营乡组建13家沟域经济实体，并给予2523名政策性就业指标。史家营乡成立了沟域经济实体工作领导小组，组建乡沟域经济实体管理中心。截至年底，完成13家沟域经济实体的工商注册、税务登记、组织机构代码、银行开户等相关手续办理。完成失业登记、转移就业手续办理、关矿失业职工招录2062人，其中农业户口1952人，非农业户口110人。与1973人的劳动合同签订工作。

（李宝芬）

【大堂路建设项目通过专家评审】　12月，史家营乡大堂路建设项目通过首都规划委员会组织的专家评审，大堂路起点接108国道堂上附近罗家村西路口，终点接军大路，涉及地域范围为3个乡镇，霞云岭乡、史家营乡和大安山乡。路线全长59.6公里。隧道2座，共计3.0公里（其中秋林铺隧道0.4公里，金鸡台—西苑隧道2.6公里），3座桥，54道涵洞。项目总投资10.2亿元，建设山区三级公路59.6公里以及道路安全防护设施，形成北京山区县旅游道路环线，建成后，将连接起北部山区重要旅游景区，既是北部山区煤矿关闭后的一项民生工程，也是发展休闲旅游的基础支撑项目。

（李宝芬）

【完成史家营乡10项重点工程】　年内，史家营乡完成10项重点工程。一、完成对秋林铺、柳林水、元阳水3个行政村的土地开发整理项目，共修整土地843.75亩，总投资864.88万元。二、完成贾史公路辅路硬化工程，硬化3万平方米。三、完成史家营乡集中供水厂改造工程，其中包括青林台村、秋林铺村、元阳水村的饮水工程。四、完成柳林水、青林台太阳能浴室建设和大村涧、西岳台、青土涧太阳能路灯安装。五、完成4个村文化大院建设项目，每个村建设多功能厅150平方米。六、完成史家营乡客运站建设工程。七、完成圣莲山至元阳水油站2公里路段绿化、美化、亮化工程。八、中心校搬迁重建工程，完成校舍基础设施建设及配套实施。九、完成大南坡采摘园建设工程，总投资400万元，占地面积800亩。十、完成6个民俗村建设工程。

（李宝芬）

霞云岭乡

【概况】 霞云岭乡位于房山区西部山区，东邻南窖乡、佛子庄乡，南与张坊镇、蒲洼乡接壤，西与河北省涞水县为邻，北与门头沟区隔山相望，总面积218平方公里。2010年，霞云岭乡常住人口7140人，其中外来人口228人；户籍人口10680人；总户数5329户，其中农业户3840户，非农业户1489户。年内，出生人口62人，出生率5.81‰，死亡人口214人，死亡率20.04‰，自然增长率-14.23‰。全乡辖村民委员会15个。

全年，霞云岭乡营业收入37000.7万元，利润总额222.5万元，上缴税金165.4万元。人均劳动所得8800.3元。全乡粮食播种面积7081亩，耕地面积7081亩，总产量343.8吨。主要农作物玉米播种面积71亩，总产量11.4吨。蔬菜播种面积289亩，总产量181.9吨。主要农用机械动力及拥有量：农机总动力1838千瓦，耕作机械170千瓦。全年，生猪出栏1401头，存栏594头；羊出栏4390只，存栏10247只；肉牛出栏2头，存栏13头；肉鸡出栏1.81万羽；牛奶产量0.3吨；鲜蛋产量39.5吨；肉类总产203吨。干鲜果品中干果产量1495.7吨，鲜果产量831吨。全年植树造林411公顷，四旁植树2万株。

2010年，全乡硬化主路10.6万平方米、支路5.4万平方米；铺设供水管路10.3万米、排水管路5.4万米；新建垃圾箱（房）227个；修建公厕8座共560平方米；农户卫生厕所改造50户；新建地暖50户；村庄绿化3万平方米；安装太阳能路灯185盏；完成大草岭村、四合村等6个村村庄规划编制工作。

霞云岭乡作为抗日战争和解放战争时期的革命老区，红色文化氛围浓厚，《没有共产党就没有新中国》纪念馆位于霞云岭乡堂上村，霞云岭乡还有王家台烈士陵园和上石堡村“房山历史上第一个农村党支部”——房良联合县第一个农村党支部纪念馆等丰富的红色旅游资源。霞云岭乡以霞云岭国家森林公园为优势，结合“天然氧吧”白草畔等一系列绿色观光旅游资源与红色文化相融合，形成了霞云岭乡独具特色的“红绿旅游”发展品牌，确立了“绿海红歌”发展思路和“红歌源地、京西九寨”发展目标。

全乡有邮局1所、完全小学2所、幼儿园1所、在校生282人、教职工79人、毕业生70人、升学率100%。全乡有：成人职业教育学校1所，教职工8人；卫生院1所，卫生技术人员23人，病床20张。

（王春旭）

【关闭3家煤矿】 截至5月底，霞云岭乡关闭乡域内3家煤矿企业，遣散全部煤矿职工，对3个井口进行垒封，严厉打击私挖盗采，规划实施矿区生态恢复。

（王春旭）

【培育煤矿关闭替代产业】 年内，为加快培育煤矿关闭替代产业，以培育特色经济、林下经济为重点，霞云岭乡实施特色林果业和生态旅游业等生态友好型产业建设，大地港村替代产业工程栽种枣树100亩2000株；下石堡村替代产业工程栽植枣树100亩5000株；三流水种植蘑菇50亩，栽种红宵梨50亩，已产生收益。四马台村发展300亩的黄岑种植基地1处，龙门台村和庄户台村各建100亩观光采摘园，栽植桃、杏、梨、枣等果树8000多棵。

（王春旭）

【启动3个村整建制内迁工程】 年内，为将产业发展与搬迁政策有机结合，霞云岭乡实施大地港、庄户台、上石堡3个村的整建制内迁工程。工程共涉及311户，886人，预计总投资7000万元。其中上石堡村计划建二层独立式别墅。截至年底，完成大地港、庄户台的内迁工程。整建制搬迁村的后续产业建设及时跟进。

（王春旭）

【加大力度提升霞云岭乡社会环境】 为提升霞云岭乡社会环境，全乡大力加强社会建设力度。5月，龙门台完全小学改扩建工程正式开工，建筑面积4550平方米，计划投资1390万元，主体建筑全部封顶；利用暑期对乡中心小学进行抗震加固工程。针对煤矿关闭失业人员，组织劳动力转移就业培训班二期，并进行了职业技能鉴定考试，取得北京市劳动保障部颁发的等级上岗证书。年内，与北京今日东方公司合作，组织150人的家政培训班。强化对失业人员的管理与服务，及时为失业人员办理失业登记手续。以社会保险、社会救助、社会福利为基础，进一步完善社会保障体系。新审批城乡低保户18户、32人。发放城乡低保金、春节慰问金及临时生活补贴233.59万元。

（王春旭）

【“北京最大党旗”亮相霞云岭】 12月26日，在“咏唱时代红歌——房山区2011年春节系列文化活动启动仪式”上，“北京最大党旗”亮相霞云岭乡堂上村。党旗总面积921平方米，自重400公斤，采用航海标志旗专用布——旗纱布制成，并采用水印技术，色泽鲜艳、抗风、防晒。

（王春旭）

大安山乡

【概况】 大安山乡位于房山区西北部深山区百花山中山地带，属太行山余脉，大石河流域。北面老龙窝、寺上梁、大寒岭与门头沟区交界，西有大塌梁与史家营乡接壤，南、东两面与佛子庄乡为邻。全乡总面积70平方公里（含大安山矿18平方公里）。乡内主要公路是红大公路，乡政府距108国道15公里。有村级公路8条，总长度28公里。2010年，大安山乡常住人口11217人，其中外来人口4438人；户籍人口9052人；总户数3751户，其中农业户1363户、非农业户2388户。年内，出生人口84人，出生率9.28‰，死亡人口166人，死亡率18.34‰，自然增长率-9.06‰。全乡辖社区居委会1个，村民委员会8个。

全乡地形地貌复杂，地势起伏，山势陡峻，西高东低，境内海拔最高点老龙窝1645.8米，最低海拔点274.6米，相对高差1371.2米。

全年，大安山乡营业收入5119.1万元，利润总额1708.7万元，上缴税金0.8万元。人均劳动所得4200.3元。全乡粮食播种面积2182亩，耕地面积2182亩，总产量103.2吨。主要农作物玉米播种面积189亩，总产量31.6吨。蔬菜播种面积265亩，总产量123.6吨。主要农用机械动力及拥有量：农机总动力505.6千瓦。全年，生猪出栏772头，存栏1415头；羊出栏1457只，存栏1112只；肉牛存栏25头；肉鸡出栏2万羽；鲜蛋产量28吨；肉类总产136.7吨。干鲜果品中干果产量54.1吨，鲜果产量34吨。全年植树造林250公顷，四旁植树0.3万株。

全乡有小学2所，在校生622人，教职工58人，幼儿园2所，在校生270人，教职工18人；卫生院1所，社区卫生服务站

（室）1 个，卫生技术人员 17 人，病床 21 张。村级文化广场 8 个，体育综合场馆 1 所，篮球场 5 座、篮球队 8 个、秧歌队 8 个。村级数字影院 8 个。

（加培培）

【最后一座煤矿实施关闭】 4 月 7 日始，大安山乡最后一座煤矿——新瞧煤矿停产并拆除井下设备。乡政府成立煤矿关闭工作领导小组，制定工作方案；区驻矿督导员、乡矿管办、执法队多个部门联合执法，明确工作职责，细化工作措施，服从统一调度；乡矿山管理办公室现场监督，严格按照拆除方案步骤回收井下设备、设施，确保煤矿关闭工作各项措施落实到实处；对关矿后人员安置、存煤清运、拆除设备等后续衍生问题做出了安排。截至 4 月 26 日，完成新瞧煤矿的垒封，是房山区 8 个产煤乡镇中第一个完全退出煤炭产业的乡，当地数百年的采煤历史宣告结束，经济社会发展进入“后煤矿”时期。

（加培培）

【成立沟域经济实体吸纳关矿下岗人员】 大安山乡自煤矿关闭以来，全乡 85%的劳动力失去了工作岗位。为解决下岗矿工再就业问题，全乡拓宽就业渠道，通过“村吸纳一批、乡安置一批、向外输出一批”办法，安置大部分下岗矿工。4 月 26 日，大安山乡最后一座煤矿关闭，为做好下岗矿工安置工作，乡政府成立了北京绿景鸿鑫园林绿化工程有限公司，乡政府注册资金 150 万元，主要从事园林绿化设计、工程施工、园林绿化服务及花卉苗木培植等业务。公司面向煤矿关闭后下岗人员，举行两次沟域经济实体招聘会，招聘煤矿关闭后下岗矿工 143 名，招聘录用人员经体检合格后与用人单位签订劳动合同。

（加培培）

【寺尚客运站建成启用】 5 月，寺尚客运站开工建设。寺尚客运站位于大安山乡规划核心地带，占地 1620 平方米，建筑面积 400 平方米，总投资 126 万元，工程由北京峰创永泰建筑设计有限公司设计，龙建集团承建施工。10 月初竣工。

（加培培）

【大安山乡地标建成】 6 月初，位于红大路一侧大安山乡与佛子庄交界处的大安山乡地标建成。工程由北京东方豪裕公司设计施工，地标由不锈钢金属造型、天然大理石和花岗岩柱体及基座组成。不锈钢造型运用超现代手法，在流畅的圆环上饰以天蓝色调，寓示着大安山乡和谐稳定的经济和社会环境；粗犷的线条配以剪影的手法，规划出都市山乡的绿色生态发展理念，展现了“不怕艰难、甘于奉献、勤劳朴实、勇于争先”的大安山乡精神。柱体大理石矩尺造型，刻画出大安山乡陡峻起伏的自然地理风貌；魏碑体钛金字“大安山乡”，彰显了山乡人民博大宽广的胸怀。

（加培培）

【完成星宇民办幼儿园接收改制】 5 月，在全市开展的校园安全大检查工作中，大安山煤矿社区的星宇民办幼儿园未能达到整改标准，幼儿园以书面形式向乡政府和区教委递交了关园报告。星宇民办幼儿园开办期间，面向矿区居住的外来务工人员子女提供服务，为确保星宇民办幼儿园安全过渡，妥善解决幼儿入园问题，经区教委同意，决定由乡中心幼儿园接管星宇民办幼儿园，与乡中心幼儿园矿区分园合并，由民办幼儿园改为公立幼儿园，暂在原址开园，并在暑期进行了设施检修和师资准备，8 月下旬重新报名招收幼儿入园。全园 240 名幼儿中，有外来务工人员子女 191 人，占总数的 79.6%。

（加培培）

【救助 36 名“驴友”】 10 月 10 日，“我要户外野营”团队组织了一次门头沟西湖林至门头沟与房山交界老龙窝尖的穿越活动。此次活动有 36 名驴友参加，其中接近 2/3 为女性。团队由西湖林开始向海拔 1646 米的顶峰老龙窝尖攀登，一路上天气情况越来越差，小雨时断时续，浓雾弥漫整座山峰，对路线判断失误，在 18：00 左右，全体队员行进到大安山乡原永红矿区，等候预定的接应车辆。因约定地点改变，预定的接应车辆需要 3 个多小时赶到。队伍连续行进了 7 个多小时，又累又饿，长时间停留路边等候，可能出现失温的危险。大安山乡绿鑫公司经理杨爱华驱车经过，立即把所有驴友领到乡巡查大队食堂就餐。并由乡政府协调车辆送至苹果园地铁站，于 21：00 点，36 名队员全部安全到达。

（加培培）

【举办越野穿越活动】 大安山乡地形地貌丰富，境内有千米以上山峰 11 座。特别是原东矿区，地势起伏，山形陡峻，峰回路险，与西藏东南部的“察察线”极其相似，被京城越野爱好者誉为“房山察察线”之美称。近两年来，随着环境不断改善，吸引了众多越野爱好者、摄影爱好者、探险爱好者的目光。12 月 24 日至 26 日，由大安山乡人民政府主办、越野 e 族北京大队承办的“探秘察察 跃动房山”2010 越野 e 族北京大队年会暨越野穿越活动在大安山乡举办。共有 290 余辆越野车辆、近 500 名越野爱好者参加，42 组车辆报名参加越野穿越活动。新华社、中央电视台、北京电视台、旅游卫视、国家地理影视中心、新浪网、搜狐网、北京人民广播电台《北京日报》《中国体育报》《北京青年报》46 家媒体进行报道。

（加培培）

【启动实施“123 产业提升工程”】 年内，大安山乡推进“后煤矿”时期经济复苏，启动了促进生态产业发展的“123 产业提升工程”。“1”就是打造一个品牌——全面打造“北京鸽乡”旅游品牌。“2”即抓住两条主线——一是发展肉鸽养殖产业、优质核桃产业、食用菌产业、林下特色种植产业等，打造特色农产品生产加工销售为一体的绿色产品生产线。二是大力推进鸽文化博物馆、叠翠峡、东矿区越野车训练基地、西矿区生态修复利用工程和精品民俗旅游村建设，开发旅游产品，打造京西南独具特色、品质优良的休闲旅游产业线。“3”即实现 3 个目标——短期目标是“筑巢强基”，全面推进环境与基础设施建设，为吸引社会资本进山创造条件；中期目标是“引凤来栖”，全方位吸引社会资本参与山区开发建设，为山区发展注入新的活力；长期目标是“凤凰涅槃”，实现经济社会协调、可持续发展，人均收入基本达到全区平均水平。

（加培培）

【实施 5 个重点生态项目】 年内，大安山乡实施重点生态项目 5 个，规划总投资超过 8000 万元。一是总投资 3427 万元的“千亩核桃”生态采摘观光基地基础设施建设工程，将修建道路 14.91 公里，修建蓄水池 4 座，水窖 40 座，供水管线 9500 米，建环保厕所 6 座。二是完成 1045 亩的东采区矿山生态修复工程，总投资 1045 万元，年内完成施工。三是完成 1485.27 亩的基本农田整理工程二期工程,投资 2570.2 万元，年内完成任务并力争通过验收。四是完成投资 1035 万元的生态农业基础设施建设工程。将整修、新建地堰 5800 米，修建蓄水池 10 个，实施喷灌 150 亩，封山育林 3000 亩，造林 2000 亩。五是完成 3300 亩荒山造林工程和 442.5 亩南北沟绿化工程。工程实施后，可为农村劳动力提供近千个季节性就业岗位，进一步改善全乡基础设施建设条件,提高环境建设水平，为全面打造“北京鸽乡”创造条件。

（加培培）

南窖乡

【概况】　南窖乡位于房山西北部深山区，山体呈东北、西南走向，连绵完整，岭谷相间排列分明。通过红南公路与108国道相连，东邻佛子庄乡，西与霞云岭接壤，南与周口店镇交界。2010年，南窖乡常住人口3739人，其中外来人口161人；户籍人口7025人；总户数3289户，其中农业户1610户、非农业户1679户。年内，出生人口90人，出生率12.81‰，死亡人口66人，死亡率9.4‰，自然增长率3.42‰。全乡辖村民委员会8个。

全年，南窖乡营业收入6609.8万元，利润总额1651.7万元，上缴税金273.4万元。人均劳动所得4519.8元。全乡粮食播种面积819亩，耕地面积309亩，总产量57.3吨。主要农作物玉米播种面积92亩，总产量12.8吨。蔬菜播种面积272亩，总产量38.2吨。主要农用机械动力及拥有量：农机总动力249.6千瓦。全年，生猪出栏695头，存栏383头；羊出栏372只，存栏719只；肉牛出栏52头；肉鸡出栏0.16万羽，存栏0.41万羽；鲜蛋产量10.5吨；肉类总产69吨。干果产量166.5吨，鲜果产量597.9吨。全年植树造林174公顷，四旁植树0.2万株。

全乡有2家煤炭企业，累计纳税1000多万元；煤矸石综合利用加工厂累计销售煤矸石6万吨，实现收入360万元；解决劳动力就业50人，板栗加工厂完成二期工程建设；新建1个纸箱厂。

2010年，初步形成以九九桃王、京枣39、黄嘴杏和良乡板栗等为代表的八大特色种植基地，扩种桃树500亩。

南窖乡打造以水峪古宅古碾古中幡为代表的民俗旅游业。举办了中国房山南窖九九桃王采摘节暨沟域经济成果展，全乡共接待游客3万人次，实现旅游综合收入210多万元。

南窖乡有区级公路11公里，乡级公路18.3公里。8个行政村全部安装了有线电视，无线通信网络覆盖全乡，共有深水井14眼，大口井7眼，充分保障了群众生产生活用水。

南窖乡有中心幼儿园1所，入园儿童86人，教职工16名。寄宿制中心小学1所，在校生155人，教职工33人，升学率达到100%；有成人教育职业学校1所，教师6人。成人教育还作为全国成教协会理事单位参加了全国的成果展示。乡卫生服务中心1个，建筑面积为2600平方米，医务人员24人，社区卫生服务站2个，村级卫生室5个，实现了全乡医疗设施全覆盖。

南窖乡8个村均有文化中心、数字影院，14支文艺表演队伍，组织观看各类教育影片38场，组织、参与各类文化体育活动40场。

（刘兴娜）

【开展“城乡手拉手”矿山职工再就业专场招聘会活动】　6月22日，南窖乡组织全乡近800名煤矿下岗职工及无业人员开展了“城乡手拉手”矿山职工再就业专场招聘会活动。共有东城区、房山区职业介绍服务中心组织的8家用人单位参加，并提供生产操作工、叉车司机、库管、电焊、电工等就业岗位800多个。招聘会共发放劳动保障政策宣传资料、就业培训信息3000余份，现场登记、达成就业意向的420余人。

（刘兴娜）

【南窖沟域规划设计方案国际招标汇报会】　9月2日，区农委和南窖乡组织召开南窖沟域规划设计方案国际招标汇报会，听取有关单位关于规划设计方案的意见和建议。芬兰萨米宁建筑事务所中标南窖乡沟域规划设计方案，会上，芬兰萨米宁建筑事务所以多媒体的形式对规划设计方案内容进行了汇报，各有关单位就规划内容、创意、名称等提出意见和建议。

（刘兴娜）

【南窖沟域定位为“燕山绿谷，丰饶之角”】 10月，南窖乡沟域经济规划确定发展的目标是打造“燕山绿谷，丰饶之角”。“燕山绿谷，丰饶之角”这8个字概括了南窖乡的地理位置、优美的自然环境和丰饶多样的物产。按照规划要求，总面积40平方公里的南窖沟域，将打破原来以村为单位的行政管理界限，规划了三大功能分区和八大景区。三大功能分区，即农耕文化体验区、观光采摘区和户外运动区；八大景区，即金杏湾红酒庄园、中绿加工基地、杏林湾养生、水峪古风、西山观景、中心休闲区、煤矿记忆馆、猫耳山顶观景区。此外，24个旅游节点贯穿全乡24个生态旅游休闲项目，总投资约50亿元，可带动当地劳动力就业500人至800人。

（胡新荣）

【扩大特色农业规模】 2006年至2010年，南窖乡建成完善九九桃王、良乡板栗等为代表特色种植基地8个，柴鸡、肉鸭等为代表的绿色养殖小区6个，发展九九桃王500亩、板栗1800亩、黄嘴杏500亩，种植“京枣—39”、黄金梨、大桃等各种果树1300亩、黄金茶80亩；新增树莓、美国扁桃、薄皮核桃500亩。2010年，全乡干鲜果品产量达到760多吨。

（胡新荣）

【发展民俗旅游产业】 2006年至2010年，按照“以游带农、以游养农、以游富农”的发展理念，完成全乡旅游发展总体规划，重点打造以水峪“古宅、古碾、古中幡”为代表的民俗旅游业。建成总投资3800万元的南窖乡生态观光采摘基地基础设施项目，完善水峪民俗旅游村的相关旅游配套设施建设，建成花港村九九桃王采摘园接待中心，完善中窖村红岭佛山景区和三合村青港沟景区旅游基础设施建设。同时，连续5年举办南窖乡金秋采摘节和沟域经济文化节，2010年，全乡接待游客3万多人次，旅游综合收入实现210万元。

（胡新荣）

【推进环境建设】 2006年至2010年，南窖乡以治理“一条主线，一个重点，三条生态沟”为目标，开展环境综合整治工作。5年全乡累计投入资金3000多万元用于生态环境建设，共拆除小煤厂、石板厂45处，拆违4000多平方米；建成休闲公园8个，绿化美化7.5万平方米，植树30万株，进行小流域综合治理17.6平方公里，京津风沙源造林6000亩，矿山植被恢复857亩。随着生态环境不断优化，群众的生产生活条件大为改观。

（胡新荣）

蒲洼乡

【概况】 蒲洼乡位于房山区南部边远深山区，东邻霞云岭乡，南与十渡镇相连，西与河北省涞水县马各庄相邻，北与河北省涞水县南边桥村接壤。2010年，蒲洼乡常住人口2472人，其中外来人口67人；户籍人口4622人；总户数2517户，其中农业户1784户、非农业户733户。年内，出生人口29人，出生率6.27‰，死亡人口40人，死亡率 8.65‰，自然增长率-2.38‰。全乡辖村民委员会 8 个。

全年，蒲洼乡营业收入 4090.3 万元，利润总额-159.9 万元，上缴税金 25.7 万元。人均劳动所得 2909.8 元。全乡粮食播种面积 2494 亩，耕地面积 2494 亩，总产量 181.8 吨。主要农作物玉米播种面积 1204 亩，总产量 118.8 吨。蔬菜播种面积 534 亩，总产量 343.4 吨。主要农用机械动力及拥有量：农机总动力 574 千瓦。全年，生猪出栏 458 头，存栏 439 头；羊出栏 1789 只，存栏 5868 只；肉鸡出栏 0.19 万只；鲜蛋产量 15.3 吨；肉类总产 73.7 吨。干鲜果品主要以核桃、花椒、苹果为主，干果产量 53.9 吨，鲜果产量 86.4 吨。全年植树造林 140 公顷，四旁植树 1.7 万株。

全乡有：中心幼儿园 1 所，幼儿班 3 个，入园儿童 11 人，入园率达 100%；寄宿制完全小学 1 所，在校生 93 人，入学率 100%，巩固率 100%。中心卫生院 1 所，卫生技术人员 8 人，卫生覆盖率 100%。邮政所 1 个。

蒲洼乡交通发达，108 国道和张宝公路“T”型贯穿全境，其中国防路 23 公里、张宝公路 17.6 公里、乡级公路 23 公里。水泥硬化进村路 15 条，实现公路村村通。

（赵鹏飞）

【“三项工程”惠民生】 一是就业帮扶工程。完善失业人员管理体系及“4050”人员再就业援助平台建设，开展政策法规、职业技能等培训活动 40 余次，促进 500 余人就业。二是文化惠民工程。以文化大院、益民书屋等文化设施为载体，定期举办健身操及健身秧歌比赛等文体活动近 10 次，丰富群众文化生活。三是医疗保障工程。为全乡百姓建立健康档案，开展各类免费体检活动 5 次，并为慢性病患者免费配发药品，确保群众身体健康。

（赵鹏飞）

【加大“四个力度”提升就业率】 一是加大安置力度，通过举办联谊会等活动，加大与镇内外企业的联系，及时获取就业信息。截至 2010 年年末，安置富余劳动力 300 余人。二是加大管理力度，对失业人员进行普查，全部建立档案及管理台账，为失业人员提供就业指导和帮助，促进失业人员再就业。三是加大培训力度，根据市场需求，定期举办家政服务培训班等培训活动，培训一批技能含量高的农村劳动力，全年举办各类培训活动 8 期，培训 700 余人次。四是加大扶持力度，制定扶持政策，对从事种植、养殖、民俗旅游等行业的农户给予补助，促进其个体经营就业，新增各类专业户 20 余户。

（赵鹏飞）

【“集群化”建设生态旅游产业】 一是建设完善奇瓜异果园、龙潭港探险写生园等 5 个生态旅游园区，丰富种植品种，提高种植技术，完善议合村奇瓜异果园；在东村花台综合园区建设特色花圃、果园、菜园、茶园等，栽种 150 余亩草莓、600 余亩食用菌、50 亩菊花、50 亩瓜果、400 余亩野生花卉等，游客入园摘果、拔菜、赏花、采茶，享受田园乐趣；健全完善龙潭港探险写生园专线服务功能，建设服务设施；以申报国家级生态文明村为契机，提升宝水鑫宝生态观光园建设水平，扩大黄芩种植规模，美化龙王庙、街心公园。建设 100 亩以优质苹果、梨、杏仁等果树为主的采摘果园；整合龙山野生资源，建设龙山野趣度假园，一是投资 100 万元，扩建野生动物养殖基地，引进鹿、狍子、山羊、山猪、野鸡、野兔等，在现有的蒲富养殖中心基础上完成场地扩建工程，新引进狍子、藏香猪养殖。二是在林下建设养鸡示范工程，引进农大矮脚鸡。三是投资 2500 万元建五星级饭店，打造 5000 平方米集吃、住、娱乐为一体的旅游设施。

（赵鹏飞）

【打造“四大基地”培育富民产业】 一是传统物种保护基地。在蒲洼、宝水、东村等村分别建立霸王菜、黄芩、木兰芽种植园，并引导村民种植白马牙、小八趟玉米等传统品种，使种植传统物种成为增收产业。二是观光采摘基地。利用蒲洼气候特色，在东村、宝水等村种植反季节草莓、菊花、紫苏等特色品种，吸引游客观光采摘，提升农产品价值。三是山野菜繁育基地。集研发、育苗、试验示范、种植推广、加工配送于一体，建立农产品的种植——加工——销售的产业链条。四是籽种培育基地。规划建设500亩籽种园区，培育特色花卉、食用菌等籽种，以及野猪、矮脚鸡等生物种源，为市场服务。

（赵鹏飞）

【“四个依托”促进经济增长】 一是依托招商网络平台，制定招商计划。加大招商引资力度，盘活闲置资产，拓宽全乡发展空间。二是依托特色产业，优化产业结构。发挥林地食用菌、黄芩、草莓种植等产业优势，辐射全乡发展特色种植业，力争实现一村一品的产业模式。三是依托旅游资源，完善景区建设。积极开发山脊游、婚纱摄影等旅游项目，加强停车场、景区公厕等各项旅游基础设施建设，提高游客接待量。四是依托人才战略，开展教育培训。举办培训班 15 期，培训 1000 余人次，培养新型农民，提高农民素质和组织化程度。

（赵鹏飞）

【“四优化”助推新农村建设】 一是优化人文环境。以文化广场、农家书屋、数字影院等文化设施为平台，组织村民开展文艺汇演、知识培训等活动30余次，营造和谐的生产生活氛围。二是优化法制环境。通过举办培训班，出动宣传车等形式，将与百姓相关的法律法规进行广泛宣传，累计发放宣传材料 2 万余份，提升群众守法意识。三是优化人居环境。完成村内街道硬化 8 万余平方米，村庄绿化 10 万余平方米，提升村民生活环境。四是优化就业环境。组织开展种植、养殖、家政等各类免费就业技能培训班 10 余期，增强农民就业技能，促进百姓增收致富。

（赵鹏飞）

【淡季早谋划发展生态旅游业】 一是制定规划。聘请北京大地豪城城市环境设计顾问有限公司，结合蒲洼的实际进行创意旅游概念规划设计，规划设计正在进行中。二是培育项目。依托现有的反季节草莓、林下食用菌、野猪、狍子等特有资源，开展以认养一只动物、试种一块田地、品尝一壶好茶、采摘一篮果蔬等内容的观光采摘、农产品加工等游客参与性强的农事活动，丰富游览内容。三是完善设施。完成占地 150 余平方米的旅游接待站建设，完成内部设施，安排 3 名至 4 名专职人员为游客提供咨询和接待服务。四是加强培训。组织景点负责人、现有民俗户和有发展意向的村民代表 40 余人到怀柔等地就民俗旅游发展进行参观、交流，学习先进的发展思路和服务理念，拓宽视野，开阔思路。

（赵鹏飞）

【发展“四业”促民增收】 一是发展观光采摘业。建设奇瓜异果园、生态休闲园等观光采摘园，种植高山露地草莓、林地食用菌等共计 900 余亩，提高产品价值。二是发展休闲旅游业。完善花台景区配套设施及绿化、环境整治和景点整合工程，完成5000米山脊步道的修整，建成24座风景亭和21栋生态养生木屋，打造“山脊观光游”，吸引游客。三是发展特色养殖业。利用广阔山场发展舍饲养殖鸡、猪、羊，新发展柴鸡养殖 50 户，新引进矫脚鸡等优质雏鸡 5 万只，野猪存栏达 200 头，梅花鹿、狍子存栏各达到 50 只。四是发展自家庭院产业，鼓励农民利用家庭小院办小菜园、小果园、小养殖场、小加工作坊，增加百姓种植、养殖收入。

（赵鹏飞）

【加强“一轴、四村、五园区”建设促进沟域经济发展】　“一轴”：即议合村至东村花台公路沿线。突出自然、古朴、野趣特色，打造景观长廊和生态走廊。“四村”：即议合至东村花台公路沿线4个村。在议合村全线、蒲洼村中心、宝水村村口、东村等主要位置栽植观赏菊花等各类花卉、灌木、乔木等17万余株，并建设小型花园及园林小景。“五园区”：一是议合奇瓜异果园。栽植观赏、食用南瓜、葫芦40个品种及各类经济作物20个品种，增加农产品观赏性。二是东村花台综合园。与有关单位合作，推出蜂花果药、林特、果草禽三种立体种植模式，栽植芭蕾苹果、欧李、蓝莓等优质稀缺果树2000株及仿野生菌种10万棒，打造农业科技、科普、实验、示范基地。三是宝水鑫宝生态观光园。栽植撇兰、扁豆、红小豆、大米豆等6个品种6万余株，黄芩、桔梗等药材10亩，养殖冷水鱼1万尾，提升农产品价值。四是蒲洼奇石展示园。把造型奇特、新颖的石头和枯树、树根统一收集摆放，在增加景观效果的同时拓展科普功能，形成蒲洼独特一景。五是龙山观光采摘园。栽植李子、梨树600株，嫁接2000株，丰富采摘品种，吸引采摘游客。

（赵鹏飞）

【举办隗氏文苑剪彩仪式】　7月3月，蒲洼乡举办纪念抗日战争胜利65周年暨隗氏文苑剪彩仪式。区委常委、政法委书记刘欣国、副区长卢国懿等领导为隗氏英烈纪念碑揭碑并为隗氏文苑剪彩。11位曾在蒲洼乡担任过党委书记的老领导及区文委、区史志办、区残联等单位的领导出席剪彩仪式。

（赵鹏飞）

【举办“魅力蒲洼”摄影大赛】　7月17日，首届“魅力蒲洼”摄影大赛颁奖、暨“蒲洼风光画展”第二届启动仪式在蒲洼隆重举行。区委常委、宣传部部长赵佳琛，区委常委、人武部政委韩裕出席活动。“魅力蒲洼”摄影大赛，历时3个月，于2009年12月底落下帷幕。活动期间，共收到区内外摄影作品800余幅。此次摄影大赛得到区文联、区摄影家协会的大力支持，邀请了市区摄影家担任评委。评委们紧紧围绕大赛主题，从艺术层面、技术层面及反映蒲洼乡沟域经济建设、社会各项事业发展等层面，采取公正、公平、公开的评选方式，经过5轮的精挑细选，最终选出一等奖2名、二等奖6名、三等奖10名，优秀奖114名。

（赵鹏飞）

【建设食用菌文化驿站促农增收】　蒲洼乡内以落叶阔叶林、落叶松林、油松林为主的林地面积多达8900余亩，为发展林下经济提供了有利条件。蒲洼乡发展林下食用菌种植项目，投资60余万元，建成占地500余亩的食用菌文化驿站一处，集观光采摘、科普培训、休闲娱乐、餐饮于一体，购买和自制菌棒30万枚，采用菌棒摆放和地栽等方法种植栗菇、杏鲍菇、红平菇、榆黄菇等20余个品种，并建设占地200平方米的食用菌文化主题餐厅一处，供游客品尝。

（赵鹏飞）

【“五项工程”关注民生】　一是教学环境提升工程。投资30余万元，将教学楼内外进行重新装修，安装空调、热水器、洗衣机、饮水机，改善教学环境和师生工作、学习条件。二是无障碍改造工程。对全乡22户残疾人家庭进行无障碍改造，修建坡道、扶手，发放了浴凳、浴椅等生活用品，保障残疾人基本生活和出行。三是文化设施建设工程。投资107万元，建设宝水、蒲洼2处文化大院，建设面积共700余平方米。四是山区险户搬迁工程，采取内迁外迁结合的方式，累计完成险户搬迁144户，397人，保障群众的生产生活安全。五是医疗服务工程。邀请区中医院到各村进行巡回义诊，并定期开展残疾人、育龄妇女免费体检活动，提升村民医疗卫生水平。

（赵鹏飞）

【民心工程全部完成】 一是在东村建设占地 2000 余平方米的温馨家园，为残疾人进行康复训练、生活技能训练提供场所。二是投资 200 万元，实施 317 亩矿山修复工程。三是开展沟域人才系列培训工程，举办各类培训 7 次，参训人员达 1500 余人次。四是投资 107 万元，启动宝水、蒲洼 2 个村的文化大院建设工程，建设面积达 700 余平方米，增加百姓休闲娱乐场所。

（赵鹏飞）

新镇街道办事处

【概况】 新镇街道东、南、西三面与阎村镇接壤，北距青龙湖镇仅 4 公里，是一个北高南低的半丘陵地带。辖区面积约为 1.72 平方公里，分为中国原子能科学研究院的工作区和生活区。

生活区内设 2 个居民委员会，有居民楼 126 栋，总户数 4838 户，常住人口约 1 万人。居民民族种类包括汉族、蒙古族、回族、藏族、苗族、朝鲜族、满族、瑶族、白族、土家族、佤族、水族、达斡尔族、锡伯族 14 个民族。生活区内 90%居民为原子能院的职工及家属，其中科技人员较多，文化层次较高。同时，老年人占总人口比例达 20%以上，是一个典型的老龄化社区。

生活区内设有老年活动站、游泳池、室外篮球场、室内运动馆、室外健身场、足球场等，能够举行大型的体育运动会。此外，生活区内各类教育、生活、福利设施齐全。有研究生院、中学、小学、幼儿园；有浴室、书店、邮局；有职工医院、招待所、商场、银行；另有各种维修、服务和餐饮行业，在辖区附近有 2 个集贸市场，经营品种齐全。生活区内铺设了闭路电视网和宽带网，辖区内楼房林立，环境优美，三季有花，四季常绿，林木覆盖率达 40%，被评为首都绿化先进单位和花园式单位。

街道辖中国原子能科学研究院的工作区。中国原子能科学研究院隶属中国核工业集团公司，系全额拨款事业单位。有在职职工 3000 余人，其中高级科研与工程技术人员 600 余人，博士生导师 110 余人，两院院士 4 人。

新镇地区交通便利，有市郊干线 917（天桥—河北镇）、971（刘家窑—坨里镇）在此通过，除有公交车线路外，社区内定时有原子能院进城班车，出行十分方便。

（张巍）

12 月 10 日至 12 日，第十二届中国国际房地产与建筑科技展览会（CIHAF 中国住交会）在深圳会展中心举行，房山区获中国最具投资价值城市大奖。

主要组织机构及领导名录

2010年房山区主要组织机构全称及简称对照表

区委机构

表1

全　称	简　称
（一）工作机构	
中共北京市房山区纪律检查委员会机关	区纪委
中共北京市房山区纪律检查委员会办公室	区纪委办公室
中共北京市房山区纪律检查委员会领导干部廉洁自律工作室（房山区领导干部廉洁自律办公室）	区纪委干部廉洁自律室
中共北京市房山区纪律检查委员会宣传教育室	区纪委宣教室
中共北京市房山区纪律检查委员会纠正部门和行业不正之风工作室（房山区人民政府纠正行业不正之风办公室、区“三服务”活动领导小组办公室）	区纪委纠风室
中共北京市房山区纪律检查委员会信访室（房山区人民政府举报中心）	区纪委信访室
中共北京市房山区纪律检查委员会执法监察室	区纪委执法监察室
中共北京市房山区纪律检查委员会案件检查室	区纪委案件检查室
中共北京市房山区纪律检查委员会案件审理室	区纪委案件审理室
中共北京市房山区纪律检查委员会干部室（10月成立）	区纪委干部室
中共北京市房山区纪律检查委员会研究室（10月成立）	区纪委研究室

续表 1

全　　称	简　　称
中共北京市房山区委员会办公室	区委办
中共北京市房山区委员会组织部	区委组织部
中共北京市房山区委员会宣传部	区委宣传部
北京市房山区精神文明建设委员会办公室 （挂靠中共北京市房山区委员会宣传部）	区文明办
北京（房山）历史文化旅游集聚区规划建设管理办公室（政府工作机构，不占机构数，挂靠区委宣传部）	集聚办
中共北京市房山区委员会统一战线工作部 （中共北京市房山区委员会台湾工作办公室挂北京市房山区人民政府台湾事务办公室牌子，与中共北京市房山区委员会统一战线工作部合署办公）	区委统战部 （区台办）
中共北京市房山区委员会政法委员会 （北京市房山区社会治安综合治理委员会办公室与中共北京房山区委员会政法委员会合署办公）	区委政法委 （区综治办）
北京市房山区维护稳定工作领导小组办公室 （设在中共北京市房山区委员会政法委员会）	区维稳办
北京市房山区流动人口和出租房屋管理委员会办公室 （与北京市房山区社会治安综合治理委员会办公室合署办公）	区流动人口和出租房屋管理办
中共北京市房山区委员会北京市房山区人民政府研究室	区研究室
北京市房山区机构编制委员会办公室	区编办
中共北京市房山区委员会区直属机关工作委员会	区直机关工委
中共北京市房山区委社会工作委员会（与北京市房山区社会建设工作办公室合署办公）	区委社会工委
（二）部门管理机构	
中共北京市房山区委员会老干部局（由区委组织部管理）	区委老干部局
中共北京市房山区委员会保密委员会办公室 （挂北京市房山区国家保密局牌子）	区委保密办 （区保密局）
（三）与区政府部门合署办公机构	
中共北京市房山区委员会教育工作委员会（与区教委合署办公）	区委教工委
中共北京市房山区委员会农村工作委员会（与区农委合署办公）	区委农工委
（四）派出机构	
中共北京市房山区委员会燕山工作委员会（副局级）	区委燕山工委
中共北京市房山区委员会燕山工委纪律检查委员会机关 （燕山监察分局）	燕山工委纪委 （燕山监察分局）
中共北京市房山区委员会燕山工作委员会办公室	燕山工委办公室
中共北京市房山区委员会燕山工作委员会组织部	燕山工委组织部
中共北京市房山区委员会燕山工作委员会宣传部	燕山工委宣传部
中共北京市房山区委员会燕山工作委员会政法办公室 （燕山社会治安综合治理办公室）	燕山工委政法办公室（燕山综治办）

房山区人民代表大会常务委员会工作机构

续表 1

全　称	简　称
北京市房山区人大常委会机关	区人大机关
区人大常委会办公室	区人大办
区人大常委会研究室（11 月单设）	区人大研究室
区人大常委会代表联络室	区人大代表室
区人大常委会财政经济工作委员会	区人大财经委
区人大常委会城市建设与环境保护工作委员会	区人大城建环保委
区人大常委会内务司法工作委员会	区人大内司委
区人大常委会教科文卫工作委员会	区人大教科文卫委
区人大常委会农村工作委员会	区人大农村委
区人大常委会信访室（11 月成立）	区人大信访室

区政府机构

续表 1

全　称	简　称
（一）工作部门	
北京市房山区人民政府办公室（挂北京市房山区人民政府外事办公室牌子；北京市房山区应急委员会办公室设在区政府办公室，加挂房山区应急指挥中心牌子）	区政府办（区外事办、区应急办、应急指挥中心）
北京市房山区发展和改革委员会	区发展改革委
北京市房山区教育委员会 （北京市房山区人民政府教育督导室由区教委代管）	区教委 （区教育督导室）
北京市房山区科学技术委员会 （挂北京市房山区知识产权局牌子）	区科委 （区知识产权局）
北京市房山区经济和信息化委员会	区经济信息化委
北京市房山区监察局 （与区纪委机关合署办公，区行政投诉中心设在区监察局）	区监察局 （行政投诉中心）
北京市房山区民政局 （挂北京市房山区民族宗教事务委员会牌子）	区民政局 （区民族宗教委）
北京市房山区司法局	区司法局
北京市房山区财政局	区财政局
北京市房山区人力资源和社会保障局	区人力社保局
北京市房山区住房和城乡建设委员会 （挂北京市房山区人民政府住房保障和改革办公室牌子）	区住房城乡建设委 （区政府房改办）

续表1

全　称	简　称
北京市房山区环境保护局	区环保局
北京市房山区市政市容管理委员会 （挂北京市房山区城乡环境建设委员会办公室牌子）	区市政市容委 （区环境建设办）
北京市房山区交通局	区交通局
北京市房山区农村工作委员会	区农工委
北京市房山区水务局	区水务局
北京市房山区商务委员会（挂房山区粮食局牌子）	区商务委（区粮食局）
北京市房山区文化委员会	区文化委
北京市房山区卫生局	区卫生局
北京市房山区人口和计划生育委员会	区人口计生委
北京市房山区审计局	区审计局
北京市房山区社会建设工作办公室（与区委社会工委一个机构，两块牌子，不计入区政府机构个数）	区社会办
北京市房山区安全生产监督管理局	区安全监管局
北京市房山区体育局	区体育局
北京市房山区统计局	区统计局
北京市房山区农业局 （挂房山区动物卫生监督管理局牌子）	区农业局 （区动物卫生监督局）
北京市房山区园林绿化局 （挂北京市房山区绿化委员会办公室牌子）	区园林绿化局 （区绿化办）
北京市房山区旅游局	区旅游局
北京市房山区人民政府法制办公室	区法制办
中共北京市房山区委北京市房山区人民政府信访办公室	区信访办
北京市房山区城市管理监察大队	区城管大队
北京市房山区人民政府国有资产监督管理委员会	区国资委
北京市房山区民防局	区民防局
北京市房山区整顿和规范矿产资源开发秩序工作领导小组办公室（8月，房山国土分局接管区整规办）	
（二）市垂直管理部门	
北京市公安局房山分局	房山公安分局
北京市房山区地方税务局	区地税局
北京市工商行政管理局房山分局（北京市房山区人民政府食品安全监督协调办公室设在房山工商分局）	房山工商分局 （区食品安全办公室）
北京市房山区质量技术监督局	区质监局
北京市药品监督管理局房山分局	房山药监分局

续表1

全　称	简　称
北京市国土资源局房山分局	房山国土分局
北京市规划委员会房山分局	房山规划分局
北京市公安局燕山分局	燕山公安分局
北京市地税局燕山分局	燕山地税分局
北京市工商行政管理局燕山分局	燕山工商分局
北京市质量技术监督局燕山分局	燕山质监分局
（三）派出机构	
北京市房山区人民政府燕山办事处	燕山办事处
燕山办事处办公室（挂燕山工委办事处信访办公室、房山区燕山地区突发公共事件应急委员会办公室牌子）	
燕山办事处发展和改革委员会（挂房山区燕山安全生产监督管理分局、粮食办公室牌子）	
燕山办事处教育委员会（燕山办事处教育督导室）	
燕山办事处经济和信息化委员会	
燕山办事处监察分局	
燕山办事处民政分局（挂社会建设工作办公室牌子）	
燕山办事处财政分局	
燕山办事处人力资源和社会保障分局	
燕山办事处住房和城市建设委员会（挂政府住房保障和改革办公室牌子）	
燕山办事处市政市容管理委员会（挂城市环境建设委员会办公室、园林绿化分局牌子）	
燕山办事处文化卫生分局	
燕山办事处审计分局	

政协北京市房山区委员会工作机构

续表1

全　称	简　称
中国人民政治协商会议北京市房山区委员会机关	区政协机关
中国人民政治协商会议北京市房山区委员会机关办公室	区政协办
中国人民政治协商会议北京市房山区委员会机关研究室	区政协研究室
中国人民政治协商会议北京市房山区委员会专委会工作一室	区政协专委一室
中国人民政治协商会议北京市房山区委员会专委会工作二室	区政协专委二室
中国人民政治协商会议北京市房山区委员会专委会工作三室	区政协专委三室
中国人民政治协商会议北京市房山区委员会专委会工作四室	区政协专委四室

市区双管单位

续表1

全　称	简　称
北京市房山区气象局	区气象局
北京市交通委员会路政局房山公路分局	房山公路分局
北京市房山区邮政局	区邮政局
北京市公安局公安交通管理局房山支队	房山交通支队
北京市房山区国家税务局	区国税局
中国人民解放军北京市房山区人民武装部	区人武部
北京陆军预备役高炮某团	预备役团

检察院与法院

续表1

全　称	简　称
北京市房山区人民检察院（北京市房山区反贪污贿赂局）	区检察院（区反贪局）
北京市房山区人民法院（1月，成立区执行局）	区法院（区执行局）

街道（地区）办事处及乡镇

续表1

全　称	简　称
北京市房山区人民政府西潞街道办事处	西潞街道办事处
北京市房山区人民政府拱辰街道办事处	拱辰街道办事处
北京市房山区人民政府良乡地区办事处（北京市房山区良乡镇人民政府）	良乡地区办事处（良乡镇）
北京市房山区人民政府城关街道办事处	城关街道办事处
北京市房山区人民政府琉璃河地区办事处（北京市房山区琉璃河镇人民政府）	琉璃河地区办事处（琉璃河镇）
北京市房山区青龙湖镇人民政府	青龙湖镇
北京市房山区韩村河镇人民政府	韩村河镇
北京市房山区窦店镇人民政府	窦店镇
北京市房山区大石窝镇人民政府	大石窝镇
北京市房山区人民政府周口店地区办事处（北京市房山区周口店镇人民政府）	周口店地区办事处（周口店镇）
北京市房山区阎村镇人民政府	阎村镇
北京市房山区长阳镇人民政府	长阳镇

续表 1

全　称	简　称
北京市房山区石楼镇人民政府	石楼镇
北京市房山区长沟镇人民政府	长沟镇
北京市房山区河北镇人民政府	河北镇
北京市房山区张坊镇人民政府	张坊镇
北京市房山区佛子庄乡人民政府	佛子庄乡
北京市房山区十渡镇人民政府	十渡镇
北京市房山区霞云岭乡人民政府	霞云岭乡
北京市房山区史家营乡人民政府	史家营乡
北京市房山区大安山乡人民政府	大安山乡
北京市房山区南窖乡人民政府	南窖乡
北京市房山区蒲洼乡人民政府	蒲洼乡
北京市房山区人民政府新镇街道办事处	新镇街道办事处

部分事业单位

续表 1

全　称	简　称
中共北京市房山区委党校（北京市房山区行政学校）	区委党校（区行政学校）
中共北京市房山区委党史资料征集办公室（北京市房山区方志编纂委员会办公室）	区史志办
北京市房山区农村合作经济经营管理站	区经管站
北京市房山区老龄问题委员会办公室	区老龄办
北京理工大学房山分校	理工大房山分校
北京市房山区档案局（北京市房山区档案馆）	区档案局（区档案馆）
房山云居寺文物管理处	云居寺文物管理处
北京市房山区上方山管理处	上方山管理处
北京市房山区工业园区建设管理委员会办公室	区园区办
北京市房山区石花洞风景名胜区管理处	石花洞管理处
北京市房山区信息中心	区信息中心
北京市房山区地震局	区地震局
北京市房山区机关事务服务中心	区机关服务中心
北京宏达永顺市场经营服务中心	区市场中心
北京市房山区燃气开发中心	区燃气中心
北京市房山区投资服务中心	区投资服务中心
北京市房山区成人教育中心	区成教中心
北京良乡高教园区建设管理委员会办公室	区高教园区办公室
北京市房山区广播电视中心	区广电中心
北京市房山区种植业服务中心（北京市房山区农机服务中心）	区种植中心（区农机中心）

续表 1

全　称	简　称
北京市房山区养殖业服务中心	区养殖中心
北京西南良乡物流基地管理委员会办公室	良乡物流基地管委办
周口店遗址博物馆 （周口店北京人遗址管理处）	周口店遗址博物馆 （周口店北京人遗址管理处）
北京市房山区林果科技服务中心	区林果科技服务中心
北京市房山世界地质公园管理处	地质公园管理处
北京市房山区山区人口迁移办公室	区山区人口迁移办
北京市房山区燕山成人教育中心	燕山成教中心
北京市房山区燕山体育运动中心	燕山体育运动中心
北京市燕山市场服务中心	燕山市场服务中心
北京市房山区燕山交通管理处	燕山交通管理处
北京市房山区燕山东流水管理委员会	燕山东流水管委
北京市房山区蒲洼自然保护区管理处	蒲洼自然保护区管理处

人民团体

续表 1

全　称	简　称
北京市房山区总工会	区总工会
中国共产主义青年团北京市房山区委员会	团区委
北京市房山区妇女联合会	区妇联
北京市房山区科学技术协会	区科协
北京市房山区文学艺术界联合会	区文联
北京市房山区工商业联合会	区工商联
北京市房山区红十字会	区红十字会
北京市房山区残疾人联合会	区残联

十　部分企业单位

续表 1

全　称	简　称
北京房建投资集团有限责任公司	房建投资公司
北京房建建筑股份有限公司	房建股份公司
北京韩建集团有限公司	韩建集团
北京龙建集团有限公司	龙建集团
北京市房山城建集团有限公司	城建集团
北京昊远隆基房地产开发总公司	昊远隆基总公司
北京双山水泥集团	双山水泥集团
北京市食品公司房山区分公司	区食品公司

续表 1

全　称	简　称
北京市房山区供销合作总社	区供销总社
北京京房国鑫物资有限责任公司	区京房国鑫公司
北京市房山区旅游实业开发公司	区旅游开发公司
北京市房山区商贸有限公司	区商贸公司
北京市房山粮油贸易总公司	区粮油总公司
北京市房山区烟草专卖局（北京市房山烟草公司）	区烟草专卖局(房山烟草公司)
北京市房山区对外贸易公司	区外贸公司
北京市房山区工业总公司	区工业总公司
北京市房山服装集团公司	区服装集团
华北电网有限公司北京电力公司房山供电公司	房山供电公司
北京市煤炭总公司房山区公司	区煤炭公司
北京市房山燕房石化物资总公司	燕房物资总公司
中国农业发展银行北京市房山区支行	农发行房山支行
中国建设银行北京市房山区支行	建行房山支行
中国工商银行北京市房山支行	工行房山支行
北京农村商业银行股份有限公司房山支行	农商行房山支行
中国农业银行北京市房山区支行	农行房山支行
中国邮政储蓄银行有限责任公司北京房山区支行	邮储银行房山支行
中国人寿保险公司北京市房山区支公司	寿保房山支公司
中国人民财产保险股份有限公司北京市房山支公司	人保财险房山支公司
北京人投资发展公司	北京人投资发展公司
北京市房山区燕山烟草专卖分局	燕山烟草专卖分局
中国网通（集团）有限公司北京市房山区分公司	中国网通北京市房山区分公司
北京良乡经济开发区实业总公司	良实开公司

2010年房山区领导名录

中共房山区第六届委员会

书　　记　刘　伟
副 书 记　祁　红
　　　　　苗立峰（2月免）
　　　　　张祝华（3月任）
常　　委　刘欣国
　　　　　王智慧
　　　　　高言杰
　　　　　李　江（满族）
　　　　　赵佳琛（女）
　　　　　韩　裕
　　　　　孙　强（3月任）
　　　　　赵　军（8月任）

中共房山区纪律检查委员会

书　　记　王智慧
副 书 记　马俊怀（8月免）
　　　　　杨玉香（女，7月免）
　　　　　王永年（8月任）
　　　　　李　学
常　　委　李凤华（女，7月免）
　　　　　张志友
　　　　　王文久
　　　　　王文路
　　　　　汤连成
　　　　　栗桂平（女，7月任）

区纪委办公室

主　　任　汤连成

区纪委干部廉洁自律工作室

主　　任　李凤华（女，7月免）
　　　　　栗桂平（女，7月任）

区纪委执法监察室

主　　任　刘守祥（3月免）
　　　　　孙玉龙（3月任）

区纪委案件检查室

主　　任　王洪祥

区纪委案件审理室

主　　任　张　涛

区纪委纠风室

主　　任　杨晓梅（女，12月免）

区纪委信访室

主　　任　李美华（女，3月任）

区纪委宣教室

主　　任　杨　琼（女，布依族）

区委办公室

主　　任　陈硕林（7月免）
　　　　　赵　军（7月任）
副 主 任　魏广勋（8月免）
　　　　　邵志杰（满族，8月免）
　　　　　宋春福
　　　　　任国强（3月任）
　　　　　王化占（8月任）

区委组织部

部　　长　张祝华（4月免）
　　　　　孙　强（4月任）
常务副部长　马成彪（满族，12月免）
　　　　　耿纪民（12月任）
副 部 长　陈立新（12月免）
　　　　　耿纪民（12月免）
　　　　　王　耕（12月任）
　　　　　金守江（兼，12月免）
　　　　　史　建（兼，女）
　　　　　杨东升（兼，8月任）

区委宣传部

部　　长　赵佳琛（女）
常务副部长　邓思博（12月免）
　　　　　李进伟（12月任）
副 部 长　孙丽娟（女）
　　　　　李进伟（12月免）
　　　　　李春晖（女）
　　　　　孙宝和（兼，7月免）
　　　　　康宝和（兼，7月任）

区文明办

主　　任　孙宝和（7月免）
　　　　　康宝和（7月任）
副 主 任　刘丽杰（女）
　　　　　孙桂华（女，回族）

区新闻中心

主　　任　孙丽娟（女）
总 编 辑　朱德水

集聚办

主　　任　杨海峰
副 主 任　丁学工（9月任）

区委统战部

部　　长　王晓芝（兼，女，9月免）
　　　　　孙　强（兼，9月任）

常务副部长　贾　斌
副　部　长　贾进军

区台办

主　　　任　王晓芝（兼，女，9月免）
　　　　　　孙　强（兼，9月任）
副　主　任　贾　斌
　　　　　　贾进军

区委政法委

书　　　记　刘欣国
副　书　记　游来清
　　　　　　隗功民
　　　　　　韩士军（兼）
　　　　　　杨四奇（兼）
政治部主任　隗淑萍（女）

区综治办

主　　　任　游来清（兼）
副　主　任　孔令红（女，1月任）

区维稳办

主　　　任　游来清（兼）
副　主　任　白树林（7月免）
　　　　　　刘焕忠
　　　　　　张进堂（7月任）

区流管办

主　　　任　赵书国

区研究室

主　　　任　魏广勋（8月免）
　　　　　　宋春福（12月任）
副　主　任　王金恒
　　　　　　王建星（8月任）

区编办

主　　　任　金守江（12月免）
　　　　　　邓思博（12月任）
副　主　任　彭　菲（女）
　　　　　　李建华（9月任）

区直机关工委

书　　　记　赵磊明
副　书　记　王忠胜
　　　　　　王秀兰（女）

区委老干部局

局　　　长　史　建（女）
副　局　长　魏振山（7月免）
　　　　　　王玉仓

区委保密办

（挂区保密局牌子）

主　　　任　隗永敏
局　　　长　隗永敏

区学习办

主　　　任　郭志族
常务副主任　顾成强

区山区人口迁移办

主　　　任　张　英（兼，12月免）
副　主　任　王爱振（7月免）

房山区第六届人民代表大会常务委员会

主　　　任　郭先英（女，1月免）
　　　　　　史全富（1月任）
副　主　任　李福田
　　　　　　梁　顺
　　　　　　刘顺林
　　　　　　段维鹏（1月任）
　　　　　　田　雄（不驻会，1月免）
　　　　　　王淑红（女，不驻会）
委　　　员　马成彪（满族）
　　　　　　王　仪
　　　　　　王　辉（女）
　　　　　　王　媛（女）
　　　　　　王心松（女，蒙古族）
　　　　　　刘元涛
　　　　　　刘永富
　　　　　　刘晓燕（女）
　　　　　　刘增会
　　　　　　许世臣
　　　　　　杜鹏飞
　　　　　　李倩梅（女）
　　　　　　宋耀民
　　　　　　张　兵
　　　　　　张玉玲（女）
　　　　　　张立英（女）
　　　　　　张维勋
　　　　　　周俊岭
　　　　　　赵进珍
　　　　　　高武军
　　　　　　翟瑞元

区人大常委会办公室

主　　　任　周俊岭（12月免）
　　　　　　王英开（12月任）
副　主　任　刘清生（12月免）
　　　　　　贯艳杰（女）

区人大常委会研究室

主　　　任　贾克忠
副　主　任　韩生银（女）

区人大常委会代表室

主　　　任　宋耀民（9月免）
　　　　　　王心松（女，蒙古族，9月任）
副　主　任　谈素芬（女）

区人大常委会财经委

主　　　任　刘元涛（12月免）
　　　　　　毕武强（12月任）
副　主　任　毕武强（12月免）

区人大常委会城建环保委

主　　任　刘永富（9 月免）
　　　　　祝庆忠（9 月任）
副 主 任　李建新

区人大常委会内司委

主　　任　杜鹏飞
副 主 任　王建国

区人大常委会教科文卫委

主　　任　邢东升
副 主 任　尹姝忠（女）

区人大常委会农委

主　　任　王心松（女，蒙古族，9 月免）
　　　　　齐树水（9 月任）

政协房山区第六届委员会

主　　席　范文彦（1 月免）
　　　　　唐淑荣（女，1 月任）
副 主 席　高维魁
　　　　　王晓芝（女）
　　　　　李惠英（女，彝族）
　　　　　周文海（9 月任）
　　　　　万金峰（不驻会）
　　　　　赵润东（不驻会）
　　　　　肖　武（女，不驻会）
秘 书 长　李金田
常务委员　丁长海（回族）
　　　　　于　平（女）
　　　　　孔凡生
　　　　　马向丽（女）
　　　　　马志宏
　　　　　王　峙
　　　　　王　寂
　　　　　王英开
　　　　　王宝盛
　　　　　王雪梅（女）
　　　　　卢　宁
　　　　　石　福
　　　　　刘长安
　　　　　刘军超（女）
　　　　　刘希广
　　　　　孙志强
　　　　　孙桂华（女，回族）
　　　　　孙爱华（女）
　　　　　许兆雄
　　　　　张　玉
　　　　　张　磊（女，蒙古族）
　　　　　张文战
　　　　　李晓云（女）
　　　　　肖凤云（女）
　　　　　肖希鹏
　　　　　陈海忠
　　　　　苗　松
　　　　　杨树德
　　　　　金永男（朝鲜族）
　　　　　金英华（女，朝鲜族）
　　　　　耿纪民
　　　　　耿春奉
　　　　　贾　斌
　　　　　高　明（女）
　　　　　常福林
　　　　　蒋小钢
　　　　　程美生
　　　　　焦启超
　　　　　阚立英（女）

区政协办公室

主　　任　于　平（女）
副 主 任　骆金萍（女）

区政协研究室

主　　任　焦启超
副 主 任　邱鸿伟

区政协专委一室

主　　任　陈海忠
副 主 任　辛艳茜（女）

区政协专委二室

主　　任　杨树德
副 主 任　林晓燕（女）

区政协专委三室

主　　任　王英开（12 月免）
　　　　　刘清生（12 月任）
副 主 任　栗景鸿

区政协专委四室

主　　任　程美生
副 主 任　李增禄（7 月免）
　　　　　隗合军（9 月任）

房山区人民政府

区　　长　祁　红
常务副区长　高言杰
副 区 长　李　江（满族）
　　　　　卢国懿
　　　　　马丽英（女，回族）
　　　　　吴会杰
　　　　　马继业（7 月任）

区政府办公室

主　　任　刘建平（回族，7 月免）
　　　　　苗宗启（7 月任）
副 主 任　陈志华
　　　　　许金涛（9 月免）
　　　　　冯长利
　　　　　曲　肃（女）

区外事办

（设在区政府办）

主　　任　陈志华

区应急委办公室
（区应急指挥中心）
（设在区政府办）

主　　任　许文武（4月任）

区国资委

党委书记　柴林峰（8月任）
副 书 记　赵大栓
　　　　　李绍华（满族）
　　　　　白文祥
纪委书记　白文祥（兼）
主　　任　赵大栓
副 主 任　李绍华（满族）
　　　　　隗有田
　　　　　郭尽辉

区发改委

党组副书记　徐宗军
　　　　　张进海（3月任）
纪检组组长　杨晓梅（女，12月任）
主　　任　徐宗军
副 主 任　石银山（满族，4月免）
　　　　　薛满德（9月免）
　　　　　宋云峰
　　　　　张进海（4月免）
　　　　　王广兴
　　　　　刘荣秀（女）
　　　　　韩志刚（4月任）
　　　　　高武军（4月任）
　　　　　杜金全（9月任）

区物价检查所
（3月成立）

所　　长　郭顺永（4月任）

区经济和信息化委

党组书记　赵　军（7月免）
　　　　　赵永祥（8月任）
副 书 记　赵忠贤（7月免）
　　　　　冉照华（7月任）
纪检组组长　赵忠贤（兼，7月免）
　　　　　冉照华（7月任）
主　　任　赵　军（9月免）
　　　　　赵永祥（9月任）
副 主 任　常　勇
　　　　　张　杰（8月免）
　　　　　栗国清
　　　　　刘荣秀（女，7月免）
　　　　　宋爱茹（女）
　　　　　李学红（9月任）

区商务委员会
（挂区粮食局牌子）

党组书记　赵东升
副 书 记　朱仕生
纪检组组长　王树民（12月免）
　　　　　孙玉生（12月任）
主　　任　朱仕生
副 主 任　许志增
　　　　　吕俊英（女，7月免）
　　　　　冯万利
　　　　　王　倩（女，8月任）
粮食局局长　朱仕生（兼）

区教委

工委书记　任玉海（8月免）
　　　　　杜成喜（12月任）
副 书 记　郭志族
纪工委书记　张广明
主　　任　郭志族
副 主 任　顾成强
　　　　　杜成喜
　　　　　赵瑞兰（女）
　　　　　米忠诚（回族）
　　　　　刘立钦（女）
教育督学室主任　徐维珍

区科委

党组书记　张海鹏
主　　任　张海鹏
副 主 任　李宝泉
　　　　　赵洪新（女）
　　　　　王批修（2月任）

区监察局

局　　长　杨玉香（女，9月免）
　　　　　李　学（9月任）
副 局 长　王文久
　　　　　王文路
　　　　　刘守祥

区行政投诉中心
（设在区监察局）

主　　任　杨玉香（兼，女，9月免）
副 主 任　栗桂平（女，7月免）
　　　　　赵俊安（7月任）

区民政局

党组副书记　刘胜国
纪检组组长　刘新宇（12月免）
　　　　　徐志刚（12月任）
局　　长　刘胜国
副 局 长　杨秀东
　　　　　曹志红（女）
　　　　　赵丽萍（女）
　　　　　邢景旺

区司法局

党组书记　孙玉成
纪检组组长　谭德茂
局　　长　孙玉成
副 局 长　高建荣（女）
　　　　　杨兆宇
　　　　　任全悦
　　　　　王晓光（女，8月任）

区财政局

党组书记　董瑞臣（8月免）
　　　　　孟令金（8月任）
副书记　孟令金（8月免）
　　　　董瑞臣（8月任）
纪检组组长　韩民东
局长　董瑞臣
副局长　冉照华（7月免）
　　　　孟令金
　　　　李小英（女）
　　　　游向荣（女）
　　　　刘学军（9月任）

区人力资源和社会保障局

党组副书记　杨东升
纪检组组长　万传斌
局长　杨东升
副局长　蔡　国
　　　　隗有清
　　　　白秀国
　　　　晋合荣（女）
　　　　卢　祥

房山规划分局

党组书记　李　博
纪检组组长　杨　仲
局长　李　博
副局长　韩树权
　　　　崔立新
　　　　曹荷红（女）

区住房和城乡建设委

（挂区政府住房保障和改革办公室牌子）

党组书记　段维鹏（3月免）
　　　　　陈　水（12月任）
副书记　曹　磊（3月任）
纪检组组长　济和平（7月免）
主任　段维鹏（4月免）
　　　曹　磊（4月任）
副主任　黄文江
　　　　郭长泉
　　　　绳有兴
　　　　章　戎
　　　　柳　旻（2月任）

区市政市容管委

（挂城乡环境建设委会员办公室牌子）

党组书记　苗宗启（7月免）
副书记　任正宽（8月任）
　　　　潘　康
纪检组组长　毛　林（女）
主任　苗宗启（9月免）
　　　任正宽（9月任）
副主任　郭　安
　　　　吴家顺
　　　　张战鹏
　　　　高武军（2月任，4月免）
　　　　石银山（满族，4月任）

区城乡环境建设委员会办公室

主任　苗宗启（兼，9月免）
　　　任正宽（兼，9月任）
副主任　刘建党（8月任）

区交通局

党委副书记　周文海
　　　　　　陈剑波（8月任）
纪委书记　王晓军（女）
局长　周文海（9月免）
　　　陈剑波（9月任）
副局长　张晋敏（女）
　　　　付建华
　　　　陈建民

区农村工作委员会

工委书记　郭志明
副书记　赵永祥（8月免）
　　　　刘宝忠（8月任）
　　　　郭秀妍（女）
　　　　张建国（兼，12月免）
纪工委书记　郭秀妍（兼，女）
主任　赵永祥（9月免）
　　　刘宝忠（9月任）
副主任　马良瑞
　　　　朱文生
　　　　焦迎彦（女）
　　　　吴宝祥（兼，4月任）

区文化委

党组副书记　李立新
纪检组组长　姜品英
主任　李立新
副主任　赵润东
　　　　马京云（女）
　　　　苏文江
　　　　陈　光

区卫生局

党委书记　吴卫星
副书记　张建国
　　　　王立平（女）
纪委书记　王立平（女）
局长　张建国
副局长　张淑云（女）
　　　　王　东
　　　　张金兵
　　　　杜国栓
　　　　张文艳（女，8月任）

区人口计生委

党组书记　张广华
纪检组组长　石向红（女）
主任　张广华
副主任　刘玉霞（女）
　　　　李书会（女）
　　　　邱珍国

区审计局

党组书记　张立忠
副书记　李树民（7月免）
　　马俊怀（8月任）
纪检组组长　张　健
局长　李树民（7月免）
　　马俊怀（9月任）
副局长　李　亮
　　范江梅（女）
　　郭凤岭
　　周晓光（2月任）

区委社会工委（区社会办）

工委书记　王占勇
副书记　张丽红（女）
主任　王占勇
副主任　晏利平
　　王雪梅（女，满族）

区环保局

党组书记　隗功勋
副书记　顾金锁
纪检组组长　姜亚丽（女）
局长　顾金锁
副局长　张凤荣（女，7月免）
　　李素明
　　于德华
　　孙爱华（女）

区统计局

党组书记　彭耀荣
副书记　张福志
　　左志国
纪检组组长　芮登福
局长　张福志
副局长　刘江峰
　　史毓龙
　　祖春荣（女）

国家统计局房山调查队

队长　左志国

北京市房山区经济社会调查队

副队长　刘磐生
　　申　杰（女）

区农业局

（挂区动物卫生监督管理局牌子）

党组书记　张建国（12月免）
副书记　吴宝祥
纪检组组长　马　莉（女）
局长　吴宝祥
副局长　付凤生
　　邓更喜
　　刘　芳（女，8月任）
　　杨建坡（9月任）

区水务局

党组书记　李骏雄
副书记　杨建忠（满族，7月免）
　　陈硕林（7月任）
　　李丽英（女）
纪检组组长　李丽英（兼，女）
局长　杨建忠（满族，7月免）
　　陈硕林（7月任）
副局长　霍　忠
　　高福金
　　张敬宇

区园林绿化局

（挂区绿化委员会办公室牌子）

党组书记　孔庆远
副书记　臧建忠
纪检组组长　张凯军
局长　孔庆远
副局长　朱　凯（满族）
　　王良合
　　陈慧明（9月免）
林业公安处处长　丁景韬

区绿化办

主任　孔庆远
副主任　何庶民

区安全生产监督管理局

党组书记　周德运（满族）
纪检组组长　霍和平
局长　周德运（满族）
副局长　刘细秋（7月免）
　　王桂政
　　刘继承
　　李劲松
　　李彦山（4月任）

区旅游局

党组书记　冀显江
副书记　王秉军
　　高建波
纪检组组长　高建波（兼）
局长　冀显江
副局长　王秉军
　　王晓燕（女）
　　高建波
　　杨进宇

区体育局

党组书记　苏宝华
副书记　路建华
　　刘福成（满族，12月免）
纪检组组长　刘福成（兼，满族，12月免）
局长　路建华
副局长　侯士正
　　蔡丽丽（女）
　　郭东云（女）

区法制办

主　　任　卢永春
副 主 任　李彩柱
　　　　　金　玲（女）

区信访办

主　　任　韩晓明（女）
副 主 任　毛彦林
　　　　　魏建华
　　　　　石玉霞（女）

区城管监察大队

党委书记　孟宪江
副 书 记　刘　金
政　　委　孟宪江
纪委书记　张立杰（1月任）
大 队 长　刘　金
副大队长　刘玉珍（女）
　　　　　靳小强
　　　　　李兴文（兼）
　　　　　李东喜

房山公安分局

党委书记　王聚成
副 书 记　刘少波（12月任）
纪委书记　刘国纲（10月任）
政　　委　刘小波
局　　长　王聚成
副 局 长　曹荣利（8月免）
　　　　　吴明新
　　　　　刘志刚
　　　　　柏　林
　　　　　谭　钟
　　　　　马志刚
政治处主任　季超宏

房山工商分局

党组书记　王华鑫
纪检组组长　李　飞
局　　长　王华鑫
副 局 长　张玉河
　　　　　李力君
　　　　　杨晓军
　　　　　赵建海（4月任）
　　　　　张景山（5月任）

区食品安全办公室

（设在房山工商分局）

主　　任　王华鑫（兼）

区地税局

党组书记　万国喜
副 书 记　马　强（8月任）
纪检组组长　安永刚
局　　长　万国喜
副 局 长　晋国常
　　　　　谭巨科
　　　　　王冠凯（8月免）
　　　　　邵明东（8月免）
　　　　　马　强（8月任）
　　　　　王忠悟（9月任）
　　　　　梁　鑫（9月任）

区质监局

党组书记　杨兆生
纪检组组长　戴英华（女）
局　　长　杨兆生
副 局 长　董树萍（女）
　　　　　宋同飞
　　　　　田承山

房山药监分局

党组书记　曹长安
纪检组组长　侯宝亮
局　　长　曹长安
副 局 长　张桂敏（女，6月免）
　　　　　任晓颖（女，8月任，10月免）
　　　　　孙红利（女，11月任）
　　　　　赵冬梅（女，12月任）

房山国土分局

党组书记　任振秋
副 书 记　李泽田
纪检组组长　李泽田（兼）
局　　长　任振秋
副 局 长　崔京龙（2月免）
　　　　　厍振国
　　　　　李雪生（9月免）
　　　　　鲁永来（4月任）
　　　　　石广欣（女，12月任）

区民防局

局　　长　刘文礼
副 局 长　王守礼
　　　　　曹进国

区气象局

党组书记　杨玉华
局　　长　杨玉华（4月免）
　　　　　冯永芳（女，4月任）
副 局 长　冯永芳（女，4月免）
　　　　　卓连根（12月任）

房山公路分局

党委书记　翟瑞元
副 书 记　焦怀军
纪委书记　焦怀军（兼）
局　　长　翟瑞元
副 局 长　焦怀军
　　　　　路培峰
　　　　　赵德全（6月免）
　　　　　刘原则（6月任）
　　　　　焦海峰（12月任）

中国联通北京市房山区分公司

党委书记　弭智勇（2月任）

副 书 记 张友军
纪委书记 张友军（兼）
总 经 理 强智勇（2月任）
副总经理 张友军
李长文
顾春敬

区邮政局

党委书记 朱家康（5月免）
张余海（5月任）
局 长 朱家康（3月免）
张余海（3月任）

房山交通支队

党委书记 张克军
副 书 记 张国平
纪委书记 张国平（兼）
政 委 张国平
支 队 长 张克军
副支队长 蒋金山
孙国辉
高景利

区国税局

党组书记 胡文学
纪检组组长 田 强
局 长 胡文学
副 局 长 邢文朋
刘建辉
张立东
濮 璐（女）
稽查局局长 冯国强（8月任）

区人武部

党委书记 韩 裕
副 书 记 郝恭平
政 委 韩 裕
部 长 郝恭平
副 部 长 董华昌
王庆文（4月任）

预备役团

党委书记 欧祝彪
副 书 记 张 杰
政 委 欧祝彪
团 长 张 杰
参 谋 长 陈 亮
政治处主任 王 谦（5月免）
陈 兵（5月任）

区法院

党组书记 蔡慧永
纪检组组长 邢金梅（女）
院 长 蔡慧永（1月任）
副 院 长 蔡慧永（1月免）
佟海东
张仲侠
王军武
佟 淑（女）
政治处主任 佟 淑（女）

区执行局

（1月成立）

局 长 张仲侠（12月任）

区检察院

党组书记 张笑英（女，11月免）
王建平（11月任）
纪检组副组长 石福林
检 察 长 张笑英（女，11月免）
王建平（11月代理）
副检察长 王建平
郭志平
南德杭
李京生（6月免）
李 军（女，6月任）
张 凯
政治处主任 顾建军

区反贪局

局 长 王建明

区委燕山工委

工委书记 史全富
副 书 记 翟 东
刘希广
徐忠义（12月免）
张志友
张维勋（12月任）
工委委员 吴艳京（女）
王华强
赵世圈

燕山纪委

书 记 张志友
副 书 记 丁卫华
杨红宇（女）

燕山监察分局

局 长 丁卫华

燕山工委办公室

主 任 于 勇

燕山工委组织部

部 长 张维勋（12月免）
仲伟华（12月任）

燕山工委宣传部

部 长 吴艳京（女）

燕山工委政法办（综治办）

主 任 张荣波（12月免）
郝卫兵（12月任）

燕山直属机关党委

党委书记　黄晓龙

人大燕山办事处工委

主　　任　李玉宝（8月免）
　　　　　张建华（8月任）

燕山办事处

主　　任　翟　东
副 主 任　吕志士
　　　　　线长安（满族）
　　　　　段长虹（女）
　　　　　樊勇勇
　　　　　韩　强

燕山办事处办公室（信访办）

主　　任　吴雪峰

燕山工会

主　　席　仲伟华（12月免）
　　　　　张会生（12月任）

燕山妇联

主　　席　刘燕勤（女）

燕山发展和改革委员会（安全生产监督管理分局）

主　　任　张中科

燕山教委

党委书记　郝伟莉（女）
主　　任　王大利（8月免）
　　　　　曾　辉（8月任）

燕山教育督导室

主　　任　刘保华（1月免）
　　　　　李守业（1月任）

燕山成教中心

主　　任　车丽梅（女）

燕山民政分局

党组书记　黄文胜
局　　长　黄文胜

燕山财政分局

局　　长　樊宗军

燕山人力资源和社会保障分局

局　　长　韩　玲（女）

燕山住房和城市建设委员会

主　　任　赵世圈

燕山市政市容委

主　　任　赵长永（9月免）
　　　　　王　芳（女，9月任）

燕山文卫分局

党委书记　董金萍（女）
局　　长　王保勤

燕山审计分局

局　　长　夏　辉

燕山城管监察中队

中 队 长　赵学东

燕山体育运动中心

主　　任　李忠健
副 主 任　钟觉辉（12月任）

燕山市场服务中心

主　　任　周　健

燕山工业区管委会

主　　任　樊勇勇（兼）
副 主 任　三　军

燕山交通管理处

主　　任　三　涛

燕山国税局

党组书记　尚　旭
局　　长　尚　旭
副 局 长　赵振华
　　　　　赵　波（回族）
　　　　　韩　毅

燕山人武部

部　　长　赵世圈

燕山公安分局

党委书记　王华强
副 书 记　贾　鹏
纪委书记　白志强
政　　委　贾　鹏
分 局 长　王华强
副分局长　高　岩（12月免）
　　　　　赵　军
　　　　　张宏欣（6月免）

燕山地税分局

党组书记　王　炜
局　　长　王　炜
副 局 长　缴荫龙
　　　　　田贵远
　　　　　杜新立
　　　　　邢小虎（8月免）
　　　　　安庆宪

燕山工商分局

党组书记　张　新

局　　长　张　新
副 局 长　王　莉（女，5月免）
　　　　　李　君

燕山质监分局

党组书记　张立新
局　　长　张立新

燕山残疾人联合会

理 事 长　胡建明

燕山司法办

主　　任　孙宝军

迎风街道

工委书记　张志平
副 书 记　孟丽华（女，满族，8月免）
　　　　　赵长永（8月任）
　　　　　邓国红（女）
纪工委书记　邓国红（女）
主　　任　孟丽华（女，满族，9月免）
　　　　　赵长永（9月任）
副 主 任　卢　宁
　　　　　徐秀敏（女）
　　　　　鲁自立（9月免）
　　　　　陆志庆（9月任）

东风街道

工委书记　王炳蔚（女）
副 书 记　付建军
　　　　　王　芳（女，8月免）
　　　　　张　辉（女，8月任）
主　　任　付建军
副 主 任　田小平
　　　　　石晓懿（女）
　　　　　朱必强

向阳街道

工委书记　朱海良（满族）
副 书 记　柴海泉（满族）
　　　　　关曙光（女，满族）
纪工委书记　关曙光（兼，女，满族）
主　　任　柴海泉（满族）
副 主 任　刘淑霞（女）
　　　　　闫国启（9月免）
　　　　　李立伟
　　　　　路晓银（女，9月任）

星城街道

工委书记　张建华（8月免）
　　　　　王大利（8月任）
副 书 记　张会生（布依族）
　　　　　刘玉增（满族）
纪工委书记　刘玉增（兼，满族）
主　　任　张会生（布依族，12月免）
副 主 任　胜　利（蒙古族）
　　　　　冯　杰
　　　　　张宝云（女）

良乡地区办事处（良乡镇）

工委书记　胡玉富
副 书 记　李更宇
　　　　　肖立英（女）
纪工委书记　王　珊（女）
组织部长　陈东明
宣传部长　崔艳霞（女）
武装部长　刘近伏
主　　任　李更宇
副 主 任　乔　茹（女）
　　　　　王清涛
　　　　　王文洪
　　　　　毛宝东
　　　　　刘海雨（9月任）
党委书记　胡玉富
副 书 记　李更宇
　　　　　肖立英（女）
人大主席　胡玉富（兼）
副 主 席　晋淑婷（女）
纪委书记　王　珊（女）
镇　　长　李更宇
副 镇 长　乔　茹（女）
　　　　　王清涛
　　　　　王文洪
　　　　　毛宝东
　　　　　刘海雨（9月任）

拱辰街道办事处

工委书记　吕守军
副 书 记　陈广利
　　　　　隗福状（12月免）
　　　　　臧金凤（女，12月任）
人大街工委主任　吕守军（兼）
副 主 任　赵振东
纪工委书记　张红梅（女）
组织部长　李志全（女，12月免）
　　　　　刘利英（12月任）
宣传部长　胡巧坤（女）
武装部长　陈广利（4月免）
　　　　　姜绍亮（4月任）
主　　任　陈广利
副 主 任　姜绍亮（4月免）
　　　　　臧金凤（女）
　　　　　李　岩
　　　　　祁向东
　　　　　徐振安
　　　　　刘松华（4月任）

西潞街道办事处

工委书记　曹　磊（3月免）
　　　　　胡淑苹（女，3月任）
副 书 记　胡淑苹（女，3月免）
　　　　　刘永玘（8月任）
　　　　　臧艳芳（女）
人大街工委主任　曹　磊（兼，3月免）
　　　　　胡淑苹（兼，女，3月任）
副 主 任　赵福英（女）

纪工委书记　许树河
组织部长　王新华
宣传部长　刘凤霞（女）
武装部长　周海杰
主　　任　胡淑苹（女，4月免）
　　　　　刘永玘（9月任）
副主任　陈广生
　　　　刘殿学
　　　　王海艳（女）
　　　　周海杰

城关街道办事处

工委书记　陆大勇
副书记　李爱军
　　　　李秀梅（女）
人大街工委主任　王华先
副主任　于腊梅（女）
纪工委书记　张春杰
组织部长　蔡小会
宣传部长　赵丽杰（女）
武装部长　姜振国
主　　任　李爱军
副主任　张冠亚
　　　　张月明
　　　　陈君英（女）
　　　　贾凤月
　　　　赵金龙
　　　　李　志

琉璃河地区办事处（琉璃河镇）

工委书记　刘宝忠（8月免）
　　　　　魏广勋（8月任）
副书记　陈　水（12月免）
　　　　陈立新（12月任）
　　　　周有成
纪工委书记　徐建国
组织部长　赵冬梅（女）
宣传部长　王雄越
武装部长　郑　涛
主　　任　陈　水
副主任　秦立成
　　　　闫淑会（女）
　　　　朱大海
　　　　闫其杰
　　　　王红娟（女）
　　　　郑迪飞
党委书记　刘宝忠（8月免）
　　　　　魏广勋（8月任）
副书记　陈　水（12月免）
　　　　陈立新（12月任）
　　　　周有成
人大主席　刘宝忠（兼，8月免）
　　　　　魏广勋（兼，10月任）
副主席　李会军
纪委书记　徐建国
镇　　长　陈　水（12月免）
副镇长　秦立成
　　　　闫淑会（女）
　　　　朱大海
　　　　王红娟（女）
　　　　郑迪飞

青龙湖镇

党委书记　任正宽（8月免）
　　　　　董凤山（8月任）
副书记　樊会来
　　　　张　雷
人大主席　任正宽（兼，8月免）
　　　　　董凤山（兼，9月任）
副主席　穆启华
纪委书记　张桂冬（女）
组织部长　张长华（女）
宣传部长　马海鸥（女）
武装部长　吴　永
镇　　长　樊会来
副镇长　王险峰
　　　　张福利（8月免）
　　　　王淑红（女）
　　　　隗永龙
　　　　赵振宇
　　　　张立印（9月任）

窦店镇

党委书记　于英虎
副书记　朱立增（8月免）
　　　　李雪生（8月任）
　　　　赵建英（女）
　　　　仉锁忠（兼，回族，8月任）
人大主席　范福利（8月免）
　　　　　于英虎（8月任）
纪委书记　顾春生
组织部长　陈天三（9月免）
　　　　　陈　静（女，9月任）
宣传部长　石宝军（女）
武装部长　薛全英（8月免）
镇　　长　朱立增（8月免）
　　　　　李雪生（8月任）
副镇长　高　倩（女）
　　　　薛全英（8月免）
　　　　王希武
　　　　高运华
　　　　孙建国
　　　　陈天三（10月任）
　　　　于广海（满族，10月任）

韩村河镇

党委书记　康宝和（7月免）
　　　　　豆宝才（8月任）
副书记　豆宝才（8月免）
　　　　邵志杰（满族，8月任）
　　　　王春年
人大主席　刘殿新
纪委书记　何福文
组织部长　崔凤香（女）
宣传部长　高大辉
武装部长　王学武
镇　　长　豆宝才
副镇长　邵志杰（满族，9月任）

许恩堂
郭泽峰
李　文
谢朝阳
纪艳杰（女）

周口店地区办事处（周口店镇）

工委书记　张海生
副书记　杨生军
　　　　吴长明
纪工委书记　徐志刚（12月免）
　　　　刘新宇（12月任）
组织部长　王怀财
宣传部长　刘月辉（女）
武装部长　许志华
主　任　杨生军
副主任　崔美利
　　　　许志华
　　　　李淑红（女）
　　　　李建民
　　　　张　平
党委书记　张海生
副书记　杨生军
　　　　吴长明
人大主席　吴长明（兼）
副主席　刘志富
纪委书记　徐志刚（12月免）
　　　　刘新宇（12月任）
镇　长　杨生军
副镇长　崔美利
　　　　李建民
　　　　李淑红（女）
　　　　许志华
　　　　张　平

大石窝镇

党委书记　李光明
副书记　李中华（7月免）
　　　　隗合庆（8月免）
　　　　薛满德（8月任）
　　　　张福利（8月任）
人大主席　李光明（兼）
副主席　韩玉平（女）
纪委书记　孙玉生（12月免）
组织部长　姜洪国
宣传部长　魏建青（女）
武装部长　丁瑞良
镇　长　李中华（7月免）
　　　　薛满德（9月任）
副镇长　安小平（女）
　　　　魏春水
　　　　李学文
　　　　宿建军

阎村镇

党委书记　柳铁良
副书记　安保良（8月免）
　　　　张　杰（8月任）
　　　　范丽娟（女）
人大主席　范丽娟（女）
副主席　常凤莉（女）
纪委书记　郭玉书
组织部长　刘　询
宣传部长　张　鹏
武装部长　李向录
镇　长　安保良（8月免）
　　　　张　杰（8月任）
副镇长　李向录
　　　　张天更
　　　　顾淑莲（女，7月免）
　　　　吴艳玲（女）
　　　　李春秋
　　　　倪　旺（8月任）

长阳镇

党委书记　李　军（8月免）
　　　　齐文东（8月任）
副书记　齐文东（8月免）
　　　　李　军（9月任）
　　　　栗鹏程（9月任）
人大主席　游良民
副主席　马金燕（女，1月任）
纪委书记　任景全
组织部长　栗鹏程（9月免）
　　　　苏小艳（女，9月任）
宣传部长　刘文静（女）
武装部长　朱明浩
镇　长　齐文东（8月免）
　　　　李　军（9月任）
副镇长　李彦山（3月免）
　　　　杨增会
　　　　赵　龙
　　　　杨永青（女）
　　　　黄　莹（女，1月任）
　　　　刘　维（6月任）

石楼镇

党委书记　王春菊（女）
副书记　钱新宇
　　　　刘文杰
人大主席　王春菊（兼，女）
副主席　冯　娟（女）
纪委书记　穆甫元
组织部长　隗功晋
宣传部长　林建强（7月免）
　　　　赵立明（7月任）
武装部长　高玉光
镇　长　钱新宇
副镇长　宋　然
　　　　杨俊霞（女）
　　　　赵春来
　　　　郑　雷

长沟镇

党委书记　李　仲
副书记　杨文淑（女）
　　　　隗合红
人大主席　隗合红
副主席　杜福山

纪委书记 张德林
组织部长 陈峰岩
宣传部长 赵立明（7月免）
林建强（7月任）
武装部长 王宝海
镇　　长 杨文淑（女）
副镇长 李文亮
张秀芳（女）
李国梁
刘雪松
王海涛
任全起（10月任）

河北镇

党委书记 陈剑波（8月免）
穆建山（8月任）
副书记 王红英（女，7月免）
张艳珍（女，8月任）
郑明存
翟凤航
人大主席 陈剑波（兼，8月免）
穆建山（兼，9月任）
副主席 陈长卫
纪委书记 沙建东（回族）
组织部长 谭　斌（女）
宣传部长 任建新（女）
武装部长 孟友龙（兼）
镇　　长 王红英（女，7月免）
张艳珍（女，9月任）
副镇长 王彩云（女）
王树国
孟友龙
侯景义

张坊镇

党委书记 高海军
副书记 慈建民
王长存
人大主席 高海军（兼）
副主席 穆甫彦
纪委书记 赵俊安（7月免）
李新宇（7月任）
组织部长 隗合宇
宣传部长 刘秀春
武装部长 王福顺
镇　　长 慈建民
副镇长 刘福生
崔小梅（女）
王福顺
程秀阁

佛子庄乡

党委书记 于瑞林
副书记 宿廷虎
孙玉军
人大主席 于瑞林（兼）
副主席 张进奉
纪委书记 于德才
组织部长 张　强
宣传部长 张春霞（女）
武装部长 王爱武
乡　　长 宿廷虎
副乡长 张爱国
张宝义
胡建华
付海滨（女）

十渡镇

党委书记 杨建坡（8月免）
苏秀春（8月任）
副书记 刘永玘（8月免）
许金涛（8月任）
许广宝
人大主席 许广宝
副主席 隗永启
纪委书记 梁文菲
组织部长 蔡丰春
宣传部长 马振祥
武装部长 周宝东
镇　　长 刘永玘（8月免）
许金涛（9月任）
副镇长 周宝东
穆红霞（女）
张小飞
王学普

霞云岭乡

党委书记 孟凡兴（6月免）
马春雷（8月任）
副书记 陈兴柱
董世民
人大主席 董世民
副主席 霍振生
纪委书记 孙晓东
组织部长 李增仙（女）
宣传部长 郑杰东（女）
武装部长 李学红（9月免）
乡　　长 陈兴柱
副乡长 李学红（9月免）
任全伶（女）
胡玉江
郭　伟
隗功文（9月任）

大安山乡

党委书记 苏秀春（8月免）
胡建光（8月任）
副书记 胡建光（8月免）
隗合庆（8月任）
晋显存
人大主席 晋显存
副主席 王桂华
纪委书记 王怀栓
组织部长 郭寒松
宣传部长 王志强
武装部长 王伟雄
乡　　长 胡建光（8月免）
隗合庆（8月任）
副乡长 赵俊英（女，9月免）
白玉呈

琚云鹏
张东光
邢海英（12月任）

史家营乡

党委书记 董凤山（8月免）
方玉祥（满族，8月任）
副书记 齐树水（8月免）
霍奇国
王正山（8月任）
人大主席 董凤山（兼，8月免）
方玉祥（兼，满族，8月任）
副主席 陈宏歧
纪委书记 王正山（8月免）
王永民（12月任）
组织部长 马良宁
宣传部长 董永利
武装部长 牛振学
乡长 齐树水（8月免）
霍奇国（8月任）
副乡长 牛振学
任全起（8月免）
王丙禄
郑桂彬（女）
毛玉营（8月任）

南窖乡

党委书记 王永年（8月免）
孙建华（8月任）
副书记 孙建华（8月免）
薛全英（8月任）
孙术
人大主席 刘天坤
纪委书记 刘守东
组织部长 董永云（女）
宣传部长 闫伟群
武装部长 赵连合
乡长 孙建华（8月免）
薛全英（9月任）
副乡长 孟令宗
赵连合
刘桂清（女，回族）
张铁成

蒲洼乡

党委书记 穆建山（8月免）
王学峰（8月任）
副书记 王学峰（8月免）
陈慧明（8月任）
戴兵
人大主席 穆建山（兼，8月免）
王学峰（兼，8月任）
副主席 梁明臣
纪委书记 刘文利
组织部长 朱华俊
宣传部长 杨春彦（女）
武装部长 王永刚
乡长 王学峰（8月免）
陈慧明（8月任）
副乡长 王永刚
梁明义
于立华（女）
李岩

新镇街道办事处

工委书记 孟祥友
副书记 刘宝忠
纪工委书记 刘宝忠
人大街工委主任 曲桂荣（女）
主任 孟祥友
副主任 钱宁

区委党校

党委书记 刘天福（12月免）
马成彪（满族，12月任）
副书记 黄凤才
刘天福（12月任）
党校校长 苗立峰（兼，4月免）
张祝华（兼，4月任）
常务副校长 刘天福
副校长 黄凤才
任正坤
冯后钊
张海红（女，1月任）

区行政学校

校长 高言杰（兼）
常务副校长 刘天福
副校长 黄凤才
任正坤
冯后钊
张海红（女，2月任）

区史志办

主任 刘文江（7月免）
李桂清（女，8月任）
副主任 赵喜成
李桂清（女，8月免）

区经管站

党组书记 王和群
站长 王和群
副站长 刘志勇
吕福荣（女）
万士芸（女）

区老龄办

主任 刘胜国（兼）
副主任 张芳（女）

理工大学房山分校

党委书记 刘卫军
纪委书记 侯德起（7月免）
校长 马丽英（兼，女，回族，4月免）
李江（兼，满族，4月任）
常务副校长 刘卫军
副校长 焦建国
王建民
魏淑娟（女）

区档案局

党组书记　张志元
局　　长　张志元
副 局 长　宋曙光（女）
　　　　　刘殿来

区档案馆

馆　　长　张志元
副 馆 长　宋曙光（女）
　　　　　刘殿来

区机关服务中心

主　　任　蔡中师
副 主 任　崔殿新
　　　　　武素梅（女）
　　　　　刘学锋

区信息中心

主　　任　刘荣秀（女，7月免）

区考试中心

主　　任　隗永博

区地震局

局　　长　张国胜
副 局 长　李宏银
　　　　　曹长虹（8月任）

区游子联络站

站　　长　梁树刚（9月免）
　　　　　肖树合（9月任）
副 站 长　陈秀玲（女）

云居寺文物管理处

主　　任　云桂荣（女）

区市场中心

主　　任　佟海山
副 主 任　常　征
　　　　　李宝林

区燃气中心

主　　任　于明振
常务副主任　姜永利（3月任）
副 主 任　陈广恒（3月免）
　　　　　姜永利（3月免）
　　　　　李淑丽（女）
　　　　　刘化山
　　　　　张茂银（3月任）

区投资服务中心

（2月更名为房山区投资促进局）

主　　任　马春雷（7月免）
副 主 任　王秀华（女，7月免）
　　　　　王翠美（女，7月免）
局　　长　李中华（7月任）
副 局 长　王翠美（女，7月任）
　　　　　罗月华（女，8月任）

区成教中心

党委书记　顾成强
主　　任　顾成强
副 主 任　闫立成
　　　　　陈　亮（满族）
　　　　　杨志兰（女，蒙古族）

区高教园区管委会办公室

副 主 任　刘桂华
　　　　　杨学忠
　　　　　孟庆新（女，9月任）

区广电中心

党委书记　吕井财
副 书 记　李晓梅（女）
　　　　　张连萍（女）
主　　任　李晓梅（女）
副 主 任　张　英
　　　　　朱惠强（2月任）
　　　　　武　宏（8月任）

区种植中心

党委书记　赵国富
副 书 记　方玉祥（满族，8月免）
　　　　　杨建坡（8月任）
主　　任　方玉祥（满族，9月免）
　　　　　杨建坡（9月任）
副 主 任　赵国富
　　　　　于海军
　　　　　仉立民（回族）
　　　　　王武装（2月任）

区养殖业服务中心

党委书记　张建国（12月免）
副 书 记　吴宝祥
主　　任　吴宝祥
副 主 任　付凤生
　　　　　王　宾（2月任）
　　　　　宁　立（8月任）

北京西南良乡物流基地管委会办公室

主　　任　肖树合（9月免）
　　　　　卯铁良（9月任）
副 主 任　陈　雯（女）
　　　　　王全来
　　　　　孙文升
　　　　　张　杰（兼，9月任）
　　　　　张天更（兼，9月任）

周口店遗址博物馆

馆　　长　杨海峰
副 馆 长　董翠平（女）
　　　　　郭永华
　　　　　王得军（2月任）

周口店北京人遗址管理处

主　　任　杨海峰
副 主 任　董翠平（女）
　　　　　郭永华
　　　　　王得军（2月任）

石花洞风景名胜区管理处

主　　任　郑明存
副 主 任　陈海舰
　　　　　王庆伶
　　　　　赵子红

上方山管理处

主　　任　梁志辉

区林果科技服务中心

主　　任　孔庆远
副 主 任　张喜利
　　　　　燕学理
　　　　　顾志亮

区总工会

党组书记　崔　山
副 书 记　李　忠
主　　席　李　忠
常务副主席　李建坡
副 主 席　侯振海
　　　　　邵雅芬（女，12月免）

团区委

党组书记　肖　丹（女）
书　　记　肖　丹（女）
副书记　苗　松
　　　　余　涛（1月任）

区妇联

党组书记　刘晓燕（女，6月免）
　　　　　杨　灵（女，6月任）
主　　席　刘晓燕（女，6月免）
　　　　　杨　灵（女，6月任）
副主席　尤淑华（女，7月免）
　　　　张艳珍（女，8月免）
　　　　顾淑莲（女，7月任）
　　　　赵俊英（女，9月任）

区科协

党组书记　祝庆忠（8月免）
　　　　　安保良（8月任）
主　　席　祝庆忠（8月免）
　　　　　安保良（8月任）
副 主 席　高德民
　　　　　张　志

区文联

党组书记　赵佳琛（女）
主　　席　史长义
副 主 席　曹燕杰（7月任）

区工商联

党组书记　隗功跃
主　　席　孙志强
常务副主席　耿春奉（7月免）
　　　　　隗功跃（7月任）
秘 书 长　王德强（3月任）

区残联

党组书记　隗福状（12月任）
副 书 记　王红英（女，12月任）
理 事 长　赵国先（7月免）
　　　　　王红英（女，7月任）
副理事长　刘桂珍（女，12月免）
　　　　　林国华
　　　　　王秀芬（女，12月任）

区红十字会

党组书记　李芳玲（女，8月免）
副 书 记　樊毅平
会　　长　卢国懿（兼）
常务副会长　樊毅平
秘 书 长　贺淑平（女）

房建投资公司

党委书记　王　会
副 书 记　马万明
纪委书记　马万明（兼）
董 事 长　王　会
副董事长　马万明
总 经 理　王　会
常务副总经理　马万明

房建股份公司

董 事 长　王　会
总 经 理　王　会
常务副总经理　马万明

韩建集团

党委书记　田　雄
副 书 记　田　兴
　　　　　田国杰
董 事 长　田　雄
总 经 理　田　兴
副总经理　田国杰
　　　　　李德奎
　　　　　郑晏文
　　　　　田玉波
　　　　　田玉涛

龙建集团

党委书记　许世臣
副 书 记　孟兆海
　　　　　刘　涛
纪委书记　孟兆海（兼）
董 事 长　许世臣
总 经 理　许世臣（兼）
常务副总经理　孟兆海
　　　　　刘　涛
副总经理　张志清
　　　　　王文军
　　　　　赵凤春

城建集团

（5月组建党委）

党委书记　王新成（5月任）
副 书 记　王宗奎（5月任）

董 事 长 王新成
副董事长 王宗奎
总 经 理 王新成（兼）
常务副总经理 王宗奎
副总经理 安玉栋
董瑞峰

北京昊远隆基房地产开发总公司

总 经 理 张 宝
副总经理 张雪莲（女）
李丹彤（9月免）
王 刚
李伟东（1月任）

双山水泥集团

党委书记 韩德顺
副 书 记 余自强
纪委书记 程远才（3月免）
陈宗远（3月任）
董 事 长 余自强
总 经 理 张春华

区食品公司

经 理 白 俊

区供销总社

党委副书记 栗桂君
解春华
主 任 栗桂君
副 主 任 解春华
王永贵
张 建
吕宝金（3月免）
朱仕武（3月任）

北京京房国鑫物资有限责任公司

董 事 长 梅雪峰
总 经 理 梅雪峰（兼）
副 经 理 吴卫东
张金兰

区旅游开发公司

经 理 胡永生

区商贸有限公司

党委书记 常月光
副 书 记 孔繁茂
纪委书记 孔繁茂（兼）
董 事 长 马士杰
副董事长 常月光
安春祥
总 经 理 安春祥
副总经理 张增慧

区粮油总公司

党委副书记 马育川（回族）
张大勇
纪委书记 张大勇（兼）
总 经 理 马育川（回族）
副总经理 孙小林
刘玉江
田文东

区烟草专卖局（房山烟草公司）

党组书记 杨 军（蒙古族）
局 长 杨 军（蒙古族）
副 局 长 李志显
经 理 杨 军（蒙古族）
副 经 理 孟庆伟
贾志杰

区外贸公司

经 理 赵卫民（兼）
副 经 理 豆长红（女）

区工业总公司

党委书记 姜 希（女）
副 书 记 赵卫民
纪委书记 姜 希（兼，女）
董 事 长 赵卫民
总 经 理 赵卫民
副总经理 吴占河
蔡春强
王明辉

区服装集团

纪委书记 沈巧君（女）
经 理 刘启文

房山供电公司

党委书记 王志刚（6月免）
牛 磊（8月任）
副 书 记 薛福军（6月免）
纪委书记 薛福军（兼，7月免）
经 理 刘大龙（7月免）
戚海军（7月任）
副 经 理 谢连富
魏宽民
杨一坚

区煤炭公司

经 理 张文刚
副 经 理 褚建刚
于 飞

农商行房山支行

党委书记 田英志（满族）
副 书 记 刘学东（4月免）
纪委书记 刘学东（兼，4月免）
毛文利（4月任）
行 长 田英志（满族）
副 行 长 宋晓晨（女）
毛文利（1月任）

农发行房山支行

行　　长　李廷民
副 行 长　赵东来
　　　　　付德荣（女）

建行房山支行

党委书记　高连兴
行　　长　高连兴
副 行 长　高敏娟（女，1月免）
　　　　　王洪生（1月免）
　　　　　朱明礼

工行房山支行

党委书记　王　凯
副 书 记　张　健
纪委书记　李崇一
行　　长　王　凯
副 行 长　张　健
　　　　　范　文（12月免）
　　　　　李淑欣（女）
　　　　　潘端升

农行房山支行

党委书记　杨树敏
副 书 记　杨荣斌（11月任）
纪委书记　刘　明
行　　长　杨树敏
副 行 长　韩春华
　　　　　刘　明
　　　　　杨荣斌（11月任）

邮储银行房山支行

行　　长　褚庆锐（12月免）
　　　　　彭清宇（12月任）
副 行 长　刘晓平（兼）

人寿保险公司房山支公司

经　　理　贾京平
副 经 理　栗宝祥（1月免）
　　　　　刘凤玲（女，1月免）
　　　　　王　健（1月免）
　　　　　张志军（2月任）
　　　　　李　峰（2月任）

财产保险公司房山支公司

经　　理　刘团聚（1月免）
　　　　　刘文新（1月任）
副 经 理　李　杰
　　　　　赵连宇

区园区办

主　　任　赵　军（兼，7月免）
　　　　　赵永祥（9月任）
副 主 任　张　杰（兼，9月免）
　　　　　邢文利
　　　　　庞永宁
　　　　　栗国清

北京良乡经济开发区实业总公司

经　　理　齐彦军
副 经 理　杨文龙
　　　　　史　军
　　　　　胡丽玲（女）

北京人投资发展公司

经　　理　豆长增
副 经 理　续雅君（女）

区整规办

（8月，房山国土分局接管区整规办）

主　　任　柴林峰（8月免）
副 主 任　倪　旺（7月免）
　　　　　张进堂（7月免）

地质公园建设管理处

主　　任　冀显江
副 主 任　王秉军（兼）
　　　　　朱仕学

12 月 16 日，在霞云岭乡堂上村《没有共产党就没有新中国》词曲创作地纪念馆广场上举办房山区第21届艺术节暨2011年春节系列文化活动序幕。

附 录

2010年房山区部分市级以上先进集体（单位）一览表

表2

获奖单位	奖项名称	颁发单位	获奖时间
房山区经管站	全国农村土地承包仲裁试点先进集体	农业部	2010年1月
龙建集团	安康杯竞赛优胜企业	中华全国总工会、国家安全生产监督管理总局	2010年1月
龙建天鸿顺鸭业公司	安康杯竞赛优胜班组	中华全国总工会、国家安全生产监督管理总局	2010年1月
水头村	2009北京最美的乡村	中共北京市委农村工作委员会、北京市农村工作委员会、北京市旅游局	2010年1月
农业发展银行房山支行会计结算部	女职工文明示范岗	农业发展银行总行	2010年2月
韩建集团有限公司	中国电影博物馆工程获2009年度詹天佑奖	中国土木工程学会	2010年3月
农广校房山分校	全国县级农业广播电视学校办学水平评估A级校	农业部	2010年3月
农广校房山分校	全国县级农业广播电视学校办学水平评估中等职业教育工作突出学校	农业部	2010年3月

续表 2-1

获奖单位	奖项名称	颁发单位	获奖时间
农广校房山分校	全国县级农业广播电视学校办学水平评估农民培训工作突出学校	农业部	2010 年 3 月
农环站	第一次全国污染源普查先进集体	国务院第一次全国污染源普查领导小组办公室、环境保护部、国家统计局、国家农业部	2010 年 3 月
韩建集团有限公司	2009 年度全国优秀施工企事业	中国施工企业管理协会	2010 年 3 月
张坊中心校	全国家庭教育先进单位	全国妇女联合会、教育部	2010 年 3 月
房山区市政市容管理委员会清洁二队	北京市劳动模范集体	北京市人民政府	2010 年 4 月
北京北一良工机械有限公司重型大件班组	北京市劳动模范集体	北京市人民政府	2010 年 4 月
北亚医院义务医疗队	北京市劳动模范集体	北京市人民政府	2010 年 4 月
燕化建筑安装工程有限责任公司四分公司焊研室	北京市劳动模范集体	北京市人民政府	2010 年 4 月
房建集团	安康杯	中华全国总工会、国家安全生产监督管理总局	2010 年 4 月
北京方正广告公司	2008—2009 年度全国广告行业文明单位	中国广告协会	2010 年 5 月
龙建集团王广福 QC 小组	全国工程建设优秀质量管理小组	中国建筑业协会	2010 年 6 月
房建建筑股份有限公司郭宗凯 QC 小组	全国工程建设优秀质量管理小组	中国建筑业协会	2010 年 6 月
拱辰街道北关东路社区	全国妇联基层组织建设示范社区	中华全国妇女联合会	2010 年 7 月
大石窝镇人民政府	全国妇联基层组织建设示范镇	中华全国妇女联合会	2010 年 7 月
韩建集团有限公司	优秀会员单位	中国建筑业协会	2010 年 7 月
燕山东风里健身队	全国妇女健身示范点	全国妇女联合会	2010 年 8 月
区妇女儿童活动中心	全国妇女健身示范点	全国妇女联合会	2010 年 8 月
房山车管站	全国县级优秀车管所	公安部	2010 年 8 月

续表 2-2

获奖单位	奖项名称	颁发单位	获奖时间
房山工商分局	全国工商行政管理系统法制宣传教育先进集体	国家工商总局	2010 年 9 月
房山区	全国残疾人社区康复示范区	中国残疾人联合会	2010 年 10 月
房山区	中国信用菌优秀基地县	中国食用菌协会	2010 年 10 月
区种植服务中心	中国食用菌先进组织	中国食用菌协会	2010 年 10 月
房山区民防局	全国人民防空先进单位	国家人防办	2010 年 10 月
房山区	全国无公害农产品标志推广与监管示范县（市、区）	国家农业部农产品质量安全中心	2010 年 11 月
韩村河村	中国幸福村——北京韩村河村	中国村社发展促进会特色村工作委员会、亚太农村社区发展促进会、亚太环境保护协会 APEPA	2010 年 11 月
北京格瑞拓普生物技术有限公司	食用菌行业龙头企业	中国食用菌协会	2010 年 11 月
房山区文明办	首都“共铸诚信”征文优秀组织奖	首都精神文明建设委员会办公室	2010 年 12 月
房山区体育局	2010 年全民健身活动先进单位	国家体育总局	2010 年 12 月
房山区	全国老龄工作先进单位	全国老龄工作委员会	2010 年 12 月
房山区民政局	全国农村五保供养工作先进单位	国家民政部	2010 年 12 月
长沟镇流动放映队	全国农村电影放映工作先进集体和优秀放映队	中共中央宣传部、文化部、国家广播电视总局、国家新闻出版署	2010 年 12 月
区文化馆	全国服务农民服务基层文化建设先进集体	中共中央宣传部、文化部、国家广播电视总局、国家新闻出版署	2010 年 12 月

2010年房山区部分市级以上先进个人一览表

表3

姓名	单位及职务	获奖名称	颁发单位	获奖时间
刘进发	区渔政江都管理站站长	2009年农产品质量安全整治执法年活动先进个人	国家农业部	2010年1月
王宾	区养殖业服务中心副主任	在“水产品质量安全控制技术研究与应用”推广项目中作出成绩，获北京市农业技术推广奖一等奖	北京市人民政府	2010年2月
王宾	区养殖业服务中心副主任	在“鲟鱼全人工繁殖优质苗种生产与示范”推广项目中作出成绩，获北京市农业技术推广奖二等奖	北京市人民政府	2010年2月
付凤生	区农业局副局长	在“种猪遗传评估技术推广与应用”中作出成绩，获北京市农业技术推广奖三等奖	北京市农业技术推广评奖委员会	2010年2月
付凤生	区农业局副局长	在“奶牛冬季健康体检及安全越冬技术推广”中作出成绩，获北京市农业技术推广奖三等奖	北京市农业技术推广评奖委员会	2010年2月
张莉华	房山区巧姑靓嫂商会会长	十大全国城乡妇女岗位建功标兵	全国妇女联合会	2010年3月
张莉华	房山区巧姑靓嫂商会会长	全国“三八”红旗手	全国妇女联合会	2010年3月
田雄	韩建集团董事长	2009年度中国工程建设优秀高级职业经理人	中国施工企业管理协会	2010年3月
牛振国	房山城建集团有限公司	2009年度全国工程建设优秀项目经理	中国施工企业管理协会	2010年3月
仉锁忠	窦店村党委书记	全国民族团结进步模范个人	国务院	2010年3月

续表 3-1

姓　名	单位及职务	获奖名称	颁发单位	获奖时间
李春艳	石楼镇	第一次全国污染源普查工作先进个人	国务院第一次全国污染源普查领导小组、环境保护部、国家统计局、国家农业部	2010 年 3 月
孙志强	北京恒通创新木塑科技发展有限公司总经理	全国劳动模范	国务院	2010 年 4 月
张学功	房山区第一医院副主任医师	北京市先进工作者	北京市人民政府	2010 年 4 月
张雪峰	房山区种植业服务中心工程师	北京市先进工作者	北京市人民政府	2010 年 4 月
隗金枝	房山中学教师	北京市先进工作者	北京市人民政府	2010 年 4 月
隗永博	房山区考试中心高级教师	北京市先进工作者	北京市人民政府	2010 年 4 月
王灵荣	燕山前进二小高级教师	北京市先进工作者	北京市人民政府	2010 年 4 月
厉　莉	房山区人民法院助理法官	北京市先进工作者	北京市人民政府	2010 年 4 月
张海滨	行宫学校教师	北京市先进工作者	北京市人民政府	2010 年 4 月
孙　曼	房山区成教中心教师	北京市先进工作者	北京市人民政府	2010 年 4 月
王冬梅	北师大良乡附中教师	北京市先进工作者	北京市人民政府	2010 年 4 月
张良芝	房山区水务局排水所副所长	北京市先进工作者	北京市人民政府	2010 年 4 月
田永海	长阳镇畜牧中心副经理	北京市先进工作者	北京市人民政府	2010 年 4 月
刘建江	卫生局新型农村合作医疗办公室主任	北京市先进工作者	北京市人民政府	2010 年 4 月
黄　杰	房山区检察院处长	北京市先进工作者	北京市人民政府	2010 年 4 月
高卫新	房山公安分局巡警支队长沟检查站站长	北京市先进工作者	北京市人民政府	2010 年 4 月
张士清	房山区疾控中心副主任	北京市先进工作者	北京市人民政府	2010 年 4 月
宋文月	房山区龙华建筑工程有限公司经理	北京市劳动模范	北京市人民政府	2010 年 4 月
王　会	北京房建股份有限公司董事长	北京市劳动模范	北京市人民政府	2010 年 4 月
郭建军	北京龙建集团十七分公司工程师	北京市劳动模范	北京市人民政府	2010 年 4 月
杨永平	北京科泰兴达高新技术有限公司副总工程师	北京市劳动模范	北京市人民政府	2010 年 4 月

续表 3-2

姓　名	单位及职务	获奖名称	颁发单位	获奖时间
张祥军	北京北一良工机械有限公司总工程师	北京市劳动模范	北京市人民政府	2010 年 4 月
田玉涛	韩建集团高级工程师	北京市劳动模范	北京市人民政府	2010 年 4 月
尤西森	韩村河镇尤家坟村技术负责人	北京市劳动模范	北京市人民政府	2010 年 4 月
陈小磊	北京药芯焊丝有限公司技术员	北京市劳动模范	北京市人民政府	2010 年 4 月
隗东林	城建集团项目经理	北京市劳动模范	北京市人民政府	2010 年 4 月
隗功军	房山永生堂医药有限公司门店负责人	北京市劳动模范	北京市人民政府	2010 年 4 月
张起旺	北京燕华建筑安装工程有限公司车间主任	北京市劳动模范	北京市人民政府	2010 年 4 月
张学山	粮贸公司南观收储库保管员	北京市劳动模范	北京市人民政府	2010 年 4 月
马海霞	北京凯捷风公交客运有限责任公司售票员	北京市劳动模范	北京市人民政府	2010 年 4 月
张宝华	北京一机床良工机床零件制作有限公司技术员	北京市劳动模范	北京市人民政府	2010 年 4 月
刘德新	窦店镇河口村书记	北京市劳动模范	北京市人民政府	2010 年 4 月
豆宝杰	琉璃河镇南洛村书记	北京市劳动模范	北京市人民政府	2010 年 4 月
果伯英	城关镇瓜市村书记	北京市劳动模范	北京市人民政府	2010 年 4 月
厉　莉	房山区人民法院助理法官	北京市“群众心目中的好党员”	中共北京市委员会	2010 年 6 月
张莉华	房山区巧姑靓嫂商会会长	北京市有突出贡献的农村实用人才	中共北京市委、北京市人民政府	2010 年 6 月
隗永贵	房山区检察院	全国关心下一代工作先进工作者	中国关心下一代工作委员会、中央精神文明建设知道委员会办公室	2010 年 6 月
李国珍	房建建筑股份有限公司	2009 年度全国建筑企业优秀项目经理	中国建筑业协会	2010 年 9 月
刘文礼	房山区民防局局长	全国人民防空先进工作者	国家人力资源和社会保障部、中国人民解放军总参谋部	2010 年 10 月

续表 3-3

姓　名	单位及职务	获奖名称	颁发单位	获奖时间
周志春	房山区第一医院	北京市对口支援什邡恢复重建先进个人	中共北京市委、北京市人民政府	2010 年 10 月
张喜利	区林果科技服务中心副主任	全国生态建设突出贡献奖——林木种苗先进工作者	国家林业局	2010 年 11 月
任振秋	房山国土分局局长	全国国土资源管理系统先进工作者	国土部、人力资源和社会保障部	2010 年 12 月

2010 年房山区公开出版或内部出版的部分书刊目录

表 4

书　名	编著者	出版社	公开或内部出版	出版时间
《隗氏家族·人物》	隗合显	—	内部	2010 年 1 月
《情暖夕阳红　谱写和谐曲》	房山区委老干部局	—	内部	2010 年 1 月
《刑事疑难案例研析》	张笑英主编	人民法院出版社	公开	2010 年 1 月
《乡镇工作百问百答》	刘文江	中国人事出版社	公开	2010 年 2 月
《燕都》杂志第 38 期	区文联	—	内部	2010 年 2 月
《神医》	凸凹	作家出版社	公开	2010 年 3 月
《名家王绍华画葡萄》	王绍华	山东美术出版社	公开	2010 年 3 月
《燕都》杂志第 39 期	区文联	—	内部	2010 年 4 月
《法官告诉你遇到劳动纠纷怎么办》	蔡慧永主编	法律出版社	公开	2010 年 4 月
《燕都》杂志专刊——《房山民防》第 7 期	区文联、区民防局	—	内部	2010 年 6 月
《燕都》杂志第 40 期	区文联	—	内部	2010 年 8 月
《职场心迹》	宋春福	中国文联出版社	公开	2010 年 8 月
《燕都·房山高职》第 1 期	区文联、北京理工大学房山分校	—	内部	2010 年 9 月
《画话》	何君华	三联书店	公开	2010 年 10 月
《房山志鉴文集》	刘文江主编	—	内部	2010 年 10 月
《房山》	刘建平主编	中国人事出版社	公开	2010 年 11 月

续表 4-1

书　名	编著者	出版社	公开或内部出版	出版时间
《北京房山年鉴（2010）》	房山区地方志编纂委员会	方志出版社	公开	2010 年 11 月
《房山区农村集体经济组织重大事项决策流程》	房山区经管站	—	内部	2010 年 11 月
《房山区经管站调研文章汇编》	房山区经管站	—	内部	2010 年 12 月
《燕都》杂志专刊——《房山民防》第 8 期	区文联、区民防局	—	内部	2010 年 12 月
《燕都》杂志第 41 期	区文联	—	内部	2010 年 12 月
《天许联语》	刘天许	中国文联出版社	公开	2010 年 12 月
《天许诗韵》	刘天许	中国文联出版社	公开	2010 年 12 月
《百花山诗社作品选》	刘天许、赵舒平	中国文联出版社	公开	2010 年 12 月
《京西胜境史家营》	张玉泉、卓成栋	中国文联出版社	公开	2010 年 12 月
《宝藏综合刊》	云居寺文物管理处	—	内部	2010 年 12 月
《北京房山历史文化旅游集聚区大观》	杨海峰、苏宝敦	中国文史出版社	公开	2010 年 12 月
《中等职业学校动画专业手绘动画教材》	贯传玉、杨绪君	中国文联出版社	公开	2010 年 12 月
《房山法院月报》	房山区法院	—	内部	4 月创刊
《房山审计文选（七）》	房山区审计局	—	内部	
《房山审计文萃》	房山区审计局	—	内部	
《房山城管》	房山区城市管理监察大队	—	内部	季刊
《城市交通》	房山交通支队、房山区交通局、房山区城市管理监察大队	—	内部	每周一期
《房山工商》	房山工商分局学会	—	内部	季刊
《房山供电报》	房山供电公司	—	内部	每月发行一期
《大众学习》	房山区委宣传部	—	内部	双月刊
《北京人》	周口店北京人遗址博物馆	—	内部	季刊
《天平》	主编王媛	—	内部	季刊

续表 4-2

书　名	编著者	出版社	公开或内部出版	出版时间
《梓萌》	阎村文学创作协会	—	内部	季刊
《阎村掠影》	阎村镇	—	内部	2010 年共出版 7 期

2010 年房山区部分获奖作品一栏表

表 5

作品名称	作　者	获奖名称	主办单位	获奖时间
歌曲《乡村百姓家》	陈光	第十五届“群星奖”作品奖	文化部	2010 年 5 月
《生命因两次捐献而精彩》	高国峰、张佳佳、汪学武、李丹、白金慧编辑	第十九届“北京新闻奖”二等奖	北京新闻奖评选委员会	2010 年 7 月
《以经典的名义》	凸凹	冰心散文奖	中国散文学会	2010 年 8 月
《浅谈电视、广播节目播音员、主持人的职业规划》	朱晶	2010 年度主持人优秀论文三等奖	中国电视艺术家协会主持人专业委员会	2010 年 8 月
《电视新闻评论员是怎样“炼”成的》	高健	2010 年度主持人优秀论文三等奖	中国电视艺术家协会主持人专业委员会	2010 年 8 月
《节目主持人的发展走向》	原婧	2010 年度主持人优秀论文三等奖	中国电视艺术家协会主持人专业委员会	2010 年 8 月
《突发事件电视新闻直播主持人的创新》	王文君	2010 年度主持人优秀论文三等奖	中国电视艺术家协会主持人专业委员会	2010 年 8 月
《垃圾分类回收》	房山区广播电视中心	荣获“2009 年度北京市广播影视奖”广播节目技术质量奖片花类二等奖	北京市广播电影电视局	2010 年 10 月
《生命因两次捐献而精彩》	房山区广播电视中心	2009 年度北京市广播影视奖广播新闻类一等奖	北京市广播电影电视局	2010 年 10 月

续表 5-1

作品名称	作　者	获奖名称	主办单位	获奖时间
《花季星空》	房山区广播电视中心	“2009 年度北京市广播影视奖”广播节目技术质量语言类三等奖	北京市广播电影电视局	2010 年 10 月
《光辉的记忆—旅游篇》	房山区广播电视中心	“2009 年度北京市广播影视奖”电视节目技术质量奖标清专题类二等奖	北京市广播电影电视局	2010 年 10 月
《2010 年房山区团拜会》	房山区广播电视中心	“2009 年度北京市广播影视奖”电视节目技术质量奖标清综合文体二等奖	北京市广播电影电视局	2010 年 10 月
《房山新闻》	房山区广播电视中心	“2009 年度北京市广播影视奖”电视节目技术质量奖标清新闻类二等奖	北京市广播电影电视局	2010 年 10 月
《新战略新行动》	房山区广播电视中心	“2009 年度北京市广播影视奖”电视节目技术质量奖视频图形片头类二等奖	北京市广播电影电视局	2010 年 10 月
《巧姑巧手巧扮国庆盛典》	房山区广播电视中心	“2009 年度北京市广播影视奖”广播社教类三等奖	北京市广播电影电视局	2010 年 10 月
《特色产业 富民增收系列报道》	房山区广播电视中心	“2009 年度北京市广播影视奖”电视社教类三等奖	北京市广播电影电视局	2010 年 10 月
《“流动医院”进农村诊费直报乐农民》	房山区广播电视中心	“2009 年度北京市广播影视奖”电视新闻类三等奖	北京市广播电影电视局	2010 年 10 月
歌词《枕着妈妈的歌儿入眠》	张文良	全国少儿歌词创作征集评选一等奖	国家文化部、中国群众文化学会	2010 年 11 月

2010 年房山区市级以上刊物发表的部分作品一览表

表 6

作品名称	作　者	发表刊物名称	刊物主办单位	发表时间
《对他人注册商标的合理使用》	吕少军	中华商标	中华商标协会	2010 年第 3 期

续表 6-1

作品名称	作　者	发表刊物名称	刊物主办单位	发表时间
《由"寒心河"到"富村"的发展之路——北京市房山区韩村河经济社会发展的调查》	区委宣传部	前线	中国共产党北京市委员会	2010 年第 3 期
《北京市房山区坚持人才优先发展战略为区域经济社会发展打造人才高地》	区委组织部	中国人事报	人力资源和社会保障部	2010 年 3 月
《北京市房山区坚持人才优先发展战略为区域经济社会发展打造人才高地》	区委组织部	中国人事报	人力资源和社会保障部	2010 年 3 月
《着力创新学习机制，扎实推进学习型党组织建设》	王华鑫	中国工商管理研究	国家工商行政管理总局	2010 年第 5 期
《他身上有"农民味"——北京市房山区大学生"村官"刘硕的故事》	祖　岩	中国人事报	人力资源和社会保障部	6 月 2 日
《让准村官向真村官迈步——大学生村官对村级班子建设发挥作用问题研究》	区委组织部	前线	中国共产党北京市委员会	2010 年第 6 期
《着力提升人才"双创"能力》	孙　强	中国人事报	人力资源和社会保障部	2010 年 7 月
《探索行政调解与司法调解新机制》	王华鑫	工商行政管理	国家工商行政管理总局	2010 年第 7 期
《浅谈干部工作的"人岗相适、用当其时、人尽其才"》	孙　强	中国人事报	人力资源和社会保障部	8 月 6 日
《创五好，争六有" 固本强基惠民生》	区委组织部	前线	中国共产党北京市委员会	2010 年第 8 期
《和谐"阳光"照进社区的每一个角落》	祖　岩	中国社会报	民政部	2010 年 9 月
《人岗相适、用当其时、人尽其才是干部工作科学化的要求》	孙　强	党建研究	中央组织部	2010 年第 10 期
《深入开展读书活动，大力推进学习型工商建设》	王华鑫	工商行政管理	国家工商行政管理总局	2010 年第 20 期

2010年度评审的各系统获高级技术职称部分人员一览表

表7

姓名	单位	职称名称	评审时间
李雪松	琉璃河中学	中学高级教师	2010年7月
韩树红	燕山燕化附中	中学高级教师	2010年7月
张淑华	燕山前进中学	中学高级教师	2010年7月
裴颖丽	实验中学	中学高级教师	2010年7月
晋怀良	岳各庄中学	中学高级教师	2010年7月
石馥源	周口店中学	中学高级教师	2010年7月
王　恕	实验中学	中学高级教师	2010年7月
温彩霞	房山中学	中学高级教师	2010年7月
卢　栋	石楼中学	中学高级教师	2010年7月
刘蕴华	实验中学	中学高级教师	2010年7月
胡丰桥	长沟中学	中学高级教师	2010年7月
陈　燕	第二职业高中	中学高级教师	2010年7月
张凤东	琉璃河中学	中学高级教师	2010年7月
姜　岚	燕山前进中学	中学高级教师	2010年7月
王忠华	南尚乐中学	中学高级教师	2010年7月
周爱民	南尚乐中学	中学高级教师	2010年7月
李秀玲	岳各庄中学	中学高级教师	2010年7月
张立凤	青龙湖中学	中学高级教师	2010年7月
高建平	房山中学	中学高级教师	2010年7月
栗国荣	房山第二中学	中学高级教师	2010年7月
岳之峰	良乡中学	中学高级教师	2010年7月
张宇峰	韩村河中学	中学高级教师	2010年7月
白秀良	窦店中学	中学高级教师	2010年7月
王月华	房山第五中学	中学高级教师	2010年7月
隗公青	良乡第五中学	中学高级教师	2010年7月
耿庆文	第二职业高中	中学高级教师	2010年7月
晋合军	房山第四中学	中学高级教师	2010年7月
张　艳	燕山职业学校	中学高级教师	2010年7月
韩玉彬	燕山星城中学	中学高级教师	2010年7月
周梅生	燕山向阳中学	中学高级教师	2010年7月
刘金花	燕山前进中学	中学高级教师	2010年7月
吴桂芳	燕山前进中学	中学高级教师	2010年7月
李　贤	燕山教研中心	中学高级教师	2010年7月

续表 7-1

姓 名	单 位	职称名称	评审时间
郭庆成	张坊中学	中学高级教师	2010 年 7 月
韩正勤	良乡第五中学	中学高级教师	2010 年 7 月
石宝红	昊天学校	中学高级教师	2010 年 7 月
方玉洪	昊天学校	中学高级教师	2010 年 7 月
来福友	岳各庄中学	中学高级教师	2010 年 7 月
杨文军	良乡第二中学	中学高级教师	2010 年 7 月
宗铁军	官道中学	中学高级教师	2010 年 7 月
韩 涛	坨里中学	中学高级教师	2010 年 7 月
冯永红	周口店中学	中学高级教师	2010 年 7 月
王宝元	燕山东风中学	中学高级教师	2010 年 7 月
白 勇	韩村河中学	中学高级教师	2010 年 7 月
杨树成	实验中学	中学高级教师	2010 年 7 月
刘淑香	晨曦中学	中学高级教师	2010 年 7 月
穆启英	房山中学	中学高级教师	2010 年 7 月
要玉寿	北洛中学	中学高级教师	2010 年 7 月
刘存明	良乡第五中学	中学高级教师	2010 年 7 月
丁国栋	周口店中学	中学高级教师	2010 年 7 月
黄仲文	电业中学	中学高级教师	2010 年 7 月
毕秋萍	燕山向阳中学	中学高级教师	2010 年 7 月
冯桂菊	北潞园学校	中学高级教师	2010 年 7 月
邱春山	教师进修学校	中学高级教师	2010 年 7 月
白志国	教育信息中心	中学高级教师	2010 年 7 月
刘克华	房山区少年宫	中学高级教师	2010 年 7 月
董宏兵	石楼中学	中学高级教师	2010 年 7 月
王云霄	实验中学	中学高级教师	2010 年 7 月
李 俊	北师大良乡附中	中学高级教师	2010 年 7 月
骆 焱	房山中学	中学高级教师	2010 年 7 月
许会文	坨里中学	中学高级教师	2010 年 7 月
王丽红	房山第二中学	中学高级教师	2010 年 7 月
张长录	良乡中学	中学高级教师	2010 年 7 月
石 荣	良乡中学	中学高级教师	2010 年 7 月
刘文秀	琉璃河中学	中学高级教师	2010 年 7 月
王立新	良乡第四中学	中学高级教师	2010 年 7 月
刘金玲	房山第三中学	中学高级教师	2010 年 7 月
郭仲强	第二职业高中	中学高级教师	2010 年 7 月
王春华	交道中学	中学高级教师	2010 年 7 月

续表 7-2

姓名	单位	职称名称	评审时间
牛春燕	昊天学校	中学高级教师	2010 年 7 月
刘振如	石楼中学	中学高级教师	2010 年 7 月
王冬梅	良乡第二中学	中学高级教师	2010 年 7 月
王玉梅	良乡第二中学	中学高级教师	2010 年 7 月
张迎春	燕山星城中学	中学高级教师	2010 年 7 月
苇德广	教师进修学校	中学高级教师	2010 年 7 月
赵立荣	长沟中学	中学高级教师	2010 年 7 月
许哲娟	官道中学	中学高级教师	2010 年 7 月
董　洁	坨里中学	中学高级教师	2010 年 7 月
尹　丽	房山第二中学	中学高级教师	2010 年 7 月
李荣萍	房山第二中学	中学高级教师	2010 年 7 月
商京旗	房山第五中学	中学高级教师	2010 年 7 月
谢永平	房山第五中学	中学高级教师	2010 年 7 月
王玉华	房山第五中学	中学高级教师	2010 年 7 月
张志敏	良乡第三中学	中学高级教师	2010 年 7 月
刘艳晨	周口店中学	中学高级教师	2010 年 7 月
任景林	昊天学校	中学高级教师	2010 年 7 月
任春来	石窝中学	中学高级教师	2010 年 7 月
任全慧	良乡第二中学	中学高级教师	2010 年 7 月
闫　明	燕山教研中心	中学高级教师	2010 年 7 月
刘　猛	教师进修学校	中学高级教师	2010 年 7 月
赵常索	教师进修学校	中学高级教师	2010 年 7 月
沈学军	北师大良乡附中	中学高级教师	2010 年 7 月
纪凤良	长沟中学	中学高级教师	2010 年 7 月
王静雯	房山中学	中学高级教师	2010 年 7 月
王　晶	燕山职业学校	中学高级教师	2010 年 7 月
方淑华	燕山燕化附中	中学高级教师	2010 年 7 月
张淑平	教师进修学校	中学高级教师	2010 年 7 月
安亚丽	房山中学	中学高级教师	2010 年 7 月
刘　光	燕山文卫分局	主任医师	2010 年 11 月
孟庆伟	良乡医院	主任医师	2010 年 12 月
郑玉平	良乡医院	主任医师	2010 年 11 月
李红华	良乡医院	主任医师	2010 年 12 月
郭艳红	良乡医院	主任医师	2010 年 12 月
吴宝音	良乡医院	主任医师	2010 年 12 月
王立岩	良乡医院	主任医师	2010 年 12 月
刘玲玲	良乡医院	主任药师	2010 年 12 月

续表 7-3

姓　名	单　位	职称名称	评审时间
李宏艳	良乡医院	主任医师	2010 年 12 月
黄占东	房山区第一医院	主任医师	2010 年 12 月
耿学藩	房山区第一医院	主任医师	2010 年 12 月
赵　健	房山区第一医院	主任医师	2010 年 12 月
王桂芹	房山区中医医院	主任医师	2010 年 12 月
王艳芳	房山区中医医院	主任医师	2010 年 12 月
温天意	张坊镇社区卫生服务中心	副主任医师	2010 年 12 月
敖静波	燕山文卫分局	副主任医师	2010 年 11 月
孙翠红	燕山文卫分局	副主任医师	2010 年 11 月
刘春笑	阎村镇社区卫生服务中心	副主任医师	2010 年 12 月
汪卫林	琉璃河镇社区卫生服务中心	副主任医师	2010 年 11 月
赵永红	琉璃河镇社区卫生服务中心	副主任医师	2010 年 12 月
张　玮	良乡医院	副主任医师	2010 年 12 月
刘爱武	良乡医院	副主任医师	2010 年 12 月
王　岩	良乡医院	副主任医师	2010 年 12 月
宋春华	良乡医院	副主任医师	2010 年 12 月
张向丽	良乡医院	副主任医师	2010 年 12 月
丛云海	良乡医院	副主任医师	2010 年 12 月
刘　炜	良乡医院	副主任医师	2010 年 12 月
贾利敏	良乡医院	副主任技师	2010 年 12 月
张晓红	良乡医院	副主任药师	2010 年 12 月
付旭彦	良乡医院	副主任医师	2010 年 12 月
张景龙	良乡医院	副主任医师	2010 年 12 月
高文涛	房山区精神卫生保健院	副主任医师	2010 年 12 月
尹　浦	房山区疾病预防控制中心	副主任医师	2010 年 11 月
谢利利	河北镇社区卫生服务中心	副主任医师	2010 年 12 月
袁书利	房山区妇幼保健院	副主任医师	2010 年 12 月
卢宏艳	房山区第一医院	副主任医师	2010 年 12 月
赵　英	房山区第一医院	副主任医师	2010 年 12 月
张如星	房山区第一医院	副主任医师	2010 年 12 月
刘兴华	房山区第一医院	副主任医师	2010 年 12 月
王秀云	房山区第一医院	副主任药师	2010 年 12 月
郭春香	房山区中医医院	副主任医师	2010 年 12 月
谢馨睿	房山区中医医院	副主任医师	2010 年 12 月
隗秀玲	房山区中医医院	副主任医师	2010 年 12 月
张　君	房山区中医医院	副主任医师	2010 年 12 月
王　静	房山区中医医院	副主任医师	2010 年 12 月
王素梅	房山区中医医院	副主任医师	2010 年 12 月
尹　泉	房山区中医医院	副主任医师	2010 年 12 月
朱国平	房山区水务局	高级工程师	2010 年 7 月

社会经济主要指标概况（一）

表8

项　目	单　位	2010年	2009年	增长速度（%）
基本情况				
街道、镇、乡数	（个）	28	28	
街道		8	8	
镇		14	14	
乡		6	6	
村民委员会	（个）	461	462	−0.2
社区居委会	（个）	121	120	0.8
常住人口	（万人）	94.5	91.2	3.6
户籍人口	（人）	768449	767318	0.1
#非农业		411266	403515	1.9
男		385954	385864	
女		382495	381454	0.3
地区生产总值	（万元）	3422099	2934747	16.6
财税、金融				
财政收入	（万元）	1685783.0	527241.0	219.7
#一般预算收入		281573.0	233367.0	20.7
财政支出	（万元）	2196135.0	1004617.0	118.6
各项税收	（万元）	1817642.0	1452587.0	25.1
#区级税收		325549.4	273269.7	19.1
人民币存款余额	（万元）	7788976.2	6363680.4	22.4
#城乡居民储蓄余额		4103256.1	3522638.9	16.5
各项贷款余额	（万元）	1907467.7	1854189.1	2.9

注：地区生产总值为初步核算数，以下一年度年鉴最终核算数为准。

社会经济主要指标概况（二）

续表8-1

项 目	单 位	2010年	2009年	增长速度（%）
农 业				
农村从业人员	（人）	290498	285206	1.9
农林牧渔业总产值	（万元）	426437.4	412630.2	3.3
农业		187660.2	175472.4	6.9
林业		12340.0	12104.0	1.9
牧业		208161.4	209361.4	−0.6
渔业		9235.4	7211.6	28.1
农林牧渔服务业		9040.4	8480.8	6.6
粮食产量	（吨）	135412.7	157588.6	−14.1
蔬菜产量	（吨）	202665.9	211842.8	−4.3
干鲜果品产量	（吨）	69683.1	69096.8	0.8
出栏生猪	（头）	366883	357426	2.6
出栏肉牛	（头）	7820	10033	−22.1
出栏羊	（只）	99695	114335	−12.8
鲜蛋产量	（吨）	10135.6	9399.5	7.8
水产品产量	（吨）	2885	2600	11.0
工 业				
工业企业单位数	（个）	2255	2341	−3.7
#规模以上		373	313	19.2
工业总产值	（万元）	9665802.3	7797518.6	24.0
#规模以上		9503081.0	7560708.1	25.7

社会经济主要指标概况（三）

续表8-2

项　目	单　位	2010年	2009年	增长速度（%）
主营业务收入	（万元）	9932027.9	8130613.7	22.2
#规模以上		9761681.9	7741686.6	26.1
利润总额	（万元）	532986.7	513559.3	3.8
#规模以上		532984.9	542688.6	-1.8
建筑业				
建筑业总产值	（万元）	2600365.2	2216532.6	17.3
房屋施工面积	（万平方米）	2073.8	1892.1	9.6
房屋竣工面积	（万平方米）	454.3	480.4	-5.4
固定资产投资				
全社会固定资产投资(按项目建设地)	（万元）	4038191.0	3497944.0	15.4
农村投资		755569.0	928141.0	-18.6
城镇投资		3282622.0	2569803.0	27.7
房地产业				
房地产开发投资	（万元）	1647198.0	935767.0	76.0
商品房销售面积	（万平方米）	80.0	138.3	-42.2
商品房销售额	（万元）	975099.0	980685.0	-0.6
批发和零售业、住宿和餐饮业				
社会消费品零售额	（万元）	1197850.0	990524.0	20.9
食品类		252388.5	208867.8	20.8
穿着类		84059.0	71706.6	17.2
日用品类		584027.7	478467.6	22.1

社会经济主要指标概况（四）

续表8-3

项 目	单 位	2010年	2009年	增长速度（%）
燃料类		277374.7	231482.0	19.8
外经、外贸、旅游				
外贸出口总额	（亿美元）	3.2	1.7	85.6
实际利用外资(当年)	（万美元）	7475.0	3689.3	102.6
接待游客人数	（万人次）	990.8	898.8	10.2
旅游营业收入	（万元）	141604.7	115390.4	22.7
教 育				
学校数				
小学	（个）	110	112	−1.8
普通中学	（个）	49	51	−3.9
职业中学	（个）	5	5	
在校学生				
小学	（人）	37169	37398	−0.6
初级中等学校	（人）	21527	22427	−4.0
高级中等学校	（人）	9880	10190	−3.0
职业中学	（人）	4853	2403	102.0
文 化				
公共图书馆	（个）	2	3	−33.3
公共图书馆藏数	（万册、万件）	73.0	90.8	−19.6
影剧院个数	（个）	3	3	
区级以上重点文物保护单位	（处）	68	77	−11.7

社会经济主要指标概况（五）

续表8-4

项　目	单　位	2010年	2009年	增长速度（%）
卫　生				
卫生机构数	（个）	1008	1124	-10.3
#医　院		28	24	16.7
卫生院		20	20	
床位数	（张）	6077	5583	8.8
#医　院		5477	4926	11.2
卫生院		590	630	-6.3
卫生技术人员	（人）	7049	6461	9.1
#执业医师		2114	2024	4.4
生态环境				
城市绿化覆盖率	（%）	43.41	43.03	0.38个百分点
人均公共绿地面积	（平方米）	8.67	8.53	1.6
空气质量二级和好于二级的天数	（天）	257	239	7.5
人民生活				
城镇居民人均可支配收入	（元）	23768.9	21955.2	8.3
城镇居民人均消费性支出	（元）	15869.6	13885.8	14.3
农村居民人均纯收入	（元）	12492.3	11314.6	10.4
农村居民人均生活消费支出	（元）	8914.8	8234.5	8.3

房山一日

表9

项　目	单　位	2010年	2009年
工业产值	（万元）	26481.7	21363.1
全社会固定资产投资	（万元）	11063.5	9583.4
建筑业产值	（万元）	7124.3	6072.7
社会消费品零售额	（万元）	3281.8	2713.8
外贸出口额	（万美元）	88.5	47.7
财政收入	（万元）	4618.6	1444.5
各项税收	（万元）	4979.8	3979.7
粮食产量	（吨）	371.0	431.7
蔬菜产量	（吨）	555.2	580.4
出栏生猪	（头）	1005.2	979.2
出栏肉牛	（头）	21.4	27.5
出栏羊	（只）	273.1	313.2
接待游客人数	（万人次）	2.7	2.5
报刊流转额	（万元）	5.0	3.1
垃圾清运量	（吨）	484.9	553.7
邮政函件出口量	（万件）	2.6	2.2
在岗职工平均工资	（元）	113.7	98.8
城镇居民人均可支配收入	（元）	65.1	60.2
农村居民人均纯收入	（元）	34.2	31.0
出生人口	（人）	15.4	16.5
死亡人口	（人）	21.6	13.9
内地居民登记结婚对数	（对）	23.0	27.4
内地居民登记离婚对数	（对）	5.1	5.0

注：1.出生人口不含流动人口。

2.按365天计算。

3.登记离婚对数来源于房山区民政局，不含法院判离数。

6 月 14 日，北方最大的龙舟赛事——青龙湖龙舟赛在青龙湖水上游乐园展开角逐。